♭

THE LYRICS : 1961 -2012/BOB DYLAN
by Bob Dylan

Copyright ⓒ 2004, 2014, 2016 by Bob Dylan
Korean translation copyright ⓒ 2016 Munhakdongne Publishing Corp.
All rights reserved.
This Korean edition is published by arrangement with The Wylie Agency Ltd.

이 도서의 국립중앙도서관 출판예정도서목록(CIP)은
서지정보유통지원시스템 홈페이지(http://seoji.nl.go.kr)와
국가자료종합목록 구축시스템(http://kolis-net.nl.go.kr)에서 이용하실 수 있습니다.
(CIP제어번호: CIP2016029637)

밥 딜런

시가 된 노래들
1961-2012

서대경 · 황유원 옮김

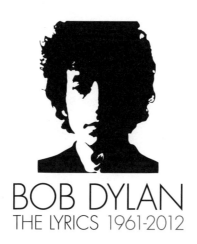

BOB DYLAN
THE LYRICS 1961-2012

문학동네

Contents

1961 —

2012

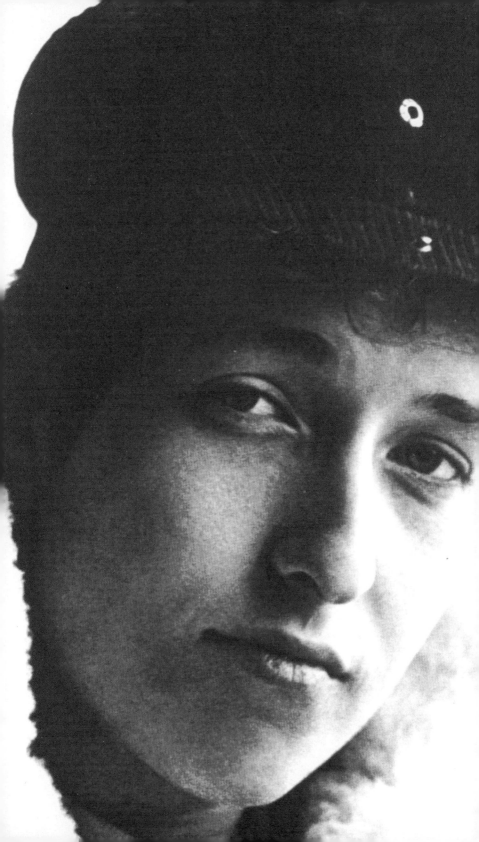

Bob Dylan 1962

밥 딜런

Talking New York
Song to Woody

additional early lyrics

Hard Times in New York Town

Talking Bear Mountain Picnic Massacre Blues

Rambling, Gambling Willie

Standing on the Highway

Poor Boy Blues

Ballad for a Friend

Man on the Street

Talkin' John Birch Paranoid Blues

The Death of Emmett Till

Let Me Die in My Footsteps

Baby, I'm in the Mood for You

Long Ago, Far Away

Ain't Gonna Grieve

Gypsy Lou

Long Time Gone

Walkin' Down the Line

Train A-Travelin'

Ballad of Donald White

Quit Your Low Down Ways

I'd Hate to Be You on That Dreadful Day

Mixed up Confusion

Hero Blues

Tomorrow Is a Long Time

Bob Dylan's New Orleans Rag

All Over You

John Brown

Farewell

Talking New York

Ramblin' outa the wild West
Leavin' the towns I love the best
Thought I'd seen some ups and downs
'Til I come into New York town
People gain' down to the ground
Buildings goin' up to the sky

Wintertime in New York town
The wind blowin' snow around
Walk around with nowhere to go
Somebody could freeze right to the bone
I froze right to the bone
New York Times said it was the coldest winter in seventeen years
I didn't feel so cold then

I swung onto my old guitar
Grabbed hold of a subway car
And after a rocking, reeling, rolling ride
I landed up on the downtown side
Greenwich Village

I walked down there and ended up
In one of them coffee-houses on the block
Got on the stage to sing and play
Man there said, "Come back some other day
You sound like a hillbilly
We want folk singers here"

Well, I got a harmonica job, begun to play
Blowin' my lungs out for a dollar a day
I blowed inside out and upside down
The man there said he loved m' sound
He was ravin' about how he loved m' sound
Dollar a day's worth

And after weeks and weeks of hangin' around
I finally got a job in New York town
In a bigger place, bigger money too
Even joined the union and paid m' dues

- 포크송의 한 형식으로, 자유로운 리듬에 푸념 섞인 이야기를 늘어놓는 노래.
- 미국 애팔래치아산맥 지방의 농민들 사이에서 불리던 민요. 컨트리음악의 전신이라 할 수 있다.

Bob Dylan

뉴욕 토킹블루스

황량한 서부 떠돌아다니며
내 가장 사랑하는 도시들 떠나오며
그동안 보아왔다 생각했지, 인생의 오르막과 내리막을
그랬다네, 뉴욕에 오기 전까지,
사람들 지하로 내려가고
빌딩들 하늘 향해 솟아오르는 그곳

뉴욕에서의 겨울날들
눈보라는 휘몰아치는데
갈 곳 없이 돌아다녔지
누군가는 뼛속까지 얼어붙었을지도 몰라
그래, 내가 바로 그랬으니까
〈뉴욕 타임스〉에서는 십칠 년 만의 최고 한파라고 떠들어댔지만
그때 난 그리 추운 줄도 몰랐지

몸은 낡은 기타 위로 흔들리고
지하철 손잡이 꼭 붙잡았지
흔들흔들 덜컹덜컹 지하철 타고서
그리니치빌리지 쪽
다운타운에 내렸지

길 따라 걸어가다 마침내
한 커피하우스에 들어갔지
무대에 올라 노래하고 연주했어
그러자 거기 사람이 말했네, "다음에 또 와주게
자넨 힐빌리** 스타일 음악을 하는군
우린 포크송 가수가 필요하다네"

음, 하모니카 반주자 자리를 얻었네, 그렇게
시작했네, 보수는 하루 1달러, 허파가 터져라 불어댔지
속이 뒤집어지도록 하모니카 불었네
거기 사람은 내 소리가 마음에 든다고 했어

11

Now, a very great man once said
That some people rob you with a fountain pen
It didn't take too long to find out
Just what he was talkin' about
A lot of people don't have much food on their table
But they got a lot of forks 'n' knives
And they gotta cut somethin'

So one mornin' when the sun was warm
I rambled out of New York town
Pulled my cap down over my eyes
And headed out for the western skies
So long, New York
Howdy, East Orange

입에 침이 마르도록 칭찬했지, 하루 1달러짜리
연주로는 꽤나 좋다고

그렇게 몇 주 또 몇 주 카페들 드나든 끝에
뉴욕 시내에서 더 큰 무대,
더 많은 보수 받는 자리 구했지
심지어 협회에도 가입하고 회비까지 냈다네
그런데 한번은 어느 아주 훌륭한 양반이 내게 말했지
펜대 굴리는 인간들이 자넬 털어먹을 거야
얼마 지나지 않아 그 양반 말씀이
무슨 뜻인지 알게 되었네
테이블 위에 먹을 건 얼마 없고, 포크와 나이프만
잔뜩 있는 인간들, 그걸로 무엇이든 잘라야 직성 풀리는
인간들이 떼거리로 있었지

그래서 햇빛 따사로운 어느 날 아침
나는 뉴욕을 떠났네
눈 아래로 깊숙이 모자 눌러쓰고
서부 하늘 있는 곳 향해 출발했지
잘 있거라, 뉴욕이여
만나서 반가워, 이스트오렌지여

Song to Woody

I'm out here a thousand miles from my home
Walkin' a road other men have gone down
I'm seein' your world of people and things
Your paupers and peasants and princes and kings

Hey, hey, Woody Guthrie, I wrote you a song
'Bout a funny ol' world that's a-comin' along
Seems sick an' it's hungry, it's tired an' it's torn
It looks like it's a-dyin' an' it's hardly been born

Hey, Woody Guthrie, but I know that you know
All the things that I'm a-sayin' an' a-many times more
I'm a-singin' you the song, but I can't sing enough
'Cause there's not many men that done the things that you've done

Here's to Cisco an' Sonny an' Leadbelly too
An' to all the good people that traveled with you
Here's to the hearts and the hands of the men
That come with the dust and are gone with the wind

I'm a-leavin' tomorrow, but I could leave today
Somewhere down the road someday
The very last thing that I'd want to do
Is to say I've been hittin' some hard travelin' too

- 미국의 포크 싱어송라이터. 밥 딜런에게 큰 영향을 끼쳤다(1912~1967).
- ·· 모두 밥 딜런에게 영향을 끼친 동시대의 뮤지션들.
- ··· 우디 거스리의 노래 〈Pastures of Plenty〉의 한 구절.
- ···· 우디 거스리의 노래 〈Hard Travelin'〉.

Bob Dylan

우디*에게 바치는 노래

나 여기 내 고향에서 천 마일 떨어진 곳에 와 있어요
타인들 지나다니는 길 걸으며
당신의 세상 속 사람들, 풍경들
거지들, 농부들, 왕자와 왕들을 보고 있어요

이봐요, 이봐요, 우디 거스리, 당신을 위해 노래 하나 썼어요
내 눈앞에 펼쳐지는 이 우습고 낡은 세상에 대한 노래,
이 세상은 아프고, 굶주리고, 지치고, 찢긴 듯 보여요
죽어가고 있는 것도 같고 아직 채 태어나지 않은 것도 같아요

이봐요, 우디 거스리, 하지만 난 알아요 당신이 알고 있다는 것을
내가 지금 이야기하는 것들을, 그리고 그보다 훨씬 더 많은 것들을
당신을 위해 노래 부르고 있어요, 하지만 성에 차지가 않네요
당신이 해온 것과 같은 걸 하는 사람은 많지 않거든요

시스코와 소니, 그리고 레드 벨리**를 위해 건배
그리고 당신과 함께 여행했던 그 모든 좋은 사람들을 위해
먼지와 함께 왔다 바람과 함께 사라진***
그들의 심장과 손을 위해 건배

난 내일 이곳을 떠나요, 아니, 오늘이라도 떠날지 모르죠
저 길 따라, 또다른 날, 또다른 어딘가로
그리고 마지막으로 바람이 있다면, 나 역시도
나름대로 고된 여행****을 해왔노라고 말하고 싶어요

Hard Times in New York Town

Come you ladies and you gentlemen, a-listen to my song
Sing it to you right, but you might think it's wrong
Just a little glimpse of a story I'll tell
'Bout an East Coast city that you all know well
It's hard times in the city
Livin' down in New York town

Old New York City is a friendly old town
From Washington Heights to Harlem on down
There's a-mighty many people all millin' all around
They'll kick you when you're up and knock you when you're down
It's hard times in the city
Livin' down in New York town

It's a mighty long ways from the Golden Gate
To Rockefeller Plaza 'n' the Empire State
Mister Rockefeller sets up as high as a bird
Old Mister Empire never says a word
It's hard times from the country
Livin' down in New York town

Well, it's up in the mornin' tryin' to find a job of work
Stand in one place till your feet begin to hurt
If you got a lot o' money you can make yourself merry
If you only got a nickel, it's the Staten Island Ferry
And it's hard times in the city
Livin' down in New York town

Mister Hudson come a-sailin' down the stream
And old Mister Minuet paid for his dream
Bought your city on a one-way track
'F I had my way I'd sell it right back
And it's hard times in the city
Livin' down in New York town

I'll take all the smog in Cal-i-for-ne-ay
'N' every bit of dust in the Oklahoma plains
'N' the dirt in the caves of the Rocky Mountain mines
It's all much cleaner than the New York kind

- 무료로 운행된다.

.. 1609년 영국의 탐험가 H. 허드슨이 맨해튼섬을 탐험했고, 1626년 네덜란드 총독 F. 미뉴에트가
원주민에게서 이 섬을 매입했다.

Bob Dylan

뉴욕의 불경기

오세요, 숙녀분들, 신사분들, 내 노랠 들어봐요
내가 제대로 불러도 여러분은 틀렸다 생각할지 모르죠
내가 이제 부르려는, 여러분이 다들 잘 아는
이스트코스트의 어느 도시에 대한 내 노래를 얼마 듣지도 않고서
　말이죠
지금은 뉴욕에서 살아가기
어려운 시절

옛 뉴욕은 정답고 오래된 도시였지
워싱턴하이츠부터 그 밑으로 쭉 내려가 할렘까지
온 거리에 바글대는 인간들
당신이 일어서면 발로 차고 당신이 앉으면 두들겨패지
지금은 뉴욕에서 살아가기
어려운 시절

골든게이트에서부터 록펠러플라자까지,
그리고 엠파이어스테이트까지는 꽤나 먼 거리
록펠러 씨는 새처럼 높은 곳에 자리잡고
늙은 엠파이어 씨는 도통 말이 없다네
지금은 뉴욕에서 살아가기
어려운 시절

음, 일자리 구하려고 아침에 일어나
한곳에 서 있지, 발이 아파올 때까지
돈만 많으면 얼마든지 즐길 수 있다네
가진 게 달랑 5센트 동전 한 닢뿐이라면, 뭐 스태튼 페리*나 타야지
그리고 지금은 뉴욕에서 살아가기
어려운 시절

허드슨 씨는 강을 따라 항해하고
늙은 미뉴에트 씨는 자신의 꿈을 위해 대가를 치렀지**
그가 당신의 도시를 샀지, 그건 돌이킬 수 없는 일

And it's hard times in the city
Livin' down in New York town

So all you newsy people, spread the news around
You c'n listen to m' story, listen to m' song
You c'n step on my name, you c'n try 'n' get me beat
When I leave New York, I'll be standin' on my feet
And it's hard times in the city
Livin' down in New York town

나였으면, 바로 되팔았을 텐데
그리고 지금은 뉴욕에서 살아가기
어려운 시절

나라면 그 돈으로 캘-리-포-니-아 하늘의 스모그를 사겠어
오클라호마 평원의 흙먼지 한 톨까지
로키마운틴 광산 동굴의 흙알갱이 한 알까지 몽땅 사겠어
적어도 그것들이 뉴욕스러운 것들보단 훨씬 깨끗하지
그리고 지금은 뉴욕에서 살아가기
어려운 시절

호사가들이여, 뉴스를 온 사방에 퍼뜨리라
당신들은 내 이야기를 들을 수 있고, 내 노래를 들을 수 있지
내 이름을 짓밟을 수 있고, 날 두들겨팰 수도 있지
뉴욕을 뜨는 날, 난 내 힘으로 서겠어
그리고 지금은 뉴욕에서 살아가기
어려운 시절

Talking Bear Mountain
Picnic Massacre Blues

I saw it advertised one day
Bear Mountain picnic was comin' my way
"Come along 'n' take a trip
We'll bring you up there on a ship
Bring the wife and kids
Bring the whole family"
Yippee!

Well, I run right down 'n' bought a ticket
To this Bear Mountain Picnic
But little did I realize
I was in for a picnic surprise
Had nothin' to do with mountains
I didn't even come close to a bear

Took the wife 'n' kids down to the pier
Six thousand people there
Everybody had a ticket for the trip
"Oh well," I said, "it's a pretty big ship
Besides, anyway, the more the merrier"

Well, we all got on 'n' what d'ya think
That big old boat started t' sink
More people kept a-pilin' on
That old ship was a-slowly goin' down
Funny way t' start a picnic

Well, I soon lost track of m' kids 'n' wife
So many people there I never saw in m' life
That old ship sinkin' down in the water
Six thousand people tryin' t' kill each other
Dogs a-barkin', cats a-meowin'
Women screamin', fists a-flyin', babies cryin'
Cops a-com in', me a-runnin'
Maybe we just better call off the picnic

I got shoved down 'n' pushed around
All I could hear there was a screamin' sound
Don't remember one thing more
Just remember wakin' up on a little shore
Head busted, stomach cracked

• 미국 뉴욕주 허드슨강 양쪽 기슭의 산맥 허드슨하이랜즈(Hudson Highlands)의 한 봉우리.

Bob Dylan

베어마운틴˙ 피크닉 대참사 토킹블루스

어느 날 광고를 보았지
내 눈에 들어온 건 바로 베어마운틴 피크닉
"어서 오세요, 함께 여행을 떠나요
배로 그곳까지 태워드립니다
아내, 아이들 동반 환영
온 가족 동반 환영"
오호!

그 길로 바로 샀지,
베어마운틴 피크닉 티켓을
그땐 몰랐지,
이 깜짝 피크닉이
마운틴과 아무 상관 없다는 걸
마운틴은커녕 베어 근처도 못 갔지

아내와 아이들 데리고 항구에 갔지
육천 명의 사람들이 그곳에 있었네
다들 피크닉 티켓 손에 들고
"음, 뭐 괜찮아," 내가 말했지, "그래도 배가 꽤 크니까,
사람이 많을수록 더 즐거운 법이지"

그렇게 우린 배에 탔지, 그래서 무슨 일이 벌어졌을까
그 고물 보트가 가라앉기 시작했다네
사람들은 한쪽으로 몰려 무더기처럼 쌓이고
고물 배는 천천히 아래로 기울었지
시작부터 일이 재미있어지는걸

그러고 머지않아 아이들과 아내가 보이지 않았지
평생 그렇게 많은 사람 본 적 없었어
고물 배가 바다로 잠겨드는 동안
육천 명의 사람이 서로 죽이려 기를 썼지
개들은 짖어대고 고양이들은 야옹야옹

Feet splintered, I was bald, naked······
Quite lucky to be alive though

Feelin' like I climbed outa m' casket
I grabbed back hold of m' picnic basket
Took the wife 'n' kids 'n' started home
Wishin' I'd never got up that morn

Now, I don't care just what you do
If you wanta have a picnic, that's up t' you
But don't tell me about it, I don't wanta hear it
'Cause, see, I just lost all m' picnic spirit
Stay in m' kitchen, have m' own picnic······
In the bathroom

Now, it don't seem to me quite so funny
What some people are gonna do f'r money
There's a bran' new gimmick every day
Just t' take somebody's money away
I think we oughta take some o' these people
And put 'em on a boat, send 'em up to Bear Mountain······
For a picnic

Bob Dylan

여자들이 비명 지르고 주먹은 허공을 날고 아기들이 울고
경비원이 달려들고 난 도망치고
피크닉은 그쯤에서 취소하는 게 나았을 거야

마구 떠밀리고 마구 밀치고
들리는 건 오직 비명소리뿐
그러곤 기억나는 게 없지
어느 작은 해변가에서 내가 깨어났다는 것 말고는
머리는 깨지고 갈비뼈는 부러지고
발바닥은 찢어지고 옷은 벗겨져 알몸뚱이로……
그래 안 죽은 게 어디야

관 밖으로 기어나온 듯한 기분으로
피크닉 가방 찾아 집어들고
아내와 아이들 챙겨 집으로 출발했지
차라리 그날 아침엔 침대 밖으로 나가지도 말았어야 하는 건데

자 그래, 난 당신들이 무얼 하건 상관 안 해,
피크닉을 가고 싶으시다면 뭐, 그러시든지
단 나한테 피크닉 얘긴 꺼내지 마, 그런 얘기 안 듣고 싶어
왜냐하면, 알잖아, 난 피크닉이라면 정나미가 떨어졌어
난 내 부엌에, 욕실에 머무르면서
나만의 피크닉을 즐길 거야……

자 그래, 내겐 피크닉 얘기가 그리 재밌게 들리지 않아
그게 다 누가 돈 벌려고 벌이는 짓이지
하루가 멀다 하고 신종 사기가 생겨나는 세상이잖아
남의 돈 털어먹으려고 말이야
그런 인간들은 잡아다가
보트에 태워 피크닉을 보내주는 게 좋겠어
저기 저 베어마운틴으로……

Rambling, Gambling Willie

Come around you rovin' gamblers and a story I will tell
About the greatest gambler, you all should know him well
His name was Will O'Conley and he gambled all his life
He had twenty-seven children, yet he never had a wife
And it's ride, Willie, ride
Roll, Willie, roll
Wherever you are a-gamblin' now, nobody really knows

He gambled in the White House and in the railroad yards
Wherever there was people, there was Willie and his cards
He had the reputation as the gamblin'est man around
Wives would keep their husbands home when Willie came to town
And it's ride, Willie, ride
Roll, Willie, roll
Wherever you are a-gamblin' now, nobody really knows

Sailin' down the Mississippi to a town called New Orleans
They're still talkin' about their card game on that Jackson River Queen
"I've come to win some money," Gamblin' Willie says
When the game finally ended up, the whole damn boat was his
And it's ride, Willie, ride
Roll, Willie, roll
Wherever you are a-gamblin' now, nobody really knows

Up in the Rocky Mountains in a town called Cripple Creek
There was an all-night poker game, lasted about a week
Nine hundred miners had laid their money down
When Willie finally left the room, he owned the whole damn town
And it's ride, Willie, ride
Roll, Willie, roll
Wherever you are a-gamblin' now, nobody really knows

But Willie had a heart of gold and this I know is true
He supported all his children and all their mothers too
He wore no rings or fancy things, like other gamblers wore
He spread his money far and wide, to help the sick and the poor
And it's ride, Willie, ride
Roll, Willie, roll
Wherever you are a-gamblin' now, nobody really knows

When you played your cards with Willie, you never really knew
Whether he was bluffin' or whether he was true

Bob Dylan

떠돌이 노름꾼 윌리

이리 모여봐요, 뜨내기 노름꾼 양반들, 내 얘길 들어봐요
세상에서 가장 위대한 노름꾼 얘길 해드릴게, 당신들 모두 꼭 알아둬야
 한다오
이름은 윌리 오콘리, 평생을 노름과 함께했지
자식이 스물일곱 명인데 마누라는 한 명도 없다네
얹어라, 윌리, 판돈을 얹어
굴려라, 윌리, 주사위 굴려
어디서 노름을 하건 그대를 제대로 아는 이 아무도 없지

백악관에서도 기차역에서도 윌리는 노름을 했지
사람들 모인 곳엔 어김없이 윌리와 그의 카드가 있다네
최고의 노름꾼으로 명성 자자하니
윌리가 떴다면 동네 아낙들 남편 집에 붙잡아두기 바빴지
얹어라, 윌리, 판돈을 얹어
굴려라, 윌리, 주사위 굴려
어디서 노름을 하건 그대를 제대로 아는 이 아무도 없지

뉴올리언스라 불리는 마을로 미시시피강을 타고 가는데
사람들 아직도 퀸스랜드 잭슨강에서 벌인 카드 게임 얘길 하는 걸
 보고는
노름꾼 윌리는 말했다네 "어디 조금만 따볼까"
그리고 마침내 판이 끝났을 때, 망할 그 배가 그의 것이 되었지
얹어라, 윌리, 판돈을 얹어
굴려라, 윌리, 주사위 굴려
어디서 노름을 하건 그대를 제대로 아는 이 아무도 없지

저 로키산맥 크리플크리크라는 도시에서
일주일 밤새 포커판이 벌어졌네
구백 명 광부들이 앞다퉈 판돈을 걸었네
그리고 마침내 윌리가 도박장을 나왔을 때, 망할 도시 전체가 그의 것이
 되었지
얹어라, 윌리, 판돈을 얹어

He won a fortune from a man who folded in his chair
The man, he left a diamond flush, Willie didn't even have a pair
And it's ride, Willie, ride
Roll, Willie, roll
Wherever you are a-gamblin' now, nobody really knows

It was late one evenin' during a poker game
A man lost all his money, he said Willie was to blame
He shot poor Willie through the head, which was a tragic fate
When Willie's cards fell on the floor, they were aces backed with eights
And it's ride, Willie, ride
Roll, Willie, roll
Wherever you are a-gamblin' now, nobody really knows

So all you rovin' gamblers, wherever you might be
The moral of the story is very plain to see
Make your money while you can, before you have to stop
For when you pull that dead man's hand, your gamblin' days are up
And it's ride, Willie, ride
Roll, Willie, roll
Wherever you are a-gamblin' now, nobody really knows

Bob Dylan

굴려라, 윌리, 주사위 굴려
어디서 노름을 하건 그대를 제대로 아는 이 아무도 없지

하지만 윌리는 황금 같은 마음씨를 지닌 사나이, 이것이 진실임을 나는 알지
자기 자식들 모두 먹여 살리고 그 자식들의 엄마들한테도 그랬지
다른 노름꾼들처럼 반지 하나 끼는 법도 멋부리는 법도 없었다네
가진 돈 두루두루 베풀어 병들고 가난한 자 도왔다네
엎어라, 윌리, 판돈을 엎어
굴려라, 윌리, 주사위 굴려
어디서 노름을 하건 그대를 제대로 아는 이 아무도 없지

당신이 윌리와 카드를 할 때, 당신은 절대 알아채지 못하지
그가 공갈을 치고 있는지 아니면 진짜 패를 들고 있는지
자기 차례에 패를 접은 한 남자에게서 그는 거금을 땄다네
그 남자는 다이아몬드 플러시를 남겼지, 윌리는 페어조차 갖고 있지 않았지
엎어라, 윌리, 판돈을 엎어
굴려라, 윌리, 주사위 굴려
어디서 노름을 하건 그대를 제대로 아는 이 아무도 없지

포커 게임이 벌어지던 어느 늦은 밤이었지
한 남자가 돈을 몽땅 잃었고, 그는 윌리가 비난받아야 한다고 말했지
그가 불쌍한 윌리의 머리에 총을 쐈다네, 비극적인 최후였지
윌리의 카드들이 바닥에 떨어졌을 때, 그것들은 8번 카드들 아래 깔린
    에이스들이었어
엎어라, 윌리, 판돈을 엎어
굴려라, 윌리, 주사위 굴려
어디서 노름을 하건 그대를 제대로 아는 이 아무도 없지

그러니 어디들 있든지간에, 그대들 모든 떠돌이 노름꾼들이여
이 이야기의 교훈은 픽이나 알기 쉽다오
멈춰야 하는 때가 오기 전에, 할 수 있는 한 돈을 버시라
당신이 저 죽은 자의 손을 잡아당길 때, 당신의 노름꾼 시절은 끝날 테니
    말이오
엎어라, 윌리, 판돈을 엎어
굴려라, 윌리, 주사위 굴려
어디서 노름을 하건 그대를 제대로 아는 이 아무도 없지

Standing on the Highway

Well, I'm standin' on the highway
Tryin' to bum a ride, tryin' to bum a ride
Tryin' to bum a ride
Well, I'm standin' on the highway
Tryin' to bum a ride, tryin' to bum a ride
Tryin' to bum a ride
Nobody seem to know me
Everybody pass me by

Well, I'm standin' on the highway
Tryin' to hold up, tryin' to hold up
Tryin' to hold up and be brave
Well, I'm standin' on the highway
Tryin' to hold up, tryin' to hold up and be brave
One road's goin' to the bright lights
The other's goin' down to my grave

Well, I'm lookin' down at two cards
They seem to be handmade
Well, I'm lookin' down at two cards
They seem to be handmade
One looks like it's the ace of diamonds
The other looks like it is the ace of spades

Well, I'm standin' on the highway
Watchin' my life roll by
Well, I'm standin' on the highway
Watchin' my life roll by
Well, I'm standin' on the highway
Tryin' to bum a ride

Well, I'm standin' on the highway
Wonderin' where everybody went,
    wonderin' where everybody went
Wonderin' where everybody went
Well, I'm standin' on the highway
Wonderin' where everybody went,
    wonderin' where everybody went
Wonderin' where everybody went
Please mister, pick me up
I swear I ain't gonna kill nobody's kids

Bob Dylan

고속도로 위에서

이봐, 난 고속도로 위에 서 있어
차를 얻어 타려고, 얻어 타려고
차를 얻어 타려고
이봐, 난 고속도로 위에 서 있어
차를 얻어 타려고, 얻어 타려고
차를 얻어 타려고
이곳엔 날 아는 이 아무도 없고
모두가 나를 지나쳐가네

이봐, 난 고속도로 위에 서 있어
똑바로 서려고, 서려고
똑바로 서려고, 용기를 내려고
이봐, 난 고속도로 위에 서 있어
똑바로 서려고, 서려고, 용기를 내려고
한쪽 도로는 밝은 빛 속으로 가는 길
다른 한쪽은 내 무덤 속으로 가는 길

이봐, 난 카드 두 장을 내려다본다네
손으로 만든 듯한
이봐, 난 카드 두 장을 내려다본다네
직접 만든 듯한
한 장은 다이아몬드 에이스
다른 한 장은 스페이드 에이스

이봐, 난 고속도로 위에 서 있어
내 인생이 흘러가는 걸 보네
이봐, 난 고속도로 위에 서 있어
내 인생이 흘러가는 걸 보네
이봐, 난 고속도로 위에 서 있어
차를 얻어 타려고

이봐, 난 고속도로 위에 서 있어

I wonder if my good gal
I wonder if she knows I'm here
Nobody else seems to know I'm here
I wonder if my good gal
I wonder if she knows I'm here
Nobody else seems to know I'm here
If she knows I'm here, Lawd
I wonder if she said a prayer

Bob Dylan

다들 어디로 갔는지 궁금해하며
　다들 어디로 갔는지
다들 어디로 갔는지 궁금해하며
이봐, 난 고속도로 위에 서 있어
다들 어디로 갔는지 궁금해하며
　다들 어디로 갔는지
다들 어디로 갔는지 궁금해하며
이봐요, 아저씨, 나 좀 태워줘요
어느 누구의 아이도 죽이지 않겠다고 맹세할게요

아는지, 나의 착한 그녀는
아는지, 내가 여기 있는 걸
아무도 내가 여기 있는지 모르는 것 같고
아는지, 나의 착한 그녀는
아는지, 내가 여기 있는 걸
아무도 내가 여기 있는지 모르는 것 같고
내가 여기 있는 걸 그녀가 안다면, 오 하느님
날 위해 기도라도 해줄는지

Poor Boy Blues

Mm, tell mama
Where'd ya sleep last night?
Cain't ya hear me cryin'?
Hm, hm, hm

Hey, tell me baby
What's the matter here?
Cain't ya hear me cryin'?
Hm, hm, hm

Hey, stop you ol' train
Let a poor boy ride
Cain't ya hear me cryin'?
Hm, hm, hm

Hey, Mister Bartender
I swear I'm not too young
Cain't ya hear me cryin'?
Hm, hm, hm

Blow your whistle, policeman
My poor feet are trained to run
Cain't ya hear me cryin'?
Hm, hm, hm

Long-distance operator
I hear this phone call is on the house
Cain't ya hear me cryin'?
Hm, hm, hm

Ashes and diamonds
The diff'rence I cain't see
Cain't ya hear me cryin'?
Hm, hm, hm

Mister Judge and Jury
Cain't you see the shape I'm in?
Don't ya hear me cryin'?
Hm, hm, hm

Mississippi River
You a-runnin' too fast for me

Bob Dylan

불쌍한 소년의 블루스

음, 말해줘요, 엄마
지난밤엔 어디서 주무셨어요?
내 흐느끼는 소리가 들리지 않나요?
흠, 흠, 흠

이봐요, 말해봐요, 그대
대체 무슨 일이죠?
내 흐느끼는 소리가 들리지 않나요?
흠, 흠, 흠

어이, 거기 서, 고물 기차
가난한 소년도 탈 수 있게 해줘
내 흐느끼는 소리가 들리지 않니?
흠, 흠, 흠

이봐요, 바텐더 씨
맹세해요, 나 그렇게 어리지 않다고요
내 흐느끼는 소리가 들리지 않나요?
흠, 흠, 흠

호루라기를 불어요, 경찰 아저씨
불쌍한 내 발은 뛰는 데 이골이 났으니
내 흐느끼는 소리가 들리지 않나요?
흠, 흠, 흠

장거리 전화교환수님
이 통화는 공짜라고 들었는데요
내 흐느끼는 소리가 들리지 않나요?
흠, 흠, 흠

재와 다이아몬드
난 그 둘이 뭐가 다른지 모르겠어

Cain't ya hear me cryin'?
Hm, hm, hm

내 흐느끼는 소리가 들리지 않나요?
흠, 흠, 흠

판사님, 그리고 배심원님
제 처지가 어떤지 모르시겠어요?
내 흐느끼는 소리를 듣지 않는군요
흠, 흠, 흠

미시시피강아
너의 물살이 내겐 지나치게 빠르구나
내 흐느끼는 소리가 들리지 않니?
흠, 흠, 흠

Ballad for a Friend

Sad I'm a-sittin' on the railroad track
Watchin' that old smokestack
Train is a-leavin' but it won't be back

Years ago we hung around
Watchin' trains roll through the town
Now that train is a-graveyard bound

Where we go up in that North Country
Lakes and streams and mines so free
I had no better friend than he

Something happened to him that day   )
I thought I heard a stranger say
I hung my head and stole away

A diesel truck was rollin' slow
Pullin' down a heavy load
It left him on a Utah road

They carried him back to his home town
His mother cried, his sister moaned
Listenin' to them church bells tone

Bob Dylan

한 친구를 위한 발라드

슬픔에 잠겨, 나 여기 철로 위에 앉아 있네
저 낡은 굴뚝 바라보며
기차는 떠나가지만 다신 돌아오지 않겠지

몇 해 전 우린 함께 다니며
도시를 가로지르는 기차들을 구경했지
이제 저 기차는 묘지행 기차

저 북쪽 지역에서 우리가 오르던
그토록 자유로운 호수들과 개울들 그리고 광산들
그는 내 둘도 없는 친구였지

그날 그 친구에게 무슨 일이 생겼지
어느 낯선 사람이 그렇게 말한 걸 들었던 것 같아
난 고개를 떨구고 그곳을 빠져나왔지

디젤 트럭이 천천히 달리고 있었고
무거운 짐이 떨어졌고
유타 도로 위에 내 친구 남겨두고 떠났지

사람들이 내 친구를 고향으로 옮겨오던 날
그의 엄마는 울부짖고, 그의 누나는 흐느꼈지
그 소리 들으며 교회종도 구슬피 울었지

Man on the Street

I'll sing you a song, ain't very long
'Bout an old man who never done wrong
How he died nobody can say
They found him dead in the street one day

Well, the crowd, they gathered one fine morn
At the man whose clothes 'n' shoes were torn
There on the sidewalk he did lay
They stopped 'n' stared 'n' walked their way

Well, the p'liceman come and he looked around
"Get up, old man, or I'm a-takin' you down"
He jabbed him once with his billy club
And the old man then rolled off the curb

Well, he jabbed him again and loudly said
"Call the wagon; this man is dead"
The wagon come, they loaded him in
I never saw the man again

I've sung you my song, it ain't very long
'Bout an old man who never done wrong
How he died no one can say
They found him dead in the street one day

Bob Dylan

길 위의 남자

노래 하나 들려줄게요, 그리 길지 않아요
평생 나쁜 짓 한 번 해본 적 없는 한 늙은이에 대한 노래
그가 어떻게 죽었는지는 아무도 모르죠
어느 날 길에서 죽은 채로 발견되었죠

음, 사람들이 모여들었죠, 어느 화창한 아침이었어요
찢어진 옷에 찢어진 신발의 그 남자에게로
그는 보도에 누워 있었죠
사람들은 멈춰 서서 쳐다보고는 다시 제 갈 길을 갔어요

음, 경찰이 오더니 주위를 둘러보고는
"일어나, 영감, 끌고 가버리기 전에"
경찰은 곤봉으로 남자의 몸을 한 번 쿡 찔렀죠
그러자 그 몸뚱이가 도로 턱 아래로 굴러갔어요

음, 경찰은 한번 더 그의 몸을 곤봉으로 찔러보고는 큰 소리로
"수송차를 불러! 이 사람 죽었어!"
수송차가 오고, 사람들이 그를 차에 실었죠
그러고 그를 다시는 보지 못했어요

자 이것이 나의 노래예요, 그리 길진 않죠
평생 나쁜 짓 한 번 해본 적 없는 한 늙은이에 대한 노래
그가 어떻게 죽었는지는 아무도 모르죠
어느 날 길에서 죽은 채로 발견되었죠

Talkin' John Birch Paranoid Blues

Well, I was feelin' sad and feelin' blue
I didn't know what in the world I wus gonna do
Them Communists they wus comin' around
They wus in the air
They wus on the ground
They wouldn't gimme no peace······

So I run down most hurriedly
And joined up with the John Birch Society
I got me a secret membership card
And started off a-walkin' down the road
Yee-hoo, I'm a real John Bircher now!
Look out you Commies!

Now we all agree with Hitler's views
Although he killed six million Jews
It don't matter too much that he was a Fascist
At least you can't say he was a Communist!
That's to say like if you got a cold you take a shot of malaria

Well, I wus lookin' everywhere for them gol-darned Reds
I got up in the mornin' 'n' looked under my bed
Looked in the sink, behind the door
Looked in the glove compartment of my car
Couldn't find 'em······

I wus lookin' high an' low for them Reds everywhere
I wus lookin' in the sink an' underneath the chair
I looked way up my chimney hole
I even looked deep down inside my toilet bowl
They got away······

Well, I wus sittin' home alone an' started to sweat
Figured they wus in my T.V. set
Peeked behind the picture frame
Got a shock from my feet, hittin' right up in the brain
Them Reds caused it!
I know they did······ them hard-core ones

Well, I quit my job so I could work all alone
Then I changed my name to Sherlock Holmes

* 1958년 로버트 W. 웰치 주니어가 공산주의 타도를 주창하며 세운 미국의 극우단체.

Bob Dylan

존 버치 편집증 토킹블루스

난 슬프고 울적했어
그놈의 공산주의자놈들이 활개를 치고 다니는데
대체 뭘 어쩌면 좋은가 싶었지
하늘에도 공산주의자들
땅 위에도 공산주의자들
놈들 때문에 한시도 평화로울 수 없었지……

그래서 다급히 수소문한 끝에
존 버치 협회*에 가입했지
비밀회원증을 발급받고
그제야 당당히 길을 갈 수 있었지
야호, 이제 난 어엿한 존 버치 회원!
공산주의자놈들, 이젠 조심하는 게 좋을걸!

이제 우린 다들 히틀러의 견해에 찬성해
그가 육백만 명의 유대인을 죽였더라도 말이야
그가 파시스트였다는 건 크게 중요치 않아
어쨌거나 당신도 그가 공산주의자라고는 말 못하겠지!
그건 감기에 걸렸는데 말라리아 주사 맞겠다는 소리지

더러운 빨갱이놈들 찾아 어디든 쑤시고 다녔지
아침에 일어나면 침대 밑을 들여다보고
싱크대도 들여다보고 문 뒤도 보고
내 차 조수석 글러브 박스도 뒤졌는데
찾을 수가 없었지……

놈들 찾으려 위도 보고 아래도 보았지
싱크대도 들여다보고 의자 밑도 보고
굴뚝 구멍도 올려다보고
머리 처박고 변기 안도 살폈건만
전부 도망가버렸어……

Followed some clues from my detective bag
And discovered they wus red stripes on the American flag!
That ol' Betsy Ross······

Well, I investigated all the books in the library
Ninety percent of 'em gotta be burned away
I investigated all the people that I knowed
Ninety-eight percent of them gotta go
The other two percent are fellow Birchers······ just like me

Now Eisenhower, he's a Russian spy
Lincoln, Jefferson and that Roosevelt guy
To my knowledge there's just one man
That's really a true American: George Lincoln Rockwell
I know for a fact he hates Commies cus he picketed the movie *Exodus*

Well, I fin'ly started thinkin' straight
When I run outa things to investigate
Couldn't imagine doin' anything else
So now I'm sittin' home investigatin' myself!
Hope I don't find out anything······ hmm, great God!

---

* 성조기를 최초로 제작했다고 알려진 인물(1752~1836).
** 미국 나치당 창립자(1918~1967).

난 집에 홀로 앉아 땀을 흘리기 시작했어
놈들이 내 TV 속에 숨어 있을 거라는 생각이 들어서
놈들이 브라운관 뒤에서 바깥을 흘끔거리고 있었지
전율이 발끝에서 곧장 머리로 전해졌어
그놈들 빨갱이들 짓이었지!
난 알지 그놈들 짓이란 걸…… 골수까지 빨갱이놈들

난 직장을 그만뒀지, 온전히 혼자 일하려고 말이야
이름도 셜록 홈스로 바꿨어
내 수사 가방에서 꺼낸 몇 가지 실마리를 따라가봤지
성조기에 붉은 줄무늬가 있다는 걸 발견했어!
그렇다면 그 늙은 벳시 로스도……

도서관의 책들도 몽땅 다 조사했지
그중 90퍼센트는 태워버려야 할 것들이었어
내가 아는 사람들도 전부 조사했어
그중 98퍼센트는 감옥에 가야 해
나머지 2퍼센트는 존 버치 협회 회원이었어…… 바로 나처럼

그리고 아이젠하워, 러시아 스파이지
링컨, 제퍼슨, 그리고 루스벨트 그 작자도
내가 알기로 진정한 미국인이란
딱 한 사람뿐, 바로 조지 링컨 록웰**이지
그가 공산주의자를 끔찍이 싫어한다는 사실을 알아, 왜냐면 그는
〈엑소더스〉 상영관 앞에서 시위를 했거든

그리고 마침내 난 똑바로 생각하기 시작했어
조사할 만한 건 전부 뒤져봤으니
딱히 달리 할 일을 찾지 못했거든
그래서 이제 난 집에 앉아 나 자신을 조사하기 시작했네!
부디 아무것도 찾지 못하길…… 으음, 맙소사!

The Death of Emmett Till

'Twas down in Mississippi not so long ago
When a young boy from Chicago town stepped through a Southern door
This boy's dreadful tragedy I can still remember well
The color of his skin was black and his name was Emmett Till

Some men they dragged him to a barn and there they beat him up
They said they had a reason, but I can't remember what
They tortured him and did some things too evil to repeat
There were screaming sounds inside the barn, there was laughing sounds
    out on the street

Then they rolled his body down a gulf amidst a bloody red rain
And they threw him in the waters wide to cease his screaming pain
The reason that they killed him there, and I'm sure it ain't no lie
Was just for the fun of killin' him and to watch him slowly die

And then to stop the United States of yelling for a trial
Two brothers they confessed that they had killed poor Emmett Till
But on the jury there were men who helped the brothers commit this
    awful crime
And so this trial wasa mockery, but nobody seemed to mind

I saw the morning papers but I could not bear to see
The smiling brothers walkin' down the courthouse stairs
For the jury found them innocent and the brothers they went free
While Emmett's body floats the foam of a Jim Crow southern sea

If you can't speak out against this kind of thing, a crime that's so unjust
Your eyes are filled with dead men's dirt, your mind is filled with dust
Your arms and legs they must be in shackles and chains, and your blood it
    must refuse to flow
For you let this human race fall down so God-awful low!

This song is just a reminder to remind your fellow man
That this kind of thing still lives today in that ghost-robed Ku Klux Klan
But if all of us folks that thinks alike, if we gave all we could give
We could make this great land of ours a greater place to live

- • 1955년 미시시피주에서 백인 여성을 희롱했다는 확인되지 않은 이유로 집단 린치를 당한 끝에
  사망한 흑인 소년(1941~1955).
- •• 1830년대 미국 코미디 뮤지컬에서 백인 배우가 연기해 유명해진 바보 흑인 캐릭터의 이름으로,
  흑인에 대한 대표적인 멸칭으로 쓰였다.

에밋 틸*의 죽음

이것은 그리 오래되지 않은 과거에 미시시피에서 있었던 이야기
이제 막 남부에 발을 들인, 시카고 출신 어린 남자애에게 벌어진 이야기
난 지금도 똑똑히 기억하고 있지, 그 아이에게 벌어졌던 끔찍한 비극을
피부는 검었고, 이름은 에밋 틸이라 했지

한 무리의 사람들이 그 아이를 헛간으로 끌고 가 마구 두들겨팼지
그럴 만한 이유가 있었다고 그들은 말했지만, 난 그게 뭐였는지 기억나지
　않아
그들은 아이를 고문했고 차마 입에 담을 수 없을 짓을 아이에게 했어
헛간에선 비명소리 들렸고 바깥 거리에선 사람들 키득대는 소리 들렸지

핏빛 비는 내리고, 그들은 아이의 몸뚱이 데굴데굴 굴려 만灣으로
　데려갔지
그리고 바다로 아이를 던졌지, 아이의 고통스러운 비명을 멈추기 위해
거기서 아이를 죽인 건 말이야, 이건 절대 거짓말이 아닌데,
그저 죽이는 게 재미있어서였지, 아이가 천천히 죽어가는 걸
　지켜보는 게

온 미국에 재판을 요구하는 성난 목소리 일었고, 그 소리 잠재우려
한 형제가 자신들이 불쌍한 에밋 틸을 죽였노라 자백했지
배심원 중에는 이토록 끔찍한 범죄를 저지른 그들을 돕는 자들이
　있었다네
하여 재판은 엉터리로 진행되었지만 누구도 그리 신경쓰는 것 같진
　않았어

그날 아침 신문 펼쳤을 때 차마 오래 볼 수 없었지
법원 계단을 걸어내려오는 형제의 그 미소 띤 얼굴을
배심원들은 무죄를 선고했고 형제는 유유히 풀려났지
그러는 사이 에밋의 시신은 짐 크로**의 남쪽 바다 물거품 위로 둥둥
　떠다녔고

당신이 이런 일들에, 너무도 불의한 범죄에 맞서서 목소리를 내지

못한다면

당신의 눈은 죽은 자의 흙으로 채워져 있을 테고, 당신의 마음엔 먼지가
    잔뜩 쌓여 있을 거야
당신의 팔다리엔 틀림없이 족쇄와 사슬이 채워져 있을 테고, 당신의
    피는 더이상 흐르기를 원치 않을 거야
정말 그러하다면 인류는 그냥 똥구덩이에나 처박히는 게 낫지!

이 노래는 다만 당신의 이웃을 일깨우기 위한 것
오늘도 여전히 이런 일들이 저 유령 복장을 한 KKK단 안에서 벌어지고
    있다는 것을,
하지만 우리가 뜻을 함께한다면, 할 수 있는 모든 노력 다 한다면
우리의 이 위대한 나라를 한층 더 살기 좋은 곳으로 만들 수 있다는
    것을

Let Me Die in My Footsteps

I will not go down under the ground
'Cause somebody tells me that death's comin' 'round
An' I will not carry myself down to die
When I go to my grave my head will be high
Let me die in my footsteps
Before I go down under the ground

There's been rumors of war and wars that have been
The meaning of life has been lost in the wind
And some people thinkin' that the end is close by
'Stead of learnin' to live they are learnin' to die
Let me die in my footsteps
Before I go down under the ground

I don't know if I'm smart but I think I can see
When someone is pullin' the wool over me
And if this war comes and death's all around
Let me die on this land 'fore I die underground
Let me die in my footsteps
Before I go down under the ground

There's always been people that have to cause fear
They've been talking of the war now for many long years
I have read all their statements and I've not said a word
But now Lawd God, let my poor voice be heard
Let me die in my footsteps
Before I go down under the ground

If I had rubies and riches and crowns
I'd buy the whole world and change things around
I'd throw all the guns and the tanks in the sea
For they are mistakes of a past history
Let me die in my footsteps
Before I go down under the ground

Let me drink from the waters where the mountain streams flood
Let the smell of wildflowers flow free through my blood
Let me sleep in your meadows with the green grassy leaves
Let me walk down the highway with my brother in peace
Let me die in my footsteps
Before I go down under the ground

Bob Dylan

걷다 죽게 해주오

땅속으로 기어들어가지 않으리
누군가 내게 죽음이 가까워왔노라 말한다 해도
죽음 앞에 스스로를 내려놓진 않으리
무덤으로 가는 날에도 내 머리 높이 치켜세우리
걷다 죽게 해주오
저 땅속에 들기 전에

전쟁이 날 거란 소식, 그리고 이미 벌어진 전쟁
삶의 의미는 바람 속에 흩어지고
어떤 이들은 종말이 가까이 왔다 생각하며
사는 법을 배우는 대신 죽는 법을 배우고 있네
걷다 죽게 해주오
저 땅속에 들기 전에

내가 똑똑한지 어떤지는 모르지만, 누가
날 속이려 하는지 그런 것쯤은 알 수 있지
전쟁이 터지고 사방이 죽음이라 해도
지하로 들기 전에, 이 땅 위에서 죽게 해주오
걷다 죽게 해주오
저 땅속에 들기 전에

세상엔 늘 두려움을 퍼뜨리려는 자들이 있지
오랜 세월 전쟁에 대해 이야기해온 자들
그들의 성명서를 전부 읽어보았지만 난 한마디 말도 하지 않았네
그러니 주님, 가련한 제 목소리 세상에 들리게 해주소서
걷다 죽게 해주오
저 땅속에 들기 전에

내게 루비가 있다면, 내게 금은보화와 왕관이 있다면
이 세상 전체를 사서 모두 바꿔놓으리
지난 역사의 과오인
저 모든 총과 탱크를 바다에 던져넣으리

Go out in your country where the land meets the sun
See the craters and the canyons where the waterfalls run
Nevada, New Mexico, Arizona, Idaho
Let every state in this union seep down deep in your souls
And you'll die in your footsteps
Before you go down under the ground

Bob Dylan

걷다 죽게 해주오
저 땅속에 들기 전에

산에서 흘러넘치는 개울물 마시게 해주오
내 핏속에 자유로이 흐르는 야생화의 향기 맡게 해주오
당신의 초원, 그 푸른 잔디 위에서 잠들게 해주오
내 형제와 함께 평화로이 고속도로를 걸어가게 해주오
걷다 죽게 해주오
저 땅속에 들기 전에

밖으로 나오라, 그대 사는 곳, 땅과 태양이 맞닿는 곳으로
저 분화구를, 저 폭포수 흐르는 골짜기를 보라
네바다, 뉴멕시코, 애리조나, 아이다호
이 나라의 모든 주州들이 그대의 영혼 속으로 깊이 스며들게 하라
그리하여 그대는 걷다 죽으리라
그대가 저 땅속에 들기 전에

Baby, I'm in the Mood for You

Sometimes I'm in the mood, I wanna leave my lonesome home
And sometimes I'm in the mood, I wanna hear my milk cow moan
And sometimes I'm in the mood, I wanna hit that highway road
But then again, but then again, I said oh, I said oh, I said
Oh babe, I'm in the mood for you

Sometimes I'm in the mood, Lord, I had my overflowin' fill
Sometimes I'm in the mood, I'm gonna make out my final will
Sometimes I'm in the mood, I'm gonna head for the walkin' hill
But then again, but then again, I said oh, I said oh, I said
Oh babe, I'm in the mood for you

Sometimes I'm in the mood, I wanna lay right down and die
Sometimes I'm in the mood, I wanna climb up to the sky
Sometimes I'm in the mood, I'm gonna laugh until I cry
But then again, I said again, I said again, I said
Oh babe, I'm in the mood for you

Sometimes I'm in the mood, I'm gonna sleep in my pony's stall
Sometimes I'm in the mood, I ain't gonna do nothin' at all
Sometimes I'm in the mood, I wanna fly like a cannonball
But then again, but then again, I said oh, I said oh, I said
Oh babe, I'm in the mood for you

Sometimes I'm in the mood, I wanna back up against the wall
Sometimes I'm in the mood, I wanna run till I have to crawl
Sometimes I'm in the mood, I ain't gonna do nothin' at all
But then again, but then again, I said oh, I said oh, I said
Oh babe, I'm in the mood for you

Sometimes I'm in the mood, I wanna change my house around
Sometimes I'm in the mood, I'm gonna make a change in this here town
Sometimes I'm in the mood, I'm gonna change the world around
But then again, but then again, I said oh, I said oh, I said
Oh babe, I'm in the mood for you

Bob Dylan

그대가 보고 싶어요

때론 그런 기분이 들지, 나의 이 외로운 집에서 떠나고 싶다고
때론 그런 기분이 들지, 나의 젖소가 칭얼거리는 소리를 듣고 싶다고
때론 그런 기분이 들지, 저 고속도로를 달리고 싶다고
하지만 그러곤 다시, 그러곤 다시, 나는 말했지 오, 나는 말했지 오, 나는
　말했지
오 그대여, 그대가 보고 싶어요

때론 그런 기분이 들지, 오 하느님, 내 마음 넘쳐흐르도록 채우고 싶다고
때론 그런 기분이 들지, 변치 않을 의지를 품고 싶다고
때론 그런 기분이 들지, 언덕길을 오르고 싶다고
하지만 그러곤 다시, 그러곤 다시, 나는 말했지 오, 나는 말했지 오, 나는
　말했지
오 그대여, 그대가 보고 싶어요

때론 그런 기분이 들지, 이렇게 누워 죽고 싶다고
때론 그런 기분이 들지, 저 하늘 높이 오르고 싶다고
때론 그런 기분이 들지, 눈물이 날 때까지 웃고 싶다고
하지만 그러곤 다시, 나는 다시 말했지, 나는 다시 말했지, 말했지
오 그대여, 그대가 보고 싶어요

때론 그런 기분이 들지, 내 조랑말이 사는 마구간에서 잠들고 싶다고
때론 그런 기분이 들지, 그 어떤 것도 하고 싶지 않다고
때론 그런 기분이 들지, 대포알처럼 날아가고 싶다고
하지만 그러곤 다시, 그러곤 다시, 나는 말했지 오, 나는 말했지 오, 나는
　말했지
오 그대여, 그대가 보고 싶어요

때론 그런 기분이 들지, 막다른 골목에 몰리고 싶다고
때론 그런 기분이 들지, 쓰러져 기게 될 때까지 달리고 싶다고
때론 그런 기분이 들지, 그 어떤 것도 하고 싶지 않다고
하지만 그러곤 다시, 그러곤 다시, 나는 말했지 오, 나는 말했지 오, 나는
　말했지

Bob Dylan

오 그대여, 그대가 보고 싶어요

때론 그런 기분이 들지, 내 집안을 전부 바꿔놓고 싶다고
때론 그런 기분이 들지, 내가 사는 이 도시를 바꾸고 싶다고
때론 그런 기분이 들지, 이 세상을 전부 바꾸고 싶다고
하지만 그러곤 다시, 그러곤 다시, 나는 말했지 오, 나는 말했지 오, 나는
　말했지
오 그대여, 그대가 보고 싶어요

Long Ago, Far Away

To preach of peace and brotherhood
Oh, what might be the cost!
A man he did it long ago
And they hung him on a cross
Long ago, far away
These things don't happen
No more, nowadays

The chains of slaves
They dragged the ground
With heads and hearts hung low
But it was during Lincoln's time
And it was long ago
Long ago, far away
Things like that don't happen
No more, nowadays

The war guns they went off wild
The whole world bled its blood
Men's bodies floated on the edge
Of oceans made of mud
Long ago, far away
Those kind of things don't happen
No more, nowadays

One man had much money
One man had not enough to eat
One man he lived just like a king
The other man begged on the street
Long ago, far away
Things like that don't happen
No more, nowadays

One man died of a knife so sharp
One man died from the bullet of a gun
One man died of a broken heart
To see the lynchin' of his son
Long ago, far away
Things like that don't happen
No more, nowadays

Gladiators killed themselves

Bob Dylan

먼 옛날, 어느 먼 곳에서

아, 평화와 인류애를 설파하려는 자는
그로 인해 얼마나 큰 대가를 치러야 하는지!
한 남자가, 그가 바로 그렇게 했지, 오래전에
그러자 사람들은 십자가에 그를 매달았다네
먼 옛날, 어느 먼 곳에서
이제 이런 일은 일어나지 않지
아무렴, 더이상 일어나지 않지

사슬에 묶인 노예들
낮게 수그린 머리와 가슴이
땅바닥에 질질 끌렸지
하지만 그건 링컨 시절에 있었던 일
아주 오래전에 있었던 일이라네
먼 옛날, 어느 먼 곳에서
이제 이런 일은 일어나지 않지
아무렴, 더이상 일어나지 않지

전쟁터에서 총들은 미친듯이 불을 뿜었지
온 세상이 피 흘렸고
해안가 뻘밭엔
사람 시체가 밀려들었다네
먼 옛날, 어느 먼 곳에서
이제 이런 일은 일어나지 않지
아무렴, 더이상 일어나지 않지

돈 많은 한 사람
먹을 것 없는 한 사람
한 사람은 왕처럼 살았고
다른 한 사람은 길거리에서 구걸했다네
먼 옛날, 어느 먼 곳에서
이제 이런 일은 일어나지 않지
아무렴, 더이상 일어나지 않지

It was during the Roman times
People cheered with bloodshot grins
As eyes and minds went blind
Long ago, far away
Things like that don't happen
No more, nowadays

And to talk of peace and brotherhood
Oh, what might be the cost!
A man he did it long ago
And they hung him on a cross
Long ago, far away
Things like that don't happen
No more, nowadays, do they?

Bob Dylan

날카로운 칼에 찔려 죽은 한 사람
총에 맞아 죽은 한 사람
아들의 사형 장면 지켜보다
억장이 무너져 죽은 한 사람
먼 옛날, 어느 먼 곳에서
이제 이런 일은 일어나지 않지
아무렴, 더이상 일어나지 않지

검투사들은 자기들끼리 죽고 죽였지
이것은 로마 시대에 있었던 일
관중들은 핏발 선 너털웃음으로 응원했다네
눈도 마음도 멀었기에
먼 옛날, 어느 먼 곳에서
이제 이런 일은 일어나지 않지
아무렴, 더이상 일어나지 않지

그러니 평화와 인류애를 설파하려는 자는
얼마나 큰 대가를 치러야 하는지!
한 남자가, 그가 바로 그렇게 했지, 오래전에
그러자 사람들은 십자가에 그를 매달았다네
먼 옛날, 어느 먼 곳에서
이제 이런 일은 일어나지 않지
아무렴, 더이상 일어나지 않지, 그렇지?

Ain't Gonna Grieve

Well, I ain't a-gonna grieve no more, no more
Ain't a-gonna grieve no more, no more
Ain't a-gonna grieve no more, no more
And ain't a-gonna grieve no more

Come on brothers, join the band
Come on sisters, clap your hands
Tell everybody that's in the land
You ain't a-gonna grieve no more

Well, I ain't a-gonna grieve no more, no more
Ain't a-gonna grieve no more, no more
Ain't a-gonna grieve no more, no more
And ain't a-gonna grieve no more

Brown and blue and white and black
All one color on the one-way track
We got this far and ain't a-goin' back
And I ain't a-gonna grieve no more

Well, I ain't a-gonna grieve no more, no more
Ain't a-gonna grieve no more, no more
Ain't a-gonna grieve no more, no more
I ain't a-gonna grieve no more

We're gonna notify your next of kin
You're gonna raise the roof until the house falls in
If you get knocked down get up again
We ain't a-gonna grieve no more

Well, I ain't a-gonna grieve no more, no more
Ain't a-gonna grieve no more, no more
Ain't a-gonna grieve no more, no more
I ain't a-gonna grieve no more

We'll sing this song all night long
Sing it to my baby from midnight on
She'll sing it to you when I'm dead and gone
Ain't a-gonna grieve no more

Well, I ain't a-gonna grieve no more, no more
Ain't a-gonna grieve no more, no more

Bob Dylan

슬퍼하지 않으리

음, 더는 슬퍼하지 않으리, 더이상은
더는 슬퍼하지 않으리, 더는, 더이상은
더는 슬퍼하지 않으리, 더는, 더이상은
더는 슬퍼하지 않으리

오라 형제들아, 한데 뭉쳐라
오라 자매들아, 손뼉을 쳐라
이 땅의 모든 이에게 말하라
더이상은 슬퍼하지 않겠다고

음, 더는 슬퍼하지 않으리, 더이상은
더는 슬퍼하지 않으리, 더는, 더이상은
더는 슬퍼하지 않으리, 더는, 더이상은
더는 슬퍼하지 않으리

갈색, 푸른색, 흰색, 검정색
단선도로 위에서는 모두가 한 색깔
우리 이토록 멀리 왔으니 되돌릴 수 없네
더는 슬퍼하지 않으리

음, 더는 슬퍼하지 않으리, 더이상은
더는 슬퍼하지 않으리, 더는, 더이상은
더는 슬퍼하지 않으리, 더는, 더이상은
더는 슬퍼하지 않으리

우리가 그대의 가장 가까운 친척에게 통보할 거야
그대가 집이 떠나가라 고함지를 거라고
그대가 얻어맞아 쓰러진대도 다시 일어날 거라고
더는 슬퍼하지 않으리

음, 더는 슬퍼하지 않으리, 더이상은
더는 슬퍼하지 않으리, 더는, 더이상은

Ain't a-gonna grieve no more, no more
I ain't a-gonna grieve no more

더는 슬퍼하지 않으리, 더는, 더이상은
더는 슬퍼하지 않으리

온밤이 다 가도록 우린 이 노래 부르리
자정부터 이 노래를 나의 그녀에게 불러주리
내가 죽어 사라진대도 그녀가 날 위해 이 노래를 부르리
더는 슬퍼하지 않으리

음, 더는 슬퍼하지 않으리, 더이상은
더는 슬퍼하지 않으리, 더는, 더이상은
더는 슬퍼하지 않으리, 더는, 더이상은
더는 슬퍼하지 않으리

Gypsy Lou

If you getcha one girl, better get two
Case you run into Gypsy Lou
She's a ramblin' woman with a ramblin' mind
Always leavin' somebody behind
Hey, 'round the bend
Gypsy Lou's gone again
Gypsy Lou's gone again

Well, I seen the whole country through
Just to find Gypsy Lou
Seen it up, seen it down
Followin' Gypsy Lou around
Hey, 'round the bend
Gypsy Lou's gone again
Gypsy Lou's gone again

Well, I gotta stop and take some rest
My poor feet are second best
My poor feet are wearin' thin
Gypsy Lou's gone again
Hey, gone again
Gypsy Lou's 'round the bend
Gypsy Lou's 'round the bend

Well, seen her up in old Cheyenne
Turned my head and away she ran
From Denver Town to Wichita
Last I heard she's in Arkansas
Hey, 'round the bend
Gypsy Lou's gone again
Gypsy Lou's gone again

Well, I tell you what if you want to do
Tell you what, you'll wear out your shoes
If you want to wear out your shoes
Try and follow Gypsy Lou
Hey, gone again
Gypsy Lou's 'round the bend
Gypsy Lou's 'round the bend

Well, Gypsy Lou, I been told
Livin' down on Gallus Road

Bob Dylan

집시 루

네가 꼬신 그 아가씨가 혹시
집시 루라면, 한 명 더 꼬셔두는 게 좋을 거야
그녀는 떠돌이 영혼 가진 떠돌이 여자
언제나 누군갈 버리고 떠나가버리지
이봐, 그녀가 모퉁이를 돌고 있어
집시 루가 또 사라졌다네
집시 루가 또 사라졌다네

그래, 온 나라를 뒤지고 다녔지
집시 루를 찾기 위해
위도 뒤지고, 아래도 뒤졌지
집시 루의 뒤를 졸졸 따라다녔지
이봐, 그녀가 모퉁이를 돌고 있어
집시 루가 또 사라졌다네
집시 루가 또 사라졌다네

그래, 이젠 멈추고 좀 쉬어야겠어
내 불쌍한 발은 만년 2등
내 불쌍한 발은 이제 한계야
집시 루는 또 가버렸어
이봐, 또 사라졌어
집시 루가 모퉁이를 돌아가네
집시 루가 모퉁이를 돌아가네

그래, 올드 샤이엔에서 그녀를 찾아냈었지
그런데 잠시 고개 돌린 사이 도망가버렸어
덴버타운에서 위치토로,
마지막으로 들은 소문으론 아칸소 주 어딘가에 있다더군
이봐, 그녀가 모퉁이를 돌고 있어
집시 루가 또 사라졌다네
집시 루가 또 사라졌다네

Gallus Road, Arlington
Moved away to Washington
Hey, 'round the bend
Gypsy Lou's gone again
Gypsy Lou's gone again

Well, I went down to Washington
Then she went to Oregon
I skipped the ground and hopped a train
She's back in Gallus Road again
Hey, I can't win
Gypsy Lou's gone again
Gypsy Lou's gone again

Well, the last I heard of Gypsy Lou
She's in a Memphis calaboose
She left one too many a boy behind
He committed suicide
Hey, you can't win
Gypsy Lou's gone again
Gypsy Lou's gone again

Bob Dylan

그래, 원한다면 말해주지
잘 들어, 네 신발은 몽땅 닳아 해질 거야
신발 닳아 해지게 하고 싶으면
집시 루를 쫓아다녀보든지
이봐, 또 사라졌어
집시 루가 모퉁이를 돌아가네
집시 루가 모퉁이를 돌아가네

그래, 소문을 들었지
집시 루가 갈루스로드에
알링턴의 갈루스로드에 살다가
워싱턴으로 옮겨갔다고
이봐, 그녀가 모퉁이를 돌고 있어
집시 루가 또 사라졌다네
집시 루가 또 사라졌다네

그래, 난 워싱턴으로 갔지
그러자 그녀는 오리건으로 갔지
나는 뛰어서 잽싸게 기차에 올라탔지
그러자 그녀는 갈루스로드로 돌아갔지
이봐, 난 그녀를 이길 수가 없어
집시 루가 또 사라졌다네
집시 루가 또 사라졌다네

그래, 내가 들은 집시 루의 마지막 소식
멤피스의 유치장에 가 있다더군
그녀가 버리고 떠난 수많은 남자들 중
한 녀석이 자살을 했더래
이봐, 넌 절대로 못 당해낼걸
집시 루가 또 사라졌다네
집시 루가 또 사라졌다네

Long Time Gone

My parents raised me tenderly
I was their only son
My mind got mixed with ramblin'
When I was all so young
And I left my home the first time
When I was twelve and one
I'm a long time a-comin', Maw
An' I'll be a long time gone

On the western side of Texas
On the Texas plains
I tried to find a job o' work
But they said I's young of age
My eyes they burned when I heard
"Go home where you belong!"
I'm a long time a-comin'
An' I'll be a long time gone

I remember when I's ramblin'
Around with the carnival trains
Different towns, different people
Somehow they're all the same
I remember children's faces best
I remember travelin' on
I'm a long time a-comin'
I'll be a long time gone

I once loved a fair young maid
An' I ain't too big to tell
If she broke my heart a single time
She broke it ten or twelve
I walked and talked all by myself
I did not tell no one
I'm a long time a-comin', babe
An' I'll be a long time gone

Many times by the highwayside
I tried to flag a ride
With bloodshot eyes and gritting teeth
I'd watch the cars roll by
The empty air hung in my head
I's thinkin' all day long

Bob Dylan

오랫동안 떠나 돌아가지 않으리

부모님은 날 애지중지 키우셨어
내가 유일한 아들이었으니까
마음에 방랑기 싹틀 때
여전히 난 어린 나이였지
열두 살 하고도 한 살 더 먹었을 때
처음으로 집 떠났지
난 오랜 뒤에 돌아갈 거예요, 엄마
오랫동안 떠나 돌아가지 않을 거예요

텍사스 서부에서
텍사스 평원에서
일 구하러 다녔지
하지만 사람들은 내가 너무 어리다고 했어
"집에나 가거라!" 그 말에
내 눈동자는 타올랐지
난 오랜 뒤에 돌아갈 거예요
오랫동안 떠나 돌아가지 않을 거예요

기억하네, 카니발 기차 타고
여기저기 떠돌던 시절
다른 도시들, 다른 사람들
그런데 왠지 다들 똑같아 보였지
제일 또렷이 떠오르는 건 아이들의 얼굴
기억하네, 끝없이 이어지던 여행을
난 오랜 뒤에 돌아갈 거야
오랫동안 떠나 돌아가지 않을 거야

한번은 어여쁘고 어린 아가씨를 사랑했지
그녀 향한 마음 너무 커 외려 표현하지 못했네
그녀에게서 단 한 번 상처받는 건
열 번 혹은 열두 번 상처받는 것과 마찬가지
나는 홀로 걸으며 혼잣말을 했지

I'm a long time a-comin'
I'll be a long time gone

You might see me on your crossroads
When I'm a-passin' through
Remember me how you wished to
As I'm a-driftin' from your view
I ain't got the time to think about it
I got too much to get done
Well, I'm a long time comin'
An' I'll be along time gone

If I can't help somebody
With a word or song
If I can't show somebody
They are travelin' wrong
But I know I ain't no prophet
An' I ain't no prophet's son
I'm just a long time a-comin'
An' I'll be along time gone

So you can have your beauty
It's skin deep and it only lies
And you can have your youth
It'll rot before your eyes
Just give to me my gravestone
With it clearly carved upon:
"I's a long time a-comin'
An' I'll be along time gone"

Bob Dylan

아무와도 말하지 않았지
난 오랜 뒤에 돌아갈 거야, 그대여
오랫동안 떠나 돌아가지 않을 거야

차를 얻어 타려고
숱하게 고속도로 위에 서 있었지
핏발 선 눈으로, 이를 악물고서
나를 지나쳐가는 차들을 지켜보았지
머릿속에는 텅 빈 공기뿐
하루종일 생각하고 생각했지
난 오랜 뒤에 돌아갈 거야
오랫동안 떠나 돌아가지 않을 거야

당신도 어느 교차로에서 봤을지 모르지
길을 건너가는 내 모습을
당신이 바라던 모습으로 나를 기억해줘
내가 당신의 시야에서 사라져갈 때
하지만 난 그런 걸 생각하고 있을 시간이 없어
내겐 해야 할 일이 너무 많으니까
그러니까, 난 오랜 뒤에 돌아갈 거야
오랫동안 떠나 돌아가지 않을 거야

내가 말이나 노래로
누군가를 도울 수 없다면
잘못된 길로 가고 있다고
누군가에게 알려줄 수 없다면
하지만 난 예언자가 아닌걸
예언자의 아들도 아니지
난 그저, 오랜 뒤에 돌아갈 거야
오랫동안 떠나 돌아가지 않을 거야

그래 넌 외모가 아름다울 수도 있지
그건 얄팍하고 거짓만을 말할 뿐이야
네겐 젊음이 있는지도 모르지
그건 네 눈앞에서 서서히 시들어갈 거야
그러니 내겐 나의 것을 줘,

Bob Dylan

이런 문구가 선명히 새겨진 나의 묘비를
"오랜 뒤에 돌아가리
　오랫동안 떠나 돌아가지 않으리"

Walkin' Down the Line

Well, I'm walkin' down the line
I'm walkin' down the line
An' I'm walkin' down the line
My feet'll be a-flyin'
To tell about my troubled mind

I got a heavy-headed gal
I got a heavy-headed gal
I got a heavy-headed gal
She ain't a-feelin' well
When she's better only time will tell

Well, I'm walkin' down the line
I'm walkin' down the line
An' I'm walkin' down the line
My feet'll be a-flyin'
To tell about my troubled mind

My money comes and goes
My money comes and goes
My money comes and goes
And rolls and flows and rolls and flows
Through the holes in the pockets in my clothes

Well, I'm walkin' down the line
I'm walkin' down the line
An' I'm walkin' down the line
My feet'll be a-flyin'
To tell about my troubled mind

I see the morning light
I see the morning light
Well, it's not because
I'm an early riser
I didn't go to sleep last night

Well, I'm walkin' down the line
I'm walkin' down the line
An' I'm walkin' down the line
My feet'll be a-flyin'
To tell about my troubled mind

Bob Dylan

길 따라 걸어가네

음, 길 따라 걸어가네
걸어가네 길 따라
길 따라 걸어가네
두 발은 날아올라
고단한 내 마음 얘기해주리

내겐 머리가 무거운 애인 있었지
내겐 머리가 무거운 애인 있었지
내겐 머리가 무거운 애인 있었지
그녀는 늘 기분이 별로지
언제 좀 기분이 나아질는지는 시간만이 알지

음, 길 따라 걸어가네
걸어가네 길 따라
길 따라 걸어가네
두 발은 날아올라
고단한 내 마음 얘기해주리

돈은 들어오고 나가네
돈은 들어오고 나가네
돈은 들어오고 나가네
들어오고 나가고 들어오고 나가고
구멍 뚫린 내 주머니로

음, 길 따라 걸어가네
걸어가네 길 따라
길 따라 걸어가네
두 발은 날아올라
고단한 내 마음 얘기해주리

아침 햇살 보네
아침 햇살 보네

I got my walkin' shoes
I got my walkin' shoes
I got my walkin' shoes
An' I ain't a-gonna lose
I believe I got the walkin' blues

Well, I'm walkin' down the line
I'm walkin' down the line
An' I'm walkin' down the line
My feet'll be a-flyin'
To tell about my troubled mind

* 미국의 블루스 가수 손 하우스(Son House, 1902~1988)가 1930년에 쓴 곡. 규칙적인 걸음걸이를
보여주는 듯한 리듬이 이후 블루스의 대표적인 리듬 형태로 자리잡았다.

일찍 일어나는
사람이라서 아니라
밤을 꼬박 새워서 그렇지

음, 길 따라 걸어가네
걸어가네 길 따라
길 따라 걸어가네
두 발은 날아올라
고단한 내 마음 얘기해주리

워킹슈즈 한 켤레 구했지
워킹슈즈 한 켤레 구했지
워킹슈즈 한 켤레 구했지
잃어버리지 않으리 워킹슈즈를
나는 얻었다고 믿지 워킹블루스를

음, 길 따라 걸어가네
걸어가네 길 따라
길 따라 걸어가네
두 발은 날아올라
고단한 내 마음 얘기해주리

Train A-Travelin'

There's an iron train a-travelin' that's been a-rollin' through the years
With a firebox of hatred and a furnace full of fears
If you ever heard its sound or seen its blood-red broken frame
Then you heard my voice a-singin' and you know my name

Did you ever stop to wonder 'bout the hatred that it holds?
Did you ever see its passengers, its crazy mixed-up souls?
Did you ever start a-thinkin' that you gotta stop that train?
Then you heard my voice a-singin' and you know my name

Do you ever get tired of the preachin' sounds of fear
When they're hammered at your head and pounded in your ear?
Have you ever asked about it and not been answered plain?
Then you heard my voice a-singin' and you know my name

I'm a-wonderin' if the leaders of the nations understand
This murder-minded world that they're leavin' in my hands
Have you ever laid awake at night and wondered 'bout the same?
Then you've heard my voice a-singin' and you know my name

Have you ever had it on your lips or said it in your head
That the person standin' next to you just might be misled?
Does the raving of the maniacs make your insides go insane?
Then you've heard my voice a-singin' and you know my name

Do the kill-crazy bandits and the haters get you down?
Does the preachin' and the politics spin your head around?
Does the burning of the buses give your heart a pain?
Then you've heard my voice a-singin' and you know my name

Bob Dylan

달리는 기차

수년째 달려가는 무쇠기차 있네
증오의 화실火室과 공포의 용광로가 달린
그것이 내는 소리 들어보았다면, 그 찌그러진 핏빛 형체 본 적 있다면
그렇다면 그대, 내 노래하는 목소리 들었으리, 내 이름 알고 있으리

멈춰 서서 궁금해한 적 있는가, 그 기차가 품은 증오에 대해?
본 적 있는가, 그 기차의 승객들을, 그들의 광기와 혼돈의 영혼을?
저 기차를 멈춰 세워야 한다고 생각해본 적 있는가?
그렇다면 그대, 내 노래하는 목소리 들었으리, 내 이름 알고 있으리

그대의 머릿속을 두드리는, 그대의 귓속에 퍼부어대는
저 공포의 설교에 진력난 적 있는가?
그것에 대해 물었으나 어디서도 분명한 대답을 얻지 못했는가?
그렇다면 그대, 내 노래하는 목소리 들었으리, 내 이름 알고 있으리

세상의 지도자들은 이해하고 있을까
그들이 내 손에 남긴 이 살의로 가득한 세상
그대도 한밤에 깨어 나와 같은 의문에 사로잡힌 적 있는가?
그렇다면 그대, 내 노래하는 목소리 들었으리, 내 이름 알고 있으리

그대 옆에 선 사람이 길을 잃었을지 모른다고
소리 내어 말하거나 마음속으로 속삭여본 적 있는가?
미치광이들의 광란이 그대의 내면을 광기로 몰아가는가?
그렇다면 그대, 내 노래하는 목소리 들었으리, 내 이름 알고 있으리

살의에 찬 미치광이 강도들, 증오로 가득한 자들이 그대를 절망케
    하는가?
저 온갖 설교와 정치 얘기에 머리가 펑펑 도는 것만 같은가?
불타오르는 버스들이 그대의 마음을 아프게 하는가?
그렇다면 그대, 내 노래하는 목소리 들었으리, 내 이름 알고 있으리

Ballad of Donald White

My name is Donald White, you see
I stand before you all
I was judged by you a murderer
And the hangman's knot must fall
I will die upon the gallows pole
When the moon is shining clear
And these are my final words
That you will ever hear

I left my home in Kansas
When I was very young
I landed in the old Northwest
Seattle, Washington
Although I'd a-traveled many miles
I never made a friend
For I could never get along in life
With people that I met

If I had some education
To give me a decent start
I might have been a doctor or
A master in the arts
But I used my hands for stealing
When I was very young
And they locked me down in jailhouse cells
That's how my life begun

Oh, the inmates and the prisoners
I found they were my kind
And it was there inside the bars
I found my peace of mind
But the jails they were too crowded
Institutions overflowed
So they turned me loose to walk upon
Life's hurried tangled road

And there's danger on the ocean
Where the salt sea waves split high
And there's danger on the battlefield
Where the shells of bullets fly
And there's danger in this open world
Where men strive to be free

Bob Dylan

도널드 화이트의 발라드

내 이름은 도널드 화이트, 보다시피
이렇게 당신들 앞에 서 있어
당신들이 심판한 대로 나는 살인자이니
교수형 밧줄의 매듭은 아래로 떨어질 테고
난 교수대 기둥에 매달려 죽게 되겠지
어느 달빛 환한 밤에
그러니 이건 당신들이 듣게 될
나의 마지막 말이 될 거야

캔자스 고향집 떠났지
아직 내가 너무 어렸을 때
올드 노스웨스트로
시애틀로, 워싱턴으로 떠돌았지
먼길 걸었지만
친구 하나 만들지 않았지
그때 만난 이들과는
결코 인생을 함께할 수 없었기 때문이야

나도 교육을 받았다면
그래서 인생을 좀 괜찮게 출발할 수 있었다면
지금쯤 의사나 학자가
되어 있을지도 모르지
하지만 난 내 손을 도둑질하는 데 썼지
아직 내가 너무 어렸을 때
그리고 사람들은 나를 감옥에 가뒀고
그렇게 내 인생은 시작되었어

오, 나의 감방 동료들, 죄수들
나는 알았지, 그들이 나의 형제라는 것을
감옥의 창살 안에서
비로소 마음의 평화 얻을 수 있었지
하지만 감옥들은 너무 북적였고

And for me the greatest danger
Was in society

So I asked them to send me back
To the institution home
But they said they were too crowded
For me they had no room
I got down on my knees and begged
"Oh, please put me away"
But they would not listen to my plea
Or nothing I would say

And so it was on Christmas Eve
In the year of '59
It was on that night I killed a man
I did not try to hide
The jury found me guilty
And I won't disagree
For I knew that it would happen
If I wasn't put away

And I'm glad I've had no parents
To care for me or cry
For now they will never know
The horrible death I die
And I'm also glad I've had no friends
To see me in disgrace
For they'll never see that hangman's hood
Wrap around my face

Farewell unto the old north woods
Of which I used to roam
Farewell unto the crowded bars
Of which've been my home
Farewell to all you people
Who think the worst of me
I guess you'll feel much better when
I'm on that hanging tree

But there's just one question
Before they kill me dead
I'm wondering just how much
To you I really said
Concerning all the boys that come
Down a road like me
Are they enemies or victims
Of your society?

Bob Dylan

시설들은 사람들로 넘쳐났지
그래서 그들은 나를 풀어주었고 난 다시
꼬어버린 인생길 걸어야 했지

바다는 위험해
저 높게 파도치는 소금 바다는
전쟁터는 위험해
총알과 포탄 날아다니는 전쟁터
그리고 이 열린 세상은 위험해
자유로워지려 애쓰는 이 인간들 세상
하지만 나한테 가장 위험한 건
바로 이 사회야

그래서 그들에게 다시 보내달라고
내 보금자리 시설로 돌아가게 해달라고 부탁했지
하지만 그곳이 너무 붐벼서 안 된다는 거야
내가 있을 자리는 없다고
난 무릎 꿇고 간청했어
"오, 제발 날 집어넣어줘요"
하지만 그들은 나의 간청 듣지 않았지
내가 하는 말을 전혀 들으려 하지 않았어

그래, 그래서 그날은 크리스마스 이브였지
1959년이었어
내가 한 사람을 죽인 건 바로 그날 밤
난 숨으려 하지 않았어
배심원들은 내게 유죄를 내렸지
그리고 난 결정에 반대하지 않았지
감옥에 갈 수 없다면 언제고 이런 일이
벌어지고 말리란 걸 알고 있었거든

날 걱정해주고, 날 위해 울어줄
부모님이 없어 다행이야
그들은 절대 모를 테니까
내가 맞게 될 이 끔찍한 죽음을
불명예스러운 내 모습을 지켜봐야 할

Bob Dylan

친구가 없어서 기뻐
내 얼굴에 씌워질 두건을
그들은 절대 볼 수 없을 테니까

그럼 안녕히, 내 방랑하던
옛 북쪽의 숲들아
그럼 안녕히, 내 보금자리였던
북적거리던 감옥의 창살들아
그럼 안녕히, 날 벌레 보듯 하는
당신들 모두
내가 교수대에 서는 날이면
당신들 기분도 한결 나아질 테지

다만 한 가지 물어볼 게 있어,
그들이 날 죽이기 전에
난 궁금해, 과연 당신들은 얼마나 관심을 갖고 있는지
난 진심으로 말하고 있어
나처럼 길 위를 떠도는
저 모든 소년들에 대해서 말이야
그애들은 당신들 사회의
적일까, 아니면 희생자일까?

Quit Your Low Down Ways

Oh, you can read out your Bible
You can fall down on your knees, pretty mama
And pray to the Lord
But it ain't gonna do no good.

You're gonna need
You're gonna need my help someday
Well, if you can't quit your sinnin'
Please quit your low down ways

Well, you can run down to the White House
You can gaze at the Capitol Dome, pretty mama
You can pound on the President's gate
But you oughta know by now it's gonna be too late

You're gonna need
You're gonna need my help someday
Well, if you can't quit your sinnin'
Please quit your low down ways

Well, you can run down to the desert
Throw yourself on the burning sand
You can raise up your right hand, pretty mama
But you better understand you done lost your one good man

You're gonna need
You're gonna need my help someday
Well, if you can't quit your sinnin'
Please quit your low down ways

And you can hitchhike on the highway
You can stand all alone by the side of the road
You can try to flag a ride back home, pretty mama
But you can't ride in my car no more

You're gonna need
You're gonna need my help someday
Well, if you can't quit your sinnin'
Please quit your low down ways

Oh, you can read out your Bible
You can fall down on your knees, pretty mama

Bob Dylan

고개 숙이는 일은 그만두세요

아, 당신은 성경을 읽을 수 있죠
무릎을 꿇을 수도 있죠, 어여쁜 엄마
그리고 주님께 기도할 수 있죠
하지만 그런 건 아무런 도움도 되지 않아요

당신은 필요할 거예요
언젠가 필요할 거예요, 내 도움이
그래요, 어차피 죄를 지을 수밖에 없는 거라면
제발 고개 숙이는 일은 이제 그만두세요

그래요, 당신은 백악관으로 달려갈 수 있죠
국회의사당 돔을 바라볼 수도 있죠, 어여쁜 엄마
당신은 대통령 집무실로 가는 문을 두드릴 수 있죠
하지만 이미 너무 늦었다는 걸 이젠 아셔야 해요

당신은 필요할 거예요
언젠가 필요할 거예요, 내 도움이
그래요, 어차피 죄를 지을 수밖에 없는 거라면
제발 고개 숙이는 일은 이제 그만두세요

그래요, 당신은 사막으로 달려갈 수 있죠
타오르는 모래 속으로 몸을 던질 수도 있죠
당신의 오른손을 들어올릴 수 있죠, 어여쁜 엄마
하지만 이젠 받아들이세요, 당신의 소중한 한 사람을 잃었다는 걸

당신은 필요할 거예요
언젠가 필요할 거예요, 내 도움이
그래요, 어차피 죄를 지을 수밖에 없는 거라면
제발 고개 숙이는 일은 이제 그만두세요

그리고 당신은 고속도로에서 히치하이킹을 할 수 있죠
도로변에 혼자 서 있을 수도 있죠

And pray to the Lord
But it ain't gonna do no good

You're gonna need
You're gonna need my help someday
Well, if you can't quit your sinnin'
Please quit your low down ways

Bob Dylan

집으로 돌아가기 위해 차를 얻어 타려고 할 수 있죠, 어여쁜 엄마
하지만 다시는, 내 차를 탈 순 없어요

당신은 필요할 거예요
언젠가 필요할 거예요, 내 도움이
그래요, 어차피 죄를 지을 수밖에 없는 거라면
제발 고개 숙이는 일은 이제 그만두세요

아, 당신은 성경을 읽을 수 있죠
무릎을 꿇을 수도 있죠, 어여쁜 엄마
그리고 주님께 기도할 수 있죠
하지만 그런 건 아무런 도움도 되지 않아요

당신은 필요할 거예요
언젠가 필요할 거예요, 내 도움이
그래요, 어차피 죄를 지을 수밖에 없는 거라면
제발 고개 숙이는 일은 이제 그만두세요

I'd Hate to Be You on That Dreadful Day

Well, your clock is gonna stop
At Saint Peter's gate
Ya gonna ask him what time it is
He's gonna say, "It's too late"
Hey, hey!
I'd sure hate to be you
On that dreadful day

You're gonna start to sweat
And you ain't gonna stop
You're gonna have a nightmare
And never wake up
Hey, hey, hey!
I'd sure hate to be you
On that dreadful day

You're gonna cry for pills
And your head's gonna be in a knot
But the pills are gonna cost more
Than what you've got
Hey, hey!
I'd sure hate to be you
On that dreadful day

You're gonna have to walk naked
Can't ride in no car
You're gonna let ev'rybody see
Just what you are
Hey, hey!
I'd sure hate to be you
On that dreadful day

Well, the good wine's a-flowin'
For five cents a quart
You're gonna look in your moneybags
And find you're one cent short
Hey, hey, hey!
I'd sure hate to be you
On that dreadful day

You're gonna yell and scream
"Don't anybody care?"

Bob Dylan

그런 끔찍한 날의 네가 되긴 싫어

음, 성聖 베드로가 있는 관문 앞에서
네 시계는 멈출 거야
넌 그에게 지금 몇시냐고 묻겠지
그는 대답하겠지 "이미 너무 늦었어"
이봐, 이봐!
난 정말이지 그런 끔찍한 날의
네가 되긴 싫어

넌 땀을 흘리기 시작할 거야
그리고 넌 멈추지 않을 거야
넌 악몽을 꾸게 될 거고
절대 깨어나지 못할 거야
이봐, 이봐, 이봐!
난 정말이지 그런 끔찍한 날의
네가 되긴 싫어

넌 간절히 약을 찾게 되겠지
머릿속은 절망으로 죄어들 테고
그리고 약장수는 네가 가진 돈보다
더 많은 액수를 부르겠지
이봐, 이봐!
난 정말이지 그런 끔찍한 날의
네가 되긴 싫어

넌 알몸으로 걷게 될 거야
차를 탈 수도 없을 거야
모두가 널 쳐다보게 할 거야
네 모습 그대로를
이봐, 이봐!
난 정말이지 그런 끔찍한 날의
네가 되긴 싫어

You're gonna hear out a voice say
"Shoulda listened when you heard the word down there"
Hey, hey!
I'd sure hate to be you
On that dreadful day

음, 좋은 포도주가 흐르고 있지
1쿼트에 5센트
넌 네 주머니를 살필 테지
그리고 1센트가 모자라다는 걸 알게 되지
이봐, 이봐, 이봐!
난 정말이지 그런 끔찍한 날의
네가 되긴 싫어

넌 고함치고 소리지를 거야
"거기 누구 없어요?"
그러면 넌 이렇게 말하는 목소리를 듣게 될 거야
"저 아래서 얘기할 때 귀담아들었어야지"
이봐, 이봐!
난 정말이지 그런 끔찍한 날의
네가 되긴 싫어

Mixed Up Confusion

I got mixed up confusion
Man, it's a-killin' me
Well, there's too many people
And they're all too hard to please

Well, my hat's in my hand
Babe, I'm walkin' down the line
An' I'm lookin' for a woman
Whose head's mixed up like mine

Well, my head's full of questions
My temp'rature's risin' fast
Well, I'm lookin' for some answers
But I don't know who to ask

But I'm walkin' and wonderin'
And my poor feet don't ever stop
Seein' my reflection
I'm hung over, hung down, hung up!

뒤죽박죽 머리

난 끔찍한 혼란에 빠졌어
오 이런, 이 혼란이 날 죽이고 있어
그래, 세상엔 너무나 많은 사람들이 있지
그들은 너무 힘겨워서 즐겁지가 않지

그래, 내 모자는 내 손에 들려 있어
그대여, 난 길을 따라 걸어가지
난 여자를 찾고 있지
나처럼 머리가 뒤죽박죽인 여자를

그래, 내 머릿속은 질문들로 가득하지
체온이 빠르게 오르고 있어
그래, 난 답을 찾고 있어
하지만 누구에게 물어봐야 할지 알 수가 없어

하지만 난 걷고 있지, 끊임없이 질문하며
내 불쌍한 발은 멈춘 적이 없지
골똘한 내 생각을 지켜보고 있는 나는
멍하고, 축 처지고, 언제나 전전긍긍!

Hero Blues

Yes, the gal I got
I swear she's the screaming end
She wants me to be a hero
So she can tell all her friends

Well, she begged, she cried
She pleaded with me all last night
Well, she begged, she cried
She pleaded with me all last night
She wants me to go out
And find somebody to fight

She reads too many books
She got new movies inside her head
She reads too many books
She got movies inside her head
She wants me to walk out running
She wants me to crawl back dead

You need a different kinda man, babe
One that can grab and hold your heart
Need a different kind of man, babe
One that can hold and grab your heart
You need a different kind of man, babe
You need Napoleon Boneeparte

Well, when I'm dead
No more good times will I crave
When I'm dead
No more good times will I crave
You can stand and shout hero
All over my lonesome grave

Bob Dylan

영웅 블루스

그래, 내겐 여자가 있지
정말이지 그녀는 고함지르기 선수
그녀는 내가 영웅이 되길 바라지
자기 친구들한테 자랑하려고

그래, 그녀는 간청했지, 그녀는 울부짖었지
밤새도록 내게 애원했지
그래, 그녀는 간청했지, 그녀는 울부짖었지
밤새도록 내게 애원했지
그녀는 내가 나가서
싸울 누군가를 찾길 바라지

그녀는 책을 너무 많이 읽지
그녀는 새 영화들을 머릿속에 넣어두고 있지
그녀는 책을 너무 많이 읽지
그녀는 새 영화들을 머릿속에 넣어두고 있지
그녀는 내가 밖으로 걸어나가 뛰기를 바라지
그녀는 내가 초주검이 되어 기어들어오기를 바라지

다른 남자를 찾아보는 게 좋겠어, 자기야
자기 마음을 움켜쥐고 꼭 붙들어줄 수 있는 남자
다른 남자를 찾아봐, 자기야
자기 마음을 꼭 붙들어주고 움켜쥘 수 있는 남자
자기한텐 다른 남자가 필요해, 자기야
자기한텐 나폴레옹 보나파르트가 필요해

그래, 내가 죽으면
더는 잘살려고 용쓰지 않아도 되겠지
내가 죽으면
더는 잘살려고 용쓰지 않아도 되겠지
그러면 당신도 쓸쓸한 내 무덤 앞에 서서
영웅이 어쩌고 마음껏 소리지를 수 있겠지

Tomorrow Is a Long Time

If today was not an endless highway
If tonight was not a crooked trail
If tomorrow wasn't such a long time
Then lonesome would mean nothing to you at all
Yes, and only if my own true love was waitin'
Yes, and if I could hear her heart a-softly poundin'
Only if she was lyin' by me
Then I'd lie in my bed once again

I can't see my reflection in the waters
I can't speak the sounds that show no pain
I can't hear the echo of my footsteps
Or can't remember the sound of my own name
Yes, and only if my own true love was waitin'
Yes, and if I could hear her heart a-softly poundin'
Only if she was lyin' by me
Then I'd lie in my bed once again

There's beauty in the silver, singin' river
There's beauty in the sunrise in the sky
But none of these and nothing else can touch the beauty
That I remember in my true love's eyes
Yes, and only if my own true love was waitin'
Yes, and if I could hear her heart a-softly poundin'
Only if she was lyin' by me
Then I'd lie in my bed once again

Bob Dylan

내일은 긴 시간이리

오늘이 끝없이 뻗어가는 고속도로가 아니라면
오늘밤이 구불구불 이어진 오솔길이 아니라면
내일이 그토록 긴 시간이 아니라면
그렇다면 외로움이란 그대에게 아무런 의미도 없는 것
그래, 나의 진정한 사랑이 날 기다리고 있는 한
그래, 내가 가만가만 울리는 그녀의 심장 소리 들을 수 있다면
그녀가 내 곁에 누워 있다면
나 다시 한번 내 침대에 몸을 누이리

물에는 내 모습 비쳐 보이지 않고
내가 내뱉는 말 속엔 오로지 고통뿐이네
내 발소리조차 들리지 않네
내 이름 부르는 소리 기억나지 않네
그래, 나의 진정한 사랑이 날 기다리고 있는 한
그래, 내가 가만가만 울리는 그녀의 심장 소리 들을 수 있다면
그녀가 내 곁에 누워 있다면
나 다시 한번 내 침대에 몸을 누이리

은빛으로 빛나며 노래하는 강이 아름답다 해도
저 하늘에 떠오르는 태양이 아름답다 해도
그 아름다움도, 다른 그 무엇도
기억 속 내 사랑의 눈에 깃든 아름다움에 비하진 못하네
그래, 나의 진정한 사랑이 날 기다리고 있는 한
그래, 내가 가만가만 울리는 그녀의 심장 소리 들을 수 있다면
그녀가 내 곁에 누워 있다면
나 다시 한번 내 침대에 몸을 누이리

Bob Dylan's New Orleans Rag

I was sittin' on a stump
Down in New Orleans
I was feelin' kinda low down
Dirty and mean
Along came a fella
And he didn't even ask
He says, "I know of a woman
That can fix you up fast"
I didn't think twice
I said like I should
"Let's go find this lady
That can do me some good"
We walked across the river
On a sailin' spree
And we came to a door
Called one-oh-three

I was just about ready
To give it a little knock
When out comes a fella
Who couldn't even walk
He's linkin' and a-slinkin'
Couldn't stand on his feet
And he moaned and he groaned
And he shuffled down the street
Well, out of the door
There comes another man
He wiggled and he wobbled
He couldn't hardly stand
He had this frightened
Look in his eyes
Like he just fought a bear
He was ready to die

Well, I peeked through the key crack
Comin' down the hall
Was a long-legged man
Who couldn't hardly crawl
He muttered and he uttered
In broken French
And he looked like he'd been through
A monkey wrench

밥 딜런의 뉴올리언스 소동

나 뉴올리언스에 있는
어느 그루터기 위에 앉아 있었지
어쩐지 시무룩했지
더럽고 비참했어
한 친구가 다가왔지
왜 그러냐고 묻지도 않고
이렇게 말했지 "아는 여자가 있는데
자넬 금세 고쳐줄 수 있을 거야"
두 번 생각할 것도 없었지
그래서 응당 해야 할 말을 했지
"찾으러 가자, 날 낫게 해줄 수 있다는
그 아가씨를"
우리는 배 타고 흥청거리며
신이 나서 강을 건넜지
그리고 103호라 불리는
문 앞에 도착했지

막 조용히
문 두드리려던 참에
한 친구가 문을 열고 나왔지
그는 제대로 걷지도 못하고
흐느적흐느적
제대로 서지도 못하고
끙끙대며 신음했지
그러곤 거리를 비칠비칠 걸어갔다네
그래, 그러고 나서 문밖으로
또다른 남자가 나왔지
그 사람도 꿈틀꿈틀 흔들흔들
제대로 서지도 못했지
그의 눈빛은 이제 막 곰하고
한판 붙고 난 사람처럼
두려움으로 가득했지

Well, by this time
I was a-scared to knock
I was a-scared to move
I's in a state of shock
I hummed a little tune
And I shuffled my feet
And I started walkin' backwards
Down that broad street
Well, I got to the corner
I tried my best to smile
I turned around the corner
And I ran a bloody mile
Man, I wasn't runnin'
'Cause I was sick
I was just a-runnin'
To get out of there quick

Well, I tripped right along
And I'm a-wheezin' in my chest
I musta run a mile
In a minute or less
I walked on a log
And I tripped on a stump
I caught a fast freight
With a one-arm jump
So, if you're travelin' down
Louisiana way
And you feel kinda lonesome
And you need a place to stay
Man, you're better off
In your misery
Than to tackle that lady
At one-oh-three

Bob Dylan

죽음을 눈앞에 둔 사람처럼 말이야

그래, 난 열쇳구멍으로 안을 들여다봤어
복도를 따라 다가오는
다리 긴 사내 하나 보였지
제대로 기지도 못하더군
뭉개진 프랑스어로
웅얼웅얼 중얼중얼
표정을 보아하니 무슨 풍파라도
헤치고 나온 사람 같았지

그래, 그쯤 되니까
문 두드리기가 겁나더군
움직이기가 겁났지
얼이 빠졌지
작게 콧노래를 흥얼거렸지
그리고 발을 질질 끌면서
슬슬 뒷걸음치기 시작했지
대로 쪽을 향해서
그래, 그렇게 모퉁이에 이르렀을 때
난 미소 지으려고 안간힘을 썼지
난 모퉁이를 돌아갔지
그러곤 뛰었지 망할 1마일은 될 거리를
맙소사, 난 아파서
제대로 뛰지도 못하는데
무작정 뛰었지
최대한 빨리 그곳을 벗어나려고

그래, 연신 비틀대고 엎어졌지
가슴은 미친듯이 들썩거렸고
일 분 남짓 만에
진짜 1마일은 달렸다니까
그러곤 어느 통나무 위를 걷다가
그루터기에 발이 걸려 넘어졌지
그러곤 한 팔로 딛고 펄쩍 몸을 날려
속달화물선에 올라탔지

그래서 말인데 당신 혹시라도
루이지애나 쪽으로 여행중이라면
그리고 외로움을 느낀다면
그래서 머물 곳이 필요하다 싶으면
이봐, 그 비참한 기분에
그냥 잠겨 있는 편이 좋을 거야
103호의 그 아가씨를
찾아가는 것보단 말이지

All Over You

Well, if I had to do it all over again
Babe, I'd do it all over you
And if I had to wait for ten thousand years
Babe, I'd even do that too
Well, a dog's got his bone in the alley
A cat, she's got nine lives
A millionaire's got a million dollars
King Saud's got four hundred wives
Well, ev'rybody's got somethin'
That they're lookin' forward to
I'm lookin' forward to when I can do it all again
And babe, I'll do it all over you

Well, if I had my way tomorrow or today
Babe, I'd run circles all around
I'd jump up in the wind, do a somersault and spin
I'd even dance a jig on the ground
Well, everybody gets their hour
Everybody gets their time
Little David when he picked up his pebbles
Even Sampson after he went blind
Well, everybody gets the chance
To do what they want to do
When my time arrives you better run for your life
'Cause babe, I'll do it all over you

Well, I don't need no money, I just need a day that's sunny
Baby, and my days are gonna come
And I grab me a pint, you know that I'm a giant
When you hear me yellin', "Fee-fi-fo-fum"
Well, you cut me like a jigsaw puzzle
You made me to a walkin' wreck
Then you pushed my heart through my backbone
Then you knocked off my head from my neck
Well, if I'm ever standin' steady
A-doin' what I want to do
Well, I tell you little lover that you better run for cover
'Cause babe, I'll do it all over you

I'm just restin' at your gate so that I won't be late
And, momma, I'm a-just sittin' on the shelf

• 동화 〈잭과 콩나무〉에서 거인이 읊는 시의 첫 구절.

Bob Dylan

당신을 얻기 위해서라면

음, 내가 처음부터 다시 해야 한다면
그대여, 당신을 얻기 위해 뭐든지 하겠어요
내가 일만 년을 기다려야 한다면
그대여, 난 그렇게라도 할 거예요
음, 골목의 개에겐 자기 몫의 뼈다귀가 있죠
고양이에겐 아홉 개의 목숨이
백만장자에겐 백만 달러가
사우디아라비아 왕에겐 사백 명의 아내가 있죠
음, 누구에게나 저마다 기대하는
자신만의 것이 있죠
난 처음부터 다시 할 수 있는 순간을 기다리고 있어요
그리고 그대여, 난 당신을 얻기 위해서라면 뭐든지 하겠어요

음, 내일이나 오늘 내 마음 가는 대로 할 수 있다면
그대여, 난 원을 그리며 달릴 거예요
바람 속으로 펄쩍 뛰어오르고, 공중제비를 하고, 빙빙 맴을 돌 거예요
심지어 지그 춤도 출 거예요
음, 누구에게나 저마다의 시간이 있죠
누구나 자신의 시간을 갖죠
조약돌을 집어든 어린 다윗도
눈먼 뒤의 삼손조차도
음, 누구에게나 기회는 있죠
자신이 하고자 하는 것을 할 기회가
그리고 내게 때가 왔을 때 당신은 도망치는 게 좋을 거예요
왜냐하면 그대여, 난 당신을 얻기 위해서라면 뭐든지 할 테니까요

음, 돈은 필요 없어요, 그저 화창한 하루만 있으면 돼요
그대여, 나의 날들은 올 것이고
그러면 나는 1파인트 맥주를 단숨에 들이켤 테고, 당신은 "피-피-포-펌"
내 부르짖는 소리 듣고서 내가 거인이란 걸 알게 될 테죠
음, 당신은 날 직소퍼즐처럼 조각냈죠
당신은 날 걸어다니는 난파선처럼 만들어놓았죠

Look out your window fair and you'll see me squattin' there
Just a-fumblin' and a-mumblin' to myself
Well, after my cigarette's been smoked up
After all my liquor's been drunk
After my dreams are dreamed out
After all my thoughts have been thunk
Well, after I do some of these things
I'm gonna do what I have to do
And I tell you on the side, that you better run and hide
'Cause babe, I'll do it all over you

Bob Dylan

그러고는 내 심장을 밀어 등뼈 밖으로 튀어나가게 했고
그러고는 내 목 위의 머리를 날려버렸죠
그래요, 내가 꿋꿋이 서서
내가 하고자 하는 것을 한다면
그래요, 그대, 내 작은 사랑아, 달아나 몸을 숨기는 게 좋을 거예요
왜냐하면 그대여, 난 당신을 얻기 위해서라면 뭐든지 할 테니까요

난 이제 막 당신의 집 문 앞에 와서 쉬고 있어요, 혹시라도 늦으면 안
    되니까
그리고, 여인이여, 난 지금 바위 위에 앉아
당신의 창을 바라보고 있어요, 당신도 여기 쪼그려앉아 있는 날 보게
    되겠죠
중얼중얼 웅얼웅얼 혼잣말을 하고 있는 나를요
그래요, 내 담배가 다 떨어진 뒤에
내 술이 다 떨어진 뒤에
내 꿈들이 모두 꾸어진 뒤에
내 모든 생각들이 남김없이 생각된 뒤에
그래요, 이런 것들을 실컷 하고 난 뒤에
난 내가 해야만 하는 일을 할 거예요
그리고 당신을 생각해서 하는 말이니 잘 들어요, 달아나 숨는 게 좋을
    거예요
왜냐하면 그대여, 난 당신을 얻기 위해서라면 뭐든지 할 테니까요

John Brown

John Brown went off to war to fight on a foreign shore
His mama sure was proud of him!
He stood straight and tall in his uniform and all
His mama's face broke out all in a grin

"Oh son, you look so fine, I'm glad you're a son of mine
You make me proud to know you hold a gun
Do what the captain says, lots of medals you will get
And we'll put them on the wall when you come home"

As that old train pulled out, John's ma began to shout
Tellin' ev'ryone in the neighborhood:
"That's my son that's about to go, he's a soldier now, you know"
She made well sure her neighbors understood

She got a letter once in a while and her face broke into a smile
As she showed them to the people from next door
And she bragged about her son with his uniform and gun
And these things you called a good old-fashioned war

Oh! Good old-fashioned war!

Then the letters ceased to come, for a long time they did not come
They ceased to come for about ten months or more
Then a letter finally came saying, "Go down and meet the train
Your son's a-coming home from the war"

She smiled and went right down, she looked everywhere around
But she could not see her soldier son in sight
But as all the people passed, she saw her son at last
When she did she could hardly believe her eyes

Oh his face was all shot up and his hand was all blown off
And he wore a metal brace around his waist
He whispered kind of slow, in a voice she did not know
While she couldn't even recognize his face!

Oh! Lord! Not even recognize his face

"Oh tell me, my darling son, pray tell me what they done
How is it you come to be this way?"
He tried his best to talk but his mouth could hardly move

존 브라운

존 브라운은 전쟁터에서 싸우려고 어느 외국의 해안으로 떠났지
물론 그의 엄마는 그를 자랑스러워했지!
군복 입고서 똑바로 당당히 선 그의 모습
그의 엄마 얼굴엔 함박웃음 가득했지

"오 아들아, 정말 멋지구나, 네가 내 아들이어서 얼마나 기쁜지 몰라
총을 든 네 모습이 자랑스럽구나
대위님이 시키는 건 뭐든지 하렴, 넌 훈장을 많이 받게 될 거야
그러면 벽에 붙여둘게, 네가 집에 돌아오면"

낡은 기차가 움직이기 시작하자 존의 엄마는 소리치기 시작했지
주변 사람들 모두 들으라고
"지금 가는 저 기차에 내 아들이 타고 있어요, 그러니까 그애는 군인이거든요"
주변 사람들 잘 알아듣도록 얘기했지

가끔 날아드는 편지에 그녀의 얼굴엔 웃음꽃 피었지
옆집 사람들에게 편지 보여주며
군복 입고 총 든 아들 자랑했지
당신은 이런 것을 일컬어 좋았던 옛날식 전쟁이라 했지

아! 좋았던 옛날식 전쟁이여!

편지가 오지 않았지, 너무나 오랫동안 오지 않았어
편지는 오지 않았지 열 달이 넘도록
그리고 마침내 날아든 편지 한 통, "기차를 맞으러 가십시오
전쟁터에서 당신의 아들이 집으로 돌아오고 있습니다"

그녀는 웃으며 곧장 달려갔지, 온 사방을 두리번댔지
하지만 군인 아들 모습 어디서도 볼 수 없었시
사람들 모두 사라졌지, 그리고 마침내 아들을 볼 수 있었지
아들의 모습에 그녀는 자기 눈을 의심했지

And the mother had to turn her face away

"Don't you remember, Ma, when I went off to war
You thought it was the best thing I could do?
I was on the battleground, you were home⋯⋯ acting proud
You wasn't there standing in my shoes"

"Oh, and I thought when I was there, God, what am I doing here?
I'm a-tryin' to kill somebody or die tryin'
But the thing that scared me most was when my enemy came close
And I saw that his face looked just like mine"

Oh! Lord! Just like mine!

"And I couldn't help but think, through the thunder rolling and stink
That I was just a puppet in a play
And through the roar and smoke, this string is finally broke
And a cannonball blew my eyes away"

As he turned away to walk, his Ma was still in shock
At seein' the metal brace that helped him stand
But as he turned to go, he called his mother close
And he dropped his medals down into her hand

Bob Dylan

아, 그의 얼굴엔 커다란 상처가 나 있고, 양손은 어디론가 날아가버리고
　　없었지
그리고 허리엔 금속 보호대 채워져 있었지
그는 느릿느릿 그녀가 알지 못하는 목소리로 속삭였지
그녀가 그의 얼굴조차 알아보지 못하고 있는 동안에!

오, 하느님! 아들의 얼굴조차 알아보지 못하다니

"오, 말해다오, 사랑하는 아들아, 제발 말해다오, 그들이 무슨 짓을
　　했는지
어쩌다 네가 이런 꼴이 된 거냐?"
그는 말하려 애썼지만 입이 거의 움직이지 않았고
엄마는 얼굴 돌릴 수밖에 없었지

"기억 안 나요, 엄마? 내가 전쟁터로 떠날 때
그게 내가 할 수 있는 최선이라고 여기셨잖아요?
난 전쟁터에 있었고, 엄마는 집에 있었죠…… 의기양양해하시며
엄마는 내 처지가 어떨지 생각해보지 않으셨죠"

"오, 그리고 그곳에 있을 때 난 생각했죠, 오 하느님, 대체 난 여기서 뭘
　　하고 있지?
난 누군가를 죽이려 하고 있어, 아니 죽으려 하는 건가"
하지만 날 가장 두렵게 한 건 적이 가까이 다가왔을 때예요
난 깨달았죠, 그의 얼굴이 내 얼굴과 똑같다는 것을요"

오, 하느님! 내 얼굴과 똑같은!

"우르릉대는 천둥과 악취 속에서, 자연스레 그런 생각이 들었죠
난 그저 이 게임의 꼭두각시라고
그리고 굉음과 연기 속에서, 마침내 내가 매달려 있던 줄이 끊어졌죠
대포알 하나가 번쩍하고 내 시야를 날려버렸죠"

그는 돌아서서 걸었고, 엄마는 여전히 충격에 빠져 있었지
그의 몸을 받쳐주는 금속 보호대를 멍하니 바라보면서
하지만 돌아서서 가려 하다가, 그는 엄마를 가까이 오라 불렀지
그리고 그녀의 손바닥 위로 자신의 훈장들을 떨어뜨렸지

Farewell

Oh it's fare thee well my darlin' true
I'm leavin' in the first hour of the morn
I'm bound off for the bay of Mexico
Or maybe the coast of Californ
So it's fare thee well my own true love
We'll meet another day, another time
It ain't the leavin'
That's a-grievin' me
But my true love who's bound to stay behind

Oh the weather is against me and the wind blows hard
And the rain she's a-turnin' into hail
I still might strike it lucky on a highway gain' west
Though I'm travelin' on a path beaten trail
So it's fare thee well my own true love
We'll meet another day, another time
It ain't the leavin'
That's a-grievin' me
But my true love who's bound to stay behind

I will write you a letter from time to time
As I'm ramblin' you can travel with me too
With my head, my heart and my hands, my love
I will send what I learn back home to you
So it's fare thee well my own true love
We'll meet another day, another time
It ain't the leavin'
That's a-grievin' me
But my true love who's bound to stay behind

I will tell you of the laughter and of troubles
Be them somebody else's or my own
With my hands in my pockets and my coat collar high
I will travel unnoticed and unknown
So it's fare thee well my own true love
We'll meet another day, another time
It ain't the leavin'
That's a-grievin' me
But my true love who's bound to stay behind

I've heard tell of a town where I might aswell be bound
It's down around the old Mexican plains

Bob Dylan

작별

오 이제 당신께 작별을 고해요, 내 진정한 사랑
아침 첫 시간에 떠나요
멕시코 만으로 갈 거예요
아니면 캘리포니아 해안으로 갈지도 모르죠
그러니 이제 작별을 고해요, 내 진정한 사랑
우린 언젠가 다시 만날 거예요, 다른 날에, 다른 시간에
그러니 영원한 이별은 아니죠
그래도 내 가슴 이토록 아픈 건
그곳에 남아야 하는 내 사랑, 당신 때문이죠

오 날씨는 험상궂고 바람은 거세게 불어와요
내리는 비는 이제 우박으로 변했어요
그래도 서쪽으로 가는 고속도로에서는 운수가 좋을지 모르죠
나 지금 가는 길 황량한 산길일지라도
그러니 이제 작별을 고해요, 내 진정한 사랑
우린 언젠가 다시 만날 거예요, 다른 날에, 다른 시간에
그러니 영원한 이별은 아니죠
그래도 내 가슴 이토록 아픈 건
그곳에 남아야 하는 내 사랑, 당신 때문이죠

가끔 편지할게요 그러면 당신도
내가 떠돌 때 나와 함께할 수 있겠죠
내 머리와 내 심장과 내 손과 더불어, 내 사랑,
내가 겪고 배운 것들 고향의 당신께 보낼게요
그러니 이제 작별을 고해요, 내 진정한 사랑
우린 언젠가 다시 만날 거예요, 다른 날에, 다른 시간에
그러니 영원한 이별은 아니죠
그래도 내 가슴 이토록 아픈 건
그곳에 남아야 하는 내 사랑, 당신 때문이죠

다른 사람이 겪은, 내가 겪은
웃기는 일들, 고생한 일들 얘기해줄게요

They say that the people are all friendly there
And all they ask of you is your name
So it's fare thee well my own true love
We'll meet another day, another time
It ain't the leavin'
That's a-grievin' me
But my true love who's bound to stay behind

Bob Dylan

주머니에 손 찌르고 외투 깃 높이 세우고
눈에 띄지 않게, 아무도 모르게 떠돌 거예요
그러니 이제 작별을 고해요, 내 진정한 사랑
우린 언젠가 다시 만날 거예요, 다른 날에, 다른 시간에
그러니 영원한 이별은 아니죠
그래도 내 가슴 이토록 아픈 건
그곳에 남아야 하는 내 사랑, 당신 때문이죠

내가 갈 만한 도시가 있다는 소식을 들었어요
옛 멕시코 평원 어딘가에 있는 도시래요
그곳 사람들은 다들 친절하고
나그네에게 이름 외엔 아무것도 묻지 않는다는군요
그러니 이제 작별을 고해요, 내 진정한 사랑
우린 언젠가 다시 만날 거예요, 다른 날에, 다른 시간에
그러니 영원한 이별은 아니죠
그래도 내 가슴 이토록 아픈 건
그곳에 남아야 하는 내 사랑, 당신 때문이죠

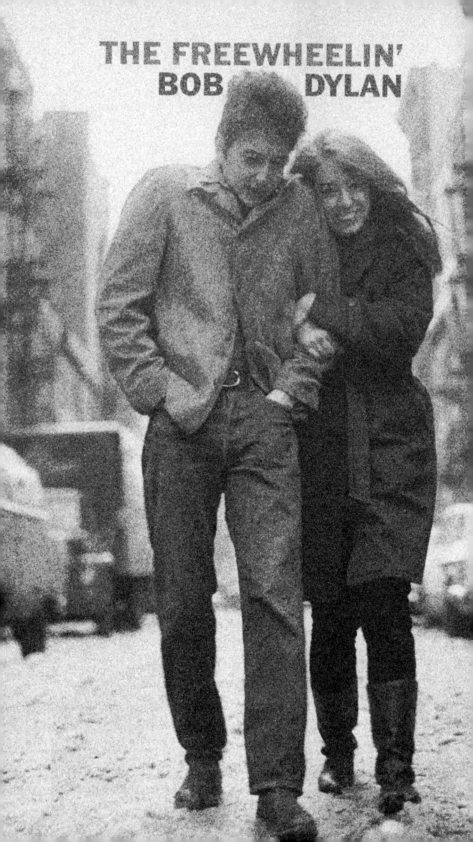

THE FREEWHEELIN'
BOB   DYLAN

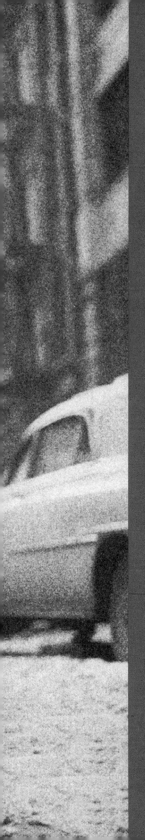

The Freewheelin' Bob Dylan 1963

자유분방한 밥 딜런

Blowin' in the Wind

Girl of the North Country

Masters of War

Down the Highway

Bob Dylan's Blues

A Hard Rain's A-Gonna Fall

Don't Think Twice, It's All Right

Bob Dylan's Dream

Oxford Town

Talkin' World War III Blues

Corrina, Corrina

Honey, Just Allow Me One More Chance

I Shall Be Free

additional lyrics

Watcha Gonna Do

Walls of Red Wing

Who Killed Davey Moore?

Seven Curses

Dusty Old Fairgrounds

Blowin' in the Wind

How many roads must a man walk down
Before you call him a man?
Yes, 'n' how many seas must a white dove sail
Before she sleeps in the sand?
Yes, 'n' how many times must the cannonballs fly
Before they're forever banned?
The answer, my friend, is blowin' in the wind
The answer is blowin' in the wind

How many years can a mountain exist
Before it's washed to the sea?
Yes, 'n' how many years can some people exist
Before they're allowed to be free?
Yes, 'n' how many times can a man turn his head
Pretending he just doesn't see?
The answer, my friend, is blowin' in the wind
The answer is blowin' in the wind

How many times must a man look up
Before he can see the sky?
Yes, 'n' how many ears must one man have
Before he can hear people cry?
Yes, 'n' how many deaths will it take till he knows
That too many people have died?
The answer, my friend, is blowin' in the wind
The answer is blowin' in the wind

불어오는 바람 속에

얼마나 많은 길을 걸어야
한 인간은 비로소 사람이 될 수 있을까?
그래, 그리고 얼마나 많은 바다 위를 날아야
흰 비둘기는 모래 속에서 잠이 들까?
그래, 그리고 얼마나 많이 하늘 위로 쏘아올려야
포탄은 영영 사라질 수 있을까?
그 대답은, 나의 친구여, 바람 속에 불어오고 있지
대답은 불어오는 바람 속에 있네

얼마나 오랜 세월을 버텨야
산은 바다로 씻겨 내려갈까?
그래, 그리고 얼마나 오랜 세월을 버텨야
어떤 이들은 자유를 얻을 수 있을까?
그래, 그리고 한 인간은 모르쇠로 일관하면서
대체 몇 번이나 외면할 수 있을까?
그 대답은, 나의 친구여, 바람 속에 불어오고 있지
대답은 불어오는 바람 속에 있네

얼마나 자주 위를 올려다봐야
한 인간은 비로소 하늘을 볼 수 있을까?
그래, 그리고 얼마나 많은 귀가 있어야
한 인간은 사람들 울음소릴 들을 수 있을까?
그래, 그리고 얼마나 많은 죽음을 겪어야 한 인간은
너무나도 많은 사람이 죽어버렸다는 걸 알 수 있을까?
그 대답은, 나의 친구여, 바람 속에 불어오고 있지
대답은 불어오는 바람 속에 있네

Girl of the North Country

Well, if you're travelin' in the north country fair
Where the winds hit heavy on the borderline
Remember me to one who lives there
She once was a true love of mine

Well, if you go when the snowflakes storm
When the rivers freeze and summer ends
Please see if she's wearing a coat so warm
To keep her from the howlin' winds

Please see for me if her hair hangs long
If it rolls and flows all down her breast
Please see for me if her hair hangs long
That's the way I remember her best

I'm a-wonderin' if she remembers me at all
Many times I've often prayed
In the darkness of my night
In the brightness of my day

So if you're travelin' in the north country fair
Where the winds hit heavy on the borderline
Remember me to one who lives there
She once was a true love of mine

북쪽 나라의 소녀

있잖아, 만일 당신이 국경에 세찬 바람 휘몰아치는
북쪽 나라의 축제를 찾는다면
거기 사는 이에게 내 안부를 전해줘
한때 그녀는 나의 진정한 사랑이었네

있잖아, 만일 당신이 눈발 휘몰아치고
강은 얼어붙고 여름은 끝난 시절에 그곳에 간다면
부디 그녀가 따뜻한 코트를 입고 있는지를 좀 봐줘
그녀가 울부짖는 바람으로부터 몸을 피할 수 있는지를

부디 날 위해 보아줘, 그녀가 머리를 길게 길렀는지
머리가 길게 흘러내려 그녀의 가슴까지 가닿는지를
부디 날 위해 보아줘, 그녀가 머리를 길게 길렀는지
그게 내가 기억하는 그녀의 최고의 모습이니까

궁금해, 그녀가 날 기억하기는 하는지
몇 번이나 나는 자주 기도하곤 했다네
밤의 어둠 속에서
낮의 환함 속에서

그러니 만일 당신이 국경에 세찬 바람 휘몰아치는
북쪽 나라의 축제를 찾는다면
거기 사는 이에게 내 안부를 전해줘
한때 그녀는 나의 진정한 사랑이었네

Masters of War

Come you masters of war
You that build all the guns
You that build the death planes
You that build the big bombs
You that hide behind walls
You that hide behind desks
I just want you to know
I can see through your masks

You that never done nothin'
But build to destroy
You play with my world
Like it's your little toy
You put a gun in my hand
And you hide from my eyes
And you turn and run farther
When the fast bullets fly

Like Judas of old
You lie and deceive
A world war can be won
You want me to believe
But I see through your eyes
And I see through your brain
Like I see through the water
That runs down my drain

You fasten the triggers
For the others to fire
Then you set back and watch
When the death count gets higher
You hide in your mansion
As young people's blood
Flows out of their bodies
And is buried in the mud

You've thrown the worst fear
That can ever be hurled
Fear to bring children
Into the world
For threatening my baby
Unborn and unnamed

전쟁의 귀재들

오라, 너희 전쟁의 귀재들이여
모든 총을 만든 너희들
모든 죽음의 비행기를 만든 너희들
모든 커다란 폭탄을 만든 너희들
벽 뒤로 숨은 너희들
책상 뒤로 숨은 너희들
그저 너희가 알았으면 좋겠어
그 가면 속이 훤히 들여다보인다는 걸 말이야

너흰 아무것도 한 게 없지
파괴의 도구를 만든 일 말고는
너흰 내 세상을 갖고 놀아
마치 너희의 작은 장난감인 양
너흰 내 손에 총을 쥐여줘
그리고 내 눈앞에서 숨어버리지
그리고 총알이 빠르게 날아가면
뒤돌아서서 멀리 달아나버리지

옛 유다처럼
너흰 거짓을 말하고 기만을 떨어
세계대전에서 승리할 수 있다고
너흰 내가 믿길 바라지
하지만 내겐 너희 두 눈 너머가 보여
그리고 너희 머릿속이 보여
배수관을 흘러가는 물이
투명하게 다 보이는 것처럼 말이야

너흰 방아쇠를 당기고
남들에게 그걸 쏘게 하지
그리고 너흰 물러서서 구경해
사망자 수가 치솟을 때
너흰 대저택 안에 숨어 있지

You ain't worth the blood
That runs in your veins

How much do I know
To talk out of turn
You might say that I'm young
You might say I'm unlearned
But there's one thing I know
Though I'm younger than you
Even Jesus would never
Forgive what you do

Let me ask you one question
Is your money that good
Will it buy you forgiveness
Do you think that it could
I think you will find
When your death takes its toll
All the money you made
Will never buy back your soul

And I hope that you die
And your death'll come soon
I will follow your casket
In the pale afternoon
And I'll watch while you're lowered
Down to your deathbed
And I'll stand o'er your grave
'Til I'm sure that you're dead

The Freewheelin' Bob Dylan

젊은이들의 피가
그들 몸밖으로 흘러나올 때
그리고 진흙 속으로 파묻힐 때

너흰 사람이 떠안을 수 있는
최악의 두려움을 안겨줬어
이 세상에
아이들을 태어나게 하는 두려움 말이야
아직 태어나지도, 이름 지어지지도 않은
내 아이를 위협하다니
너희 핏줄에 흐르는
피를 너흰 부끄러워해야 해

내가 얼마나 안다고
주제 넘는 소릴 떠들어대는 건지
너흰 아마 날 어리다고 하겠지
너흰 아마 내가 못 배웠다고 할 거야
비록 난 너희보다 어리지만
아는 게 하나 있어
심지어 예수께서도 너희가 하는 짓을
절대 용서치 않으리란 것 말이야

질문 하나만 하자
돈이 그렇게 좋니
그걸로 너희가 용서도 살 수 있을까
그럴 수 있다고 생각하니
너흰 알게 될 거야
죽음이 너희에게 일격을 가할 때면
너희가 벌어모은 돈을 모조리 끌어모아도
절대 너희 영혼을 되살 순 없을 거란 걸

그리고 난 너희가 죽길 바라지
그리고 곧 죽음이 다가올 테지
난 너희 관을 따라갈 거야
그 창백한 오후에
그리고 죽음의 자리로 내려가는

너희를 지켜볼 거야
그리고 난 그 무덤 위에 설 거야
너희가 죽었다는 확신이 들 때까지

Down the Highway

Well, I'm walkin' down the highway
With my suitcase in my hand
Yes, I'm walkin' down the highway
With my suitcase in my hand
Lord, I really miss my baby
She's in some far-off land

Well, your streets are gettin' empty
Lord, your highway's gettin' filled
And your streets are gettin' empty
And your highway's gettin' filled
Well, the way I love that woman
I swear it's bound to get me killed

Well, I been gamblin' so long
Lord, I ain't got much more to lose
Yes, I been gamblin' so long
Lord, I ain't got much more to lose
Right now I'm havin' trouble
Please don't take away my highway shoes

Well, I'm bound to get lucky, baby
Or I'm bound to die tryin'
Yes, I'm a-bound to get lucky, baby
Lord, Lord I'm a-bound to die tryin'
Well, meet me in the middle of the ocean
And we'll leave this ol' highway behind

Well, the ocean took my baby
My baby stole my heart from me
Yes, the ocean took my baby
My baby took my heart from me
She packed it all up in a suitcase
Lord, she took it away to Italy, Italy

So, I'm a-walkin' down your highway
Just as far as my poor eyes can see
Yes, I'm a-walkin' down your highway
Just as far as my eyes can see
From the Golden Gate Bridge
All the way to the Statue of Liberty

고속도로를 따라

이봐, 난 고속도로를 따라 걷고 있어
손에 여행가방을 든 채로
그래, 난 고속도로를 따라 걷고 있다고
손에 여행가방을 든 채로
이런, 나는 내 사랑이 정말 그리워
그녀는 어디 멀리 떨어진 곳에 있다네

이봐, 너의 거리가 점점 텅 비어가고 있어
이런, 너의 고속도로가 점점 붐비고 있어
너의 거리가 점점 텅 비어가고 있고
너의 고속도로가 점점 붐비고 있다고
글쎄, 그 여자를 이렇게 사랑하다간
분명 난 죽고 말 거야

글쎄, 난 너무 오랜 세월 도박을 해왔어
세상에, 이젠 더 잃을 것도 없지
그래, 난 너무 오랜 세월 도박을 해왔어
세상에, 이젠 더 잃을 것도 없다네
당장 난 사는 게 힘드니
제발 고속도로에서 신는 내 신발을 빼앗아가지 마

글쎄, 난 분명 운이 좋을 거야, 자기야
그게 아니라면 애만 쓰다 죽고 말겠지
그래, 난 꼭 운이 좋을 거야, 자기야
세상에, 아니 세상에, 난 애만 쓰다 죽고 말 게 분명해
이봐, 바다 한가운데서 나랑 만나
그리고 우린 이 지겨운 고속도로를 떠날 거야

이봐, 바다가 내 연인을 데려갔어
내 연인은 내 마음을 훔쳐갔지
그래, 바다가 내 사랑을 데려갔어
내 연인은 내 마음을 훔쳐갔지

그녀가 그걸 모두 여행가방에 싸버렸네
이런, 그녀가 그걸 들고 가버렸네 이탈리아로, 이탈리아로

그래서 난 너의 고속도로를 걷고 있어
별로 좋지도 않은 내 눈으로 볼 수 있는 한 멀리
그래, 난 너의 고속도로를 걷고 있어
내 두 눈으로 볼 수 있는 한 멀리
금문교에서
저 먼 자유의 여신상까지

Bob Dylan's Blues

Well, the Lone Ranger and Tonto
They are ridin' down the line
Fixin' ev'rybody's troubles
Ev'rybody's 'cept mine
Somebody musta tol' 'em
That I was doin' fine

Oh you five and ten cent women
With nothin' in your heads
I got a real gal I'm lovin'
And Lord I'll love her till I'm dead
Go away from my door and my window too
Right now

Lord, I ain't goin' down to no race track
See no sports car run
I don't have no sports car
And I don't even care to have one
I can walk anytime around the block

Well, the wind keeps a-blowin' me
Up and down the street
With my hat in my hand
And my boots on my feet
Watch out so you don't step on me

Well, look it here buddy
You want to be like me
Pull out your six-shooter
And rob every bank you can see
Tell the judge I said it was all right
Yes!

- 미국 문화를 대표하는 캐릭터 론 레인저는 가면을 쓴 서부 보안관으로, 자신의 친구 톤토와 함께
  무법자들을 소탕하는 허구의 인물이다. 소설, 드라마, 영화에 자주 등장한다.

밥 딜런의 블루스

이봐, 론 레인저와 톤토*
그들이 말을 타고 달리고 있네
모두의 문제를 해결해주면서
모두의 문제를, 내 문제만 빼고 말이지
누가 그들에게 말한 게 틀림없어
내가 잘 지내고 있다고 말이야

오 너희 5달러 10센트짜리 여자들
머리에 든 게 하나도 없지
내겐 정말 사랑하는 여자가 있어
그리고 오 세상에, 난 죽을 때까지 그녀를 사랑할 거야
내 문 앞에서 사라져버려 그리고 내 창가에서도
지금 당장

오 세상에, 난 자동차 경주장에 가지 않아
스포츠카가 달리는 걸 보지 않지
난 스포츠카가 없어
그리고 갖고 싶지도 않아
난 언제든 동네를 빙빙 돌며 걸을 수 있거든

이봐, 계속 나를 향해 바람이 불어와
거리 위로 아래로
손에 난 모자를 들고
발에는 부츠를 신었어
내 발 밟지 않게 조심하라고

이봐, 여길 봐 친구
넌 나처럼 되고 싶어하지
6연발 권총을 꺼내들고는
눈에 보이는 은행을 죄다 털어버리라고
판사한테 말해, 내가 그래도 된다고 했다고 말이야
그래!

A Hard Rain's A-Gonna Fall

Oh, where have you been, my blue-eyed son?
Oh, where have you been, my darling young one?
I've stumbled on the side of twelve misty mountains
I've walked and I've crawled on six crooked highways
I've stepped in the middle of seven sad forests
I've been out in front of a dozen dead oceans
I've been ten thousand miles in the mouth of a graveyard
And it's a hard, and it's a hard, it's a hard, and it's a hard
And it's a hard rain's a-gonna fall

Oh, what did you see, my blue-eyed son?
Oh, what did you see, my darling young one?
I saw a newborn baby with wild wolves all around it
I saw a highway of diamonds with nobody on it
I saw a black branch with blood that kept drippin'
I saw a room full of men with their hammers a-bleedin'
I saw a white ladder all covered with water
I saw ten thousand talkers whose tongues were all broken
I saw guns and sharp swords in the hands of young children
And it's a hard, and it's a hard, it's a hard, it's a hard
And it's a hard rain's a-gonna fall

And what did you hear, my blue-eyed son?
And what did you hear, my darling young one?
I heard the sound of a thunder, it roared out a warnin'
Heard the roar of a wave that could drown the whole world
Heard one hundred drummers whose hands were a-blazin'
Heard ten thousand whisperin' and nobody listenin'
Heard one person starve, I heard many people laughin'
Heard the song of a poet who died in the gutter
Heard the sound of a clown who cried in the alley
And it's a hard, and it's a hard, it's a hard, it's a hard
And it's a hard rain's a-gonna fall

Oh, who did you meet, my blue-eyed son?
Who did you meet, my darling young one?
I met a young child beside a dead pony
I met a white man who walked a black dog
I met a young woman whose body was burning
I met a young girl, she gave me a rainbow
I met one man who was wounded in love
I met another man who was wounded with hatred

세찬 비가 쏟아질 거예요

오, 그동안 어디 있었니, 내 푸른 눈의 아들아?
오, 그동안 어디 있었니, 내 사랑하는 어린것아?
저는 열두 개의 안개 자욱한 산이 있는 곳을 우연히 발견했어요
여섯 개의 굽이진 고속도로를 걷고 기었죠
일곱 개의 슬픈 숲속 한가운데에 발을 들였어요
열두 개의 사해 앞까지 가봤죠
묘지의 입속으로 만 마일이나 들어가봤답니다
그리고 세찬 비, 그리고 세찬 비가, 세차고 또 세찬 비가
그리고 세찬 비가 쏟아질 거예요

오, 무얼 보았니, 내 푸른 눈의 아들아?
오, 무얼 보았니, 내 사랑하는 어린것아?
저는 사방이 온통 야생 늑대들인 가운데 태어난 아기를 봤어요
다이아몬드로 된 텅 빈 고속도로를 봤죠
피가 계속 뚝뚝 떨어지는 검은 나뭇가지를 봤어요
피 흘러내리는 망치를 든 남자들로 가득한 방을 봤죠
온통 물로 뒤덮인 흰 사다리를 봤고요
다들 혀가 꼬인 만 명의 떠버리들을 봤어요
어린아이들 손에 들린 총과 날카로운 칼을 봤답니다
그리고 세찬 비, 그리고 세찬 비가, 세차고 세찬 비가
그리고 세찬 비가 쏟아질 거예요

그리고 무얼 들었니, 내 푸른 눈의 아들아?
그리고 무얼 들었니, 내 사랑하는 어린것아?
저는 천둥소리를 들었어요, 큰 소리로 내리는 경고였죠
온 세상을 잠기게 할 정도로 울부짖는 파도 소리를 들었어요
백 명의 북재비들이 불타오르는 손으로 북을 치는 소리를 들었죠
만 명이 속삭이는 소리를 들었어요, 아무도 듣질 않았답니다
한 명이 굶주리는 소리를 들었어요, 여러 사람이 웃는 소리도 들었죠
타락해 죽은 한 시인의 노래를 들었어요
광대 하나가 골목에서 울고 있는 소리를 들었답니다
그리고 세찬 비, 그리고 세찬 비가, 세차고 세찬 비가

And it's a hard, it's a hard, it's a hard, it's a hard
It's a hard rain's a-gonna fall

Oh, what'll you do now, my blue-eyed son?
Oh, what'll you do now, my darling young one?
I'm a-goin' back out 'fore the rain starts a-fallin'
I'll walk to the depths of the deepest black forest
Where the people are many and their hands are all empty
Where the pellets of poison are flooding their waters
Where the home in the valley meets the damp dirty prison
Where the executioner's face is always well hidden
Where hunger is ugly, where souls are forgotten
Where black is the color, where none is the number
And I'll tell it and think it and speak it and breathe it
And reflect it from the mountain so all souls can see it
Then I'll stand on the ocean until I start sinkin'
But I'll know my song well before I start singin'
And it's a hard, it's a hard, it's a hard, it's a hard
It's a hard rain's a-gonna fall

The Freewheelin' Bob Dylan

그리고 세찬 비가 쏟아질 거예요

오, 누굴 만났니, 내 푸른 눈의 아들아?
넌 누굴 만났니, 내 사랑하는 어린것아?
저는 죽은 조랑말 곁에 있던 어린아이를 만났어요
검은 개를 산책시키던 백인을 만났죠
온몸이 불타고 있던 젊은 여인을 만났어요
어린 소녀를 만났죠, 제게 무지개를 주었답니다
사랑에 상처 입은 한 남자를 만났어요
증오로 상처 입은 남자도 만났답니다
그리고 세찬 비, 세찬 비가, 세차고 세찬 비가
세찬 비가 쏟아질 거예요

오, 이제 무얼 할 거니, 내 푸른 눈의 아들아?
오, 이제 무얼 할 거니, 내 사랑하는 어린것아?
저는 다시 밖으로 나가요, 비가 내리기 전에요
깊고 깊은 검은 숲속의 아주 깊숙한 곳까지 걸어들어갈 거예요
사람은 많지만 그들의 손은 모두 텅 빈 곳
독이 든 알약들이 물을 범람하게 하는 곳으로
계곡에 있는 집이 축축하고 더러운 감옥과 만나는 곳
사형 집행자의 얼굴이 늘 잘 숨겨 있는 곳으로
굶주림은 보기 흉하고 영혼들은 잊힌 곳
색깔은 검정색뿐이고 숫자는 없는 곳으로
그리고 저는 말할 거예요, 생각하고 이야기하고 숨쉴 거예요
그리고 비출 거예요, 산속에서 말이죠, 모든 영혼들이 그 모습을 볼 수
  있도록
그러고는 바다 위에 설 거예요, 몸이 가라앉기 시작할 때까지
하지만 저는 제가 부를 노래를 아주 잘 알 테죠, 그걸 시작하기도 전에
그리고 세찬 비, 세찬 비가, 세차고 세찬 비가
세찬 비가 쏟아질 거예요

Don't Think Twice, It's All Right

It ain't no use to sit and wonder why, babe
It don't matter, anyhow
An' it ain't no use to sit and wonder why, babe
If you don't know by now
When your rooster crows at the break of dawn
Look out your window and I'll be gone
You're the reason I'm trav'lin' on
Don't think twice, it's all right

It ain't no use in turnin' on your light, babe
That light I never knowed
An' it ain't no use in turnin' on your light, babe
I'm on the dark side of the road
Still I wish there was somethin' you would do or say
To try and make me change my mind and stay
We never did too much talkin' anyway
So don't think twice, it's all right

It ain't no use in callin' out my name, gal
Like you never did before
It ain't no use in callin' out my name, gal
I can't hear you anymore
I'm a-thinkin' and a-wond'rin' all the way down the road
I once loved a woman, a child I'm told
I give her my heart but she wanted my soul
But don't think twice, it's all right

I'm walkin' down that long, lonesome road, babe
Where I'm bound, I can't tell
But goodbye's too good a word, gal
So I'll just say fare thee well
I ain't sayin' you treated me unkind
You could have done better but I don't mind
You just kinda wasted my precious time
But don't think twice, it's all right

너무 깊이 생각하지 마, 괜찮아

앉아서 고민해봤자 아무 소용 없어, 그대여
어차피 아무 상관도 없으니
앉아서 고민해봤자 아무 소용 없다니까, 그대여
만일 아직도 모르겠다면
동틀 무렵 너희 집 수탉이 울 때
창밖을 바라봐, 그럼 이미 난 떠났을 거야
바로 너 때문에 난 떠나는 거라고
너무 깊이 생각하지 마, 괜찮아

불을 켜봤자 아무 소용 없어, 그대여
그 불을 나는 전혀 알지 못하니
불을 켜봤자 아무 소용 없다니까, 그대여
난 그 길 어두운 쪽에 서 있어
여전히 네가 무얼 하거나 말해주길 바라고 있어
내 마음을 되돌려서 날 머물게 해주기를
어쨌거나 우린 그렇게 많은 대화를 나누지도 않았잖아
그러니 너무 깊이 생각하지 마, 괜찮아

내 이름 불러봤자 아무 소용 없어, 자기야
마치 한 번도 안 불러봤다는 듯 그렇게
내 이름 불러봤자 아무 소용 없다니까, 자기야
네 목소린 더이상 들리지 않아
길을 걷는 내내 생각하고 또 고민하지
한때 난 한 여자를 사랑했고, 그녀는 날 아이라고 했지
난 그녀에게 내 마음을 바치지 하지만 그녀는 내 영혼을 원했어
하지만 너무 깊이 생각하지 마, 괜찮아

난 저 길고 외로운 길을 걸어가고 있어, 그대여
어디로 가는지는 말해줄 수 없어
하지만 '안녕'은 너무 좋은 말이야, 자기야
그러니 그냥 난 '잘 있어'라고만 할게
네가 딱히 모질게 굴었다는 건 아니야

더 잘할 수도 있었겠지, 하지만 난 상관없어
너 때문에 그저 내 소중한 시간을 좀 낭비해버린 것 같네
하지만 너무 깊이 생각하지 마, 괜찮아

Bob Dylan's Dream

While riding on a train goin' west
I fell asleep for to take my rest
I dreamed a dream that made me sad
Concerning myself and the first few friends I had

With half-damp eyes I stared to the room
Where my friends and I spent many an afternoon
Where we together weathered many a storm
Laughin' and singin' till the early hours of the morn

By the old wooden stove where our hats was hung
Our words were told, our songs were sung
Where we longed for nothin' and were quite satisfied
Taikin' and a-jokin' about the world outside

With haunted hearts through the heat and cold
We never thought we could ever get old
We thought we could sit forever in fun
But our chances really was a million to one

As easy it was to tell black from white
It was all that easy to tell wrong from right
And our choices were few and the thought never hit
That the one road we traveled would ever shatter and split

How many a year has passed and gone
And many a gamble has been lost and won
And many a road taken by many a friend
And each one I've never seen again

I wish, I wish, I wish in vain
That we could sit simply in that room again
Ten thousand dollars at the drop of a hat
I'd give it all gladly if our lives could be like that

밥 딜런의 꿈

기차를 타고 서쪽을 향해 가는 동안
잠시 좀 쉬려고 잠을 청했지
날 슬프게 하는 꿈을 꾸었어
나 자신, 그리고 내가 처음 사귀었던 몇몇 친구들에 대한 꿈을

반쯤 젖은 눈으로 난 방을 쳐다봤어
친구들과 내가 함께 수많은 오후를 보냈던 방을
우리 함께 수많은 태풍을 헤쳐나간 곳이었지
이른 아침이 올 때까지 웃고 노래하면서

우리들 모자가 걸려 있던 낡은 난롯가에서
우린 얘기했고 우린 노래했지
그곳에서 우린 아무것도 바라지 않았고, 또 꽤나 만족했어
바깥세상에 대해 떠들고 농담을 던지며

여름과 겨울 내내 걱정 가득한 마음으로
우린 우리가 늙어갈 거라곤 생각도 못했지
우린 우리가 영원히 즐겁게 앉아 있을 줄로만 알았어
하지만 그럴 가능성은 백만분의 일이었지

흑과 백을 쉽게 구분했던 것만큼이나
옳고 그름도 아주 손쉽게 구분했었지
우리의 선택지는 몇 개 없었네 그리고 그런 생각을 해본 적도 전혀
　없었지
우리가 여행하는 하나의 길이 영영 흩어지고 갈라질 거라고는 말이야

얼마나 많은 세월이 흐르고 지나가버렸는지
그리고 얼마나 많은 도박에서 잃고 땄는지
얼마나 많은 길을 그 많은 친구들이 걸었었는지
그리고 난 그 모두를 두 번 다시 보지 못했네

난 소망하고 소망하고 또 소망하지, 아무 보람도 없이

The Freewheelin' Bob Dylan

그저 그 방에 우리가 다시 앉을 수 있기를
난 당장 만 달러라도 낼 수 있다네
기쁜 마음으로 다 줘버릴 거야, 우리들 삶이 그렇게 될 수만 있다면

Oxford Town

Oxford Town, Oxford Town
Ev'rybody's got their heads bowed down
The sun don't shine above the ground
Ain't a-goin' down to Oxford Town

He went down to Oxford Town
Guns and clubs followed him down
All because his face was brown
Better get away from Oxford Town

Oxford Town around the bend
He come in to the door, he couldn't get in
All because of the color of his skin
What do you think about that, my frien'?

Me and my gal, my gal's son
We got met with a tear gas bomb
I don't even know why we come
Goin' back where we come from

Oxford Town in the afternoon
Ev'rybody singin' a sorrowful tune
Two men died 'neath the Mississippi moon
Somebody better investigate soon

Oxford Town, Oxford Town
Ev'rybody's got their heads bowed down
The sun don't shine above the ground
Ain't a-goin' down to Oxford Town

옥스퍼드타운

옥스퍼드타운, 옥스퍼드타운
모두들 고개를 푹 숙이고 있네
지상에 뜬 태양은 빛나지 않지
옥스퍼드타운에는 가지 않을 거라네

그가 옥스퍼드타운에 갔다네
총과 곤봉이 그의 뒤를 밟았지
단지 그의 얼굴이 갈색이었기 때문에
옥스퍼드타운에서 빠져나오는 게 좋을 거라고

정신 나간 옥스퍼드타운
그가 문을 향해 다가와, 들어올 수가 없지
단지 그의 피부 색깔 때문에
이 일을 어떻게 생각하니, 나의 친구?

나와 내 애인, 내 애인의 아들
우리 셋은 최루탄을 가지고 만났지
난 우리가 왜 왔는지도 모르겠어
우리가 온 곳으로 다시 돌아가네

오후의 옥스퍼드타운
모두가 슬픈 곡을 노래하네
미시시피의 달 아래서 두 사람이 죽었지
누군가 얼른 수사를 해보는 게 좋을 거야

옥스퍼드타운, 옥스퍼드타운
모두들 고개를 푹 숙이고 있네
지상에 뜬 태양은 빛나지 않지
옥스퍼드타운에는 가지 않을 거라네

Talkin' World War III Blues

Some time ago a crazy dream came to me
I dreamt I was walkin' into World War Three
I went to the doctor the very next day
To see what kinda words he could say
He said it was a bad dream
I wouldn't worry 'bout it none, though
They were my own dreams and they're only in my head

I said, "Hold it, Doc, a World War passed through my brain"
He said, "Nurse, get your pad, this boy's insane"
He grabbed my arm, I said, "Ouch!"
As I landed on the psychiatric couch
He said, "Tell me about it"

Well, the whole thing started at 3 o'clock fast
It was all over by quarter past
I was down in the sewer with some little lover
When I peeked out from a manhole cover
Wondering who turned the lights on

Well, I got up and walked around
And up and down the lonesome town
I stood a-wondering which way to go
I lit a cigarette on a parking meter and walked on down the road
It was a normal day

Well, I rung the fallout shelter bell
And I leaned my head and I gave a yell
"Give me a string bean, I'm a hungry man"
A shotgun fired and away I ran
I don't blame them too much though, I know I look funny

Down at the corner by a hot-dog stand
I seen a man
I said, "Howdy friend, I guess there's just us two"
He screamed a bit and away he flew
Thought I was a Communist

Well, I spied a girl and before she could leave
"Let's go and play Adam and Eve"
I took her by the hand and my heart it was thumpin'
When she said, "Hey man, you crazy or sumpin'

The Freewheelin' Bob Dylan

제3차세계대전 토킹블루스

며칠 전, 난 말도 안 되는 꿈을 꾸었어
제3차세계대전 속으로 걸어들어가는 꿈
바로 다음날 의사를 찾아갔지
그가 무슨 말을 해줄 수 있나 보려고
그는 그걸 악몽이라 했네
하지만 난 전혀 걱정하지 않을 거야
그건 내 꿈인데다 오직 머릿속에만 일어나는 일이니까

나는 말했어, "잠깐만, 의사 양반, 세계대전이 내 머릿속을 지나갔어요"
그가 말했지, "간호사, 패드 가져와요, 이 친구 미쳤군"
그는 내 팔을 움켜쥐었어, 난 말했지, "아야!"
정신과 의자에 나를 앉히면서
그는 말했어, "한번 얘기해봐요"

글쎄, 모든 건 세시에 아주 빠르게 시작됐죠
십오 분 만에 다 끝나버렸어요
어떤 어린 연인과 함께 난 하수구 안에 있었고요
나는 맨홀 뚜껑 밖을 엿봤죠
누가 불을 켰는지 궁금해하면서요

글쎄, 난 일어나서 걸어다녔죠
외로운 마을 이곳저곳을요
어느 쪽으로 가야 할지 고민하며 서 있었어요
주차 미터기 위에서 담배에 불을 붙이고는 길을 걸었답니다
평범한 날이었어요

글쎄, 난 방사능 낙진 대피소의 벨을 울렸어요
그리고 머리를 기대고서 소리쳤죠
"깍지콩 좀 주세요, 굶주린 사람이에요"
산탄총이 발사됐고, 난 도망쳤어요
그래도 그들을 크게 비난하지 않아요, 나도 내가 우스워 보이는 걸
　아니까

You see what happened last time they started"

Well, I seen a Cadillac window uptown
And there was nobody aroun'
I got into the driver's seat
And I drove down 42nd Street
In my Cadillac. Good car to drive after a war

Well, I remember seein' some ad
So I turned on my Conelrad
But I didn't pay my Con Ed bill
So the radio didn't work so well
Turned on my record player—
It was Rock-a-day Johnny singin', "Tell Your Ma, Tell Your Pa
Our Love's A-gonna Grow Ooh-wah, Ooh-wah"

I was feelin' kinda lonesome and blue
I needed somebody to talk to
So I called up the operator of time
Just to hear a voice of some kind
"When you hear the beep it will be three o'clock"
She said that for over an hour
And I hung up

Well, the doctor interrupted me just about then
Sayin', "Hey I've been havin' the same old dreams
But mine was a little different you see
I dreamt that the only person left after the war was me
I didn't see you around"

Well, now time passed and now it seems
Everybody's having them dreams
Everybody sees themselves
Walkin' around with no one else
Half of the people can be part right all of the time
Some of the people can be all right part of the time
But all of the people can't be all right all of the time
I think Abraham Lincoln said that
"I'll let you bein my dreams if I can be in yours"
I said that

- 유사시에도 안정적으로 TV나 라디오 방송을 내보낼 수 있도록 하는 기술.
- •• 컨솔러데이티드 에디슨(Consolidated Edison). 미국 전기회사.

핫도그 가판대가 있는 길모퉁이에서
한 남자를 보았어요
내가 말했죠, "안녕 친구, 우리 둘뿐인 모양이군"
그는 짧게 소리치더니 달아나버렸어요
내가 공산주의자인 줄 알았나봐요

글쎄, 난 문득 여자 하나를 봤죠, 그리고 그녀가 떠나기 전에
"가서 아담과 이브 놀이를 합시다"
난 그녀의 손을 잡았죠, 내 심장은 쿵쿵거렸어요
그때 그녀가 말했어요, "이봐요, 당신 미쳤나보군요
그들이 지난번에 그랬을 때 무슨 일이 벌어졌는지 알잖아요"

글쎄, 난 도시 외곽에서 캐딜락 차창을 봤어요
주위엔 아무도 없었고요
운전석으로 뛰어들었죠
그리고 난 42번가를 달렸죠
캐딜락을 몰고서. 전쟁 후에 몰기 좋은 차랍니다

글쎄, 어떤 광고를 봤던 게 기억나요
그래서 내 코널래드* 라디오를 켰죠
하지만 내가 컨 에디슨** 고지서를 처리하지 않았더군요
그래서 라디오가 잘 나오질 않았죠
레코드플레이어를 틀었어요
락어데이 조니가 노래하고 있었죠, "엄마한테 말해, 아빠한테 말해
우리 사랑이 점점 더 커질 거라고, 우우와, 우우와"

좀 외롭고 우울한 기분이 들었어요
얘기할 사람이 필요했죠
그래서 난 시간을 알려주는 교환원에게 전화를 걸었어요
그냥 어떤 목소리라도 들으려고 말이죠
"삐 소리가 들리면 세시 정각입니다"
그녀는 그걸 한 시간 넘게 말했고
난 전화를 끊었답니다

글쎄, 그때쯤 의사가 내 말을 끊으며

말했죠, "이봐, 나도 늘 똑같은 꿈을 꾸고 있다네
그런데 말일세, 난 자네와 좀 달랐어
전쟁이 끝난 후에 나 혼자만 살아남는 꿈이었지
거기서 자네는 못 봤는데"

글쎄, 이제 시간이 흘러 지금은 모두가
그 꿈을 꾸고 있는 듯하네
모두들 주변에 아무도 없이
걸어다니는 자신의 모습을 보네
사람들 중 절반은 언제나 부분적으로 옳을 수 있어
사람들 중 몇몇은 때때로 완전히 옳을 수 있지
하지만 모든 사람이 언제나 완전히 옳을 수는 없어
에이브러햄 링컨이 이런 말을 했던 것 같군
"널 내 꿈속에 들어오게 해줄게, 내가 네 꿈속에 들어갈 수 있다면"
내가 한 말이군

Corrina, Corrina

Corrina, Corrina
Gal, where you been so long?
Corrina, Corrina
Gal, where you been so long?
I been worr'in' 'bout you, baby
Baby, please come home

I got a bird that whistles
I got a bird that sings
I got a bird that whistles
I got a bird that sings
But I ain' a-got Corrina
Life don't mean a thing

Corrina, Corrina
Gal, you're on my mind
Corrina, Corrina
Gal, you're on my mind
I'm a-thinkin' 'bout you, baby
I just can't keep from crying

코리나, 코리나

코리나, 코리나
그대, 이렇게 오랫동안 대체 어디에 가 있는 거야?
코리나, 코리나
그대, 이렇게 오랫동안 대체 어디에 가 있는 거야?
난 당신을 계속 걱정하고 있어, 그대여
그대여, 제발 집으로 돌아와

내겐 휘파람 소리를 내는 새 한 마리가 있어
노래하는 새가 한 마리 있지
내겐 휘파람 소리를 내는 새 한 마리가 있어
노래하는 새가 한 마리 있지
하지만 코리나는 없어
삶은 아무런 의미도 없고

코리나, 코리나
그대, 오직 당신 생각뿐이야
코리나, 코리나
그대, 정말이지 당신 생각뿐이야
난 당신 생각을 하고 있어, 그대여
정말이지 울음을 참을 수 없네

Honey, Just Allow Me One More Chance

Honey, just allow me one more chance
To get along with you
Honey, just allow me one more chance
Ah'll do anything with you
Well, I'm a-walkin' down the road
With my head in my hand
I'm lookin' for a woman
Needs a worried man
Just-a one kind favor I ask you
'Low me just-a one more chance

Honey, just allow me one more chance
To ride your aeroplane
Honey, just allow me one more chance
To ride your passenger train
Well, I've been lookin' all over
For a gal like you
I can't find nobody
So you'll have to do
Just-a one kind favor I ask you
'Low me just-a one more chance

Honey, just allow me one more chance
To get along with you
Honey, just allow me one more chance
Ah'll do anything with you
Well, lookin' for a woman
That ain't got no man
Is just lookin' for a needle
That is lost in the sand
Just-a one kind favor I ask you
'Low me just-a one more chance

자기야, 그냥 한 번만 더 기회를 줘

자기야, 그냥 한 번만 더 기회를 줘
너랑 한번 잘해볼 기회를
자기야, 그냥 한 번만 더 기회를 줘
너와 함께라면 난 뭐든 할 거야
있잖아, 난 길을 걸어가고 있어
손으로 머리를 감싼 채
난 여자를 찾고 있다네
걱정에 빠진 남자를 필요로 할 여자를
딱 한 번만 다정한 호의를 베풀어줘
그냥 한 번만 더 기회를 줘

자기야, 그냥 한 번만 더 기회를 줘
너의 비행기를 탈 수 있는 기회를
자기야, 그냥 한 번만 더 기회를 줘
너의 여객 열차에 오를 수 있는 기회를
있잖아, 난 사방을 다 뒤지고 다녔어
너 같은 여자를 찾으려고
도저히 찾을 수가 없네
그러니 네가 내게
딱 한 번만 다정한 호의를 베풀어줘
그냥 한 번만 더 기회를 줘

자기야, 그냥 한 번만 더 기회를 줘
너랑 한번 잘해볼 기회를
자기야, 그냥 한 번만 더 기회를 줘
너와 함께라면 난 뭐든 할 거야
있잖아, 아무 남자도 없는
여자를 찾는다는 건
모래사장에서 잃어버린
바늘을 찾는 일이나 마찬가지야
딱 한 번만 다정한 호의를 베풀어줘
그냥 한 번만 더 기회를 줘

I Shall Be Free

Well, I took me a woman late last night
I's three-fourths drunk, she looked uptight
She took off her wheel, took off her bell
Took off her wig, said, "How do I smell?"
I hot-footed it······ bare-naked······
Out the window!

Well, sometimes I might get drunk
Walk like a duck and stomp like a skunk
Don't hurt me none, don't hurt my pride
'Cause I got my little lady right by my side
(Right there
Proud as can be)

I's out there paintin' on the old woodshed
When a can a black paint it fell on my head
I went down to scrub and rub
But I had to sit in back of the tub
(Cost a quarter
And I had to get out quick······
Someone wanted to come in and take a sauna)

Well, my telephone rang it would not stop
It's President Kennedy callin' me up
He said, "My friend, Bob, what do we need to make the country grow?"
I said, "My friend, John, Brigitte Bardot
Anita Ekberg
Sophia Loren"
(Put 'em all in the same room with Ernest Borgnine!)

Well, I got a woman sleeps on a cot
She yells and hollers and squeals a lot
Licks my face and tickles my ear
Bends me over and buys me beer
(She's a honeymooner
A June crooner
A spoon feeder
And a natural leader)

Oh, there ain't no use in me workin' so heavy
I got a woman who works on the levee
Pumping that water up to her neck

난 자유로워질 거야

이봐, 어젯밤 느지막이 내게 여자가 생겼어
난 사분의 삼쯤 취해 있었고, 그녀는 초조해 보였지
그녀는 핸들을 떼어내고, 종을 던져버렸어
가발을 벗었지, 그리고 말하길, "내 냄새 어때?"
난 부리나케 달려갔네…… 발가벗은 채로……
창밖으로!

글쎄, 이따금 난 취할지도 몰라
오리처럼 걷고 스컹크처럼 발을 구를 거야
날 아프게 하지 마, 내 자존심을 건드리지 말라고
내 예쁜 아가씨가 바로 내 곁에 있으니까
(바로 그곳에
더없이 자랑스럽게)

낡은 장작 헛간에 그림을 그리며 난 거기 있었네
검은 페인트 한 통이 내 머리 위로 떨어졌을 때 말이지
그걸 북북 문질러 씻으러 갔지만
욕조 뒤에 난 앉아 있어야만 했다네
(십오 분이 걸렸어
그리고 난 빨리 나와야 했지……
누군가가 들어와 사우나를 하고 싶어하는 바람에)

글쎄, 내 전화기가 울렸어, 멈추질 않았지
케네디 대통령이 내게 건 전화였어
그가 말하길, "이보게, 밥, 이 나라를 '크게' 하려면 우리에게 무엇이
　　필요하지?"
나는 말했네, "이보게, 존, 브리짓 바르도
아니타 에크베르
소피아 로렌"
(어니스트 보그나인과 그녀들을 죄다 한방에 두라고!)

이봐, 내겐 아기 침대 위에서 자는 여자가 있지

Every week she sends me a monthly check
(She's a humdinger
Folk singer
Dead ringer
For a thing-a-muh jigger)

Late one day in the middle of the week
Eyes were closed I was half asleep
I chased me a woman up the hill
Right in the middle of an air-raid drill
It was Little Bo Peep!
(I jumped a fallout shelter
I jumped a bean stalk
I jumped a Ferris wheel)

Now, the man on the stand he wants my vote
He's a-runnin' for office on the ballot note
He's out there preachin' in front of the steeple
Tellin' me he loves all kinds-a people
(He's eatin' bagels
He's eatin' pizza
He's eatin' chitlins
He's eatin' bullshit!)

Oh, set me down on a television floor
I'll flip the channel to number four
Out of the shower comes a grown-up man
With a bottle of hair oil in his hand
(It's that greasy kid stuff
What I want to know, Mr. Football Man, is
What do you do about Willy Mays and Yul Brynner
Charles de Gaulle
And Robert Louis Stevenson?)

Well, the funniest woman I ever seen
Was the great-granddaughter of Mr. Clean
She takes about fifteen baths a day
Wants me to grow a cigar on my face
(She's a little bit heavy!)

Well, ask me why I'm drunk alla time
It levels my head and eases my mind
I just walk along and stroll and sing
I see better days and I do better things
(I catch dinosaurs
I make love to Elizabeth Taylor⋯⋯

•   영국 동요에 나오는 양을 놓친 여자아이.

The Freewheelin' Bob Dylan

엄청나게 소리지르고 고함치고 깩깩거리네
내 얼굴을 핥고 내 귀를 간지럽혀
나를 부려먹고는 맥주를 사준다네
(그녀는 신혼여행객이야
조용한 사랑 노래를 부르는 6월의 사람
숟가락으로 떠먹여주는 사람
그리고 타고난 지도자)

오, 내가 아무리 힘들게 일해봤자 아무 소용 없네
내 여자는 제방에서 일하지
펌프질로 물을 끌어올리는 일에 열심이야
그녀는 매주 내게 한 달 치 수표를 보내주네
(그녀는 끝내줘
포크 가수지
내가 잊은 누군가를
쏙 빼닮은 사람)

주중 어느 날 늦은 시각에
난 눈이 감겼고 반쯤 잠들어 있었지
한 여자를 쫓아 언덕 위로 올라갔어
공습 훈련이 한창일 때
그건 작은 보피프 였네!
(난 방사능 낙진 대피소로 뛰어들었지
강낭콩 줄기에 뛰어들었어
대관람차로 뛰어들었네)

이번엔 가판대에 있는 남자가 내 표를 원해
그는 입후보자 명단에 이름을 올리지
뾰족탑 앞에서 설교를 하고 있어
온갖 종류의 사람들을 사랑한다고 내게 말하고 있네
(그는 베이글을 먹고 있어
피자를 먹고 있어
돼지 곱창을 먹고 있어
소똥을 먹고 있어!)

오, 난 TV를 바닥에 내려놓았어

Catch hell from Richard Burton!)

채널을 4번으로 돌릴 거야
샤워실에서 성인 남자 하나가 나왔네
손에 헤어 오일 한 병을 든 채로
(기름투성이 어린애들 물건이지
그러니까, 미스터 풋볼 맨, 내가 알고 싶은 건 말이야
윌리 메이즈, 그리고 율 브리너
샤를 드골
그리고 로버트 루이스 스티븐슨에게 당신은 무슨 짓을 하는 거지?)

글쎄, 내가 본 중에 가장 웃긴 여자는
미스터 클린*의 증손녀였어
하루에 목욕을 열다섯 번쯤 하고
내 얼굴에 시가를 기르고 싶어하지
(그녀는 좀 육중해!)

글쎄, 왜 내가 늘 취해 있는 건지 물어봐줘
그건 날 침착하게 해주고 내 마음을 달래주네
난 그저 걷고 산책하고 노래해
더 나은 시절을 보고, 더 나은 일들을 하지
(난 공룡을 잡아
엘리자베스 테일러와 사랑을 나누네……
리처드 버턴에게 혼쭐이 나!)

Whatcha Gonna Do

Tell me what you're gonna do
When the shadow comes under your door
Tell me what you're gonna do
When the shadow comes under your door
Tell me what you're gonna do
When the shadow comes under your door
O Lord, O Lord
What shall you do?

Tell me what you're gonna do
When the devil calls your cards
Tell me what you're gonna do
When the devil calls your cards
Tell me what you're gonna do
When the devil calls your cards
O Lord, O Lord
What shall you do?

Tell me what you're gonna do
When your water turns to wine
Tell me what you're gonna do
When your water turns to wine
Tell me what you're gonna do
When your water turns to wine
O Lord, O Lord
What should you do?

Tell me what you're gonna do
When you can't play God no more
Tell me what you're gonna do
When you can't play God no more
Tell me what you're gonna do
When you can't play God no more
O Lord, O Lord
What shall you do?

Tell me what you're gonna do
When the shadow comes creepin' in your room
Tell me what you're gonna do
When the shadow comes creepin' in your room
Tell me what you're gonna do
When the shadow comes creepin' in your room

당신은 어쩌실 건가요

당신이 어찌하실지 제게 말씀해주세요
당신의 문 아래 그림자가 내린다면
어찌하실지 제게 말씀해주세요
당신의 문 아래 그림자가 내린다면
어찌하실지 제게 말씀해주세요
당신의 문 아래 그림자가 내린다면
오 주님, 오 주여
당신은 무얼 하실 건가요?

당신은 어찌하실지 제게 말씀해주세요
악마가 신호를 보내 당신을 부른다면
어찌하실지 제게 말씀해주세요
악마가 신호를 보내 당신을 부른다면
어찌하실지 제게 말씀해주세요
악마가 신호하여 당신을 부른다면
오 주님, 오 주여
당신은 무얼 하실 건가요?

당신이 어찌하실지 제게 말씀해주세요
당신의 물이 포도주로 변할 때
어찌하실지 제게 말씀해주세요
당신의 물이 포도주로 변할 때
어찌하실지 제게 말씀해주세요
당신의 물이 포도주로 변할 때
오 주님, 오 주여
당신은 무얼 하실 건가요?

당신은 어찌하실지 제게 말씀해주세요
더이상 신의 역할을 못하게 되신다면
어찌하실지 제게 말씀해주세요
더이상 신의 역할을 못하게 되신다면
어찌하실지 제게 말씀해주세요

O Lord, O Lord
What should you do?

더이상 신의 역할을 못하게 되신다면
오 주님, 오 주여
당신은 무얼 하실 건가요?

당신이 어찌하실지 제게 말씀해주세요
당신의 방안으로 그림자가 기어들어온다면
어찌하실지 제게 말씀해주세요
당신의 방안으로 그림자가 기어들어온다면
어찌하실지 제게 말씀해주세요
당신의 방안으로 그림자가 기어들어온다면
오 주님, 오 주여
당신은 무얼 하실 건가요?

Walls of Red Wing

Oh, the age of the inmates
I remember quite freely:
No younger than twelve
No older 'n seventeen
Thrown in like bandits
And cast off like criminals
Inside the walls
The walls of Red Wing

From the dirty old mess hall
You march to the brick wall
Too weary to talk
And too tired to sing
Oh, it's all afternoon
You remember your hometown
Inside the walls
The walls of Red Wing

Oh, the gates are cast iron
And the walls are barbed wire
Stay far from the fence
With the 'lectricity sting
And it's keep down your head
And stay in your number
Inside the walls
The walls of Red Wing

Oh, it's fare thee well
To the deep hollow dungeon
Farewell to the boardwalk
That takes you to the screen
And farewell to the minutes
They threaten you with it
Inside the walls
The walls of Red Wing

It's many a guard
That stands around smilin'
Holdin' his club
Like he was a king
Hopin' to get you

• '레드 윙'은 미네소타에 있는 청소년 교정시설의 이름이기도 하다.

붉은 날개*의 장벽

오, 수감자들의 시대여
난 아주 멋대로 기억하네
열두 살보다 어리진 않았고
열일곱 살보다 더 되진 않았어
노상강도들처럼 처넣어졌지
범죄자들처럼 내던져졌어
장벽 안으로
붉은 날개의 장벽 안으로

더럽고 낡은 급식소에서
너희는 큰 장벽을 향해 행진해
대화를 나누기엔 너무 피곤하지
그리고 노래하기엔 너무 지쳤어
오, 오후 내내 그렇게
너희는 고향을 생각하지
장벽 안에서
붉은 날개의 장벽 안에서

오, 문은 무쇠로 되어 있어
그리고 장벽엔 철조망이 둘러졌지
멀리 떨어져 있도록 해
찌릿한 전기 담장에서 말이야
그리고 남들의 관심을 끌지 마
너희 무리 속에 있으라고
장벽 안에서
붉은 날개의 장벽 안에서

오, 이제 작별이네
깊고 텅 빈 지하 감옥과
너희를 영화관으로 인도해주던
판잣길과도 작별
그리고 저들이 너희를 협박하던

Behind a wood pilin'
Inside the walls
The walls of Red Wing

The night aimed shadows
Through the crossbar windows
And the wind punched hard
To make the wall-siding sing
It's many a night
I pretended to be a-sleepin'
Inside the walls
The walls of Red Wing

As the rain rattled heavy
On the bunkhouse shingles
And the sounds in the night
They made my ears ring
'Til the keys of the guards
Clicked the tune of the morning
Inside the walls
The walls of Red Wing

Oh, some of us'll end up
In St. Cloud Prison
And some of us'll wind up
To be lawyers and things
And some of us'll stand up
To meet you on your crossroads
From inside the walls
The walls of Red Wing

소송 기록과도 작별이지
장벽 안에서
붉은 날개의 장벽 안에서

그 많은 경비원들이
우두커니 선 채로 웃고 있어
곤봉을 들고서
마치 자신이 왕이었다는 듯
나무 말뚝 뒤에서
너흴 잡길 기대하고 있어
장벽 안에서
붉은 날개의 장벽 안에서

밤은 어둠을 겨냥했지
가로대가 달린 창을 통해서
그리고 바람은 세차게 때려댔어
벽에 붙은 판자들에서 노랫소리가 날 만큼
그 많은 밤을
나는 잠든 척했었네
장벽 안에서
붉은 날개의 장벽 안에서

수용소 지붕널 위로
빗소리 요란했을 때
밤에 들리던 그 소리는
내 귀를 울려댔지
경비원들의 열쇠가
찰칵, 아침의 멜로디를 들려줄 때까지
장벽 안에서
붉은 날개의 장벽 안에서

오, 우리 중 몇몇은 결국
세인트클라우드 감옥으로 가고 말 거야
그리고 우리 중 몇몇은
변호사나 뭐 그런 게 되고 말겠지
또 우리 중 몇몇은 일어나

너희의 중요한 갈림길에서 너흴 맞이할 거야
장벽 안으로부터
붉은 날개의 장벽 안으로부터

Who Killed Davey Moore?

Who killed Davey Moore
Why an' what's the reason for?

"Not I," says the referee
"Don't point your finger at me
I could've stopped it in the eighth
An' maybe kept him from his fate
But the crowd would've booed, I'm sure
At not gettin' their money's worth
It's too bad he had to go
But there was a pressure on me too, you know
It wasn't me that made him fall
No, you can't blame me at all"

Who killed Davey Moore
Why an' what's the reason for?

"Not us," says the angry crowd
Whose screams filled the arena loud
"It's too bad he died that night
But we just like to see a fight
We didn't mean for him t' meet his death
We just meant to see some sweat
There ain't nothing wrong in that
It wasn't us that made him fall
No, you can't blame us at all"

Who killed Davey Moore
Why an' what's the reason for?

"Not me," says his manager
Puffing on a big cigar
"It's hard to say, it's hard to tell
I always thought that he was well
It's too bad for his wife an' kids he's dead
But if he was sick, he should've said
It wasn't me that made him fall
No, you can't blame me at all"

Who killed Davey Moore

- 미국 권투선수. 1963년 3월 21일 슈거 라모스(Sugar Ramos)에게 KO패 한 후 심각한 뇌 손상을
  입고 나흘 뒤 사망했다(1933~1963).

The Freewheelin' Bob Dylan

누가 데이비 무어*를 죽였나?

누가 데이비 무어를 죽였나
왜, 그리고 무엇 때문에?

"난 아냐," 심판은 말하네
"날 지목하진 말아줘
내가 8회전 때 경기를 멈출 수도 있었고
아마 그의 운명을 바꿀 수도 있었겠지
하지만 관중들이 야유를 보냈을 거야, 분명해
그러면 돈값을 못했을 테니
그가 그렇게 된 건 정말 유감이야
하지만 있잖아, 내게도 압박이 있었어
그는 나 때문에 쓰러진 게 아냐
아니라고, 당신은 날 결코 비난할 수 없어"

누가 데이비 무어를 죽였나
왜, 그리고 무엇 때문에?

"우린 아니에요," 성난 관중들이 말하네
경기장을 큰 함성으로 가득 메웠던 이들이
"그날 밤 그가 죽은 건 정말 유감이에요
하지만 우린 그저 경기 보는 걸 즐길 뿐이라고요
그가 죽음을 맞이하길 바랐던 게 아니에요
우린 그저 땀이나 좀 흘리는 걸 보려 했을 뿐이죠
그게 잘못은 아니잖아요
그는 우리 때문에 쓰러진 게 아니라고요
아뇨, 당신은 우릴 결코 비난할 수 없어요"

누가 데이비 무어를 죽였나
왜, 그리고 무엇 때문에?

"난 아냐," 그의 매니저는 말하네
커다란 시가를 뻐끔거리며

Why an' what's the reason for?

"Not me," says the gambling man
With his ticket stub still in his hand
"It wasn't me that knocked him down
My hands never touched him none
I didn't commit no ugly sin
Anyway, I put money on him to win
It wasn't me that made him fall
No, you can't blame me at all"

Who killed Davey Moore
Why an' what's the reason for?

"Not me," says the boxing writer
Pounding print on his old typewriter
Sayin', "Boxing ain't to blame
There's just as much danger in a football game"
Sayin', "Fistfighting is here to stay
It's just the old American way
It wasn't me that made him fall
No, you can't blame me at all"

Who killed Davey Moore
Why an' what's the reason for?

"Not me," says the man whose fists
Laid him low in a cloud of mist
Who came here from Cuba's door
Where boxing ain't allowed no more
"I hit him, yes, it's true
But that's what I am paid to do
Don't say 'murder,' don't say 'kill'
It was destiny, it was God's will"

Who killed Davey Moore
Why an' what's the reason for?

"뭐라 말하기가 어려워, 잘 모르겠군
난 늘 그가 건강하다고 생각했다니까
부인과 아이들이야 정말 안됐지만
그런데 만일 아팠다면 나한테 말을 했어야지
그는 나 때문에 쓰러진 게 아니라고
아냐, 당신은 날 결코 비난할 수 없어"

누가 데이비 무어를 죽였나
왜, 그리고 무엇 때문에?

"난 아니라고," 도박꾼은 말하네
입장권 반쪽을 여전히 손에 든 채
"그를 쓰러뜨린 건 내가 아니잖아
난 그에게 손끝 하나 댄 적 없다고
난 추악한 죄를 저지르지 않았어
어쨌거나, 난 그가 승리한다는 데 돈을 걸었지
그는 나 때문에 쓰러진 게 아니라고
아냐, 당신은 날 결코 비난할 수 없어"

누가 데이비 무어를 죽였나
왜, 그리고 무엇 때문에?

"난 아냐," 복싱 기자는 말하네
자신의 낡은 타자기를 요란하게 두들기며
"복싱을 비난할 순 없지
미식축구에도 그만한 위험은 존재하잖아"
그가 말하네, "주먹싸움은 생활의 일부야
그저 오래된 미국 문화일 뿐이지
그는 나 때문에 쓰러진 게 아니라고
아냐, 당신은 날 결코 비난할 수 없어"

누가 데이비 무어를 죽였나
왜, 그리고 무엇 때문에?

"난 아니에요," 주먹으로 그를 때려눕혀
안개구름 속으로 보내버린 그 남자가 말하네

그는 쿠바에서 왔지
더는 복싱이 금지된 그곳에서
"내가 그를 쳤어요, 그래요, 그건 사실이죠
하지만 난 그걸로 먹고사는걸요
'살인'이니 '살해'니 떠들지 말아요
그건 운명이었어요, 신의 뜻이었다고요"

누가 데이비 무어를 죽였나
왜, 그리고 무엇 때문에?

Seven Curses

Old Reilly stole a stallion
But they caught him and they brought him back
And they laid him down on the jailhouse ground
With an iron chain around his neck

Old Reilly's daughter got a message
That her father was goin' to hang
She rode by night and came by morning
With gold and silver in her hand

When the judge he saw Reilly's daughter
His old eyes deepened in his head
Sayin', "Gold will never free your father
The price, my dear, is you instead"

"Oh I'm as good as dead," cried Reilly
"It's only you that he does crave
And my skin will surely crawl if he touches you at all
Get on your horse and ride away"

"Oh father you will surely die
If I don't take the chance to try
And pay the price and not take your advice
For that reason I will have to stay"

The gallows shadows shook the evening
In the night a hound dog bayed
In the night the grounds were groanin'
In the night the price was paid

The next mornin' she had awoken
To know that the judge had never spoken
She saw that hangin' branch a-bendin'
She saw her father's body broken

These be seven curses on a judge so cruel:
That one doctor will not save him
That two healers will not heal him
That three eyes will not see him

That four ears will not hear him
That five walls will not hide him

일곱 가지 저주

늙다리 라일리가 종마를 훔쳤어
하지만 그들이 그를 붙잡아 다시 데리고 왔지
그리고 그를 감옥 바닥에 눕혀버렸네
목에 쇠사슬을 감아서

늙다리 라일리의 딸이 전갈을 받았지
아버지가 교수형을 당할 거라고
밤새 달린 그녀는 낮이 되어 도착했어
손에 금과 은을 들고서

판사가 라일리의 딸을 봤을 때
그는 교활한 눈으로 머리를 굴리기 시작했지
그러더니 말하길, "금으로도 당신 아버지를 자유롭게 할 수 없을 거야
그 대가는, 아가씨, 당신으로 대신하지"

"오 이제 난 죽은 목숨이나 다름없어," 라일리가 외쳤네
"그자가 원하는 건 오직 너뿐이야
그가 네 털끝 하나라도 건드리는 날에는 내 온몸에 소름이 돋을 거다
말을 타고 얼른 떠나버리렴"

"오 아버지, 당신은 분명 죽게 되겠죠
제가 이 기회를 붙잡아 대가를 치르려 하지 않는다면
그리고 아버지의 충고를 듣는다면 말이에요
그러니 전 머물러야만 해요"

교수대의 어둠이 그 저녁을 떨게 했네
사냥개가 으르렁거리던 밤에
그 주변이 신음하던 밤에
대가가 치러진 밤에

다음날 아침, 그녀는 깨어나
판사가 약속을 어겼다는 걸 알게 됐네

That six diggers will not bury him
And that seven deaths shall never kill him

목매다는 가지가 구부러진 걸 봤지
아버지의 몸뚱이가 주검이 된 걸 봤어

그토록 잔인한 판사에게 일곱 가지 저주가 있을지니,
한 명의 의사도 그를 구해주지 않을 것이며
두 명의 치료사도 그를 치유해주지 않을 것이며
세 개의 눈도 그를 보지 않을지어다

네 개의 귀도 그의 말을 듣지 않을 것이며
다섯 개의 벽도 그를 숨겨주지 않을 것이며
여섯 명의 무덤 파는 사람들도 그를 묻어주지 않을지어다
그리고 일곱 번의 죽음도 그를 죽게 하지 못할지어다

Dusty Old Fairgrounds

Well, it's all up from Florida at the start of the spring
The trucks and the trailers will be winding
Like a bullet we'll shoot for the carnival route
We're following them dusty old fairgrounds a-calling

From the Michigan mud past the Wisconsin sun
'Cross that Minnesota border, keep 'em scrambling
Through the clear county lakes and the lumberjack lands
We're following them dusty old fairgrounds a-calling

Hit Fargo on the jump and down to Aberdeen
'Cross them old Black Hills, keep 'em rolling
Through the cow country towns and the sands of old Montana
We're following them fairgrounds a-calling

As the white line on the highway sails under your wheels
I've gazed from the trailer window laughing
Oh, our clothes they was torn but the colors they was bright
Following them dusty old fairgrounds a-calling

It's a-many a friend that follows the bend
The jugglers, the hustlers, the gamblers
Well, I've spent my time with the fortune-telling kind
Following them fairgrounds a-calling

Oh, it's pound down the rails and it's tie down the tents
Get that canvas flag a-flying
Well, let the caterpillars spin, let the Ferris wheel wind
Following them fairgrounds a-calling

Well, it's roll into town straight to the fairgrounds
Just behind the posters that are hanging
And it's fill up every space with a different kind of face
Following them fairgrounds a-calling

Get the dancing girls in front, get the gambling show behind
Hear that old music box a-banging
Hear them kids, faces, smiles, up and down the midway aisles
We're following them fairgrounds a-calling

It's a-drag it on down by the deadline in the town
Hit the old highway by the morning

먼지투성이 오래된 축제 장소들

있잖아, 그건 봄이 시작될 때 플로리다에서부터 쭉 이어지지
트럭과 트레일러들이 구불구불 이어질 테지
총알처럼 재빨리 우린 축제의 여정을 떠날 거라네
우린 먼지투성이 오래된 축제 장소들이 부르는 소리를 따라가고 있다네

미시간의 진흙탕에서 위스콘신의 태양을 지나
저 미네소타 경계선을 지나, 계속 서둘러 움직여야 해
카운티의 맑은 호수와 벌목꾼들의 땅을 지나
우린 먼지투성이 오래된 축제 장소들이 부르는 소리를 따라가고 있다네

재빨리 파고를 지나 애버딘으로
오래된 블랙힐스를 지나, 계속해서 움직여
목축하는 마을들과 오래된 몬태나의 모래벌판을 지나
우린 축제 장소들이 부르는 소리를 따라가고 있다네

고속도로 위 흰 차선이 너희들 바퀴 아래로 휙휙 지나갈 때
트레일러 차창에서 난 웃으며 보았지
오, 우리의 옷은 찢어졌지만 그 색깔만은 밝았다네
먼지투성이 오래된 축제 장소들이 부르는 소리를 따라서

많은 친구들이 저 굽이를 따라서 오고 있네
저글러들, 사기꾼들, 도박꾼들
있잖아, 난 점쟁이 무리들과 시간을 보냈지
축제 장소들이 부르는 소리를 따라서

오, 선로를 따라 쿵쾅쿵쾅 걷고, 텐트를 고정시켜봐
서커스 깃발을 펄럭여보라고
있잖아, 애벌레 열차를 빙빙 돌려봐, 대관람차를 움직여봐
축제 장소들이 부르는 소리를 따라서

있잖아, 마을에 들어가자마자 곧장 축제 장소로 가세
저기 걸려 있는 포스터들 바로 뒤로

And it's ride yourself blind for the next town on time
Following them fairgrounds a-calling

As the harmonicas whined in the lonesome nighttime
Drinking red wine as we're rolling
Many a turnin' I turn, many a lesson I learn
From following them fairgrounds a-calling

And it's roll back down to St. Petersburg
Tie down the trailers and camp 'em
And the money that we made will pay for the space
From following them dusty old fairgrounds a-calling

그 모든 공간을 서로 다른 얼굴로 채우세
축제 장소들이 부르는 소리를 따라서

앞에서 춤추는 여자들을 봐, 뒤에서 벌어지는 도박 쇼를 봐
낡은 뮤직박스가 쿵쿵 울리는 소리를 들어봐
아이들, 얼굴들, 웃음소리를 들어봐, 중간에 난 통로들 위아래에서
우린 축제 장소들이 부르는 소리를 따라가고 있다네

마을 축제가 끝나면 파장할 시간이지
아침이 되면 오래된 고속도로로 나서
그리고 제시간에 다음 마을로 도착하려고 너흰 무작정 달리지
축제 장소들이 부르는 소리를 따라서

외로운 밤 하모니카 우는 소리 들려올 때
우린 나아가며 레드 와인을 마시네
난 여러 굽이를 돌았고, 많은 교훈을 얻었지
축제 장소들이 부르는 소리를 따라서

그리고 이제는 세인트피터즈버그로 돌아가
트레일러를 얽어매고 야영을 시작하지
자릿값은 우리가 번 돈으로 치를 거야
먼지투성이 오래된 축제 장소들이 부르는 소리를 따라서

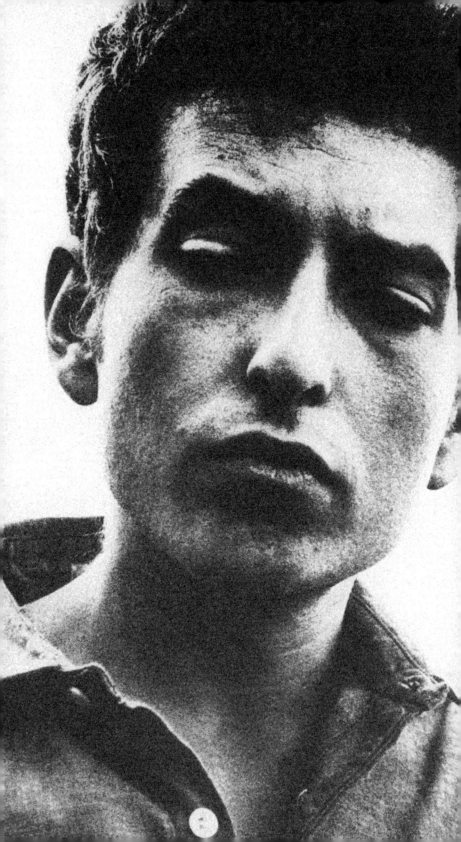

The Times They Are A-Changin' 1964

시대는 변하고 있다

The Times They Are A-Changin'

Come gather 'round people
Wherever you roam
And admit that the waters
Around you have grown
And accept it that soon
You'll be drenched to the bone
If your time to you is worth savin'
Then you better start swimmin' or you'll sink like a stone
For the times they are a-changin'

Come writers and critics
Who prophesize with your pen
And keep your eyes wide
The chance won't come again
And don't speak too soon
For the wheel's still in spin
And there's no tellin' who that it's namin'
For the loser now will be later to win
For the times they are a-changin'

Come senators, congressmen
Please heed the call
Don't stand in the doorway
Don't block up the hall
For he that gets hurt
Will be he who has stalled
There's a battle outside and it is ragin'
It'll soon shake your windows and rattle your walls
For the times they are a-changin'

Come mothers and fathers
Throughout the land
And don't criticize
What you can't understand
Your sons and your daughters
Are beyond your command
Your old road is rapidly agin'
Please get out of the new one if you can't lend your hand
For the times they are a-changin'

The line it is drawn
The curse it is cast

시대는 변하고 있다

사람들이여 한데 모이라
그대가 떠돌고 있는 그곳 어디든
그대 주위로 물이
점점 차오르고 있음을 인정하라
그리고 받아들여라 곧
그대가 뼛속까지 흠뻑 젖으리라는 걸
그대의 시간이 아낄 가치가 있는 것이라면
헤엄치는 게 좋을 것이다, 그러지 않으면 돌처럼 가라앉으리라
시대가 변하고 있으므로

펜으로 예언을 설하는
작가들, 비평가들이여 오라
항상 눈을 크게 뜨고 있으라
기회는 다시 오지 않으리니
또한 너무 성급히 말하지 말라
바퀴는 여전히 돌아가고 있으며
그것에 이름 붙일 자 아직 아무도 없으니
지금의 패자는 훗날의 승자가 될 것이며
시대가 변하고 있으므로

상하원의원들이여 오라
사람들의 요구를 경청하라
출입구를 막아서지 말라
홀을 틀어막지 말라
결국 상처 입는 건
시간을 벌려는 자이니
바깥에선 싸움이 일어나 갈수록 치열해진다
그것이 곧 그대의 창문을 덜컹거리게 하고 그대의 벽을 뒤흔들리라
시대가 변하고 있으므로

이 땅의 모든
어머니, 아버지들이여 오라

The slow one now
Will later be fast
As the present now
Will later be past
The order is rapidly fadin'
And the first one now will later be last
For the times they are a-changin'

신약성서 「마르코의 복음서」 10장 31절. '그런데 첫째가 꼴찌가 되고 꼴찌가 첫째가 되는 사람이 많을 것이다'의 인유.

194   The Times They Are A-Changin'

그대들이 이해하지 못하는 것들에 대해
비난하지 말라
그대의 아들딸들은
그대들의 통제를 넘어섰다
그대들이 따르던 옛길은 빠르게 낡아가고 있다
힘을 보탤 수는 없더라도 새것의 앞을 막아서진 말라
시대가 변하고 있으므로

선이 그어진다
저주가 내려진다
지금 느린 것은
훗날 빠른 것이 될 것이다
지금의 현재가
훗날의 과거가 되듯
세상의 질서는 급속히 쇠락하고 있으며
지금의 처음은 훗날의 마지막이 되리*
시대가 변하고 있으므로

Ballad of Hollis Brown

Hollis Brown
He lived on the outside of town
Hollis Brown
He lived on the outside of town
With his wife and five children
And his cabin fallin' down

You looked for work and money
And you walked a rugged mile
You looked for work and money
And you walked a rugged mile
Your children are so hungry
That they don't know how to smile

Your baby's eyes look crazy
They're a-tuggin' at your sleeve
Your baby's eyes look crazy
They're a-tuggin' at your sleeve
You walk the floor and wonder why
With every breath you breathe

The rats have got your flour
Bad blood it got your mare
The rats have got your flour
Bad blood it got your mare
If there's anyone that knows
Is there anyone that cares?

You prayed to the Lord above
Oh please send you a friend
You prayed to the Lord above
Oh please send you a friend
Your empty pockets tell yuh
That you ain't a-got no friend

Your babies are crying louder
It's pounding on your brain
Your babies are crying louder now
It's pounding on your brain
Your wife's screams are stabbin' you
Like the dirty drivin' rain

홀리스 브라운의 발라드

홀리스 브라운
그는 도시 바깥에서 살았지
홀리스 브라운
그는 도시 바깥에서 살았지
아내와 다섯 아이들과 함께
다 무너져가는 오두막집에서

당신은 일감과 돈을 구하러
바위투성이 먼길을 걸었지
당신은 일감과 돈을 구하러
바위투성이 먼길을 걸었지
당신의 아이들은 너무 배가 고파서
웃는 법을 모르지

당신 아이들의 눈빛이 미쳐 보여
그애들은 당신의 소매를 잡아당기고
당신 아이들의 눈빛이 미쳐 보여
그애들은 당신의 소매를 잡아당기고
당신은 바닥을 걸으며 왜냐고 묻지
숨쉬는 매 순간마다

쥐들이 당신의 밀가루를 먹었지
나쁜 피가 낭신의 암말을 먹었지
쥐들이 당신의 밀가루를 먹었지
나쁜 피가 당신의 암말을 먹었지
누구라도 아는 이 있다면
관심 가져줄 누구라도 있을지?

당신은 저 위의 그분에게 기도했지
오 제발 제게 친구를 보내주소서
당신은 저 위의 그분에게 기도했지
오 제발 제게 친구를 보내주소서

Your grass it is turning black
There's no water in your well
Your grass is turning black
There's no water in your well
You spent your last lone dollar
On seven shotgun shells

Way out in the wilderness
A cold coyote calls
Way out in the wilderness
A cold coyote calls
Your eyes fix on the shotgun
That's hangin' on the wall

Your brain is a-bleedin'
And your legs can't seem to stand
Your brain is a-bleedin'
And your legs can't seem to stand
Your eyes fix on the shotgun
That you're holdin' in your hand

There's seven breezes a-blowin'
All around the cabin door
There's seven breezes a-blowin'
All around the cabin door
Seven shots ring out
Like the ocean's pounding roar

There's seven people dead
On a South Dakota farm
There's seven people dead
On a South Dakota farm
Somewhere in the distance
There's seven new people born

당신의 텅 빈 주머니가 당신에게 말하지
어떤 친구도 얻을 수 없을 거라고

아이들은 더 크게 울고
당신의 머리는 지끈지끈 아파오지
아이들은 더 크게 울고
당신의 머리는 지끈지끈 아파오지
아내의 고함소리는 당신을 찌르지
거세게 휘몰아치는 빗줄기처럼

당신의 목초는 검게 변해가고
당신의 우물은 바싹 말랐지
당신의 목초는 검게 변해가고
당신의 우물은 바싹 말랐지
당신은 마지막 남은 1달러로
엽총용 총알 일곱 개를 샀지

저멀리 황무지에서는
코요테의 차가운 울음소리
저멀리 황무지에서는
코요테의 차가운 울음소리
당신의 눈은 벽에 걸린
엽총에 붙박여 있지

당신의 머리에서 피가 흐르고 있지
당신의 다리는 설 수 없을 것 같아
당신의 머리에서 피가 흐르고 있지
당신의 다리는 설 수 없을 것 같아
당신의 눈은 당신 손에 들린
엽총에 붙박여 있지

오두막 입구에 이는
일곱 번의 미풍
오두막 입구에 이는
일곱 번의 미풍
거친 바다의 울부짖음 같은

일곱 번의 총성 울렸지

사우스다코타의 어느 농장에는
일곱 명의 죽은 사람들
사우스다코타의 어느 농장에는
일곱 명의 죽은 사람들
멀리 떨어진 어딘가에는
새로 태어난 일곱 명의 사람들

With God on Our Side

Oh my name it is nothin'
My age it means less
The country I come from
Is called the Midwest
I's taught and brought up there
The laws to abide
And that the land that I live in
Has God on its side

Oh the history books tell it
They tell it so well
The cavalries charged
The Indians fell
The cavalries charged
The Indians died
Oh the country was young
With God on its side

Oh the Spanish-American
War had its day
And the Civil War too
Was soon laid away
And the names of the heroes
I's made to memorize
With guns in their hands
And God on their side

Oh the First World War, boys
It closed out its fate
The reason for fighting
I never got straight
But I learned to accept it
Accept it with pride
For you don't count the dead
When God's on your side

When the Second World War
Came to an end
We forgave the Germans
And we were friends
Though they murdered six million
In the ovens they fried

신이 우리와 함께하시기에

오 내 이름 그건 아무것도 아냐
내 나이 그건 그다지 중요하지 않아
내 떠나온 땅은
미드웨스트라 부르는 곳
난 그곳에서 배우며 자랐지
지켜야 할 법을
그리고 내가 사는 그 땅에
신이 함께하신다는 것을

오 역사책은 말해
너무나 훌륭하게 말해
기병들이 돌진했고
인디언들이 쓰러졌다고
기병들이 돌진했고
인디언들이 죽었다고
오 땅은 젊었지
신이 함께하시는 그 땅은

오 미국-스페인전쟁은
지나갔어
그리고 남북전쟁 역시
곧 사라졌고
영웅들의 이름도
나는 그들의 이름을 외워야 했어
그들 손에 들린 총들과 함께
그리고 신은 그들과 함께하셨지

오 제1차세계대전, 친구들이여
그 전쟁은 자신의 운명을 마무리했어
싸워야 하는 이유를
한 번도 분명히 이해한 적 없지만
나는 받아들이는 법을 배웠어

The Germans now too
Have God on their side

I've learned to hate Russians
All through my whole life
If another war starts
It's them we must fight
To hate them and fear them
To run and to hide
And accept it all bravely
With God on my side

But now we got weapons
Of the chemical dust
If fire them we're forced to
Then fire them we must
One push of the button
And a shot the world wide
And you never ask questions
When God's on your side

Through many dark hour
I've been thinkin' about this
That Jesus Christ
Was betrayed by a kiss
But I can't think for you
You'll have to decide
Whether Judas Iscariot
Had God on his side

So now as I'm leavin'
I'm weary as Hell
The confusion I'm feelin'
Ain't no tongue can tell
The words fill my head
And fall to the floor
If God's on our side
He'll stop the next war

긍지를 갖고 받아들이는 법을
죽은 자의 수는 세지 않는 법
신이 우리 편일 때는

제2차세계대전이
막을 내렸을 때
우리는 독일인들을 용서했어
우리는 친구가 됐지
그들이 비록 오븐에 집어넣고 튀겨
육백만 명을 죽이긴 했지만
이제 독일인들에게도
신이 함께하고 계시니까

러시아인들을 미워하라고
평생을 배워왔지
전쟁이 또 벌어진다면
그때 우리가 싸워야 할 적은 그들이지
그들을 미워하고 두려워하고
도망치고 숨고
그리고 이 모든 걸 용감하게 받아들여야 해
신이 나와 함께하시기에

하지만 이제 우리에겐
화학무기가 있지
그것을 발사하라고 명령받으면
우리는 그걸 발사해야 해
버튼 누르기 한 번
그리고 전 세계에 한 방
그리고 나면 더는 물을 수 없게 되지
신이 우리와 함께하시는지

어두운 시간을 오래도록 지나오며
나는 예수그리스도가
입맞춤 한 번으로 배신당했다는 것에 대해
생각해보곤 해
하지만 당신을 대신해 내가 생각할 수는 없어

당신은 결정해야 할 거야
유다 이스가리옷에게
함께하는 신이 있었는지를

이제 떠나려는 지금
난 죽도록 지쳐 있어
난 혼란스러워
어떤 혀로도 말할 수 없어
내 머릿속을 채우고 있는 말을
난 바닥에 쓰러져
신이 우리와 함께하신다면
그분이 다음 전쟁을 멈춰주실 거야

One Too Many Mornings

Down the street the dogs are barkin'
And the day is a-gettin' dark
As the night comes in a-fallin'
The dogs'll lose their bark
An' the silent night will shatter
From the sounds inside my mind
For I'm one too many mornings
And a thousand miles behind

From the crossroads of my doorstep
My eyes they start to fade
As I turn my head back to the room
Where my love and I have laid
An' I gaze back to the street
The sidewalk and the sign
And I'm one too many mornings
An' a thousand miles behind

It's a restless hungry feeling
That don't mean no one no good
When ev'rything I'm a-sayin'
You can say it just as good
You're right from your side
I'm right from mine
We're both just one too many mornings
An' a thousand miles behind

하루 더 많은 아침

거리 저편에서 개들이 짖고
날은 어두워지고 있어
이제 밤이 내리면
개 짖는 소리도 잠잠해지겠지
그리고 고요한 밤은 내 마음속
소리들로 산산이 부서질 거야
왜냐하면 나는 하루 더 많은 아침에
천 마일 뒤에 머물러 있기에

문간 교차로 쪽으로 향해 있던
나의 눈은 흐려지기 시작하지
내 사랑과 내가 누워 있던
방안으로 고개 돌릴 때
그리고 난 다시 거리를 바라봐
인도와 표지판을
그리고 난 하루 더 많은 아침에
천 마일 뒤에 머물러 있기에

불안하고 허기진 기분
아무도 없고 모든 게 쓸모없다는 의미는 아니야
내가 무엇에 대해서 말하든
넌 그걸 그저 좋다고 말할 수 있어
넌 너의 입장에서 옳아
난 나의 입장에서 옳지
우린 그저 저마다 하루 더 많은 아침에
천 마일 뒤에 머물러 있기에

North Country Blues

Come gather 'round friends
And I'll tell you a tale
Of when the red iron pits ran plenty
But the cardboard filled windows
And old men on the benches
Tell you now that the whole town is empty

In the north end of town
My own children are grown
But I was raised on the other
In the wee hours of youth
My mother took sick
And I was brought up by my brother

The iron ore poured
As the years passed the door
The drag lines an' the shovels they was a-humming
'Til one day my brother
Failed to come home
The same as my father before him

Well a long winter's wait
From the window I watched
My friends they couldn't have been kinder
And my schooling was cut
As I quit in the spring
To marry John Thomas, a miner

Oh the years passed again
And the givin' was good
With the lunch bucket filled every season
What with three babies born
The work was cut down
To a half a day's shift with no reason

Then the shaft was soon shut
And more work was cut
And the fire in the air, it felt frozen
'Til a man come to speak
And he said in one week
That number eleven was closin'

- 밥 딜런은 철광석 산지인 중심인 미네소타주 히빙에서 자랐다.

북부 지방의 블루스

모여봐 친구들
이야기 하나 해줄게
적철광산에서 광부들이 한창 일하던 시절 얘기*
하지만 창문은 판지로 채워졌고
벤치에 앉은 노인들만 남게 되었지
얘기해줄게, 텅 빈 도시가 되어버린 그곳의 오늘을

도시의 북쪽 끝에서
내 아이들은 자라고 있어
하지만 난 그 반대쪽 끝에서 자랐지
내가 아직 어린애였을 때
어머니가 편찮으셨어
그래서 난 오빠 손에 컸어

철광석은 쏟아져내렸고
그러는 사이 세월은 문가를 지나갔지
드래그라인과 삽들은 힘차게 움직였어
어느 날 오빠가 영영
집으로 돌아오지 못하게 되기 전까지는
예전에 아버지가 그랬던 것처럼

그래, 창밖으로는 기나긴 겨울날이
기다리고 있었지
다정한 내 친구들도 나를 도와줄 순 없었어
그리고 내 공부는 끝나버렸지
광부, 존 토머스와 결혼하려고
봄에 학교를 그만뒀을 때

아, 세월은 또 그렇게 흘러갔어
주는 것이 좋았지
철마다 가득 채운 점심 도시락
그리고 세 아가들이 태어났어

They complained in the East
They are paying too high
They say that your ore ain't worth digging
That it's much cheaper down
In the South American towns
Where the miners work almost for nothing

So the mining gates locked
And the red iron rotted
And the room smelled heavy from drinking
Where the sad, silent song
Made the hour twice as long
As I waited for the sun to go sinking

I lived by the window
As he talked to himself
This silence of tongues it was building
Then one morning's wake
The bed it was bare
And I's left alone with three children

The summer is gone
The ground's turning cold
The stores one by one they're a-foldin'
My children will go
As soon as they grow
Well, there ain't nothing here now to hold them

일거리가 줄어들었어
영문도 모른 채 반나절 근무로

그러고는 곧 갱도가 폐쇄되었어
일거리는 더욱더 줄었고
타오르는 불기둥조차 마치 얼어붙은 듯 보였지
한 남자가 와서 말하기 전까지 말이야
일주일 뒤에 온 그 남자가 말했지
11번 탄광을 폐쇄할 거라고

동부 사람들이 불평했어
비용이 너무 많이 든다고 말이야
이젠 우리의 철은 캐널 가치가 없다고
남아메리카의 도시들이
훨씬 더 싸게 먹힌다고, 그곳 광부들은
거저다 싶을 정도로 적은 돈을 받고도 일한다면서

그렇게 광산 문은 닫혔어
적철광엔 녹이 슬었고
집안에선 찌든 술냄새가 났어
그곳의 슬프고 나직한 노래는
해가 저물기를 기다리는 동안
시간을 배로 천천히 흐르게 했지

나는 창가에서 지냈어
그는 혼잣말을 했지
말의 침묵이 쌓여가고 있었지
그러던 어느 날 아침이 밝았을 때
침대는 텅 비어 있었고
나는 세 아이들과 함께 홀로 남겨졌지

여름이 지나갔어
땅은 차가워지기 시작했고
가게들은 하나둘 문을 닫아
다 자라면
내 아이들은 떠나갈 거야

그래, 이제 여기엔 그애들을 묶어둘 게 아무것도 없으니까

Only a Pawn in Their Game

A bullet from the back of a bush took Medgar Evers' blood
A finger fired the trigger to his name
A handle hid out in the dark
A hand set the spark
Two eyes took the aim
Behind a man's brain
But he can't be blamed
He's only a pawn in their game

A South politician preaches to the poor white man
"You got more than the blacks, don't complain
You're better than them, you been born with white skin," they explain
And the Negro's name
Is used it is plain
For the politician's gain
As he rises to fame
And the poor white remains
On the caboose of the train
But it ain't him to blame
He's only a pawn in their game

The deputy sheriffs, the soldiers, the governors get paid
And the marshals and cops get the same
But the poor white man's used in the hands of them all like a tool
He's taught in his school
From the start by the rule
That the laws are with him
To protect his white skin
To keep up his hate
So he never thinks straight
'Bout the shape that he's in
But it ain't him to blame
He's only a pawn in their game

From the poverty shacks, he looks from the cracks to the tracks
And the hoofbeats pound in his brain
And he's taught how to walk in a pack
Shoot in the back
With his fist in a clinch
To hang and to lynch

- 전미유색인지위향상협의회(NAACP)에서 활동했던 인권운동가(1925~1963). 백인에게 암살되었다.

장기판의 졸일 뿐

메드거 에버스*의 피를 취한, 덤불 뒤에서 날아온 총알
그의 이름을 향해 방아쇠를 당긴 손가락
어둠 속에 숨은 총자루
불꽃을 점화하는 손
한 남자의 머리 뒤편에서
표적을 겨냥한 두 눈
하지만 그를 비난할 순 없다
그는 단지 장기판의 졸에 불과하기에

남부의 한 정치가가 그 가난한 백인에게 훈계를 늘어놓는다
"당신은 흑인들보다 더 많은 걸 누리고 있소, 그러니 불평하지 마시오
그들보단 형편이 낫잖소, 흰 살결을 가지고 태어났으니" 그들은 설명한다
그리고 그 흑인이라는 이름은
명백히 정치가가
이득을 얻는 데 사용된다
정치가가 명성을 얻는 동안
그 가난한 백인은 여전히
열차 승무원으로 남아 있다
하지만 그를 비난할 순 없다
그는 단지 장기판의 졸에 불과하기에

보안관들, 군인들, 정부 관료들은 봉급을 받는다
장군들, 경찰관들도 같은 걸 받는데
반면 가난한 백인 남자는 그들이 부리는 도구로 이용당할 뿐이다
그는 학교에서 배웠다
처음부터 규정대로
법은 그와 함께한다고
그의 흰 살결을 보호하기 위해
그의 증오를 유지하기 위해
그렇게 빚어진 자신의 모습에 대해 그는
한 번도 의문을 품어본 적 없다
하지만 그를 비난할 순 없다

To hide 'neath the hood
To kill with no pain
Like a dog on a chain
He ain't got no name
But it ain' t him to blame
He's only a pawn in their game

Today, Medgar Evers was buried from the bullet he caught
They lowered him down as a king
But when the shadowy sun sets on the one
That fired the gun
He'll see by his grave
On the stone that remains
Carved next to his name
His epitaph plain:
Only a pawn in their game

그는 단지 장기판의 졸에 불과하기에

가난한 판잣집 안에서, 그는 갈라진 틈새로 길거리를 내다본다
말발굽 소리가 그의 머리를 쿵쿵 울린다
그는 무리에 섞여 걷는 법을 배웠고
뒤에서 쏘는 법을 배웠다
꽉 움켜쥔 주먹으로
매달아 린치 가하는 법을 배웠고
두건 아래로 제 얼굴 감추는 법을
사슬에 매인 개처럼
거리낌없이 살인하는 법을 배웠다
하지만 그를 비난할 순 없다
그는 단지 장기판의 졸에 불과하기에

이제 총에 맞은 메드거 에버스는 땅에 묻혔다
그들은 왕의 관을 내리듯이 메드거 에버스를 아래로 내렸다
반면 어둑어둑한 태양이 총 쏜 그자의
머리 위에 머물 때
그는 보게 될 것이다
그의 무덤가 비석 위
그의 이름 옆에 새겨진
짤막한 비문을:
단지 장기판의 졸이었던 자

Boots of Spanish Leather

Oh, I'm sailin' away my own true love
I'm sailin' away in the morning
Is there something I can send you from across the sea
From the place that I'll be landing?

No, there's nothin' you can send me, my own true love
There's nothin' I wish to be ownin'
Just carry yourself back to me unspoiled
From across that lonesome ocean

Oh, but I just thought you might want something fine
Made of silver or of golden
Either from the mountains of Madrid
Or from the coast of Barcelona

Oh, but if I had the stars from the darkest night
And the diamonds from the deepest ocean
I'd forsake them all for your sweet kiss
For that's all I'm wishin' to be ownin'

That I might be gone a long time
And it's only that I'm askin'
Is there something I can send you to remember me by
To make your time more easy passin'

Oh, how can, how can you ask me again
It only brings me sorrow
The same thing I want from you today
I would want again tomorrow

I got a letter on a lonesome day
It was from her ship a-sailin'
Saying I don't know when I'll be comin' back again
It depends on how I'm a-feelin'

Well, if you, my love, must think that-a-way
I'm sure your mind is roamin'
I'm sure your heart is not with me
But with the country to where you're goin'

So take heed, take heed of the western wind
Take heed of the stormy weather

스페인산 가죽 부츠

오, 나는 배를 타고 떠나가요, 내 진정한 사랑
아침에 나는 떠나가요
저 바다 건너 발 디딜 그곳에
당신께 보내드릴 뭔가가 있을까요?

아니요, 그 무엇도 보내줄 것 없어요, 내 진정한 사랑
갖고 싶은 것 전혀 없어요
그저 당신 몸 성히 내게 돌아와줘요
저 외로운 바다 건너서

오, 난 그저 당신이 아름다운 것 갖고 싶어할지 모른다 생각했죠
은이나 금으로 된
마드리드의 산맥이나
바르셀로나의 해안에서 나는 어떤 것을

오, 내게 칠흑 같은 밤하늘의 별 있다 해도
가장 깊은 바다에서 난 다이아몬드 있다 해도
당신의 달콤한 입맞춤 받을 수 있다면 얼마든지 버릴 수 있어요
내가 바라는 것 오직 그뿐이랍니다

나는 오래 떠나 있을지 몰라요
그래서 이렇게 묻는답니다
당신께 보내드릴 뭔가가 있을까요, 나를 기억하게 해줄
당신의 시간 수월히 지나가게 해줄

오 어째서, 어째서 또 물으시나요
그런 건 내게 슬픔만을 가져다줄 뿐이에요
오늘 당신에게 바라는 것을
난 내일도 똑같이 바라게 될 거예요

어느 쓸쓸한 날 편지 한 통 받았죠
그녀가 탄 배에서 날아온 것이었죠

And yes, there's something you can send back to me
Spanish boots of Spanish leather

언제 다시 돌아갈지 모른다고 썼죠
그건 그녀의 기분에 달려 있다고

그래요, 내 사랑, 정녕 당신 생각이 그러하다면
당신의 마음은 정처 없이 떠돌고 있는 거군요
당신의 심장은 내가 아닌
당신이 닿을 그 고장 곁에 있는 거군요

그럼 부디, 조심하세요, 조심하세요, 서쪽의 바람을
폭풍우 이는 궂은 날씨를
그래요, 이제 갖고 싶은 게 생각났어요, 제게 보내주세요
스페인 가죽으로 지은 스페인산 부츠를

When the Ship Comes In

Oh the time will come up
When the winds will stop
And the breeze will cease to be breathin'
Like the stillness in the wind
'Fore the hurricane begins
The hour when the ship comes in

Oh the seas will split
And the ship will hit
And the sands on the shoreline will be shaking
Then the tide will sound
And the wind will pound
And the morning will be breaking

Oh the fishes will laugh
As they swim out of the path
And the seagulls they'll be smiling
And the rocks on the sand
Will proudly stand
The hour that the ship comes in

And the words that are used
For to get the ship confused
Will not be understood as they're spoken
For the chains of the sea
Will have busted in the night
And will be buried at the bottom of the ocean

A song will lift
As the mainsail shifts
And the boat drifts on to the shoreline
And the sun will respect
Every face on the deck
The hour that the ship comes in

Then the sands will roll
Out a carpet of gold
For your weary toes to be a-touchin'
And the ship's wise men
Will remind you once again
That the whole wide world is watchin'

배가 올 그날

오 마침내 오리라
바람이 멈추고
미풍 한 점 일지 않는
태풍 불기 전의
바람 속 고요처럼
배가 올 그날은

오 바다는 갈라지고
배는 굽이쳐 오리라
해안의 모래 흩날리고
파도는 소리치고
바람은 거칠어지고
아침은 부서지리라

오 물고기는 웃으리라
뱃길 밖으로 헤엄치며
갈매기는 미소 짓고
모래 위 바위는
자랑스레 서리라
배가 올 그날엔

배를 혼란케 하는 데
쓰이던 말들은
더는 알아들을 수 없게 되리
바다의 사슬은
간밤에 끊어져 이제
심해의 바닥에 묻힐 것이니

돛대가 방향 틀 때
노랫소리 드높이 솟으리라
보트는 해안선으로 다가오고
태양은 갑판에 선 저마다의 얼굴에

Oh the foes will rise
With the sleep still in their eyes
And they'll jerk from their beds and think they're dreamin'
But they'll pinch themselves and squeal
And know that it's for real
The hour when the ship comes in

Then they'll raise their hands
Sayin' we'll meet all your demands
But we'll shout from the bow your days are numbered
And like Pharoah's tribe
They'll be drownded in the tide
And like Goliath, they'll be conquered

경의를 표하리라
배가 올 그날엔

모래는 땅 디디는
그대들의 지친 발 위해
금빛 카펫 펼치고
배에 탄 현자는 온 세상이
그대들 지켜보고 있음을
그대들에게 다시 한번 일깨워주리라

오 적들은 일어서리라
아직 잠에서 덜 깬 눈으로
침대에서 벌떡 일어나리라, 꿈꾸고 있다 생각하며
제 살 꼬집어보고는 비명 지르며
현실임을 알게 되리라
배가 올 그날엔

적들은 양손 높이 쳐들고
원하는 건 뭐든지 들어주겠다 말하리라
우린 뱃머리에 서서 외치리라 너희들의 시간은 끝났노라고
파라오의 부족처럼 적들은
물결에 휩쓸려 죽으리라
골리앗처럼, 정복되리라

The Lonesome Death of Hattie Carroll

William Zanzinger killed poor Hattie Carroll
With a cane that he twirled around his diamond ring finger
At a Baltimore hotel society gath'rin'
And the cops were called in and his weapon took from him
As they rode him in custody down to the station
And booked William Zanzinger for first-degree murder
But you who philosophize disgrace and criticize all fears
Take the rag away from your face
Now ain't the time for your tears

William Zanzinger, who at twenty-four years
Owns a tobacco farm of six hundred acres
With rich wealthy parents who provide and protect him
And high office relations in the politics of Maryland
Reacted to his deed with a shrug of his shoulders
And swear words and sneering, and his tongue it was snarling
In a matter of minutes on bail was out walking
But you who philosophize disgrace and criticize all fears
Take the rag away from your face
Now ain't the time for your tears

Hattie Carroll was a maid of the kitchen
She was fifty-one years old and gave birth to ten children
Who carried the dishes and took out the garbage
And never sat once at the head of the table
And didn't even talk to the people at the table
Who just cleaned up all the food from the table
And emptied the ashtrays on a whole other level
Got killed by a blow, lay slain by a cane
That sailed through the air and came down through the room
Doomed and determined to destroy all the gentle
And she never done nothing to William Zanzinger
But you who philosophize disgrace and criticize all fears
Take the rag away from your face
Now ain't the time for your tears

In the courtroom of honor, the judge pounded his gavel
To show that all's equal and that the courts are on the level
And that the strings in the books ain't pulled and persuaded

- 1963년 2월 새벽, 볼티모어의 한 호텔 주방에서 일하던 해티 캐럴은 만취한 윌리엄
  잔트징어(William Zantzinger)에게 폭행당해 숨졌다. 잔트징어는 과실치사로 징역 6개월을
  선고받았다. 밥 딜런은 잔트징어의 이름 철자에서 't'를 뺐다.

228 The Times They Are A-Changin'

해티 캐럴*의 외로운 죽음

윌리엄 잔징어가 불쌍한 해티 캐럴을 죽였다
다이아몬드 반지 낀 손으로 지팡이 휘둘렀지
볼티모어의 한 호텔 사교 모임에서
그리고 신고받은 경찰들이 와 그의 무기 빼앗았고
경찰서 데려가 구치소에 수감시켰다
그리고 윌리엄 잔징어를 1급 살인죄로 기소했다
그러나 불명예를 논하고 두려움을 논평하는 당신들이여
얼굴을 덮은 그 천을 치우라
지금은 당신들이 눈물 흘릴 때 아니니

윌리엄 잔징어는 스물네 살
육백 에이커 되는 담배농장의 소유주였다
도와주고 보호해줄 부자 부모 있었고
메릴랜드 정치계 거물들과 친분이 있었다
그는 자신이 저지른 짓에 대해 어깨를 으쓱해 보였고
욕하고 조롱하며 그의 혀는 연신 으르렁댔고
얼마 뒤 보석금 내고 풀려나왔다
그러나 불명예를 논하고 두려움을 논평하는 당신들이여
얼굴을 덮은 그 천을 치우라
지금은 당신들이 눈물 흘릴 때 아니니

해티 캐럴은 주방에서 일하는 여자였다
나이는 쉰하나, 아이는 열을 낳았고
접시 나르고 쓰레기 치웠지
테이블 상석에 한 번도 앉아본 적 없었다
테이블 손님들과 말 한 번 해본 적 없었다
그저 테이블의 남은 음식 치우고
재떨이 비워 새로 갖다놓을 뿐
그런 그녀가 얻어맞아 죽었다, 지팡이에 맞아 쓰러져 죽었다
허공 가르며 방안으로 들어온 그 지팡이가
모든 온화함을 사정없이 때려부쉈다
그녀는 윌리엄 잔징어에게 그 어떤 짓도 하지 않았음에도

And that even the nobles get properly handled
Once that the cops have chased after and caught 'em
And that the ladder of law has no top and no bottom
Stared at the person who killed for no reason
Who just happened to be feelin' that way without warnin'
And he spoke through his cloak, most deep and distinguished
And handed out strongly, for penalty and repentance
William Zanzinger with a six-month sentence
Oh, but you who philosophize disgrace and criticize all fears
Bury the rag deep in your face
For now's the time for your tears

그러나 불명예를 논하고 두려움을 논평하는 당신들이여
얼굴을 덮은 그 천을 치우라
지금은 당신들이 눈물 흘릴 때 아니니

명예로운 법정에서 판사는 법봉 두드렸다
마치 만인은 평등하고 법정은 치우치지 않으며
법조문들은 조종당하지도 설득당하지도 않으며
일단 경찰이 잡아온 자라면
아무리 지체 높은 자라도 합당하게 처리된다고
법의 사다리엔 꼭대기도 밑바닥도 없다는 것을 보여주려는 듯
느닷없이, 그냥 기분이 그래서, 아무런 이유 없이
사람을 죽인 그자를 응시하면서
판사는 법복을 뚫고 울려오는 낭랑한 음성으로
엄중히 형을 선고했다
윌리엄 잔징어에게, 6개월 징역형을
오, 그러나 불명예를 논하고 두려움을 논평하는 당신들이여
얼굴을 천에 깊이 묻으라
이제는 당신들이 눈물 흘릴 시간이니

Restless Farewell

Oh all the money that in my whole life I did spend
Be it mine right or wrongfully
I let it slip gladly past the hands of my friends
To tie up the time most forcefully
But the bottles are done
We've killed each one
And the table's full and overflowed
And the corner sign
Says it's closing time
So I'll bid farewell and be down the road

Oh ev'ry girl that ever I've touched
I did not do it harmfully
And ev'ry girl that ever I've hurt
I did not do it knowin'ly
But to remain as friends
And make amends
You need the time and stay behind
And since my feet are now fast
And point away from the past
I'll bid farewell and be down the line

Oh ev'ry foe that ever I faced
The cause was there before we came
And ev'ry cause that ever I fought
I fought it full without regret or shame
But the dark does die
As the curtain is drawn and somebody's eyes
Must meet the dawn
And if I see the day
I'd only have to stay
So I'll bid farewell in the night and be gone

Oh, ev'ry thought that's strung a knot in my mind
I might go insane if it couldn't be sprung
But it's not to stand naked under unknowin' eyes
It's for myself and my friends my stories are sung
But the time ain't tall, yet on time you depend
And no word is possessed by no special friend
And though the line is cut
It ain't quite the end
I'll just bid farewell till we meet again

The Times They Are A-Changin'

들뜬 작별

오 내가 평생 써온 돈들
정당하게 얻은 것이든 옳지 않게 얻은 것이든
내 친구들의 손에 흔쾌히 넘기리
단호히 이 시간을 매듭짓기 위해
하지만 술병들은 비었고
우리는 서로를 죽여왔지
테이블은 가득차 넘쳐흐르고
이제 구석에서 보이는 신호는
문 닫을 시간이라 말하네
그러니 나 작별 고하고 저 거리로 나서려네

오 내가 건드린 모든 여자들
나쁜 뜻으로 그런 건 아니었어
내가 상처 준 모든 여자들
고의로 그런 건 아니었어
하지만 친구 사이로 남기 위해
그리고 보상하기 위해
그대에겐 시간이 필요해 뒤에 남아 있지
그리고 나의 발은 이제 재빠르게 움직여
과거로부터 멀어지고 있으니
나 작별 고하고 저 길 따라 가려네

오 내가 만났던 모든 적들
명분은 우리가 만나기 전부터 있었지
내가 싸워야 했던 모든 이유
온 힘 다해 그것 위해 싸웠지 후회도 부끄러움도 없이
하지만 어둠은 죽고
커튼 걷힐 때 누군가의 눈은
동터오는 새벽을 마주보리라
그 빛 보게 된다면
난 또 이곳에 머물 수밖에 없겠지
그러니 이 밤, 나 작별 고하고 떠나가려네

Oh a false clock tries to tick out my time
To disgrace, distract, and bother me
And the dirt of gossip blows into my face
And the dust of rumors covers me
But if the arrow is straight
And the point is slick
It can pierce through dust no matter how thick
So I'll make my stand
And remain as I am
And bid farewell and not give a damn

오, 내 마음속 매듭처럼 꼬인 모든 생각들
그것들 풀어내지 않으면 난 미쳐버릴지도 몰라
하지만 그건 벌거벗은 채 모르는 사람들의 눈길 아래 서고 싶어서가
   아니라네
내가 부르는 노래는 나 자신과 친구들을 위한 것
하지만 시간은 길지 않네, 그대가 의지할 시간은
그리고 그 어떤 말도 그 어떤 특별한 친구의 것은 아니네
하여 노래가 끊긴다 해도
완전히 끝난 건 아니라네
다만 우리가 다시 만날 때까지, 나 작별을 고하려네

오 거짓된 시계가 내 시간을 재려 하네
날 더럽히고, 어긋나게 하고, 괴롭히려고
가십의 흙먼지가 내 얼굴로 불어오고
소문의 흙먼지가 나를 뒤덮네
하지만 화살이 곧고
그 끝 날카롭다면
그 어떤 두터운 흙먼지도 꿰뚫고 나아가리니
나 굳건히 서서
나 그대로의 모습으로 남으리
작별 고하고 걱정 따윈 하지 않으리

Eternal Circle

I sang the song slowly
As she stood in the shadows
She stepped to the light
As my silver strings spun
She called with her eyes
To the tune I's a-playin'
But the song it was long
And I'd only begun

Through a bullet of light
Her face was reflectin'
The fast fading words
That rolled from my tongue
With a long-distance look
Her eyes was on fire
But the song it was long
And there was more to be sung

My eyes danced a circle
Across her clear outline
With her head tilted sideways
She called me again
As the tune drifted out
She breathed hard through the echo
But the song it was long
And it was far to the end

I glanced at my guitar
And played it pretendin'
That of all the eyes out there
I could see none
As her thoughts pounded hard
Like the pierce of an arrow
But the song it was long
And it had to get done

As the tune finally folded
I laid down the guitar
Then looked for the girl
Who'd stayed for so long
But her shadow was missin'
For all of my searchin'

영원한 원

그늘 속에 그녀 서 있을 때
나 천천히 노래 불렀지
내 은빛 현들 풀려나올 때
그녀는 빛 속으로 걸어나왔네
그녀는 눈빛으로
내게 연주할 곡조 청했네
하지만 노래는 길고
나는 이제 막 시작했을 뿐

한줄기 섬광이
비치는 그녀의 얼굴
내 혀에서 굴러나와
빠르게 사라지는 말들
먼 곳을 응시하는
그녀의 눈은 불타올랐네
하지만 노래는 길고
아직 더 불러야 할 노래 남아 있었네

내 눈은 둥글게 춤을 췄네
또렷한 그녀의 윤곽 더듬으며
머리 비스듬히 기울인 채
그녀는 다시 나를 불렀지
떠도는 선율 속에서
그녀의 숨결 반향 속에 거칠어지고
하지만 노래는 길고
끝나려면 아직도 한참 멀었지

나는 내 기타 흘끗 보고
집어들어 연주했네 내 앞에
사람들의 눈길 있다고 상상하며
실제론 그 누구도 볼 수 없었지만
그녀의 생각들이 맹렬히 요동칠 때

So I picked up my guitar
And began the next song

마치 꿰뚫는 화살처럼
하지만 노래는 길고
노래는 마저 끝마쳐야 하리니

노래 마침내 끝나고
나는 기타를 내려놓고
오래 머물러 있던
그 소녀 찾았네
하지만 아무리 찾아봐도
그녀의 그림자조차 보이지 않았네
그래서 난 내 기타 집어들고
다음 노래를 시작했다네

Paths of Victory

Trails of troubles
Roads of battles
Paths of victory
I shall walk

The trail is dusty
And my road it might be rough
But the better roads are waiting
And boys it ain't far off

Trails of troubles
Roads of battles
Paths of victory
We shall walk

I walked down by the river
I turned my head up high
I saw that silver linin'
That was hangin' in the sky

Trails of troubles
Roads of battles
Paths of victory
We shall walk

The evenin' dusk was rollin'
I was walking down the track
There was a one-way wind a-blowin'
And it was blowin' at my back

Trails of troubles
Roads of battles
Paths of victory
We shall walk

The gravel road is bumpy
It's a hard road to ride
But there's a clearer road a-waitin'
With the cinders on the side

Trails of troubles
Roads of battles

The Times They Are A-Changin'

승리의 길

고난의 길
전쟁의 길
승리의 길
나 걸어가리

그 길 먼지 자욱하여도
내 길 거친 길이라 하여도
더 나은 길 기다리고 있으니
친구들, 그 길은 멀리 있지 않다네

고난의 길
전쟁의 길
승리의 길
우리 걸어가리

강을 따라 걸었네
고개 높이 쳐들고
하늘에 떠가는 구름의
은빛 가장자리 보았네

고난의 길
전쟁의 길
승리의 길
우리 걸어가리

저녁 땅거미는 지고
나는 길 따라 걸었네
바람은 한쪽으로만 불지
그건 내 등뒤에서 불어오는 바람

고난의 길
전쟁의 길

Paths of victory
We shall walk

That evening train was rollin'
The hummin' of its wheels
My eyes they saw a better day
As I looked across the fields

Trails of troubles
Roads of battles
Paths of victory
We shall walk

The trail is dusty
The road it might be rough
But the good road is a-waitin'
And boys it ain't far off

Trails of troubles
Roads of battles
Paths of victory
We shall walk

승리의 길
우리 걸어가리

자갈길은 울퉁불퉁한 길
달리기 힘든 길
하지만 양쪽이 석탄재로 다져진
더 미끈한 길 기다리고 있네

고난의 길
전쟁의 길
승리의 길
우리 걸어가리

저녁 열차는 달려갔다네
바퀴 소리 요란히 울리며
펼쳐진 들판 바라보는 내 눈엔
더 좋은 날이 보였다네

고난의 길
전쟁의 길
승리의 길
우리 걸어가리

그 길 먼지 자욱하여도
그 길 거친 길이라 하여도
더 나은 길 기다리고 있으니
친구들, 그 길은 멀리 있지 않다네

고난의 길
전쟁의 길
승리의 길
우리 걸어가리

Only a Hobo

As I was out walking on a corner one day
I spied an old hobo, in a doorway he lay
His face was all grounded in the cold sidewalk floor
And I guess he'd been there for the whole night or more

Only a hobo, but one more is gone
Leavin' nobody to sing his sad song
Leavin' nobody to carry him home
Only a hobo, but one more is gone

A blanket of newspaper covered his head
As the curb was his pillow, the street was his bed
One look at his face showed the hard road he'd come
And a fistful of coins showed the money he bummed

Only a hobo, but one more is gone
Leavin' nobody to sing his sad song
Leavin' nobody to carry him home
Only a hobo, but one more is gone

Does it take much of a man to see his whole life go down
To look up on the world from a hole in the ground
To wait for your future like a horse that's gone lame
To lie in the gutter and die with no name?

Only a hobo, but one more is gone
Leavin' nobody to sing his sad song
Leavin' nobody to carry him home
Only a hobo, but one more is gone

The Times They Are A-Changin'

단지 한 명의 부랑자

어느 날 모퉁이를 돌아가다가
문 앞에 누워 있는 한 늙은 부랑자를 보았네
그의 얼굴 차가운 인도 바닥에 처박혀 있었네
지난밤 내내, 어쩌면 그보다 더 오래 그곳에 있었으리

단지 한 명의 부랑자, 하지만 죽은 또 한 사람
자신의 슬픈 노래 불러줄 누구도 남기지 못하고
자신을 집으로 데려다줄 누구도 남기지 못하고
단지 한 명의 부랑자, 하지만 죽은 또 한 사람

머리엔 신문지를 이불 삼아 덮고
도로 턱은 베개, 거리는 침대로 삼고
그간 걸어온 힘겨운 길 보여주는 그의 얼굴
한 움큼의 동전은 그가 구걸해 모은 재산의 전부

단지 한 명의 부랑자, 하지만 죽은 또 한 사람
자신의 슬픈 노래 불러줄 누구도 남기지 못하고
자신을 집으로 데려다줄 누구도 남기지 못하고
단지 한 명의 부랑자, 하지만 죽은 또 한 사람

한 사람이 자신의 평생이 아래로 꺼져드는 것을 보기까지
흙구덩이에서 세상을 올려다보기까지
절름발이 말 같은 자신의 미래를 기다리기까지
시궁창에 누워 이름 없이 죽기까지 과연 오랜 시간이 필요한가?

단지 한 명의 부랑자, 하지만 죽은 또 한 사람
자신의 슬픈 노래 불러줄 누구도 남기지 못하고
자신을 집으로 데려다줄 누구도 남기지 못하고
단지 한 명의 부랑자, 하지만 죽은 또 한 사람

Lay Down Your Weary Tune

Lay down your weary tune, lay down
Lay down the song you strum
And rest yourself 'neath the strength of strings
No voice can hope to hum

Struck by the sounds before the sun
I knew the night had gone
The morning breeze like a bugle blew
Against the drums of dawn

Lay down your weary tune, lay down
Lay down the song you strum
And rest yourself 'neath the strength of strings
No voice can hope to hum

The ocean wild like an organ played
The seaweed's wove its strands
The crashin' waves like cymbals clashed
Against the rocks and sands

Lay down your weary tune, lay down
Lay down the song you strum
And rest yourself 'neath the strength of strings
No voice can hope to hum

I stood unwound beneath the skies
And clouds unbound by laws
The cryin' rain like a trumpet sang
And asked for no applause

Lay down your weary tune, lay down
Lay down the song you strum
And rest yourself 'neath the strength of strings
No voice can hope to hum

The last of leaves fell from the trees
And clung to a new love's breast
The branches bare like a banjo played
To the winds that listened best

I gazed down in the river's mirror
And watched its winding strum

당신의 지친 노래는 그만두세요

당신의 지친 노래는 그만둬요, 그만둬
당신이 치는 그 노래 그만둬요
잠시 쉬어요, 어떤 목소리도 따라 부르지 못할
저 힘찬 현들의 선율 아래서

태양이 뜨기도 전에 그 소리로
나는 밤이 지나갔음을 알았죠
아침 산들바람이 나팔 소리처럼
새벽의 북소리에 맞춰 불어왔지요

당신의 지친 노래는 그만둬요, 그만둬
당신이 치는 그 노래 그만둬요
잠시 쉬어요, 어떤 목소리도 따라 부르지 못할
저 힘찬 현들의 선율 아래서

거친 바다는 오르간처럼 연주하고
수초는 그 소리에 맞춰 제 몸 흔들고
부서지는 파도는 심벌즈처럼
바위와 모래에 부딪쳤지요

당신의 지친 노래는 그만둬요, 그만둬
당신이 치는 그 노래 그만둬요
잠시 쉬어요, 어떤 목소리도 따라 부르지 못할
저 힘찬 현들의 선율 아래서

나는 가뿐한 몸으로 하늘 아래 서 있었죠
하늘엔 자유로이 흐르는 구름
울부짖는 비는 누구의 박수갈채도 바라지 않고
트럼펫처럼 노래했죠

당신의 지친 노래는 그만둬요, 그만둬
당신이 치는 그 노래 그만둬요

The water smooth ran like a hymn
And like a harp did hum

Lay down your weary tune, lay down
Lay down the song you strum
And rest yourself 'neath the strength of strings
No voice can hope to hum

잠시 쉬어요, 어떤 목소리도 따라 부르지 못할
저 힘찬 현들의 선율 아래서

나무에서 떨어지는 마지막 잎사귀들은
새로운 사랑의 가슴에 매달렸죠
헐벗은 나뭇가지들은 밴조처럼 울고
가장 귀 밝은 바람이 그 소리 들었죠

강의 거울 내려다보며
나는 굽이치는 현들 지켜보았죠
물은 찬송가처럼 부드러이 흐르며
하프처럼 노랫소리 흥얼거렸죠

당신의 지친 노래는 그만둬요, 그만둬
당신이 치는 그 노래, 그만둬요
잠시 쉬어요, 어떤 목소리도 따라 부르지 못할
저 힘찬 현들의 선율 아래서

Percy's Song

Bad news, bad news
Come to me where I sleep
Turn, turn, turn again
Sayin' one of your friends
Is in trouble deep
Turn, turn to the rain
And the wind

Tell me the trouble
Tell once to my ear
Turn, turn, turn again
Joliet prison
And ninety-nine years
Turn, turn to the rain
And the wind

Oh what's the charge
Of how this came to be
Turn, turn, turn again
Manslaughter
In the highest of degree
Turn, turn to the rain
And the wind

I sat down and wrote
The best words I could write
Turn, turn, turn again
Explaining to the judge
I'd be there on Wednesday night
Turn, turn to the rain
And the wind

Without a reply
I left by the moon
Turn, turn, turn again
And was in his chambers
By the next afternoon
Turn, turn to the rain
And the wind

Could ya tell me the facts?
I said without fear

퍼시의 노래

나쁜 소식, 나쁜 소식
내게 왔지, 나 자고 있는 곳으로
가네, 가네, 다시 돌아가네
말하길, 네 친구 중 하나가
큰 곤경에 처했어
가네, 돌아가네, 비로
그리고 바람으로

무슨 일인지 말해봐
한번 내 귀에 대고 말해봐
가네, 가네, 다시 돌아가네
졸리엣 교도소
구십구 년 형刑
가네, 돌아가네, 비로
그리고 바람으로

아니 대체 무슨 죄목이면
그런 형량이 나올 수 있지
가네, 가네, 다시 돌아가네
1급
과실치사
가네, 돌아가네, 비로
그리고 바람으로

앉아서 썼지
내가 쓸 수 있는 최상의 언어로
가네, 가네, 다시 돌아가네
판사에게 설명했지
수요일 밤이면 거기 도착할 거라고
가네, 돌아가네, 비로
그리고 바람으로

Turn, turn, turn again
That a friend of mine
Would get ninety-nine years
Turn, turn to the rain
And the wind

A crash on the highway
Flew the car to a field
Turn, turn, turn again
There was four persons killed
And he was at the wheel
Turn, turn to the rain
And the wind

But I knew him as good
As I'm knowin' myself
Turn, turn, turn again
And he wouldn't harm a life
That belonged to someone else
Turn, turn to the rain
And the wind

Then judge spoke
Out of the side of his mouth
Turn, turn, turn again
Sayin', "The witness who saw
He left little doubt"
Turn, turn to the rain
And the wind

That may be true
He's got a sentence to serve
Turn, turn, turn again
But ninety-nine years
He just don't deserve
Turn, turn to the rain
And the wind

Too late, too late
For his case it is sealed
Turn, turn, turn again
His sentence is passed
And it cannot be repealed
Turn, turn to the rain
And the wind

But he ain't no criminal

The Times They Are A-Changin'

답장 없이
달밤에 떠났지
가네, 가네, 다시 돌아가네
그리고 다음날 오후
판사실에 있었지
가네, 돌아가네, 비로
그리고 바람으로

사실을 말해주시겠어요?
난 두려움 없이 말했지
가네, 가네, 다시 돌아가네
내 친구 중 하나가
구십구 년 형을 받았어요
가네, 돌아가네, 비로
그리고 바람으로

고속도로에서 충돌 사고
들판으로 날아간 차
가네, 가네, 다시 돌아가네
사망자 네 명
운전대를 잡은 건 내 친구
가네, 돌아가네, 비로
그리고 바람으로

하지만 난 그를 잘 알아요
나 자신만큼이나
가네, 가네, 다시 돌아가네
절대 다른 이의 생명을
해칠 그런 사람 아니에요
가네, 돌아가네, 비로
그리고 바람으로

판사의 말이
입가로 새어나왔지
가네, 가네, 다시 돌아가네
말하길, "목격한 증인이 있으니

And his crime it is none
Turn, turn, turn again
What happened to him
Could happen to anyone
Turn, turn to the rain
And the wind

And at that the judge jerked forward
And his face it did freeze
Turn, turn, turn again
Sayin', "Could you kindly leave
My office now, please"
Turn, turn to the rain
And the wind

Well his eyes looked funny
And I stood up so slow
Turn, turn, turn again
With no other choice
Except for to go
Turn, turn to the rain
And the wind

I walked down the hallway
And I heard his door slam
Turn, turn, turn again
I walked down the courthouse stairs
And I did not understand
Turn, turn to the rain
And the wind

And I played my guitar
Through the night to the day
Turn, turn, turn again
And the only tune
My guitar could play
Was, "Oh the Cruel Rain
And the Wind"

의심의 여지가 없소"
가네, 돌아가네, 비로
그리고 바람으로

판사의 말이 사실인지도 몰라
친구는 복역해야 할지도 몰라
가네, 가네, 다시 돌아가네
하지만 구십구 년이라니
그건 말도 안 돼
가네, 돌아가네, 비로
그리고 바람으로

늦었소, 이미 늦었소
그의 사건은 이미 확정되었으니
가네, 가네, 다시 돌아가네
확정된 선고가
철회되는 건 불가능하오
가네, 돌아가네, 비로
그리고 바람으로

하지만 그는 범죄자가 아니에요
그건 범죄가 아니에요
가네, 가네, 다시 돌아가네
내 친구에게 일어난 일은
누구에게든 일어날 수 있는 일이에요
가네, 돌아가네, 비로
그리고 바람으로

이에 판사는 앞으로 몸을 숙였지
차갑게 굳은 얼굴로
가네, 가네, 다시 돌아가네
말하길, "이제 그만 내 방에서
떠나주시겠소"
가네, 돌아가네, 비로
그리고 바람으로

그의 눈은 우스꽝스러워 보였지
난 천천히 일어섰지
가네, 가네, 다시 돌아가네
다른 선택은 없었지
나가는 것 말고는
가네, 돌아가네, 비로
그리고 바람으로

복도로 나왔지
뒤에서 문이 쾅하고 닫혔지
가네, 가네, 다시 돌아가네
법원 계단을 내려갔지
도무지 이해가 되지 않았지
가네, 돌아가네, 비로
그리고 바람으로

그래서 난 기타를 연주하지
밤부터 낮까지 꼬박
가네, 가네, 다시 돌아가네
그리고 내 기타가 들려줄 수 있는
곡조란 단지
이것뿐, "오 잔인한 비여,
그리고 잔인한 바람이여"

Guess I'm Doin' Fine

Well, I ain't got my childhood
Or friends I once did know
No, I ain't got my childhood
Or friends I once did know
But I still got my voice left
I can take it anywhere I go
Hey, hey, so I guess I'm doin' fine

And I've never had much money
But I'm still around somehow
No, I've never had much money
But I'm still around somehow
Many times I've bended
But I ain't never yet bowed
Hey, hey, so I guess I'm doin' fine

Trouble, oh trouble
I've trouble on my mind
Trouble, oh trouble
Trouble on my mind
But the trouble in the world, Lord
Is much more bigger than mine
Hey, hey, so I guess I'm doin' fine

And I never had no armies
To jump at my command
No, I ain't got no armies
To jump at my command
But I don't need no armies
I got me one good friend
Hey, hey, so I guess I'm doin' fine

I been kicked and whipped and trampled on
I been shot at just like you
I been kicked and whipped and trampled on
I been shot at just like you.
But as long as the world keeps a-turnin'
I just keep a-turnin' too
Hey, hey, so I guess I'm doin' fine

Well, my road might be rocky
The stones might cut my face

난 잘하고 있는 것 같아

음, 내겐 유년 시절이 없었어
한때 알던 친구조차 없었지
아니, 내겐 유년 시절이 없었어
한때 알던 친구조차 없었지
하지만 난 내 목소리를 지켰어
나 가는 곳 어디든 데리고 다닐 수 있지
이봐, 이봐, 그러니까 난 잘하고 있는 것 같아

내겐 돈이 많은 적 없었어
하지만 난 어쨌든 살아 있지
아니, 내겐 돈이 많은 적 없었어
하지만 난 어쨌든 살아 있지
여러 번 나는 방향을 틀었지
하지만 한 번도 머리 숙인 적은 없어
이봐, 이봐, 그러니까 난 잘하고 있는 것 같아

괴로움, 오 괴로움
내 마음엔 괴로움이 있지
괴로움, 오 괴로움
내 마음의 괴로움
하지만 세상의 괴로움은, 오 하느님
나의 괴로움보다 훨씬 더 크거든
이봐, 이봐, 그러니까 난 잘하고 있는 것 같아

나는 한 번도 군대를 거느린 적 없지
내 명령에 따라 움직이는
아니, 내겐 어떤 군대도 없어
내 명령에 따라 움직이는
하지만 내겐 군대가 필요 없어
대신 내겐 좋은 친구 하나 있지
이봐, 이봐, 그러니까 난 잘하고 있는 것 같아

My road it might be rocky
The stones might cut my face
But as some folks ain't got no road at all
They gotta stand in the same old place
Hey, hey, so I guess I'm doin' fine

난 차이고 채찍질당하고 짓밟혔지
난 총에 맞았지 바로 당신처럼
난 차이고 채찍질당하고 짓밟혔지
난 총에 맞았지 바로 당신처럼
하지만 세상이 계속 변해가는 한
나 역시 계속 변해가고 있을 뿐
이봐, 이봐, 그러니까 난 잘하고 있는 것 같아

음, 나 가는 길 바위투성이인지도 몰라
돌들에 얼굴이 베일지도 모르지
나 가는 길 바위투성이인지도 몰라
돌들에 얼굴이 베일지도 모르지
하지만 걸어갈 길조차 없는 사람들도 있어
그들은 똑같은 오래된 장소에 붙박여 살아가야 하지
이봐, 이봐, 그러니까 난 잘하고 있는 것 같아

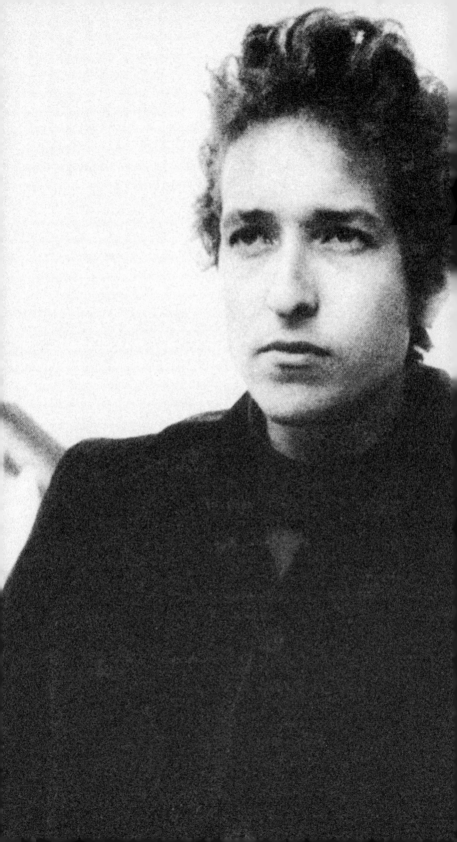

Another Side of Bob Dylan 1964

밥 딜런의 또다른 면

All I Really Want to Do

I ain't lookin' to compete with you
Beat or cheat or mistreat you
Simplify you, classify you
Deny, defy or crucify you
All I really want to do
Is, baby, be friends with you

No, and I ain't lookin' to fight with you
Frighten you or tighten you
Drag you down or drain you down
Chain you down or bring you down
All I really want to do
Is, baby, be friends with you

I ain't lookin' to block you up
Shock or knock or lock you up
Analyze you, categorize you
Finalize you or advertise you
All I really want to do
Is, baby, be friends with you

I don't want to straight-face you
Race or chase you, track or trace you
Or disgrace you or displace you
Or define you or confine you
All I really want to do
Is, baby, be friends with you

I don't want to meet your kin
Make you spin or do you in
Or select you or dissect you
Or inspect you or reject you
All I really want to do
Is, baby, be friends with you

I don't want to fake you out
Take or shake or forsake you out
I ain't lookin' for you to feel like me
See like me or be like me
All I really want to do
Is, baby, be friends with you

Another Side of Bob Dylan

내가 원하는 건 오로지

난 너와 겨루려는 게 아니야
널 때리거나 속이거나 학대하려는 게 아니야
널 단순화하고 이름 붙이고
부정하고 무시하거나 못살게 굴려는 것도 아니지
내가 원하는 건 오로지
그대여, 너와 친구가 되는 것뿐

아냐, 난 너와 싸우려는 게 아니야
널 겁주거나 쪼려는 게 아니야
널 맥빠지게 하거나 진 빠지게 하거나
사슬로 묶고 무너뜨리려는 것도 아니지
내가 원하는 건 오로지
그대여, 너와 친구가 되는 것뿐

난 널 막아서려는 게 아니야
널 충격받게 하거나 때려눕히거나 가두려는 게 아니야
널 분석하고 분류하고
완결짓거나 선전하려는 것도 아니지
내가 원하는 건 오로지
그대여, 너와 친구가 되는 것뿐

난 네게 정색하고 싶지 않아
널 내몰거나 쫓거나, 추적하거나 따라가고 싶지 않아
널 망신 주거나 쫓아내거나
정의하거나 한정시키고 싶지도 않아
내가 원하는 건 오로지
그대여, 너와 친구가 되는 것뿐

난 네 친척들을 만나고 싶지 않아
널 빙빙 돌게 하거나 다치게 하고 싶지 않아
널 선택하거나 해부하거나
조사하거나 거부하고 싶지도 않단 말이야

내가 원하는 건 오로지
그대여, 너와 친구가 되는 것뿐

난 널 기만하고 싶지 않아
널 없애거나 떨쳐내거나 저버리고 싶지 않아
난 네가 나처럼 느끼길 바라는 게 아니야
나처럼 보거나, 나처럼 되기를 바라는 것도 아니지
내가 원하는 건 오로지
그대여, 너와 친구가 되는 것뿐

Black Crow Blues

I woke in the mornin', wand'rin'
Wasted and worn out
I woke in the mornin', wand'rin'
Wasted and worn out
Wishin' my long-lost lover
Will walk to me, talk to me
Tell me what it's all about

I was standin' at the side road
Listenin' to the billboard knock
Standin' at the side road
Listenin' to the billboard knock
Well, my wrist was empty
But my nerves were kickin'
Tickin' like a clock

If I got anything you need, babe
Let me tell you in front
If I got anything you need, babe
Let me tell you in front
You can come to me sometime
Night time, day time
Any time you want

Sometimes I'm thinkin' I'm
Too high to fall
Sometimes I'm thinkin' I'm
Too high to fall
Other times I'm thinkin' I'm
So low I don't know
If I can come up at all

Black crows in the meadow
Across a broad highway
Black crows in the meadow
Across a broad highway
Though it's funny, honey
I just don't feel much like a
Scarecrow today

검은 까마귀 블루스

난 아침에 일어나, 헤매었네
술에 찌들어 기진맥진한 상태로
난 아침에 일어나, 헤매었지
술에 찌들어 기진맥진한 상태로
오래전 나를 떠난 연인이
내게 걸어와주길, 말이라도 걸어주길
대체 왜 그랬는지 말해주길 바라며 말이야

난 샛길에 서 있었네
광고판 덜컹이는 소릴 들으며
난 샛길에 서 있었지
광고판 두들기는 소릴 들으며
글쎄, 내 손목엔 아무것도 없었지만
내 정신은 아주 말짱했어
시계처럼 째깍째깍

만일 내게 네가 필요한 일이 있다면, 그대여
내가 먼저 말해줄게
만일 내게 네가 필요한 일이 있다면, 그대여
내가 먼저 말해주겠다니까
언제 한번 내게 와도 돼
밤이든, 낮이든
언제든지 네가 원하면

때로 난 생각하네, 떨어지기엔 내가
너무 높이 있는 게 아닌가 하고
때로 난 생각하지, 떨어지기엔 내가
너무 높이 있는 게 아닌가 하고
다른 때엔 또 생각해, 내가
너무 낮은 데 있어서 잘 모르겠다고
올라가기나 할 수 있을는지 말이야

목초지에 검은 까마귀들이 있네
넓은 고속도로 너머
목초지에 검은 까마귀들이 있네
넓은 고속도로 너머
비록 그게 웃기긴 해도, 자기야
오늘 난 별로
허수아비 같은 기분은 들지가 않네

Spanish Harlem Incident

Gypsy gal, the hands of Harlem
Cannot hold you to its heat
Your temperature's too hot for taming
Your flaming feet burn up the street
I am homeless, come and take me
Into reach of your rattling drums
Let me know, babe, about my fortune
Down along my restless palms

Gypsy gal, you got me swallowed
I have fallen far beneath
Your pearly eyes, so fast an' slashing
An' your flashing diamond teeth
The night is pitch black, come an' make my
Pale face fit into place, ah, please!
Let me know, babe, I'm nearly drowning
If it's you my lifelines trace

I been wond'rin' all about me
Ever since I seen you there
On the cliffs of your wildcat charms I'm riding
I know I'm 'round you but I don't know where
You have slayed me, you have made me
I got to laugh halfways off my heels
I got to know, babe, will you surround me?
So I can tell if I'm really real

스패니시 할렘가 사건

집시 여인이여, 할렘의 손길도
그 열기로 당신을 붙잡을 순 없지
당신의 체온은 길들이기엔 너무 뜨겁거든
당신의 불타는 발이 거리에 불을 지피네
난 집이 없어, 와서 날 데려가줘
둥둥 당신의 북소리가 울리는 곳으로
나의 운명을 읽어줘, 그대여
불안한 내 손바닥을 따라서

집시 여인이여, 당신은 날 집어삼켜버렸어
난 아주 바닥으로 떨어져버렸네
당신의 진주 같은 두 눈, 정말이지 빠르고 굉장해
그리고 다이아몬드처럼 반짝이는 당신의 치아도 그래
밤은 칠흑같이 어두워, 와서 나의
창백한 얼굴을 바로 고쳐줘, 아, 제발!
난 거의 익사하기 직전이야, 그대여, 내게 알려줘
당신이 내 구명 밧줄인지를

그동안 난 내 모든 걸 알고 싶었어
거기서 당신을 본 후로 쭉
당신의 무모한 매력의 벼랑 위를 나는 달리고 있네
내가 당신 곁에 있다는 건 알아, 하지만 난 모르겠어
당신이 어디서 날 죽였는지, 어디서 날 만들었는지
신발이 반쯤 벗겨질 만큼 웃음이 나네
난 꼭 알아야겠어, 그대여, 넌 날 감싸줄 거니?
그럼 내가 정말 진짜인지를 알 수 있을 텐데

Chimes of Freedom

Far between sundown's finish an' midnight's broken toll
We ducked inside the doorway, thunder crashing
As majestic bells of bolts struck shadows in the sounds
Seeming to be the chimes of freedom flashing
Flashing for the warriors whose strength is not to fight
Flashing for the refugees on the unarmed road of flight
An' for each an' ev'ry underdog soldier in the night
An' we gazed upon the chimes of freedom flashing

In the city's melted furnace, unexpectedly we watched
With faces hidden while the walls were tightening
As the echo of the wedding bells before the blowin' rain
Dissolved into the bells of the lightning
Tolling for the rebel, tolling for the rake
Tolling for the luckless, the abandoned an' forsaked
Tolling for the outcast, burnin' constantly at stake
An' we gazed upon the chimes of freedom flashing

Through the mad mystic hammering of the wild ripping hail
The sky cracked its poems in naked wonder
That the clinging of the church bells blew far into the breeze
Leaving only bells of lightning and its thunder
Striking for the gentle, striking for the kind
Striking for the guardians and protectors of the mind
An' the unpawned painter behind beyond his rightful time
An' we gazed upon the chimes of freedom flashing

Through the wild cathedral evening the rain unraveled tales
For the disrobed faceless forms of no position
Tolling for the tongues with no place to bring their thoughts
All down in taken-for-granted situations
Tolling for the deaf an' blind, tolling for the mute
Tolling for the mistreated, mateless mother, the mistitled prostitute
For the misdemeanor outlaw, chased an' cheated by pursuit
An' we gazed upon the chimes of freedom flashing

Even though a cloud's white curtain in a far-off corner flashed
An' the hypnotic splattered mist was slowly lifting
Electric light still struck like arrows, fired but for the ones
Condemned to drift or else be kept from drifting
Tolling for the searching ones, on their speechless, seeking trail
For the lonesome-hearted lovers with too personal a tale

자유의 교회종

일몰의 끝과 자정의 고장난 종소리 사이로 멀리
천둥이 울렸네, 우린 얼른 교회의 현관 안으로 몸을 숨겼지
웅장한 종소리 같은 번갯불이 번쩍! 내리칠 때
자유의 교회종이 번쩍이는 듯했어
싸움이 아닌 다른 일에 힘쓰는 전사들을 위해 번쩍이듯
무기 없이 도망가는 길 위의 난민들을 위해 번쩍이듯
또한 그 모든 밤의 패잔병들을 위해 번쩍이는 듯했지
그리고 우린 자유의 종이 번쩍이는 모습을 가만히 바라봤네

녹아내린 도시의 용광로에서, 뜻밖에도 우린 지켜봤지
벽이 우리를 죄어오는 동안 얼굴을 숨긴 채로
휘몰아치는 비 앞에서 결혼식의 종 메아리가
번개의 종소리로 서서히 변했다네
반항아를 위해 울리는 종소리, 방탕아를 위해 울리는 종소리로
불운한 자, 버려진 자와 홀로 남은 자를 위해 울리는 종소리로
위태로이 영영 불타오르는 추방자를 위해 울리는 종소리로
그리고 우린 자유의 종이 번쩍이는 모습을 가만히 바라봤네

거칠게 휘몰아치는 우박의 엄청나고도 신비로운 울림 사이로
있는 그대로의 경이 속에서 하늘의 시詩가 우르릉 울려퍼졌어
매달려 있던 교회 종소리는 저멀리 불어가 산들바람이 되었지
오로지 번개의 종소리와 천둥의 종소리만을 남겨놓고서
온순한 자를 위해 치는 종소리, 친절한 자를 위해 치는 종소리만을
정신의 수호자와 보호자를 위해 치는 종소리,
그리고 기한을 넘겨 전당포에서 물건을 찾지 못한 화가를 위해 치는
  종소리만을 남겨놓고서
그리고 우린 자유의 종이 번쩍이는 모습을 가만히 바라봤네

거친 교회당의 저녁 사이로, 비가 이야기를 풀어놓았지
아무 지위도 없이 벌거벗고 특징 없는 형태들을 위해서
생각을 전할 곳 없는 혀들을 위해 종이 울리고 있었지
다들 너무나도 당연하게 여겨지는 상황에 처한 이들이라네

An' for each unharmful, gentle soul misplaced inside a jail
An' we gazed upon the chimes of freedom flashing

Starry-eyed an' laughing as I recall when we were caught
Trapped by no track of hours for they hanged suspended
As we listened one last time an' we watched with one last look
Spellbound an' swallowed 'til the tolling ended
Tolling for the aching ones whose wounds cannot be nursed
For the countless confused, accused, misused, strung-out ones an' worse
An' for every hung-up person in the whole wide universe
An' we gazed upon the chimes of freedom flashing

눈멀고 귀먹은 자를 위해, 말 못하는 자를 위해
학대당한 자, 짝 없는 어머니, 잘못된 이름을 얻은 창녀를 위해 울렸고
잘못을 일삼는 무법자, 추구하는 것에 쫓기고 속임당한 자를 위해
　울리고 있었지
그리고 우린 자유의 종이 번쩍이는 모습을 가만히 바라봤네

비록 구름의 흰 커튼이 멀리 떨어진 한구석에서 번쩍였고
최면을 거는 듯한 사방의 안개는 천천히 사라지고 있었지만
여전히 화살처럼 부딪치는 전깃불은 오직 그들만을 위해 쏟아지고
　있었네
떠돌도록 저주받은 이들, 혹은 떠돌 수조차 없게 된 이들을 위해서
대답 없는 구함의 길 위에서 찾아 헤매는 자들을 위해 종이 울리고
　있었어
지나치게 사적인 일로 외로워하는 연인들을 위해
또한 엉뚱하게 감옥에 처넣어진 무해하고 온순한 영혼 모두를 위해
　울리고 있었지
그리고 우린 자유의 종이 번쩍이는 모습을 가만히 바라봤네

우리가 비를 만났던 때를 떠올리면 그저 꿈만 같아서 웃음이 나
시간이 어떻게 흐르는지도 모른 채 멍하니 있었지 시간은 공중에 떠
　멈춰 있었거든
종소리가 끝날 때까지 넋을 잃은 채 완전히 빨려들어가
우리가 그 소리를 마지막으로 들었을 때, 마지막으로 지켜봤을 때
치유될 수 없는 상처를 지닌 병자들을 위해 울리는 종소리를
혼란스럽고, 비난받고, 이용당하고, 약에 찌든 수많은 사람들과 그보다
　더한 자들을 위해 울리는 종소리를,
또한 신경쇠약에 걸린 온 우주의 모든 사람들을 위해 울리는 종소리를
그리고 우린 자유의 종이 번쩍이는 모습을 가만히 바라봤네

I Shall Be Free No. 10

I'm just average, common too
I'm just like him, the same as you
I'm everybody's brother and son
I ain't different from anyone
It ain't no use a-talking to me
It's just the same as talking to you

I was shadow-boxing earlier in the day
I figured I was ready for Cassius Clay
I said "Fee, fie, fo, fum, Cassius Clay, here I come
26, 27, 28, 29, I'm gonna make your face look just like mine
Five, four, three, two, one, Cassius Clay you'd better run
99, 100, 101, 102, your ma won't even recognize you
14, 15, 16, 17, 18, 19, gonna knock him clean right out of his spleen"

Well, I don't know, but I've been told
The streets in heaven are lined with gold
I ask you how things could get much worse
If the Russians happen to get up there first
Wowee! pretty scary!

Now, I'm liberal, but to a degree
I want ev'rybody to be free
But if you think that I'll let Barry Goldwater
Move in next door and marry my daughter
You must think I'm crazy!
I wouldn't let him do it for all the farms in Cuba

Well, I set my monkey on the log
And ordered him to do the Dog
He wagged his tail and shook his head
And he went and did the Cat instead
He's a weird monkey, very funky

I sat with my high-heeled sneakers on
Waiting to play tennis in the noonday sun
I had my white shorts rolled up past my waist
And my wig-hat was falling in my face
But they wouldn't let me on the tennis court

- 이슬람교로 개종하기 전 무하마드 알리(1942~2016)의 이름.
- 미국 정치인(1909~1998).

난 자유로워질 거야 No. 10

난 그냥 평균이야, 보통이기도 하지
그냥 그랑 비슷해, 너랑 똑같아
난 모두의 형제이자 아들
누구와도 다르지 않아
나한테 얘기해봤자 아무 소용 없지
그건 너랑 이야기하는 거랑 똑같으니까

난 그날 일찍 새도복싱을 하고 있었어
캐시어스 클레이*를 상대할 준비가 됐다고 생각했지
난 말했어, "피, 파이, 포, 펌, 캐시어스 클레이, 내가 나가신다
26, 27, 28, 29, 네 얼굴을 꼭 내 얼굴처럼 만들어놓을 테다
오, 사, 삼, 이, 일, 캐시어스 클레이, 도망치는 게 좋을 거야
99, 100, 101, 102, 네 엄마도 못 알아볼 꼴이 되고 말 테니
14, 15, 16, 17, 18, 19, 화도 내지 못하게 깨끗이 쓰러뜨려버릴 거야"

글쎄, 잘 모르겠어, 하지만 난 들었어
천국의 거리에는 황금이 늘어서 있다고
난 네게 물어, 어떻게 상황이 더 나빠질 수 있느냐고
만일 러시아놈들이 그곳에 먼저 도착하게 된다면
우위이이! 꽤나 무섭지!

자, 난 진보적이야, 하지만 어디까지나
모두가 자유롭길 바라는 선까지만 그렇지
하지만 배리 골드워터**가 옆집으로 이사 와
내 딸과 결혼하는 걸 내가 그냥 놔둘 거라 생각한다면
분명 넌 날 미친놈으로 아는 거야!
쿠바에 있는 농장을 몽땅 다 준다 해도 그 꼴은 못 봐줘

이봐, 난 내 원숭이를 통나무 위에 올려놨었어
그리고 개 흉내를 내라고 명령했지
녀석이 꼬리를 흔들고 고개를 끄덕이더군
그러더니 대신에 고양이 흉내를 내는 거야

I got a woman, she's so mean
She sticks my boots in the washing machine
Sticks me with buckshot when I'm nude
Puts bubblegum in my food
She's funny, wants my money, calls me "honey"

Now I got a friend who spends his life
Stabbing my picture with a bowie knife
Dreams of strangling me with a scarf
When my name comes up he pretends to barf
I've got a million friends!

Now they asked me to read a poem
At the sorority sisters' home
I got knocked down and my head was swimmin'
I wound up with the Dean of Women
Yippee! I'm a poet, and I know it
Hope I don't blow it

I'm gonna grow my hair down to my feet so strange
So I look like a walking mountain range
And I'm gonna ride into Omaha on a horse
Out to the country club and the golf course
Carry *The New York Times*, shoot a few holes, blow their minds

Now you're probably wondering by now
Just what this song is all about
What's probably got you baffled more
Is what this thing here is for
It's nothing
It's something I learned over in England

- 사냥용 칼.

Another Side of Bob Dylan

참 이상한 원숭이야, 정말 웃기지

난 굽 높은 스니커즈를 신고 앉아 있었어
정오의 태양 아래서 테니스 치기를 기다리며
흰 반바지는 허리 위까지 접어 올렸고
내 가발 모자는 얼굴 위로 흘러내리고 있었어
하지만 그들은 날 테니스 코트에 들여보내주려 하지 않았지

내게는 여자가 있어, 그녀는 정말 못됐어
내 부츠를 세탁기에 집어넣지
내가 벌거벗고 있을 땐 내게 산탄을 박아넣고
내 음식에는 풍선껌을 집어넣지
웃기는 여자야, 내 돈을 원하지, 나를 '자기야'라고 부르면서

이제 내겐 친구가 생겼네
보이 나이프˚로 내 사진을 찌르며 평생을 보내는 친구가
스카프로 날 목 졸라 죽이는 꿈을 꾸는 녀석이지
내 이름이 들리면 토하는 척을 해
내겐 정말 많은 친구들이 있다고!

이제 그들은 내게 시를 읽어달라고 부탁하지
여학생 클럽 자매의 집에서 말이야
난 뻗어버렸고 머리는 어질어질했어
결국 난 여대 학과장을 만나고야 말았지
예히! 나는 시인이야, 난 그걸 알아
일을 망치지 않았으면 좋겠어

난 머리를 발치까지 기를 거야, 정말 이상하겠지
걸어다니는 산맥처럼 보이게
그러고는 말을 타고 오마하로 달려갈 테야
컨트리클럽이랑 골프 코스로
〈뉴욕 타임스〉를 들고 갈 거야, 홀 몇 개에 샷을 날릴 거야, 그들을 뽕
　가게 만들 거라고

이제 지금쯤 당신네들은 아마 의아할 테지
이 노래가 대체 뭘 말하려는 건지

아마 당신네들을 더욱더 당황시키는 게
바로 이 노래의 이유일 거야
아무것도 아니야
그저 내가 멀리 영국에서 배워온 거라니까

To Ramona

Ramona
Come closer
Shut softly your watery eyes
The pangs of your sadness
Shall pass as your senses will rise
The flowers of the city
Though breathlike
Get deathlike at times
And there's no use in tryin'
T' deal with the dyin'
Though I cannot explain that in lines

Your cracked country lips
I still wish to kiss
As to be under the strength of your skin
Your magnetic movements
Still capture the minutes I'm in
But it grieves my heart, love
To see you tryin' to be a part of
A world that just don't exist
It's all just a dream, babe
A vacuum, a scheme, babe
That sucks you into feelin' like this

I can see that your head
Has been twisted and fed
By worthless foam from the mouth
I can tell you are torn
Between stayin' and returnin'
On back to the South
You've been fooled into thinking
That the finishin' end is at hand
Yet there's no one to beat you
No one t' defeat you
'Cept the thoughts of yourself feeling bad

I've heard you say many times
That you're better 'n no one
And no one is better 'n you
If you really believe that
You know you got
Nothing to win and nothing to lose

라모나에게

라모나
더 가까이 와
젖은 두 눈을 가만히 감아
네 슬픔의 에는 듯한 아픔은
감각이 살아나면서 사라질 거야
도시의 꽃들은
비록 숨결 같지만
때론 죽음 같아져
애써 죽음을 상대하려 할
필요는 없어
비록 난 그걸 말로 설명할 순 없지만

갈라지고 거친 네 입술에
여전히 키스하고 싶어
네 살결에 사로잡히고 싶은 만큼이나
네 매력적인 움직임은
여전히 나의 순간을 사로잡지
하지만 마음이 아파, 내 사랑
존재하지 않는 세상의
한 부분이 되려 하는 너를 보면
그건 다 꿈일 뿐이야, 자기야
공허야, 음모지, 자기야
그런 건 널 이런 기분에 빨려들게 한다고

네 머리는
뒤틀리고 세뇌당했구나
누가 쓸데없이 입에 문 거품으로 말이야
넌 망설이고 있잖아
그냥 머물지, 아니면
다시 남쪽으로 돌아갈지
넌 속아넘어간 것 같아
끝이 머지않았다는 생각에 빠지도록 말이야

From fixtures and forces and friends
Your sorrow does stem
That hype you and type you
Making you feel
That you must be exactly like them

I'd forever talk to you
But soon my words
They would turn into a meaningless ring
For deep in my heart
I know there is no help I can bring
Everything passes
Everything changes
Just do what you think you should do
And someday maybe
Who knows, baby
I'll come and be cryin' to you

하지만 널 때릴 사람은 아무도 없어
널 패배시킬 사람도 전혀 없지
너 스스로 악감정을 품는 것 말고는 말이야

난 종종 네가 말하는 걸 들었어
네가 누구보다 잘난 것도 없고
누구보다 못난 것도 없다고
만일 정말로 그렇다고 믿는다면
얻을 것도 없고
잃을 것도 없다는 걸 알 거 아니야
시합과 세력과 친구로 인해
너의 슬픔이 자라나지
널 속이고 분류하는 슬픔 말이야
그건 네가 반드시 그들과 같아야만 한다는
감정에 빠지게 만들지

난 너와 영원히 얘기할 거야
하지만 곧 내 말들은
무의미한 울림으로 변할 테지
속으로 나는
내가 아무 도움도 줄 수 없다는 걸 아니까
모든 건 지나가
모든 건 변하지
그저 네가 해야 한다고 생각하는 걸 해
그러면 언젠가, 어쩌면
누가 알겠어, 자기야
내가 달려가서 네게 울며 매달리게 될지

Motorpsycho Nightmare

I pounded on a farmhouse
Lookin' for a place to stay
I was mighty, mighty tired
I had come a long, long way
I said, "Hey, hey, in there
Is there anybody home?"
I was standin' on the steps
Feelin' most alone
Well, out comes a farmer
He must have thought that I was nuts
He immediately looked at me
And stuck a gun into my guts

I fell down
To my bended knees
Saying, "I dig farmers
Don't shoot me, please!"
He cocked his rifle
And began to shout
"You're that travelin' salesman
That I have heard about"
I said, "No! No! No!
I'm a doctor and it's true
I'm a clean-cut kid
And I been to college, too"

Then in comes his daughter
Whose name was Rita
She looked like she stepped out of
La Dolce Vita
I immediately tried to cool it
With her dad
And told him what a
Nice, pretty farm he had
He said, "What do doctors
Know about farms, pray tell?"
I said, "I was born
At the bottom of a wishing well"

Well, by the dirt 'neath my nails
I guess he knew I wouldn't lie

* 영화 〈달콤한 인생〉(1960).

Another Side of Bob Dylan

모터사이코 나이트메어

난 농장 문을 쾅쾅 두드렸어
머물 곳을 찾아서
몹시 몹시 피곤했거든
아주 머나먼 길을 왔지
난 말했어, "이봐요, 이봐요, 거기
거기 안에 누구 없나요?"
난 계단에 서 있었어
그 어느 때보다 외로움을 느끼며
글쎄, 농부 하나가 나오더군
그는 내가 제정신이 아니라고 생각한 게 틀림없어
나를 보자마자
내 배에 총을 들이밀더군

나는 얼른
무릎을 꿇었어
"전 농부들을 좋아해요
쏘지 마세요, 제발!" 하면서
그는 소총의 공이치기를 당기고는
소리치기 시작했어
"소문으로 듣던
바로 그 떠돌이 외판원이로군"
난 말했지, "아뇨! 아뇨! 아뇨!
전 의사예요, 정말이에요
말쑥하고 건실한 남자죠
대학도 다녔다고요"

그때 그의 딸이 들어왔어
이름은 리타였지
마치 〈라 돌체 비타〉에서
걸어나온 것만 같았어
난 즉시 수습하려 했지
그녀 아빠와 나눈 얘기를

"I guess you're tired"
He said, kinda sly
I said, "Yes, ten thousand miles
Today I drove"
He said, "I got a bed for you
Underneath the stove
Just one condition
And you go to sleep right now
That you don't touch my daughter
And in the morning, milk the cow"

I was sleepin' like a rat
When I heard something jerkin'
There stood Rita
Lookin' just like Tony Perkins
She said, "Would you like to take a shower?
I'll show you up to the door"
I said, "Oh, no! no!
I've been through this before"
I knew I had to split
But I didn't know how
When she said
"Would you like to take that shower, now?"

Well, I couldn't leave
Unless the old man chased me out
'Cause I'd already promised
That I'd milk his cows
I had to say something
To strike him very weird
So I yelled out
"I like Fidel Castro and his beard"
Rita looked offended
But she got out of the way
As he came charging down the stairs
Sayin', "What's that I heard you say?"

I said, "I like Fidel Castro
I think you heard me right"
And ducked as he swung
At me with all his might
Rita mumbled something
'Bout her mother on the hill
As his fist hit the icebox
He said he's going to kill me
If I don't get out the door

- 영화 〈사이코〉(1960)에 출연한 앤서니 퍼킨스(Anthony Perkins)를 말한다.

그래서 그에게 말했어
정말 멋지고 예쁜 농장을 가지고 있다고
그는 말했지, "의사가 농장에 대해
뭘 안다고? 한번 말해보시지"
난 말했어, "저는 소원을 비는 우물의
바닥에서 태어났죠"

글쎄, 내 손톱 아래 때를 보고는
그도 내 말이 거짓말은 아니란 걸 알았던 것 같아
"피곤하시겠군그래"
그는 말했어, 좀 음흉했지
난 말했어, "그래요, 오늘 전
만 마일이나 달렸죠"
그는 말했어, "내가 침대를 내어주지
난로 아래에 말이야
단 조건이 하나 있네
지금 당장 주무시게
그래야 내 딸을 건드리지 못할 테니
그리고 아침에는 소젖을 짜야 해"

난 쥐새끼처럼 잠들어 있었어
그러다 뭔가 움직이는 소릴 들었는데
거기엔 리타가 서 있었지
꼭 토니 퍼킨스처럼 보였어
그녀는 말했어, "샤워하시겠어요?
제가 문 앞까지 안내해드릴게요"
난 말했지, "오, 안 돼요! 안 돼!
전에도 이랬던 적이 있어요"
그녀에게서 떨어져야 한다는 걸 알았지만
난 어쩌면 좋을지를 몰랐지
그녀가 "지금 샤워하시겠어요?"
라고 말했을 때 말이야

글쎄, 난 떠날 수 없었어
노인이 쫓아내지 않는 한
왜냐하면 난 이미 약속을 했으니까

In two seconds flat
"You unpatriotic
Rotten doctor Commie rat"

Well, he threw a *Reader's Digest*
At my head and I did run
I did a somersault
As I seen him get his gun
And crashed through the window
At a hundred miles an hour
And landed fully blast
In his garden flowers
Rita said, "Come back!"
As he started to load
The sun was comin' up
And I was runnin' down the road

Well, I don't figure I'll be back
There for a spell
Even though Rita moved away
And got a job in a motel
He still waits for me
Constant, on the sly
He wants to turn me in
To the F.B.I.
Me, I romp and stomp
Thankful as I romp
Without freedom of speech
I might be in the swamp

Another Side of Bob Dylan

소젖을 짜겠다고
난 뭔가를 말해야만 했어
그가 아주 이상하다고 생각하도록 말이야
그래서 난 소리를 질렀네
"난 피델 카스트로와 그의 수염이 좋아"
리타는 화가 나 보였지
하지만 그녀는 자리를 떴어
그가 총알을 장전하며 계단을 내려오면서
"자네 방금 뭐라고 떠든 거지?"라고 말했을 때

난 말했어, "전 피델 카스트로를 좋아해요
제대로 들으신 것 같은데요"
그리고 난 그가 온 힘을 실어
나를 향해 휘두르던 주먹을 피했지
리타는 뭔가를 중얼거렸어
언덕 위에 있는 자기 엄마에 대해
그의 주먹은 냉장고에 부딪혔고
그는 날 죽이겠다고 했어
내가 만일 딱 이 초 안에
문밖으로 나가지 않는다면 말이야
"이런 애국심 없고
썩어빠진 의사 빨갱이 새끼 같으니라고"

글쎄, 그는 〈리더스 다이제스트〉를
내 머리에 던졌고 난 달아났어
그가 총을 챙기는 걸 봤을 땐
공중제비를 넘었지
그리고 창문을 뚫고 나갔어
시속 백 마일의 속도로
그리고 완전히 쿵하는 소리와 함께
그의 정원에 핀 꽃들 위로 착륙했지
리타가 말했어, "돌아와요!"
그가 장전하기 시작했을 때
해가 떠오르고 있었어
그리고 난 길을 달려내려가고 있었지

글쎄, 난 그곳으로 돌아갈 것 같진 않아
잠시라도 말이야
심지어 리타가 거기서 나와
모텔에서 일을 한다고 해도
그는 여전히 날 기다리지
변함없이, 은밀하게
그는 날 넘기고 싶어해
F.B.I.에 말이야
나, 나는 즐겁게 뛰놀고 발을 구르며 춤출 거야
즐겁게 뛰놀며 감사할 거야
표현의 자유가 없다면
난 아마도 늪 속에 있었겠지

My Back Pages

Crimson flames tied through my ears
Rollin' high and mighty traps
Pounced with fire on flaming roads
Using ideas as my maps
"We'll meet on edges, soon," said I
Proud 'neath heated brow
Ah, but I was so much older then
I'm younger than that now

Half-wracked prejudice leaped forth
"Rip down all hate," I screamed
Lies that life is black and white
Spoke from my skull. I dreamed
Romantic facts of musketeers
Foundationed deep, somehow
Ah, but I was so much older then
I'm younger than that now

Girls' faces formed the forward path
From phony jealousy
To memorizing politics
Of ancient history
Flung down by corpse evangelists
Unthought of, though, somehow
Ah, but I was so much older then
I'm younger than that now

A self-ordained professor's tongue
Too serious to fool
Spouted out that liberty
Is just equality in school
"Equality," I spoke the word
As if a wedding vow
Ah, but I was so much older then
I'm younger than that now

In a soldier's stance, I aimed my hand
At the mongrel dogs who teach
Fearing not that I'd become my enemy
In the instant that I preach
My pathway led by confusion boats
Mutiny from stern to bow

Another Side of Bob Dylan

나의 뒤페이지들

진홍빛 불꽃이 내 귓가에서 떠나지 않았어
거대하고 강력한 덫이 굴러와
불타는 길 위에서 불덩이와 함께 나를 덮쳤지
견해들을 나의 지도로 사용하며
난 말했네, "우린 가장자리에서 만나게 될 거야, 곧"
달아오른 이마 아래로 자랑스럽게
아, 하지만 그때 난 훨씬 더 늙었었네
지금은 그때보다 더 젊지

반쯤 난파한 편견이 앞으로 뛰어올랐어
"모든 혐오를 없애자," 난 소리쳤지
삶이 흑과 백으로 나뉜다는 거짓말이
내 머릿속에서 튀어나왔어. 난 꿈꿨지
머스킷 총병들의 로맨틱한 사건들을
그것들은 굳건했지, 왜 그런지 모르겠지만
아, 하지만 그때 난 훨씬 더 늙었었네
지금은 그때보다 더 젊지

여자들의 얼굴이 내가 나아갈 길을 만들었어
가짜 질투심부터
고대사의 정치를
암기하는 일까지
난 시체 전도사들에게 내팽개쳐졌지
비록 어째서인지, 생각지도 못했던 일이지만
아, 하지만 그때 난 훨씬 더 늙었었네
지금은 그때보다 더 젊지

스스로 임명한 교수의 혀
속이기엔 너무 진지해
자유는 그저 평등이라고
학교에서 지껄였지
"평등," 난 그 단어를 말했어

Ah, but I was so much older then
I'm younger than that now

Yes, my guard stood hard when abstract threats
Too noble to neglect
Deceived me into thinking
I had something to protect
Good and bad, I define these terms
Quite clear, no doubt, somehow
Ah, but I was so much older then
I'm younger than that now

마치 결혼 서약이라도 하듯
아, 하지만 그때 난 훨씬 더 늙었었네
지금은 그때보다 더 젊지

군인의 자세로, 난 손을 뻗었어
가르치는 잡종개들을 향해
말을 전하는 순간
내가 나의 적이 되고 말 거라는 걸 두려워하지 않았지
나의 길은 혼란의 배들을 따라 인도되었네
선미에서 뱃머리까지 반란이었지
아, 하지만 그때 난 훨씬 더 늙었었네
지금은 그때보다 더 젊지

그래, 관념이 위협할 때 나는 굳건히 방어해냈어
무시해버리기엔 너무 고결했지
뭔가 지켜야 할 게 있다고
생각하도록 나를 기만했어
선과 악, 난 이런 단어들을 정의하지
왜 그런지 모르겠지만 아주 분명하게, 의심의 여지 없이
아, 하지만 그때 난 훨씬 더 늙었었네
지금은 그때보다 더 젊지

Don't Believe You
(She Acts Like We Never Have Met)

I can't understand
She let go of my hand
An' left me here facing the wall
I'd sure like t' know
Why she did go
But I can't get close t' her at all
Though we kissed through the wild blazing nighttime
She said she would never forget
But now mornin's clear
It's like I ain't here
She just acts like we never have met

It's all new t' me
Like some mystery
It could even be like a myth
Yet it's hard t' think on
That she's the same one
That last night I was with
From darkness, dreams're deserted
Am I still dreamin' yet?
I wish she'd unlock
Her voice once an' talk
'Stead of acting like we never have met

If she ain't feelin' well
Then why don't she tell
'Stead of turnin' her back t' my face?
Without any doubt
She seems too far out
For me t' return t' her chase
Though the night ran swirling an' whirling
I remember her whispering yet
But evidently she don't
An' evidently she won't
She just acts like we never have met

If I didn't have t' guess
I'd gladly confess
T' anything I might've tried
If I was with 'er too long
Or have done something wrong
I wish she'd tell me what it is, I'll run an' hide

너를 믿지 않아
(그녀는 우리가 한 번도 만난 적 없다는 듯이 구네)

이해할 수가 없네
그녀가 내 손을 놓아버렸지
그리고 벽 앞에 날 남겨두었어
정말이지 알고 싶어
그녀가 왜 떠났는지를
하지만 그녀에게 전혀 다가갈 수가 없어
비록 우리가 타오르는 밤 내내 키스했고
그녀도 절대 잊지 않을 거라 말했지만
이제 아침이 밝았고
난 여기 없는 것만 같아
그녀는 우리가 한 번도 만난 적 없다는 듯이 굴고

그 모든 게 너무 낯설기만 해
무슨 수수께끼처럼
심지어 신화라고 해도 되겠어
허나 생각해내기가 어려워
그녀가 나와 지난밤을 함께했던
바로 그 사람이라는 걸
어둠 속에서, 꿈은 버림받지
내가 아직도 꿈을 꾸고 있는 건가?
그녀가 한 번이라도 입을 열고
말했으면 좋겠네
우리가 한 번도 만난 적 없다는 듯이 구는 대신

만일 몸이 안 좋은 거라면
왜 그렇다고 말하질 않고
대신 내 면전에서 등을 돌리는 걸까?
의심의 여지 없이
그녀는 너무 멀리 가버린 것 같아
다시 쫓아가기엔
비록 밤은 정신없이 빙그르르 지나갔지만
나는 아직도 그녀의 속삭임을 기억해

Though her skirt it swayed as a guitar played
Her mouth was watery and wet
But now something has changed
For she ain't the same
She just acts like we never have met

I'm leavin' today
I'll be on my way
Of this I can't say very much
But if you want me to
I can be just like you
An' pretend that we never have touched
An' if anybody asks me
"Is it easy to forget?"
I'll say, "It's easily done
You just pick anyone
An' pretend that you never have met!"

하지만 분명 그녀는 그렇지 않을 테지
그리고 분명 그녀는 그러려고 하지도 않을 거야
그녀는 우리가 한 번도 만난 적이 없다는 듯이 굴고

만일 내가 분명히 알고 있는 거라면
나는 기쁜 마음으로 고백하겠어
내가 했을지도 모를 모든 일들을
만일 내가 그녀와 너무 오래 있었다거나
뭔가 잘못을 저질렀다면
내게 그걸 말해줬으면 좋겠어, 난 도망가서 숨을 테니
비록 기타가 연주되는 동안 그녀의 치마는 흔들렸지만
그녀의 입은 축축이 젖어 있었지
하지만 이제 뭔가가 변했지
그녀는 예전 같지 않으니까
그녀는 우리가 한 번도 만난 적이 없다는 듯이 굴고

나는 오늘 떠나
내 길을 갈 거야
어디로 가는지는 자세히 말할 수 없지
하지만 네가 그래주길 원한다면
나도 너처럼 굴 수 있어
그리고 서로 한 번도 만진 적 없다는 듯 굴어줄 수 있지
그리고 만일 누가 내게
"잊기가 쉬운가요?" 하고 묻는다면
난 말하겠지, "아주 쉽죠
그냥 아무나 한 명 고른 다음
한 번도 만난 적 없다는 듯이 구세요!"

Ballad in Plain D

I once loved a girl, her skin it was bronze
With the innocence of a lamb, she was gentle like a fawn
I courted her proudly but now she is gone
Gone as the season she's taken

Through young summer's breeze, I stole her away
From her mother and sister, though close did they stay
Each one of them suffering from the failures of their day
With strings of guilt they tried hard to guide us

Of the two sisters, I loved the young
With sensitive instincts, she was the creative one
The constant scapegoat, she was easily undone
By the jealousy of others around her

For her parasite sister, I had no respect
Bound by her boredom, her pride to protect
Countless visions of the other she'd reflect
As a crutch for her scenes and her society

Myself, for what I did, I cannot be excused
The changes I was going through can't even be used
For the lies that I told her in hopes not to lose
The could-be dream-lover of my lifetime

With unknown consciousness, I possessed in my grip
A magnificent mantelpiece, though its heart being chipped
Noticing not that I'd already slipped
To a sin of love's false security

From silhouetted anger to manufactured peace
Answers of emptiness, voice vacancies
Till the tombstones of damage read me no questions but, "Please
What's wrong and what's exactly the matter?"

And so it did happen like it could have been foreseen
The timeless explosion of fantasy's dream
At the peak of the night, the king and the queen
Tumbled all down into pieces

"The tragic figure!" her sister did shout

• 벽난로 위 선반.

Another Side of Bob Dylan

소박한 D장조 발라드

한때 한 여자를 사랑했네, 구릿빛 피부의 여자였지
양의 순수함을 지닌 그녀는 새끼 사슴처럼 부드러웠네
나는 당당하게 구애했지만 이제 그녀는 떠나버렸어
계절이 지나가듯 사라져버렸네

초여름의 산들바람이 불어오는 동안, 난 그녀를 차지했지
그녀의 어머니와 언니로부터, 비록 그들은 가까이에 머물렀지만
그들 모두 자신들의 실패한 삶으로 고통받고 있었지
그들은 죄책감의 끈으로 우릴 가르치려고 애를 썼다네

자매 중, 난 어린 쪽을 사랑했어
감성적인 직감을 타고난, 그녀는 창의적인 사람이었지
영원한 희생양이었어, 그녀는 곧잘 망해버렸지
주변 사람들의 질투 때문에 말이야

그녀의 기생충 같은 언니를, 난 전혀 존중하지 않았어
자신의 권태와 지켜야 할 자존심에 얽매여서
그녀는 이면의 수많은 모습들을 드러내며
자신이 몸담은 곳과 자신의 사회를 위한 버팀목으로 써먹었지

나 자신도 내가 저질렀던 일들로 용서받을 순 없어
내가 겪고 있었던 변화들도 변명거리는 될 수 없어
꿈에 그리던 인생의 연인을 잃지 않으려는 바람으로
내가 그녀에게 했던 거짓말들에 대해

무의식적으로, 내 손아귀에 넣어버렸네
멋진 맨틀피스 하나를, 비록 그 마음은 깨졌지만
내가 이미 과오를 저지르고 말았다는 걸 알지 못했지
사랑의 잘못된 안도감을 느껴버린 과오를

윤곽만 드러낸 분노에서 가공된 평화에 이르기까지
허무한 대답들, 공허한 목소리들

"Leave her alone, God damn you, get out!"
And I in my armor, turning about
And nailing her to the ruins of her pettiness

Beneath a bare lightbulb the plaster did pound
Her sister and I in a screaming battleground
And she in between, the victim of sound
Soon shattered as a child 'neath her shadows

All is gone, all is gone, admit it, take flight
I gagged twice, doubled, tears blinding my sight
My mind it was mangled, I ran into the night
Leaving all of love's ashes behind me

The wind knocks my window, the room it is wet
The words to say I'm sorry, I haven't found yet
I think of her often and hope whoever she's met
Will be fully aware of how precious she is

Ah, my friends from the prison, they ask unto me
"How good, how good does it feel to be free?"
And I answer them most mysteriously
"Are birds free from the chains of the skyway?"

그 훼손된 묘비에 오직 비문만이 남아 내게 질문할 때까지 "제발,
대체 뭐가 잘못됐고 정확히 뭐가 문제인 거야?"라고

그리고 마치 예견될 수도 있었다는 듯 그 일은 일어났네
환상이 꾸는 꿈의 영원한 폭발
밤의 절정에 다다랐을 때, 왕과 여왕은
굴러떨어져 산산조각이 났다네

"비극의 주인공!" 그녀의 언니는 소리쳤지
"동생을 가만히 내버려둬, 망할 놈아, 가버리라고!"
그리고 난 갑옷을 입은 채 뒤돌아보며
그녀의 옹졸함의 잔해들에 못을 박았네

벌거벗은 백열전구 아래서 회반죽을 두들겼어
그녀의 언니와 난 전쟁터에서 서로 소리쳤고
사이에 낀 채, 그 소리의 피해자가 된 그녀는
곧 자신의 그림자 아래에서 아이처럼 산산이 부서져버렸지

모든 게 사라졌어, 다 끝났어, 인정해, 달아나라고
난 두 번 익살을 떨었네, 눈물이 두 배로 눈앞을 가렸지
내 마음은 난도질당했고, 난 밤 속으로 달려갔어
사랑의 재들을 모두 뒤로 남겨둔 채

바람이 창문을 두들기네, 방은 젖어 있지
무슨 말로 사과해야 할진 아직 생각해내지 못했어
난 종종 그녀를 생각하며, 그녀가 만난 사람이 누구든
그녀가 얼마나 소중한 존재인지를 제대로 알게 되길 바라네

아, 감옥의 내 친구들, 그들이 내게 묻지
"자유로워져서 기분이 얼마나, 얼마나 좋아?"
그러면 난 정말이지 수수께끼 같은 대답을 던져주네
"새들이 하늘 길의 사슬로부터 자유로울까?"

It Ain't Me, Babe

Go 'way from my window
Leave at your own chosen speed
I'm not the one you want, babe
I'm not the one you need
You say you're lookin' for someone
Never weak but always strong
To protect you an' defend you
Whether you are right or wrong
Someone to open each and every door
But it ain't me, babe
No, no, no, it ain't me, babe
It ain't me you're lookin' for, babe

Go lightly from the ledge, babe
Go lightly on the ground
I'm not the one you want, babe
I will only let you down
You say you're lookin' for someone
Who will promise never to part
Someone to close his eyes for you
Someone to close his heart
Someone who will die for you an' more
But it ain't me, babe
No, no, no, it ain't me, babe
It ain't me you're lookin' for, babe

Go melt back into the night, babe
Everything inside is made of stone
There's nothing in here moving
An' anyway I'm not alone
You say you're looking for someone
Who'll pick you up each time you fall
To gather flowers constantly
An' to come each time you call
A lover for your life an' nothing more
But it ain't me, babe
No, no, no, it ain't me, babe
It ain't me you're lookin' for, babe

Another Side of Bob Dylan

그대여, 나는 아니야

내 창가에서 떠나줘
네가 스스로 선택한 속도로 떠나가
난 네가 원하는 사람이 아니야, 그대여
네게 필요한 사람이 아니지
넌 누군가를 찾는다고 말해
절대 약하지 않고 언제나 강한 누군가를
네가 옳든 그르든
너를 보호하고 변호해줄 사람을
모든 문을 활짝 열어줄 그런 사람을
하지만 나는 아니야, 그대여
아니, 아니, 아니, 나는 아니야, 그대여
난 네가 찾고 있는 그런 사람이 아니야, 그대여

창문 아래 선반에서 살며시 떠나가, 그대여
땅 위로 살며시 내려가
난 네가 원하는 사람이 아니야, 그대여
너에게 실망만을 안겨줄 거야
넌 누군가를 찾는다고 말해
절대 헤어지지 않겠다고 약속해줄 누군가를
너를 위해 눈을 감고
너를 위해 마음까지 닫아버릴 사람을
너를 위해 죽는 것 그 이상을 해줄 수 있는 사람을
하지만 나는 아니야, 그대여
아니, 아니, 아니, 나는 아니야, 그대여
난 네가 찾고 있는 그런 사람이 아니야, 그대여

다시 밤 속으로 녹아들어가, 그대여
모든 건 그 안이 돌로 되어 있어
여기선 아무것도 움직이고 있질 않아
그리고 어쨌거나 난 혼자가 아니지
넌 누군가를 찾는다고 말해
넘어질 때마다 널 일으켜줄 누군가를

언제나 꽃을 꺾어줄 사람을
네가 부를 때마다 와줄 사람을
네 평생의 연인 외에는 달리 아무것도 아닐 사람을
하지만 나는 아니야, 그대여
아니, 아니, 아니, 나는 아니야, 그대여
난 네가 찾고 있는 그런 사람이 아니야, 그대여

Denise

Denise, Denise
Gal, what's on your mind?
Denise, Denise
Gal, what's on your mind?
You got your eyes closed
Heaven knows that you ain't blind

Well, I can see you smiling
But oh your mouth is inside out
I can see you smiling
But you're smiling inside out
Well, I know you're laughin'
But what are you laughin' about

Well, if you're tryin' to throw me
Babe, I've already been tossed
If you're tryin' to throw me
Babe, I've already been tossed
Babe, you're tryin' to lose me
Babe, I'm already lost

Well, what are you doing
Are you flying or have you flipped?
Oh, what are you doing
Are you flying or have you flipped?
Well, you call my name
And then say your tongue just slipped

Denise, Denise
You're concealed here on the shelf
Denise, Denise
You're concealed here on the shelf
I'm looking deep in your eyes, babe
And all I can see is myself

Another Side of Bob Dylan

데니스

데니스, 데니스
그대여, 무슨 생각인 거야?
데니스, 데니스
그대여, 무슨 생각인 거냐니까?
너는 두 눈을 감고 있네
네가 앞을 못 보는 게 아니라는 건 하늘이 아시지

있잖아, 네가 웃는 모습이 보여
하지만 오, 네 입은 뒤집어졌지
네가 웃는 모습이 보여
하지만 네 미소는 뒤집어졌네
글쎄, 네가 웃고 있는 건 알겠는데
대체 뭐 때문에 웃고 있는 거니

있잖아, 만일 날 내팽개치려는 거라면
그대여, 이미 난 내던져졌어
만일 날 내팽개치려는 거라면
그대여, 이미 난 내던져졌다니까
그대여, 넌 날 잃으려 하고 있네
그대여, 넌 이미 날 잃었는데

글쎄, 넌 뭘 하고 있는 거니
날고 있는 거니, 아니면 몸을 뒤집은 거니?
오, 대체 뭘 하고 있는 거니
날고 있는 거니, 아니면 몸을 뒤집은 거니?
글쎄, 네가 내 이름을 부르네
그리고 넌 말실수를 하고 말지

데니스, 데니스
넌 여기 선반 위에 감춰져 있어
데니스, 데니스
넌 여기 선반 위에 감춰져 있다고

난 너의 두 눈을 깊이 바라보고 있어, 그대여
그런데 보이는 건 나 자신뿐이네

If You Gotta Go, Go Now
(Or Else You Got to Stay All Night)

Listen to me, baby
There's something you must see
I want to be with you, gal
If you want to be with me

But if you got to go
It's all right
But if you got to go, go now
Or else you gotta stay all night

It ain't that I'm questionin' you
To take part in any quiz
It's just that I ain't got no watch
An' you keep askin' me what time it is

But if you got to go
It's all right
But if you got to go, go now
Or else you gotta stay all night

I am just a poor boy, baby
Lookin' to connect
But I certainly don't want you thinkin'
That I ain't got any respect

But if you got to go
It's all right
But if you got to go, go now
Or else you gotta stay all night

You know I'd have nightmares
And a guilty conscience, too
If I kept you from anything
That you really wanted to do

But if you got to go
It's all right
But if you got to go, go now
Or else you gotta stay all night

It ain't that I'm wantin'
Anything you never gave before

가려거든, 지금 가버려
(그렇지 않으면 넌 밤새 여기 있어야 할 거야)

들어봐, 자기야
네가 꼭 알아야 할 게 있어
난 너랑 같이 있고 싶어, 자기야
만일 네가 나랑 같이 있고 싶다면

하지만 꼭 가야겠다면
그래도 괜찮아
하지만 가려거든, 지금 가버려
그렇지 않으면 넌 밤새 여기 있어야 할 거야

무슨 퀴즈나 풀자고
내가 묻고 있는 게 아니잖아
그저 나한테 시계가 없는 것뿐이라고
그런데도 넌 계속 내게 몇시냐고 묻지

하지만 꼭 가야겠다면
그래도 괜찮아
하지만 가려거든, 지금 가버려
그렇지 않으면 넌 밤새 여기 있어야 할 거야

난 그저 가난한 남자일 뿐이야, 자기야
너랑 친해지려는 것뿐이지
하지만 그렇게 생각하진 않았으면 좋겠어
내가 널 전혀 존중하지 않는다고 말이야

하지만 꼭 가야겠다면
그래도 괜찮아
하지만 가려거든, 지금 가버려
그렇지 않으면 넌 밤새 여기 있어야 할 거야

있잖아, 난 악몽에 시달릴 거야
양심의 가책도 느끼겠지

It's just that I'll be sleepin' soon
It'll be too dark for you to find the door

But if you got to go
It's all right
But if you got to go, go now
Or else you gotta stay all night

네가 정말 하고 싶어했던 걸로부터
널 떼어놓는다면 말이야

하지만 꼭 가야겠다면
그래도 괜찮아
하지만 가려거든, 지금 가버려
그렇지 않으면 넌 밤새 여기 있어야 할 거야

내가 원하고 있는 건 아니잖아
네가 한 번도 주지 않았던 걸 말이야
다만 난 곧 잠자리에 들 테고
네 집 문을 찾기엔 너무 어두워졌을 거라 말해주고 싶을 뿐

하지만 꼭 가야겠다면
그래도 괜찮아
하지만 가려거든, 지금 가버려
그렇지 않으면 넌 밤새 여기 있어야 할 거야

Mama, You Been on My Mind

Perhaps it's the color of the sun cut flat
An' cov'rin' the crossroads I'm standing at
Or maybe it's the weather or something like that
But mama, you been on my mind

I don't mean trouble, please don't put me down or get upset
I am not pleadin' or sayin', "I can't forget"
I do not walk the floor bowed down an' bent, but yet
Mama, you been on my mind

Even though my mind is hazy an' my thoughts they might be narrow
Where you been don't bother me nor bring me down in sorrow
It don't even matter to me where you're wakin' up tomorrow
But mama, you're just on my mind

I am not askin' you to say words like "yes" or "no"
Please understand me, I got no place for you t' go
I'm just breathin' to myself, pretendin' not that I don't know
Mama, you been on my mind

When you wake up in the mornin', baby, look inside your mirror
You know I won't be next to you, you know I won't be near
I'd just be curious to know if you can see yourself as clear
As someone who has had you on his mind

Another Side of Bob Dylan

그대여, 난 계속 네 생각이 나

아마 내가 서 있는 교차로를
고르게 덮고 있는 태양빛 때문이겠지
아니면 아마 날씨나 뭐 그런 것 때문인가봐
하지만 그대여, 난 계속 네 생각이 나

문제를 일으키려는 건 아니야, 제발 날 바보로 만들지 마, 화내지도 말고
난 애원하는 게 아니야, "못 잊겠어"라고 말하는 것도 아니야
구부정하게 고개 숙인 채 마루를 왔다갔다하지도 않아, 그렇지만
그대여, 난 계속 네 생각이 나

비록 마음은 혼란스럽고 별로 아는 것도 없지만
네가 어디서 뭘 하고 있을지가 날 괴롭히거나 슬픔에 빠뜨리진 않아
심지어 네가 내일 어디서 일어나건 내겐 전혀 중요하지 않다니까
하지만 그대여, 난 계속 네 생각이 나

난 네가 '좋아' 혹은 '싫어'라고 말해주길 바라는 게 아니야
제발 날 이해해줘, 난 널 떠나보낼 상황이 아니라고
그저 홀로 숨쉬고 있지, 그냥 모른 척해버릴 수 없네
그대여, 난 계속 네 생각이 나

아침에 일어나면, 그대여, 거울을 들여다봐
있잖아, 난 네 옆에 없을 거야, 난 네 곁에 없을 테지
난 그저 좀 알고 싶을 뿐이야, 네가 스스로를 분명히 바라볼 수
　있을지를
계속 네 생각을 하고 있는 누구만큼이나 말이야

Playboys and Playgirls

Oh, ye playboys and playgirls
Ain't a-gonna run my world
Ain't a-gonna run my world
Ain't a-gonna run my world
Ye playboys and playgirls
Ain't a-gonna run my world
Not now or no other time

You fallout shelter sellers
Can't get in my door
Can't get in my door
Can't get in my door
You fallout shelter sellers
Can't get in my door
Not now or no other time

Your Jim Crow ground
Can't turn me around
Can't turn me around
Can't turn me around
Your Jim Crow ground
Can't turn me around
Not now or no other time

The laughter in the lynch mob
Ain't a-gonna do no more
Ain't a-gonna do no more
Ain't a-gonna do no more
The laughter in the lynch mob
Ain't a-gonna do no more
Not now or no other time

You insane tongues of war talk
Ain't a-gonna guide my road
Ain't a-gonna guide my road
Ain't a-gonna guide my road
You insane tongues of war talk
Ain't a-gonna guide my road
Not now or no other time

You red baiters and race haters
Ain't a-gonna hang around here

플레이보이와 플레이걸들

오, 너희 플레이보이와 플레이걸들은
내 세상을 지배하지 못할 거야
내 세상을 지배하지 못할 거야
내 세상을 지배하지 못할 거라고
너희 플레이보이와 플레이걸들은
내 세상을 지배하지 못할 거야
지금은 물론이고 다른 어느 때도 영영

너희 방사능 낙진 대피소 장사꾼들은
내 집에 못 들어와
내 집에 못 들어와
내 집에 못 들어온다고
너희 방사능 낙진 대피소 장사꾼들은
내 집에 못 들어와
지금은 물론이고 다른 어느 때도 영영

너희들이 만든 흑인 전용 공간은
날 돌아서게 하지 못해
날 돌아서게 하지 못해
날 돌아서게 하지 못한다고
너희들이 만든 흑인 전용 공간은
날 돌아서게 하지 못해
지금은 물론이고 다른 어느 때도 영영

린치를 일삼는 폭도들의 웃음은
더이상 용납되지 않을 거야
더이상 용납되지 않을 거야
더이상 용납되지 않을 거라니까
린치를 일삼는 폭도들의 웃음은
더이상 용납되지 않을 거야
지금은 물론이고 다른 어느 때도 영영

Ain't a-gonna hang around here
Ain't a-gonna hang around here
You red baiters and race haters
Ain't a-gonna hang around here
Not now or no other time

Ye playboys and playgirls
Ain't a-gonna own my world
Ain't a-gonna own my world
Ain't a-gonna own my world
Ye playboys and playgirls
Ain't a-gonna own my world
Not now or no other time

너희 전쟁을 논하는 미친 헛바닥들은
내 길을 안내하지 못할 거야
내 길을 안내하지 못할 거야
내 길을 안내하지 못할 거라고
너희 전쟁을 논하는 미친 헛바닥들은
내 길을 안내하지 못할 거야
지금은 물론이고 다른 어느 때도 영영

너희 빨갱이 사냥꾼과 인종차별주의자들은
여기서 얼쩡대지 못할 거야
여기서 얼쩡대지 못할 거야
여기서 얼쩡대지 못할 거라니까
너희 빨갱이 사냥꾼과 인종차별주의자들은
여기서 얼쩡대지 못할 거야
지금은 물론이고 다른 어느 때도 영영

너희 플레이보이와 플레이걸들은
내 세상을 소유하지 못할 거야
내 세상을 소유하지 못할 거야
내 세상을 소유하지 못할 거라고
너희 플레이보이와 플레이걸들은
내 세상을 소유하지 못할 거야
지금은 물론이고 다른 어느 때도 영영

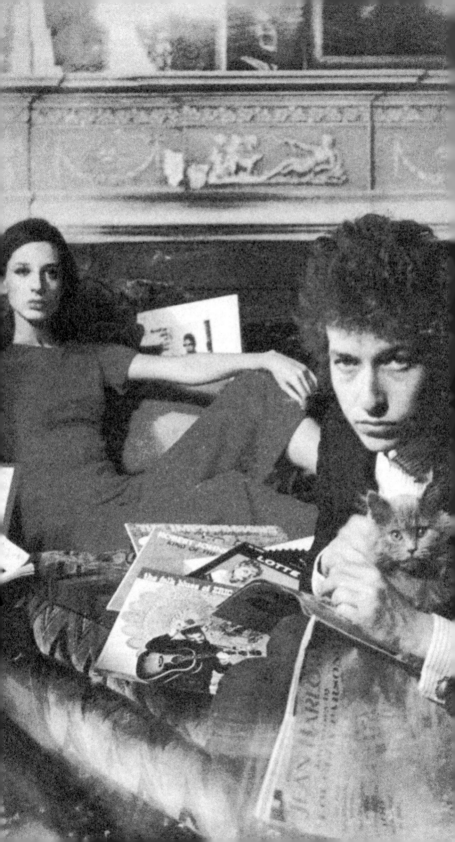

Bringing It All Back Home 1965

모두 가지고 돌아오다

Subterranean Homesick Blues

She Belongs to Me

Maggie's Farm

Love Minus Zero/No Limit

Outlaw Blues

On the Road Again

Bob Dylan's 115th Dream

Mr. Tambourine Man

Gates of Eden

It's Alright, Ma (I'm Only Bleeding)

It's All Over Now, Baby Blue

additional lyrics

California (Early version of "Outlaw Blues")

Farewell Angelina

Love Is Just a Four Letter Word

Subterranean Homesick Blues

Johnny's in the basement
Mixing up the medicine
I'm on the pavement
Thinking about the government
The man in the trench coat
Badge out, laid off
Says he's got a bad cough
Wants to get it paid off
Look out kid
It's somethin' you did
God knows when
But you're doin' it again
You better duck down the alley way
Lookin' for a new friend
The man in the coon-skin cap
In the big pen
Wants eleven dollar bills
You only got ten

Maggie comes fleet foot
Face full of black soot
Talkin' that the heat put
Plants in the bed but
The phone's tapped anyway
Maggie says that many say
They must bust in early May
Orders from the D.A.
Look out kid
Don't matter what you did
Walk on your tiptoes
Don't try "No-Doz"
Better stay away from those
That carry around a fire hose
Keep a clean nose
Watch the plain clothes
You don't need a weatherman
To know which way the wind blows

Get sick, get well
Hang around a ink well
Ring bell, hard to tell

· 각성제의 일종.

지하실에서 젖는 향수

조니는 지하실에서
약을 섞고 있어
난 인도 위에서
정부에 대해 생각하고 있지
트렌치코트 입은 남자
배지를 달고 있는, 해고당한 그 남자는
심한 독감에 걸렸다고
얼마쯤 찔러주기를 원하지
조심해, 꼬마야
그건 네가 한 짓이야
하느님만 아실 일이었지만
넌 또다시 그 짓을 하지
골목으로 숨는 게 좋을 거야
새 친구를 찾아서
감방 안에 있는
아메리카너구리 털가죽 모자 쓴 그 남자는
11달러 지폐를 원해
넌 10달러뿐인데

매기가 다가와 종종걸음으로
검댕 가득 묻은 얼굴로
말하지 경찰이
화단에 꽃을 키운다고 하지만
어쨌든 전화를 도청했다고
매기는 말하지, 다들 5월 초에
단속이 뜰 거라고 얘기한다고
지방검사의 지시라고
조심해, 꼬마야
네가 뭘 했든 그건 중요하지 않아
발끝으로 살금살금 걸어
"노-도즈" 먹을 생각 마
소방호스 옮기는 자들과는

If anything is goin' to sell
Try hard, get barred
Get back, write braille
Get jailed, jump bail
Join the army, if you fail
Look out kid
You're gonna get hit
But users, cheaters
Six-time losers
Hang around the theaters
Girl by the whirlpool
Lookin' for a new fool
Don't follow leaders
Watch the parkin' meters

Ah get born, keep warm
Short pants, romance, learn to dance
Get dressed, get blessed
Try to be a success
Please her, please him, buy gifts
Don't steal, don't lift
Twenty years of schoolin'
And they put you on the day shift
Look out kid
They keep it all hid
Better jump down a manhole
Light yourself a candle
Don't wear sandals
Try to avoid the scandals
Don't wanna be a bum
You better chew gum
The pump don't work
'Cause the vandals took the handles

떨어져 있는 게 좋을 거야
문제 일으키지 마
사복 입은 자들을 잘 지켜봐
바람이 어디로 부는지 알기 위해
웨더맨까지 있을 필요는 없어

병에 걸리고, 병에서 회복하고
잉크통 주위를 얼쩡거리고
벨이 울리고, 어떤 것이 팔릴지는
판단하기 어렵고,
애쓰고, 막히고
돌아오고, 점자를 쓰고
감방에 가고, 보석중에 달아나고
실패하면 군에 입대하고
조심해, 꼬마야
언제고 얻어맞을 거야
하지만 극장 근처를 서성대는
약쟁이들, 사기꾼들
전과 6범들
새로운 멍청이를 물색하는
월풀 욕조 곁의 여자
리더를 따르지 마
주차 미터기를 잘 봐

아 태어나고, 따뜻한 상태를 유지하고
쇼트 팬츠, 로맨스, 춤 배우기
옷 차려입고, 축복받고
성공하려 애쓰고
그녀를 기쁘게 해주고, 그를 기쁘게 해주고, 선물을 사고
도둑질하지 마라, 훔치지 마라
이십 년간 학업
그러곤 2교대 자리에 앉히지
조심해, 꼬마야
그들은 모든 걸 숨기고 있어
맨홀로 뛰어들어
양초를 켜

Bringing It All Back Home

샌들 신지 마
스캔들을 피해
부랑자 될 생각일랑 마
껌이나 씹어
펌프는 작동하지 않아
반달족들이 손잡이를 뽑아 갔거든

She Belongs to Me

She's got everything she needs
She's an artist, she don't look back
She's got everything she needs
She's an artist, she don't look back
She can take the dark out of the nighttime
And paint the daytime black

You will start out standing
Proud to steal her anything she sees
You will start out standing
Proud to steal her anything she sees
But you will wind up peeking through her keyhole
Down upon your knees

She never stumbles
She's got no place to fall
She never stumbles
She's got no place to fall
She's nobody's child
The Law can't touch her at all

She wears an Egyptian ring
That sparkles before she speaks
She wears an Egyptian ring
That sparkles before she speaks
She's a hypnotist collector
You are a walking antique

Bow down to her on Sunday
Salute her when her birthday comes
Bow down to her on Sunday
Salute her when her birthday comes
For Halloween give her a trumpet
And for Christmas, buy her a drum

그녀는 내 여자

그녀는 필요한 걸 다 가졌지
그녀는 화가야, 그녀는 뒤돌아보지 않지
그녀는 필요한 걸 다 가졌지
그녀는 화가야, 그녀는 뒤돌아보지 않지
그녀는 밤에서 가져온 어둠으로
낮을 검게 칠하지

넌 서 있는 걸로 시작하겠지
그녀가 보는 건 무엇이든 훔쳐다줄 수 있다 자신만만해하며
넌 서 있는 걸로 시작하겠지
그녀가 보는 건 무엇이든 훔쳐다줄 수 있다 자신만만해하며
하지만 넌 그녀의 열쇳구멍으로 훔쳐보느라 결국 몸을 숙일 수밖에 없지
바닥에 무릎 꿇은 채

그녀는 절대 비틀거리지 않지
그녀에겐 넘어질 자리가 없어
그녀는 절대 비틀거리지 않지
그녀에겐 넘어질 자리가 없어
그녀는 그 누구의 아이도 아니지
짭새들도 그녀의 손끝조차 못 건드려

그녀는 이집트의 반지를 끼고 있지
그녀가 말하기도 전에 반짝이는
그녀는 이집트의 반지를 끼고 있지
그녀가 말하기도 전에 반짝이는
그녀는 최면술사 수집가
너는 걸어다니는 골동품

일요일마다 그녀에게 고개 숙이라
그녀의 생일엔 경의를 표하라
일요일마다 그녀에게 고개 숙이라
그녀의 생일엔 경의를 표하라

핼러윈엔 그녀에게 트럼펫을 주라
그리고 크리스마스엔, 그녀에게 북을 사주라

Maggie's Farm

I ain't gonna work on Maggie's farm no more
No, I ain't gonna work on Maggie's farm no more
Well, I wake in the morning
Fold my hands and pray for rain
I got a head full of ideas
That are drivin' me insane
It's a shame the way she makes me scrub the floor
I ain't gonna work on Maggie's farm no more

I ain't gonna work for Maggie's brother no more
No, I ain't gonna work for Maggie's brother no more
Well, he hands you a nickel
He hands you a dime
He asks you with a grin
If you're havin' a good time
Then he fines you every time you slam the door
I ain't gonna work for Maggie's brother no more

I ain't gonna work for Maggie's pa no more
No, I ain't gonna work for Maggie's pa no more
Well, he puts his cigar
Out in your face just for kicks
His bedroom window
It is made out of bricks
The National Guard stands around his door
Ah, I ain't gonna work for Maggie's pa no more

I ain't gonna work for Maggie's ma no more
No, I ain't gonna work for Maggie's ma no more
Well, she talks to all the servants
About man and God and law
Everybody says
She's the brains behind pa
She's sixty-eight, but she says she's twenty-four
I ain't gonna work for Maggie's ma no more

I ain' t gonna work on Maggie's farm no more
No, I ain't gonna work on Maggie's farm no more
Well, I try my best

- • 마리화나를 의미하는 속어.
- •• 5센트, 10센트 모두 마리화나를 의미하는 속어.

매기* 농장

다시는 매기 농장에서 일하지 않을 거야
안 해, 다시는 매기 농장에서 일 안 해
그래, 난 아침에 일어나면
두 손 모아 비가 오게 해달라고 기도하지
머릿속이 온갖 생각들로 넘쳐나서
미쳐버릴 것만 같지
이런 식으로 바닥을 문질러 닦게 하다니 굴욕적이야
다시는 매기 농장에서 일 안 해

다시는 매기 오빠를 위해 일하지 않을 거야
안 해, 다시는 매기 오빠 위해 일 안 해
그래, 그는 네게 5센트를 건네지
그는 네게 10센트**를 건네지
그는 활짝 웃으며 너에게 부탁하지
네가 좋은 시간을 보내고 있을 때면
그러곤 네가 문을 쾅하고 닫을 때마다 벌금을 부과하지
다시는 매기 오빠 위해 일 안 해

다시는 매기 아빠를 위해 일하지 않을 거야
안 해, 다시는 매기 아빠 위해 일 안 해
그래, 그는 너의 얼굴에다 시가를
비벼 끄지, 그냥 재미로
그의 침실 창문은
벽돌로 지어졌지
문 주변엔 주 방위군이 지키고 서 있지
아, 다시는 매기 아빠 위해 일 안 해

다시는 매기 엄마 위해 일하지 않을 거야
안 해, 다시는 매기 엄마 위해 일 안 해
그래, 그녀는 하인들에게 말하지
인간에 대해 신에 대해 법에 대해
모두가 말하지

To be just like I am
But everybody wants you
To be just like them
They sing while you slave and I just get bored
I ain't gonna work on Maggie's farm no more

그녀가 매기 아빠의 숨겨진 브레인이라고
그녀는 예순여덟 살, 하지만 스물네 살이라고 말하고 다니지
다시는 매기 엄마 위해 일 안 해

다시는 매기 농장에서 일하지 않을 거야
안 해, 다시는 매기 농장에서 일 안 해
그래, 난 최선을 다했어
내 모습 그대로가 되려고
하지만 다들 내가
그들처럼 되기를 바라지
네가 노예처럼 일하는 동안 그들은 노래 부르지, 이젠 진력나
다시는 매기 농장에서 일 안 해

Love Minus Zero/No Limit

My love she speaks like silence
Without ideals or violence
She doesn't have to say she's faithful
Yet she's true, like ice, like fire
People carry roses
Make promises by the hours
My love she laughs like the flowers
Valentines can't buy her

In the dime stores and bus stations
People talk of situations
Read books, repeat quotations
Draw conclusions on the wall
Some speak of the future
My love she speaks softly
She knows there's no success like failure
And that failure's no success at all

The cloak and dagger dangles
Madams light the candles
In ceremonies of the horsemen
Even the pawn must hold a grudge
Statues made of matchsticks
Crumble into one another
My love winks, she does not bother
She knows too much to argue or to judge

The bridge at midnight trembles
The country doctor rambles
Bankers' nieces seek perfection
Expecting all the gifts that wise men bring
The wind howls like a hammer
The night blows cold and rainy
My love she's like some raven
At my window with a broken wing

- '망토와 단검'은 '은밀한 술수'를 뜻하는 중의적 표현.

Bringing It All Back Home

사랑 마이너스 제로 나누기 무한대

내 사랑 그녀는 침묵처럼 말하지
이상도 폭력도 없이
그녀는 자신이 진실하다고 굳이 말할 필요가 없지
그녀는 진실하지, 얼음처럼 불처럼
사람들은 장미를 들고 와서는
몇 시간째 약속을 하지
내 사랑 그녀는 꽃처럼 웃지
구애자들이 그녀에게 사줄 수 없을 그런 꽃처럼

싸구려 잡화점에서, 버스 정류장에서
사람들은 상황에 대해 이야기하지
책을 읽고, 인용구를 되풀이하고
벽에다 결론을 적고
어떤 이들은 미래에 대해 얘기하지
내 사랑 그녀는 부드럽게 말하지
그녀는 알고 있지, 실패 같은 성공은 없음을
그리고 실패는 전혀 성공이 아님을

망토와 단검*이 달랑거리고 있어
부인들이 초에 불을 밝히고 있어
마부의 장례식에서
장기판의 졸조차 원한을 품는 법
성냥개비로 지은 조각상들이
산산이 부서져내리고 있어
내 사랑은 윙크하지, 그녀는 신경쓰지 않지
그녀는 너무나 많은 걸 알고 있기에 논쟁하거나 판단하려 들지 않지

한밤의 다리가 흔들리고 있어
시골 의사가 걸어가고 있어
은행가의 조카딸들은 완벽을 추구하지
현인이 가져올 그 모든 선물을 기대하며
바람은 망치처럼 울부짖고 있어

밤은 차갑게 비를 뿌려대고 있어
그리고 내 사랑 그녀는 큰까마귀처럼
내 창가에 있지 다친 날개로

Outlaw Blues

Ain't it hard to stumble
And land in some funny lagoon?
Ain't it hard to stumble
And land in some muddy lagoon?
Especially when it's nine below zero
And three o'clock in the afternoon

Ain't gonna hang no picture
Ain't gonna hang no picture frame
Ain't gonna hang no picture
Ain't gonna hang no picture frame
Well, I might look like Robert Ford
But I feel just like a Jesse James

Well, I wish I was on some
Australian mountain range
Oh, I wish I was on some
Australian mountain range
I got no reason to be there, but I
Imagine it would be some kind of change

I got my dark sunglasses
I got for good luck my black tooth
I got my dark sunglasses
I'm carryin' for good luck my black tooth
Don't ask me nothin' about nothin'
I just might tell you the truth

I got a woman in Jackson
I ain't gonna say her name
I got a woman in Jackson
I ain't gonna say her name
She's a brown-skin woman, but I
Love her just the same

- 로버트 포드(1862~1892)는 현상금을 노리고 자신이 속한 갱단의 두목 제시 제임스
  (1847~1882)를 살해했다.

Bringing It All Back Home

무법자 블루스

발을 헛디뎌 수상쩍은 늪에 빠지다니
이건 좀 심하지 않아?
발을 헛디뎌 진흙투성이 늪에 빠지다니
이건 좀 심하지 않아?
그것도 영하 구 도에
그리고 오후 세시에

어떤 사진도 걸지 않을 거야
어떤 액자도 걸지 않을 거야
어떤 사진도 걸지 않을 거야
어떤 액자도 걸지 않을 거야
그래, 난 로버트 포드*처럼 보일지도 몰라
하지만 난 스스로 제시 제임스 같다고 느껴

음, 차라리 내가 호주의 어느 산악지방에
있다면 좋을 텐데
오, 거기 어딘가에 있다면 좋을 텐데
호주의 산악지방에
내가 거기에 있을 이유는 없지, 그래도 난
그게 제법 변화를 가져올 거라고 상상하지

내겐 짙은 색 선글라스가 있어
내겐 행운을 위한 검은 이빨이 있지
내겐 짙은 색 선글라스가 있어
난 행운을 위해 검은 이빨을 갖고 다니지
아무것도 아닌 것에 대해서는 아무것도 묻지 마
난 네게 진실을 말할지도 몰라

잭슨에서 여자를 만났지
그녀의 이름은 말하지 않겠어
잭슨에서 여자를 만났지
그녀의 이름은 말하지 않겠어

그녀는 갈색 피부의 여자, 그래도 난
그녀를 사랑하지

On the Road Again

Well, I woke up in the morning
There's frogs inside my socks
Your mama, she's a-hidin'
Inside the icebox
Your daddy walks in wearin'
A Napoleon Bonaparte mask
Then you ask why I don't live here
Honey, do you have to ask?

Well, I go to pet your monkey
I get a face full of claws
I ask who's in the fireplace
And you tell me Santa Claus
The milkman comes in
He's wearing a derby hat
Then you ask why I don't live here
Honey, how come you have to ask me that?

Well, I asked for something to eat
I'm hungry as a hog
So I get brown rice, seaweed
And a dirty hot dog
I've got a hole
Where my stomach disappeared
Then you ask why I don't live here
Honey, I gotta think you're really weird

Your grandpa's cane
It turns into a sword
Your grandma prays to pictures
That are pasted on a board
Everything inside my pockets
Your uncle steals
Then you ask why I don't live here
Honey, I can't believe that you're for real

Well, there's fistfights in the kitchen
They're enough to make me cry
The mailman comes in
Even he's gotta take a side
Even the butler
He's got something to prove

다시 길 위로

음, 아침에 깨어나보니
내 양말 안에 개구리가 들어 있더군
네 엄마가 아이스박스 안에
감춰두고 있던 그거
네 아빠는 가면을 쓰고 걸어들어오지
나폴레옹 보나파르트 가면을
그런데 넌 왜 내가 여기서 살지 않느냐고 묻지
자기야, 꼭 물어야겠어?

음, 나는 너의 원숭이를 돌보러 가지
내 얼굴엔 할퀸 자국 가득해
난롯가에 있는 저분은 누구냐고 내가 물으면
넌 산타클로스라고 대답해
우유 배달원이 안으로 들어오지
그는 웬 중산모 같은 걸 쓰고 있어
그런데 넌 왜 내가 여기서 살지 않느냐고 묻지
자기야, 어떻게 그런 걸 물을 수 있어?

음, 먹을 것 좀 없냐고 내가 물었지
난 죽도록 배가 고팠어
그래서 내가 먹은 건 현미와 해초
그리고 지저분한 핫도그
내 위장 사라진 곳에
구멍 하나 뚫렸지
그런데 넌 왜 내가 여기서 살지 않느냐고 묻지
자기야, 자긴 진짜 이상한 것 같아

네 할아버지의 지팡이는
검으로 변하지
네 할머니는 널빤지에 붙여놓은
사진들을 보며 기도하지
네 삼촌은 내 주머니를

Then you ask why I don't live here
Honey, how come you don't move?

몽땅 털어갔지
그런데 넌 왜 내가 여기서 살지 않느냐고 묻지
자기야, 자기가 진심으로 하는 얘기라고 믿을 수 없네

그래, 부엌에선 주먹다짐이 벌어지지
내가 울 정도로 싸움은 심각해
우체부가 들어오지
그가 한쪽 편을 들기 시작해
집사에게도
증명할 무언가가 있지
그런데 넌 왜 내가 여기서 살지 않느냐고 묻지
자기야, 어째서 다른 곳으로 가지 않는 거지?

Bob Dylan's 115th Dream

I was riding on the Mayflower
When I thought I spied some land
I yelled for Captain Arab
I have yuh understand
Who came running to the deck
Said, "Boys, forget the whale
Look on over yonder
Cut the engines
Change the sail
Haul on the bowline"
We sang that melody
Like all tough sailors do
When they are far away at sea

"I think I'll call it America"
I said as we hit land
I took a deep breath
I fell down, I could not stand
Captain Arab he started
Writing up some deeds
He said, "Let's set up a fort
And start buying the place with beads"
Just then this cop comes down the street
Crazy as a loon
He throw us all in jail
For carryin' harpoons

Ah me I busted out
Don't even ask me how
I went to get some help
I walked by a Guernsey cow
Who directed me down
To the Bowery slums
Where people carried signs around
Saying, "Ban the bums"
I jumped right into line
Sayin', "I hope that I'm not late"
When I realized I hadn't eaten

- • 1620년 영국 뉴잉글랜드 최초의 청교도 이민자들을 북아메리카로 수송한 선박.
- •• 허먼 멜빌의 소설 「모비 딕」에 나오는 에이허브 선장을 빗댄 인물.
- ••• 돛을 뱃머리 쪽에 매는 밧줄.

밥 딜런의 115번째 꿈

난 메이플라워호[*]를 타고 가고 있었지
육지를 본 것 같다 싶었을 때
내가 에이랩 선장^{**}에게 고함쳤지
그가 누군지 알게 해줄게
갑판으로 달려온 그가
말했지, "제군들, 고래는 잊어라
저기 저편을 보라
엔진을 끄고
돛을 바꿔라
보라인^{***}을 당겨라"
우리는 노래했지, 거친 뱃사람들
먼 바다 항해할 때면 부르는
그 멜로디를

"난 이곳을 아메리카라고 부르게 될 것 같아"
땅에 닿았을 때 내가 말했지
나는 깊게 숨을 들이마셨어
난 주저앉았지, 서 있을 수가 없었어
에이랩 선장은 몇 가지 사업 계획을
작성하는 일에 착수했지
그가 말했어, "성채를 세우자
묵주를 팔아 땅을 사들이자"
그때 마침 경찰 하나가 거리를 걸어오고 있었지
완전히 제정신 아닌 자였어
작살을 갖고 다닌다는 이유로
우리 모두를 감옥에 처넣었거든

아, 난 감옥을 빠져나왔지
어떻게 그럴 수 있었느냐고 묻진 마
난 도움을 구하러 갔어
어느 건지 종種 젖소를 따라 걸었지
젖소는 날 곧바로

For five days straight

I went into a restaurant
Lookin' for the cook
I told them I was the editor
Of a famous etiquette book
The waitress he was handsome
He wore a powder blue cape
I ordered some suzette, I said
"Could you please make that crepe"
Just then the whole kitchen exploded
From boilin' fat
Food was flying everywhere
And I left without my hat

Now, I didn't mean to be nosy
But I went into a bank
To get some bail for Arab
And all the boys back in the tank
They asked me for some collateral
And I pulled down my pants
They threw me in the alley
When up comes this girl from France
Who invited me to her house
I went, but she had a friend
Who knocked me out
And robbed my boots
And I was on the street again

Well, I rapped upon a house
With the U.S. flag upon display
I said, "Could you help me out
I got some friends down the way"
The man says, "Get out of here
I'll tear you limb from limb"
I said, "You know they refused Jesus, too"
He said, "You're not Him
Get out of here before I break your bones
I ain't your pop"
I decided to have him arrested
And I went looking for a cop

I ran right outside
And I hopped inside a cab

* 싸구려 술집과 여관이 모여 있는 뉴욕시의 큰 거리.

** 크레페의 일종.

바워리 슬럼가'로 안내했어
그곳 사람들은 표지판을 들고 돌아다녔지
거기에 적혀 있기를, "부랑자를 금지하라"
나는 재빨리 대열에 끼어들며
말했지, "제가 늦지 않게 온 건지 모르겠군요"
지난 닷새간 내가
아무것도 먹지 못했다는 걸 깨달았지

요리사를 찾아
어느 식당에 들어갔어
사람들에게 내가 어느 유명한
예법서의 편집자라고 말했지
그곳 웨이트리스는 잘생긴 남자였지
연한 청색 케이프를 몸에 두르고 있었어
난 수제트**를 주문하면서 말했지
"이 크레페를 만들어줄 수 있나요?"
그런데 바로 그때 주방 전체가 펑하고 폭발했어
끓는 기름 때문에
음식들이 사방으로 날아다녔고
난 모자도 없이 그곳을 나왔지

뭐 오지랖을 부리려던 건 아니었어
하지만 난 은행에 갔지
에이랩 선장과 감옥에 간힌 친구들을 빼내기 위해
보석금을 마련해보려고 말이야
그들은 담보물을 요구했어
그래서 난 바지를 벗었지
그들은 날 어느 골목으로 내동댕이쳤어
그때 그 프랑스 출신 아가씨가 다가왔지
그녀가 날 자기집에 초대했어
난 갔지, 그런데 그녀에겐 친구가 하나 있었어
그가 나를 때려눕히고는
내 부츠를 뺏어갔지
그리고 난 다시 거리 위에 있었지

음, 난 미합중국 국기가 펄럭이고 있는

I went out the other door
This Englishman said, "Fab"
As he saw me leap a hot dog stand
And a chariot that stood
Parked across from a building
Advertising brotherhood
I ran right through the front door
Like a hobo sailor does
But it was just a funeral parlor
And the man asked me who I was

I repeated that my friends
Were all in jail, with a sigh
He gave me his card
He said, "Call me if they die"
I shook his hand and said goodbye
Ran out to the street
When a bowling ball came down the road
And knocked me off my feet
A pay phone was ringing
It just about blew my mind
When I picked it up and said hello
This foot came through the line

Well, by this time I was fed up
At tryin' to make a stab
At bringin' back any help
For my friends and Captain Arab
I decided to flip a coin
Like either heads or tails
Would let me know if I should go
Back to ship or back to jail
So I hocked my sailor suit
And I got a coin to flip
It came up tails
It rhymed with sails
So I made it back to the ship

Well, I got back and took
The parkin' ticket off the mast
I was ripping it to shreds
When this coastguard boat went past
They asked me my name
And I said, "Captain Kidd"
They believed me but
They wanted to know
What exactly that I did

Bringing It All Back Home

어느 집 문을 두드렸어
내가 말했지, "좀 도와주시겠어요
저 아래에 내 친구들이 있어요"
그 남자가 말하지, "여기서 나가
갈기갈기 찢어놓기 전에"
내가 말했지, "알다시피 예수도 문전박대를 당했죠"
그가 말했지, "넌 예수가 아니야
뼈마디를 부러뜨려놓기 전에 당장 꺼져
난 네 애비가 아니야"
난 그에게 콩밥 좀 먹게 해줘야겠다 생각하고
경찰을 찾으러 갔지

나는 바로 밖으로 뛰어가
어느 택시 안으로 뛰어들어
반대쪽 문으로 튀어나갔지
이 영국인 기사가 말했어, "멋지군"
내가 핫도그 가판대를 뛰어넘고
그리고 서 있던 마차를 뛰어넘는 모습을 보고 말이야
기사는 인류애를 광고하는
어느 건물 맞은편에 택시를 세웠지
난 떠돌이 뱃사람이 그러듯
곧장 정문으로 뛰어들어갔지
그런데 거긴 그냥 장례식장 같은 곳이었어
그리고 그 남자는 내게 누구냐고 물었지

난 다시 한번 얘기했지,
내 친구들이 모두 감옥에 갇혀 있다고, 한숨 쉬며
그는 내게 명함을 주면서
말했지, "그들이 죽으면 연락주세요"
나는 그와 악수하고 작별인사를 했지
거리로 달려나왔는데
볼링공 하나가 길 따라 굴러오더니
내 발을 뭉개버렸지
공중전화 벨이 울리고 있었어
그 소리에 나는 마음이 사로잡혀서
수화기를 집어들고 여보세요, 말하는데

I said for the Pope of Eruke
I was employed
They let me go right away
They were very paranoid

Well, the last I heard of Arab
He was stuck on a whale
That was married to the deputy
Sheriff of the jail
But the funniest thing was
When I was leavin' the bay
I saw three ships a-sailin'
They were all heading my way
I asked the captain what his name was
And how come he didn't drive a truck
He said his name was Columbus
I just said, "Good luck"

전화선 타고서 발이 튀어나왔지

음, 이쯤 되니까 나도 넌더리가 났지
내 친구들과 에이랩 선장을 위해서
이런저런 시도를 하고
도움 구하는 일에
그래서 동전 던지기로 정하기로 했지
앞면이 나오느냐 뒷면이 나오느냐에 따라
배로 돌아갈지 아니면
감옥으로 돌아갈지를
그래서 나는 선원복을 저당잡혀서
던질 동전 구했지
뒷면이 나왔지
그건 배와 운이 맞았지
그래서 난 배로 돌아갔지

음, 난 돌아왔고 돛대에 붙은
주차위반 딱지를 떼어냈지
그걸 갈가리 찢고 있는데
해안경비대 보트가 지나갔지
그들이 내 이름을 물었어
내가 말했지, "키드 선장"
그들은 날 믿었지만
그들은 알고 싶어했어
내가 정확히 무슨 일을 했는지
나는 에루크의 교황을 위해
일했다고 말했지
그들은 바로 날 보내줬어
피해망상이 심한 자들이었지

음, 마침내 에이랩 선장에 대한 소식을 들었지
그는 감옥의 군보안관 대리와
결혼한 어떤 고래에게
흠뻑 빠져 있다고 했지
하지만 가장 웃기는 일은
내가 항구를 떠날 때였어

항해중인 배 세 척이 보였는데
모두 내 쪽을 향해 오고 있었지
나는 선장에게 이름이 무언지 물었고
어째서 트럭을 몰지 않았느냐고 물었어
그는 자기 이름이 콜럼버스라고 했지
난 그저 이렇게만 말했어, "행운을 빌어요"

Mr. Tambourine Man

Hey! Mr. Tambourine Man, play a song for me
I'm not sleepy and there is no place I'm going to
Hey! Mr. Tambourine Man, play a song for me
In the jingle jangle morning I'll come followin' you

Though I know that evenin's empire has returned into sand
Vanished from my hand
Left me blindly here to stand but still not sleeping
My weariness amazes me, I'm branded on my feet
I have no one to meet
And the ancient empty street's too dead for dreaming

Hey! Mr. Tambourine Man, play a song for me
I'm not sleepy and there is no place I'm going to
Hey! Mr. Tambourine Man, play a song for me
In the jingle jangle morning I'll come followin' you

Take me on a trip upon your magic swirlin' ship
My senses have been stripped, my hands can't feel to grip
My toes too numb to step
Wait only for my boot heels to be wanderin'
I'm ready to go anywhere, I'm ready for to fade
Into my own parade, cast your dancing spell my way
I promise to go under it

Hey! Mr. Tambourine Man, play a song for me
I'm not sleepy and there is no place I'm going to
Hey! Mr. Tambourine Man, play a song for me
In the jingle jangle morning I'll come followin' you

Though you might hear laughin', spinnin', swingin' madly across the sun
It's not aimed at anyone, it's just escapin' on the run
And but for the sky there are no fences facin'
And if you hear vague traces of skippin' reels of rhyme
To your tambourine in time, it's just a ragged clown behind
I wouldn't pay it any mind
It's just a shadow you're seein' that he's chasing

Hey! Mr. Tambourine Man, play a song for me
I'm not sleepy and there is no place I'm going to
Hey! Mr. Tambourine Man, play a song for me
In the jingle jangle morning I'll come followin' you

Bringing It All Back Home

미스터 탬버린 맨

헤이! 미스터 탬버린 맨, 날 위해 연주해주오
난 잠도 오지 않고, 갈 곳이라고는 없다오
헤이! 미스터 탬버린 맨, 날 위해 연주해주오
짤랑짤랑 울리는 아침에 당신을 따라가려오

나는 알고 있네, 저녁의 제국이 모래로 돌아갔음을
내 손에서 흩어져 사라지는 이 모래로
아무것도 보이지 않는 이곳에 나를 세워두고 떠나갔음을, 여전히 잠은
　오지 않고
피로가 나를 놀라게 하네, 난 이곳에 붙박인 듯 서 있네
만날 사람 아무도 없고
오래된 텅 빈 거리는 완전히 죽어 있어 꿈조차 꿀 수 없게 하네

헤이! 미스터 탬버린 맨, 날 위해 연주해주오
난 잠도 오지 않고, 갈 곳이라고는 없다오
헤이, 미스터 탬버린 맨, 날 위해 연주해주오
짤랑짤랑 울리는 아침에 당신을 따라가려오

당신의 휘몰아치는 마법 배의 여행에 나를 끼워주오
내 감각들은 너덜너덜해졌고, 내 손은 무엇을 쥘 때의 감각조차
　잃어버렸다오
내 발은 너무 둔해져 걸음도 내딛지 못하고
부츠 뒤꿈치로 떠돌기만을 기다리고 있다오
난 어디든 갈 준비 되어 있다오, 사라질 준비 되어 있다오
나만의 행진에, 나 가는 길에 당신 춤의 주문을 걸어주오
그 주문에 나 사로잡히려오

헤이! 미스터 탬버린 맨, 날 위해 연주해주오
난 잠도 오지 않고, 갈 곳이라고는 없다오
헤이, 미스터 탬버린 맨, 날 위해 연주해주오
짤랑짤랑 울리는 아침에 당신을 따라가려오

Then take me disappearin' through the smoke rings of my mind
Down the foggy ruins of time, far past the frozen leaves
The haunted, frightened trees, out to the windy beach
Far from the twisted reach of crazy sorrow
Yes, to dance beneath the diamond sky with one hand waving free
Silhouetted by the sea, circled by the circus sands
With all memory and fate driven deep beneath the waves
Let me forget about today until tomorrow

Hey! Mr. Tambourine Man, play a song for me
I'm not sleepy and there is no place I'm going to
Hey! Mr. Tambourine Man, play a song for me
In the jingle jangle morning I'll come followin' you

태양을 가로질러 미친듯이 웃고, 돌고, 흔드는 그 소리
하지만 그것은 그 누구를 향한 것도 아닌, 다만 탈주인 것
하늘 외엔 그 어떤 울타리도 없는 공간으로
당신의 탬버린에 맞춰 뛰노는 운율의 얼레 소리 희미하게 들려온다면
그건 당신 뒤를 따르는 누더기 광대의 짓일 뿐이니
나는 조금도 신경쓰지 않으려네
당신이 본 것은 그가 쫓고 있는 그림자일 뿐

헤이! 미스터 탬버린 맨, 날 위해 연주해주오
난 잠도 오지 않고, 갈 곳이라고는 없다오
헤이, 미스터 탬버린 맨, 날 위해 연주해주오
짤랑짤랑 울리는 아침에 당신을 따라가려오

나 사라지도록 데려가주오, 내 마음의 둥근 연기 고리 사이로
안개 낀 시간의 잔해를 지나, 얼어붙은 잎사귀와
저 으스스하고 공포에 질린 나무들을 지나, 바람 부는 해변으로
미친 슬픔의 뒤틀린 손길에서 멀리 떨어진 곳으로
그래, 한 손은 자유로이 흔들며 다이아몬드 하늘 아래 춤추는 곳으로
바다에 내 그림자 비치고 서커스 모래로 둥글게 둘러싸인 곳으로
모든 기억, 운명일랑은 저 파도 아래 깊이 묻어두고
내일이 올 때까지, 오늘에 대해서는 잊을 수 있게 해주오

헤이! 미스터 탬버린 맨, 날 위해 연주해주오
난 잠도 오지 않고, 갈 곳이라고는 없다오
헤이, 미스터 탬버린 맨, 날 위해 연주해주오
짤랑짤랑 울리는 아침에 당신을 따라가려오

Gates of Eden

Of war and peace the truth just twists
Its curfew gull just glides
Upon four-legged forest clouds
The cowboy angel rides
With his candle lit into the sun
Though its glow is waxed in black
All except when 'neath the trees of Eden

The lamppost stands with folded arms
Its iron claws attached
To curbs 'neath holes where babies wail
Though it shadows metal badge
All and all can only fall
With a crashing but meaningless blow
No sound ever comes from the Gates of Eden

The savage soldier sticks his head in sand
And then complains
Unto the shoeless hunter who's gone deaf
But still remains
Upon the beach where hound dogs bay
At ships with tattooed sails
Heading for the Gates of Eden

With a time-rusted compass blade
Aladdin and his lamp
Sits with Utopian hermit monks
Sidesaddle on the Golden Calf
And on their promises of paradise
You will not hear a laugh
All except inside the Gates of Eden

Relationships of ownership
They whisper in the wings
To those condemned to act accordingly
And wait for succeeding kings
And I try to harmonize with songs
The lonesome sparrow sings
There are no kings inside the Gates of Eden

The motorcycle black madonna
Two-wheeled gypsy queen

Bringing It All Back Home

에덴의 입구

전쟁과 평화에 대한 진리는 다만 뒤틀린다
그것의 통행금지령 갈매기는 그저
네 발 달린 숲 구름 위를 활강한다
카우보이 천사는 초를 밝혀 들고
태양 속으로 날아간다
그럼에도 그 빛 검은 밀랍으로 뒤덮여간다
에덴의 나무들 아래 있지 않은 모든 것이

가로등 기둥은 팔짱 끼고 서 있다
그것의 철제 갈고리가 아기들 울고 있는
구멍 밑 연석에 붙어 있다
그것이 금속 배지에 그늘 드리운다 해도
모든 것이 다만 떨어진다
와지끈 부서지는 소리 하지만 부질없는 두드림일 뿐
그 어떤 소리도 에덴의 입구에서는 들려오지 않는다

야만인 병사는 모래 속에 머리를 처박는다
그러고는 불평한다
귀머거리 된 맨발의 사냥꾼에 대해
하지만 여전히 머물러 있다
에덴의 문을 향해 가는
문양 새긴 돛 달린 배들을 보고
짖어대는 개들이 있는 그 해변에

녹슨 시간의 나침반 바늘과 함께
알라딘과 그의 램프는
유토피아의 은자 수도승과 함께 앉아 있다
황금 송아지 위에 그리고 그들의 낙원에 대한 약속 위에
얹혀 있는 여성용 곁안장
그 어떤 웃음소리도 당신은 듣지 못하리라
에덴의 입구 안쪽을 제외한 그 어디서도

And her silver-studded phantom cause
The gray flannel dwarf to scream
As he weeps to wicked birds of prey
Who pick up on his bread crumb sins
And there are no sins inside the Gates of Eden

The kingdoms of Experience
In the precious wind they rot
While paupers change possessions
Each one wishing for what the other has got
And the princess and the prince
Discuss what's real and what is not
It doesn't matter inside the Gates of Eden

The foreign sun, it squints upon
A bed that is never mine
As friends and other strangers
From their fates try to resign
Leaving men wholly, totally free
To do anything they wish to do but die
And there are no trials inside the Gates of Eden

At dawn my lover comes to me
And tells me of her dreams
With no attempts to shovel the glimpse
Into the ditch of what each one means
At times I think there are no words
But these to tell what's true
And there are no truths outside the Gates of Eden

Bringing It All Back Home

소유의 관계들
그들은 기다림 속에서 속삭인다
분부에 따라 행동하고 뒤이어 올 왕들을
기다리도록 저주받은 자들에게
그리고 나는 외로운 참새가 부르는
노래에 화음을 맞추려 애쓴다
에덴의 입구 안쪽에는 어떠한 왕도 없다

오토바이 검은 마돈나
두 바퀴 달린 집시 여왕
그리고 그녀의 은단추로 장식된 유령은
잿빛 플란넬 난쟁이를 비명 지르게 한다
그가 자신의 빵 껍질 죄들을 집어올리는
사악한 맹금들 보며 흐느낄 때
그리고 에덴의 입구 안쪽에는 어떠한 죄도 없다

경험의 왕국들
귀한 바람 속에서 그들은 썩어간다
상대방이 가진 것을 원해서
극빈자들이 서로 가진 것을 바꾸는 동안
그리고 공주와 왕자는
무엇이 실제이고 무엇이 실제가 아닌지 토론한다
그것은 에덴의 입구 안쪽에서는 아무 의미도 없다

외국의 태양, 그것은 눈을 가늘게 뜨고
결코 내 것이었던 적 없는 침대를 바라본다
친구들과 다른 낯선 이들이
운명으로부터 물러나려고
인간 모두를 완전히 자유롭게 내버려두어
죽는 것 제외한, 하고자 하는 모든 것 할 수 있게 하려고 애쓰고 있을 때
그리고 에덴의 입구 안쪽에서는 어떠한 재판도 없다

새벽에 나의 연인은 내게 온다
그리고 내게 자신의 꿈들에 대해 말한다
꿈들 각각이 뜻하는 바의 도랑 속을 들여다보기 위해
삽을 대려는 그 어떤 시도도 하지 않으면서

때때로 나는 생각한다, 진실을 말하는 것은
이런 말 외에는 어디에도 없다고
그리고 에덴의 입구 바깥에는 어떠한 진실도 없다

It's Alright, Ma
(I'm Only Bleeding)

Darkness at the break of noon
Shadows even the silver spoon
The handmade blade, the child's balloon
Eclipses both the sun and moon
To understand you know too soon
There is no sense in trying

Pointed threats, they bluff with scorn
Suicide remarks are torn
From the fool's gold mouthpiece the hollow horn
Plays wasted words, proves to warn
That he not busy being born is busy dying

Temptation's page flies out the door
You follow, find yourself at war
Watch waterfalls of pity roar
You feel to moan but unlike before
You discover that you'd just be one more
Person crying

So don't fear if you hear
A foreign sound to your ear
It's alright, Ma, I'm only sighing

As some warn victory, some downfall
Private reasons great or small
Can be seen in the eyes of those that call
To make all that should be killed to crawl
While others say don't hate nothing at all
Except hatred

Disillusioned words like bullets bark
As human gods aim for their mark
Make everything from toy guns that spark
To flesh-colored Christs that glow in the dark
It's easy to see without lookin g too far
That not much is really sacred

While preachers preach of evil fates
Teachers teach that knowledge waits
Can lead to hundred-dollar plates
Goodness hides behind its gates

Bringing It All Back Home

괜찮아요, 엄마
(단지 피 흘리고 있을 뿐이니까요)

정오의 갈라진 틈으로 어둠은
은 스푼과 수공예 칼날과
아이의 풍선에조차 그늘을 드리우고
태양과 달을 모두 가린다
이해하기 위해 당신은 너무나 일찍 알아버린다
애써봐야 아무 소용 없다

뾰족한 위협들, 그들은 멸시로 엄포를 놓고
자살 발언이 바보의 황금 마우스피스로부터
찢겨져나온다 속 빈 뿔피리가
버려진 말들을 연주한다, 그리고 입증한다
태어나느라 바쁘지 않은 자는 죽느라 바쁘리라는 경고를

유혹의 페이지는 문밖으로 날아간다
당신은 뒤를 따른다, 전쟁중인 자신을 깨닫는다
울부짖는 연민의 폭포를 지켜본다
당신은 불평하고 싶어한다, 하지만 전과 다르게
깨닫는다, 자신이 또다른 한 사람일 뿐임을
울고 있는 또 한 사람

그러니 두려워 마세요, 당신의 귓가에
어떤 낯선 소리 들린다 해도
괜찮아요, 엄마, 난 그저 한숨짓고 있을 뿐이에요

몇몇은 승리를 예고하고, 몇몇은 몰락을 예고할 때
대단하거나 사소한 사적인 이유들이
모두가 죽임당하여 바닥에 기도록 만들라 요구하는
저들의 눈에 들어올 수 있다
다른 자들이 증오 그 자체 외에는
아무것도 증오하지 말라, 말하는 동안

환멸에 찬 말이 총알처럼 퍼붓는다

But even the president of the United States
Sometimes must have to stand naked

An' though the rules of the road have been lodged
It's only people's games that you got to dodge
And it's alright, Ma, I can make it

Advertising signs they con
You into thinking you're the one
That can do what's never been done
That can win what's never been won
Meantime life outside goes on
All around you

You lose yourself, you reappear
You suddenly find you got nothing to fear
Alone you stand with nobody near
When a trembling distant voice, unclear
Startles your sleeping ears to hear
That somebody thinks they really found you

A question in your nerves is lit
Yet you know there is no answer fit
To satisfy, insure you not to quit
To keep it in your mind and not forget
That it is not he or she or them or it
That you belong to

Although the masters make the rules
For the wise men and the fools
I got nothing, Ma, to live up to

For them that must obey authority
That they do not respect in any degree
Who despise their jobs, their destinies
Speak jealously of them that are free
Cultivate their flowers to be
Nothing more than something they invest in

While some on principles baptized
To strict party platform ties
Social clubs in drag disguise
Outsiders they can freely criticize
Tell nothing except who to idolize
And then say God bless him

While one who sings with his tongue on fire

Bringing It All Back Home

인간의 신들이 그들의 표적을 겨누고
불 뿜는 장난감 총으로 모두를
어둠 속에서 빛나는 뽀얀 살빛의 기독교도로 만들 때,
그리 멀리 보지 않더라도 쉽게 알 수 있다
진짜로 신성한 것은 그리 많지 않음을

전도자들이 사악한 운명에 대해 설교하는 동안
교사들은 가르친다, 지식이 시중들며
백 달러짜리 요리로 당신을 이끌어줄 것이라고
선의는 그것의 문 뒤에 숨는다고
하지만 미국의 대통령조차
가끔은 벌거벗은 채 서 있어야 할 때가 있는 법이다

그리고 길의 규칙이 존재함에도
당신이 피해야 할 것은 다만 인간들의 게임이다
그리고 괜찮아요, 엄마, 난 해낼 수 있어요

광고판들, 그들은 속인다
당신을 생각하게끔 만든다
그동안 한 번도 이뤄진 적 없는 것을 이룰 사람이 당신이라고
그동안 한 번도 쟁취된 적 없는 것을 쟁취할 자가 당신이라고
그러는 동안 바깥의 삶은 계속된다
당신 주위에서

당신은 자기 자신을 잃는다, 당신은 다시 나타난다
당신은 문득 깨닫는다, 두려워할 것은 아무것도 없음을
홀로, 근처에 그 누구도 없이, 당신이 서 있음을
떨리는, 멀리서 들려오는 목소리, 불분명한 그 소리가
당신의 잠귀를 깨워 귀기울이게 할 때
누군가가 그들이 당신을 진짜로 찾아냈다고 생각하고 있다는 것을

불안 속에서 당신에겐 어떤 질문이 떠오른다
하지만 당신은 그에 맞는 대답이 어디에도 없음을 안다
당신을 만족시켜줄, 언제까지나
마음에 새겨도 좋을, 그리고 당신이
그 또는 그녀 또는 그들 또는 그것에 속해 있지 않다는 것을

Gargles in the rat race choir
Bent out of shape from society's pliers
Cares not to come up any higher
But rather get you down in the hole
That he's in

But I mean no harm nor put fault
On anyone that lives in a vault
But it's alright, Ma, if I can't please him

Old lady judges watch people in pairs
Limited in sex, they dare
To push fake morals, insult and stare
While money doesn't talk, it swears
Obscenity, who really cares
Propaganda, all is phony

While them that defend what they cannot see
With a killer's pride, security
It blows the minds most bitterly
For them that think death's honesty
Won't fall upon them naturally
Life sometimes must get lonely

My eyes collide head-on with stuffed
Graveyards, false gods, I scuff
At pettiness which plays so rough
Walk upside-down inside handcuffs
Kick my legs to crash it off
Say okay, I have had enough
What else can you show me?

And if my thought-dreams could be seen
They'd probably put my head in a guillotine
But it's alright, Ma, it's life, and life only

잊지 않게 해줄 대답이

비록 주인들은 현자들과
바보들을 위한 규칙을 만들지만
내겐 아무것도 없어요, 엄마, 따라야 할 그 무엇도

조금도 존중할 수 없는 권위에
복종해야 하는 그들
자신의 직업을, 자신의 운명을 경멸하는 그들
자유로이 꽃을 가꾸며 자신이 쏟은 정성에 맞게
딱 그만큼의 결실을 얻는 자들에 대한
시기 어린 말을 늘어놓는 그들에게는

원칙들 가운데 몇몇이 여장女裝한
사교클럽 사람들을 한데 묶어주는
엄격한 정당 강령으로 세례를 베풀어주는 동안
외부자들, 그들은 자유로이 비판할 수 있고
오직 그들이 숭배하는 자에 대해서만 말할 수 있고
그러고는 그에게 축복 있으라, 말할 수 있다

불타오르는 혀로 노래하는 자가
사회의 집게에 의해 구부러뜨려진
무한경쟁의 합창단 속에서 입을 헹구고
조금이라도 더 높이 올라가는 데 관심을 두기보다는
자신이 속한 구멍 속으로 당신을
끌어내리는 데만 관심을 두는 동안

그럼에도 나는 지하 납골당에 사는 그 누구에게도
해를 입히거나 그들의 잘못을 탓하려 하지 않는다
하지만 괜찮아요, 엄마, 내가 그를 기쁘게 해줄 수 없다고 해도

노부인 재판관들은 사람들을 짝으로 묶어 바라본다
그 짝은 성별로만 한정되어, 그들은 감히
거짓된 도덕을 밀어붙이고, 모욕하고, 노려본다
그러는 동안 돈은 이러쿵저러쿵 말함 없이
외설을 증언한다, 프로파간다를 신경쓰는 자라면

Bringing It All Back Home

그 누구든, 모두 가짜임을

자신들이 볼 수 없는 것을 옹호하는 그들, 그러는 사이
살인자의 긍지를 지니고서, 그 방심이
마음에 가장 쓰라린 일격을 날린다
정직한 죽음이 자신에게는 자연스레 찾아오지 않을 거라고
생각하는 그들의
인생은 틀림없이 때때로 외로워진다

내 눈은 잔뜩 포식한 묘지와
가짜 신들과 정면으로 부닥친다, 나는
너무나 거칠게 연주하는 사소함에 흠집을 낸다
수갑 안에서 거꾸로 걷는다
그것을 박살내기 위해 발로 찬다
나는 말한다, 좋아, 그 정도면 충분해
나한테 보여줄 또다른 게 있나?

그리고 나의 생각-꿈들이 눈에 보일 수 있다면
그들은 아마도 내 머리를 단두대 아래 놓을 것이다
하지만 괜찮아요, 엄마, 이런 게 인생이죠, 유일한 인생

It's All Over Now, Baby Blue

You must leave now, take what you need, you think will last
But whatever you wish to keep, you better grab it fast
Yonder stands your orphan with his gun
Crying like a fire in the sun
Look out the saints are comin' through
And it's all over now, Baby Blue

The highway is for gamblers, better use your sense
Take what you have gathered from coincidence
The empty-handed painter from your streets
Is drawing crazy patterns on your sheets
This sky, too, is folding under you
And it's all over now, Baby Blue

All your seasick sailors, they are rowing home
All your reindeer armies, are all going home
The lover who just walked out your door
Has taken all his blankets from the floor
The carpet, too, is moving under you
And it's all over now, Baby Blue

Leave your stepping stones behind, something calls for you
Forget the dead you've left, they will not follow you
The vagabond who's rapping at your door
Is standing in the clothes that you once wore
Strike another match, go start anew
And it's all over now, Baby Blue

이젠 다 끝났어, 베이비 블루

넌 이제 떠나야 해, 필요한 걸 챙겨, 오래갈 수 있는 것들로
하지만 네가 간직하고 싶은 게 있다면 그게 뭐든 빨리 챙겨두는 게 좋아
저편에 너의 고아가 총을 든 채 서 있어
태양 속의 불처럼 울면서
조심해 성자들이 다가오고 있어
그리고 이젠 다 끝났어, 베이비 블루

고속도로는 도박꾼들을 위한 곳, 너의 감을 발휘하는 게 좋을 거야
우연으로부터 네가 모은 것들을 챙겨
너의 거리에서 온 빈털터리 화가가
너의 시트 위에 이상한 무늬를 그리고 있어
이 하늘 역시, 네 아래에서 접히고 있어
그리고 이젠 다 끝났어, 베이비 블루

너의 뱃멀미하는 모든 선원들, 그들은 노를 저어 집으로 가고 있어
너의 순록 무리도 다들 집으로 돌아가고 있어
너희 집 문밖으로 막 걸어나온 애인은
바닥에 있는 자기 담요들을 전부 챙겨가지고 나왔어
카펫 역시, 네 아래에서 움직이고 있어
그리고 이젠 다 끝났어, 베이비 블루

너의 디딤돌은 뒤에 남겨둬, 무언가가 널 부르고 있어
네가 떠나온 죽은 자들은 잊어버려, 그들은 널 따라오지 않을 거야
지금 네 문을 두드리고 있는 방랑자는
한때 네가 입었던 옷을 입은 채 서 있어
다른 성냥을 그어봐, 새로이 시작해
그리고 이젠 다 끝났어, 베이비 블루

California

(Early version of "Outlaw Blues")

I'm goin' down south
'Neath the borderline
I'm goin' down south
'Neath the borderline
Some fat momma
Kissed my mouth one time

Well, I needed it this morning
Without a shadow of doubt
My suitcase is packed
My clothes are hangin' out

San Francisco's fine
You sure get lots of sun
San Francisco is fine
You sure get lots of sun
But I'm used to four seasons
California's got but one

Well, I got my dark sunglasses
I got for good luck my black tooth
I got my dark sunglasses
And for good luck I got my black tooth
Don't ask me nothin' about nothin'
I just might tell you the truth

캘리포니아
(〈무법자 블루스〉의 이전 버전)

난 남쪽으로 가고 있어
경계선 아래로
난 남쪽으로 가고 있어
경계선 아래로
조금 뚱뚱한 여자가
내 입에 키스했어, 한 번

음, 오늘 아침에 난 그 키스가 필요했어
이 점에는 조금도 의심의 여지가 없지
여행가방은 꾸려뒀어
옷들은 널어두었고

샌프란시스코는 날씨가 좋아
거기선 햇볕을 실컷 쬘 수 있지
샌프란시스코는 날씨가 좋아
거기선 햇볕을 실컷 쬘 수 있지
하지만 난 사계절에 익숙한데
캘리포니아엔 계절이 하나뿐이야

음, 내겐 짙은 색 선글라스가 있어
내겐 행운을 위한 검은 이빨이 있지
내겐 짙은 색 선글라스가 있어
그리고 난 행운을 위해 검은 이빨을 갖고 다니지
아무것도 아닌 것에 대해서는 아무것도 묻지 마
난 네게 진실을 말할지도 몰라

Farewell Angelina

Farewell Angelina
The bells of the crown
Are being stolen by bandits
I must follow the sound
The triangle tingles
And the trumpets play slow
Farewell Angelina
The sky is on fire
And I must go

There's no need for anger
There's no need for blame
There's nothing to prove
Ev'rything's still the same
Just a table standing empty
By the edge of the sea
Farewell Angelina
The sky is trembling
And I must leave

The jacks and the queens
Have forsaked the courtyard
Fifty-two gypsies
Now file past the guards
In the space where the deuce
And the ace once ran wild
Farewell Angelina
The sky is folding
I'll see you in a while

See the cross-eyed pirates sitting
Perched in the sun
Shooting tin cans
With a sawed-off shotgun
And the neighbors they clap
And they cheer with each blast
Farewell Angelina
The sky's changing color
And I must leave fast

- 잭, 퀸, 듀스, 에이스 모두 카드의 패를 가리킨다. 등급이 가장 낮은 잭은 병사 또는 하인을 뜻하는
  패. 듀스는 2점짜리 패를 말한다.

안녕, 앤젤리나

안녕 앤젤리나
왕관의 종들을
강도들이 훔쳐가고 있어
난 그 소리를 따라가야 해
트라이앵글은 짤랑짤랑 울리고
트럼펫은 느리게 연주하고 있어
안녕 앤젤리나
하늘이 불타고 있어
난 가야 해

분노할 필요는 없어
비난할 필요도 없어
증명해야 할 그 무엇도 없어
모든 게 예전 그대로고
다만 바닷가에는
빈 테이블 하나
안녕 앤젤리나
하늘이 떨고 있어
난 가야 해

잭과 퀸은
뜰을 버렸어
쉰다섯 명의 집시들이
지금 줄지어 경비병들 옆을 지나가고 있어
한때 듀스와 에이스가*
제멋대로 날뛰던 그 공간을
안녕 앤젤리나
하늘이 접히고 있어
먼 훗날 우린 다시 만날 거야

태양 속에 자리잡고 앉아 있는
저 사팔뜨기 해적들을 봐

King Kong, little elves
On the rooftops they dance
Valentino-type tangos
While the makeup man's hands
Shut the eyes of the dead
Not to embarrass anyone
Farewell Angelina
The sky is embarrassed
And I must be gone

The machine guns are roaring
The puppets heave rocks
The fiends nail time bombs
To the hands of the clocks
Call me any name you like
I will never deny it
Farewell Angelina
The sky is erupting
I must go where it's quiet

총신을 짧게 자른 엽총으로
양철 깡통을 쏘고 있어
주변 사람들은 박수를 치고
총소리가 날 때마다 환호성을 올리고 있어
안녕 앤젤리나
하늘이 색을 바꾸고 있어
난 어서 떠나야 해

킹콩과 작은 엘프들이
지붕 위에서
발렌티노 탱고를 추고 있어
그러는 동안 분장사 남자의 손은
죽은 이의 눈을 감기고 있어
아무도 난처하지 않도록
안녕 앤젤리나
하늘이 난처해하고 있어
난 떠나야 해

기관총이 굉음을 내고 있어
꼭두각시들이 바위를 들어올리고 있어
악마가 시곗바늘에다
시한폭탄을 설치하고 있어
날 아무 이름으로나 불러도 좋아
무엇이든 거부하지 않을 거야
안녕 앤젤리나
하늘이 폭발하고 있어
난 조용한 곳으로 가야 해

Love Is Just a Four Letter Word

Seems like only yesterday
I left my mind behind
Down in the Gypsy Café
With a friend of a friend of mine
She sat with a baby heavy on her knee
Yet spoke of life most free from slavery
With eyes that showed no trace of misery
A phrase in connection first with she I heard
That love is just a four letter word

Outside a rambling storefront window
Cats meowed to the break of day
Me, I kept my mouth shut, too
To you I had no words to say
My experience was limited and underfed
You were talking while I hid
To the one who was the father of your kid
You probably didn't think I did, but I heard
You say that love is just a four letter word

I said goodbye unnoticed
Pushed towards things in my own games
Drifting in and out of lifetimes
Unmentionable by name
Searching for my double, looking for
Complete evaporation to the core
Though I tried and failed at finding any door
I must have thought that there was nothing more
Absurd than that love is just a four letter word

Though I never knew just what you meant
When you were speaking to your man
I can only think in terms of me
And now I understand
After waking enough times to think I see
The Holy Kiss that's supposed to last eternity
Blow up in smoke, its destiny
Falls on strangers, travels free
Yes, I know now, traps are only set by me
And I do not really need to be
Assured that love is just a four letter word

Bringing It All Back Home

사랑은 단지 네 글자로 된 단어일 뿐

꼭 어제 일처럼 느껴져
난 내 마음을 뒤에 남겨두고
짐시 카페로 갔지
내 친구의 친구와 함께
그녀는 무겁게 무릎 위에 아기를 올린 채 앉아 있었어
그러면서도 예속隸屬과는 전혀 무관한 삶에 대해 이야기했지
고통의 흔적이라곤 조금도 찾아볼 수 없는 눈빛으로 말이야
그녀의 얘기 중 맨 처음 내 귀에 들어온 건
사랑LOVE은 단지 네 글자로 된 단어일 뿐이라는 한마디였어

구불구불 펼쳐진 가게 유리창 밖으로는
동터오는 새벽빛에 고양이들이 울고 있었지
나, 나도 계속 입을 다물고 있었지
당신에게 난 할말이 없었으니까
내 경험은 제한적이고, 빈약했으니까
내가 마치 없는 사람처럼 있는 동안, 당신은 이야기하고 있었어
당신 아이의 아버지였던 그 사람에게
당신은 아마 내가 들었을 거라곤 생각 못했겠지만, 난 들었지
사랑은 단지 네 글자로 된 단어일 뿐이라고 당신이 말하는 걸

나는 눈에 띄지 않게 작별인사를 했지
난 나만의 게임에서 일들을 밀고 나갔어
이름을 밝힐 수 없는
인생 안으로, 바깥으로 흘러다니며,
내 영혼의 짝을 찾고, 완벽하고 철저한
증발을 꿈꾸면서,
난 어떤 문을 찾으려 시도했고, 실패했지만
그때의 나는 분명, 사랑은 단지 네 글자로 된 단어일 뿐이라는
그 말보다 더 말이 안 되는 소린 없을 거라 생각했을 거야

당신이 당신의 남자에게 말하고 있었을 때
난 당신이 하는 말의 의미를 결코 알지 못했지만

Bringing It All Back Home

난 오직 내 관점에서만 생각할 수 있을 뿐이야
그리고 이제 난 이해해
오랜 시간 깨어 생각한 끝에, 난 이해해
영원히 지속되리라 믿은 거룩한 입맞춤은
폭발하여 연기가 되고, 그것의 운명은
나그네들에게로 떨어져, 자유로이 떠돈다는 것을
그래, 이젠 알아, 덫을 놓은 건 바로 나 자신이었다는 걸
그리고 사랑은 단지 네 글자로 된 단어일 뿐이라고
진짜로 확신할 필요는 없다는 것을

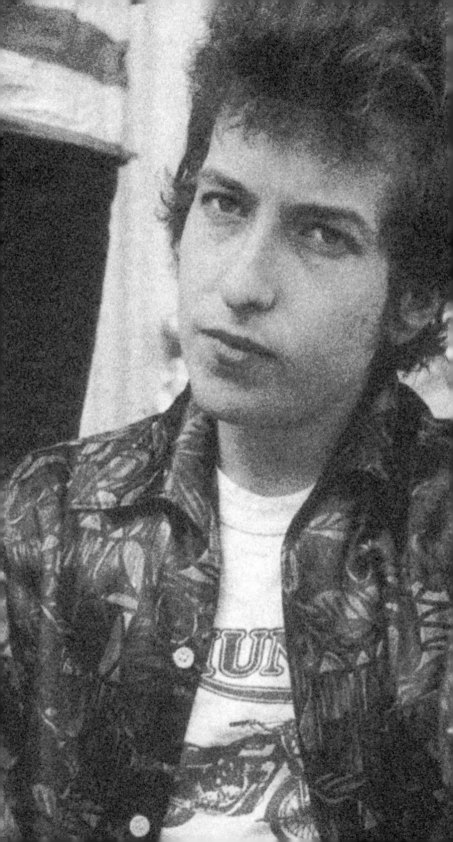

Highway 61 Revisited 1965

다시 찾은 61번 고속도로

Like a Rolling Stone

Once upon a time you dressed so fine
You threw the bums a dime in your prime, didn't you?
People'd call, say, "Beware doll, you're bound to fall"
You thought they were all kiddin' you
You used to laugh about
Everybody that was hangin' out
Now you don't talk so loud
Now you don't seem so proud
About having to be scrounging for your next meal

How does it feel
How does it feel
To be without a home
Like a complete unknown
Like a rolling stone?

You've gone to the finest school all right, Miss Lonely
But you know you only used to get juiced in it
And nobody has ever taught you how to live on the street
And now you find out you're gonna have to get used to it
You said you'd never compromise
With the mystery tramp, but now you realize
He's not selling any alibis
As you stare into the vacuum of his eyes
And ask him do you want to make a deal?

How does it feel
How does it feel
To be on your own
With no direction home
Like a complete unknown
Like a rolling stone?

You never turned around to see the frowns on the jugglers and the clowns
When they all come down and did tricks for you
You never understood that it ain't no good
You shouldn't let other people get your kicks for you
You used to ride on the chrome horse with your diplomat
Who carried on his shoulder a Siamese cat
Ain't it hard when you discover that
He really wasn't where it's at
After he took from you everything he could steal

구르는 돌처럼

옛날 옛날에 넌 정말 멋지게 차려입었지
한창 잘나간답시고 부랑자들에게 10센트 동전도 던져주고 말이야, 안
    그래?
사람들은 너를 불러 말했지, "조심해 예쁜 아가씨, 그러다 큰코다칠
    거야"
넌 그들 모두가 그저 농담하는 줄로만 알았어
넌 빈둥거리며 돌아다니는 모두를
비웃곤 했지
이제 넌 그렇게 큰 소리로 떠들지 않고
이제 넌 그렇게 자랑스러워하는 것 같지도 않네
다음 끼니를 해결하려면 구걸을 하고 다녀야 한다는 사실을 말이야

기분이 어때
기분이 어때
집 없이 사는 기분이?
완전히 무명인처럼
구르는 돌처럼

미스 론리, 넌 최고로 좋은 학교를 다녔지, 좋다 이거야
하지만 거기서 마시고 놀기나 했을 뿐
그 누구도 길거리에서 살아가는 법을 가르쳐준 적이 없지
그리고 이제 넌 그런 삶에 익숙해져야 한다는 걸 알게 됐어
넌 말했었지 정체불명의 부랑자와는
절대 타협하지 않을 거라고, 하지만 이제야 넌 깨달아
그는 네게 어떤 알리바이도 제공해주지 않는다는 사실을
네가 그의 눈 속 공허를 응시하며
나랑 거래하실래요? 하고 물을 때 말이야

기분이 어때
기분이 어때
사방 어디에도 돌아갈 집 없이
혼자가 된 기분이?

How does it feel
How does it feel
To be on your own
With no direction home
Like a complete unknown
Like a rolling stone?

Princess on the steeple and all the pretty people
They're drinkin', thinkin' that they got it made
Exchanging all kinds of precious gifts and things
But you'd better lift your diamond ring, you'd better pawn it babe
You used to be so amused
At Napoleon in rags and the language that he used
Go to him now, he calls you, you can't refuse
When you got nothing, you got nothing to lose
You're invisible now, you got no secrets to conceal

How does it feel
How does it feel
To be on your own
With no direction home
Like a complete unknown
Like a rolling stone?

완전히 무명인처럼
구르는 돌처럼

넌 저글러들과 광대들이 모두 다가와 묘기를 부렸을 때도
뒤돌아서서 그들의 찌푸린 얼굴을 본 적이 한 번도 없었어
그러면 안 된다는 걸 결코 이해하지 못했지
다른 사람들이 네 뒤치다꺼리를 하게 해서는 안 돼
넌 어깨 위에 샴고양이를 올려놓고 다니던 사교계 인사와
크롬으로 도금한 말을 타고 다니곤 했지
그가 전혀 생각했던 사람이 아니었다는 걸 알게 되면
힘들지 않아?
그가 네게서 훔칠 수 있는 모든 걸 들고 가버린 후에 말이야

기분이 어때
기분이 어때
사방 어디에도 돌아갈 집 없이
혼자가 된 기분이?
완전히 무명인처럼
구르는 돌처럼

뾰족탑 안 공주와 모든 예쁜 사람들
자신들이 성공했다는 생각에 빠져 실컷 퍼마시고 있네
온갖 값비싼 선물과 물건을 서로 주고받으며
하지만 너라면 다이아몬드 반지 하나 집어들고서 전당포에나 맡기는 게
　　나을 거야
넌 누더기 걸친 나폴레옹과 그가 쓰던 말투에
정말 즐거워하곤 했지
이제 그에게 가봐, 그가 널 불러, 넌 거절할 수 없을 거야
가진 게 없으면 잃을 것도 없지
이제 넌 투명인간이나 마찬가지야, 네게는 감출 비밀조차 없어

기분이 어때
기분이 어때
사방 어디에도 돌아갈 집 없이
혼자가 된 기분이?
완전히 무명인처럼
구르는 돌처럼

Tombstone Blues

The sweet pretty things are in bed now of course
The city fathers they're trying to endorse
The reincarnation of Paul Revere's horse
But the town has no need to be nervous

The ghost of Belle Starr she hands down her wits
To Jezebel the nun she violently knits
A bald wig for Jack the Ripper who sits
At the head of the chamber of commerce

Mama's in the fact'ry
She ain't got no shoes
Daddy's in the alley
He's lookin' for the fuse
I'm in the streets
With the tombstone blues

The hysterical bride in the penny arcade
Screaming she moans, "I've just been made"
Then sends out for the doctor who pulls down the shade
Says, "My advice is to not let the boys in"

Now the medicine man comes and he shuffles inside
He walks with a swagger and he says to the bride
"Stop all this weeping, swallow your pride
You will not die, it's not poison"

Mama's in the fact'ry
She ain't got no shoes
Daddy's in the alley
He's lookin' for the fuse
I'm in the streets
With the tombstone blues

Well, John the Baptist after torturing a thief
Looks up at his hero the Commander-in-Chief
Saying, "Tell me great hero, but please make it brief
Is there a hole for me to get sick in?"

- •   18세기 미국의 독립운동가(1734~1818). 보스턴에 그가 말을 탄 모습의 동상이 있다.
- •• 미 서부에서 악명 높았던 무법자(1848~1889).
- ••• 구약성서에서 악녀의 대명사로 꼽히는 여인.

묘비 블루스

사랑스럽고 예쁜 것들은 물론 이제 잠자리에 들었어
시의원들은 승인하려고 해
폴 리비어*가 탔던 말의 환생을
하지만 마을은 불안에 떨 필요가 없지

벨 스타**의 유령은 자신의 지혜를
수녀 이세벨***에게 물려주네, 이세벨은 맹렬하게
잭 더 리퍼에게 줄 대머리 가발을 짜고
잭 더 리퍼는 상공회의소 상석에 앉아 있지

엄마는 공장에 있어
그녀에겐 신발이 없지
아빠는 골목에 있어
그는 퓨즈를 찾고 있지
나는 거리에 있어
묘비 블루스를 부르며

히스테릭한 신부가 오락실에서
소리를 지르며 투덜거려 "나 이제 망했어"
그러고는 의사를 불러, 의사는 차양을 내리며 말해
"충고할게요, 남자애들을 들이지 말아요"

이제 약사가 들어와서 안을 이리저리 돌아다녀
거들먹거리며 걸어다니는 그가 신부에게 말해
"그만 뚝 그쳐요, 자존심 따윈 버리라니까요
안 죽어요, 이거 독 아니에요"

엄마는 공장에 있어
그녀에겐 신발이 없지
아빠는 골목에 있어
그는 퓨즈를 찾고 있지
나는 거리에 있어

The Commander-in-Chief answers him while chasing a fly
Saying , "Death to all those who would whimper and cry"
And dropping a barbell he points to the sky
Saying, "The sun's not yellow it's chicken"

Mama's in the fact'ry
She ain't got no shoes
Daddy's in the alley
He's lookin' for the fuse
I'm in the streets
With the tombstone blues

The king of the Philistines his soldiers to save
Puts jawbones on their tombstones and flatters their graves
Puts the pied pipers in prison and fattens the slaves
Then sends them out to the jungle

Gypsy Davey with a blowtorch he burns out their camps
With his faithful slave Pedro behind him he tramps
With a fantastic collection of stamps
To win friends and influence his uncle

Mama's in the fact'ry
She ain't got no shoes
Daddy's in the alley
He's lookin' for the fuse
I'm in the streets
With the tombstone blues

The geometry of innocence flesh on the bone
Causes Galileo's math book to get thrown
At Delilah who sits worthlessly alone
But the tears on her cheeks are from laughter

Now I wish I could give Brother Bill his great thrill
I would set him in chains at the top of the hill
Then send out for some pillars and Cecil B. DeMille
He could die happily ever after

Mama's in the fact'ry
She ain't got no shoes
Daddy's in the alley
He's lookin' for the fuse
I'm in the streets
With the tombstone blues

묘비 블루스를 부르며

세례자 요한이 도둑 하나를 고문하고서
그의 영웅인 최고사령관을 올려다보며
말해, "위대한 영웅이시여, 말씀해주세요, 하지만 부디 간단하게요
제가 병들어 죽으면 들어갈 구멍이 있을까요?"

최고사령관이 파리를 쫓으며
말해, "훌쩍이며·우는 모든 이에게 죽음을"
그러고는 역기를 내려놓고 하늘을 가리키며
말해, "태양은 노란색이 아니야, 그냥 겁쟁이지"

엄마는 공장에 있어
그녀에겐 신발이 없지
아빠는 골목에 있어
그는 퓨즈를 찾고 있지
나는 거리에 있어
묘비 블루스를 부르며

블레셋의 왕은 군인들을 구원하려고
그들의 묘비에 턱뼈를 꽂아서 무덤을 돋보이게 해
피리 부는 사나이를 감옥에 가두고 노예들을 살찌웠다가
그들을 정글로 보내지

집시 데이비는 블로토치로 그들의 캠프를 몽땅 태워버려
그의 뒤를 따르는 충실한 노예 페드로는 터벅터벅 걷지
친구를 만들고 삼촌에게 영향을 주려고 수집한
끝내주는 우표 컬렉션을 들고서

엄마는 공장에 있어
그녀에겐 신발이 없지
아빠는 골목에 있어
그는 퓨즈를 찾고 있지
나는 거리에 있어
묘비 블루스를 부르며

Where Ma Rainey and Beethoven once unwrapped their bedroll
Tuba players now rehearse around the flagpole
And the National Bank at a profit sells road maps for the soul
To the old folks home and the college

Now I wish I could write you a melody so plain
That could hold you dear lady from going insane
That could ease you and cool you and cease the pain
Of your useless and pointless knowledge

Mama's in the fact'ry
She ain't got no shoes
Daddy's in the alley
He's lookin' for the fuse
I'm in the streets
With the tombstone blues

•   구약성서에서 삼손을 유혹해 파멸로 이끈 여인.

••   미국 영화감독(1881~1959). 〈삼손과 델릴라〉를 연출했다.

••• 미국의 블루스 가수(1886~1939).

순수한 기하학, 뼈에 붙은 살은
갈릴레이의 수학책을 내던지게 했어
쓸데없이 혼자 앉아 있는 델릴라'를 향해 말이야
하지만 그녀의 뺨에 묻은 눈물은 웃다가 흐른 거야

이제 난 브라더 빌에게 커다란 흥분을 안겨주고파
그를 언덕 위에서 쇠사슬로 묶은 다음
기둥을 몇 개 가져오라고 하고 세실 B. 드밀**을 부를 거야
그는 영영 행복하게 죽을 수 있을 테지

엄마는 공장에 있어
그녀에겐 신발이 없지
아빠는 골목에 있어
그는 퓨즈를 찾고 있지
나는 거리에 있어
묘비 블루스를 부르며

한때 마 레이니***와 베토벤이 둘이서 침낭을 펼쳤던 곳에
이제는 튜바 연주자들이 모여들어 깃대 주변에서 리허설을 하고 있네
그리고 국립은행은 영혼을 위한 지도,
양로원과 대학으로 가는 지도를 팔면서 이윤을 남겨

이제 난 네게 정말 간단한 노래를 만들어줄 수 있었으면 좋겠어
사랑스러운 아가씨, 당신이 미치지 않도록 꼭 붙들어줄 노래를
당신을 편안하고 차분하게 해주고
당신의 무용하고 무의미한 지식이 주는 고통을 멎게 해줄 노래를

엄마는 공장에 있어
그녀에겐 신발이 없지
아빠는 골목에 있어
그는 퓨즈를 찾고 있지
나는 거리에 있어
묘비 블루스를 부르며

It Takes a Lot to Laugh,
It Takes a Train to Cry

Well, I ride on a mailtrain, baby
Can't buy a thrill
Well, I've been up all night, baby
Leanin' on the windowsill
Well, if I die
On top of the hill
And if I don't make it
You know my baby will

Don't the moon look good, mama
Shinin' through the trees?
Don't the brakeman look good, mama
Flagging down the "Double E"?
Don't the sun look good
Goin' down over the sea?
Don't my gal look fine
When she's comin' after me?

Now the wintertime is coming
The windows are filled with frost
I went to tell everybody
But I could not get across
Well, I wanna be your lover, baby
I don't wanna be your boss
Don't say I never warned you
When your train gets lost

웃는 건 힘들지만,
우는 건 기차 한 번만 타면 돼

있잖아, 난 우편 열차를 타고 달려, 자기야
스릴은 돈 주고도 못 사니까
있잖아, 난 밤새 깨어 있었어, 자기야
창틀에 기댄 채로
있잖아, 만일 내가 죽는다면
거긴 언덕 꼭대기일 거야
그리고 내가 성공하지 못한다 해도
내 아이는 해낼 거야

자기야, 나무들 사이로 빛나는
달이 멋져 보이지 않아?
자기야, 깃발을 흔들며 열차 '더블 E'를 멈춰 세우는
제동수도 멋져 보이지 않아?
바다 위로 지고 있는
태양이 멋져 보이지 않아?
나를 쫓아다니는 내 여자의 모습 또한
멋져 보이지 않아?

이제 겨울이 다가오고 있어
차창은 성에로 가득해
난 모두에게 말해주러 갔지만
그들을 이해시키지 못했어
있잖아, 난 너의 연인이 되고 싶어, 자기야
너의 상사가 되고 싶진 않다고
네 기차가 길을 잃거든
내가 전에 경고한 적 없었다곤 말하지 마

From a Buick 6

I got this graveyard woman, you know she keeps my kid
But my soulful mama, you know she keeps me hid
She's a junkyard angel and she always gives me bread
Well, if I go down dyin', you know she bound to put a blanket on my bed

Well, when the pipeline gets broken and I'm lost on the river bridge
I'm cracked up on the highway and on the water's edge
She comes down the thruway ready to sew me up with thread
Well, if I go down dyin', you know she bound to put a blanket on my bed

Well, she don't make me nervous, she don't talk too much
She walks like Bo Diddley and she don't need no crutch
She keeps this four-ten all loaded with lead
Well, if I go down dyin', you know she bound to put a blanket on my bed

Well, you know I need a steam shovel mama to keep away the dead
I need a dump truck mama to unload my head
She brings me everything and more, and just like I said
Well, if I go down dyin', you know she bound to put a blanket on my bed

---

뷰익 6에서

내겐 묘지의 여자가 있어, 그래 그녀는 내 아이를 돌봐주지
하지만 나의 정열적인 아가씨, 그래 그녀는 나를 숨겨주지
그녀는 고물 처리장의 천사야, 그리고 내게 늘 빵을 줘
글쎄, 만일 내가 쓰러져 죽으면, 분명 내 침대 위에 담요를 덮어줄 거야

있잖아, 파이프라인이 고장나고 내가 강 위 다리에서 길을 잃는다면
내가 고속도로에, 그리고 둔치에 쓰러져 있다면
그녀는 날 실로 꿰맬 준비를 하고서 고속도로를 달려와줄 거야
글쎄, 만일 내가 쓰러져 죽으면, 분명 내 침대 위에 담요를 덮어줄 거야

있잖아, 그녀는 날 불안하게 하지 않아, 너무 시끄럽게 떠들지도 않지
그녀는 보 디들리*처럼 걸어, 목발이 필요 없지
그녀는 언제나 총알을 가득 채운 41구경 산탄총을 가지고 다녀
글쎄, 만일 내가 쓰러져 죽으면, 분명 내 침대 위에 담요를 덮어줄 거야

글쎄, 내겐 시체들을 치워버릴 굴착기가 필요하다는 걸 알잖아
아가씨, 내겐 머릿속에 든 걸 비워버릴 덤프트럭이 필요해
그녀는 내게 모든 것 그 이상을 가져다줘, 그리고 말했다시피
만일 내가 쓰러져 죽으면, 분명 내 침대 위에 담요를 덮어줄 거야

Ballad of a Thin Man

You walk into the room
With your pencil in your hand
You see somebody naked
And you say, "Who is that man?"
You try so hard
But you don't understand
Just what you'll say
When you get home

Because something is happening here
But you don't know what it is
Do you, Mister Jones?

You raise up your head
And you ask, "Is this where it is?"
And somebody points to you and says
"It's his"
And you say, "What's mine?"
And somebody else says, "Where what is?"
And you say, "Oh my God
Am I here all alone?"

Because something is happening here
But you don't know what it is
Do you, Mister Jones?

You hand in your ticket
And you go watch the geek
Who immediately walks up to you
When he hears you speak
And says, "How does it feel
To be such a freak?"
And you say, "Impossible"
As he hands you a bone

Because something is happening here
But you don't know what it is
Do you, Mister Jones?

You have many contacts
Among the lumberjacks
To get you facts

얄팍한 남자의 발라드

당신은 손에 연필을 하나 들고
방으로 걸어들어가
벌거벗은 누군가를 보고는
말하지, "저 남자는 누구죠?"
무진장 애를 쓰지만
영 이해를 못해
집으로 돌아가면
무슨 말을 해야 할지

왜냐하면 여기서 뭔가 일어나고 있는데도
당신은 그게 뭔지 모르거든
그렇지, 미스터 존스?

당신은 고개를 들고는
묻지, "여기가 바로 거기인가요?"
그러면 누군가가 당신을 가리키며 말해
"여긴 저 사람 거예요"
그러면 당신은 말하지, "뭐가 내 거라는 거죠?"
그러면 또 누군가가 말하지, "뭐가 어디라는 말이야?"
그러면 당신은 말하지, "이런 맙소사
여기 나 혼자 있는 거야?"

왜냐하면 여기서 뭔가 일어나고 있는데도
당신은 그게 뭔지 모르거든
그렇지, 미스터 존스?

당신은 티켓을 건네고서
서커스 곡예사를 보러 가
그가 곧장 걸어와
당신의 말을 듣자마자
말하지, "그런 괴물이 되는 건
어떤 기분인가요?"

When someone attacks your imagination
But nobody has any respect
Anyway they already expect you
To just give a check
To tax-deductible charity organizations

You've been with the professors
And they've all liked your looks
With great lawyers you have
Discussed lepers and crooks
You've been through all of
F. Scott Fitzgerald's books
You're very well read
It's well known

Because something is happening here
But you don't know what it is
Do you, Mister Jones?

Well, the sword swallower, he comes up to you
And then he kneels
He crosses himself
And then he clicks his high heels
And without further notice
He asks you how it feels
And he says, "Here is your throat back
Thanks for the loan"

Because something is happening here
But you don't know what it is
Do you, Mister Jones?

Now you see this one-eyed midget
Shouting the word "NOW"
And you say, "For what reason?"
And he says, "How?"
And you say, "What does this mean?"
And he screams back, "You're a cow
Give me some milk
Or else go home"

Because something is happening here
But you don't know what it is
Do you, Mister Jones?

Well, you walk into the room
Like a camel and then you frown

그러면 당신은 말하지, "말도 안 돼"
그때 그가 당신에게 뼈다귀를 하나 건네줘

왜냐하면 여기서 뭔가 일어나고 있는데도
당신은 그게 뭔지 모르거든
그렇지, 미스터 존스?

당신은 정보를 물어다줄
벌목꾼들을
많이 알고 있지
누군가가 당신의 상상력을 공격할 때를 대비해서 말이야
하지만 그 누구도 존경심이라고는 가지고 있질 않아
어쨌거나 그들은 이미 당신이
수표나 기부하길 기다리고 있지
그저 세금을 공제받을 수 있는 자선단체에 말이야

당신은 교수들과 함께 있었지
그리고 모두가 당신의 외모를 좋아했어
대단한 변호사들하고도
문둥이와 사기꾼에 대해 토론했었고
당신은 F. 스콧 피츠제럴드의
책을 모두 읽었지
당신은 정말 박식해
그걸 모르는 사람은 없다고

왜냐하면 여기서 뭔가 일어나고 있는데도
당신은 그게 뭔지 모르거든
그렇지, 미스터 존스?

글쎄, 칼을 삼키는 사람이 다가와서
무릎을 꿇어
성호를 그은 다음
자신이 신은 하이힐을 딸각거리지
그런 다음 그가 느닷없이 물어
기분이 어떠냐고
그러고는 말하지, "여기 네 목구멍 돌려줄게

You put your eyes in your pocket
And your nose on the ground
There ought to be a law
Against you comin' around
You should be made
To wear earphones

Because something is happening here
But you don't know what it is
Do you, Mister Jones?

빌려줘서 고마워"

왜냐하면 여기서 뭔가 일어나고 있는데도
당신은 그게 뭔지 모르거든
그렇지, 미스터 존스?

이제 당신은 "지금 당장"이라는 말을 외치는
외눈박이 난쟁이를 봐
그러면 당신은 말하지, "무슨 이유로?"
그러면 그는 말하지, "어떻게?"
그러면 당신은 말하지, "이게 무슨 소리야?"
그러면 그는 다시 소리쳐, "넌 젖소야
내게 우유를 내놔
싫으면 집에나 가시고"

왜냐하면 여기서 뭔가 일어나고 있는데도
당신은 그게 뭔지 모르거든
그렇지, 미스터 존스?

글쎄, 당신은 낙타처럼 방으로 걸어들어가서는
얼굴을 찡그려
두 눈을 주머니 속에 넣고
코는 바닥에 내려놔
당신을 돌아오지 못하게 하는
법이라도 있어야겠어
당신은 귀에
이어폰을 끼우고 있어야만 해

왜냐하면 여기서 뭔가 일어나고 있는데도
당신은 그게 뭔지 모르거든
그렇지, 미스터 존스?

Queen Jane Approximately

When your mother sends back all your invitations
And your father to your sister he explains
That you're tired of yourself and all of your creations
Won't you come see me, Queen Jane?
Won't you come see me, Queen Jane?

Now when all of the flower ladies want back what they have lent you
And the smell of their roses does not remain
And all of your children start to resent you
Won't you come see me, Queen Jane?
Won't you come see me, Queen Jane?

Now when all the clowns that you have commissioned
Have died in battle or in vain
And you're sick of all this repetition
Won't you come see me, Queen Jane?
Won't you come see me, Queen Jane?

When all of your advisers heave their plastic
At your feet to convince you of your pain
Trying to prove that your conclusions should be more drastic
Won't you come see me, Queen Jane?
Won't you come see me, Queen Jane?

Now when all the bandits that you turned your other cheek to
All lay down their bandanas and complain
And you want somebody you don't have to speak to
Won't you come see me, Queen Jane?
Won't you come see me, Queen Jane?

거의 여왕님 제인

네 어머니가 네게 온 초대장들을 모두 되돌려보낼 때
그리고 네 아버지가 네 여동생에게 설명하기를
네가 너 자신과 네가 만들어낸 모든 것들에 싫증이 나버린 거라고 할 때
날 보러 와주지 않겠어, 제인 여왕님?
날 보러 와주지 않겠어, 제인 여왕님?

이제 모든 꽃집 여인들이 네게 빌려줬던 걸 되돌려받길 원할 때
그리고 그들이 줬던 장미들의 향은 남아 있지 않고
네 아이들이 모두 너를 원망하기 시작할 때
날 보러 와주지 않겠어, 제인 여왕님?
날 보러 와주지 않겠어, 제인 여왕님?

이제 네가 임명한 모든 광대들이
전쟁에서 헛되이 죽어버렸고
이 모든 반복들이 지긋지긋해질 때
날 보러 와주지 않겠어, 제인 여왕님?
날 보러 와주지 않겠어, 제인 여왕님?

네 고통을 너 스스로 받아들이게 하려고
모든 고문관들이 자기네 플라스틱을 네 발치에 던져놓고는
네가 내릴 결론이 더 과감해야 한다는 걸 입증하려 들 때
날 보러 와주지 않겠어, 제인 여왕님?
날 보러 와주지 않겠어, 제인 여왕님?

이제 네가 관대히 용서했던 모든 강도들이
모두 반다나를 내려놓고 불평을 늘어놓을 때
그래서 네가 꼭 대화하지 않아도 되는 상대를 원할 때
날 보러 와주지 않겠어, 제인 여왕님?
날 보러 와주지 않겠어, 제인 여왕님?

Highway 61 Revisited

Oh God said to Abraham, "Kill me a son"
Abe says, "Man, you must be puttin' me on"
God say, "No." Abe say, "What?"
God say, "You can do what you want Abe, but
The next time you see me comin' you better run"
Well Abe says, "Where do you want this killin' done?"
God says, "Out on Highway 61"

Well Georgia Sam he had a bloody nose
Welfare Department they wouldn't give him no clothes
He asked poor Howard where can I go
Howard said there's only one place I know
Sam said tell me quick man I got to run
Ol' Howard just pointed with his gun
And said that way down on Highway 61

Well Mack the Finger said to Louie the King
I got forty red white and blue shoestrings
And a thousand telephones that don't ring
Do you know where I can get rid of these things
And Louie the King said let me think for a minute son
And he said yes I think it can be easily done
Just take everything down to Highway 61

Now the fifth daughter on the twelfth night
Told the first father that things weren't right
My complexion she said is much too white
He said come here and step into the light he says hmm you're right
Let me tell the second mother this has been done
But the second mother was with the seventh son
And they were both out on Highway 61

Now the rovin' gambler he was very bored
He was tryin' to create a next world war
He found a promoter who nearly fell off the floor
He said I never engaged in this kind of thing before
But yes I think it can be very easily done
We'll just put some bleachers out in the sun
And have it on Highway 61

* 블루스 가수 블라인드 윌리 존슨(Blind Willie Johnson, 1897~1945).

다시 찾은 61번 고속도로

오 신께서 아브라함에게 말씀하셨어, "아들을 죽여 데려와라"
아브라함이 말했지, "아니, 지금 절 놀리시는 건가요?"
신께서 말씀하셨어, "아닌데" 아브라함이 말했지, "뭐라고요?"
신께서 말씀하셨어, "아브라함아, 맘대로 해도 상관없다만
다음번에 날 본다면 도망치는 게 좋을 거야"
아브라함이 말했지, "어디서 죽이면 좋겠어요?"
신께서 말씀하셨어, "61번 고속도로에서"

조지아 샘*은 자존심이 상했어
복지과에서 옷을 주려고 하지 않았거든
가난한 하워드에게 어디로 가면 좋겠느냐고 묻자
하워드는 자기가 아는 데가 딱 한 군데 있다고 했어
샘이 빨리 말하라고, 지금 급하다고 하자
늙은 하워드는 자신의 총을 들어 그냥 그곳을 가리켰어
그러고는 말했지, 저 길로 쭉 내려가면 61번 고속도로라고

맥 더 핑거가 루이 왕에게 말했어
나한테 빨강 하양 파랑 신발끈 마흔 개랑
울리지 않는 전화기 천 대가 있어
이것들을 모조리 처리할 수 있는 데를 아니?
그러자 루이 왕은 잠깐만 생각해보겠다고 했어
그러고선 말했지, 그래, 거기 가면 쉽게 처리할 수 있겠군
그냥 다 들고 61번 고속도로로 가

이번에는 십이야에 다섯번째 딸이
첫번째 아버지에게 뭔가 이상하다고 말했어
제 피부색이 너무 흰 것 같아요
그는 말했지, 여기 밝은 데로 와봐, 흠, 정말 그렇네
두번째 어머니에게 이렇다는 걸 알려야겠다
하지만 두번째 어머니는 일곱번째 아들과 함께 있었지
둘 다 61번 고속도로에

이번에는 심심해 죽으려 하는 떠돌이 노름꾼이
제3차세계대전을 일으키려 했어
그는 거의 바닥에 쓰러질 판인 후원자를 찾아냈지
그는 말했어, 이쪽 일은 한 번도 해본 적 없지만
그래요, 그리 어렵진 않겠네요
우린 그냥 땡볕에 지붕 없는 외야석을 놓아둘 겁니다
그러면 61번 고속도로에서 일이 터질 거예요

Just Like Tom Thumb's Blues

When you're lost in the rain in Juarez
And it's Eastertime too
And your gravity fails
And negativity don't pull you through
Don't put on any airs
When you're down on Rue Morgue Avenue
They got some hungry women there
And they really make a mess outa you

Now if you see Saint Annie
Please tell her thanks a lot
I cannot move
My fingers are all in a knot
I don't have the strength
To get up and take another shot
And my best friend, my doctor
Won't even say what it is I've got

Sweet Melinda
The peasants call her the goddess of gloom
She speaks good English
And she invites you up into her room
And you're so kind
And careful not to go to her too soon
And she takes your voice
And leaves you howling at the moon

Up on Housing Project Hill
It's either fortune or fame
You must pick up one or the other
Though neither of them are to be what they claim
If you're lookin' to get silly
You better go back to from where you came
Because the cops don't need you
And man they expect the same

Now all the authorities
They just stand around and boast
How they blackmailed the sergeant-at-arms
Into leaving his post
And picking up Angel who
Just arrived here from the coast

마치 톰 섬의 블루스처럼

네가 비 오는 후아레스에서 길을 잃으면
게다가 때는 부활절에
너의 중력은 사라지고
부정적인 마음도 널 회복시켜주지 못해
모르그 가街에선
절대 뽐내지 마
거기엔 배고픈 여자들이 있지
널 정말 못살게 굴 거야

혹시 성聖 애니를 만나면
내가 정말 고마워하더라고 전해줘
난 움직일 수가 없거든
손가락이 죄다 매듭으로 묶였다니까
일어나서 주사 한 대 더 맞을
힘도 없다고
게다가 가장 친한 친구인 의사는
내가 무슨 병에 걸렸는지조차 얘기해주질 않아

사랑스러운 멜린다
시골뜨기들은 그녀를 어둠의 여신이라 부르지
그녀는 영어를 잘해
그녀는 자신의 방으로 널 초대해
지나치게 친절한 너는
너무 빨리 그녀 곁에 다가가지 않으려고 조심하지
그리고 그녀는 네 목소리를 앗아가
결국 너 혼자 달을 향해 울부짖게 만들지

하우징 프로젝트 힐에서
중요한 건 결국 돈 아니면 명예야
넌 반드시 둘 중 하나를 골라야 해
비록 둘 다 자신들이 주장하는 것과 다를 테지만
만일 네가 점점 멍청이가 되어가는 듯 보인다면

Who looked so fine at first
But left looking just like a ghost

I started out on burgundy
But soon hit the harder stuff
Everybody said they'd stand behind me
When the game got rough
But the joke was on me
There was nobody even there to call my bluff
I'm going back to New York City
I do believe I've had enough

네가 왔던 곳으로 돌아가는 게 좋을 거야
왜냐하면 경찰들은 네가 필요 없으니까
모두들 같은 걸 바라거든

이제 모든 권력자들은
멍하니 서서 자랑질만 해
자신들이 어떻게 경호원을 협박해서
근무지를 벗어나게 했는지
그래서 방금 해안에서 도착한
천사를 데려오게 했는지
처음에 천사는 정말 멋져 보였는데
떠날 때는 꼭 유령 같아 보였어

난 버건디 와인으로 시작했는데
이내 더 센 걸 찾기 시작했어
상황이 안 좋아지면
모두가 날 돕겠다고 말했지
그런데 그건 그냥 농담이었더군
한번 할 테면 해보라고, 소리쳐줄 사람조차 없었다니까
나 이제 그만 뉴욕으로 돌아갈래
정말이지 나도 할 만큼 했다니까

Desolation Row

They're selling postcards of the hanging
They're painting the passports brown
The beauty parlor is filled with sailors
The circus is in town
Here comes the blind commissioner
They've got him in a trance
One hand is tied to the tight-rope walker
The other is in his pants
And the riot squad they're restless
They need somewhere to go
As Lady and I look out tonight
From Desolation Row

Cinderella, she seems so easy
"It takes one to know one," she smiles
And puts her hands in her back pockets
Bette Davis style
And in comes Romeo, he's moaning
"You Belong to Me I Believe"
And someone says, "You're in the wrong place my friend
You better leave"
And the only sound that's left
After the ambulances go
Is Cinderella sweeping up
On Desolation Row

Now the moon is almost hidden
The stars are beginning to hide
The fortune-telling lady
Has even taken all her things inside
All except for Cain and Abel
And the hunchback of Notre Dame
Everybody is making love
Or else expecting rain
And the Good Samaritan, he's dressing
He's getting ready for the show
He's going to the carnival tonight
On Desolation Row

Now Ophelia, she's 'neath the window
For her I feel so afraid

* 미국 배우(1908~1989).

폐허의 거리

그들은 교수형 사진을 엽서로 만들어 팔고 있어
그들은 여권을 갈색으로 칠하고 있어
미용실은 선원들로 북적여
마을에 서커스가 왔다네
여기 눈먼 경찰국장이 오시네
그들은 그를 거의 실신 상태로 만들었지
한 손은 줄타기 곡예사에게 묶여 있고
나머지 한 손은 그의 바지 속에 있네
폭동 진압대는 도무지 가만히 있지를 못해
그들은 어딘가로 가야만 하지
오늘밤 레이디와 내가 바깥을 쳐다보고 있을 때
폐허의 거리에서

신데렐라, 그녀는 정말 쉬워 보여
"그렇게 말하는 당신이야말로," 그녀는 웃지
그러고는 베티 데이비스 스타일로
뒷주머니에 양손을 넣어
그리고 로미오가 들어와, 그는 신음하지
"넌 분명 내 여자야"
그러자 누군가가 말해, "이봐 친구, 번지수를 잘못 찾았어
그냥 가시는 게 좋겠군"
앰뷸런스가 떠난 후
거기 남은 유일한 소리는
신데렐라가 바닥을 쓰는 소리였어
폐허의 거리에서

이제 달은 거의 숨어버렸고
별들도 숨기 시작해
심지어 점쟁이 여인은
물건을 모두 들고 안으로 들어가버렸어
카인과 아벨이랑
노트르담의 꼽추만 빼고 말이지

On her twenty-second birthday
She already is an old maid
To her, death is quite romantic
She wears an iron vest
Her profession's her religion
Her sin is her lifelessness
And though her eyes are fixed upon
Noah's great rainbow
She spends her time peeking
Into Desolation Row

Einstein, disguised as Robin Hood
With his memories in a trunk
Passed this way an hour ago
With his friend, a jealous monk
He looked so immaculately frightful
As he bummed a cigarette
Then he went off sniffing drainpipes
And reciting the alphabet
Now you would not think to look at him
But he was famous long ago
For playing the electric violin
On Desolation Row

Dr. Filth, he keeps his world
Inside of a leather cup
But all his sexless patients
They're trying to blow it up
Now his nurse, some local loser
She's in charge of the cyanide hole
And she also keeps the cards that read
"Have Mercy on His Soul"
They all play on pennywhistles
You can hear them blow
If you lean your head out far enough
From Desolation Row

Across the street they've nailed the curtains
They're getting ready for the feast
The Phantom of the Opera
A perfect image of a priest
They're spoonfeeding Casanova
To get him to feel more assured
Then they'll kill him with self-confidence
After poisoning him with words
And the Phantom's shouting to skinny girls
"Get Outa Here If You Don't Know

다들 사랑을 나누거나
아니면 비가 오기를 기다리고 있어
그리고 착한 사마리아인, 그는 옷을 차려입고 있지
쇼를 보러 갈 준비를 하고 있어
오늘밤 카니발을 보러 가
폐허의 거리에서

이번에는 오필리아, 그녀가 창문 아래에 있어
난 정말이지 그녀가 걱정돼
이제 겨우 스물두번째 생일을 맞았을 뿐인데
벌써 노처녀처럼 보이거든
그녀에게 죽음은 꽤나 로맨틱하지
그녀는 쇠로 된 조끼를 입어
그녀의 종교가 그녀의 직업이고
그녀의 생기 없음이 바로 그녀의 죄지
비록 두 눈은
노아의 위대한 무지개에 고정돼 있지만
그녀는 거리를 엿보며 시간을 보내
폐허의 거리를

로빈 후드로 변장한 아인슈타인은
트렁크 속에 담긴 기억들과 함께
이 길을 지나갔어 한 시간 전에
질투심 많은 수도승 친구와 함께 말이야
담배를 꿀 때는 정말이지
완전히 겁먹은 얼굴이었어
그러고는 코를 벌름거리며 하수관 냄새를 맡더니
알파벳을 외더군
이제 당신은 딱히 그를 쳐다보려 하지 않을 거야
하지만 그도 예전에는 유명했어
전기 바이올린을 연주하는 걸로 말이야
폐허의 거리에서

닥터 필스, 그는 자신의 세상을
살 주머니 안에 보관하지
하지만 성욕이 없는 그의 환자들은

Casanova is just being punished for going
To Desolation Row"

Now at midnight all the agents
And the superhuman crew
Come out and round up everyone
That knows more than they do
Then they bring them to the factory
Where the heart-attack machine
Is strapped across their shoulders
And then the kerosene
Is brought down from the castles
By insurance men who go
Check to see that nobody is escaping
To Desolation Row

Praise be to Nero's Neptune
The Titanic sails at dawn
And everybody's shouting
"Which Side Are You On?"
And Ezra Pound and T. S. Eliot
Fighting in the captain's tower
While calypso singers laugh at them
And fishermen hold flowers
Between the windows of the sea
Where lovely mermaids flow
And nobody has to think too much
About Desolation Row

Yes, I received your letter yesterday
(About the time the doorknob broke)
When you asked how I was doing
Was that some kind of joke?
All these people that you mention
Yes, I know them, they're quite lame
I had to rearrange their faces
And give them all another name
Right now I can't read too good
Don't send me no more letters no
Not unless you mail them
From Desolation Row

전부 그걸 터뜨려버리려고 해
이번엔 그의 간호사, 동네 루저인 그녀는
청산가리를 집어넣는 구멍의 책임자지
그리고 그녀는 '그의 영혼에 자비를'이라고 적힌
카드를 간직하고 있어
그들 모두가 싸구려 양철 피리를 연주해
그걸 부는 소리도 들을 수 있지
고개를 최대한 바깥으로 길게 내밀어보면
폐허의 거리에서 말이야

길 건너편에서 그들이 못으로 커튼을 달았어
한창 축제를 준비중이지
오페라의 유령
완벽한 성직자의 이미지
그들은 카사노바가 더욱 자신감을 느끼도록
일일이 숟가락으로 떠먹여주고 있어
그들은 말로써 그를 중독시킨 다음
자신 있게 죽여버릴 거야
그리고 유령은 깡마른 여자들에게 소리쳐
"잘 모르면 그냥 꺼지시지그래
카사노바는 단지 폐허의 거리에 갔다는 이유로
벌을 받은 거라고"

이제 한밤중이면 모든 요원들과
초능력자 패거리들이
밖으로 나와
자신들보다 많이 아는 자들을 잡아들여
공장으로 끌고 가지
심장마비 기계가
그들의 어깨에 둘러매어지고
보험회사 직원은
성에서 등유를 가져오지
누구도 도망치지 못하도록
감시하는 녀석이야
폐허의 거리로

네로 황제의 넵튠을 찬양할지어다
타이타닉은 새벽에 항해를 해
그리고 모두가 소리치지
"넌 어느 편이야?"
그 와중에 에즈라 파운드와 T. S. 엘리엇은
선장실에서 싸우고 있어
칼립소 가수는 그런 그들을 비웃고 있고
어부들은 바다의 창문들 사이에서
꽃을 들고 있어
사랑스러운 인어들이 헤엄치는 바다
그곳에선 그 누구도 지나치게 생각할 필요 없지
폐허의 거리에 대해 말이야

그래, 어제 네가 보낸 편지를 받았어
(문고리가 막 망가져버렸을 때)
나보고 잘 지내냐고 물은 거,
무슨 농담이라도 한 거야?
네가 언급하는 모든 사람들
그래, 나도 다 알아, 정말 찌질한 인간들이지
난 그 얼굴들을 다시 늘어놓고
또다른 이름을 지어줘야만 했어
지금 당장은 잘 읽을 수가 없네
그러니 더는 내게 편지하지 마
네가 그것들을
폐허의 거리에서 보내는 게 아니라면

Positively 4th Street

You got a lotta nerve
To say you are my friend
When I was down
You just stood there grinning

You got a lotta nerve
To say you got a helping hand to lend
You just want to be on
The side that's winning

You say I let you down
You know it's not like that
If you're so hurt
Why then don't you show it

You say you lost your faith
But that's not where it's at
You had no faith to lose
And you know it

I know the reason
That you talk behind my back
I used to be among the crowd
You're in with

Do you take me for such a fool
To think I'd make contact
With the one who tries to hide
What he don't know to begin with

You see me on the street
You always act surprised
You say, "How are you?" "Good luck"
But you don't mean it

When you know as well as me
You'd rather see me paralyzed
Why don't you just come out once
And scream it

No, I do not feel that good
When I see the heartbreaks you embrace

분명 4번가

참 뻔뻔하기도 하지
그러고도 내 친구라고 말하다니
내가 기죽어 있었을 때
넌 그저 거기 서서 히죽거렸을 뿐이잖아

정말 뻔뻔하기도 하지
날 도와줄 수 있다고 말하다니
넌 그저 이기는 편에
서고 싶을 뿐이잖아

내가 널 실망시켰다고 하는데
그런 게 아니란 건 너도 잘 알잖아
만일 네가 그토록 상처를 받았다면
대체 왜 그걸 보여주지 않는 거야?

넌 신념을 잃었다고 하는데
돼먹지도 않은 소리야
잃을 신념 따위 너한텐 없었어
너도 잘 알잖아

네가 왜 내 뒤에서 험담을 해대는지
나는 그 이유를 알지
나도 한때는 네가 속한 그 무리에
있어봤으니까

네 눈엔 내가 그렇게 등신으로 보이니
무슨 말을 어떻게 꺼내야 할지도 모르는 걸
숨기려고 애쓰는 놈과
내가 상종할 거라고 생각하다니

넌 길에서 나를 보면
늘 놀란 듯 굴어

If I was a master thief
Perhaps I'd rob them

And now I know you're dissatisfied
With your position and your place
Don't you understand
It's not my problem

I wish that for just one time
You could stand inside my shoes
And just for that one moment
I could be you

Yes, I wish that for just one time
You could stand inside my shoes
You'd know what a drag it is
To see you

"잘 지내지?" "행운을 빌어"
진심도 아닌 주제에

너와 날 같은 수준으로 안다면
차라리 그냥 날 바보로 봐주는 게 낫겠다
그저 한 번이라도 탁 터놓고
크게 소리쳐보지그래?

아냐, 네가 껴안고 있는 그 고통을 볼 때면
그렇게 기분이 좋지가 않아
내가 도둑질의 달인이라면
차라리 그 고통을 훔쳐줄 텐데

이제 난 알아, 네 위치와 처지에 대해
스스로 만족하지 못한다는 걸
그런데 모르겠어?
그게 내 문제는 아니잖아

단 한 번만이라도
네가 내 입장이 되어볼 수 있다면
그리고 그 한순간만이라도
난 네가 되어봤으면

그래, 단 한 번만이라도
네가 내 입장이 되어볼 수 있었으면 좋겠어
그럼 너도 널 보는 게 얼마나 지긋지긋한 일인지
알게 될 텐데

Can You Please Crawl Out Your Window?

He sits in your room, his tomb, with a fist full of tacks
Preoccupied with his vengeance
Cursing the dead that can't answer him back
I'm sure that he has no intentions
Of looking your way, unless it's to say
That he needs you to test his inventions

Can you please crawl out your window?
Use your arms and legs it won't ruin you
How can you say he will haunt you?
You can go back to him any time you want to

He looks so truthful, is this how he feels
Trying to peel the moon and expose it
With his businesslike anger and his bloodhounds that kneel
If he needs a third eye he just grows it
He just needs you to talk or to hand him his chalk
Or pick it up after he throws it

Can you please crawl out your window?
Use your arms and legs it won't ruin you
How can you say he will haunt you?
You can go back to him any time you want to

Why does he look so righteous while your face is so changed
Are you frightened of the box you keep him in
While his genocide fools and his friends rearrange
Their religion of the little tin women
That backs up their views but your face is so bruised
Come on out the dark is beginning

Can you please crawl out your window?
Use your arms and legs it won't ruin you
How can you say he will haunt you?
You can go back to him any time you want to

제발 좀 창밖으로 기어나와주지 않겠니?

그는 네 방, 그러니까 그의 무덤에 앉아 있어, 못을 잔뜩 움켜쥐고서
복수할 생각에 정신이 팔린 채
다시 대답할 수 없는 죽은 이를 저주하면서
분명 그는 네 쪽을 쳐다볼 의도가 없어
자신의 발명품들을 시험해보려고
널 필요로 하는 게 아니라면

제발 좀 창밖으로 기어나와주지 않겠니?
팔과 다리를 좀 쓴다고 해서 큰일이 나진 않을 거야
어떻게 넌 자꾸 그가 생각날 거라고 말할 수 있니?
네가 원한다면 언제든지 그에게 돌아가도 괜찮아

그는 정말 진실해 보여, 그게 그가
자신의 사무적인 분노와 무릎을 꿇는 블러드하운드들로
달의 껍질을 벗기고선 모두 까발리려 할 때 느끼는 기분일까
제3의 눈이 필요하면 그는 그냥 생겨나게 한다고
그는 단지 너와 이야기를 나누거나, 혹은 분필을 던지면
네가 그걸 줍거나 가져다주길 바랄 뿐이야

제발 좀 창밖으로 기어나와주지 않겠니?
팔과 다리를 좀 쓴다고 해서 큰일이 나진 않을 거야
어떻게 넌 자꾸 그가 생각날 거라고 말할 수 있니?
네가 원한다면 언제든지 그에게 돌아가도 괜찮아

네 얼굴은 완전히 변했는데 어째서 그는 그렇게 정의로워 보일까
넌 그를 가둬놓은 상자를 두려워하고 있니
그의 멍청이 대량학살자들과 친구들이
작은 양철 여자에 대한 자신들의 종교를 재정비하는 동안 말이야
그 종교는 그들의 견해를 뒷받침하지만 너의 얼굴엔 너무 많은 멍이
  들었어
어서 밖으로 나오라고, 어둠이 내리고 있어

제발 좀 창밖으로 기어나와주지 않겠니?
팔과 다리를 좀 쓴다고 해서 큰일이 나진 않을 거야
어떻게 넌 자꾸 그가 생각날 거라고 말할 수 있니?
네가 원한다면 언제든지 그에게 돌아가도 괜찮아

Sitting on a Barbed-Wire Fence

I paid fifteen million dollars, twelve hundred and seventy-two cents
I paid one thousand two hundred twenty-seven dollars and fifty-five cents
See my hound dog bite a rabbit
And my football's sittin' on a barbed-wire fence

Well, my temperature rises and my feet don't walk so fast
Yes, my temperature rises and my feet don't walk so fast
Well, this Arabian doctor came in, gave me a shot
But wouldn't tell me if what I had would last

Well, this woman I've got, she's filling me with her drive
Yes, this woman I've got, she's thrillin' me with her hive
She's calling me Stan
Or else she calls me Mister Clive

Of course, you're gonna think this song is a riff
I know you're gonna think this song is a cliff
Unless you've been inside a tunnel
And fell down 69, 70 feet over a barbed-wire fence

All night!

철조망 담장 위에 앉아서

난 1500만에 1200달러하고도 72센트를 냈어
난 1227달러에 55센트를 냈어
내 사냥개가 토끼를 무는 걸 봐
그리고 내 축구공은 철조망 위에 가만히 앉아 있어

글쎄, 몸에서 열이 나고 발은 영 속도를 못 내
그래, 몸에서 열이 나고 발은 영 속도를 못 낸다고
글쎄, 이 아랍인 의사가 들어오더니 주사를 놓아주더라고
하지만 약효가 지속될지는 말해주지 않았어

글쎄, 나한테 생긴 이 여자가 그녀의 욕망으로 날 가득 채워
그래, 나한테 생긴 이 여자가 그녀의 벌집으로 날 흥분시킨다고
그녀는 날 스탠이라고 불러
아니면 미스터 클라이브라고도 하지

당연히 넌 이 노래를 시시하다고 생각하겠지
네가 이 노래를 낭떠러지로 여기리란 걸 알아
터널 안에 있다가
69, 70피트 밑 철조망 위로 떨어진 게 아닌 이상에야

밤새도록 말이야!

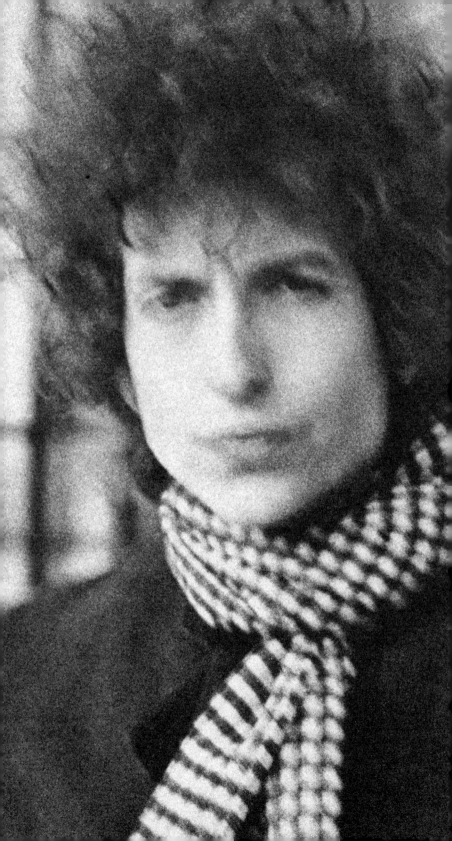

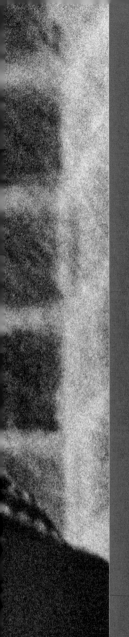

Blonde on Blonde 1966

블론드 온 블론드

Rainy Day Women #12 & 35

Pledging My Time

Visions of Johanna

One of Us Must Know
 (Sooner or Later)

I Want You

Stuck Inside of Mobile
 with the Memphis Blues Again

Leopard-Skin Pill-Box Hat

Just Like a Woman

Most Likely You Go Your Way
 (and I'll Go Mine)

Temporary Like Achilles

Absolutely Sweet Marie

Fourth Time Around

Obviously Five Believers

Sad-Eyed Lady of the Lowlands

additional lyrics
I'll Keep It with Mine

I Wanna Be Your Lover

Tell Me, Momma

She's Your Lover Now

Rainy Day Women #12 & 35

Well, they'll stone ya when you're trying to be so good
They'll stone ya just a-like they said they would
They'll stone ya when you're tryin' to go home
Then they'll stone ya when you're there all alone
But I would not feel so all alone
Everybody must get stoned

Well, they'll stone ya when you're walkin' 'long the street
They'll stone ya when you're tryin' to keep your seat
They'll stone ya when you're walkin' on the floor
They'll stone ya when you're walkin' to the door
But I would not feel so all alone
Everybody must get stoned

They'll stone ya when you're at the breakfast table
They'll stone ya when you are young and able
They'll stone ya when you're tryin' to make a buck
They'll stone ya and then they'll say, "good luck"
Tell ya what, I would not feel so all alone
Everybody must get stoned

Well, they'll stone you and say that it's the end
Then they'll stone you and then they'll come back again
They'll stone you when you're riding in your car
They'll stone you when you're playing your guitar
Yes, but I would not feel so all alone
Everybody must get stoned

Well, they'll stone you when you walk all alone
They'll stone you when you are walking home
They'll stone you and then say you are brave
They'll stone you when you are set down in your grave
But I would not feel so all alone
Everybody must get stoned

- stoned는 '술이나 마약에 취한'이란 뜻이므로, 이 문장을 본래대로 옮기자면 '누구나 취해 있을 게
틀림없다'가 되지만, 말놀이의 효과를 살리고자 '돌을 맞다'로 옮겼다.

Blonde on Blonde

비오는 날의 여자들 #12 & 35

음, 그들은 너에게 돌 던질 거야 네가 너무 좋은 사람이 되려 애쓰면
그들은 너에게 돌 던질 거야 그들이 그렇게 할 거라 말한 그대로
그들은 너에게 돌 던질 거야 네가 집에 가려 하면
그리고 그들은 너에게 돌 던질 거야 네가 그곳에 혼자 있으면
하지만 난 그리 외롭다 생각지 않아
다들 돌 맞을 테니까*

음, 그들은 너에게 돌 던질 거야 네가 거리를 따라 걸어가면
그들은 너에게 돌 던질 거야 네가 자리에 그대로 앉아 있으면
그들은 너에게 돌 던질 거야 네가 마루를 걸어가면
그들은 너에게 돌 던질 거야 네가 문 쪽으로 걸어가면
하지만 난 그리 외롭다 생각지 않아
다들 돌 맞을 테니까

그들은 너에게 돌 던질 거야 네가 아침식사 테이블에 앉아 있으면
그들은 너에게 돌 던질 거야 네가 젊고 유능하다면
그들은 너에게 돌 던질 거야 네가 돈을 벌려 애쓰면
그들은 너에게 돌 던질 거야 그러고는 말하겠지, "행운을 빌어"
있잖아, 난 그리 외롭다 생각지 않아
다들 돌 맞을 테니까

음, 그들은 너에게 돌 던질 거야 그리고 이젠 끝났다고 말할 거야
그러고는 그들은 너에게 돌 던질 거야 그러고는 돌아갈 거야
그들은 너에게 돌 던질 거야 네가 너의 차를 몰고 가면
그들은 너에게 돌 던질 거야 네가 너의 기타를 연주하면
그래, 하지만 난 그리 외롭다 생각지 않아
다들 돌 맞을 테니까

음, 그들은 너에게 돌 던질 거야 네가 혼자 걷고 있으면
그들은 너에게 돌 던질 거야 네가 집으로 걸어가면
그들은 너에게 돌 던질 거야 그러고는 네가 용감하다고 말할 거야
그들은 너에게 돌 던질 거야 네가 너의 무덤 속에 누워 있으면

하지만 난 그리 외롭다 생각지 않아
다들 돌 맞을 테니까

Pledging My Time

Well, early in the mornin'
'Til late at night
I got a poison headache
But I feel all right
I'm pledging my time to you
Hopin' you'll come through, too

Well, the hobo jumped up
He came down natur'lly
After he stole my baby
Then he wanted to steal me
But I'm pledging my time to you
Hopin' you'll come through, too

Won't you come with me, baby?
I'll take you where you wanna go
And if it don't work out
You'll be the first to know
I'm pledging my time to you
Hopin' you'll come through, too

Well, the room is so stuffy
I can hardly breathe
Ev'rybody's gone but me and you
And I can't be the last to leave
I'm pledging my time to you
Hopin' you'll come through, too

Well, they sent for the ambulance
And one was sent
Somebody got lucky
But it was an accident
Now I'm pledging my time to you
Hopin' you'll come through, too

내 시간을 너에게 맡길게

음, 아침 일찍부터
늦은 밤까지
난 지독한 두통에 시달렸지
하지만 이젠 괜찮아
내 시간을 너에게 맡길게
너도 잘 헤쳐나오기를 바라

음, 그 부랑자가 벌떡 일어섰어
그러고는 자연스럽게 걸어내려왔어
나의 그대를 훔쳐간 뒤에도
그리고 나서도 그는 나를 훔치길 원했지
하지만 내 시간을 너에게 맡길게
너도 잘 헤쳐나오기를 바라

나랑 같이 가지 않을래, 자기?
네가 가고 싶은 곳 어디든 데려가줄게
그리고 그게 잘 안 되더라도
넌 그걸 아는 첫번째 사람이 될 거야
내 시간을 너에게 맡길게
너도 잘 헤쳐나오기를 바라

음, 방이 너무 답답해
숨도 못 쉬겠어
나랑 너 빼고 모두 떠났어
그리고 난 마지막으로 떠나는 사람이 될 순 없어
내 시간을 너에게 맡길게
너도 잘 헤쳐나오기를 바라

음, 사람들이 앰뷸런스를 불렀어
그리고 하나가 실려갔지
누군가는 운이 좋았지
하지만 그건 단순한 사고였어

이제 내 시간을 너에게 맡길게
너도 잘 헤쳐나오기를 바라

Visions of Johanna

Ain't it just like the night to play tricks when you're trying to be so quiet?
We sit here stranded, though we're all doin' our best to deny it
And Louise holds a handful of rain, temptin' you to defy it
Lights flicker from the opposite loft
In this room the heat pipes just cough
The country music station plays soft
But there's nothing, really nothing to turn off
Just Louise and her lover so entwined
And these visions of Johanna that conquer my mind

In the empty lot where the ladies play blindman's bluff with the keychain
And the all-night girls they whisper of escapades out on the "D" train
We can hear the night watchman click his flashlight
Ask himself if it's him or them that's really insane
Louise, she's all right, she's just near
She's delicate and seems like the mirror
But she just makes it all too concise and too clear
That Johanna's not here
The ghost of 'lectricity howls in the bones of her face
Where these visions of Johanna have now taken my place

Now, little boy lost, he takes himself so seriously
He brags of his misery, he likes to live dangerously
And when bringing her name up
He speaks of a farewell kiss to me
He's sure got a lotta gall to be so useless and all
Muttering small talk at the wall while I'm in the hall
How can I explain?
Oh, it's so hard to get on
And these visions of Johanna, they kept me up past the dawn

Inside the museums, Infinity goes up on trial
Voices echo this is what salvation must be like after a while
But Mona Lisa musta had the highway blues
You can tell by the way she smiles
See the primitive wallflower freeze
When the jelly-faced women all sneeze
Hear the one with the mustache say, "Jeeze
I can't find my knees"
Oh, jewels and binoculars hang from the head of the mule
But these visions of Johanna, they make it all seem so cruel

요해나의 환영들

네가 그토록 조용히 있으려 애쓸 때면 밤은 속임수를 쓰는 것 같지
    않아?
우린 오도 가도 못하는 신세로 여기 앉아 있어, 모두 그 사실을 어떻게든
    부정하려 애쓰지만
그리고 루이스는 빗물을 한 움큼 쥐고 널 유혹하지, 네가 그 사실을
    신경쓰지 않도록
맞은편 건물 위층에서 불빛이 깜박이고 있어
방안의 난방 파이프들은 쿨럭쿨럭 기침을 하고
컨트리뮤직 방송국에서는 부드러운 음악을 내보내고 있어
하지만 여긴 아무것도 없지, 켜고 끌 그 어떤 것도
그저 루이스와 애인은 서로 뒤엉켜 있고
그리고 나의 마음을 점령하고 있는 이 요해나의 환영들

빈 부지에는 엄포 놓는 장님을 열쇠고리로 희롱하는 여자들
그리고 밤새 노는 아가씨들, 그들은 'D'트레인에서 무모한 장난을 저지를
    계획을 속닥거리지
야경꾼이 손전등을 달깍이는 소리를 우리는 들을 수 있지
그는 진짜로 미친 게 그인지 아니면 그들인지 자신에게 묻고 있어
루이스, 그녀는 괜찮아, 그녀는 가까이에 있어
그녀는 섬세하고 마치 거울 같아
하지만 그녀가 모든 걸 너무 간결하고 분명하게 만들지
그래서 요해나가 여기에 없는 거야
전기 유령이 그녀의 얼굴 뼈 안에서 울부짖어
내 자리를 온통 차지해버린 이 요해나의 환영들 속에서

자 그리고, 길을 잃은 어린 소년, 그는 자기 자신을 매우 진지하게
    받아들여
그는 자신의 불행을 자랑하지, 위험하게 살고 싶어해
그리고 그녀의 이름을 들먹일 때면
작별 키스에 대해 말하지
지독히도 쓴맛을 본 탓에 완전히 쓸모없는 인간이 되어버렸어 그리고
    온종일

The peddler now speaks to the countess who's pretending to care for him
Sayin', "Name me someone that's not a parasite and I'll go out and say a
   prayer for him"
But like Louise always says
"Ya can't look at much, can ya man?"
As she, herself, prepares for him
And Madonna, she still has not showed
We see this empty cage now corrode
Where her cape of the stage once had flowed
The fiddler, he now steps to the road
He writes ev'rything's been returned which was owed
On the back of the fish truck that loads
While my conscience explodes
The harmonicas play the skeleton keys and the rain
And these visions of Johanna are now all that remain

  •   파티에서 파트너가 없어 춤을 추지 못하는 인기 없는 사람을 가리키는 말.

                                           Blonde on Blonde

벽에다 대고 시시한 얘길 중얼거리지, 내가 홀에 머무르는 동안
어떻게 설명하면 좋을까?
아, 정말이지 누군가와 잘 지내는 건 힘든 일이야
그리고 요해나의 이 환영들, 그들이 새벽이 지나도록 날 붙잡고 있어

박물관 안에서, 무한無限이 재판을 받고 있어
잠시 후 목소리들이 메아리쳐, 구원이란 바로 이런 것이어야 한다고
하지만 모나리자는 하이웨이 향수병에 걸린 게 틀림없어
그녀가 웃는 방식을 보면 당신도 알 수 있을 거야
젤리 같은 얼굴을 한 여자들 모두가 재채기할 때
그녀들이 원시적인 월플라워*처럼 얼어붙는 걸 볼 수 있어
콧수염 단 누군가가 이렇게 말하는 걸 들을 수 있어 "오 이런
내 무릎을 찾을 수가 없어"
아, 보석들과 쌍안경들이 노새 머리에 매달려 있어
하지만 요해나의 이러한 환영들, 그들은 모든 걸 너무 잔혹하게 보이게
　　만들지

마약판매상이 지금 그를 좋아하는 척하는 백작부인에게 말해
"기생충 아닌 사람 있다면 어디 한번 그 이름을 대보시오, 내 나가서
　　그를 위해 기도할 테니까"
하지만 루이스가 늘 말하듯
"넌 많은 걸 보지 못하지, 그렇지 않니?"
그녀, 그녀 자신이 그를 위해 준비할 때
그리고 마돈나, 그녀는 여전히 모습을 나타내지 않아
우리는 이 텅 빈 새장이 녹슬어가는 걸 보고 있어
한때 그녀의 무대용 망토 자락이 드리워져 있던 자리에서
바이올린 연주자, 이제 그는 길 쪽으로 걸어가고 있어
그는 쓰고 있어 빌려주었던 모든 게
생선 트럭 짐칸에 실려 되돌아왔다고
나의 양심이 폭발하는 동안
하모니카 연주자들은 해골 건반과 비를 연주하고 있어
그리고 요해나의 이러한 환영들만이 이제 남은 모든 것이야

One of Us Must Know
(Sooner or Later)

I didn't mean to treat you so bad
You shouldn't take it so personal
I didn't mean to make you so sad
You just happened to be there, that's all
When I saw you say "goodbye" to your friend and smile
I thought that it was well understood
That you'd be comin' back in a little while
I didn't know that you were sayin' "goodbye" for good

But, sooner or later, one of us must know
You just did what you're supposed to do
Sooner or later, one of us must know
That I really did try to get close to you

I couldn't see what you could show me
Your scarf had kept your mouth well hid
I couldn't see how you could know me
But you said you knew me and I believed you did
When you whispered in my ear
And asked me if I was leavin' with you or her
I didn't realize just what I did hear
I didn't realize how young you were

But, sooner or later, one of us must know
You just did what you're supposed to do
Sooner or later, one of us must know
That I really did try to get close to you

I couldn't see when it started snowin'
Your voice was all that I heard
I couldn't see where we were goin'
But you said you knew an' I took your word
And then you told me later, as I apologized
That you were just kiddin' me, you weren't really from the farm
An' I told you, as you clawed out my eyes
That I never really meant to do you any harm

But, sooner or later, one of us must know
You just did what you're supposed to do
Sooner or later, one of us must know
That I really did try to get close to you

Blonde on Blonde

우리 중 하나는 알아야 해
(조만간)

너한테 그렇게 나쁘게 할 의도는 없었어
그걸 너무 개인적으로 받아들여선 안 돼
그렇게 슬프게 만들 의도는 없었어
넌 단지 어쩌다 그곳에 있었지, 그게 전부야
네가 네 친구에게 "굿바이"라고 말하고 웃는 걸 내가 봤을 때
난 당연히 그게 그런 뜻인 줄 알았지
조만간 다시 돌아온다는
난 네가 영원히 "굿바이"라고 말하고 있는 줄 몰랐어

하지만, 조만간, 우리 중 하나는 알아야 해
넌 단지 네가 해야만 할 일을 했다는 걸
조만간, 우리 중 하나는 알아야 해
너와 가까워지려 내가 진심으로 노력했다는 걸

네가 내게 무엇을 보여줄 수 있는지 난 알지 못했어
네 스카프는 내내 너의 입을 완전히 가리고 있었지
네가 어떻게 나를 알 수 있었는지 난 알지 못했어
하지만 넌 날 알고 있다고 말했지 그리고 난 네가 그렇다고 믿었어
네가 내 귀에 속삭였을 때
그리고 네가 내게 너와 함께 떠날 건지 아니면 그녀와 함께 떠날 건지
　물었을 때
나는 단지 내가 들은 말이 무슨 뜻인지 깨닫지 못했던 거야
나는 네가 얼마나 어렸는지 알지 못했어

하지만, 조만간, 우리 중 하나는 알아야 해
넌 단지 네가 해야만 할 일을 했다는 걸
조만간, 우리 중 하나는 알아야 해
너와 가까워지려 내가 진심으로 노력했다는 걸

눈이 언제부터 내리기 시작했는지 알 수 없었지
너의 목소리가 내가 듣고 있던 전부였으니까
난 우리가 어디로 가고 있는지 알지 못했지

하지만 넌 네가 알고 있다고 말했고 난 너의 말을 믿었지
그리고 넌 나중에 내게 말했어, 내가 사과했을 때
그냥 장난 좀 쳐본 거라고, 넌 실제로 농장 출신이 아니었지
그리고 난 네게 말했지, 네가 내 눈을 후벼 파냈을 때
너한테 해를 끼칠 생각은 정말 없었다고

하지만, 조만간, 우리 중 하나는 알아야 해
넌 다만 네가 해야만 할 일을 했다는 걸
조만간, 우리 중 하나는 알아야 해
너와 가까워지려 내가 진심으로 노력했다는 걸

I Want You

The guilty undertaker sighs
The lonesome organ grinder cries
The silver saxophones say I should refuse you
The cracked bells and washed-out horns
Blow into my face with scorn
But it's not that way
I wasn't born to lose you

I want you, I want you
I want you so bad
Honey, I want you

The drunken politician leaps
Upon the street where mothers weep
And the saviors who are fast asleep, they wait for you
And I wait for them to interrupt
Me drinkin' from my broken cup
And ask me to
Open up the gate for you

I want you, I want you
I want you so bad
Honey, I want you

How all my fathers, they've gone down
True love they've been without it
But all their daughters put me down
'Cause I don't think about it

Well, I return to the Queen of Spades
And talk with my chambermaid
She knows that I'm not afraid to look at her
She is good to me
And there's nothing she doesn't see
She knows where I'd like to be
But it doesn't matter

I want you, I want you
I want you so bad
Honey, I want you

Now your dancing child with his Chinese suit

널 원해

죄책감을 느끼는 장의사는 한숨 쉬지
외로운 손풍금 연주자는 울부짖지
은빛 색소폰들은 말하지, 내가 널 거부해야 한다고
금 간 종들과 빛바랜 뿔피리들이
내 얼굴에 경멸을 퍼붓지
하지만 이런 식은 아니야
난 널 잃으려고 태어난 게 아니야

널 원해, 널 원해
너무나 간절히 널 원해
내 사랑, 널 원해

술 취한 정치가가 뛰어들지
어머니들이 흐느끼고 있는 거리로
그리고 곤히 잠든 구원자들, 그들은 널 기다려
그리고 난 그들이 와서 날 제지해주길 기다려
내 깨진 컵으로 술 마시고 있는 나를
그리고 널 위해 문을 활짝 열라고
내게 요구하기를

널 원해, 널 원해
너무나 간절히 널 원해
내 사랑, 널 원해

내 모든 아버지들, 그들은 어떻게 살아갔을까
진정한 사랑 그것 없이 그들은 어떻게 지냈을까
하지만 그들의 모든 딸들은 나를 무시하지
내가 그것에 대해 생각해보지 않는다고

그래, 난 스페이드 퀸으로 돌아가지
그리고 내 객실 청소부와 대화하지
그녀는 내가 그녀를 보는 걸 두려워하지 않는 걸 알고 있어

He spoke to me, I took his flute
No, I wasn't very cute to him, was I?
But I did it, though, because he lied
Because he took you for a ride
And because time was on his side
And because I⋯⋯

I want you, I want you
I want you so bad
Honey, I want you

그녀는 내게 친절하지
그녀가 이해하지 못하는 건 아무것도 없어
그녀는 내가 어디에 있고 싶어하는지 알고 있어
하지만 그런 건 중요하지 않지

널 원해, 널 원해
너무나 간절히 널 원해
내 사랑, 널 원해

그래, 중국옷을 입고서 춤추는 너의 아이
그애가 내게 말했지, 내가 그애의 플루트를 가져갔다고
그래, 그애에게 난 그다지 멋진 사람은 아니었어, 그렇지?
하지만 내가 훔치긴 했어, 그럼에도, 그애가 거짓말을 했기 때문에
그애가 널 속였기 때문에
그리고 시간은 그애의 편이었기 때문에
그리고 왜냐하면 난……

널 원해, 널 원해
너무나 간절히 널 원해
내 사랑, 널 원해

Stuck Inside of Mobile
with the Memphis Blues Again

Oh, the ragman draws circles
Up and down the block
I'd ask him what the matter was
But I know that he don't talk
And the ladies treat me kindly
And furnish me with tape
But deep inside my heart
I know I can't escape
Oh, Mama, can this really be the end
To be stuck inside of Mobile
With the Memphis blues again

Well, Shakespeare, he's in the alley
With his pointed shoes and his bells
Speaking to some French girl
Who says she knows me well
And I would send a message
To find out if she's talked
But the post office has been stolen
And the mailbox is locked
Oh, Mama, can this really be the end
To be stuck inside of Mobile
With the Memphis blues again

Mona tried to tell me
To stay away from the train line
She said that all the railroad men
Just drink up your blood like wine
An' I said, "Oh, I didn't know that
But then again, there's only one I've met
An' he just smoked my eyelids
An' punched my cigarette"
Oh, Mama, can this really be the end
To be stuck inside of Mobile
With the Memphis blues again

Grandpa died last week
And now he's buried in the rocks
But everybody still talks about
How badly they were shocked
But me, I expected it to happen

- 모빌은 미국 앨라배마주의, 멤피스는 테네시주의 한 지명이다.

Blonde on Blonde

모빌에 갇혀 또
멤피스를 그리워하는 것이*

오, 넝마주이가 원을 그리고 있어
블록을 위아래로 오가며
무슨 일이냐고 묻고 싶지만
그가 말 안 할 거란 걸 나는 알지
여자들은 내게 친절히 대하지
내게 테이프도 갖다주지
하지만 내 마음 깊은 곳에서
나는 알고 있지, 탈출할 수 없음을
오, 엄마, 이런 게 정말 마지막이어도 되는 건가요
모빌에 갇혀 또
멤피스를 그리워하는 것이

음, 셰익스피어, 그는 골목에서
뾰족한 신발을 신고 종을 매단 채
어느 프랑스 여자와 얘기하고 있어
나를 잘 안다는 그녀
그녀가 말했는지 알아보기 위해
메시지를 보내고 싶었지
하지만 우체국에 도둑이 들었고
우편함은 잠겼지
오, 엄마, 이런 게 정말 마지막이어도 되는 건가요
모빌에 갇혀 또
멤피스를 그리워하는 것이

모나는 내게 말하려고 애썼지
열차를 가까이하지 말라고
그녀는 말했지, 철도 인부들은
너의 피를 와인처럼 마셔버린다고
내가 말했지, "오, 그건 몰랐네
그런데 말이야, 딱 한 명 만난 적 있어
그가 내 눈꺼풀에다 담배 연기를 뿜고
주먹으로 내 담배를 쳤지"

I knew he'd lost control
When he built a fire on Main Street
And shot it full of holes
Oh, Mama, can this really be the end
To be stuck inside of Mobile
With the Memphis blues again

Now the senator came down here
Showing ev'ryone his gun
Handing out free tickets
To the wedding of his son
An' me, I nearly got busted
An' wouldn't it be my luck
To get caught without a ticket
And be discovered beneath a truck
Oh, Mama, can this really be the end
To be stuck inside of Mobile
With the Memphis blues again

Now the preacher looked so baffled
When I asked him why he dressed
With twenty pounds of headlines
Stapled to his chest
But he cursed me when I proved it to him
Then I whispered, "Not even you can hide
You see, you're just like me
I hope you're satisfied"
Oh, Mama, can this really be the end
To be stuck inside of Mobile
With the Memphis blues again

Now the rainman gave me two cures
Then he said, "Jump right in"
The one was Texas medicine
The other was just railroad gin
An' like a fool I mixed them
An' it strangled up my mind
An' now people just get uglier
An' I have no sense of time
Oh, Mama, can this really be the end
To be stuck inside of Mobile
With the Memphis blues again

When Ruthie says come see her
In her honky-tonk lagoon
Where I can watch her waltz for free
'Neath her Panamanian moon

Blonde on Blonde

오, 엄마, 이런 게 정말 마지막이어도 되는 건가요
모빌에 갇혀 또
멤피스를 그리워하는 것이

할아버지는 지난주에 죽었지
그리고 지금은 바위 속에 묻혀 있어
하지만 다들 여전히 얘기하지
그들에게 얼마나 충격이 심했는지를
하지만 나, 나는 그런 일이 있을 걸 예상했었지
그가 통제력을 잃었다는 걸 알았거든
그가 메인스트리트에서 모닥불 피우고
그것에 총을 쏴서 벌집 구멍을 만들어놓았을 때부터
오, 엄마, 이런 게 정말 마지막이어도 되는 건가요
모빌에 갇혀 또
멤피스를 그리워하는 것이

아, 상원의원이 여기 오셨군
모두에게 자기 총을 보여주면서
자기 아들 결혼식의
무료 참석 티켓을 나눠주면서
그리고 나, 나는 하마터면 걸릴 뻔했지
운이 좋지 않았더라면
티켓도 없이 잡혔을 거야
그리고 어느 트럭 밑에서 발견됐겠지
오, 엄마, 이런 게 정말 마지막이어도 되는 건가요
모빌에 갇혀 또
멤피스를 그리워하는 것이

아, 십대 전도사는 꽤 당황한 눈치였지
왜 20파운드짜리 헤드라인을
가슴에 고정시켜서
달고 다니느냐고 내가 물었을 때
하지만 그는 나를 저주했지, 내가 그에게 그것을 입증해 보였을 때
그러고는 내가 속삭였지, "너 역시도 숨길 수가 없구나
봐, 너도 나랑 같아,
부디 그 사실에 네가 만족하길 바라"

An' I say, "Aw come on now
You must know about my debutante"
An' she says, "Your debutante just knows what you need
But I know what you want"
Oh, Mama, can this really be the end
To be stuck inside of Mobile
With the Memphis blues again

Now the bricks lay on Grand Street
Where the neon madmen climb
They all fall there so perfectly
It all seems so well timed
An' here I sit so patiently
Waiting to find out what price
You have to pay to get out of
Going through all these things twice
Oh, Mama, can this really be the end
To be stuck inside of Mobile
With the Memphis blues again

•   흑인들이 사용하던 슬랭으로, 1910년대 뉴올리언스 홍등가의 음식점, 싸구려 술집, 카바레 등을
    가리킨다.

오, 엄마, 이런 게 정말 마지막이어도 되는 건가요
모빌에 갇혀 또
멤피스를 그리워하는 것이

아, 얼간이가 내게 두 가지 치료제를 줬어
그러곤 그가 말했지 "바로 시작해봐"
하나는 텍사스 약이었지
다른 하나는 그냥 기차에서 파는 진이었어
바보처럼 난 그것들을 섞었지
그게 내 마음을 옥죄었지
그리고 이제 사람들은 더 못생겨지고
난 더이상 시간 감각을 느낄 수 없지
오, 엄마, 이런 게 정말 마지막이어도 되는 건가요
모빌에 갇혀 또
멤피스를 그리워하는 것이

루시가 자길 보러 오라고
그녀의 파나마 달 아래서
그녀의 왈츠를 공짜로 구경할 수 있는
그녀의 홍키통크* 라군으로 오라고 말할 때
나는 말하지, "에이 이것 봐
당신도 내 사교계 신참 아가씨에 대해서 알잖아"
그리고 그녀는 말하지, "그 아가씨는 당신에게 뭐가 필요할지 알 뿐이야
하지만 난 당신이 뭘 원하는지를 알아"
오, 엄마, 이런 게 정말 마지막이어도 되는 건가요
모빌에 갇혀 또
멤피스를 그리워하는 것이

아, 네온 미치광이들이 기어오르는
그랜드스트리트에 벽돌들이 깔렸지
그들은 모두 그 아래로 완벽하게 떨어지지
다들 기가 막히게 타이밍을 맞춘 듯이
그리고 난 이곳에 참을성 있게 앉아 있지
이 모든 걸 두 번 겪는 일을 피하기 위해서는
얼마의 대가를 치러야 하는지를
알게 될 순간을 기다리면서

오, 엄마, 이런 게 정말 마지막이어도 되는 건가요
모빌에 갇혀 또
멤피스를 그리워하는 것이

Leopard-Skin Pill-Box Hat

Well, I see you got your brand new leopard-skin pill-box hat
Yes, I see you got your brand new leopard-skin pill-box hat
Well, you must tell me, baby
How your head feels under somethin' like that
Under your brand new leopard-skin pill-box hat

Well, you look so pretty in it
Honey, can I jump on it sometime?
Yes, I just wanna see
If it's really that expensive kind
You know it balances on your head
Just like a mattress balances
On a bottle of wine
Your brand new leopard-skin pill-box hat

Well, if you wanna see the sun rise
Honey, I know where
We'll go out and see it sometime
We'll both just sit there and stare
Me with my belt
Wrapped around my head
And you just sittin' there
In your brand new leopard-skin pill-box hat

Well, I asked the doctor if I could see you
It's bad for your health, he said
Yes, I disobeyed his orders
I came to see you
But I found him there instead
You know, I don't mind him cheatin' on me
But I sure wish he'd take that off his head
Your brand new leopard-skin pill-box hat

Well, I see you got a new boyfriend
You know, I never seen him before
Well, I saw him
Makin' love to you
You forgot to close the garage door
You might think he loves you for your money
But I know what he really loves you for
It's your brand new leopard-skin pill-box hat

• 위가 평평하고 얕은 원형에 챙 없는 모자. 휴대용 약통과 모양이 흡사하여 이런 이름이 붙었다.

표범가죽 필박스 모자

음, 난 당신이 신상품 표범가죽 필박스 모자를 산 걸 알아
그래, 나는 당신이 신상품 표범가죽 필박스 모자를 산 걸 알지
음, 나한테 얘기해줘야 해, 자기
당신의 머리가 그런 멋진 것 아래 있으면 어떤 기분이 드는지
당신의 신상품 표범가죽 필박스 모자 아래

음, 그걸 쓰고 있으니 정말 예뻐 보인다
자기, 내가 가끔 그 위로 뛰어 올라타도 될까?
그래, 그저 알고 싶어서 그래
그게 정말로 그 비싼 종류의 물건이 맞는지
당신은 알지, 그게 당신의 머리 위에서 균형을 이룬다는 걸
마치 와인 병 위에서
매트리스가 균형을 이루듯이 말야
당신의 신상품 표범가죽 필박스 모자

음, 당신이 해가 뜨는 걸 보길 원한다면
자기, 난 알아 우리가
가끔 어디로 가서 그걸 보게 될지
우린 그곳에 앉아 쳐다볼 거야
난 내 머리에
벨트 감은 채
그리고 거기 앉은 당신은
당신의 신상품 표범가죽 필박스 모자 쓴 채

음, 의사에게 당신을 봐도 되는지 물어보았어
그건 당신의 건강에 좋지 않아요, 그가 말했지
그래, 난 의사의 지시를 어겼어
난 당신을 보러 갔지
하지만 난 그곳에서 당신 대신 그를 발견했지
당신도 알 거야, 난 그가 날 속인 것에 대해선 신경쓰지 않아
하지만 난 정말 그가 그의 머리 위의 그걸 벗기를 바라
당신의 신상품 표범가죽 필박스 모자를

음, 당신에게 새 남자친구가 생긴 걸 알아
당신도 알 거야, 난 이전까진 그를 한 번도 본 적 없었지
음, 난 그를 봤지
당신과 섹스하고 있는
당신은 차고 문 닫는 걸 잊었어
당신은 그가 당신의 돈 때문에 당신을 사랑한다 생각하는지도 몰라
하지만 난 알아, 그가 실제로 무엇 때문에 당신을 사랑하는지
그건 당신의 신상품 표범가죽 필박스 모자

Just Like a Woman

Nobody feels any pain
Tonight as I stand inside the rain
Ev'rybody knows
That Baby's got new clothes
But lately I see her ribbons and her bows
Have fallen from her curls
She takes just like a woman, yes, she does
She makes love just like a woman, yes, she does
And she aches just like a woman
But she breaks just like a little girl

Queen Mary, she's my friend
Yes, I believe I'll go see her again
Nobody has to guess
That Baby can't be blessed
Till she sees finally that she's like all the rest
With her fog, her amphetamine and her pearls
She takes just like a woman, yes, she does
She makes love just like a woman, yes, she does
And she aches just like a woman
But she breaks just like a little girl

It was raining from the first
And I was dying there of thirst
So I came in here
And your long-time curse hurts
But what's worse
Is this pain in here
I can't stay in here
Ain't it clear that—

I just can't fit
Yes, I believe it's time for us to quit
When we meet again
Introduced as friends
Please don't let on that you knew me when
I was hungry and it was your world
Ah, you fake just like a woman, yes, you do
You make love just like a woman, yes, you do

   •   마리화나를 일컫는 속어.

   •• 각성제의 일종.

그저 한 여자처럼

아무도 괴로워하지 않지
오늘밤 나는 빗속에 서 있는데
다들 알고 있지
내 사랑이 새 옷을 샀다는 걸
하지만 최근에 난 그녀의 곱슬머리에서 떨어진
리본과 매듭 장식을 봤지
그녀는 가져가지 그저 한 여자처럼, 그래, 그녀는 그래
그녀는 사랑을 나누지 그저 한 여자처럼, 그래, 그녀는 그래
그리고 그녀는 아파하지 그저 한 여자처럼
하지만 그녀는 부서지지 그저 한 어린 소녀처럼

퀸 메리*, 그녀는 나의 친구지
그래, 나는 그녀를 다시 보러 갈 거라 믿지
누구도 함부로 짐작해선 안 돼
내 사랑이 복받을 수 없을 거라고
자신이 나머지 다른 사람들과 똑같다는 걸 그녀가 마침내 이해하게
　되기 전까지
그녀의 안개와, 그녀의 암페타민**, 그리고 그녀의 진주와 함께
그녀는 가져가지 그저 한 여자처럼, 그래, 그녀는 그래
그녀는 사랑을 나누지 그저 한 여자처럼, 그래, 그녀는 그래
그리고 그녀는 아파하지 그저 한 여자처럼
하지만 그녀는 부서지지 그저 한 어린 소녀처럼

처음부터 비가 내리고 있었어
그리고 나는 목마름으로 죽어가고 있었지
그래서 난 여기에 왔어
그리고 너의 오랜 저주는 마음을 아프게 하지
하지만 더 나쁜 건
여기 이곳에서의 고통
난 이곳에 머물 수 없지
분명하지 않니 그건—

Then you ache just like a woman
But you break just like a little girl

난 그저 적응하지 못하고 있을 뿐
그래, 나도 우리가 끝내야 할 때가 왔다고 생각해
우리가 다시 만나
친구 사이인 것처럼 소개될 땐
부디 네가 날 언제부터 알았는지 밝히지 말아줘
내가 배고파하던 그 시절, 그리고 그것은 너의 세상이었지
아, 너는 속이지 그저 한 여자처럼, 그래, 너는 그래
너는 사랑을 나누지 그저 한 여자처럼, 그래, 너는 그래
그리고 너는 아파하지 그저 한 여자처럼
하지만 너는 부서지지 그저 한 어린 소녀처럼

Most Likely You Go Your Way
(and I'll Go Mine)

You say you love me
And you're thinkin' of me
But you know you could be wrong
You say you told me
That you wanna hold me
But you know you're not that strong
I just can't do what I done before
I just can't beg you anymore
I'm gonna let you pass
And I'll go last
Then time will tell just who fell
And who's been left behind
When you go your way and I go mine

You say you disturb me
And you don't deserve me
But you know sometimes you lie
You say you're shakin'
And you're always achin'
But you know how hard you try
Sometimes it gets so hard to care
It can't be this way ev'rywhere
And I'm gonna let you pass
Yes, and I'll go last
Then time will tell just who fell
And who's been left behind
When you go your way and I go mine

The judge, he holds a grudge
He's gonna call on you
But he's badly built
And he walks on stilts
Watch out he don't fall on you

You say you're sorry
For tellin' stories
That you know I believe are true
You say ya got some
Other kinda lover
And yes, I believe you do
You say my kisses are not like his
But this time I'm not gonna tell you why that is

아마도 넌 너의 길을
(난 나의 길을)

넌 말하지 날 사랑한다고
그리고 날 생각하고 있다고
하지만 넌 알지 네가 틀렸을 수도 있다는 걸
너는 말하지 내게 말한 적 있다고
네가 날 붙잡기 원한다고
하지만 넌 알지 네가 그렇게 강하지 않다는 걸
난 그저 예전에 했던 것을 할 수 없게 되었어
난 그저 더이상 네게 애원할 수 없게 되었어
네가 지나가도록 내버려둘 거야
그리고 난 마지막에 떠날 거야
그러고 나면 시간이 말해줄 거야 누가 쓰러졌는지
그리고 누가 뒤에 남겨졌는지
네가 너의 길을 가고 내가 나의 길을 갈 때

넌 말하지 네가 날 방해하고 있다고
그리고 넌 날 가질 자격이 없다고
하지만 넌 알지 가끔 네가 거짓말을 한다는 걸
너는 말해 네가 흔들리고 있다고
내내 아파하고 있다고
하지만 넌 알지 네가 얼마나 안간힘을 썼는지를
때로 좋아하는 게 얼마나 힘든지를
이런 식으로는 불가능해 그 어디서든
그리고 난 네가 지나가도록 내버려둘 거야
그래, 그리고 난 마지막에 떠날 거야
그러고 나면 시간이 말해줄 거야 누가 쓰러졌는지
그리고 누가 뒤에 남겨졌는지
네가 너의 길을 가고 내가 나의 길을 갈 때

재판관, 그는 원한을 품고 있지
그는 널 찾아갈 거야
하지만 그의 몸집은 보잘것없고
그리고 그는 죽마竹馬를 타고서 걸어가고 있지

I'm just gonna let you pass
Yes, and I'll go last
Then time will tell who fell
And who's been left behind
When you go your way and I go mine

조심해, 그가 네 위로 떨어지지 않게

넌 말하지 미안하다고
그런 이야기를 해서
내가 사실이라고 믿는다는 걸 알면서
넌 말하지 어떤
애인 비슷한 사람이 생겼다고
그래, 그럴 거라고 믿어
넌 말하지 내 키스가 그의 키스 같진 않다고
하지만 이번엔 묻지 않을 거야 어째서 그런지
난 그저 네가 지나가도록 내버려둘 거야
그래, 그리고 난 마지막으로 떠날 거야
그러고 나면 시간이 말해줄 거야 누가 쓰러졌는지
그리고 누가 뒤에 남겨졌는지
네가 너의 길을 가고 내가 나의 길을 갈 때

Temporary Like Achilles

Standing on your window, honey
Yes, I've been here before
Feeling so harmless
I'm looking at your second door
How come you don't send me no regards?
You know I want your lovin'
Honey, why are you so hard?

Kneeling 'neath your ceiling
Yes, I guess I'll be here for a while
I'm tryin' to read your portrait, but
I'm helpless, like a rich man's child
How come you send someone out to have me barred?
You know I want your lovin'
Honey, why are you so hard?

Like a poor fool in his prime
Yes, I know you can hear me walk
But is your heart made out of stone, or is it lime
Or is it just solid rock?

Well, I rush into your hallway
Lean against your velvet door
I watch upon your scorpion
Who crawls across your circus floor
Just what do you think you have to guard?
You know I want your lovin'
Honey, but you're so hard

Achilles is in your alleyway
He don't want me here, he does brag
He's pointing to the sky
And he's hungry, like a man in drag
How come you get someone like him to be your guard?
You know I want your lovin'
Honey, but you're so hard

아킬레스처럼 반짝한

당신의 창문 위에 서 있어, 내 사랑
그래, 난 전에도 여기 있었지
해를 끼치려는 마음 전혀 없이
난 당신의 두번째 문을 보고 있어
당신 어째서 내게 안부 한 번 전해주지 않아?
알잖아 내가 당신의 사랑을 원한다는 걸
내 사랑, 당신은 왜 그렇게 매정하지?

당신의 천장 아래서 무릎 꿇고 있어
그래, 한동안은 이곳에 있을 것 같아
당신의 초상화를 읽으려 애쓰고 있어, 하지만
내겐 아무런 힘이 없지, 마치 어느 부잣집 도련님처럼
당신 어째서 누군가를 보내 날 막아?
알잖아 내가 당신의 사랑을 원한다는 걸
내 사랑, 당신은 왜 그렇게 매정하지?

한창때의 가련한 멍청이 같지
그래, 난 알아 당신이 내 걷는 소리 들을 수 있단 걸
그런데 당신의 심장은 돌로 만들어진 건가, 아니면 석회로
아니면 그저 단단한 바윗덩어리인 거야?

음, 난 당신의 복도로 달려가지
당신의 벨벳 문에 등을 기대지
나는 보고 있지 당신의 서커스 무대 바닥을 가로질러
기어가고 있는 전갈을
당신 무엇을 지켜야 한다고 생각하는 거야?
알잖아 내가 당신의 사랑을 원한다는 걸
내 사랑, 하지만 당신은 너무 매정해

아킬레스가 당신의 좁은 골목에 있어
그는 이곳에 내가 있는 걸 원치 않지, 그는 뽐내고 있어
그는 하늘을 가리키고 있지

그리고 그는 굶주려 있지, 여장 남자처럼
당신 어째서 그런 자를 경호원으로 둔 거야?
알잖아 내가 당신의 사랑을 원한다는 걸
내 사랑, 하지만 당신은 너무 매정해

Absolutely Sweet Marie

Well, your railroad gate, you know I just can't jump it
Sometimes it gets so hard, you see
I'm just sitting here beating on my trumpet
With all these promises you left for me
But where are you tonight, sweet Marie?

Well, I waited for you when I was half sick
Yes, I waited for you when you hated me
Well, I waited for you inside of the frozen traffic
When you knew I had some other place to be
Now, where are you tonight, sweet Marie?

Well, anybody can be just like me, obviously
But then, now again, not too many can be like you, fortunately

Well, six white horses that you did promise
Were fin'lly delivered down to the penitentiary
But to live outside the law, you must be honest
I know you always say that you agree
But where are you tonight, sweet Marie?

Well, I don't know how it happened
But the riverboat captain, he knows my fate
But ev'rybody else, even yourself
They're just gonna have to wait

Well, I got the fever down in my pockets
The Persian drunkard, he follows me
Yes, I can take him to your house but I can't unlock it
You see, you forgot to leave me with the key
Oh, where are you tonight, sweet Marie?

Now, I been in jail when all my mail showed
That a man can't give his address out to bad company
And now I stand here lookin' at your yellow railroad
In the ruins of your balcony
Wond'ring where you are tonight, sweet Marie

더없이 달콤한 마리

음, 당신의 철도 출입구, 있잖아, 난 그걸 뛰어넘을 수 없어
가끔 그건 너무 힘든 일이야, 당신도 알겠지만
난 그냥 여기 앉아서 내 트럼펫을 두드려
당신이 날 위해 남겨둔 이 모든 약속들과 함께
하지만 오늘밤 당신은 어디에 있는 거지, 달콤한 마리?

음, 당신을 기다렸지 내가 반쯤 병들어 있었을 때도
그래, 당신을 기다렸지 당신이 날 싫어할 때도
음, 당신을 기다렸지 꽉 막힌 도로 안에서
내가 있을 다른 곳 생겼다는 걸 당신이 알았을 때
자 그런데, 오늘밤 당신은 어디에 있는 거지, 달콤한 마리?

음, 누구든 나와 같은 사람일 수 있을 거야, 확실히
하지만 때때로, 당신과 같은 사람일 수 있는 사람은 그리 많지 않지,
　다행히

음, 당신이 약속했던 흰 말 여섯 마리가
마침내 교도소에 배달되었어
하지만 법의 테두리 바깥에서 살아가려면 당신은 정직해야 해
동의한다고 당신이 늘 말한다는 거 나도 알아
하지만 오늘밤 당신은 어디에 있는 거지, 달콤한 마리?

음, 그 일이 어떻게 벌어진 건지 모르겠어
하지만 리버보트 선장, 그는 내 운명을 알고 있지
하지만 다른 모든 사람들은, 심지어 당신도
그저 기다려보는 수밖에 없을 거야

음, 난 열을 가라앉혀 내 주머니 속에 넣었지
페르시아인 주정뱅이, 그가 나를 따라오고 있어
그래, 난 그를 당신의 집에 데려갈 수도 있겠지 하지만 난 문을 열 수가
　없어
알지, 당신은 내게 열쇠 주는 걸 잊었어

오, 오늘밤 당신은 어디에 있는 거지, 달콤한 마리?

그래, 나는 감옥에 있었어 내 모든 편지들이
나쁜 친구들한테 함부로 주소를 알려줘서는 안 된다는 걸 증명해
   보였던 그때
그리고 이제 난 여기 서서 당신의 노란 철로를 보고 있어
당신 발코니의 잔해 속에서
오늘밤에, 달콤한 마리, 당신이 어디에 있을까 궁금해하며

Fourth Time Around

When she said
"Don't waste your words, they're just lies"
I cried she was deaf
And she worked on my face until breaking my eyes
Then said, "What else you got left?"
It was then that I got up to leave
But she said, "Don't forget
Everybody must give something back
For something they get"

I stood there and hummed
I tapped on her drum and asked her how come
And she buttoned her boot
And straightened her suit
Then she said, "Don't get cute"
So I forced my hands in my pockets
And felt with my thumbs
And gallantly handed her
My very last piece of gum

She threw me outside
I stood in the dirt where ev'ryone walked
And after finding I'd
Forgotten my shirt
I went back and knocked
I waited in the hallway, she went to get it
And I tried to make sense
Out of that picture of you in your wheelchair
That leaned up against······

Her Jamaican rum
And when she did come, I asked her for some
She said, "No, dear"
I said, "Your words aren't clear
You'd better spit out your gum"
She screamed till her face got so red
Then she fell on the floor
And I covered her up and then
Thought I'd go look through her drawer

And when I was through
I filled up my shoe

네번째 라운드

그녀가 말했지
"헛소리 그만해, 전부 거짓말이야"
나는 그녀에게 귀머거리라고 소리쳤지
그리고 그녀는 내 두 눈이 터질 때까지 내 얼굴에 힘을 쓰고는
말했지 "할말이 더 남았어?"
그리고 내가 떠나려고 막 일어섰을 때
그녀가 말했지 "잊지 마
누구나 얻은 만큼
내놓아야 한다는 것을"

난 거기 서서 웅얼거렸지
그녀의 드럼을 두드리며 어째서냐고 그녀에게 물었지
그녀는 부츠 단추를 채우고
그녀의 정장 매무새를 바르게 하고는
말했지, "약삭빠르게 굴지 마"
그래서 난 양손을 호주머니에 쑤셔넣어
엄지손가락으로 더듬어서
내 마지막 남은 껌 한 조각을
정중하게 그녀에게 건넸지

그녀는 나를 밖으로 내던졌지
나는 모두가 걸어다니는 길에 서 있었지
그리고 나는 셔츠를
두고 나왔음을 깨닫고는
다시 가서 문을 두드렸지
나는 복도에서 기다렸고, 그녀는 그걸 가지러 갔지
그리고 나는 휠체어를 탄 당신의
그 사진을 이해해보려고 노력했지
그리고 그 사진이 기대어 있는 곳엔……

그녀의 자메이카 럼주가 있었고
그녀가 왔을 때, 나는 조금만 달라고 청했지

And brought it to you
And you, you took me in
You loved me then
You didn't waste time
And I, I never took much
I never asked for your crutch
Now don't ask for mine

그녀는 말했지, "안 돼, 자기"
내가 말했지, "무슨 말인지 못 알아듣겠어
그 껌 좀 뱉지그래"
그러자 그녀는 얼굴이 새빨개질 때까지 고함질렀고
그러고는 바닥에 쓰러졌지
나는 그녀를 잘 덮어 가렸고 그런 다음
그녀의 서랍을 뒤져봐야겠다 생각했지

다 뒤져봤을 때
내 신발 속에 그것을 채웠고
그리고 그것을 당신에게 가져갔지
그리고 당신, 당신은 나를 안으로 들였고
당신은 나를 사랑했고 그런 다음
당신은 시간을 낭비하지 않았지
그리고 나, 나는 결코 많은 걸 갖지 않았지
나는 당신의 목발을 요구한 적 없었지
자 그러니 당신도 내 것을 요구하지 마

Obviously Five Believers

Early in the mornin'
Early in the mornin'
I'm callin' you to
I'm callin' you to
Please come home
Yes, I guess I could make it without you
If I just didn't feel so all alone

Don't let me down
Don't let me down
I won't let you down
I won't let you down
No I won't
You know I can if you can, honey
But, honey, please don't

I got my black dog barkin'
Black dog barkin'
Yes it is now
Yes it is now
Outside my yard
Yes, I could tell you what he means
If I just didn't have to try so hard

Your mama's workin'
Your mama's moanin'
She's cryin' you know
She's tryin' you know
You better go now
Well, I'd tell you what she wants
But I just don't know how

Fifteen jugglers
Fifteen jugglers
Five believers
Five believers
All dressed like men
Tell yo' mama not to worry because
They're just my friends

Early in the mornin'
Early in the mornin'

다섯 명의 믿는 자들, 명백히

이른 아침에
이른 아침에
난 널 부르고 있어
난 널 부르고 있어
제발 집으로 오라고
그래, 너 없이도 난 해낼 수 있을지 몰라
이토록 외롭다고 느끼지만 않는다면

날 실망시키지 마
날 실망시키지 마
난 널 실망시키지 않을 거야
난 널 실망시키지 않을 거야
아니, 그러지 않을 거야
알지, 네가 그럴 수 있다면 나도 그럴 수 있어, 자기
그러니까, 자기, 제발 그러지 마

난 내 검은 개를 짖게 했지
검은 개가 짖고 있지
그래 지금
그래 지금
내 마당 바깥에서
그래, 그 개가 무엇을 의미하는지 당신에게 말해줄 수도 있겠지
내가 이토록 열심히 애쓰지 않아도 된다면

너의 엄마는 일하고 있어
너의 엄마는 신음하고 있어
그녀는 울고 있어 너도 알지
그녀는 애쓰고 있어 너도 알지
그러니 이제 슬슬 가는 게 좋아
음, 그녀가 뭘 원하는지 네게 말해주고 싶어
하지만 어떻게 전해야 할지 알 수가 없군

I'm callin' you to
I'm callin' you to
Please come home
Yes, I could make it without you
If I just did not feel so all alone

곡예사 열다섯 명
곡예사 열다섯 명
믿는 자 다섯 명
믿는 자 다섯 명
하나같이 남자처럼 차려입은
네 엄마에게 말해 걱정하지 말라고, 왜냐하면
그들은 그저 나의 친구들이니까

이른 아침에
이른 아침에
난 널 부르고 있어
난 널 부르고 있어
제발 집으로 오라고
그래, 너 없이도 난 해낼 수 있을지 몰라
이토록 외롭다고 느끼지만 않는다면

Sad-Eyed Lady of the Lowlands

With your mercury mouth in the missionary times
And your eyes like smoke and your prayers like rhymes
And your silver cross, and your voice like chimes
Oh, who among them do they think could bury you?
With your pockets well protected at last
And your streetcar visions which you place on the grass
And your flesh like silk, and your face like glass
Who among them do they think could carry you?
Sad-eyed lady of the lowlands
Where the sad-eyed prophet says that no man comes
My warehouse eyes, my Arabian drums
Should I leave them by your gate
Or, sad-eyed lady, should I wait?

With your sheets like metal and your belt like lace
And your deck of cards missing the jack and the ace
And your basement clothes and your hollow face
Who among them can think he could outguess you?
With your silhouette when the sunlight dims
Into your eyes where the moonlight swims
And your matchbook songs and your gypsy hymns
Who among them would try to impress you?
Sad-eyed lady of the lowlands
Where the sad-eyed prophet says that no man comes
My warehouse eyes, my Arabian drums
Should I leave them by your gate
Or, sad-eyed lady, should I wait?

The kings of Tyrus with their convict list
Are waiting in line for their geranium kiss
And you wouldn't know it would happen like this
But who among them really wants just to kiss you?
With your childhood flames on your midnight rug
And your Spanish manners and your mother's drugs
And your cowboy mouth and your curfew plugs
Who among them do you think could resist you?
Sad-eyed lady of the lowlands
Where the sad-eyed prophet says that no man comes
My warehouse eyes, my Arabian drums
Should I leave them by your gate
Or, sad-eyed lady, should I wait?

로랜드의 슬픈 눈 여인

당신의 선교사 시절 수은 입
연기 같은 당신의 눈과 시 같은 당신의 기도
그리고 당신의 은 십자가, 종소리 같은 당신 목소리
오, 그들 가운데 누가 당신을 매장할 수 있었다 생각하겠는가?
마지막까지 잘 보존된 당신의 주머니들
그리고 당신이 풀밭 위에 올려둔 당신의 시내 전차電車 환상
그리고 당신의 비단 같은 살결, 유리 같은 당신 얼굴
그들 가운데 누가 당신을 데리고 올 수 있었다 생각하겠는가?
슬픈 눈의 예언자가 아무도 오지 않는 땅이라고 말한 로랜드
그곳의 슬픈 눈 여인
나의 창고 눈, 나의 아라비아 북들
그것들을 나는 당신의 문에 남겨두어야 할까
아니면, 슬픈 눈 여인이여, 나는 기다려야 할까?

당신의 금속 같은 시트와 레이스 같은 당신의 벨트
그리고 당신의 잭과 에이스가 사라진 카드 한 벌
그리고 당신의 지하실 옷들과 당신의 움푹 꺼진 얼굴
그가 당신을 이해할 수 있었다고, 생각하겠는가?
햇빛 희미해져갈 때 당신의 실루엣으로
달빛 헤엄치는 당신 눈으로
그리고 당신의 성냥첩 노래들과 당신의 집시 찬송가들
그들 가운데 누가 당신에게 감명을 주려고 애쓸 것인가?
슬픈 눈의 예언자가 아무도 오지 않는 땅이라고 말한 로랜드
그곳의 슬픈 눈 여인
나의 창고 눈, 나의 아라비아 북들
그것들을 나는 당신의 문에 남겨두어야 할까
아니면, 슬픈 눈 여인이여, 나는 기다려야 할까?

죄수 목록을 가진 티루스의 왕들이
그들의 제라늄 키스를 위해 줄 서서 기다린다
그리고 당신은 일이 이와 같이 벌어지리라는 걸 모르리라
하지만 그들 가운데 누가 진정으로 당신에게 키스하려 하겠는가?

Oh, the farmers and the businessmen, they all did decide
To show you the dead angels that they used to hide
Butwhy did they pick you to sympathize with their side?
Oh, how could they ever mistake you?
They wished you'd accepted the blame for the farm
But with the sea at your feet and the phony false alarm
And with the child of a hoodlum wrapped up in your arms
How could they ever, ever persuade you?
Sad-eyed lady of the lowlands
Where the sad-eyed prophet says that no man comes
My warehouse eyes, my Arabian drums
Should I leave them by your gate
Or, sad-eyed lady, should I wait?

With your sheet-metal memory of Cannery Row
And your magazine-husband who one day just had to go
And your gentleness now, which you just can't help but show
Who among them do you think would employ you?
Now you stand with your thief, you're on his parole
With your holy medallion which your fingertips fold
And your saint like face and your ghostlike soul
Oh, who among them do you think could destroy you?
Sad-eyed lady of the lowlands
Where the sad-eyed prophet says that no man comes
My warehouse eyes, my Arabian drums
Should I leave them by your gate
Or, sad-eyed lady, should I wait?

- 이 곡은 밥 딜런의 첫번째 아내 세라 로운즈(Sara Lownds, 1939~)에 관한 것으로, 그녀의
  전남편이 패션 잡지의 사진기자였다. 열여섯째 앨범인 《욕망》에도 그녀를 소재로 한 곡
  〈세라〉가 있다.

Blonde on Blonde

당신의 한밤의 깔개 위 당신의 유년 시절 불꽃들
그리고 당신의 스페인식 예절과 당신 어머니의 약들
그리고 당신의 카우보이 입과 당신의 통행금지령 마개들
그들 가운데 누가 당신에게 저항할 수 있었을 거라고 당신은
　생각하는가?
슬픈 눈의 예언자가 아무도 오지 않는 땅이라고 말한 로랜드
그곳의 슬픈 눈 여인
나의 창고 눈, 나의 아라비아 북들
그것들을 나는 당신의 문에 남겨두어야 할까
아니면, 슬픈 눈 여인이여, 나는 기다려야 할까?

오, 농부들과 사업가들, 그들은 모두 결정했다
숨겨왔던 죽음의 천사들을 당신에게 보여주기로
하지만 왜 그들은 자기들 편을 동정해줄 자로 당신을 골랐을까?
오, 어떻게 그들은 당신을 오해할 수 있었을까?
그들은 당신이 농장에 대한 비난을 받아들여주기를 바랐다
하지만 당신의 발치에 있는 바다와 허위 거짓경보
그리고 당신 팔에 안겨 있는 깡패 부모를 둔 아이
어떻게, 참으로 어떻게 그들은 당신을 설득할 수 있었을까?
슬픈 눈의 예언자가 아무도 오지 않는 땅이라고 말한 로랜드
그곳의 슬픈 눈 여인
나의 창고 눈, 나의 아라비아 북들
그것들을 나는 당신의 문에 남겨두어야 할까
아니면, 슬픈 눈 여인이여, 나는 기다려야 할까?

캐너리 로에 대한 당신의 종이-금속 기억
그리고 어느 날 그저 떠나야만 했던 당신의 잡지-남편*
그리고 당신의 상냥함, 이제 당신은 그걸 보여줄 수밖에 없지
그들 가운데 그 누가 당신을 부릴 수 있다고 당신은 생각하는가?
지금 당신은 당신의 도둑과 함께 서 있다, 당신은 그의 가석방 중에 있다
당신의 손가락들 끝이 접는 당신의 성스러운 메달 보석
그리고 당신의 성자 같은 얼굴과 당신의 유령 같은 영혼
오, 그들 가운데 그 누가 당신을 파괴할 수 있었다 생각하겠는가?
슬픈 눈의 예언자가 아무도 오지 않는 땅이라고 말한 로랜드
그곳의 슬픈 눈 여인
나의 창고 눈, 나의 아라비아 북들

그것들을 나는 당신의 문에 남겨두어야 할까
아니면, 슬픈 눈 여인이여, 나는 기다려야 할까?

I'll Keep It with Mine

You will search, babe
At any cost
But how long, babe
Can you search for what's not lost?
Everybody will help you
Some people are very kind
But if I can save you any time
Come on, give it to me
I'll keep it with mine

I can't help it
If you might think I'm odd
If I say I'm not loving you for what you are
But for what you're not
Everybody will help you
Discover what you set out to find
But if I can save you any time
Come on, give it to me
I'll keep it with mine

The train leaves
At half past ten
But it'll be back tomorrow
Same time again
The conductor he's weary
He's still stuck on the line
But if I can save you any time
Come on, give it to me
I'll keep it with mine

Blonde on Blonde

내가 갖고 있을게

내 사랑, 당신은 찾아내려 하겠지
무슨 일이 있어도
하지만 내 사랑, 얼마나 오래
찾아다닐 수 있을까, 잃어버리지도 않은 것을?
모두가 당신을 도우려 할 거야
어떤 사람들은 매우 친절하지
하지만 내가 당신의 시간을 얼마간이라도 덜어줄 수 있다면
자 어서, 그걸 내게 줘
내가 갖고 있을게, 내 것과 함께

나도 어쩔 수가 없어
당신은 나를 이상한 사람이라고 생각할지도 모르지
내가 당신을 사랑하는 건 지금의 당신 모습 아니라
당신 아닌 모습 때문이라 한다면
모두가 당신을 도우려 할 거야
당신이 찾으려 하는 그것이 무언지를 당신이 발견하도록
하지만 내가 당신의 시간을 얼마간이라도 덜어줄 수 있다면
자 어서, 그걸 내게 줘
내가 갖고 있을 게, 내 것과 함께

기차는 떠날 거야
열시 반에
하지만 내일이면 기차는 돌아올 거야
같은 시간에 다시
차장은 지쳐 있어
그는 여전히 그 노선에 매여 있지
하지만 내가 당신의 시간을 얼마간이라도 덜어줄 수 있다면
자 어서, 그걸 내게 줘
내가 갖고 있을 게, 내 것과 함께

I Wanna Be Your Lover

Well, the rainman comes with his magic wand
And the judge says, "Mona can't have no bond"
And the walls collide, Mona cries
And the rainman leaves in the wolfman's disguise

I wanna be your lover, baby, I wanna be your man
I wanna be your lover, baby
I don't wanna be hers, I wanna be yours

Well, the undertaker in his midnight suit
Says to the masked man, "Ain't you cute!"
Well, the mask man he gets up on the shelf
And he says, "You ain't so bad yourself"

I wanna be your lover, baby, I wanna be your man
I wanna be your lover, baby
I don't wanna be hers, I wanna be yours

Well, jumpin' Judy can't go no higher
She had bullets in her eyes, and they fire
Rasputin he's so dignified
He touched the back of her head an' he died

I wanna be your lover, baby, I wanna be your man
I wanna be your lover, baby
I don't wanna be hers, I wanna be yours

Well, Phaedra with herlooking glass
Stretchin' out upon the grass
She gets all messed up and she faints—
That's 'cause she's so obvious and you ain't

I wanna be your lover, baby, I wanna be your man
I wanna be your lover, baby
I don't wanna be hers, I wanna be yours

Blonde on Blonde

당신의 애인이 되고 싶어

음, 얼간이가 마법 지팡이를 들고 나타나
그리고 재판관이 말하지, "모나는 접착제를 가질 수 없어"
그리고 벽들이 서로 부딪치고, 모나가 울부짖지
그리고 얼간이는 늑대인간으로 변장한 채 그곳을 떠나

당신 애인이 되고 싶어, 그대, 당신 남자가 되고 싶어
당신 애인이 되고 싶어, 그대
그녀 것은 되고 싶지 않아, 당신의 것 되고 싶어

음, 야간용 정장 차려입은 장의사가
가면 쓴 남자에게 말하지, "귀여운데!"
음, 가면 쓴 남자는 선반 위로 올라서서
말하지, "당신도 그리 나쁘지 않아"

당신 애인이 되고 싶어, 그대, 당신의 남자가 되고 싶어
당신 애인이 되고 싶어, 그대
그녀 것은 되고 싶지 않아, 당신의 것 되고 싶어

음, 점핑 주디는 더 높이 올라가지 못하지
그녀는 눈 속에 총알을 갖고 있는데, 그것들이 발사돼
라스푸틴은 매우 근엄해
그가 그녀의 뒤통수를 만졌고 죽었지

당신 애인이 되고 싶어, 그대, 당신 남자가 되고 싶어
당신 애인이 되고 싶어, 그대
그녀 것은 되고 싶지 않아, 당신의 것 되고 싶어

음, 풀밭 위로 길게 뻗은 거울을
들고 있는 파이드라
그녀는 완전히 뒤죽박죽이 되어서는 기절해버려—
그건 그녀가 너무나 또렷한데 너는 그렇지 않기 때문이지

당신 애인이 되고 싶어, 그대, 당신 남자가 되고 싶어
당신 애인이 되고 싶어, 그대
그녀 것은 되고 싶지 않아, 당신의 것 되고 싶어

Tell Me, Momma

OI' black Bascom, don't break no mirrors
Cold black water dog, make no tears
You say you love me with what may be love
Don't you remember makin' baby love?
Got your steam drill built and you're lookin' for some kid
To get it to work for you like your nine-pound hammer did
But I know that you know that I know that you show
Something is tearing up your mind

Tell me, momma
Tell me, momma
Tell me, momma, what is it?
What's wrong with you this time?

Hey, John, come and get me some candy goods
Shucks, it sure feels like it's in the woods
Spend some time on your January trips
You got tombstone moose up and your grave-yard whips
If you're anxious to find out when your friendship's gonna end
Come on, baby, I'm your friend!
And I know that you know that I know that you show
Something is tearing up your mind

Tell me, momma
Tell me, momma
Tell me, momma, what is it?
What's wrong with you this time?

Ohh, we bone the editor, can't get read
But his painted sled, instead it's a bed
Yes, I see you on your window ledge
But I can't tell just how far away you are from the edge
And, anyway, you're just gonna make people jump and roar
Watcha wanna go and do that for?
For I know that you know that I know that you know
Something is tearing up your mind

Ah, tell me, momma

- 성매매 여성을 일컫는 속어.
- •• 발기된 페니스를 암시한다.
- ••• 성행위를 암시한다.

Blonde on Blonde

말해줘, 자기

올드 블랙 배스컴, 거울을 깨지 마
콜드 블랙 워터 독, 눈물을 만들지 마
넌 말하지 사랑일지도 모르는 감정으로 날 사랑한다고
아기 만드는 사랑 나눴던 거 기억 안 나?
너의 증기드릴을 조립해, 그리고 넌 어떤 아이를 찾으러 가는 거야
그게 널 위해 일하게 해, 너의 9파운드짜리 해머가 그렇게 했듯
그리고 네가 너의 마음을 갈기갈기 찢고 있는 무언가를 보여주고
　　있다는 걸 내가 알고 있다는 걸
네가 알고 있다는 걸 나는 알아

말해줘, 자기
말해줘, 자기
말해줘, 자기, 그게 뭐야?
이번엔 또 무슨 일이야?

이봐, 존*, 이리 와서 캔디 같은 걸 좀 줘
이런, 꼭 숲속에 있는 기분이군
1월 여행에 시간 좀 내
넌 묘비 큰 사슴을 일으켜세웠고** 묘지 채찍***을 가졌지
혹시 네가 언제쯤 너의 우정이 끝나려는지 몹시 궁금하다면
어서 와, 자기, 내가 너의 친구야!
그리고 네가 너의 마음을 갈기갈기 찢고 있는 무언가를 보여주고
　　있다는 걸 내가 알고 있다는 걸
네가 알고 있다는 걸 나는 알아

말해줘, 자기
말해줘, 자기
말해줘, 자기, 그게 뭐야?
이번엔 또 무슨 일이야?

오, 우리는 편집자의 뼈를 발라내지, 우리는 읽힐 수 없지
하지만 그의 페인트칠 된 썰매, 그게 침대 대신이지

Tell me, momma
Tell me, momma, what is it?
What's wrong with you this time?

그래, 난 창턱 위에 있는 널 보고 있어
하지만 네가 창턱 가장자리에서 얼마나 멀리 떨어져 있는지는 알 수가
　없구나
그리고 어쨌든, 넌 곧 사람들이 놀라서 소리지르도록 만들겠지
어딜 가려는 거야 그리고 왜 그러는 거야?
그리고 네가 너의 마음을 갈기갈기 찢고 있는 무언가를 보여주고
　있다는 걸 내가 알고 있다는 걸
네가 알고 있다는 걸 나는 알아

말해줘, 자기
말해줘, 자기
말해줘, 자기, 그게 뭐야?
이번엔 또 무슨 일이야?

She's Your Lover Now

The pawnbroker roared
Also, so, so did the landlord
The scene was so crazy, wasn't it?
Both were so glad
To watch me destroy what I had
Pain sure brings out the best in people, doesn't it?
Why didn't you just leave me if you didn't want to stay?
Why'd you have to treat me so bad?
Did it have to be that way?
Now you stand here expectin' me to remember somethin' you forgot to say
Yes, and you, I see you're still with her, well
That's fine 'cause she's comin' on so strange, can't you tell?
Somebody had better explain
She's got her iron chain
I'd do it, but I, I just can't remember how
You talk to her
She's your lover now

I already assumed
That we're in the felony room
But I ain't a judge, you don't have to be nice to me
But please tell that
To your friend in the cowboy hat
You know he keeps on sayin' ev'rythin' twice to me
You know I was straight with you
You know I've never tried to change you in any way
You know if you didn't want to be with me
That you could⋯⋯ didn't have to stay
Now you stand here sayin' you forgive and forget. Honey, what can I say?
Yes, you, you just sit around and ask for ashtrays, can't you reach?
I see you kiss her on the cheek ev'rytime she gives a speech
With her picture books of the pyramid
And her postcards of Billy the Kid (why must everybody bow?)
You better talk to her 'bout it
You're her lover now

Oh, ev'rybody that cares
Is gain' up the castle stairs
But I'm not up in your castle, honey
It's true, I just can't recall
San Francisco at all
I can't even remember El Paso, uh, honey

Blonde on Blonde

그녀는 이제 너의 애인이야

전당포 주인이 폭소를 터뜨렸어
집주인도, 그렇게, 그렇게 했지
그 광경은 진짜 미쳤어, 그렇지 않아?
둘 다 무척 기뻐했지
내가 가진 걸 내가 부수고 있는 모습을 지켜보면서 말이야
고통은 확실히 사람들에게서 최상의 것을 이끌어내지, 그렇지 않아?
머무르고 싶지 않았다면 왜 그냥 날 떠나지 않았어?
왜 그렇게 날 모질게 대해야 했어?
꼭 그런 식이어야만 했어?
이제 넌 여기에 서 있어, 네가 말하길 잊은 무언가를 내가 기억해내기를
　　기대하면서
그래, 그리고 넌, 그녀와 잘 지내고 있는 것 같네
잘됐어, 왜냐하면 그녀는 아주 이상해져가고 있거든, 모르겠어?
누군가 설명해주는 게 좋을 거야
그녀는 쇠사슬을 구했어
내가 할 거야, 하지만 나, 난 어떻게 하는지 잊어버렸어
네가 그녀에게 얘기해
그녀가 이제 네 애인이라고

난 이미 우리가
흉악범 수용소 안에 있는 걸로 가정했었어
하지만 난 판사가 아니야, 그러니 내게 친절하게 대할 필요는 없어
하지만 부탁인데 얘기해줄래
그 카우보이모자 쓴 네 친구한테
넌 알지 그가 자꾸만 모든 걸 두 번씩 내게 말한다는 걸
넌 알지 내가 너한테 솔직하다는 걸
넌 알지 내가 어떤 식으로든 널 바꾸려 한 적 없다는 걸
넌 알지 네가 나와 함께 있고 싶지 않다면
그러면…… 더 머물지 않아도 된다는 걸
이제 넌 이곳에 서서 말하지, 용서하고 잊었다고. 자기, 내가 무슨 말을
　　할 수 있을까?
그래, 너, 너는 빈둥대면서 재떨이를 갖다달라고 하지, 넌 팔이 없니?

You never had to be faithful
I didn't want you to grieve
Oh, why was it so hard for you
If you didn't want to be with me, just to leave?
Now you stand here while your finger's gain' up my sleeve
An' you, just what do you do anyway? Ain't there nothin' you can say?
She'll be standin' on the bar soon
With a fish head an' a harpoon
An' a fake beard plastered on her brow
You'd better do somethin' quick
She's your lover now

난 네가 그녀의 뺨에 키스하는 걸 봐 그녀가 연설할 때마다
그녀가 피라미드 그림책과
빌리 더 키드˚ 엽서를 들고서(왜 모두가 허리 굽혀 인사해야 하지?)
그녀에게 말하는 게 좋을 거야
네가 이제 그녀의 애인이라고

오, 사랑하는 이들 모두가
성城의 계단을 오르고 있어
하지만 난 너의 성에 올라가지 않아, 자기
사실이야, 난 샌프란시스코에 대해서
아무것도 회상할 수가 없어
음, 심지어 엘패소도 기억이 안 나, 자기
나한테 의리 지킬 필요 없어
난 네가 슬퍼하는 걸 원치 않아
오, 그게 너한테 왜 그렇게 힘든 거지
나와 함께 있고 싶지 않다면, 그냥 떠나면 되잖아?
이제 넌 여기 서 있어, 네 손가락으로 내 소매를 들어올리면서
너, 그래서 대체 뭐하고 있는 거야? 뭐 할말 없어?
그녀는 곧 바 위로 올라설 거야
물고기 대가리와 작살을 들고서
가짜 턱수염을 이마에 붙이고서
빨리 뭐라도 하는 게 좋을 거야
그녀는 이제 너의 애인이니까

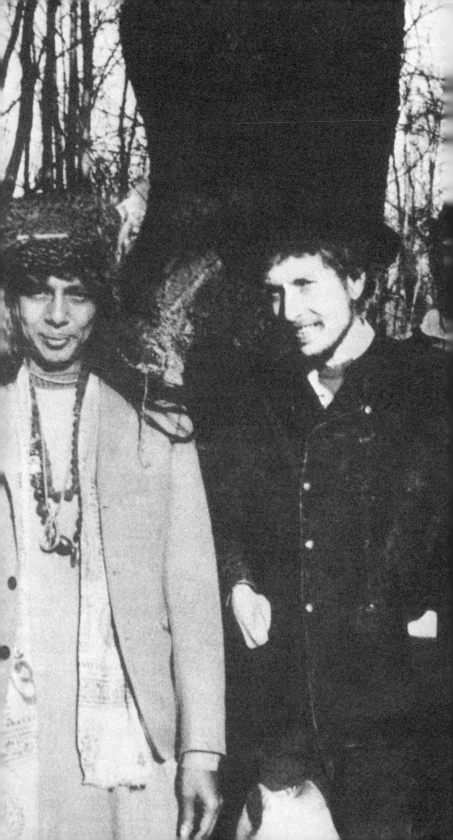

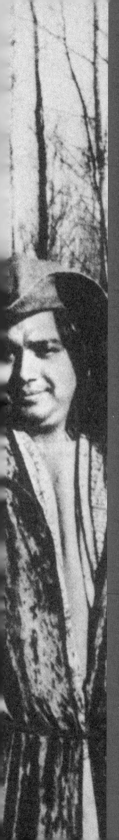

John Wesley Harding 1967

존 웨슬리 하딩

John Wesley Harding

John Wesley Harding
Was a friend to the poor
He trav'led with a gun in ev'ry hand
All along this countryside
He opened many a door
But he was never known
To hurt an honest man

'Twas down in Chaynee County
A time they talk about
With his lady by his side
He took a stand
And soon the situation there
Was all but straightened out
For he was always known
To lend a helping hand

All across the telegraph
His name it did resound
But no charge held against him
Could they prove
And there was no man around
Who could track or chain him down
He was never known
To make a foolish move

존 웨슬리 하딩

존 웨슬리 하딩
가난한 자들의 친구
양손에 총을 들고서
이 시골 바닥을 두루 돌아다녔다네
많은 문을 열었지
하지만 정직한 사람은 단 한 번도
해치지 않았다고 해

차이니 카운티에서 있었던 일이야
언제였는지에 대해선 말들이 많아
곁에 있던 자기 여자에게
그는 자기 입장을 분명히 했어
그리고 곧 그곳의 상황은
거의 수습됐지
그는 늘 도움의 손길을 내미는 사람으로
알려져 있었으니까

사방에서 전보가 날아들며
그의 이름을 널리 알렸어
하지만 혐의를 입증할
아무런 증거가 없었지
그리고 주위에도 누구 하나 없었지
그를 쫓거나 체포할 수 있는 사람이
그는 단 한 번도
어리석은 짓을 한 적이 없었다고 해

As I Went Out One Morning

As I went out one morning
To breathe the air around Tom Paine's
I spied the fairest damsel
That ever did walk in chains
I offer'd her my hand
She took me by the arm
I knew that very instant
She meant to do me harm

"Depart from me this moment"
I told her with my voice
Said she, "But I don't wish to"
Said I, "But you have no choice"
"I beg you, sir," she pleaded
From the corners of her mouth
"I will secretly accept you
And together we'll fly south"

Just then Tom Paine, himself
Came running from across the field
Shouting at this lovely girl
And commanding her to yield
And as she was letting go her grip
Up Tom Paine did run
'I'm sorry, sir," he said to me
"I'm sorry for what she's done"

•   미국 혁명가(1737~1809).

John Wesley Harding

어느 날 아침 내가 밖으로 나갔을 때

어느 날 아침
바람을 쐬러 톰 페인*의 집 근처로 나갔을 때
정말 아름다운 아가씨를 발견했지
그녀는 족쇄를 차고 걸어다녔어
나는 손을 내밀었는데
그녀는 팔을 붙잡더군
바로 그 순간, 난 알아버렸지
그녀는 내게 해가 되리라는 걸

"지금 당장 내게서 떠나"
나는 소리 내어 말했지
그녀가 말하기를, "하지만 그러고 싶지 않은걸요"
나는 말했지, "하지만 네겐 선택의 여지가 없는걸"
"제발요, 선생님," 그녀가 애원했어
한 입으로 두말하고 있었지
"전 남들 몰래 선생님과 결혼할 거예요
그리고 우리 함께 비행기를 타고 남쪽으로 가요"

바로 그때 톰 페인 그자가
들판을 가로질러 달려오고 있었지
사랑스러운 이 여자에게 소리를 지르면서
항복하라는 명령을 내리면서
결국 그녀가 날 꼭 붙든 손을 놓았을 때
톰 페인이 내게로 뛰어왔지
"미안합니다, 선생님," 그자가 내게 말했어
"그녀가 저지른 일에 대해 사과드릴게요"

I Dreamed I Saw St. Augustine

I dreamed I saw St. Augustine
Alive as you or me
Tearing through these quarters
In the utmost misery
With a blanket underneath his arm
And a coat of solid gold
Searching for the very souls
Whom already have been sold

"Arise, arise," he cried so loud
In a voice without restraint
"Come out, ye gifted kings and queens
And hear my sad complaint
No martyr is among ye now
Whom you can call your own
So go on your way accordingly
But know you're not alone"

I dreamed I saw St. Augustine
Alive with fiery breath
And I dreamed I was amongst the ones
That put him out to death
Oh, I awoke in anger
So alone and terrified
I put my fingers against the glass
And bowed my head and cried

John Wesley Harding

꿈에서 성 아우구스티누스를 보았지

꿈에서 성 아우구스티누스를 보았지
마치 당신이나 나처럼 살아 계셨지
이 막사를 뚫고서
크나큰 비탄 속에 나타나셨어
팔 아래 담요 하나와
순금 코트 한 벌을 들고서
이미 다 팔려버린
바로 그 영혼들을 찾으시면서

"일어나거라, 어서 일어나," 아주 크게 외치셨지
전혀 거리낌 없는 목소리로
"밖으로 나오너라, 너희 뛰어난 왕과 여왕들이여
그리고 나의 슬픈 푸념을 들으라
지금 너희가 가졌다 할 만한
순교자가 이중에 아무도 없구나
그러니 그에 걸맞은 길을 가도록 하여라
그러나 너희는 혼자가 아님을 알지니"

꿈에서 성 아우구스티누스를 보았지
맹렬히 숨을 쉬며 살아 계셨지
그리고 난 꿈에서
그분을 죽음으로 내몬 자들 중 하나가 되어 있었어
오, 난 화가 난 채 잠에서 깼어
너무 외롭고 겁이 났지
난 손으로 거울을 짚고는
고개를 숙이고 울었다네

All Along the Watchtower

"There must be some way out of here," said the joker to the thief
"There's too much confusion, I can't get no relief
Businessmen, they drink my wine, plowmen dig my earth
None of them along the line know what any of it is worth"

"No reason to get excited," the thief, he kindly spoke
"There are many here among us who feel that life is but a joke
But you and I, we've been through that, and this is not our fate
So let us not talk falsely now, the hour is getting late"

All along the watchtower, princes kept the view
While all the women came and went, barefoot servants, too

Outside in the distance a wildcat did growl
Two riders were approaching, the wind began to howl

John Wesley Harding

망루를 따라서

"분명 빠져나갈 방법이 있을 거야," 조커가 도둑에게 말했지
"골치 아파 죽겠네, 어디 안심할 수가 있어야지
사업가놈들은 내 술을 마시고, 농부놈들은 내 땅을 파댄다고
그놈들 중 누구 하나도 뭐가 가치 있는지를 몰라"

"흥분할 필요 없어," 도둑이 다정하게 말했지
"여기 이들 중엔 인생을 그저 농담으로 여기는 작자들이 많다고
하지만 너랑 나, 우린 벌써 그런 생각은 다 졸업했잖아, 그리고 우리의
　　운명은 이게 아니라고
그러니 이제 헛소리는 그만 지껄이자, 벌써 날이 어두워지고 있어"

망루를 따라서 왕자들은 망을 봤지
그동안 여자들과 맨발의 하인들은 전부 들락날락거렸지

바깥 저멀리에서 살쾡이 한 마리가 으르렁거렸네
말을 탄 사내 둘이 다가오고 있었고, 바람은 울부짖기 시작했네

The Ballad of Frankie Lee and Judas Priest

Well, Frankie Lee and Judas Priest
They were the best of friends
So when Frankie Lee needed money one day
Judas quickly pulled out a roll of tens
And placed them on a footstool
Just above the plotted plain
Sayin', "Take your pick, Frankie Boy
My loss will be your gain"

Well, Frankie Lee, he sat right down
And put his fingers to his chin
But with the cold eyes of Judas on him
His head began to spin
"Would ya please not stare at me like that," he said
"It's just my foolish pride
But sometimes a man must be alone
And this is no place to hide"

Well, Judas, he just winked and said
"All right, I'll leave you here
But you'd better hurry up and choose which of those bills you want
Before they all disappear"
"I'm gonna start my pickin' right now
Just tell me where you'll be"
Judas pointed down the road
And said, "Eternity!"

"Eternity?" said Frankie Lee
With a voice as cold as ice
"That's right," said Judas Priest, "Eternity
Though you might call it 'Paradise'"
"I don't call it anything"
Said Frankie Lee with a smile
"All right," said Judas Priest
"I'll see you after a while"

Well, Frankie Lee, he sat back down
Feelin' low and mean
When just then a passing stranger
Burst upon the scene
Saying, "Are you Frankie Lee, the gambler
Whose father is deceased?

       John Wesley Harding

프랭키 리와 유다 사제의 발라드

글쎄, 프랭키 리 그리고 유다 사제
그들은 가장 친한 친구였지
그래서 어느 날 프랭키 리가 돈이 필요했을 때
유다는 재빨리 10달러짜리 돈뭉치를 꺼냈어
그러고는 경계를 가른 땅 위에 있는
발판에 그걸 올려두었다네
그리고 말했지, "가지고 싶은 만큼 가져, 프랭키
내 손해는 곧 네 이득이니까"

글쎄, 프랭키 리는 곧장 앉아서
손으로 턱을 괸 채 곰곰이 생각했지
하지만 유다가 차가운 눈으로 쳐다봐서
좀 어리둥절해졌지
"그렇게 좀 쳐다보지 않으면 안 되겠니?" 그가 말했어
"내 알량한 자존심 때문에 그런 거지만
남자는 때론 혼자일 필요가 있잖아
그리고 여기선 숨을 데도 없다고"

글쎄, 유다가 윙크를 날리고는 말했지
"좋아, 여기 혼자 있게 해줄게
하지만 얼마나 가져갈 건지 서둘러 결정하는 게 좋을 거야
그 돈들이 다 사라지기 전에 말이지"
"지금 당장 챙길 테니
어디 있을 건지나 말해줘"
유다는 길 아래를 가리켰다네
그리고 말했지, "영원 속에!"

"영원?" 프랭키 리가 말했지
얼음처럼 차가운 목소리로
"그래 맞아," 유다 사제가 말했어, "영원이지
비록 넌 그걸 '천국'이라 부를 테지만"
"난 그걸 뭐라고도 안 불러"

Well, if you are, there's a fellow callin' you down the road
And they say his name is Priest"

"Oh, yes, he is my friend"
Said Frankie Lee in fright
"I do recall him very well
In fact, he just left my sight"
"Yes, that's the one," said the stranger
As quiet as a mouse
"Well, my message is, he's down the road
Stranded in a house"

Well, Frankie Lee, he panicked
He dropped ev'rything and ran
Until he came up to the spot
Where Judas Priest did stand
"What kind of house is this," he said
"Where I have come to roam?"
"It's not a house," said Judas Priest
"It's not a house······ it's a home"

Well, Frankie Lee, he trembled
He soon lost all control
Over ev'rything which he had made
While the mission bells did toll
He just stood there staring
At that big house as bright as any sun
With four and twenty windows
And a woman's face in ev'ry one

Well, up the stairs ran Frankie Lee
With a soulful, bounding leap
And, foaming at the mouth
He began to make his midnight creep
For sixteen nights and days he raved
But on the seventeenth he burst
Into the arms of Judas Priest
Which is where he died of thirst

No one tried to say a thing
When they took him out in jest
Except, of course, the little neighbor boy
Who carried him to rest
And he just walked along, alone
With his guilt so well concealed
And muttered underneath his breath
"Nothing is revealed"

프랭키 리가 웃으며 말했지
"좋아," 유다 사제가 말했다네
"잠시 후에 만나자"

글쎄, 프랭키 리는 다시 그 자리에 앉았지
우울하고 창피한 기분으로
바로 그때 지나가던 낯선 이가
돌연 그 자리에 나타났다네
그리고 말했지, "자네가 그 노름꾼 프랭키 리 맞나,
아버지가 고인이 되신?
그렇다면, 저 길 아래에서 친구 하나가 자넬 부르고 있다네
듣기론 이름이 사제라더군"

"오, 맞아요, 제 친구죠"
겁을 먹은 프랭키 리가 말했어
"분명 똑똑히 기억해요
실은 방금까지만 해도 저와 함께 있었죠"
"그래, 바로 그 친구야," 낯선 이가 말했다네
쥐새끼처럼 조용한 목소리로
"글쎄, 내가 전할 말은, 그가 저 아래 어느 집에서
오도 가도 못하게 됐다는 거야"

글쎄, 프랭키 리는 겁에 질려
모든 걸 내팽개치고 달려갔지
그러고는 도착했어
유다 사제가 서 있던 바로 그곳에
"이 집은 대체 뭐야?" 그가 말했어
"난 어디를 헤매고 있는 거지?"
"이건 그냥 집이 아니야," 유다 사제가 말했다네
"이건 그냥 집이 아니야…… 나의 집이지"

프랭키 리는 벌벌 떨었지
통제력을 완전히 잃어버렸지
그가 이뤄놨던 모든 것들에 대해 말이야
교회종이 울리는 동안
그는 그저 거기 선 채 가만히 쳐다보았지

Well, the moral of the story
The moral of this song
Is simply that one should never be
Where one does not belong
So when you see your neighbor carryin' somethin'
Help him with his load
And don't go mistaking Paradise
For that home across the road

John Wesley Harding

태양만큼 환히 빛나는 그 큰 집을 말이야
거기 달린 창문 스물네 개
그 모든 창문마다 여자의 얼굴이 보였다네

프랭키 리는 계단 위로 달려갔지
열정적이고도 힘차게 껑충껑충
입에 게거품을 물고서
그는 한밤중에 돌아다니기 시작했지
열여섯 번의 밤과 낮 동안 광란의 시간을 보냈지
하지만 열일곱번째 되는 날, 그는
유다 사제의 품안으로 뛰어들어버렸다네
그는 거기서 목마름으로 죽었다네

그 누구도 한마디하려 하지 않았지
조롱 속에서 그를 끄집어냈을 때
물론 그를 무덤까지 데려갔던
어린 이웃 소년만은 예외였지
그리고 그는 그저 혼자 걸었다네
죄책감을 꽁꽁 숨기고서
그러고는 한숨을 쉬며 중얼거렸지
"밝혀진 건 아무것도 없어"

글쎄, 이 이야기의 교훈은
그러니까 이 노래의 교훈은
자기한테 어울리지 않는 곳에 가서는
절대 안 된다는 거야
그러니 네 이웃이 뭔가를 나르는 게 보이면
가서 그거나 도와주도록 해
그리고 천국을 헷갈리지 마
길 건너에 있는 저 집이랑 말이야

Drifter's Escape

"Oh, help me in my weakness"
I heard the drifter say
As they carried him from the courtroom
And were taking him away
"My trip hasn't been a pleasant one
And my time it isn't long
And I still do not know
What it was that I've done wrong"

Well, the judge, he cast his robe aside
A tear came to his eye
"You fail to understand," he said
"Why must you even try?"
Outside, the crowd was stirring
You could hear it from the door
Inside, the judge was stepping down
While the jury cried for more

"Oh, stop that cursed jury"
Cried the attendant and the nurse
"The trial was bad enough
But this is ten times worse"
Just then a bolt of lightning
Struck the courthouse out of shape
And while ev'rybody knelt to pray
The drifter did escape

부랑자의 탈출

"오, 힘없는 저를 도와주세요"
난 부랑자가 하는 말을 들었어
사람들이 그를 법정에서 끌어내
사형장으로 데리고 갈 때
"제 여정은 그리 즐겁지 않았어요
그리고 제겐 시간이 얼마 없죠
그런데도 아직 잘 모르겠어요
제가 뭘 그렇게 잘못했는지"

글쎄, 판사는 법복을 벗어던졌어
그의 눈에 눈물이 차올랐지
"당신은 이해하지도 못하면서," 그가 말했어
"왜 굳이 애써 알려고 하는 거야?"
바깥에서는, 군중이 동요하고 있었어
문가에서도 들을 수 있었지
안쪽에서는, 판사가 자리에서 걸어내려올 때
배심원들이 아직 안 끝났다며 소리치고 있었지

"오, 저 망할 배심원들 좀 조용히 시켜"
수행원과 간호사가 소리쳤어
"재판이 완전히 엉망이었는데
이건 열 배는 더 심하군"
바로 그때 번개가 번쩍
내리쳐 법정을 엉망으로 만들었지
그리고 모두가 무릎을 꿇고 기도하는 동안
부랑자는 그곳을 유유히 탈출했지

Dear Landlord

Dear landlord
Please don't put a price on my soul
My burden is heavy
My dreams are beyond control
When that steamboat whistle blows
I'm gonna give you all I got to give
And I do hope you receive it well
Dependin' on the way you feel that you live

Dear landlord
Please heed these words that I speak
I know you've suffered much
But in this you are not so unique
All of us, at times, we might work too hard
To have it too fast and too much
And anyone can fill his life up
With things he can see but he just cannot touch

Dear landlord
Please don't dismiss my case
I'm not about to argue
I'm not about to move to no other place
Now, each of us has his own special gift
And you know this was meant to be true
And if you don' t underestimate me
I won't underestimate you

John Wesley Harding

지주여

지주여,
제발 제 영혼에 값을 매기지 말아요
제 짐은 무겁답니다
제 꿈들을 억누를 수가 없네요
저 증기선이 기적을 울릴 때
당신께 드려야 할 전부를 드릴게요
그리고 전 당신이 기꺼이 받아주시길 바라죠
당신이 살 만하다고 느낄 만큼만 말이에요

지주여,
부디 제가 드리는 말씀을 명심하세요
당신이 고생을 많이 했다는 거 알아요
하지만 당신만 고생하고 산 건 아니죠
우리 모두, 때로는 너무 열심히 일만 하는 것 같아요
너무 빨리, 그리고 너무 많이 거머쥐려고 말이에요
그리고 누구든 자신의 인생을 채울 수 있답니다
볼 순 있지만 만질 수 없는 것들로 말이죠

지주여,
제발 제 상황을 무시하지 마세요
저는 따지려는 게 아니에요
다른 데로 떠나려는 게 아니에요
자, 우리 둘에겐 저마다 특별한 재능이 있잖아요
그리고 이게 사실이어야 했다는 걸 알잖아요
만일 당신이 저를 과소평가하지 않으신다면
저도 당신을 과소평가하지 않을 거예요

I Am a Lonesome Hobo

I am a lonesome hobo
Without family or friends
Where another man's life might begin
That's exactly where mine ends
I have tried my hand at bribery
Blackmail and deceit
And I've served time for ev'rything
'Cept beggin' on the street

Well, once I was rather prosperous
There was nothing I did lack
I had fourteen-karat gold in my mouth
And silk upon my back
But I did not trust my brother
I carried him to blame
Which led me to my fatal doom
To wander off in shame

Kind ladies and kind gentlemen
Soon I will be gone
But let me just warn you all
Before I do pass on
Stay free from petty jealousies
Live by no man's code
And hold your judgment for yourself
Lest you wind up on this road

John Wesley Harding

나는야 외로운 부랑자

나는야 외로운 떠돌이 일꾼
가족도 친구도 없죠
또다른 한 사람의 삶이 시작될지도 모르는 곳
거기가 바로 제 삶이 끝장나는 곳이죠
뇌물에 손을 대봤어요
협박과 사기에도요
온갖 죄로 감옥에서 썩어봤어요
거리에서 구걸하는 것만 빼고 말이죠

음, 한때는 나도 꽤 잘나갔어요
부족한 게 하나도 없었죠
입안에 14캐럿짜리 금니를 박아넣었고
등에는 실크를 걸치고 다녔죠
하지만 전 제 형제를 믿지 못했어요
그에게 책임을 떠넘겼다가
돌이킬 수 없는 운명에 이르고 말았어요
수치심에 떠돌아다닐 운명에 말이죠

동정심 많으신 신사 숙녀 여러분,
저는 곧 죽겠죠
하지만 제가 죽기 전에
당신들 모두에게 경고나 하나 해드리죠
하찮은 질투심에서 멀찍이 떨어지세요
그 누구의 규칙도 따르지 마세요
그리고 자신의 판단은 어디까지나 스스로 내리세요
이 길에서 떠도는 꼴이 안 되려면 말이죠

I Pity the Poor Immigrant

I pity the poor immigrant
Who wishes he would've stayed home
Who uses all his power to do evil
But in the end is always left so alone
That man whom with his fingers cheats
And who lies with ev'ry breath
Who passionately hates his life
And likewise, fears his death

I pity the poor immigrant
Whose strength is spent in vain
Whose heaven is like Ironsides
Whose tears are like rain
Who eats but is not satisfied
Who hears but does not see
Who falls in love with wealth itself
And turns his back on me

I pity the poor immigrant
Who tramples through the mud
Who fills his mouth with laughing
And who builds his town with blood
Whose visions in the final end
Must shatter like the glass
I pity the poor immigrant
When his gladness comes to pass

John Wesley Harding

나는 가난한 이민자를 동정해

난 가난한 이민자를 동정해
그냥 고향에 남았었다면, 하고 소망하는 사람
악을 저지르는 데 자신의 모든 힘을 쓰지만
결국엔 완전히 혼자 내버려지는 저 사람을
자신의 손으로 사기를 치는 저 남자
숨쉬듯이 거짓말을 하고
자신의 인생을 열렬히 증오하는 저 남자
그 또한 죽음을 두려워하네

난 가난한 이민자를 동정해
그의 힘은 헛되이 다 빠져버렸고
그의 천국은 철기병과도 같아
그가 흘리는 눈물은 빗방울 같지
그는 먹지만 배부르지는 못해
듣지만 보지는 못하지
풍요와 사랑에 빠진 그는
내게 등을 돌리지

난 가난한 이민자를 동정해
그는 진흙탕을 밟고서 나아가지
그의 입은 웃음이 가득하지
그리고 피로써 자신의 도시를 건설하지
그가 바라는 꿈은 결국
유리처럼 박살이 나고 말 거야
난 가난한 이민자를 동정해
그의 기쁨이 실현될 때 말이야

The Wicked Messenger

There was a wicked messenger
From Eli he did come
With a mind that multiplied the smallest matter
When questioned who had sent for him
He answered with his thumb
For his tongue it could not speak, but only flatter

He stayed behind the assembly hall
It was there he made his bed
Oftentimes he could be seen returning
Until one day he just appeared
With a note in his hand which read
"The soles of my feet, I swear they're burning"

Oh, the leaves began to fallin'
And the seas began to part
And the people that confronted him were many
And he was told but these few words
Which opened up his heart
"If ye cannot bring good news, then don't bring any"

John Wesley Harding

사악한 전령

사악한 전령이 하나 있었어
그는 엘리 제사장에게서 왔지
아주 사소한 것도 크게 부풀리는 심성을 지니고 있었다네
누가 부른 것이냐고 물으면
그는 엄지를 치켜세우는 것으로 대답을 대신했지
그의 혀는 말 대신, 오직 아첨하는 법밖에 몰랐으니까

그는 강당 뒤편에 머물렀어
그곳에 자신의 둥지를 틀었다네
종종 그가 돌아오는 모습이 보였지
그러던 어느 날 그가 나타났어
이렇게 쓰인 작은 쪽지 하나 들고서
"내 두 발바닥이 불타는 것만 같아"

오, 낙엽이 지기 시작했어
그리고 바다가 갈라지기 시작했어
그에게 맞선 이들이 꽤 많았지
그리고 그는 몇 마디 안 되는 이런 말을 듣고서
마음을 열었다네
"좋은 소식을 전해줄 수 없다면, 아무 소식도 전하지 말길"

Down Along the Cove

Down along the cove
I spied my true love comin' my way
Down along the cove
I spied my true love comin' my way
I say, "Lord, have mercy, mama
It sure is good to see you comin' today"

Down along the cove
I spied my little bundle of joy
Down along the cove
I spied my little bundle of joy
She said, "Lord, have mercy, honey
I'm so glad you're my boy!"

Down along the cove
We walked together hand in hand
Down along the cove
We walked together hand in hand
Ev'rybody watchin' us go by
Knows we're in love, yes, and they understand

John Wesley Harding

작은 만을 따라가다가

작은 만을 따라가다가
불현듯 내 진실한 사랑이 내 쪽으로 오는 걸 보았지
작은 만을 따라가다가
불현듯 내 진실한 사랑이 내 쪽으로 오는 걸 보았지
나는 말했어, "주여 자비를 베푸소서, 자기야
내게로 오는 널 보니 오늘은 정말 기분이 좋아"

작은 만을 따라가다가
불현듯 내게 큰 기쁨을 주는 그녀를 보았지
작은 만을 따라가다가
불현듯 내게 큰 기쁨을 주는 그녀를 보았지
그녀가 말했어, "주여 자비를 베푸소서, 자기야
네가 내 남자라서 정말 기뻐!"

작은 만을 따라서
우린 서로 손잡고 함께 걸었지
작은 만을 따라서
우린 서로 손잡고 함께 걸었지
다들 우리가 지나가는 걸 쳐다봐
다들 우리가 사랑에 빠졌다는 걸 알지, 그래, 그들은 이해하지

Down Along the Cove

(Alternate Version)

Down along the cove I spied my little bundle of joy
Down along the cove I spied my little bundle of joy
I said, "Lord have mercy, baby
You make me feel just like a baby boy"

Down along the cove a bunch of people are milling around
Down along the cove a bunch of people are milling around
I said, "Lord have mercy, baby, they're gonna knock you when you're up
They're gonna kick you when you're down"

Down along the cove I feel as high as a bird
Down along the cove I feel as high as a bird
I said, "Lord have mercy, baby
How come you never say more than a word?"

Down along the cove I seen the Jacks and the River Queen
Down along the cove I seen the Jacks and the River Queen
I said, "Lord have mercy, baby
Ain't that the biggest boat you ever seen?"

Down along the cove, you can lay all your money down
Down along the cove, you can lay all your money down
I said, "Lord have mercy, baby
Ain't it a shame how they shove you and they push you around?"

Down along the cove, I got my suitcase in my hand
Down along the cove, I got my suitcase in my hand
I said, "Lord have mercy, baby
Ain't you glad that I'm your man?"

John Wesley Harding

작은 만을 따라가다가
(다른 버전)

작은 만을 따라가다가 난 불현듯 내게 큰 기쁨을 주는 그녀를 보았어
작은 만을 따라가다가 난 불현듯 내게 큰 기쁨을 주는 그녀를 보았어
난 말했지, "주여 자비를 베푸소서, 자기야
넌 꼭 내게 어린 남자애가 된 기분이 들게 해"

작은 만을 따라서 수많은 사람들이 서성거리고 있어
작은 만을 따라서 수많은 사람들이 서성거리고 있어
난 말했지, "주여 자비를 베푸소서, 자기야, 네 기분이 좋으면 저들은 널
　　때릴 테고
네 기분이 안 좋으면 저들은 널 발로 차버릴 거야"

작은 만을 따라가다보면 난 새처럼 높이 뜬 기분이야
작은 만을 따라가다보면 난 새처럼 높이 뜬 기분이야
난 말했지, "주여 자비를 베푸소서, 자기야
어째서 넌 한마디 이상을 내뱉지 않는 거니?"

작은 만을 따라가다가 난 더 잭스 앤드 더 리버 퀸호를 보았어
작은 만을 따라가다가 난 더 잭스 앤드 더 리버 퀸호를 보았어
난 말했지, "주여 자비를 베푸소서, 자기야
저것보다 큰 배를 본 적 있어?"

작은 만을 따라가다가, 넌 가진 돈을 다 써버려도 돼
작은 만을 따라가다가, 넌 가진 돈을 다 써버려도 돼
난 말했지, "주여 자비를 베푸소서, 자기야
저들이 널 떠밀고 괴롭히는 건 정말 딱한 일이지 않니?"

작은 만을 따라가며, 난 손에 여행가방을 들고 있어
작은 만을 따라가며, 난 손에 여행가방을 들고 있어
난 말했지, "주여 자비를 베푸소서, 자기야
내가 네 남자라서 정말 기쁘지 않니?"

I'll Be Your Baby Tonight

Close your eyes, close the door
You don't have to worry anymore
I'll be your baby tonight

Shut the light, shut the shade
You don't have to be afraid
I'll be your baby tonight

Well, that mockingbird's gonna sail away
We're gonna forget it
That big, fat moon is gonna shine like a spoon
But we're gonna let it
You won't regret it

Kick your shoes off, do not fear
Bring that bottle over here
I'll be your baby tonight

John Wesley Harding

오늘밤 내가 너의 애인이 되어줄게

눈을 감아, 문을 닫아
더이상 걱정할 필요 없어
오늘밤 내가 너의 애인이 되어줄게

불을 꺼, 작은 등도 꺼
두려워할 필요 없어
오늘밤 내가 너의 애인이 되어줄게

음, 저 흉내지빠귀는 멀리 날아가버릴 거야
우린 저 새를 잊어버릴 테지
저 크고 넓적한 달은 숟가락처럼 빛날 거야
하지만 우린 저 달을 내버려둘 테지
넌 후회하지 않을 거야

신발을 벗어, 두려워 마
저기 저 술병을 이리로 가져와
오늘밤 내가 너의 애인이 되어줄게

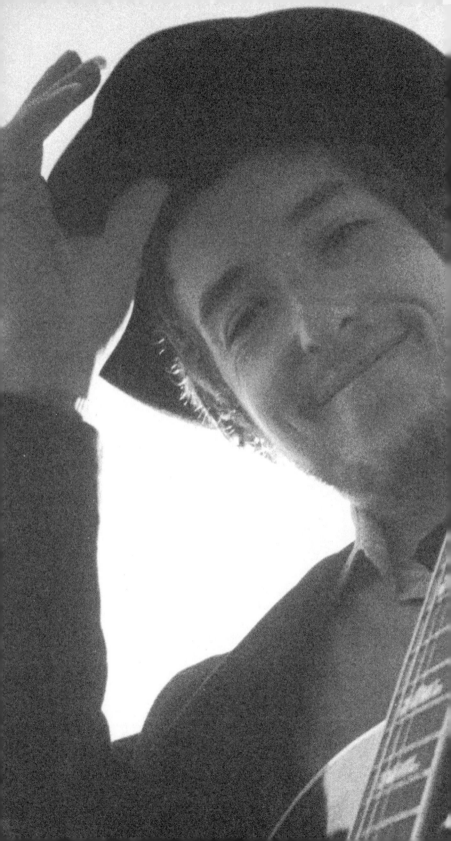

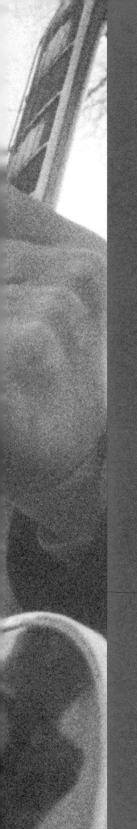

Nashville Skyline 1969

내슈빌 스카이라인

To Be Alone with You

I Threw It All Away

Peggy Day

Lay, Lady, Lay

One More Night

Tell Me That It Isn't True

Country Pie

Tonight I'll Be Staying Here with You

additional lyrics

Wanted Man

To Be Alone with You

To be alone with you
Just you and me
Now won't you tell me true
Ain't that the way it oughta be?
To hold each other tight
The whole night through
Ev'rything is always right
When I'm alone with you

To be alone with you
At the close of the day
With only you in view
While evening slips away
It only goes to show
That while life's pleasures be few
The only one I know
Is when I'm alone with you

They say that nighttime is the right time
To be with the one you love
Too many thoughts get in the way in the day
But you're always what I'm thinkin' of
I wish the night were here
Bringin' me all of your charms
When only you are near
To hold me in your arms

I'll always thank the Lord
When my working day's through
I get my sweet reward
To be alone with you

당신과 단둘이

당신과 단둘이 있는 것
오직 당신과 나
자 솔직히 말해줘요
응당 그래야 하지 않나요?
서로를 꼭 안는 것
온밤이 다 지나도록
모든 게 항상 똑바르죠
당신과 단둘이 있을 때면

당신과 단둘이 있는 것
하루가 끝날 무렵
오직 눈앞의 당신과 함께
저녁이 지나는 동안
다만 알게 되죠
삶의 기쁨이란 많지 않은데
그중 내가 아는 유일한 하나는
당신과 단둘이 있을 때라는 것을

사람들은 말하죠 밤이란 알맞은 시간이라고
사랑하는 사람과 함께하기에
낮에는 너무 많은 생각들이 끼어들어요
하지만 내가 생각하는 건 언제나 당신이죠
지금이 밤이길 바라요
내게 당신의 모든 매력 가져다줄
내 곁에 오직 당신만이 있는
나를 품에 안아주는 당신만이

언제나 하느님께 감사할 거예요
일하는 낮 시간이 지나면
난 달콤한 보상을 받죠
당신과 단둘이 있는 시간을

I Threw It All Away

I once held her in my arms
She said she would always stay
But I was cruel
I treated her like a fool
I threw it all away

Once I had mountains in the palm of my hand
And rivers that ran through ev'ry day
I must have been mad
I never knew what I had
Until I threw it all away

Love is all there is, it makes the world go 'round
Love and only love, it can't be denied
No matter what you think about it
You just won't be able to do without it
Take a tip from one who's tried

So if you find someone that gives you all of her love
Take it to your heart, don't let it stray
For one thing that's certain
You will surely be a-hurtin'
If you throw it all away

그 모든 걸 내던져버린다면

한때 그녀를 품에 안았지
그녀는 언제나 머물러 있겠다고 말했지
하지만 난 잔인했어
그녀를 바보 취급했지
그 모든 걸 내던져버렸어

한때 내 손바닥 안엔 산맥이 있었지
그리고 매일 흐르던 강들도
내가 미쳤던 게 분명해
내가 가졌던 걸 전혀 알지 못했지
그 모든 걸 내던져버리게 될 때까지

사랑은 존재하는 모든 것, 그것이 세상을 돌아가게 하지
사랑, 그리고 오직 사랑이 있을 뿐, 부인할 수 없지
당신이 그것에 대해 어떤 생각 품고 있다 해도
그것 없이는 아무것도 할 수 없지
해본 이에게서 조언을 얻기를

하여 그 사랑 전부를 당신에게 주는 누군가 있다면
마음속에 간직해, 그 사랑 길 잃도록 내버려두지 마
한 가지만은 확실하니까
당신은 분명 아파하게 될 거야
당신이 그 모든 걸 내던져버린다면

Peggy Day

Peggy Day stole my poor heart away
By golly, what more can I say
Love to spend the night with Peggy Day

Peggy night makes my future look so bright
Man, that girl is out of sight
Love to spend the day with Peggy night

Well, you know that even before I learned her name
You know I loved her just the same
An' I tell 'em all, wherever I may go
Just so they'll know, that she's my little lady
And I love her so

Peggy Day stole my poor heart away
Turned my skies to blue from gray
Love to spend the night with Peggy Day

Peggy Day stole my poor heart away
By golly, what more can I say
Love to spend the night with Peggy Day
Love to spend the night with Peggy Day

페기 데이

페기 데이가 내 불쌍한 심장 훔쳐갔지
아 이런, 무슨 말을 더 할 수 있겠어
사랑하네, 페기 데이와 함께 보내는 밤을

페기 나이트는 내 미래를 아주 밝아 보이게 하지
이봐, 그 여자는 눈에 보이지 않아
사랑하네, 페기 나이트와 함께 보내는 낮을

음, 자네도 알지 심지어 그녀의 이름을 알게 되기 전부터
자네도 알지, 내가 그녀를 똑같이 사랑했다는 걸 말이야
그리고 난 모두에게 말하지, 어디를 가든
바로 그래서 다들 알게 되지, 그녀가 나의 작은 여인이란 걸
그리고 그렇게 난 그녀를 사랑하지

페기 데이가 내 불쌍한 심장 훔쳐갔지
내 하늘 잿빛에서 푸른빛으로 바꿔놓았지
사랑하네, 페기 데이와 함께 보내는 밤을

페기 데이가 내 불쌍한 심장 훔쳐갔지
아 이런, 무슨 말을 더 할 수 있겠어
사랑하네, 페기 데이와 함께 보내는 밤을
사랑하네, 페기 데이와 함께 보내는 밤을

Lay, Lady, Lay

Lay, lady, lay, lay across my big brass bed
Lay, lady, lay, lay across my big brass bed
Whatever colors you have in your mind
I'll show them to you and you'll see them shine

Lay, lady, lay, lay across my big brass bed
Stay, lady, stay, stay with your man awhile
Until the break of day, let me see you make him smile
His clothes are dirty but his hands are clean
And you're the best thing that he's ever seen

Stay, lady, stay, stay with your man awhile
Why wait any longer for the world to begin
You can have your cake and eat it too
Why wait any longer for the one you love
When he's standing in front of you

Lay, lady, lay, lay across my big brass bed
Stay, lady, stay, stay while the night is still ahead
I long to see you in the morning light
I long to reach for you in the night
Stay, lady, stay, stay while the night is still ahead

Nashville Skyline

누워요, 여인아, 누워요

누워요, 여인아, 누워요, 나의 큰 놋쇠 침대에 가로누워요
누워요, 여인아, 누워요, 나의 큰 놋쇠 침대에 가로누워요
당신 마음에 어떤 색깔 지녔든
당신께 보여줄게요 그 색깔들 환히 빛나는 모습

누워요, 여인아, 누워요, 나의 큰 놋쇠 침대에 가로누워요
머물러요, 여인아, 머물러요, 당신의 남자와 함께 잠시 머물러요
동틀 때까지, 당신이 그를 웃게 하는 모습 내게 보여줘요
그의 옷 더럽지만 그의 손은 깨끗하죠
그리고 당신은 그가 여태껏 보아온 것 중 최고죠

머물러요, 여인아, 머물러요, 당신의 남자와 함께 잠시 머물러요
더 기다릴 이유 있나요 세상이 시작되기를
당신은 당신의 케이크를 가질 수 있어요 먹을 수도 있어요
더 기다릴 이유 있나요 사랑하는 그를
그가 당신 앞에 서 있는데

누워요, 여인아, 누워요, 나의 큰 놋쇠 침대에 가로누워요
머물러요, 여인아, 머물러요, 잠시 머물러요, 아직 다가올 밤 있으니
아침 햇살 속에서 당신을 보고 싶어요
밤에 당신을 향해 손 뻗고 싶어요
머물러요, 여인아, 머물러요, 아직 다가올 밤이 있는 동안 머물러요

One More Night

One more night, the stars are in sight
But tonight I'm as lonesome as can be
Oh, the moon is shinin' bright
Lighting ev'rything in sight
But tonight no light will shine on me

Oh, it's shameful and it's sad I lost the only pal I had
I just could not be what she wanted me to be
I will turn my head up high
To that dark and rolling sky
For tonight no light will shine on me

I was so mistaken when I thought that she'd be true
I had no idea what a woman in love would do!

One more night, I will wait for the light
While the wind blows high above the tree
Oh, I miss my darling so
I didn't mean to see her go
But tonight no light will shine on me

One more night, the moon is shinin' bright
And the wind blows high above the tree
Oh, I miss that woman so
I didn't mean to see her go
But tonight no light will shine on me

또 한번의 밤

또 한번의 밤, 별들이 시야에 들어오네
하지만 오늘밤 나는 죽을 만큼 외로워
오, 달이 밝게 빛나고 있네
시야에 들어오는 모든 것을 비추며
하지만 오늘밤 그 어떤 빛도 나를 비추지 않으리

오, 부끄럽고 슬퍼라, 내 유일한 단짝 잃었으니
난 다만 그녀가 바라는 그런 사람 될 수 없었지
고개 높이 들어올리리
저 어둡고 굽이치는 하늘 향해
오늘밤 그 어떤 빛도 나를 비추지 않을 테니

큰 착각이었지, 그녀가 진실하리라 생각했던 건
아무것도 몰랐지, 사랑에 빠진 여자가 어떻게 행동하는지!

또 한번의 밤, 나는 빛을 기다리리라
바람은 나무 위 높은 곳에서 불고 있는데
오, 내 사랑이 너무나 그립네
그녀를 떠나보내려던 건 아니었어
하지만 오늘밤 그 어떤 빛도 나를 비추지 않으리

또 한번의 밤, 달이 밝게 빛나고 있네
그리고 바람은 나무 위 높은 곳에서 불고 있네
오, 그 여인이 너무 그립네
그녀를 떠나보내려던 건 아니었어
하지만 오늘밤 그 어떤 빛도 나를 비추지 않으리

Tell Me That It Isn't True

I have heard rumors all over town
They say that you're planning to put me down
All I would like you to do
Is tell me that it isn't true

They say that you've been seen with some other man
That he's tall, dark and handsome, and you're holding his hand
Darlin', I'm a-countin' on you
Tell me that it isn't true

To know that some other man is holdin' you tight
It hurts me all over, it doesn't seem right

All of those awful things that I have heard
I don't want to believe them, all I want is your word
So darlin', you better come through
Tell me that it isn't true

All of those awful things that I have heard
I don't want to believe them, all I want is your word
So darlin', I'm countin' on you
Tell me that it isn't true

사실이 아니라고 말해줘

시내 곳곳에 퍼진 소문 들었어
사람들이 말하더군 네가 날 깎아내릴 계획을 세우고 있다고
네게 바라는 건 오로지 하나야
사실이 아니라고 말해줘

사람들이 말하더군, 네가 어떤 다른 남자와 함께인 걸 봤다고
그는 키 크고 가무잡잡하고 잘생겼고, 네가 그의 손을 잡고 있었다고
내 사랑, 널 믿고 있어
사실이 아니라고 말해줘

다른 남자가 널 꼭 껴안고 있다는 걸 알고 나니
나를 온통 아프게 해 이건 옳지 않은 것 같아

내가 들은 저 끔찍한 모든 얘기들
믿고 싶지 않아, 바라는 건 오직 너의 말이야
그러니 내 사랑, 네가 와주는 게 좋겠어
사실이 아니라고 말해줘

내가 들은 저 끔찍한 모든 얘기들
믿고 싶지 않아, 바라는 건 오직 너의 말이야
그러니 내 사랑, 널 믿고 있어
사실이 아니라고 말해줘

Country Pie

Just like old Saxophone Joe
When he's got the hogshead up on his toe
Oh me, oh my
Love that country pie

Listen to the fiddler play
When he's playin' 'til thebreak of day
Oh me, oh my
Love that country pie

Raspberry, strawberry, lemon and lime
What do I care?
Blueberry, apple, cherry, pumpkin and plum
Call me for dinner, honey, I'll be there

Saddle me up my big white goose
Tie me on 'er and turn her loose
Oh me, oh my
Love that country pie

I don't need much and that ain't no lie
Ain't runnin' any race
Give to me my country pie
I won't throw it up in anybody's face

Shake me up that old peach tree
Little Jack Horner's got nothin' on me
Oh me, oh my
Love that country pie

- 〈리틀 잭 호너〉는 영미권 동요로, 주인공 소년이 파이에 손을 넣어 자두를 빼낸다는 내용을 담고
  있다.

시골 파이

마치 올드 색소폰 조가
큰 통에 발등 찧었을 때처럼
오 이런, 아 이런
사랑하네 저 시골 파이를

바이올린 연주 들어봐
그가 동틀 때까지 켜고 있는
오 이런, 아 이런
사랑하네 저 시골 파이를

산딸기, 딸기, 레몬 그리고 라임
내가 무슨 상관이야?
블루베리, 사과, 체리, 호박 그리고 자두
저녁 먹을 때 불러줘, 자기, 달려갈게

날 태워줘 나의 크고 흰 거위 위에
날 묶어줘 그 위에 그리고 그녀를 풀어줘
오 이런, 아 이런
사랑하네 저 시골 파이를

많이는 안 바라 거짓말 아냐
경주 같은 거 안 해
내게 줘 나의 시골 파이를
누군가의 얼굴에 던지거나 그러지 않을게

날 흔들어 저 늙은 자두나무 위로 올려줘
리틀 잭 호너*는 나한텐 아무것도 아냐
오 이런, 아 이런
사랑하네 저 시골 파이를

Tonight I'll Be Staying Here with You

Throw my ticket out the window
Throw my suitcase out there, too
Throw my troubles out the door
I don't need them anymore
'Cause tonight I'll be staying here with you

I should have left this town this morning
But it was more than I could do
Oh, your love comes on so strong
And I've waited all day long
For tonight when I'll be staying here with you

Is it really any wonder
The love that a stranger might receive
You cast your spell and I went under
I find it so difficult to leave

I can hear that whistle blowin'
I see that stationmaster, too
If there's a poor boy on the street
Then let him have my seat
'Cause tonight I'll be staying here with you

Throw my ticket out the window
Throw my suitcase out there, too
Throw my troubles out the door
I don't need them anymore
'Cause tonight I'll be staying here with you

오늘밤 여기서 당신과 머물 거야

내 티켓 창밖으로 던져
내 여행가방도 저 밖으로 던져
내 걱정근심 문밖으로 던져
그런 것들 더는 필요 없어
왜냐면 오늘밤 난 여기서 당신과 머물 거니까

오늘 아침 이 도시를 떠났어야 했는데
하지만 그렇게 못했을 거야
오, 당신의 사랑 강렬히 다가오고 있으니
그리고 난 하루종일 기다렸지
여기서 당신과 머물게 될 오늘밤을 말이야

정말 놀랍지 않아?
나그네도 받을 수 있는 사랑이라는 건
당신은 주문을 걸었고 난 걸려들었지
벗어나기 몹시 어려워

호루라기 소리가 들려
역장의 모습도 보여
거리에 어느 가난한 소년 있다면
그에게 내 좌석을 줘
왜냐면 오늘밤 난 여기서 당신과 머물 거니까

내 티켓 창밖으로 던져
내 여행가방도 저 밖으로 던져
내 걱정근심 문밖으로 던져
그런 것들 더는 필요 없어
왜냐면 오늘밤 난 여기서 당신과 머물 거니까

Wanted Man

Wanted man in California, wanted man in Buffalo
Wanted man in Kansas City, wanted man in Ohio
Wanted man in Mississippi, wanted man in old Cheyenne
Wherever you might look tonight, you might see this wanted man

I might be in Colorado or Georgia by the sea
Working for some man who may not know at all who I might be
If you ever see me comin' and if you know who I am
Don't you breathe it to nobody 'cause you know I'm on the lam

Wanted man by Lucy Watson, wanted man by Jeannie Brown
Wanted man by Nellie Johnson, wanted man in this next town
But I've had all that I've wanted of a lot of things I had
And a lot more than I needed of some things that turned out bad

I got sidetracked in El Paso, stopped to get myself a map
Went the wrong way into Juarez with Juanita on my lap
Then I went to sleep in Shreveport, woke up in Abilene
Wonderin' why the hell I'm wanted at some town halfway between   ⸰

Wanted man in Albuquerque, wanted man in Syracuse
Wanted man in Tallahassee, wanted man in Baton Rouge
There's somebody set to grab me anywhere that I might be
And wherever you might look tonight, you might get a glimpse of me

Wanted man in California, wanted man in Buffalo
Wanted man in Kansas City, wanted man in Ohio
Wanted man in Mississippi, wanted man in old Cheyenne
Wherever you might look tonight, you might see this wanted man

⸰   마리화나를 뜻하는 말이기도 하다.

지명수배자

캘리포니아의 지명수배자, 버펄로의 지명수배자
캔자스시티의 지명수배자, 오하이오의 지명수배자
미시시피의 지명수배자, 올드 샤이엔의 지명수배자
오늘밤 당신이 어딜 보든, 이 지명수배자 볼 수 있을 거야

나는 콜로라도에 있을지도 몰라 아니면 바닷가 조지아에
내가 어떤 사람인지 모르고 있을 남자 위해 일하면서
내가 오는 걸 본다면 그리고 내가 누군지 안다면
아무한테도 발설 마 왜냐면 있잖아 난 도망중이니까

루시 왓슨이 찾는 지명수배자, 지니 브라운이 찾는 지명수배자
넬리 존슨이 찾는 지명수배자, 이 옆 도시에서 찾는 지명수배자
하지만 난 가졌지 내가 원한 모든 것들을, 많은 것들을
그리고 나쁜 것이라고 밝혀진 몇 가지 가운데 내가 필요로 했던 것보다
　훨씬 더 많은 것을

엘패소에서 곁길로 샜지, 지도 구하려 멈췄지
길 잘못 들어 후아레스로 갔지, 무릎에 주아니타' 앉히고
그러고는 슈리브포트에서 깼지
도대체 왜 내가 도중에 있는 몇몇 도시들에서 수배중인지 궁금해하며

앨버커키의 지명수배자, 시러큐스의 지명수배자
탤러해시의 지명수배자
내가 있을 만한 곳 어디든 날 잡기 위해 배치된 누군가 있지
그리고 오늘밤 당신이 어딜 보든지 힐끗 내 모습 볼 수 있을 거야

캘리포니아의 지명수배자, 버펄로의 지명수배자
캔자스시티의 지명수배자, 오하이오의 지명수배자
미시시피의 지명수배자, 올드 샤이엔의 지명수배자
오늘밤 당신이 어딜 보든지, 이 지명수배자 볼 수 있을 거야

Self Portrait 1970

자화상

Living the Blues
Minstrel Boy

Living the Blues

Since you've been gone
I've been walking around
With my head bowed down to my shoes
I've been living the blues
Ev'ry night without you

I don't have to go far
To know where you are
Strangers all give me the news
I've been living the blues
Ev'ry night without you

I think that it's best
I soon get some rest
And forget my pride
But I can't deny
This feeling that I
Carry for you deep down inside

If you see me this way
You'd come back and you'd stay
Oh, how could you refuse
I've been living the blues
Ev'ry night without you

Self Portrait

블루스를 살다

네가 떠난 이후로
난 고개를 푹 숙인 채 신발만 보면서
걸어다니고 있어
난 너 없이 매일 밤
블루스를 살고 있어

네가 어디 있는지 알려고
멀리 갈 필요는 없어
낯선 이들이 모두 내게 너의 소식을 전해줘
난 너 없이 매일 밤
블루스를 살고 있어

이제 그만 좀 쉬면서
자존심 따윈 잊어버리는 게
최선이겠지
하지만 마음속 깊은 곳에 담긴
너를 향한 내 감정을
부정할 순 없어

만일 이런 나를 본다면
넌 돌아와 내 곁에 머물겠지
오, 어떻게 네가 거절할 수 있겠어
난 너 없이 매일 밤
블루스를 살고 있어

Minstrel Boy

Who's gonna throw that minstrel boy a coin?
Who's gonna let it roll?
Who's gonna throw that minstrel boy a coin?
Who's gonna let it down easy to save his soul?

Oh, Lucky's been drivin' a long, long time
And now he's stuck on top of the hill
With twelve forward gears, it's been a long hard climb
And with all of them ladies, though, he's lonely still

Who's gonna throw that minstrel boy a coin?
Who's gonna let it roll?
Who's gonna throw that minstrel boy a coin?
Who's gonna let it down easy to save his soul?

Well, he deep in number and heavy in toil
Mighty Mockingbird, he still has such a heavy load
Beneath his bound'ries, what more can I tell
With all of his trav'lin', but I'm still on that road

Who's gonna throw that minstrel boy a coin?
Who's gonna let it roll?
Who's gonna throw that minstrel boy a coin?
Who's gonna let it down easy to save his soul?

Self Portrait

음유시인 소년

누가 저 음유시인 소년에게 동전을 던져줄까?
누가 저 동전통에 동전을 굴릴까?
누가 저 음유시인 소년에게 동전을 던져줄까?
누가 소년의 영혼을 구원하려고 쉽사리 동전을 떨어뜨릴까?

오, 러키는 긴긴 시간 차를 몰았어
그리고 이젠 언덕 꼭대기에서 꼼짝달싹할 수 없게 됐지
전진 기어 열두 개로 오랫동안 어렵게 기어올라왔다고
그리고 그 많은 여자들이 있어도, 그럼에도 그는 여전히 외롭지

누가 저 음유시인 소년에게 동전을 던져줄까?
누가 저 동전통에 동전을 굴릴까?
누가 저 음유시인 소년에게 동전을 던져줄까?
누가 소년의 영혼을 구원하려고 쉽사리 동전을 떨어뜨릴까?

그가 살아온 햇수는 많고 노역은 과중해
힘센 흉내지빠귀, 여전히 너무나도 무거운 짐을 지고 있지
난 그에게 잽도 안 되는데, 뭘 더 말할 수 있겠어
그는 그렇게나 많이 돌아다녔는데, 난 여전히 그 길 위에 있어

누가 저 음유시인 소년에게 동전을 던져줄까?
누가 저 동전통에 동전을 굴릴까?
누가 저 음유시인 소년에게 동전을 던져줄까?
누가 소년의 영혼을 구원하려고 쉽사리 동전을 떨어뜨릴까?

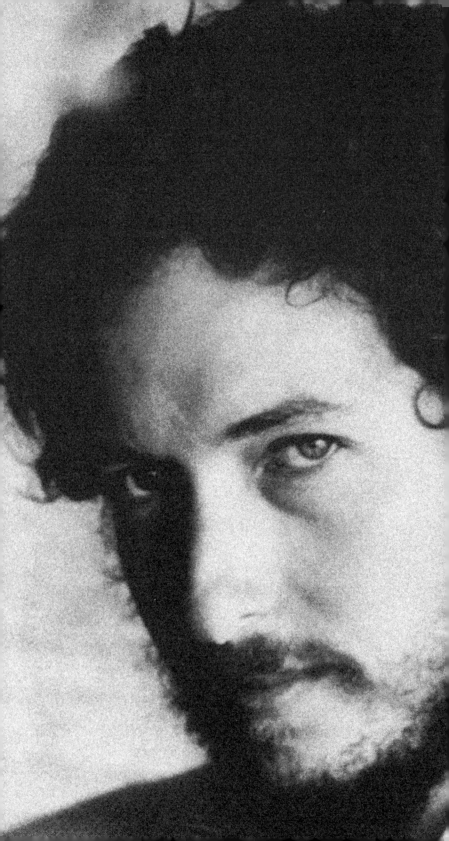

New Morning 1970

새 아침

If Not for You

Day of the Locusts

Time Passes Slowly

Went to See the Gypsy

Winterlude

If Dogs Run Free

New Morning

Sign on the Window

One More Weekend

The Man in Me

Three Angels

Father of Night

additional lyrics

I'd Have You Any Time

Watching the River Flow

When I Paint My Masterpiece

Wallflower

George Jackson

If Not for You

If not for you
Babe, I couldn't find the door
Couldn't even see the floor
I'd be sad and blue
If not for you

If not for you
Babe, I'd lay awake all night
Wait for the mornin' light
To shine in through
But it would not be new
If not for you

If not for you
My sky would fall
Rain would gather too
Without your love I'd be nowhere at all
I'd be lost if not for you
And you know it's true

If not for you
My sky would fall
Rain would gather too
Without your love I'd be nowhere at all
Oh! what would I do
If not for you

If not for you
Winter would have no spring
Couldn't hear the robin sing
I just wouldn't have a clue
Anyway it wouldn't ring true
If not for you

당신이 없다면

당신이 없다면
내 사랑, 난 문을 찾지 못할 거야
바닥조차 볼 수 없을 거야
슬프고 우울할 거야
당신이 없다면

당신이 없다면
내 사랑, 난 뜬눈으로 밤을 지새우겠지
아침 햇살이
환히 비쳐들기를 기다리면서
하지만 그 빛조차 전혀 새롭지 않을 거야
당신이 없다면

당신이 없다면
나의 하늘은 무너질 거야
빗줄기도 거세질 거야
당신의 사랑 없이는 난 어디에도 없을 거야
당신이 없다면 길을 잃게 될 거야
당신 알지, 그게 사실이라는 걸

당신이 없다면
나의 하늘은 무너질 거야
빗줄기도 거세질 거야
당신의 사랑 없이는 난 어디에도 없을 거야
오! 내가 무얼 할 수 있을까
당신이 없다면

당신이 없다면
겨울은 봄을 맞지 못할 거야
개똥지빠귀가 노래하는 소리 들을 수 없을 거야
그래서 봄이 오는 작은 기미도 느끼지 못할 거야
아무튼 그것은 진짜처럼 느껴지지 않을 거야
당신이 없다면

Day of the Locusts

Oh, the benches were stained with tears and perspiration
The birdies were flying from tree to tree
There was little to say, there was no conversation
As I stepped to the stage to pick up my degree
And the locusts sang off in the distance
Yeah, the locusts sang such a sweet melody
Oh, the locusts sang off in the distance
Yeah, the locusts sang and they were singing for me

I glanced into the chamber where the judges were talking
Darkness was everywhere, it smelled like a tomb
I was ready to leave, I was already walkin'
But the next time I looked there was light in the room
And the locusts sang, yeah, it give me a chill
Oh, the locusts sang such a sweet melody
Oh, the locusts sang their high whining trill
Yeah, the locusts sang and they were singing for me

Outside of the gates the trucks were unloadin'
The weather was hot, a-nearly 90 degrees
The man standin' next to me, his head was exploding
Well, I was prayin' the pieces wouldn't fall on me
Yeah, the locusts sang off in the distance
Yeah, the locusts sang such a sweet melody
Oh, the locusts sang off in the distance
And the locusts sang and they were singing for me

I put down my robe, picked up my diploma
Took hold of my sweetheart and away we did drive
Straight for the hills, the black hills of Dakota
Sure was glad to get out of there alive
And the locusts sang, well, it give me a chill
Yeah, the locusts sang such a sweet melody
And the locusts sang with a high whinin' trill
Yeah, the locusts sang and they was singing for me
Singing for me, well, singing for me

메뚜기들의 날

오, 벤치들은 눈물과 땀으로 얼룩져 있고
새들은 나무에서 나무로 날아다녔지
할말 많지 않았지, 어떤 대화도 없었지
학위 받으러 단상 위로 오를 때
메뚜기들이 멀리서 노래하고 있었지
그래, 메뚜기들은 노래했지 너무나 달콤한 선율로
오, 메뚜기들이 멀리서 노래하고 있었지
그래, 메뚜기들은 노래했지 나를 위해 노래하고 있었지

흘깃 들여다보았지 심사관들이 대화를 나누고 있는 회의실 안을
온통 어둡고 지하 납골당 냄새가 나는 듯했지
난 떠날 준비돼서 벌써 걷고 있었지
그런데 다음 순간 보았지 방안에 들어온 빛을
그리고 메뚜기들은 노래했지, 그래, 그 소리가 날 서늘하게 했지
오, 메뚜기들은 노래했지 너무나 달콤한 선율로
오, 메뚜기들은 노래했지 높게 흐느끼고 떨리는 소리로
그래, 메뚜기들은 노래했지 나를 위해 노래하고 있었지

출입문 바깥에서는 트럭들이 짐을 부리고 있었지
날이 무더웠어, 거의 32도에 가까웠지
내 옆에 서 있던 남자, 그 남자의 머리가 폭발하고 있었지
음, 난 그 파편이 내 위로 떨어지지 않기를 기도하고 있었지
그래, 메뚜기들이 멀리서 노래하고 있었지
그래, 메뚜기들은 노래했지 너무나 달콤한 선율로
오, 메뚜기들이 멀리서 노래하고 있었지
메뚜기들은 노래했지 나를 위해 노래하고 있었지

졸업가운 내려놓고 졸업장 집어들었지
내 연인 꼭 안았지 그리고 우린 차를 몰아
곧바로 언덕으로 갔지, 다코타의 검은 언덕으로
너무나 기뻤지 살아서 그곳을 벗어났다는 것이
그리고 메뚜기들은 노래했지, 음, 그 소리가 날 서늘하게 했지

그래, 메뚜기들은 노래했지 너무나 달콤한 선율로
그리고, 메뚜기들은 노래했지 높게 흐느끼고 떨리는 소리로
그래, 메뚜기들은 노래했지 나를 위해 노래하고 있었지
노래했지 나를 위해, 음, 나를 위해

Time Passes Slowly

Time passes slowly up here in the mountains
We sit beside bridges and walk beside fountains
Catch the wild fishes that float through the stream
Time passes slowly when you're lost in a dream

Once I had a sweetheart, she was fine and good-lookin'
We sat in her kitchen while her mama was cookin'
Stared out the window to the stars high above
Time passes slowly when you're searchin' for love

Ain't no reason to go in a wagon to town
Ain't no reason to go to the fair
Ain't no reason to go up, ain't no reason to go down
Ain't no reason to go anywhere

Time passes slowly up here in the daylight
We stare straight ahead and try so hard to stay right
Like the red rose of summer that blooms in the day
Time passes slowly and fades away

시간은 천천히 흐르지

시간은 천천히 흐르지, 이곳 산 위에서는
우리는 다리 옆에 앉고 샘가를 걸어
개울에 오가는 물고기를 잡고
시간은 천천히 흐르지, 당신이 꿈에 젖어 있을 때

한때 내겐 애인 있었지, 그녀는 멋지고 아름다웠어
우리는 그녀의 부엌에 앉아 있었지, 그녀의 엄마가 요리하는 동안
창밖으로 저 높이 떠 있는 별들을 바라보면서
시간은 천천히 흐르지, 당신이 사랑을 찾고 있을 때

차 타고 시내에 갈 이유 없지
축제장터에 나갈 이유 없지
올라갈 이유 없고, 내려갈 이유도 없어
어디에도 갈 이유 없지

시간은 천천히 흐르지, 햇빛 내리는 이곳에서는
우리는 똑바로 앞을 보고 가만히 있으려고 애쓰지
한낮에 피어나는 여름의 붉은 장미처럼
시간은 천천히 흐르고 천천히 시들어가지

Went to See the Gypsy

Went to see the gypsy
Stayin' in a big hotel
He smiled when he saw me coming
And he said, "Well, well, well"
His room was dark and crowded
Lights were low and dim
"How are you?" he said to me
I said it back to him

I went down to the lobby
To make a small call out
A pretty dancing girl was there
And she began to shout
"Go on back to see the gypsy
He can move you from the rear
Drive you from your fear
Bring you through the mirror
He did it in Las Vegas
And he can do it here"

Outside the lights were shining
On the river of tears
I watched them from the distance
With music in my ears

I went back to see the gypsy
It was nearly early dawn
The gypsy's door was open wide
But the gypsy was gone
And that pretty dancing girl
She could not be found
So I watched that sun come rising
From that little Minnesota town

집시 만나러 갔지

집시 만나러 갔지
어느 큰 호텔에 머물고 있을 때
그는 웃었어 걸어오는 날 보며
그가 말했지, "오, 이런, 이런"
그의 방은 어둡고 물건들로 가득했지
전등빛은 어둡고 침침했지
"안녕하시오?" 그가 내게 말했어
나는 그에게 대답했지

로비로 내려갔지
사소한 요청이 있어서
어떤 어여쁜 무용수 아가씨가 거기 있었지
그리고 그녀가 소리치기 시작했어
"돌아가서 집시를 만나요
그가 그늘로부터 당신 움직이게
두려움에서 벗어나게
거울에서 당신을 꺼내줄 거예요
그는 라스베이거스에서 그렇게 했죠
여기서도 그렇게 할 수 있을 거예요"

바깥에서는 불빛이
눈물의 강 위로 반짝이고 있었지
나는 멀리서 그것을 바라보았어
귓가엔 음악이 흐르고 있었지

나 다시 집시 만나러 갔지
거의 이른 새벽이었어
집시의 방문은 활짝 열려 있었지
하지만 집시는 사라지고 없었지
그리고 그 어여쁜 무용수 아가씨도
그녀를 찾을 수 없었지
그래서 난 해 떠오르는 것을 바라보았지
저편 자그마한 미네소타 시내에서

Winterlude

Winterlude, Winterlude, oh darlin'
Winterlude by the road tonight
Tonight there will be no quarrelin'
Ev'rything is gonna be all right
Oh, I see by the angel beside me
That love has a reason to shine
You're the one I adore, come over here and give me more
Then Winterlude, this dude thinks you're fine

Winterlude, Winterlude, my little apple
Winterlude by the corn in the field
Winterlude, let's go down to the chapel
Then come back and cook up a meal
Well, come out when the skating rink glistens
By the sun, near the old crossroads sign
The snow is so cold, but our love can be bold
Winterlude, don't be rude, please be mine

Winterlude, Winterlude, my little daisy
Winterlude by the telephone wire
Winterlude, it's makin' me lazy
Come on, sit by the logs in the fire
The moonlight reflects from the window
Where the snowflakes, they cover the sand
Come out tonight, ev'rything will be tight
Winterlude, this dude thinks you're grand

윈터루드

윈터루드, 윈터루드, 오 내 사랑
윈터루드, 도로변에서 오늘밤
오늘밤엔 어떤 다툼도 없을 거야
모든 게 다 좋을 거야
오, 내 곁의 천사를 보니 알겠어
사랑이 밝게 빛나는 데엔 다 이유 있는 걸
당신은 사랑하는 나의 님, 이리 건너와요, 내게 좀더 줘요
그러고는 윈터루드, 이 친구가 당신 멋지대

윈터루드, 윈터루드, 나의 작은 사과
윈터루드, 옥수수밭 옆에서
윈터루드, 우리 예배당에 가자
그러곤 돌아와 식사를 준비하자
음, 밖에 나오자 낡은 교차로 표지판 근처
스케이트장 빙판이 햇빛에 반짝일 때면
눈이 아무리 차가워도 우리 사랑은 대담할 수 있지
윈터루드, 무례하게 굴지 마, 부디 내 것이 되어줘

윈터루드, 윈터루드, 나의 작은 데이지꽃
윈터루드, 전화선 옆에서
윈터루드는 나를 느긋하게 해
자 어서, 불붙은 장작 곁에 앉아
달빛은 창에 되비치고
눈가루는 모래를 덮고
밖으로 나와 오늘밤, 모든 게 서로 친밀해질 거야
윈터루드, 이 친구가 당신 근사하대

If Dogs Run Free

If dogs run free, then why not we
Across the swooping plain?
My ears hear a symphony
Of two mules, trains and rain
The best is always yet to come
That's what they explain to me
Just do your thing, you'll be king
If dogs run free

If dogs run free, why not me
Across the swamp of time?
My mind weaves a symphony
And tapestry of rhyme
Oh, winds which rush my tale to thee
So it may flow and be
To each his own, it's all unknown
If dogs run free

If dogs run free, then what must be
Must be, and that is all
True love can make a blade of grass
Stand up straight and tall
In harmony with the cosmic sea
True love needs no company
It can cure the soul, it can make it whole
If dogs run free

- 여러 가지 색실로 그림을 짜넣은 직물.

개들이 자유로이 달릴 수 있다면

저 내리막 들판을 가로질러
개들이 자유로이 달릴 수 있다면, 우리라고 왜?
노새 두 마리와 기차와 빗물의 교향악
내 귀에 들려오네
가장 좋은 것은 언제나 아직 오지 않은 것
그것이 바로 그들이 내게 설명해주는 것
그저 당신 뜻대로 해, 그러면 당신은 왕이 되리
개들이 자유로이 달릴 수 있다면

시간의 늪을 가로질러
개들이 자유로이 달릴 수 있다면, 나라고 왜?
내 마음은 교향악을 엮어가지
시의 태피스트리*를
오, 내 이야기를 몰고 가는 바람
하여 그것은 흘러 저마다에게
그 자신의 이야기가 되리, 그 모두엔 이름 없으리
개들이 자유로이 달릴 수 있다면

개들이 자유로이 달릴 수 있다면, 그렇다면 그러해야 하는 것은
그러해야 하는 것, 그리고 그게 전부다
참된 사랑은 풀잎을
곧고 힘차게 일으켜세우지
무한한 바다와 조화를 이룬
참된 사랑에겐 동반자가 따로 필요치 않아
사랑이 영혼을 치유하고 영혼을 완전하게 하나니
개들이 자유로이 달릴 수 있다면

New Morning

Can't you hear that rooster crowin'?
Rabbit runnin' down across the road
Underneath the bridge where the water flowed through
So happy just to see you smile
Underneath the sky of blue
On this new morning, new morning
On this new morning with you

Can't you hear that motor turnin'?
Automobile comin' into style
Comin' down the road for a country mile or two
So happy just to see you smile
Underneath the sky of blue
On this new morning, new morning
On this new morning with you

The night passed away so quickly
It always does when you're with me

Can't you feel that sun a-shinin'?
Groundhog runnin' by the country stream
This must be the day that all of my dreams come true
So happy just to be alive
Underneath the sky of blue
On this new morning, new morning
On this new morning with you

So happy just to be alive
Underneath the sky of blue
On this new morning, new morning
On this new morning with you
New morning ……

새 아침

저 수탉 우는 소리 들리지 않나요?
토끼가 길을 가로질러 달려가고 있어요
물 흘러가는 다리 아래로
당신 웃는 모습만 봐도 너무나 행복해요
푸른 하늘 아래
이 새 아침, 새 아침에
당신과 함께하는 이 새 아침에

저 모터 돌아가는 소리 들리지 않나요?
유행하는 자동차는
길을 따라 시골로 두어 마일 달려내려가고 있어요
당신이 웃는 모습만 봐도 너무나 행복해요
푸른 하늘 아래
이 새로운 아침, 새 아침에
당신과 함께하는 이 새 아침에

밤은 너무나 빨리 지나가버리죠
언제나 그렇죠 당신과 함께 있을 때면

저 눈부시게 빛나는 태양이 느껴지지 않나요?
마멋이 시골 개울가를 달리고
오늘은 틀림없이 내 모든 꿈 이루어지는 날
살아 있는 것만으로도 너무나 행복해요
푸른 하늘 아래
이 새로운 아침, 새 아침에
당신과 함께하는 이 새 아침에

살아 있다는 것만으로도 너무나 행복해요
푸른 하늘 아래
이 새로운 아침, 새 아침에
당신과 함께하는 이 새 아침에
새 아침에……

Sign on the Window

Sign on the window says "Lonely"
Sign on the door said "No Company Allowed"
Sign on the street says "Y' Don't Own Me"
Sign on the porch says "Three's A Crowd"
Sign on the porch says "Three's A Crowd"

Her and her boyfriend went to California
Her and her boyfriend done changed their tune
My best friend said, "Now didn' I warn ya
Brighton girls are like the moon
Brighton girls are like the moon"

Looks like a-nothing but rain······
Sure gonna be wet tonight on Main Street······
Hope that it don't sleet

Build me a cabin in Utah
Marry me a wife, catch rainbow trout
Have a bunch of kids who call me "Pa"
That must be what it's all about
That must be what it's all about

창문에 쓰인 글자

창문에 쓰인 글자는 "외로워"
문에 걸린 팻말에는 "동반출입금지"
거리 표지판에는 "넌 날 가질 수 없어"
현관에 세워둔 푯말에는 "세 명도 너무 많아"
현관에 세워둔 푯말에는 "세 명도 너무 많아"

그녀와 그녀의 남자친구는 캘리포니아로 갔지
그녀와 그녀의 남자친구는 서로에 대한 마음 변했지
내 가장 친한 친구는 말했지, "그러게 내가 너한테 경고했지
브라이턴 여자들은 달과 같다고
브라이턴 여자들은 달과 같다고"

틀림없이 비가 오겠어……
오늘밤 메인 스트리트는 비에 젖을 거야……
부디 진눈깨비가 아니길 바라야지

유타에 오두막 한 채 짓고
한 여자와 결혼하고, 무지개송어 낚시하고
날 '아빠'라 부르는 아이들 여럿 두는 것
그게 인생의 중요한 모든 것
그게 바로 인생의 중요한 모든 것

One More Weekend

Slippin' and slidin' like a weasel on the run
I'm lookin' good to see you, yeah, and we can have some fun
One more weekend, one more weekend with you
One more weekend, one more weekend'll do

Come on down to my ship, honey, ride on deck
We'll fly over the ocean just like you suspect
One more weekend, one more weekend with you
One more weekend, one more weekend'll do

We'll fly the night away
Hang out the whole next day
Things will be okay
You wait and see
We'll go someplace unknown
Leave all the children home
Honey, why not go alone
Just you and me

Comin' and gain' like a rabbit in the wood
I'm happy just to see you, yeah, lookin' so good
One more weekend, one more weekend with you
One more weekend, one more weekend'll do (yes, you will!)

Like a needle in a haystack, I'm gonna find you yet
You're the sweetest gone mama that this boy's ever gonna get
One more weekend, one more weekend with you
One more weekend, one more weekend'll do

한 번만 더 주말을

달려가는 족제비처럼 요리조리 미끄러지면서
당신을 보니 좋아, 그래, 우리 재밌게 보낼 수 있을 거야
한 번 더, 당신과 함께 보내는 주말을 한 번만 더
한 번 더, 주말을 한 번만 더, 그거면 충분해

자 어서 내 배로 내려와, 자기, 갑판에 올라타
우린 저 바다 너머로 날아갈 거야 당신이 의심하던 그대로야
한 번 더, 당신과 함께 보내는 주말을 한 번만 더
한 번 더, 주말을 한 번만 더, 그거면 충분해

우린 한밤 내 날아갈 거야
그다음 날도 함께 보내겠지
다 잘될 거야
두고 보라고
우린 알려지지 않은 장소로 갈 거야
아이들은 모두 집에 두고 떠나
내 사랑, 우리만 가는 게 어때
당신과 나 둘이서만

숲속의 토끼처럼 오가면서
당신을 보니 행복해, 그래, 너무 좋아
한 번 더, 당신과 함께 보내는 주말을 한 번만 더
한 번 더, 주말을 한 번만 더, 그거면 충분해 (그래, 당신도 그럴 거야!)

건초 더미에서 바늘 찾듯이 난 당신을 찾을 거야 하지만
당신은 이 남자가 얻을 가장 달콤한 떠나간 여인
한 번 더, 당신과 함께 보내는 주말을 한 번만 더
한 번 더, 주말을 한 번만 더, 그거면 충분해

The Man in Me

The man in me will do nearly any task
And as for compensation, there's little he would ask
Take a woman like you
To get through to the man in me

Storm clouds are raging all around my door
I think to myself I might not take it anymore
Take a woman like your kind
To find the man in me

But, oh, what a wonderful feeling
Just to know that you are near
Sets my heart a-reeling
From my toes up to my ears

The man in me will hide sometimes to keep from bein' seen
But that's just because he doesn't want to turn into some machine
Took a woman like you
To get through to the man in me

내 안의 남자

내 안의 남자는 무슨 일이든 할 수 있어
그리고 그 대가로, 그는 거의 아무것도 바라지 않지
너라는 여자를 만나
내 안의 그 남자에게 닿지

먹구름이 내 문 주위에 잔뜩 몰려들고 있어
혼자선 더는 감당하지 못할 것 같아
너 같은 여자를 만나
내 안의 그 남자를 발견하지

하지만, 오, 얼마나 황홀한지
당신 가까이에 있다는 것만으로도
내 마음을 뒤흔들지
발부터 시작해서 귀까지 온통

내 안의 그 남자는 가끔 눈에 띄지 않으려 숨을 거야
하지만 그건 자신이 기계처럼 되는 걸 원치 않기 때문이지
너라는 여자를 만나
내 안의 그 남자에게 닿았었지

Three Angels

Three angels up above the street
Each one playing a horn
Dressed in green robes with wings that stick out
They've been there since Christmas morn
The wildest cat from Montana passes by in a flash
Then a lady in a bright orange dress
One U-Haul trailer, a truck with no wheels
The Tenth Avenue bus going west
The dogs and pigeons fly up and they flutter around
A man with a badge skips by
Three fellas crawlin' on their way back to work
Nobody stops to ask why
The bakery truck stops outside of that fence
Where the angels stand high on their poles
The driver peeks out, trying to find one face
In this concrete world full of souls
The angels play on their horns all day
The whole earth in progression seems to pass by
But does anyone hear the music they play
Does anyone even try?

세 천사

거리 위 높은 곳에 세 천사
저마다 뿔피리 불고 있는
초록색 로브 차림에 등뒤론 날개 튀어나온
그들은 크리스마스 아침부터 쭉 그곳에 있었다
몬태나 출신의 가장 사나운 고양이가 번개처럼 지나간다
이어서 밝은 오렌지색 드레스 입은 한 여자
임대 트레일러, 바퀴 없는 트럭
서쪽으로 가는 10번가 버스
개들 그리고 비둘기들 날아올라 날개 퍼덕인다
배지 단 한 남자 재빨리 지나가고
엉금엉금 일터로 돌아가는 세 친구
아무도 왜냐고 묻지 않는다
빵집 트럭이 그쪽 울타리 바깥에 멈춘다
울타리 기둥 위 높은 곳에 서 있는 천사들
운전수가 밖을 엿본다, 한 얼굴 찾으려 애쓰며
영혼들로 가득한 이 콘크리트 세상에서
천사들은 하루종일 그들의 뿔피리 연주한다
세상 사람들 모두가 차례대로 지나쳐가는 것 같다
정녕 그들이 연주하는 음악 듣는 이 아무도 없는가
시도라도 해보는 이도 없는가?

Father of Night

Father of night, Father of day
Father, who taketh the darkness away
Father, who teacheth the bird to fly
Builder of rainbows up in the sky
Father of loneliness and pain
Father of love and Father of rain

Father of day, Father of night
Father of black, Father of white
Father, who build the mountain so high
Who shapeth the cloud up in the sky
Father of time, Father of dreams
Father, who turneth the rivers and streams

Father of grain, Father of wheat
Father of cold and Father of heat
Father of air and Father of trees
Who dwells in our hearts and our memories
Father of minutes, Father of days
Father of whom we most solemnly praise

밤의 아버지

밤의 아버지, 낮의 아버지
아버지, 어둠을 몰아내시는
아버지, 새들에게 나는 법 가르치시는
하늘의 무지개 건설자
외로움과 고통의 아버지
사랑의 아버지와 비의 아버지

낮의 아버지, 밤의 아버지
검은색의 아버지, 흰색의 아버지
아버지, 까마득히 높은 산 세우시는
하늘의 구름 빚으시는
시간의 아버지, 꿈들의 아버지
아버지, 강들과 하천들 물길 바꾸시는

곡물의 아버지, 밀의 아버지
냉기의 아버지와 열기의 아버지
공기의 아버지와 나무들의 아버지
우리의 심장과 기억에 거주하시는
분分들의 아버지, 날日들의 아버지
우리가 가장 엄숙히 찬양하는 아버지

I'd Have You Any Time
(with George Harrison)

Let me in here, I know I've been here
Let me into your heart
Let me know you, let me show you
Let me roll it to you
All I have is yours
All you see is mine
And I'm glad to have you in my arms
I'd have you any time

Let me say it, let me play it
Let me lay it on you
Let me know you, let me show you
Let me grow it on you
All I have is yours
All you see is mine
And I'm glad to have you in my arms
I'd have you any time

Let me in here, I know I've been here
Let me into your heart
Let me know you, let me show you
Let me roll it to you
All I have is yours
All you see is mine
And I'm glad to have you in my arms
I'd have you any time

• 비틀스의 기타리스트(1943~2001).

언제든 당신을 가질 거야
(조지 해리슨과 함께)

날 여기 있게 해줘, 예전부터 내가 이곳에 있었다는 걸 알아
당신의 마음속으로 들어가게 해줘
당신을 알게 해줘, 당신에게 보여줄 수 있게 해줘
당신에게 그것을 굴려보낼 수 있게 해줘
내가 가진 모든 것은 당신의 것
당신이 보는 모든 것은 나의 것
당신을 내 품에 안아서 기뻐
언제든 당신을 가질 거야

그것을 말하게 해줘, 연주하게 해줘
당신 위에 눕게 해줘
당신을 알게 해줘, 당신에게 보여줄 수 있게 해줘
당신 위에 키울 수 있게 해줘
내가 가진 모든 것은 당신의 것
당신이 보는 모든 것은 나의 것
당신을 내 품에 안아서 기뻐
언제든 당신을 가질 거야

날 여기 있게 해줘, 예전부터 내가 이곳에 있었다는 걸 알아
당신의 마음속으로 들어가게 해줘
당신을 알게 해줘, 당신에게 보여줄 수 있게 해줘
그것을 당신에게 굴려보낼 수 있게 해줘
내가 가진 모든 것은 당신의 것
당신이 보는 모든 것은 나의 것
당신을 내 품에 안아서 기뻐
언제든 당신을 가질 거야

Watching the River Flow

What's the matter with me
I don't have much to say
Daylight sneakin' through the window
And I'm still in this all-night café
Walkin' to and fro beneath the moon
Out to where the trucks are rollin' slow
To sit down on this bank of sand
And watch the river flow

Wish I was back in the city
Instead of this old bank of sand
With the sun beating down over the chimney tops
And the one I love so close at hand
If I had wings and I could fly
I know where I would go
But right now I'll just sit here so contentedly
And watch the river flow

People disagreeing on all just about everything, yeah
Makes you stop and all wonder why
Why only yesterday I saw somebody on the street
Who just couldn't help but cry
Oh, this ol' river keeps on rollin', though
No matter what gets in the way and which way the wind does blow
And as long as it does I'll just sit here
And watch the river flow

People disagreeing everywhere you look
Makes you wanna stop and read a book
Why only yesterday I saw somebody on the street
That was really shook
But this ol' river keeps on rollin', though
No matter what gets in the way and which way the wind does blow
And as long as it does I'll just sit here
And watch the river flow

Watch the river flow
Watchin' the river flow
Watchin' the river flow
But I'll sit down on this bank of sand
And watch the river flow

흘러가는 강물 보기

내게 무슨 문제 있는 건지
난 그다지 할말이 없어
햇빛은 창을 통해 슬금슬금 들어오지
그리고 난 여전히 이곳 밤샘 영업하는 카페에 있어
달 아래서 왔다갔다하며
트럭들이 천천히 굴러가고 있는 바깥으로 나와서
이 모래 둑 위에 앉아
강물이 흘러가는 걸 바라보지

도시로 돌아갈 수 있다면
굴뚝 꼭대기들 위로 햇볕 내리쬐는
이 오래된 모래 둑 위에 있는 게 아니라
그리고 내가 사랑하는 그이 곁에 있을 수 있다면
날개가 있어 날 수 있다면
난 내가 어디로 가려는지 알아
하지만 당장은 그저 이곳에 앉아 있을 거야 기꺼운 마음으로
그리고 강물이 흘러가는 걸 바라볼 거야

무엇에든 그저 반대만 하는 사람들, 그래
그들은 당신을 멈추게 하고 모든 걸 왜냐고 묻게 하지
아 바로 어제 거리에서 어떤 사람을 봤어
참지 못하고 울음을 터뜨리는 사람을
오, 그러나 이 오래된 강은 그저 쉼 없이 흘러만 가는데
무엇이 길을 막아서든 바람이 어느 쪽으로 불든
강물이 흐르는 한 난 그저 이곳에 앉아 있을 거야
그리고 강물이 흘러가는 걸 바라볼 거야

사람들은 반대하지 당신이 바라보는 그 어느 곳에서든
그들은 당신을 멈추고 싶어하게 만들고 책을 읽게 하지
아 바로 어제 거리에서 어떤 사람을 봤지
정말로 충격을 받아 휘청거리는 사람을
하지만 이 오래된 강은 그저 쉼 없이 흘러만 가지

무엇이 길을 막아서든 바람이 어느 쪽으로 불든
강물이 흐르는 한 난 그저 이곳에 앉아 있을 거야
그리고 강물이 흘러가는 걸 바라볼 거야

강물이 흘러가는 걸 바라보지
강물이 흘러가는 걸 바라보고 있어
강물이 흘러가는 걸 바라보고 있어
난 이 모래 둑 위에 앉을 거야
그리고 강물이 흘러가는 걸 바라볼 거야

When I Paint My Masterpiece

Oh, the streets of Rome are filled with rubble
Ancient footprints are everywhere
You can almost think that you're seein' double
On a cold, dark night on the Spanish Stairs
Got to hurry on back to my hotel room
Where I've got me a date with Botticelli's niece
She promised that she'd be right there with me
When I paint my masterpiece

Oh, the hours I've spent inside the Coliseum
Dodging lions and wastin' time
Oh, those mighty kings of the jungle, I could hardly stand to see 'em
Yes, it sure has been a long, hard climb
Train wheels runnin' through the back of my memory
When I ran on the hilltop following a pack of wild geese
Someday, everything is gonna be smooth like a rhapsody
When I paint my masterpiece

Sailin' round the world in a dirty gondola
Oh, to be back in the land of Coca-Cola!

I left Rome and landed in Brussels
On a plane ride so bumpy that I almost cried
Clergymen in uniform and young girls pullin' muscles
Everyone was there to greet me when I stepped inside
Newspapermen eating candy
Had to be held down by big police
Someday, everything is gonna be diff'rent
When I paint my masterpiece

내가 나의 걸작을 그릴 때

오, 로마 거리는 오래된 돌무더기들로 가득해
고대의 발자취들이 도처에 있고
무엇이든 둘로 보이는 것 같다고 느낄지도 몰라
어느 차갑고 어두운 밤에 당신이 스페인 계단* 위에 있을 때면 말이야
내 호텔방으로 서둘러 갔지
그곳엔 보티첼리 조카딸과의 데이트가 기다리고 있었어
그녀는 약속했지 그곳에서 나와 함께 있겠다고
내가 나의 걸작을 그릴 때

오, 콜로세움 안에서 보내왔던 그 시간들
사자들을 피하면서 시간을 때우면서
오, 그 정글의 힘센 왕들, 감히 그 앞에 서서 제대로 쳐다볼 수조차
   없었지
그래, 참으로 길고 힘든 등반이었어
열차 바퀴들이 내 기억 뒤편을 뚫고 달려갔지
기러기떼 좇아 언덕 꼭대기를 달리고 있을 때
언젠가는, 모든 게 매끄러워질 거야 한 편의 광시곡처럼
내가 나의 걸작을 그릴 때

지저분한 곤돌라 타고서 세상 떠돌다
오, 코카콜라의 땅으로 돌아간다네!

난 로마를 떠나 브뤼셀에 닿았지
비행기 타고 가는 동안 너무 불편해서 하마터면 울 뻔했어
제복 입은 성직자들과 어린 아가씨들이 어찌나 잡아당겨대던지
모두가 나를 맞으러 그곳에 나와 있었지 내가 안으로 들어섰을 때
사탕 먹고 있던 신문기자들은
거구의 경찰들한테 제압되어야만 했지
언젠가는, 모든 게 달라질 거야
내가 나의 걸작을 그릴 때

Wallflower

Wallflower, wallflower
Won't you dance with me?
I'm sad and lonely too
Wallflower, wallflower
Won't you dance with me?
I'm fallin' in love with you

Just like you I'm wondrin' what I'm doin' here
Just like you I'm wondrin' what's goin' on

Wallflower, wallflower
Won't you dance with me?
The night will soon be gone

I have seen you standing in the smoky haze
And I know that you're gonna be mine one of these days
Mine alone

Wallflower, wallflower
Take a chance on me
Please let me ride you home

월플라워

월플라워, 월플라워
나와 춤추지 않을래요?
나도 슬프고 외로워요
월플라워, 월플라워
나와 춤추지 않을래요?
나 당신에게 빠져들고 있어요

당신과 꼭 같이 나도 궁금하죠 여기서 내가 뭘 하고 있는 건지
당신과 꼭 같이 나도 궁금하죠 일이 어떻게 돼가고 있는 건지

월플라워, 월플라워
나와 춤추지 않을래요?
밤은 금세 가버릴 거예요

자욱한 안개 속에 당신이 서 있는 걸 봤어요
그리고 난 알죠 당신 머잖아 나의 것 되리라는 걸
오직 나만의 것이

월플라워, 월플라워
내게 운을 걸어봐요
차로 집에 데려다주게 해줘요

George Jackson

I woke up this mornin'
There were tears in my bed
They killed a man I really loved
Shot him through the head
Lord, Lord
They cut George Jackson down
Lord, Lord
They laid him in the ground

Sent him off to prison
For a seventy-dollar robbery
Closed the door behind him
And they threw away the key
Lord, Lord
They cut George Jackson down
Lord, Lord
They laid him in the ground

He wouldn't take shit from no one
He wouldn't bow down or kneel
Authorities, they hated him
Because he was just too real
Lord, Lord
They cut George Jackson down
Lord, Lord
They laid him in the ground

Prison guards, they cursed him
As they watched him from above
But they were frightened of his power
They were scared of his love
Lord, Lord
So they cut George Jackson down
Lord, Lord
They laid him in the ground

Sometimes I think this whole world
Is one big prison yard
Some of us are prisoners
The rest of us are guards

- 1950~60년대 활동한 흑인민권운동 단체 흑표범단의 리더로, 1971년 샌퀸틴주립교도소에서 탈출을 시도하다가 살해되었다.

조지 잭슨

오늘 아침 일어났을 때
내 침대엔 눈물 고여 있었지
그들이 한 남자 죽였지 내가 정말 사랑했던
그의 머리를 총으로 쐈지
하느님, 오 하느님
그들이 조지 잭슨을 죽였지
하느님, 오 하느님
그들이 그를 땅속에 눕혔지

그를 감옥에 보냈지
17달러 절도한 죄로
그의 뒤에서 문을 잠갔지
그러고는 열쇠를 던져버렸지
하느님, 오 하느님
그들이 조지 잭슨을 죽였지
하느님, 오 하느님
그들이 그를 땅속에 눕혔지

그는 누구한테서도 엿 먹지 않으려 했지
그는 허리 숙이거나 무릎 꿇으려 하지 않았지
정부 당국, 그들은 그를 미워했지
단지 그가 너무 진짜인 인간이라서
하느님, 오 하느님
그들이 조지 잭슨을 죽였지
하느님, 오 하느님
그들이 그를 땅속에 눕혔지

교도관들, 그들은 그를 욕했지
위쪽에서 그를 내려다보면서
하지만 그들은 그의 힘에 겁먹었지
그들은 그의 사랑을 두려워했지
하느님, 오 하느님

Lord, Lord
They cut George Jackson down
Lord, Lord
They laid him in the ground

그래서 그들은 조지 잭슨을 죽였지
하느님, 오 하느님
그들이 그를 땅속에 눕혔지

가끔 난 생각하지 이 세상 전체가
커다란 형무소 마당인지도 모른다고
우리 중 일부는 죄수들이고
나머지는 모두 교도관들이지
하느님, 오 하느님
그들이 조지 잭슨을 죽였지
하느님, 오 하느님
그들이 그를 땅속에 눕혔지

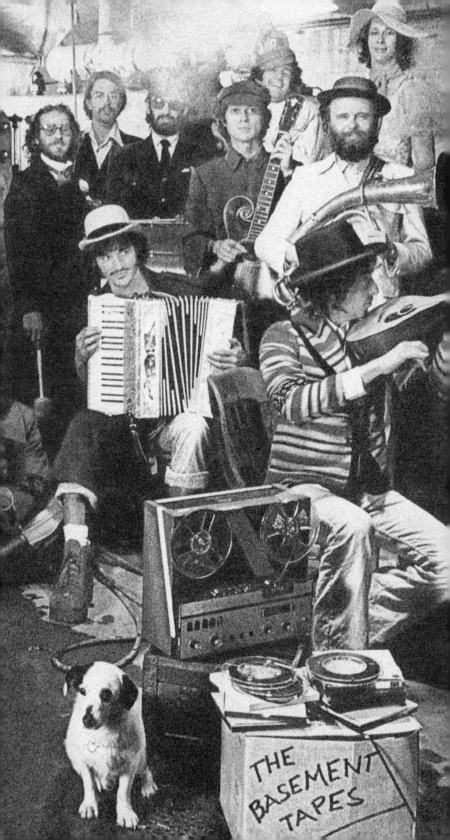

THE BASEMENT TAPES

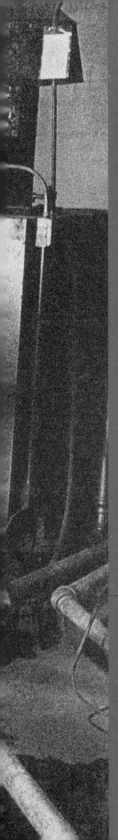

The Basement Tapes 1975

비정규 앨범

Odds and Ends

Million Dollar Bash

Goin' to Acapulco

Lo and Behold!

Clothes Line Saga

Apple Suckling Tree

Please, Mrs. Henry

Tears of Rage

Too Much of Nothing

Yea! Heavy and a Bottle of Bread

Down in the Flood

Tiny Montgomery

You Ain't Goin' Nowhere

Don't Ya Tell Henry

Nothing Was Delivered

Open the Door, Homer

Long-Distance Operator

This Wheel's on Fire

additional lyrics

Sign on the Cross

Quinn the Eskimo (The Mighty Quinn)

I Shall Be Released

Get Your Rocks Off!

Silent Weekend

Santa Fe

Odds and Ends

I plan it all and I take my place
You break your promise all over the place
You promised to love me, but what do I see
Just you comin' and spillin' juice over me
Odds and ends, odds and ends
Lost time is not found again

Now, you take your file and you bend my head
I never can remember anything that you said
You promised to love me, but what do I know
You're always spillin' juice on me like you got someplace to go
Odds and ends, odds and ends
Lost time is not found again

Now, I've had enough, my box is clean
You know what I'm sayin' and you know what I mean
From now on you'd best get on someone else
While you're doin' it, keep that juice to yourself
Odds and ends, odds and ends
Lost time is not found again

잡동사니들

나는 모든 걸 다 계획하고 내 자릴 차지해
너는 모든 곳에서 약속을 깨뜨리지
너는 날 사랑하겠다고 약속했는데, 내가 본 거라곤
그저 내게 와서 주스를 엎지르는 모습뿐이야
잡동사니들, 잡동사니들
잃어버린 세월은 되찾을 수 없다네

이제 넌 네 파일을 챙기고 날 고개 숙이게 하지
네가 했던 말들이 하나도 기억나질 않아
너는 날 사랑하겠다고 약속했는데, 내가 아는 거라곤
넌 늘 내게 주스를 엎지른다는 사실뿐이야, 어디 갈 데라도 있는
　사람처럼
잡동사니들, 잡동사니들
잃어버린 세월은 되찾을 수 없다네

이제 난 할 만큼 했어, 내 상자는 다 비었다고
내가 무슨 말 하는 건지, 뭘 의미하는 건지 너도 알잖아
지금부터 넌 딴 사람을 만나는 게 좋겠다
그러는 동안, 그 주스는 쏟지 말고 잘 들고 있어
잡동사니들, 잡동사니들
잃어버린 세월은 되찾을 수 없다네

Million Dollar Bash

Well, that big dumb blonde
With her wheel in the gorge
And Turtle, that friend of theirs
With his checks all forged
And his cheeks in a chunk
With his cheese in the cash
They're all gonna be there
At that million dollar bash
Ooh, baby, ooh-ee
Ooh, baby, ooh-ee
It's that million dollar bash

Ev'rybody from right now
To over there and back
The louder they come
The harder they crack
Come now, sweet cream
Don't forget to flash
We're all gonna meet
At that million dollar bash
Ooh, baby, ooh-ee
Ooh, baby, ooh-ee
It's that million dollar bash

Well, I took my counselor
Out to the barn
Silly Nelly was there
She told him a yarn
Then along came Jones
Emptied the trash
Ev'rybody went down
To that million dollar bash
Ooh, baby, ooh-ee
Ooh, baby, ooh-ee
It's that million dollar bash

Well, I'm hittin' it too hard
My stones won't take
I get up in the mornin'
But it's too early to wake
First it's hello, goodbye
Then push and then crash

백만 달러짜리 파티

글쎄, 저 크고 멍청한 금발머리 여자는
목구멍에 바퀴를 달고 있어
그리고 그들의 친구인 저 거북이는
가짜 수표를 쥐고 있지
입안에 음식을 잔뜩 물고서
현금에는 치즈를 발라놨다네
그들 모두가 거기에 있을 거야
거기 백만 달러짜리 파티에
우, 베이비, 우우이
우, 베이비, 우우이
바로 그 백만 달러짜리 파티에

지금부터 당장 모두들
저리로 갔다가 되돌아와봐
큰소리치면서 온 놈들일수록
더 크게 박살나지
이제 이리로 와, 나의 달콤한 크림
사진 찍는 거 까먹지 말고
우리 모두 거기서 만날 거야
거기 백만 달러짜리 파티에서
우, 베이비, 우우이
우, 베이비, 우우이
바로 그 백만 달러짜리 파티에서

있잖아, 난 변호사를 데리고
헛간으로 갔어
거기엔 멍청한 넬리가 있었지
그녀가 그에게 잔뜩 허풍을 떨더군
그러고는 존스가 와서
쓰레기를 비웠지
모두들 그곳에 갔어
거기 백만 달러짜리 파티에

But we're all gonna make it
At that million dollar bash
Ooh, baby, ooh-ee
Ooh, baby, ooh-ee
It's that million dollar bash

Well, I looked at my watch
I looked at my wrist
Punched myself in the face
With my fist
I took my potatoes
Down to be mashed
Then I made it over
To that million dollar bash
Ooh, baby, ooh-ee
Ooh, baby, ooh-ee
It's that million dollar bash

우, 베이비, 우우이
우, 베이비, 우우이
바로 그 백만 달러짜리 파티에

글쎄, 나 너무 막 나가고 있어
내 불알이 견뎌내지 못할 거야
나는 아침에 일어나
하지만 일어나기엔 너무 이른 시간이지
첫인사를 하자마자 작별이라니
그러고는 밀어붙이고, 그러고는 망해버리겠지
하지만 우린 모두 해내고야 말 거야
거기 백만 달러짜리 파티에서
우, 베이비, 우우이
우, 베이비, 우우이
바로 그 백만 달러짜리 파티에서

있잖아, 난 시계를 봤어
손목을 봤지
내 얼굴을 후려쳤어
내 주먹으로 말이야
감자를 몇 개 가져다가
으깬 감자를 만들었어
그런 다음 그걸 가져다줬지
거기 백만 달러짜리 파티에
우, 베이비, 우우이
우, 베이비, 우우이
바로 그 백만 달러짜리 파티에

Goin' to Acapulco

I'm going down to Rose Marie's
She never does me wrong
She puts it to me plain as day
And gives it to me for a song

It's a wicked life but what the hell
The stars ain't falling down
I'm standing outside the Taj Mahal
I don't see no one around

Goin' to Acapulco—goin' on the run
Goin' down to see fat gut—goin' to have some fun
Yeah—goin' to have some fun

Now, whenever I get up
And I ain't got what I see
I just make it down to Rose Marie's
'Bout a quarter after three

There are worse ways of getting there
And I ain't complainin' none
If the clouds don't drop and the train don't stop
I'm bound to meet the sun

Goin' to Acapulco—goin' on the run
Goin' down to see fat gut—goin' to have some fun
Yeah—goin' to have some fun

Now, if someone offers me a joke
I just say no thanks
I try to tell it like it is
And keep away from pranks

Well, sometime you know when the well breaks down
I just go pump on it some
Rose Marie, she likes to go to big places
And just set there waitin' for me to come

Goin' to Acapulco—go in ' on the run
Goin' down to see fat gut—goin' to have some fun
Yeah—goin' to have some fun

아카풀코로 가네

난 로즈 마리네로 가네
그녀는 절대 내게 나쁜 짓을 하지 않지
그녀는 내게 아주 솔직해
그리고 노래가 될 만한 거리를 줘

사악한 인생이지만, 뭐 어때
그런다고 별들이 다 떨어지는 것도 아니잖아
난 타지마할 클럽 바깥에 서 있어
주변에는 아무도 없지

아카풀코로 가네, 서둘러 달려가
뚱보를 만나러 가네, 재미나 좀 보러 가지
그래, 난 재미나 좀 보러 가네

이제 일어날 때마다
내 옆에 보여야 할 사람이 없네
나는 곧장 로즈 마리네로 달려가
세시 십오분쯤에 말이야

거기로 가는 더 안 좋은 방법들도 있다고
그리고 난 아무 불평불만이 없어
하늘에서 비가 오지만 않는다면, 그리고 기차가 멈추지만 않는다면
분명 난 태양을 만날 테니까

아카풀코로 가네, 서둘러 달려가
뚱보를 만나러 가네, 재미나 좀 보러 가지
그래, 난 재미나 좀 보러 가네

이제 누가 내게 농담을 건넨다면
그냥 사양할래
나는 있는 그대로 말하고
될 수 있으면 장난은 치지 않으려 해

글쎄, 때로 우물에 문제가 생기면
나는 곧장 가서 펌프질을 할 거야
로즈 마리, 그녀는 거창한 곳에 가기를 좋아하지
그러고는 그냥 거기 있으면서 내가 오기만을 기다려

아카풀코로 가네, 서둘러 달려가
뚱보를 만나러 가네, 재미나 좀 보러 가지
그래, 난 재미나 좀 보러 가네

Lo and Behold!

I pulled out for San Anton'
I never felt so good
My woman said she'd meet me there
And of course, I knew she would
The coachman, he hit me for my hook
And he asked me my name
I give it to him right away
Then I hung my head in shame
Lo and behold! Lo and behold!
Lookin' for my lo and behold
Get me outa here, my dear man!

I come into Pittsburgh
At six-thirty flat
I found myself a vacant seat
An' I put down my hat
"What's the matter, Molly, dear
What's the matter with your mound?"
"What's it to ya, Moby Dick?
This is chicken town!"
Lo and behold! Lo and behold!
Lookin' for my lo and behold
Get me outa here, my dear man!

I bought my girl
A herd of moose
One she could call her own
Well, she came out the very next day
To see where they had flown
I'm goin' down to Tennessee
Get me a truck 'r somethin'
Gonna save my money and rip it up!
Lo and behold! Lo and behold!
Lookin' for my lo and behold
Get me outa here, my dear man!

Now, I come in on a Ferris wheel
An' boys, I sure was slick
I come in like a ton of bricks
Laid a few tricks on 'em
Goin' back to Pittsburgh
Count up to thirty

자, 보시라!

난 샌 앤턴을 향해 출발했어
최고로 기분좋은 날이었지
내 여자가 거기서 날 만나겠다고 했거든
그리고 물론, 난 그녀가 그럴 줄 알았지
나의 유혹에 넘어온 마부가
내 이름을 물었어
난 곧장 그에게 알려줬지
그러고선 부끄러움에 고개를 떨궜어
자, 보시라! 자, 보시라!
날 놀라게 해줄 뭔가를 찾아서
여기서 날 데려가주오, 나의 친애하는 마부여!

난 피츠버그에 있는
36층짜리 아파트에 들어갔어
난 빈자리를 찾아 앉았지
그리고 모자를 내려놨어
"이봐 몰리, 무슨 일이야
네 거시기에 무슨 문제라도 생긴 거야?"
"이봐 모비 딕, 대체 무슨 일인 거냐고
여긴 겁쟁이들의 동네야!"
자, 보시라! 자, 보시라!
날 놀라게 해줄 뭔가를 찾아서
여기서 날 데려가주오, 나의 친애하는 마부여!

난 내 여자에게
마음대로 부릴 수 있을
무스 한 무리를 사다주었지
글쎄, 바로 그다음 날 그녀는
밖으로 나와 그것들이 어디로 달아났는지 찾더군
난 테네시로 갈 거야
내게 트럭이나 뭘 좀 가져다줘
돈을 모은 다음에 그걸 다 찢어버릴 거야!

Round that horn and ride that herd
Gonna thread up!
Lo and behold! Lo and behold!
Lookin' for my lo and behold
Get me outa here, my dear man!

자, 보시라! 자, 보시라!
날 놀라게 해줄 뭔가를 찾아서!
여기서 날 데려가주오, 나의 친애하는 마부여!

이제 난 대관람차에 올라탔지
그리고 얘들아, 분명 난 멋졌어
아주 맹렬한 기세로 올라탔지
그놈들에게 골탕을 좀 먹여줬어
피츠버그로 돌아가고 있어
서른까지 세
경적을 울리고 계속 감시해
다시 시작할 거야!
자, 보시라! 자, 보시라!
날 놀라게 해줄 뭔가를 찾아서
여기서 날 데려가주오, 나의 친애하는 마부여!

Clothes Line Saga

After a while we took in the clothes
Nobody said very much
Just some old wild shirts and a couple pairs of pants
Which nobody really wanted to touch
Mama come in and picked up a book
An' Papa asked her what it was
Someone else asked, "What do you care?"
Papa said, "Well, just because"
Then they started to take back their clothes
Hang 'em on the line
It was January the thirtieth
And everybody was feelin' fine

The next day everybody got up
Seein' if the clothes were dry
The dogs were barking, a neighbor passed
Mama, of course, she said, "Hi!"
"Have you heard the news?" he said, with a grin
"The Vice-President's gone mad!"
"Where?" "Downtown." "When?" "Last night"
"Hmm, say, that's too bad!"
"Well, there's nothin' we can do about it," said the neighbor
"It's just somethin' we're gonna have to forget"
"Yes, I guess so," said Ma
Then she asked me if the clothes was still wet

I reached up, touched my shirt
And the neighbor said, "Are those clothes yours?"
I said, "Some of 'em, not all of 'em"
He said, "Ya always help out around here with the chores?"
I said, "Sometime, not all the time"
Then my neighbor, he blew his nose
Just as Papa yelled outside
"Mama wants you t' come back in the house and bring them clothes"
Well, I just do what I'm told
So, I did it, of course
I went back in the house and Mama met me
And then I shut all the doors

빨랫줄 이야기

조금 있다 우리는 빨래를 걷어들였다네
누구도 별말 하지 않았지
누구도 딱히 만지고 싶어하지 않을
그저 낡아서 해진 셔츠와 바지 몇 벌뿐이었으니까
엄마가 들어와서 책을 집어들었고
아빠는 그게 뭐냐고 물었다네
다른 누군가가 말했지, "왜 알고 싶어하는데요?"
아빠가 말했지, "글쎄, 그냥"
그러고서 그들은 자기네 옷을 다시 가져다가
빨랫줄에 걸기 시작했다네
1월 13일이었고
모두들 기분이 좋았다네

다음날 모두들 일어나
옷이 다 말랐는지를 확인했다네
개들이 짖고 있었고, 이웃 하나가 지나갔지
엄마는 당연히 인사했어, "안녕하세요!"
"소식 들으셨나요?" 그가 활짝 웃으며 말했지
"부회장이 미쳐버렸대요!"
"어디서요?" "시내에서요." "언제요?" "어젯밤에요"
"음, 그것 참 안됐군요!"
"글쎄, 우리가 할 수 있는 게 딱히 없네요," 이웃은 말했다네
"그냥 잊어야만 하는 그런 거죠"
"네, 그런 것 같네요," 엄마가 말했지
그러고서 그녀는 내게 물었어, 옷이 아직도 젖어 있느냐고

난 손을 뻗어 셔츠를 만져봤다네
그러자 그 이웃이 말했지, "그 옷들 너희 거니?"
나는 말했다네, "어떤 건요, 전부는 아니고"
그는 말했지, "너는 늘 여기서 허드렛일을 돕는구나?"
나는 말했다네, "가끔이에요, 늘 그런 건 아니고"
그러자 내 이웃은 코를 풀었고

그때 아빠가 밖에서 소리를 질렀지
"엄마가 집으로 들어와서 빨래를 다 가지고 가란다"
그래, 난 그저 시키는 대로 하는 사람이니
물론 그렇게 했어
난 집으로 돌아갔고, 엄마는 날 맞이했지
그리고 난 모든 문을 닫아버렸다네

Apple Suckling Tree

Old man sailin' in a dinghy boat
Down there
Old man down is baitin' a hook
On there
Gonna pull man down on a suckling hook
Gonna pull man into the suckling brook
Oh yeah!

Now, he's underneath that apple suckling tree
Oh yeah!
Under that apple suckling tree
Oh yeah!
That's underneath that tree
There's gonna be just you and me
Underneath that apple suckling tree
Oh yeah!

I push him back and I stand in line
Oh yeah!
Then I hush my Sadie and stand in line
Oh yeah!
Then I hush my Sadie and stand in line
I get on board in two-eyed time
Oh yeah!

Under that apple suckling tree
Oh yeah!
Under that apple suckling tree
Oh yeah!
Underneath that tree
There's just gonna be you and me
Underneath that apple suckling tree
Oh yeah!

Now, who's on the table, who's to tell me?
Oh yeah!
Who's on the table, who's to tell me?
Oh yeah!
Who should I tell, oh, who should I tell?
The forty-nine of you like bats out of hell
Oh underneath that old apple suckling tree

젖먹이 사과나무

노인이 작은 배를 타고 나아가고 있어
저 아래에서
노인이 아래에서 낚싯바늘에 미끼를 매달고 있어
저 위에서는
사람을 끌어다가 젖먹이 바늘에 매달 거야
사람을 끌어다가 젖먹이 개울에 처넣을 테지
오 그래!

이제 그는 저 젖먹이 사과나무 아래에 있어
오 그래!
저 젖먹이 사과나무 아래에
오 그래!
그게 저 나무 아래에 있네
너랑 나만 있을 거야
저 젖먹이 사과나무 아래에
오 그래!

나는 그를 밀치고는 나란히 서네
오 그래!
그런 다음 나의 새디를 달래주고는 나란히 서지
오 그래!
그런 다음 나의 새디를 달래주고는 나란히 서지
시간이 두 눈을 떴을 때 배에 오르네
오 그래!

저 젖먹이 사과나무 아래에서
오 그래!
저 젖먹이 사과나무 아래에서
오 그래!
저 나무 아래에
너랑 나만 있을 거야
저 젖먹이 사과나무 아래에서

오 그래!

이제 누구 차례야, 누가 내게 말할래?
오 그래!
누구 차례야, 누가 내게 말할래?
오 그래!
난 누구한테 말해야 하지, 오, 누구한테 말해야 하지?
모자란 너희들은 지옥에서 온 박쥐 같아
오 저 오래된 젖먹이 사과나무 아래에서

Please, Mrs. Henry

Well, I've already had two beers
I'm ready for the broom
Please, Missus Henry, won't you
Take me to my room?
I'm a good ol' boy
But I've been sniffin' too many eggs
Talkin' to too many people
Drinkin' too many kegs
Please, Missus Henry, Missus Henry, please!
Please, Missus Henry, Missus Henry, please!
I'm down on my knees
An' I ain't got a dime

Well, I'm groanin' in a hallway
Pretty soon I'll be mad
Please, Missus Henry, won't you
Take me to your dad?
I can drink like a fish
I can crawl like a snake
I can bite like a turkey
I can slam like a drake
Please, Missus Henry, Missus Henry, please!
Please, Missus Henry, Missus Henry, please!
I'm down on my knees
An' I ain't got a dime

Now, don't crowd me, lady
Or I'll fill up your shoe
I'm a sweet bourbon daddy
An' tonight I am blue
I'm a thousand years old
And I'm a generous bomb
I'm T-boned and punctured
But I'm known to be calm
Please, Missus Henry, Missus Henry, please!
Please, Missus Henry, Missus Henry, please!
I'm down on my knees
An' I ain't got a dime

Now, I'm startin' to drain
My stool's gonna squeak
If I walk too much farther

제발요, 헨리 부인

글쎄, 전 벌써 맥주를 두 잔이나 마셨어요
비질을 할 준비가 되었답니다
제발요, 헨리 부인, 저를
제 방으로 데려다주시지 않겠어요?
전 싹싹한 전형적인 남부 백인이에요
하지만 달걀 냄새를 너무 많이 맡아왔죠
너무 많은 이들과 이야기를 나눴어요
통 맥주도 너무 많이 마셨고요
제발요, 헨리 부인, 헨리 부인, 제발!
제발요, 헨리 부인, 헨리 부인, 제발!
이렇게 무릎을 꿇을게요
전 돈이 한푼도 없어요

있잖아요, 전 복도에서 신음하고 있어요
아마 곧 미쳐버릴 거예요
제발요, 헨리 부인, 저를
당신 아버지에게 데려다주시지 않겠어요?
저는 물고기처럼 마셔댈 수 있어요
뱀처럼 기어다닐 수 있고
칠면조처럼 물 수 있고
수오리처럼 공격할 수도 있죠
제발요, 헨리 부인, 헨리 부인, 제발!
제발요, 헨리 부인, 헨리 부인, 제발!
이렇게 무릎을 꿇을게요
전 돈이 한푼도 없어요

이제, 절 다그치지 말아요, 부인
안 그러면 당신의 자리를 빼앗아버릴 거예요
전 달콤한 버번위스키 같은 남자죠
그리고 오늘밤 전 우울해요
전 나이를 천 살이나 먹었죠
그리고 전 관대한 폭탄이에요

My crane's gonna leak
Look, Missus Henry
There's only so much I can do
Why don't you look my way
An' pump me a few?
Please, Missus Henry, Missus Henry, please!
Please, Missus Henry, Missus Henry, please!
I'm down on my knees
An' I ain't got a dime

찌그러진데다 구멍도 났지만
침착하기로 유명하죠
제발요, 헨리 부인, 헨리 부인, 제발!
제발요, 헨리 부인, 헨리 부인, 제발!
이렇게 무릎을 꿇을게요
전 돈이 한푼도 없어요

이제, 전 힘이 빠지기 시작해요
제 의자가 삐걱거릴 거예요
제가 너무 멀리까지 걸어가버린다면
저의 두루미는 눈물을 흘리겠죠
이봐요, 헨리 부인
저는 더이상 할 수 있는 게 없어요
저를 좀 봐주세요
술을 좀 따라주지 않겠어요?
제발요, 헨리 부인, 헨리 부인, 제발!
제발요, 헨리 부인, 헨리 부인, 제발!
이렇게 무릎을 꿇을게요
전 돈이 한푼도 없어요

Tears of Rage
(with Richard Manuel)

We carried you in our arms
On Independence Day
And now you'd throw us all aside
And put us on our way
Oh what dear daughter 'neath the sun
Would treat a father so
To wait upon him hand and foot
And always tell him, "No"?
Tears of rage, tears of grief
Why must I always be the thief?
Come to me now, you know
We're so alone
And life is brief

We pointed out the way to go
And scratched your name in sand
Though you just thought it was nothing more
Than a place for you to stand
Now, I want you to know that while we watched
You discover there was no one true
Most ev'rybody really thought
It was a childish thing to do
Tears of rage, tears of grief
Must I always be the thief?
Come to me now, you know
We're so low
And life is brief

It was all very painless
When you went out to receive
All that false instruction
Which we never could believe
And now the heart is filled with gold
As if it was a purse
But, oh, what kind of love is this
Which goes from bad to worse?
Tears of rage, tears of grief
Must I always be the thief?
Come to me now, you know
We're so low
And life is brief

• 캐나다 작곡가 겸 가수(1943~1986).

분노의 눈물
(리처드 매뉴얼*과 함께)

우린 당신을 품에 안고 갔어요
독립기념일에
그리고 이제 당신은 우릴 모두 내팽개치고
우릴 떠나게 만들었죠
오 대체 태양 아래 어떤 사랑스러운 딸이
아버지를 그렇게 대하겠어요
어떤 딸이 수족이 되어 아버지를 섬기고
늘 "안 돼요"라고 말해주느냔 말이에요?
분노의 눈물, 슬픔의 눈물
왜 제가 늘 도둑이 되어야만 하는 건가요?
이제 내게로 와요, 그래요
우리는 다 외로워요
그리고 인생은 짧죠

우리는 가야 할 길을 가리켰어요
그리고 모래 위에 당신의 이름을 새겼죠
비록 당신은 그걸 단지
당신이 설 자리에 불과한 것으로 여겼지만요
이제, 우리가 지켜보는 동안 당신이 알았으면 해요
진실한 사람은 아무도 없었다는 걸, 당신이 발견했다는 사실을 말이에요
거의 모두가 정말 그렇게 생각했어요
그건 유치한 짓이었다고 말이죠
분노의 눈물, 슬픔의 눈물
제가 늘 도둑이 되어야만 하는 건가요?
이제 내게로 와요, 그래요
우리는 다 저열해요
그리고 인생은 짧죠

그건 정말이지 하나도 고통스럽지 않았어요
우리가 전혀 믿을 수 없었던
그 모든 엉터리 가르침을
당신이 받으러 갔을 때 말이죠

그리고 이제 심장은 황금으로 가득해요
마치 무슨 지갑이라도 되는 것처럼요
그런데 오, 이건 대체 무슨 사랑이기에
자꾸 나빠지기만 하는 거죠?
분노의 눈물, 슬픔의 눈물
제가 늘 도둑이 되어야만 하는 건가요?
이제 내게로 와요, 그래요
우리는 다 저열해요
그리고 인생은 짧죠

Too Much of Nothing

Now, too much of nothing
Can make a man feel ill at ease
One man's temper might rise
While another man's temper might freeze
In the day of confession
We cannot mock a soul
Oh, when there's too much of nothing
No one has control

Say hello to Valerie
Say hello to Vivian
Send them all my salary
On the waters of oblivion

Too much of nothing
Can make a man abuse a king
He can walk the streets and boast like most
But he wouldn't know a thing
Now, it's all been done before
It's all been written in the book
But when there's too much of nothing
Nobody should look

Say hello to Valerie
Say hello to Vivian
Send them all my salary
On the waters of oblivion

Too much of nothing
Can turn a man into a liar
It can cause one man to sleep on nails
And another man to eat fire
Ev'rybody's doin' somethin'
I heard it in a dream
But when there's too much of nothing
It just makes a fella mean

Say hello to Valerie
Say hello to Vivian
Send them all my salary
On the waters of oblivion

너무 많은 무無

그래, 너무 많은 무는
사람을 불편하게 만들 수 있지
누군가는 화가 치밀어오를 거야
또다른 누군가의 화가 차갑게 식는 동안
고해의 날에
우린 영혼을 조롱해서는 안 돼
오, 무가 넘쳐날 때는
누구도 통제할 수 없다네

밸러리에게 안부 전해줘
비비언에게 안부 전해줘
그들에게 내가 번 돈을 모두 보내줘
망각의 강 위에서

너무 많은 무는
사람이 왕을 이용하게 할 수 있지
왕은 거리를 걸으며 많이들 그러듯 우쭐거릴 수 있어
하지만 그는 아무것도 모를 거야
그래, 그건 전에도 다 있었던 일이지
그 책에 다 쓰여 있다네
하지만 무가 넘쳐날 때는
누구도 그걸 볼 필요는 없지

밸러리에게 안부 전해줘
비비언에게 안부 전해줘
그들에게 내가 번 돈을 모두 보내줘
망각의 강 위에서

너무 많은 무는
사람을 거짓말쟁이로 만들어버릴 수 있지
누군가를 가시방석 위에서 잠들게 할 수도
그리고 또다른 누군가에겐 불을 삼키게 할 수도 있다네

모두들 뭔가를 하고 있고
나는 그 말을 꿈속에서 들었어
하지만 무가 넘쳐날 때는
그게 한 녀석을 사납게 만든다네

밸러리에게 안부 전해줘
비비언에게 안부 전해줘
그들에게 내가 번 돈을 모두 보내줘
망각의 강 위에서

Yea! Heavy and a Bottle of Bread

Well, the comic book and me, just us, we caught the bus
The poor little chauffeur, though, she was back in bed
On the very next day, with a nose full of pus
Yea! Heavy and a bottle of bread
Yea! Heavy and a bottle of bread
Yea! Heavy and a bottle of bread

It's a one-track town, just brown, and a breeze, too
Pack up the meat, sweet, we're headin' out
For Wichita in a pile of fruit
Get the loot, don't be slow, we're gonna catch a trout
Get the loot, don't be slow, we're gonna catch a trout
Get the loot, don't be slow, we're gonna catch a trout

Now, pull that drummer out from behind that bottle
Bring me my pipe, we're gonna shake it
Slap that drummer with a pie that smells
Take me down to California, baby
Take me down to California, baby
Take me down to California, baby

Yes, the comic book and me, just us, we caught the bus
The poor little chauffeur, though, she was back in bed
On the very next day, with a nose full of pus
Yea! Heavy and a bottle of bread
Yea! Heavy and a bottle of bread
Yea! Heavy and a bottle of bread

그래! 무거운 빵 한 병

있잖아, 만화책과 나, 이렇게 우리 둘이서만 버스를 탔어
어리고 가여운 버스 기사, 하지만, 그녀는 침대로 돌아와 있었지
바로 다음날, 코에 고름이 가득한 채로
그래! 무거운 빵 한 병
그래! 무거운 빵 한 병
그래! 무거운 빵 한 병

여기는 융통성 없는 마을이야, 그저 침울할 뿐이지, 산들바람마저도
고기를 챙겨, 좋아, 우린 떠날 거야
위치토로, 과일더미 속에서 말이지
전리품을 챙겨, 늑장 부리지 마, 우린 송어를 잡을 거야
전리품을 챙겨, 늑장 부리지 마, 우린 송어를 잡을 거야
전리품을 챙겨, 늑장 부리지 마, 우린 송어를 잡을 거야

자, 저 병 뒤에서 드러머를 끌어내
내 파이프를 가져와, 우린 몸을 흔들 거야
냄새나는 파이로 저 드러머를 후려쳐
나를 캘리포니아로 데려다줘, 그대여
나를 캘리포니아로 데려다줘, 그대여
나를 캘리포니아로 데려다줘, 그대여

그래, 만화책과 나, 이렇게 우리 둘이서만 버스를 탔어
어리고 가여운 버스 기사, 하지만, 그녀는 침대로 돌아와 있었지
바로 다음날, 코에 고름이 가득한 채로
그래! 무거운 빵 한 병
그래! 무거운 빵 한 병
그래! 무거운 빵 한 병

Down in the Flood

Crash on the levee, mama
Water's gonna overflow
Swamp's gonna rise
No boat's gonna row
Now, you can train on down
To Williams Point
You can bust your feet
You can rock this joint
But oh mama, ain't you gonna miss your best friend now?
You're gonna have to find yourself
Another best friend, somehow

Now, don't you try an' move me
You're just gonna lose
There's a crash on the levee
And, mama, you've been refused
Well, it's sugar for sugar
And salt for salt
If you go down in the flood
It's gonna be your own fault
Oh mama, ain't you gonna miss your best friend now?
You're gonna have to find yourself
Another best friend, somehow

Well, that high tide's risin'
Mama, don't you let me down
Pack up your suitcase
Mama, don't you make a sound
Now, it's king for king
Queen for queen
It's gonna be the meanest flood
That anybody's seen
Oh mama, ain't you gonna miss your best friend now?
Yes, you're gonna have to find yourself
Another best friend, somehow

홍수 속에서

둑이 무너졌어, 자기야
물이 넘칠 거야
늪이 범람할 거야
어떤 보트도 노를 저을 수 없을 거라고
자, 너는 기차를 타고 가도 돼
윌리엄스 포인트까지
발이 부러질 수도 있고
이곳을 흔들어놓을 수도 있어
하지만 오 자기야, 이제 넌 가장 친한 친구를 그리워하지 않을 작정이니?
너는 어떻게든 가장 친한 친구를
또하나 찾아내야만 할 거야

이제 날 감동시키려 애쓰지 마
너는 그저 잃고 말 테니까
둑이 무너졌어
그리고 그대여, 넌 거절당했지
글쎄, 설탕에는 설탕이고
소금에는 소금 아니겠니
네가 홍수에 떠내려가게 된다면
그건 너의 잘못일 거야
오 자기야, 이제 넌 가장 친한 친구를 그리워하지 않을 작정이니?
너는 어떻게든 가장 친한 친구를
또하나 찾아내야만 할 거야

이런, 불어난 물이 차오르고 있어
자기야, 날 실망시키지 마
짐가방을 싸
자기야, 아무 소리도 내지 마
이제 왕에는 왕이고
여왕에는 여왕이야
이건 우리가 봐온 것 중
최악의 홍수가 될 거야

오 자기야, 이제 넌 가장 친한 친구를 그리워하지 않을 작정이니?
너는 어떻게든 가장 친한 친구를
또하나 찾아내야만 할 거야

Tiny Montgomery

Well you can tell ev'rybody
Down in ol' Frisco
Tell 'em
Tiny Montgomery says hello

Now ev'ry boy and girl's
Gonna get their bang
'Cause Tiny Montgomery's
Gonna shake that thing
Tell ev'rybody
Down in ol' Frisco
That Tiny Montgomery's comin'
Down to say hello

Skinny Moo and
Half-track Frank
They're gonna both be gettin'
Outa the tank
One bird book
And a buzzard and a crow
Tell 'em all
That Tiny's gonna say hello

Scratch your dad
Do that bird
Suck that pig
And bring it on home
Pick that drip
And bake that dough
Tell 'em all
That Tiny says hello

Now he's king of the drunks
An' he squeezes, too
Watch out, Lester
Take it, Lou
Join the monks
The C.I.O.
Tell 'em all
That Tiny Montgomery says hello

Now grease that pig

664

꼬맹이 몽고메리

자, 올드 프리스코에 있는
모두에게 말해
그들에게 말해
꼬맹이 몽고메리가 인사를 전한다고

이제 모든 남자애들과 여자애들은
신이 날 거야
꼬맹이 몽고메리가
몸을 흔들 테니까
올드 프리스코에 있는
모두에게 말해
꼬맹이 몽고메리가
인사하러 간다고

스키니 무와
하프 트랙 프랭크
그들 둘 다 탱크 안에서
빠져나올 거야
새 책 한 권
그리고 대머리독수리 한 마리와 까마귀 한 마리
그들 모두에게 말해
꼬맹이가 인사를 할 거라고

네 아빠를 할퀴어
저 새를 흉내내
저 돼지를 빨아
그리고 그걸 집으로 데려가
저 술을 마셔
그리고 저 밀가루 반죽을 구워
그들 모두에게 말해
꼬맹이가 인사를 전한다고

And sing praise
Go on out
And gas that dog
Trick on in
Honk that stink
Take it on down
And watch it grow
Play it low
And pick it up
Take it on in
In a plucking cup
Three-legged man
And a hot-lipped hoe
Tell 'em all
Montgomery says hello

Well you can tell ev'rybody
Down in ol' Frisco
Tell 'em all
Montgomery says hello

이제 그는 술고래들의 왕이야
그는 쥐어짜기도 하지
조심해, 레스터
그거 가져, 루
수도사가 돼
C. I. O.
그들 모두에게 말해
꼬맹이 몽고메리가 인사를 전한다고

이제 저 돼지한테 기름을 발라
그리고 찬가를 불러
어서 나가
저 개를 질식시켜
속임수를 써
끝내주게 연주해봐
분위기를 가라앉혀
그리고 다시 달아오르는 걸 봐
낮은 소리로 연주해
더 빨리
계속 퍼마셔
술잔에 담아서
다리 셋 달린 남자
그리고 입술이 섹시한 암캐
그들 모두에게 말해
몽고메리가 인사를 전한다고

자, 올드 프리스코에 있는
모두에게 말해
그들에게 말해
몽고메리가 인사를 전한다고

You Ain't Goin' Nowhere

Clouds so swift
Rain won't lift
Gate won't close
Railings froze
Get your mind off wintertime
You ain't goin' nowhere
Whoo-ee! Ride me high
Tomorrow's the day
My bride's gonna come
Oh, oh, are we gonna fly
Down in the easy chair!

I don't care
How many letters they sent
Morning came and morning went
Pick up your money
And pack up your tent
You ain't goin' nowhere
Whoo-ee! Ride me high
Tomorrow's the day
My bride's gonna come
Oh, oh, are we gonna fly
Down in the easy chair!

Buy me a flute
And a gun that shoots
Tailgates and substitutes
Strap yourself
To the tree with roots
You ain't goin' nowhere
Whoo-ee! Ride me high
Tomorrow's the day
My bride's gonna come
Oh, oh, are we gonna fly
Down in the easy chair!

Genghis Khan
He could not keep
All his kings
Supplied with sleep
We'll climb that hill no matter how steep
When we get up to it

The Basement Tapes

넌 아무데도 못 가

구름이 정말 빨라
비는 걷히지 않을 거야
문은 닫히지 않을 거야
울타리는 얼어붙었지
겨울 따윈 신경 꺼버려
넌 아무데도 못 가
우우-이이! 기분이 날아갈 듯이 좋아
내일이 바로 그날이야
나의 신부가 오는 날
오, 오, 우린 멀리 날아가게 될까
저 안락의자에 앉아서 말이야!

난 관심 없어
그들이 얼마나 많은 편지를 보냈는지
아침은 왔고, 또 아침은 갔지
돈을 챙겨
그리고 텐트를 걷어
넌 아무데도 못 가
우우-이이! 기분이 날아갈 듯이 좋아
내일이 바로 그날이야
나의 신부가 오는 날
오, 오, 우린 멀리 날아가게 될까
저 안락의자에 앉아서 말이야!

내게 플루트를 하나 사줘
그리고 쏠 수 있는 총 한 자루도
트럭 뒷문과 대리인들
뿌리가 드러난 나무에
네 몸을 단단히 묶어
넌 아무데도 못 가
우우-이이! 기분이 날아갈 듯이 좋아
내일이 바로 그날이야

669

Whoo-ee! Ride me high
Tomorrow's the day
My bride's gonna come
Oh, oh, are we gonna fly
Down in the easy chair!

나의 신부가 오는 날
오, 오, 우린 멀리 날아가게 될까
저 안락의자에 앉아서 말이야!

칭기즈칸
그는 그렇게 해줄 수 없었어
자신의 모든 왕들이
계속 잠이 부족하지 않도록
저 언덕이 아무리 가파르다 해도 우린 오를 거야
우리가 거기 오르면
우우-이이! 기분이 날아갈 듯이 좋아
내일이 바로 그날이야
나의 신부가 오는 날
오, 오, 우린 멀리 날아가게 될까
저 안락의자에 앉아서 말이야!

Don't Ya Tell Henry

Don't ya tell Henry
Apple's got your fly

I went down to the river on a Saturday morn
A-lookin' around just to see who's born
I found a little chicken down on his knees
I went up and yelled to him, "Please, please, please!"
He said, "Don't ya tell Henry
Don't ya tell Henry
Don't ya tell Henry
Apple's got your fly"

I went down to the corner at a-half past ten
I's lookin' around, I wouldn't say when
I looked down low, I looked above
And who did I see but the one I love
She said, "Don't ya tell Henry
Don't ya tell Henry
Don't ya tell Henry
Apple's got your fly"

Now, I went down to the beanery at half past twelve
A-lookin' around just to see myself
I spotted a horse and a donkey, too
I looked for a cow and I saw me a few
They said, "Don't ya tell Henry
Don't ya tell Henry
Don't ya tell Henry
Apple's got your fly"

Now, I went down to the pumphouse the other night
A-lookin' around, it was outa sight
I looked high and low for that big ol' tree
I did go upstair s but I didn' t see nobody but me
I said, "Don't ya tell Henry
Don't ya tell Henry
Don't ya tell Henry
Apple's got your fly"

- '일이 꼬이는' 상황을 뜻하는 "파리가 네 사과에 앉았어(fly's got your apple)"라는 관용구를 뒤집은
   것이다. 이 표현 자체로 꼬인 상황임을 드러내고 있다.

헨리에게 말하지 마

헨리에게 말하지 마
사과가 네 파리에 앉았어*

어느 토요일 아침에 난 강으로 갔어
그저 누가 태어났나 둘러나보러 말이야
거기서 무릎을 꿇고 있는 어린 겁쟁이를 하나 봤어
그애에게 가서 소리쳤지, "제발, 제발, 제발!"
그애는 말했네, "헨리에게 말하지 마세요
헨리에게 말하지 마세요
헨리에게 말하지 마세요
사과가 당신 파리에 앉았어요"

열시 반에 난 길모퉁이로 갔어
그저 둘러보고 있었지, 언제였는진 말 안 할 거야
난 아래를 봤어, 난 위를 봤지
그리고 내가 본 사람은 다름 아닌 내 연인이었어
그녀는 말했네, "헨리에게 말하지 말아요
헨리에게 말하지 말아요
헨리에게 말하지 말아요
사과가 당신 파리에 앉았어요"

열두시 반에 난 싸구려 음식점엘 갔어
그저 나 자신을 보려고 이리저리 둘러봤지
난 말 한 마리와 당나귀 한 마리도 발견했어
난 암소를 찾아봤는데 몇 마리를 보았지
그들은 말했네, "헨리에게 말하지 마요
헨리에게 말하지 마요
헨리에게 말하지 마요
사과가 당신 파리에 앉았어요"

지난밤에 난 펌프실에 갔어
둘러보고 있었지, 그건 잘 보이지가 않더군

크고 오래된 나무를 찾아 난 구석구석 살폈지
위층으로 올라갔는데 나 말고는 아무도 보지 못했어
나는 말했네, "헨리에게 말하지 마
헨리에게 말하지 마
헨리에게 말하지 마
사과가 네 파리에 앉았어"

Nothing Was Delivered

Nothing was delivered
And I tell this truth to you
Not out of spite or anger
But simply because it's true
Now, I hope you won't object to this
Giving back all of what you owe
The fewer words you have to waste on this
The sooner you can go

Nothing is better, nothing is best
Take heed of this and get plenty of rest

Nothing was delivered
But I can't say I sympathize
With what your fate is going to be
Yes, for telling all those lies
Now you must provide some answers
For what you sell has not been received
And the sooner you come up with them
The sooner you can leave

Nothing is better, nothing is best
Take heed of this and get plenty rest

(Now you know)
Nothing was delivered
And it's up to you to say
Just what you had in mind
When you made ev'rybody pay
No, nothing wasdelivered
Yes, 'n' someone must explain
That as long as it takes to do this
Then that's how long that you'll remain

Nothing is better, nothing is best
Take heed of this and get plenty rest

어떤 것도 전해지지 않았네

어떤 것도 전해지지 않았네
그리고 난 이러한 사실을 네게 말해
앙심이나 분노 때문은 아니야
그냥 그게 진실이기 때문이지
자, 네가 여기 반대하지 않으면 좋겠네
내게 진 빚을 모두 되갚는 일 말이야
여기에 낭비하는 말이 적을수록
더 빨리 집에 갈 수 있을 거야

더 나은 건 없어, 최고도 없다네
이 말에 귀를 기울여, 그리고 아주 푹 쉬라고

어떤 것도 전해지지 않았네
하지만 동정한다고는 말 못하겠군
앞으로 펼쳐질 네 운명에 대해 말이야
그래, 그렇게 거짓말을 해댔으니
이제 넌 무슨 대답이라도 내놓아야 해
네가 팔아먹는 생각은 접수가 안 됐으니까
그리고 대답을 빨리 떠올릴수록
더 빨리 여길 떠날 수 있을 거야

더 나은 건 없어, 최고도 없다네
이 말에 귀를 기울여, 그리고 아주 푹 쉬라고

(이제 넌 알지)
어떤 것도 전해지지 않았다는 걸
그리고 입을 여는 건 너에게 달렸어
그냥 생각했던 걸 말해
네가 모두에게 돈을 내게 만들었을 때 말이야
아니, 어떤 것도 전해지지 않았어
그래, 그리고 누군가는 해명을 해야만 하네
해명하기까지 얼마나 걸리느냐가

677

바로 네가 여기 남을 시간을 결정할 테지

더 나은 건 없어, 최고도 없다네
이 말에 귀를 기울여, 그리고 아주 푹 쉬라고

Open the Door, Homer

Now, there's a certain thing
That I learned from Jim
That he'd always make sure I'd understand
And that is that there's a certain way
That a man must swim
If he expects to live off
Of the fat of the land
Open the door, Homer
I've heard it said before
Open the door, Homer
I've heard it said before
But I ain't gonna hear it said no more

Now, there's a certain thing
That I learned from my friend, Mouse
A fella who always blushes
And that is that ev'ryone
Must always flush out his house
If he don't expect to be
Goin' 'round housing flushes
Open the door, Homer
I've heard it said before
Open the door, Homer
I've heard it said before
But I ain't gonna hear it said no more

"Take care of all your memories"
Said my friend, Mick
"For you cannot relive them
And remember when you're out there
Tryin' to heal the sick
That you must always
First forgive them"
Open the door, Homer
I've heard it said before
Open the door, Homer
I've heard it said before
But I ain't gonna hear it said no more

문 열어, 호머

자, 짐에게서 뭔가 난
배운 게 있네
그건 그가 언제나 날 이해시켜줄 거란 사실
그리고 어떤 식으로든
사람은 반드시 헤엄쳐야만 한다는 사실
만일 호강하면서
살기를 바란다면 말이야
문 열어, 호머
그 말은 전에도 들었어
문 열라고, 호머
그 말은 전에도 들었다니까
하지만 이제 더는 듣지 않을 거야

자, 뭔가 난 배운 게 있네
내 친구, 마우스
늘 부끄럼을 타는 그 녀석에게서
그건 바로 모두가
자기집을 없애버려야 한다는 사실
만일 얼굴 붉히며 이집 저집
돌아다니고 싶지 않다면 말이야
문 열어, 호머
그 말은 전에도 들었어
문 열라고, 호머
그 말은 전에도 들었다니까
하지만 이제 더는 듣지 않을 거야

"네 기억들을 모두 소중히 여겨"
내 친구 믹이 말했네
"다시는 겪을 수 없는 일들이니 말이야
그리고 기억해둬, 거기에 있으면서
아픈 사람들을 치유해주려고 애쓰고
반드시 네가 늘 먼저

그들을 용서해야 한다는 사실을"
문 열어, 호머
그 말은 전에도 들었어
문 열라고, 호머
그 말은 전에도 들었다니까
하지만 이제 더는 듣지 않을 거야

Long-Distance Operator

Long-distance operator
Place this call, it's not for fun
Long-distance operator
Please, place this call, you know it's not for fun
I gotta get a message to my baby
You know, she's not just anyone

There are thousands in the phone booth
Thousands at the gate
There are thousands in the phone booth
Thousands at the gate
Ev'rybody wants to make a long-distance call
But you know they're just gonna have to wait

If a call comes from Louisiana
Please, let it ride
If a call comes from Louisiana
Please, let it ride
This phone booth's on fire
It's getting hot inside

Ev'rybody wants to be my friend
But nobody wants to get higher
Ev'rybody wants to be my friend
But nobody wants to get higher
Long-distance operator
I believe I'm stranglin' on this telephone wire

장거리 전화교환수

장거리 전화교환수여
이 전화를 연결해줘요, 장난이 아니에요
장거리 전화교환수여
제발, 이 전화를 연결해줘요, 장난이 아니라는 거 알잖아요
내 연인에게 전할 말이 있어요
그래요, 그녀는 그냥 아무나가 아니죠

공중전화에 사람들이 수천 명이나 있어요
문 앞에 수천 명이나요
공중전화에 사람들이 수천 명이나 있어요
문 앞에 수천 명이나 있다니까요
다들 장거리 전화를 걸고 싶어하죠
그래요, 하지만 그들은 그냥 기다려야만 할 거예요

만일 루이지애나에서 전화가 오면
제발, 당장 나를 바꿔줘요
만일 루이지애나에서 전화가 오면
제발 빨리 나를 바꿔줘요
이 공중전화 전화통에 불이 났어요
이 안이 뜨거워지고 있다고요

다들 내 친구가 되고 싶어해요
하지만 누구도 그 이상은 원치 않죠
다들 내 친구가 되고 싶어해요
하지만 누구도 그 이상은 원칠 않아요
장거리 전화교환수여
나는 이 전화선에 목을 매고 있는 것만 같아요

This Wheel's on Fire
(with Rick Danko)

If your mem'ry serves you well
We were goin' to meet again and wait
So I'm goin' to unpack all my things
And sit before it gets too late
No man alive will come to you
With another tale to tell
But you know that we shall meet again
If your mem'ry serves you well
This wheel's on fire
Rolling down the road
Best notify my next of kin
This wheel shall explode!

If your mem'ry serves you well
I was goin' to confiscate your lace
And wrap it up in a sailor's knot
And hide it in your case
If I knew for sure that it was yours⋯⋯
But it was oh so hard to tell
But you knew that we would meet again
If your mem'ry serves you well
This wheel's on fire
Rolling down the road
Best notify my next of kin
This wheel shall explode!

If your mem'ry serves you well
You'll remember you're the one
That called on me to call on them
To get you your favors done
And after ev'ry plan had failed
And there was nothing more to tell
You knew that we would meet again
If your mem'ry served you well
This wheel's on fire
Rolling down the road
Best notify my next of kin
This wheel shall explode!

* 캐나다 출신 가수(1942~1999).

The Basement Tapes

이 불타는 바퀴
(릭 단코*와 함께)

만일 당신 기억이 틀리지 않다면
우린 기다렸다가 다시 만나기로 했었죠
그러니 난 짐을 다 풀고
너무 늦기 전에 좀 앉을 거예요
어떤 산 자도 당신을 찾아가진 않겠죠
또다른 이야깃거리를 들고서요
하지만 당신도 알잖아요, 우리가 다시 만나게 될 거란 걸
만일 당신 기억이 틀리지 않다면 말이에요
이 불타는 바퀴가
길을 굴러가고 있어요
내 가까운 친척들에게 알려주는 게 좋겠군요
이 바퀴는 폭발할 테니까요!

만일 당신 기억이 틀리지 않다면
난 당신의 레이스를 몰수할 작정이었어요
그리고 선원들의 방법으로 매듭을 만들어
당신 가방에 숨기려 했었죠
그게 당신 것이었는지 내가 확실히 알았더라면……
하지만 그건 오, 정말 알기 어려웠어요
하지만 당신도 알겠죠, 우리가 다시 만나게 될 거란 걸
만일 당신 기억이 틀리지 않다면 말이에요
이 불타는 바퀴가
길을 굴러가고 있어요
내 가까운 친척들에게 알려주는 게 좋겠군요
이 바퀴는 폭발할 테니까요!

만일 당신 기억이 틀리지 않다면
당신은 분명 기억할 거예요
그들에게 부탁해달라고 나한테 부탁한 게 바로 당신이었다는 걸요
당신의 부탁을 들어달라고 말이에요
그리고 모든 계획이 수포로 돌아간 후
더는 말할 것도 없어졌을 때

당신은 알았죠, 우리가 다시 만나게 될 거란 걸
만일 당신 기억이 틀리지 않다면 말이에요
이 불타는 바퀴가
길을 굴러가고 있어요
내 가까운 친척들에게 알려주는 게 좋겠군요
이 바퀴는 폭발할 테니까요!

Sign on the Cross

Now, I try, oh for so awf'ly long
And I just try to be
And now, oh it's a gold mine
But it's so fine
Yes, but I know in my head
That we're all so misled
And it's that ol' sign on the cross
That worries me

Now, when I was just a bawlin' child
I saw what I wanted to be
And it's all for the sake
Of that picture I should see
But I was lost on the moon
As I heard that front door slam
And that old sign on the cross
Still worries me

Well, it's that old sign on the cross
Well, it's that old key to the kingdom
Well, it's that old sign on the cross
Like you used to be
But, when I hold my head so high
As I see my ol' friends go by
And it's still that sign on the cross
That worries me

Well, it seem to be the sign on the cross. Ev'ry day,
ev'ry night, see the sign on the cross just layin' up
on top of the hill. Yes, we thought it might have
disappeared long ago, but I'm here to tell you, friends,
that I'm afraid it's lyin' there still. Yes, just a
little time is all you need, you might say, but I don't
know 'bout that any more, because the bird is here and
you might want to enter it, but, of course, the door might
be closed. But I just would like to tell you one time,
if I don't see you again, that the thing is, that the sign
on the cross is the thing you might need the most.

Yes, the sign on the cross
Is just a sign on the cross
Well, there is some on every chisel

십자가 위의 전조

자, 난 애를 쓰네, 오, 정말 지독히도 오랫동안
그리고 난 그냥 그러려고 해
그리고 자, 오 그건 수지 맞는 일이야
하지만 정말 좋지
그래, 하지만 난 머릿속으로 생각해
우리 모두가 정말 잘못된 길로 인도되었다는 걸
그리고 십자가 위의 오래된 전조
난 그게 신경이 쓰여

자, 내가 그저 큰소리나 치는 꼬맹이였을 때
난 내가 뭐가 되고 싶은지를 알았어
그건 다 내가 봐야만 하는
그 사진 때문이었지
하지만 난 달 위에서 길을 잃었어
누가 현관문 두드리는 소릴 들었던 그때
그리고 십자가 위의 오래된 전조
여전히 난 그게 신경이 쓰여

글쎄, 바로 저 십자가 위의 전조야
글쎄, 바로 저 천국으로 가는 오래된 열쇠지
글쎄, 바로 저 십자가 위의 전조야
예전의 네가 그러했듯이
하지만, 옛친구들이 지나가는 걸 보며
내가 고개를 빳빳이 쳐들 때
여전히 십자가 위의 저 전조가
난 신경이 쓰여

그래, 십자가 위의 전조인 것만 같아, 매일 아침,
매일 밤, 그저 언덕 위에 놓인 십자가 위의
전조를 봐. 그래, 우린 그게 벌써 오래전에 사라졌을지도 모른다고
생각했지, 하지만 너희에게 알려주려고 내가 왔어, 친구들아,
그게 아직도 거기 놓여 있는 것 같다고. 그래, 그저

And there is some in the championship, too
Oh, when your, when your days are numbered
And your nights are long
You might think you're weak
But I mean to say you're strong
Yes you are, if that sign on the cross
If it begins to worry you
Well, that's all right because sing a song
And all your troubles will pass right on through

필요한 건 약간의 시간일 뿐이라고, 너흰 아마 말하겠지, 하지만 난
더는 그렇다는 확신이 안 들어, 왜냐하면 바로 그 새가 여기 있고
너흰 아마 그 문을 열고 들어가고 싶겠지, 하지만, 분명, 그 문은
닫혀 있을 테니까. 그래도 난 너희에게 한 번만 말해주고 싶어,
만일 내가 다시는 너흴 못 보게 된다면, 그렇다면, 십자가 위의 전조가
너희에게 가장 필요한 게 될 거라고.

그래, 십자가 위의 전조는 단지
십자가 위의 전조일 뿐이야
글쎄, 그건 모든 끝에도 있고
챔피언 결정전에도 있지
오, 너희가 죽는 날, 죽는 날이 머지않았을 때
그리고 밤은 길 때
너흰 아마 스스로를 약하다 여길 거야
하지만 너흰 강해, 정말이야
그래 너흰 강하지, 만일 십자가 위의 전조에
슬슬 신경이 쓰이기 시작한다면 말이야
그래, 다 괜찮아, 노래를 부르면
너희의 모든 문제들은 곧 사라져버릴 테니

Quinn the Eskimo
(The Mighty Quinn)

Ev'rybody's building the big ships and the boats
Some are building monuments
Others, jotting down notes
Ev'rybody's in despair
Ev'ry girl and boy
But when Quinn the Eskimo gets here
Ev'rybody's gonna jump for joy
Come all without, come all within
You'll not see nothing like the mighty Quinn

I like to do just like the rest, I like my sugar sweet
But guarding fumes and making haste
It ain't my cup of meat
Ev'rybody's 'neath the trees
Feeding pigeons on a limb
But when Quinn the Eskimo gets here
All the pigeons gonna run to him
Come all without, come all within
You'll not see nothing like the mighty Quinn

A cat's meow and a cow's moo, I can recite 'em all
Just tell me where it hurts yuh, honey
And I'll tell you who to call
Nobody can get no sleep
There's someone on ev'ryone's toes
But when Quinn the Eskimo gets here
Ev'rybody's gonna wanna doze
Come all without, come all within
You'll not see nothing like the mighty Quinn

The Basement Tapes

에스키모 퀸
(힘센 퀸)

모두들 커다란 선박과 배를 만들고 있어
누구는 기념물을 만들고
또 누구는 노트에 뭔가를 휘갈겨
모두들 절망에 빠져 있네
모든 소녀 소년이
하지만 에스키모 퀸이 이곳에 오면
모두 기뻐 날뛸 거야
밖에 있는 사람들도 오고, 안에 있는 사람들도 와
앞으로도 절대 보지 못할 거야, 힘센 퀸 같은 사람은

난 그냥 남들이 하는 대로 하고 싶어, 난 달콤한 설탕이 좋아
하지만 화를 억누르고 서두르는 건
내가 즐기는 게 아니야
모두들 나무 아래서
위험에 처한 비둘기들에게 모이를 주네
하지만 에스키모 퀸이 이곳에 오면
비둘기들은 전부 그에게 달려갈 거야
밖에 있는 사람들도 오고, 안에 있는 사람들도 와
앞으로도 절대 보지 못할 거야, 힘센 퀸 같은 사람은

고양이는 야옹, 암소는 음매, 난 그걸 다 따라할 수 있어
어디가 아픈 건지만 말해, 자기야
그러면 내가 누굴 불러야 할지 말해줄게
누구도 잠들지 못하네
모두의 발가락 위에 누군가가 있네
하지만 에스키모 퀸이 이곳에 오면
모두들 졸고 싶어질 거야
밖에 있는 사람들도 오고, 안에 있는 사람들도 와
앞으로도 절대 보지 못할 거야, 힘센 퀸 같은 사람은

I Shall Be Released

They say ev'rything can be replaced
Yet ev'ry distance is not near
So I remember ev'ry face
Of ev'ry man who put me here
I see my light come shining
From the west unto the east
Any day now, any day now
I shall be released

They say ev'ry man needs protection
They say ev'ry man must fall
Yet I swear I see my reflection
Some place so high above this wall
I see my light come shining
From the west unto the east
Any day now, any day now
I shall be released

Standing next to me in this lonely crowd
Is a man who swears he's not to blame
All day long I hear him shout so loud
Crying out that he was framed
I see my light come shining
From the west unto the east
Any day now, any day now
I shall be released

난 해방될 거야

사람들은 말하네, 모든 건 대신할 수 있다고
하지만 가까운 거리 같은 건 없지
그래서 난 기억해
나를 여기 있게 한 모든 이들의 모든 얼굴을
난 나의 빛이 비치는 것을 보네
서쪽에서 동쪽으로
머지않아, 정말 머지않아
난 해방될 거야

사람들은 말하네, 모두가 보호받아야 한다고
사람들은 말하네, 모두가 분명 몰락할 거라고
하지만 맹세코 난 거기 비친 내 모습을 보지
이 벽보다 훨씬 높은 곳에서
난 나의 빛이 비치는 것을 보네
서쪽에서 동쪽으로
머지않아, 정말 머지않아
난 해방될 거야

이 외로운 군중 속에서 내 옆에 서 있는 이는
자기에겐 잘못이 없다고 굳게 믿는 사람이지
난 하루종일 그가 큰 소리로 외치는 걸 듣네
자기가 누명을 썼다고 외쳐대는 소리를
난 나의 빛이 비치는 것을 보네
서쪽에서 동쪽으로
머지않아, 정말 머지않아
난 해방될 거야

Get Your Rocks Off!

You know, there's two ol' maids layin' in the bed
One picked herself up an' the other one, she said:
"Get your rocks off!
Get your rocks off! (Get 'em off!)
Get your rocks off! (Get 'em off!)
Get your rocks off-a me! (Get 'em off!)"

Well, you know, there late one night up on Blueberry Hill
One man turned to the other man and said, with a blood-curdlin ' chill, he said:
"Get your rocks off! (Get 'em off!)
Get your rocks off! (Get 'em off!)
Get your rocks off! (Get 'em off!)
Get your rocks off-a me! (Get 'em off!)"

Well, you know, we was layin' down around Mink Muscle Creek
One man said to the other man, he began to speak, he said:
"Get your rocks off! (Get 'em off!)
Get your rocks off! (Get 'em off!)
Get your rocks off! (Get 'em off!)
Get your rocks off-a me! (Get 'em off!)"

Well, you know, we was cruisin' down the highway in a Greyhound bus
All kinds-a children in the side road, they was hollerin' at us, sayin':
"Get your rocks off! (Get 'em off!)
Get your rocks off! (Get 'em off!)
Get your rocks off! (Get 'em off!)
Get your rocks off-a me!"

절정을 맛봐!

있잖아, 노처녀 둘이서 침대에 누워 있어
하나가 일어났고, 나머지 하나가 말하길,
"절정을 맛봐!
절정을 맛보라고! (바로 그거야!)
절정을 맛봐! (바로 그거야!)
내게서 절정을 맛보라고! (바로 그거야!)"

글쎄, 있잖아, 어느 늦은 밤 블루베리 힐 위에서
남자 하나가 다른 남자에게 돌아서서 말했어, 소름 끼치는 목소리로,
　그가 말하길,
"절정을 맛봐! (바로 그거야!)
절정을 맛보라고! (바로 그거야!)
절정을 맛봐! (바로 그거야!)
내게서 절정을 맛보라고! (바로 그거야!)"

글쎄, 있잖아, 우린 밍크 머슬 크리크 근처에 누워 있었어
남자 하나가 다른 남자에게 말했지, 그가 말하기 시작했어, 그가 말하길,
"절정을 맛봐! (바로 그거야!)
절정을 맛보라고! (바로 그거야!)
절정을 맛봐! (바로 그거야!)
내게서 절정을 맛보라고! (바로 그거야!)"

글쎄, 있잖아, 우린 그레이하운드 버스를 타고 고속도로를 달리고 있었어
갓길에 있던 온갖 아이들이 우리에게 소리치며 말하길,
"절정을 맛봐! (바로 그거야!)
절정을 맛보라고! (바로 그거야!)
절정을 맛봐! (바로 그거야!)
내게서 절정을 맛보라고!"

Silent Weekend

Silent weekend
My baby she gave it to me
Silent weekend
My baby she gave it to me
She's actin' tough and hardy
She says it ain't my party
And she's leavin' me in misery

Silent weekend
My baby she took me by surprise
Silent weekend
My baby she took me by surprise
She's rockin' and a-reelin'
Head up to ceiling
An' swinging with some other guys

Silent weekend
Oh Lord, I wish Monday would come
Silent weekend
Oh Lord, I sure wish Monday would come
She's uppity, she's rollin'
She's in the groove, she's strolling
Over to the jukebox playin' deaf and dumb

Well, I done a whole lotta thinkin' 'bout a whole lot of cheatin'
And I, maybe I did some just to please
But I just walloped a lotta pizza after makin' our peace
Puts ya down on bended knees

Silent weekend
Man alive, I'm burnin' up on my brain
Silent weekend
Man alive, I'm burnin' up on my brain
She knows when I'm just teasin'
But it's not likely in the season
To open up a passenger train

조용한 주말

조용한 주말
내 연인은 내게 조용한 주말을 안겨줬어요
조용한 주말
내 연인은 내게 조용한 주말을 안겨줬죠
그녀는 거칠고 곤란하게 굴어요
그건 자기 파티가 아니라고 하죠
그러고는 날 고통 속에 남겨둬요

조용한 주말
내 연인은 날 놀라게 했어요
조용한 주말
내 연인은 날 놀라게 했죠
몸을 흔들며 빙글빙글 돌고 있네요
고개를 천장으로 치켜들고서
다른 남자들과 함께 즐기고 있네요

조용한 주말
오 주여, 월요일이 됐으면 좋겠어요
조용한 주말
오 주여, 정말이지 월요일이 됐으면 좋겠어요
그녀는 건방져요, 그녀는 몸을 흔들죠
아주 신이 났어요, 어슬렁거리네요
귀먹을 정도로 음악을 틀어대는 주크박스 쪽을요

그래요, 난 바람 피울 생각도 정말 많이 해봤죠
몇 번은 그냥 재미삼아 그랬는지도 몰라요
하지만 그녀와 화해한 후 난 피자나 잔뜩 먹었죠
당신의 무릎을 꿇게 만들었어요

조용한 주말
이봐요, 난 정말 분통이 터져요
조용한 주말

이봐요, 난 정말 분통이 터진다고요
그녀는 알죠, 내가 그저 장난삼아 괴롭힐 때를
하지만 이 계절에
여객 열차에 오를 수 있을 것 같진 않네요

Santa Fe

Santa Fe, dear, dear, dear, dear, dear Santa Fe
My woman needs it ev'ryday
She promised this a-lad she'd stay
She's rollin' up a lotta bread to toss away

She's in Santa Fe, dear, dear, dear, dear, dear Santa Fe
Now she's opened up an old maid's home
She's proud, but she needs to roam
She's gonna write herself a roadside poem about Santa Fe

Santa Fe, dear, dear, dear, dear, dear Santa Fe
Since I'm never gonna cease to roam
I'm never, ever far from home
But I'll build a geodesic dome* and sail away

Don't feel bad, no, no, no, no, don't feel bad
It's the best food I've ever had
Makes me feel so glad
That she's cooking in a homemade pad
She never caught a cold so bad when I'm away

Santa Fe, dear, dear, dear, dear, dear, dear Santa Fe
My shrimp boat's in the bay
I won't have my nature this way
And I'm leanin' on the wheel each day to drift away from

Santa Fe, dear, dear, dear, dear, dear Santa Fe
My sister looks good at home
She's lickin' on an ice cream cone
She's packin' her big white comb
What does it weigh?

• 삼각형 받침대들을 받쳐 만든 돔.

산타페

산타페, 사랑하고 사랑하고 또 사랑하고 사랑하는 산타페
내 여자에겐 매일 그게 필요하지
그녀는 떠나지 않겠다고 내게 약속했어
그녀는 결국 다 써버릴 돈을 열심히 모으고 있어

그녀는 산타페에 있어, 사랑하고 사랑하고 또 사랑하고 사랑하는
　산타페에
이제 그녀는 노처녀의 집을 열었어
그녀는 흡족해하지, 하지만 떠돌아다녀야만 해
길가에서 자신에게 산타페에 대한 시를 써줄 거야

산타페, 사랑하고 사랑하고 또 사랑하고 사랑하는 산타페
나는 절대 방랑을 멈추지 않으니
늘 집에서 멀리 떨어져 있지 않지
하지만 난 지오데식 돔'을 짓고는 출항할 거야

기분 나빠하지 마, 아냐, 아냐, 아냐, 아냐, 기분 나빠하지 마
내가 먹어본 음식 중 최고라니까
난 정말 기분이 좋다고
손수 지은 집에서 그녀가 요리를 해줘서
내가 떠났을 때 그녀는 절대 심한 감기에 걸린 적이 없지

산타페, 사랑하고 사랑하고 또 사랑하고 사랑하는 산타페
내 작은 새우잡이 배가 만에 정박해 있다네
이번엔 성질부리지 않을 거야
그리고 난 거기에서 떠나오려고 배의 키에 날마다 기대고 있지

산타페, 사랑하고 사랑하고 또 사랑하고 사랑하는 산타페
집에 있는 내 여동생은 좋아 보이네
그애는 아이스크림 콘을 핥고 있어
크고 흰 빗을 챙기고 있지
그거 무게가 얼마나 나가니?

Bob Dylan/Soundt:

PAT GARRI

& BIL

THE K

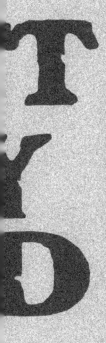

Pat Garrett & Billy the Kid 1973

팻 개릿과 빌리 더 키드

Billy

Knockin' on Heaven's Door

Billy

There's guns across the river aimin' at ya
Lawman on your trail, he'd like to catch ya
Bounty hunters, too, they'd like to get ya
Billy, they don't like you to be so free

Campin' out all night on the berenda
Dealin' cards 'til dawn in the hacienda
Up to Boot Hill they'd like to send ya
Billy, don't you turn your back on me

Playin' around with some sweet señorita
Into her dark hallway she will lead ya
In some lonesome shadows she will greet ya
Billy, you're so far away from home

There's eyes behind the mirrors in empty places
Bullet holes and scars between the spaces
There's always one more notch and ten more paces
Billy, and you're walkin' all alone

They say that Pat Garrett's got your number
So sleep with one eye open when you slumber
Every little sound just might be thunder
Thunder from the barrel of his gun

Guitars will play your grand finale
Down in some Tularosa alley
Maybe in the Rio Pecos valley
Billy, you're so far away from home

There's always some new stranger sneakin' glances
Some trigger-happy fool willin' to take chances
And some old whore from San Pedro to make advances
Advances on your spirit and your soul

- • 미국 캘리포니아주 마데라카운티의 비법인자치구. 스페인어 Berrenda는 암컷 영양을 뜻한다. 지명을 소문자로 표기한 것은 이 두 가지 뜻 모두를 함축하기 위함으로 보인다.
- •• 미국 캘리포니아주 소노마카운티에 있는 비법인자치구. 마찬가지로 스페인어로는 대농장을 뜻한다.
- ••• 미국 서부 개척 시대의 공동묘지.
- •••• 미국 뉴멕시코주의 도시.
- ••••• 미국 뉴멕시코주와 텍사스주를 흐르는 강으로 뉴멕시코에서는 리오 페코스라 부른다.

Pat Garrett & Billy the Kid

빌리

강 건너 널 겨누고 있는 총들이 있지
너의 자취를 쫓는 보안관, 그는 널 잡고 싶어하지
현상금 사냥꾼들, 역시, 널 잡으려 하지
빌리, 그들은 네가 그리도 자유로이 있는 걸 좋아하지 않아

베렌다*에서 밤새 노숙
하시엔다**에서 새벽까지 패 돌리기
부트힐***로 그들은 널 처넣고 싶어하지
빌리, 내 쪽으로 등 돌리고 서보지 않을래?

어느 어여쁜 세뇨리타와 놀아나기
자기집 어두운 복도로 그녀는 널 이끌지
어느 후미진 그늘 속에서 그녀는 널 맞을 거야
빌리, 넌 참 고향에서 멀리도 왔구나

빈 곳의 거울 뒤에는 눈들이 있지
공간들 사이엔 총알 구멍들과 흉터들
언제나 표시가 하나 더 그리고 열 발자국이 더 있지
빌리, 그리고 넌 혼자서 걸어다니지

그들은 말하지 팻 개럿이 너를 속속들이 안다고
그러니 잘 때 한쪽 눈은 뜨고 자
어떤 작은 소리라도 천둥소리일지 몰라
그의 총에서 터져나오는 천둥소리 말야

기타들은 연주하겠지 너의 장엄한 최후를
툴라로사****의 어느 골목에서
어쩌면 리오 페코스*****골짜기에서
빌리, 넌 고향에서 참 멀리도 왔구나

슬그머니 쳐다보는 새로운 낯선 자는 늘 있는 법이지
걸핏하면 총질을 해대는 되는대로 사는 멍청이

The businessmen from Taos want you to go down
They've hired Pat Garrett to force a showdown
Billy, don't it make ya feel so low-down
To be shot down by the man who was your friend?

Hang on to your woman if you got one
Remember in El Paso, once, you shot one
She may have been a whore, but she was a hot one
Billy, you been runnin' for so long

Guitars will play your grand finale
Down in some Tularosa alley
Maybe in the Rio Pecos valley
Billy, you're so far away from home

그리고 추근거리는 산 페드로 출신의 늙은 창녀
그녀는 추근거리지 너의 정신과 영혼에게

타오스 출신 사업가들이 널 쓰러뜨리길 원하지
그들이 팻 개릿을 고용했지 너와 결전을 치를 사람으로
빌리, 그건 정말 엿 같은 기분 아니니,
네 친구였던 남자의 총에 맞아 쓰러진다는 건?

네 여자를 꼭 붙들어 하나 생기면
기억해봐, 엘패소에서 한 번, 네가 한 여자를 샀잖아
창녀였을지는 몰라도 꽤 근사한 여자였어
빌리, 넌 오랫동안 도망치고 있구나

기타들은 연주하겠지 네가 맞은 장엄한 최후를
툴라로사의 어느 골목에서
어쩌면 리오 페코스 계곡에서
빌리, 넌 참 고향에서 멀리도 왔구나

Knockin' on Heaven's Door

Mama, take this badge off of me
I can't use it anymore
It's gettin' dark, too dark for me to see
I feel like I'm knockin' on heaven's door

Knock, knock, knockin' on heaven's door
Knock, knock, knockin' on heaven's door
Knock, knock, knockin' on heaven's door
Knock, knock, knockin' on heaven's door

Mama, put my guns in the ground
I can't shoot them anymore
That long black cloud is comin' down
I feel like I'm knockin' on heaven's door

Knock, knock, knockin' on heaven's door
Knock, knock, knockin' on heaven's door
Knock, knock, knockin' on heaven's door
Knock, knock, knockin' on heaven's door

Pat Garrett & Billy the Kid

천국의 문을 두드려요

엄마, 이 배지를 떼어주세요
더는 쓸 일이 없을 것 같아요
점점 어두워지고 있네요, 너무 어두워서 아무것도 보이지 않아요
마치 천국의 문을 두드리고 있는 기분이에요

두드려요, 두드려요, 천국의 문을 두드려요
두드려요, 두드려요, 천국의 문을 두드려요
두드려요, 두드려요, 천국의 문을 두드려요
두드려요, 두드려요, 천국의 문을 두드려요

엄마, 내 총들을 땅에 내려놓아주세요
더는 쏠 수 없을 것 같아요
저기 길고 어두운 구름이 다가오네요
마치 천국의 문을 두드리고 있는 기분이에요

두드려요, 두드려요, 천국의 문을 두드려요
두드려요, 두드려요, 천국의 문을 두드려요
두드려요, 두드려요, 천국의 문을 두드려요
두드려요, 두드려요, 천국의 문을 두드려요

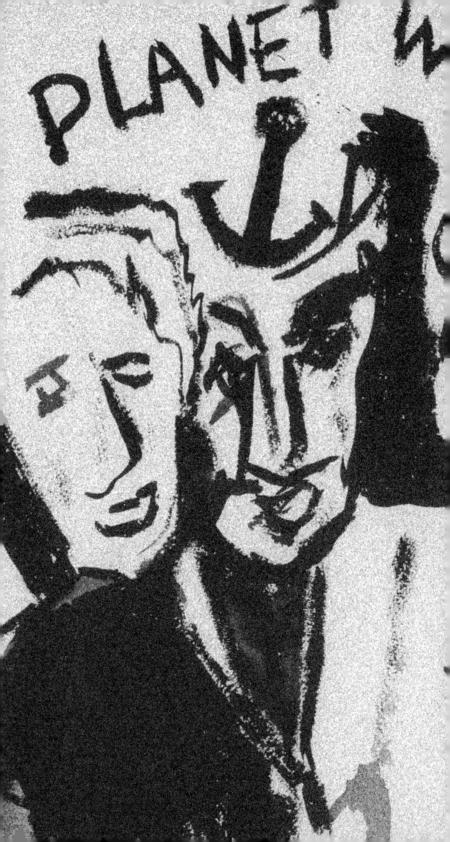

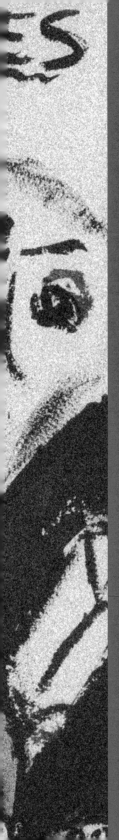

Planet Waves 1974

플래닛 웨이브스

On a Night Like This

Going, Going, Gone

Tough Mama

Hazel

Something There Is About You

Forever Young

Dirge

You Angel You

Never Say Goodbye

Wedding Song

additional lyrics

Nobody 'Cept You

On a Night Like This

On a night like this
So glad you came around
Hold on to me so tight
And heat up some coffee grounds
We got much to talk about
And much to reminisce
It sure is right
On a night like this

On a night like this
So glad you've come to stay
Hold on to me, pretty miss
Say you'll never go away to stray
Run your fingers down my spine
Bring me a touch of bliss
It sure feels right
On a night like this

On a night like this
I can't get any sleep
The air is so cold outside
And the snow's so deep
Build a fire, throw on logs
And listen to it hiss
And let it burn, burn, burn, burn
On a night like this

Put your body next to mine
And keep me company
There is plenty a-room for all
So please don't elbow me

Let the four winds blow
Around this old cabin door
If I'm not too far off
I think we did this once before
There's more frost on the window glass
With each new tender kiss
But it sure feels right
On a night like this

오늘 같은 밤에

오늘 같은 밤에
네가 와줘서 정말 기뻐
내게 딱 달라붙어 있어
그리고 커피를 끓이자
우린 할 이야기가 많잖아
추억할 일도 많지
정말로 좋아
오늘 같은 밤에

오늘 같은 밤에
네가 와줘서 정말 기뻐
내게로 가까이 와, 예쁜 아가씨
절대 딴 길로 새지 않겠다고 말해줘
손가락으로 내 등뼈를 쓸어내려줘 위에서 아래로
더없이 행복한 손길을 느끼게 해줘
정말 기분이 좋아
오늘 같은 밤에

오늘 같은 밤에
난 전혀 잠들 수가 없어
바깥공기는 너무나도 차갑고
눈은 아주 깊이 쌓였네
불을 피우고 통나무를 던져넣자고
그리고 쉬익 하는 소리를 들어
활활 타올라라, 활활 타올라
오늘 같은 밤에

네 몸을 내 옆에 뉘어
그리고 내 곁에 있어줘
공간은 아주 충분하니까
그러니 나를 밀치지는 말아줘

사방에서 바람이 불어와
이 낡은 오두막 문짝 주위로
내 기억이 크게 틀리지 않다면
우린 전에도 한 번 이랬던 적이 있었던 것 같아
또 한번 부드럽게 키스할 때마다
창유리에는 또 성에가 서리네
하지만 기분은 정말 정말 좋아
오늘 같은 밤에

Going, Going, Gone

I've just reached a place
Where the willow don't bend
There's not much more to be said
It's the top of the end
I'm going
I'm going
I'm gone

I'm closin' the book
On the pages and the text
And I don't really care
What happens next
I'm just going
I'm going
I'm gone

I been hangin' on threads
I been playin' it straight
Now, I've just got to cut loose
Before it gets late
So I'm going
I'm going
I'm gone

Grandma said, "Boy, go and follow your heart
And you'll be fine at the end of the line
All that's gold isn't meant to shine
Don't you and your one true love ever part"

I been walkin' the road
I been livin' on the edge
Now, I've just got to go
Before I get to the ledge
So I'm going
I'm just going
I'm gone

가, 가, 가버렸어

난 방금 그곳에 도착했어
버드나무가 휘지 않는 곳
딱히 더 할말은 없어
더이상 오를 곳 없는 끝이야
나는 가
나는 가
가버렸어

난 책을 덮어
글이 적힌 페이지들을
그리고 난 별 관심 없어
다음에 무슨 일이 일어날지
나는 그냥 가
나는 가
가버렸어

난 위태롭게 살아왔어
난 정직하게 살아왔어
이젠 좀 제멋대로 살아야 해
너무 늦기 전에
그러니 나는 가
나는 가
가버렸어

할머니는 말씀하셨지, "얘야, 네 마음 가는 대로 살거라
그러면 종착점에 이르러서도 괜찮을 거야
황금이라고 다 빛나는 건 아니란다
진정 사랑하는 사람과는 절대로 헤어져선 안 돼"

난 길을 걸어왔어
난 위험하게 살아왔어
이제 난 가야 해

위기에 빠지기 전에
그러니 나는 가
나는 그냥 가
가버렸어

Tough Mama

Tough Mama, meat shakin' on your bones
I'm gonna go down to the river and get some stones
Sister's on the highway with that steel-drivin' crew
Papa's in the big house, his workin' days are through
Tough Mama, can I blow a little smoke on you?

Dark Lady, won't you move it on over and make some room?
Rollin' steady, sweepin' through the country like a broom
Put your arms around me, like a circle 'round the sun
You got a pocket full of money but you can't help me none
Shady Lady, the dress that you are wearin' weighs a ton

Angel Baby, born of a blinding light and a changing wind
Drive me crazy, you know who you are and where you've been
Starin' at the ceiling, standin' on the chair
Big fires blazing, ashes in the air
Angel Baby, I wonder what you done back there

I'm crestfallen—the world of illusion is at my door
I hear you callin', same old thing like it was before
Crawlin' through the meadow like a lion in the den
Headin' for the round-up at the rainbow's end
Tough Mama, let's get on the road again

삶이 고달픈 엄마

삶이 고달픈 엄마, 당신 뼈에 달라붙은 살덩이가 흔들려요
전 강으로 가서 돌을 좀 주워 올 거예요
여동생은 터널 노동자들이랑 고속도로에 나가 있고요
아빠는 큰집에 있어요, 더이상 일할 수 없죠
삶이 고달픈 엄마, 제가 쓸데없는 소리를 좀 해도 될까요?

검은 아가씨, 잠깐 옆으로 비켜서 자리를 좀 만들어주지 않겠어요?
계속 움직여요, 온 나라를 빗자루처럼 쓸어버려요
팔을 내게 둘러요, 태양을 둘러싼 둥근 궤도처럼
당신 주머니엔 돈이 잔뜩 들었는데, 날 전혀 도와줄 수 없네요
어두운 아가씨, 당신이 입고 있는 드레스는 너무 무거워요

사랑스러운 천사, 당신은 눈부신 불빛과 변화하는 바람 속에서 태어났죠
정말 미치겠어요, 당신은 알잖아요 당신이 누군지, 그동안 어디 있었는지
천장을 쳐다봐요, 의자 위에 서요
큰불이 이글거려요, 공중에 재가 날려요
사랑스러운 천사, 당신이 그 뒤에서 뭘 했을지 궁금해요

전 풀이 죽었어요, 환상의 세계가 바로 제 문밖에 있죠
당신이 부르는 소리가 들려요, 예전에 듣던 것과 같은 소리네요
굴속의 사자처럼 들판 위를 기어요
무지개 끝에 있을 죽음을 향해 가요
삶이 고달픈 엄마, 다시 또 길을 떠나봐요

Hazel

Hazel, dirty-blonde hair
I wouldn't be ashamed to be seen with you anywhere
You got something I want plenty of
Ooh, a little touch of your love

Hazel, stardust in your eye
You're goin' somewhere and so am I
I'd give you the sky high above
Ooh, for a little touch of your love

Oh no, I don't need any reminder
To know how much I really care
But it's just making me blinder and blinder
Because I'm up on a hill and still you're not there

Hazel, you called and I came
Now don't make me play this waiting game
You've got something I want plenty of
Ooh, a little touch of your love

헤이즐

헤이즐, 이 음탕한 금발머리 여자야
그 누가 어디서든 너와 함께 있는 날 보더라도 부끄러워하지 않을 거야
너에겐 내가 원하는 게 아주 많이 있어
우, 네 사랑의 아주 조그만 손길에도

헤이즐, 네 눈은 넋을 잃게 해
넌 어디론가 가고 있지, 그건 나도 마찬가지야
네게 저 높이 떠 있는 하늘을 줄게
우, 네 사랑의 아주 조그만 손길을 위해서라면

오 아냐, 내가 정말 얼마나 널 사랑하는지
상기시켜줄 무언가는 전혀 필요치 않아
하지만 이 사랑은 나날이 내 눈을 멀게만 해
왜냐하면 난 언덕 위에 있는데 넌 아직 거기에 없으니까

헤이즐, 네가 불러서 내가 왔잖아
이제 기회를 기다리게만 하지 말아줘
너에겐 내가 원하는 게 아주 많이 있어
우, 네 사랑의 아주 조그만 손길에도

Something There Is About You

Something there is about you that strikes a match in me
Is it the way your body moves or is it the way your hair blows free?
Or is it because you remind me of something that used to be
Somethin' that crossed over from another century?

Thought I'd shaken the wonder and the phantoms of my youth
Rainy days on the Great Lakes, walkin' the hills of old Duluth
There was me and Danny Lopez, cold eyes, black night and then there was
    Ruth
Something there is about you that brings back a long-forgotten truth

Suddenly I found you and the spirit in me sings
Don't have to look no further, you're the soul of many things
I could say that I'd be faithful, I could say it in one sweet, easy breath
But to you that would be cruelty and to me it surely would be death

Something there is about you that moves with style and grace
I was in a whirlwind, now I'm in some better place
My hand's on the sabre and you've picked up the baton
Somethin' there is about you that I can't quite put my finger on

너의 뭔가가

너의 뭔가가 내 안의 성냥에 불을 밝혀
네 몸이 움직이는 모습 때문일까, 아니면 네 머리칼이 자유롭게 날리는
　모습 때문일까?
아니면 네가 내게 과거의 무언가를,
다른 세기에서 건너온 무언가를 떠올리게 하기 때문인 걸까?

난 내 젊었던 시절의 경이와 유령들을 모두 떨쳐버린 줄 알았어
오대호 위로 비 내리던 날들, 옛 덜루스에서 언덕을 거닐던 일
거기엔 나와 대니 로페즈, 차가운 두 눈, 칠흑 같은 밤, 그리고 루스가
　있었지
너의 뭔가가 오래전에 잊혀버린 진실을 되살아나게 해

불현듯 난 널 발견했지, 내 마음은 노래해
더 볼 필요도 없어, 넌 수많은 것들의 영혼이야
너만을 바라볼 거라고 말할 수 있어 난, 달콤하고 편안한 목소리로
　단숨에 그렇다고 말할 수 있어
하지만 네게 그건 잔인한 일이 될 테고, 나는 분명 죽을 만큼
　괴로워지겠지

너에겐 뭔가가 있지, 우아하고 고상해
회오리바람 속에 있었던 난, 이젠 더 나은 곳에 있어
내 손은 사브르 검 위에 가 있고 넌 지휘봉을 들고 있어
너에겐 뭔가가 있어, 딱 꼬집어서 말할 수 없는 뭔가가

Forever Young

May God bless and keep you always
May your wishes all come true
May you always do for others
And let others do for you
May you build a ladder to the stars
And climb on every rung
May you stay forever young
Forever young, forever young
May you stay forever young

May you grow up to be righteous
May you grow up to be true
May you always know the truth
And see the lights surrounding you
May you always be courageous
Stand upright and be strong
May you stay forever young
Forever young, forever young
May you stay forever young

May your hands always be busy
May your feet always be swift
May you have a strong foundation
When the winds of changes shift
May your heart always be joyful
May your song always be sung
May you stay forever young
Forever young, forever young
May you stay forever young

영원히 젊기를

부디 신께서 당신을 축복하고 늘 지켜주시길
부디 당신이 비는 소원이 모두 이루어지길
부디 당신이 늘 남들을 도우며 살길
그리고 남들이 당신에게도 도움이 되길
부디 당신이 별까지 이르는 사다리를 세우길
그리고 차근차근 밟아 오르길
부디 당신이 영원히 젊기를
영원히 젊기를, 영원히
부디 당신이 영원히 젊기를

부디 당신이 정직하게 자라나길
부디 당신이 진실된 사람으로 자라나길
부디 당신이 늘 진리를 알게 되길
그리고 당신을 둘러싼 빛들을 보게 되길
부디 당신이 늘 용감하기를
곧게 서서 강해지기를
부디 당신이 영원히 젊기를
영원히 젊기를, 영원히
부디 당신이 영원히 젊기를

부디 당신의 손길이 늘 바쁘기를
부디 당신의 발이 늘 재빠르기를
변화의 바람이 상황을 뒤바꿀 때
부디 당신의 토대가 튼튼하기를
부디 당신의 마음이 늘 기쁨에 차 있기를
부디 당신의 노래가 늘 불리기를
부디 당신이 영원히 젊기를
영원히 젊기를, 영원히
부디 당신이 영원히 젊기를

Dirge

I hate myself for lovin' you and the weakness that it showed
You were just a painted face on a trip down Suicide Road
The stage was set, the lights went out all around the old hotel
I hate myself for lovin' you and I'm glad the curtain fell

I hate that foolish game we played and the need that was expressed
And the mercy that you showed to me, who ever would have guessed?
I went out on Lower Broadway and I felt that place within
That hollow place where martyrs weep and angels play with sin

Heard your songs of freedom and man forever stripped
Acting out his folly while his back is being whipped
Like a slave in orbit, he's beaten 'til he's tame
All for a moment's glory and it's a dirty, rotten shame

There are those who worship loneliness, I'm not one of them
In this age of fiberglass I'm searching for a gem
The crystal ball up on the wall hasn't shown me nothing yet
I've paid the price of solitude, but at last I'm out of debt

Can't recall a useful thing you ever did for me
'Cept pat me on the back one time when I was on my knees
We stared into each other's eyes 'til one of us would break
No use to apologize, what diff'rence would it make?

So sing your praise of progress and of the Doom Machine
The naked truth is still taboo whenever it can be seen
Lady Luck, who shines on me, will tell you where I'm at
I hate myself for lovin' you, but I should get over that

장송곡

널 사랑한 나 자신과 내가 보인 나약함이 싫어
넌 그저 자살 로드로 가는 여행길 위에서 만난 치장한 얼굴에 불과했어
무대가 마련돼 있었고, 오래된 호텔 주위는 모두 불이 꺼져 있었지
널 사랑한 나 자신이 싫어, 막이 내려서 참 다행이야

우리가 했던 바보 짓거리들과 네가 필요하다고 티를 냈던 내가 싫어
그리고 넌 내게 자비를 베풀었지, 어디 누가 생각이나 했겠어?
로어 브로드웨이로 나간 난 가슴으로 그곳을 느꼈어
순교자들이 눈물 흘리고 천사들이 죄를 갖고 장난치는 그 공허한
　　장소를

자유와 영원히 발가벗겨진 남자에 대해 네가 노래 부르는 걸 들었지
등에 채찍을 맞는 동안 그는 어리석음을 연기해
쳇바퀴 도는 노예처럼 길들여질 때까지 두들겨맞아
모두 한순간의 영광을 위해서지, 그건 더럽고 끔찍한 수치야

외로움을 숭배하는 자들이 있어, 난 그런 사람이 아니야
이 유리섬유의 시대에 난 보석을 찾고 있지
벽에 걸린 수정 구슬은 아직 내게 아무것도 보여주지 않았어
난 고독의 대가를 지불했지만, 그래도 마침내 빚을 다 갚았다고

네가 날 위해 해준 것 중에 쓸모 있는 게 딱히 떠오르지 않아
언젠가 한 번 내가 무릎을 꿇었을 때, 내 등을 토닥거려줬던 걸 빼고는
우린 한 명이 피할 때까지 서로 눈을 바라봤었지
사과해도 소용없어, 그런다고 뭐가 달라지겠니?

그러니 진보를 찬미하고 멸망의 기계를 찬미하렴
발가벗겨진 진실은 아직도 드러날 때마다 금기시되지
내게 빛을 비춰주는 행운의 여신이 내가 있는 곳을 네게 알려줄 거야
널 사랑한 나 자신이 싫지만, 이젠 극복해야만 해

You Angel You

You angel you
You got me under your wing
The way you walk and the way you talk
I feel I could almost sing

You angel you
You're as fine as anything's fine
The way you walk and the way you talk
It sure plays on my mind

You know I can't sleep at night for trying
Never did feel this way before
I get up at night and walk the floor
If this is love then gimme more
And more and more and more and more

You angel you
You're as fine as can be
The way you smile like a sweet baby child
It just falls all over me

You know I can't sleep at night for trying
Never did feel this way before
Never did get up and walk the floor
If this is love then gimme more
And more and more and more

You angel you
You got me under your wing
The way you walk and the way you talk
It says everything

넌 천사야 넌

넌 천사야 넌
네 날개로 날 감싸주지
너의 걸음걸이와 너의 말투
거의 노랠 부르고만 싶은 기분이야

넌 천사야 넌
뭐든 좋다고 말할 수 있을 만큼 좋아
너의 걸음걸이와 너의 말투
내 마음속에서 떠나질 않아

아무리 애를 써봐도 밤에 잠이 오질 않아
이런 감정은 처음이야
밤에 일어나 마루를 왔다갔다해
만일 이게 사랑이라면, 날 더 사랑해줘
더, 더, 더, 더 사랑해줘

넌 천사야 넌
더할 나위 없이 좋아
넌 사랑스러운 막내둥이처럼 웃어
그건 정말이지 날 우쭐하게 해

아무리 애를 써봐도 밤에 잠이 오질 않아
이런 감정은 처음이야
일어나서 마루를 왔다갔다하는 것도 처음이야
만일 이게 사랑이라면, 날 더 사랑해줘
더, 더, 더 사랑해줘

넌 천사야 넌
네 날개로 날 감싸주지
너의 걸음걸이와 너의 말투
더이상 설명이 필요 없지

Never Say Goodbye

Twilight on the frozen lake
North wind about to break
On footprints in the snow
Silence down below

You're beautiful beyond words
You're beautiful to me
You can make me cry
Never say goodbye

Time is all I have to give
You can have it if you choose
With me you can live
Never say goodbye

My dreams are made of iron and steel
With a big bouquet
Of roses hanging down
From the heavens to the ground

The crashing waves roll over me
As I stand upon the sand
Wait for you to come
And grab hold of my hand

Oh, baby, baby, baby blue
You'll change your last name, too
You've turned your hair to brown
Love to see it hangin' down

절대 안녕이라 말하진 마

얼어붙은 호수 위 황혼
북풍이 불어오려 해
눈 속에 찍힌 발자국에
침묵이 서려 있어

넌 말로 다 못할 만큼 아름다워
넌 내게 아름다워
넌 날 울게 할 수 있어
절대 안녕이라 말하진 마

내가 줄 수 있는 건 시간뿐
원한다면 다 가져도 돼
나랑 같이 살아도 돼
절대 안녕이라 말하진 마

내 꿈은 철과 강철
그리고 하늘에서 땅으로 내려온
장미로 만든 커다란 부케로
만들어졌어

파도가 굉음을 내며 온통 나를 덮쳐와
내가 모래 해변에 서 있을 때
네가 와서
내 손을 잡아주길 기다릴 때

오, 베이비, 베이비, 베이비 블루
넌 네 성姓도 바꿀 거야
넌 네 머리를 갈색으로 바꿨지
그걸 길게 늘어뜨린 모습을 보고파

Wedding Song

I love you more than ever, more than time and more than love
I love you more than money and more than the stars above
Love you more than madness, more than waves upon the sea
Love you more than life itself, you mean that much to me

Ever since you walked right in, the circle's been complete
I've said goodbye to haunted rooms and faces in the street
To the courtyard of the jester which is hidden from the sun
I love you more than ever and I haven't yet begun

You breathed on me and made my life a richer one to live
When I was deep in poverty you taught me how to give
Dried the tears up from my dreams and pulled me from the hole
Quenched my thirst and satisfied the burning in my soul

You gave me babies one, two, three, what is more, you saved my life
Eye for eye and tooth for tooth, your love cuts like a knife
My thoughts of you don't ever rest, they'd kill me if I lie
I'd sacrifice the world for you and watch my senses die

The tune that is yours and mine to play upon this earth
We'll play it out the best we know, whatever it is worth
What's lost is lost, we can't regain what went down in the flood
But happiness to me is you and I love you more than blood

It's never been my duty to remake the world at large
Nor is it my intention to sound a battle charge
'Cause I love you more than all of that with a love that doesn't bend
And if there is eternity I'd love you there again

Oh, can't you see that you were born to stand by my side
And I was born to be with you, you were born to be my bride
You're the other half of what I am, you're the missing piece
And I love you more than ever with that love that doesn't cease

You turn the tide on me each day and teach my eyes to see
Just bein' next to you is a natural thing for me
And I could never let you go, no matter what goes on
'Cause I love you more than ever now that the past is gone

웨딩 송

어느 때보다 더 널 사랑해, 시간보다 더, 사랑보다 더
돈보다 더 널 사랑해, 저 위의 별들보다 더
광기보다 더 널 사랑해, 바다의 파도보다 더
인생 그 자체보다 널 사랑해, 넌 내게 그토록 큰 의미야

네가 내 인생에 걸어들어온 후로, 마침내 원이 완성됐어
난 옛 기억이 떠도는 방들과 거리의 얼굴들에 작별을 고했지
해가 들지 않는 궁정 광대들의 마당에도
어느 때보다 더 널 사랑해, 그리고 난 아직 시작도 안 했어

넌 내게 숨결을 불어넣어줬어, 내 삶을 풍족하게 해줬어
내가 무척이나 가난했을 때, 내게 베푸는 법을 가르쳐줬지
내 꿈이 흘리는 눈물을 마르게 해주고, 날 구멍에서 끌어내줬어
내 목마름을 잠재워주고 내 영혼의 불타는 욕망을 만족시켜줬어

넌 내게 아이를 낳아줬어, 하나 둘 셋, 게다가 내 인생까지 구원해줬지
눈에는 눈 이에는 이, 네 사랑은 꼭 칼로 베는 것만 같아
네 생각이 도무지 멈추질 않아, 이게 거짓이라면 죽어도 좋아
널 위해 이 세상을 다 바칠 거야, 내 감각들이 죽어가는 걸 지켜볼 거야

이 땅 위에 울려퍼질 너와 나의 선율
우린 그걸 아는 한 가장 멋지게 연주할 거야, 그 가치가 어떻든 말이야
잃어버린 건 이미 잃어버린 것, 홍수에 떠내려가버린 걸 되찾을 순 없지
하지만 내 행복은 바로 너야, 핏줄보다 더 널 사랑해

이 세상 전체를 다시 만드는 건 전혀 내 일이 아니었어
전쟁터에서 돌격나팔을 불 생각도 전혀 없지
왜냐하면 난 사랑으로도 굽힐 수 없는 그 모든 것들보다 더 널
　사랑하니까
그리고 만일 영원이란 게 있다면, 또다시 널 사랑할 거야

오, 모르겠니, 넌 내 곁에 서려고 태어났다는 걸

그리고 난 너와 함께하기 위해 태어났어, 넌 내 신부가 되기 위해
　태어났고
넌 내 반쪽이야, 잃어버렸던 퍼즐 한 조각이지
그리고 멈추지 않는 사랑으로, 어느 때보다 더 널 사랑해

넌 매일 나를 완전히 바꿔놔, 넌 내가 볼 수 있도록 가르쳐
그저 네 곁에 있는 게 내겐 자연스러운 일이야
그리고 난 널 절대로 보낼 수 없어, 무슨 일이 일어나도
왜냐하면 과거가 다 지나가버린 지금, 어느 때보다도 더 널 사랑하니까

Nobody 'Cept You

There's nothing 'round here I believe in
'Cept you, yeah you
And there's nothing to me that's sacred
'Cept you, yeah you

You're the one that reaches me
You're the one that I admire
Every time we meet together
My soul feels like it's on fire
Nothing matters to me
And there's nothing I desire
'Cept you, yeah you

Nothing 'round here I care to try for
'Cept you, yeah you
Got nothing left to live or die for
'Cept you, yeah you

There's a hymn I used to hear
In the churches all the time
Make me feel so good inside
So peaceful, so sublime
And there's nothing to remind me of that
Old familiar chime
'Cept you, uh huh you

Used to play in the cemetery
Dance and sing and run when I was a child
Never seemed strange
But now I just pass mournfully by
That place where the bones of life are piled
I know somethin' has changed
I'm a stranger here and no one sees me
'Cept you, yeah you

Nothing much matters or seems to please me
'Cept you, yeah you
Nothing hypnotizes me
Or holds me in a spell
Everything runs by me
Just like water from a well
Everybody wants my attention

너 빼곤 아무도

여기에 내가 믿는 건 하나도 없어
너만 빼고, 그래 너만 빼고
그리고 내겐 신성하다고 할 것도 없어
너만 빼고, 그래 너만 빼고

넌 내게 와닿는 사람
넌 내가 존경하는 사람
우리 같이 만날 때마다
내 영혼은 불타오르는 것만 같아
무엇도 내게 중요치 않아
그리고 욕망할 것도 전혀 없지
너만 빼고, 그래 너만 빼고

난 여기 있는 무엇도 갖고 싶지 않아
너만 빼고, 그래 너만 빼고
평생, 아니 목숨을 걸 만한 건 전혀 남아 있질 않아
너만 빼고, 그래 너만 빼고

교회에서 늘
즐겨 들었던 찬송가가 있어
기분이 정말 좋아지지
정말 평화롭고 정말 숭고해
그리고 그 익숙한 옛 종소리를 떠올리게 하는 건
아무것도 없어
너만 빼고, 어 허, 너만 빼고

묘지에서 놀곤 했지
어렸을 땐 거기서 춤추고 노래하고 뛰놀곤 했지
한 번도 이상했던 적은 없었어
하지만 이젠 슬픈 마음으로 지나가
생의 뼈다귀들이 쌓인 그곳을
뭔가 변했다는 걸 알아

Everybody's got something to sell
'Cept you, yeah you

여기에서 난 이방인이지, 누구도 날 알아보지 않아
너만 빼고, 그래 너만 빼고

무엇도 내게 중요치 않고, 무엇도 날 즐겁게 해주지 않아
너만 빼고, 그래 너만 빼고
그 무엇도 최면을 걸거나
마법으로 날 사로잡지 않아
내 곁에선 모든 게 말라만 가
마치 우물 안 물처럼
모두가 내 관심을 끌길 원하지
모두가 뭔가를 팔아먹고 싶어하지
너만 빼고, 그래 너만 빼고

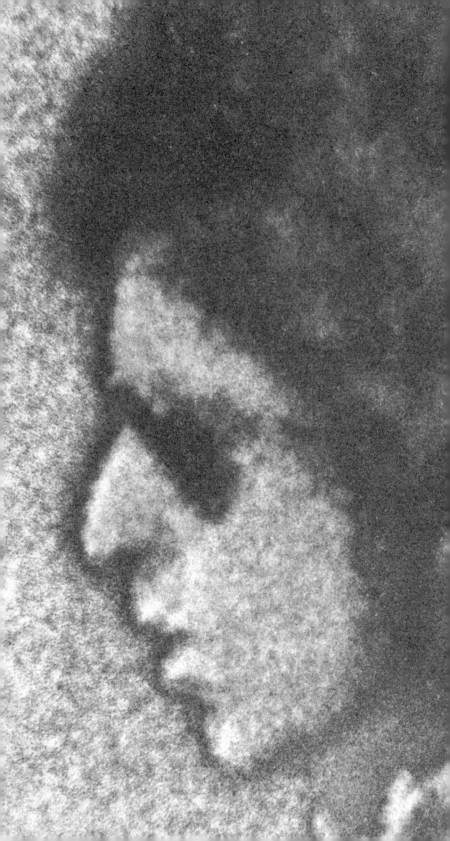

Blood on the Tracks 1975

트랙 위의 피

Tangled Up in Blue

Simple Twist of Fate

You're a Big Girl Now

Idiot Wind

You're Gonna Make Me Lonesome
  When You Go

Meet Me in the Morning

Lily, Rosemary and the Jack of Hearts

If You See Her, Say Hello

Shelter from the Storm

Buckets of Rain

additional lyrics

Up to Me

Call Letter Blues

Tangled Up in Blue

Early one mornin' the sun was shinin'
I was layin' in bed
Wond'rin' if she'd changed at all
If her hair was still red
Her folks they said our lives together
Sure was gonna be rough
They never did like Mama's homemade dress
Papa's bankbook wasn't big enough
And I was standin' on the side of the road
Rain fallin' on my shoes
Heading out for the East Coast
Lord knows I've paid some dues gettin' through
Tangled up in blue

She was married when we first met
Soon to be divorced
I helped her out of a jam, I guess
But I used a little too much force
We drove that car as far as we could
Abandoned it out West
Split up on a dark sad night
Both agreeing it was best
She turned around to look at me
As I was walkin' away
I heard her say over my shoulder
"We'll meet again someday on the avenue"
Tangled up in blue

I had a job in the great north woods
Working as a cook for a spell
But I never did like it all that much
And one day the ax just fell
So I drifted down to New Orleans
Where I happened to be employed
Workin' for a while on a fishin' boat
Right outside of Delacroix
But all the while I was alone
The past was close behind
I seen a lot of women
But she never escaped my mind, and I just grew
Tangled up in blue

우울로 뒤엉킨 채

어느 이른 아침 해는 눈부시게 빛나고 있었고
나는 침대에 누워 있었지
그녀가 모든 면에서 변했을지
머리는 여전히 붉은색일지 궁금해하며
그녀의 가족들은 말했지 우리가 함께하는 삶이
보나마나 순탄치 않을 거라고
그들은 엄마가 집에서 손수 만든 드레스를 결코 좋아하지 않았지
아빠의 예금통장은 그리 두둑하지 않았지
그리고 난 도로변에 서 있었지
빗방울이 내 신발 위로 떨어지고 있었지
이스트코스트를 향해 가고 있었지
하느님은 아시겠지 내가 삶을 헤쳐나가며 얼마나 많은 대가를
    치렀는지를
우울로 뒤엉킨 채

우리가 처음 만났을 때 그녀는 결혼한 상태였고
곧 이혼을 앞두고 있었지
난 그녀가 어려움에서 벗어나도록 도왔지, 내 생각으론 그랬어
하지만 다소 지나치게 힘을 썼던 것 같아
우리는 차를 몰고 달릴 수 있을 때까지 달렸지
그리고 서부에서 차를 버렸지
우린 어느 어둡고 슬픈 밤에 헤어졌지
둘 다 그게 최선이라는 걸 인정했지
그녀는 몸을 돌려 나를 바라보았지
내가 멀어져가고 있을 때
어깨너머로 그녀의 목소리가 들렸지
"우린 다시 만날 거야 언젠가 거리에서"
우울로 뒤엉킨 채

거대한 북쪽 숲에서 일자리 얻어
단기 요리사로 일했지
하지만 그 일이 결코 좋진 않았어

She was workin' in a topless place
And I stopped in for a beer
I just kept lookin' at the side of her face
In the spotlight so clear
And later on as the crowd thinned out
I's just about to do the same
She was standing there in back of my chair
Said to me, "Don't I know your name?"
I muttered somethin' underneath my breath
She studied the lines on my face
I must admit I felt a little uneasy
When she bent down to tie the laces of my shoe
Tangled up in blue

She lit a burner on the stove
And offered me a pipe
"I thought you'd never say hello," she said
"You look like the silent type"
Then she opened up a book of poems
And handed it to me
Written by an Italian poet
From the thirteenth century
And every one of them words rang true
And glowed like burnin' coal
Pourin' off of every page
Like it was written in my soul from me to you
Tangled up in blue

I lived with them on Montague Street
In a basement down the stairs
There was music in the cafés at night
And revolution in the air
Then he started into dealing with slaves
And something inside of him died
She had to sell everything she owned
And froze up inside
And when finally the bottom fell out
I became withdrawn
The only thing I knew how to do
Was to keep on keepin' on like a bird that flew
Tangled up in blue

So now I'm goin' back again
I got to get to her somehow
All the people we used to know
They're an illusion to me now

•   미국 루이지애나주에 있는 비법인자치구.

Blood on the Tracks

그리고 어느 날 해고 통보 받았지
그래서 어쩌다 뉴올리언스로 흘러들어갔고
그곳에서 우연히 고기잡이배 일꾼으로 고용되어
잠시 일하게 되었지
델라크루아* 바로 근처에서
하지만 그 기간 내내 나는 혼자였지
과거가 내 뒤에 바짝 붙어 있었지
많은 여자들을 보았지
하지만 그녀는 내 마음속에서 떠나지 않았고 난 그저 나이를 먹어갔지
우울로 뒤엉킨 채

그녀는 토플리스 바에서 일하고 있었지
그리고 난 맥주를 마시려고 그곳에 들렀지
난 너무나 밝은 조명 속에서
그녀의 옆얼굴만을 바라보고 있었지
그리고 시간 지나 바 안 사람들 적어졌을 때
나도 막 자리를 뜨려 했지
그녀가 내 의자 뒤편에 서 있었지
그녀가 내게 말했지, "당신 이름을 내가 알지 않나요?"
난 기어드는 목소리로 뭐라고 중얼거렸지
그녀는 내 얼굴 윤곽을 유심히 살폈지
조금 어색한 기분이 들었던 건 사실이지
그녀가 몸을 굽혀 내 신발끈 묶어주었을 때
우울로 뒤엉킨 채

그녀는 스토브 위 버너에 불을 붙였지
그리고 내게 파이프 건넸지
"당신이 절대 인사를 건네지 않을 거라 생각했어요" "당신은 말수가 적은
　　타입으로 보이니까" 그녀가 말했지
그리고 나서 그녀는 어떤 시집을 펼쳐
내게 건넸지
13세기의
어느 이탈리아 시인이 쓴 것이었지
시집 속의 모든 말들이 진실하게 울리며
타올랐지 불붙은 석탄처럼
페이지마다 쏟아지며

Some are mathematicians
Some are carpenters' wives
Don't know how it all got started
I don't know what they're doin' with their lives
But me, I'm still on the road
Headin' for another joint
We always did feel the same
We just saw it from a different point of view
Tangled up in blue

그것은 내가 너에게 전하는 내 영혼에 쓰인 글 같았지
우울로 뒤엉킨 채

나는 몬터규스트리트에서 그들과 함께 살았지
어느 계단 아래 지하실에서
밤에 카페에서는 음악이 흘렀고
혁명의 기운이 감돌았지
그리고 그는 노예 거래를 시작했고
그러면서 그의 내면에 있던 어떤 것이 죽었지
그녀는 가진 모든 걸 팔아야 했고
그녀의 내면은 온통 얼어붙었지
그리고 마침내 바닥이 드러났을 때
난 집안에 틀어박혔지
내가 유일하게 할 줄 알았던 건
날아가는 한 마리 새처럼 계속 나아가는 것
우울로 뒤엉킨 채

그리고 이제 나는 다시 돌아가고 있지
어쨌든 그녀에게 가야 해
우리가 알던 모든 사람들
그들 이제 내겐 환영에 불과해
어떤 이들은 수학자들이고
어떤 이들은 목수들의 아내들이지
그 모든 게 어떻게 시작되었는지 모르겠어
사람들은 그들의 삶으로 무엇을 하고 있는지 모르겠어
하지만 나, 나는 여전히 길 위에 있어
또다른 곳을 향해 가고 있어
우리는 늘 똑같은 걸 느꼈지
우리는 그저 다른 관점에서 그것을 바라보았을 뿐이지
우울로 뒤엉킨 채

Simple Twist of Fate

They sat together in the park
As the evening sky grew dark
She looked at him and he felt a spark tingle to his bones
'Twas then he felt alone and wished that he'd gone straight
And watched out for a simple twist of fate

They walked along by the old canal
A little confused, I remember well
And stopped into a strange hotel with a neon burnin' bright
He felt the heat of the night hit him like a freight train
Moving with a simple twist of fate

A saxophone someplace far off played
As she was walkin' by the arcade
As the light bust through a beat-up shade where he was wakin' up
She dropped a coin into the cup of a blind man at the gate
And forgot about a simple twist of fate

He woke up, the room was bare
He didn't see her anywhere
He told himself he didn't care, pushed the window open wide
Felt an emptiness inside to which he just could not relate
Brought on by a simple twist of fate

He hears the ticking of the clocks
And walks along with a parrot that talks
Hunts her down by the waterfront docks where the sailors all come in
Maybe she'll pick him out again, how long must he wait
Once more for a simple twist of fate

People tell me it's a sin
To know and feel too much within
I still believe she was my twin, but I lost the ring
She was born in spring, but I was born too late
Blame it on a simple twist of fate

운명의 단순한 장난

그들은 공원에 함께 앉아 있었지
저녁 하늘이 점점 더 어두워져갈 때
그녀가 그를 보았어 그러자 그는 뼛속까지 얼얼해오는 어떤 불꽃을
   느꼈고
바로 그때였지 그가 외롭다고 느낀 것은, 곧장 가고 싶어졌던 것은
그리고 운명의 단순한 장난을 조심하게 된 것은

그들은 오래된 운하를 따라 걸었지
조금은 혼란스러워하면서, 나는 분명히 기억해
그러고는 네온 밝게 타오르는 어느 낯선 호텔로 들어갔지
그는 느꼈지 밤의 열기가 마치 화물 열차처럼 자신에게 부닥쳐오는 것을
단순한 운명의 장난에 따라 움직이는

멀리 어디선가 색소폰 연주하는 소리 들려왔지
그녀가 아케이드를 따라 걸어가고 있을 때
빛이 쏟아져들어왔지, 그가 잠에서 깨어나고 있는 낡아빠진 그늘 속으로
그녀는 입구에서 맹인 앞에 놓인 컵에 동전을 떨어뜨렸고
운명의 단순한 장난에 대해서는 잊어버렸지

그는 깨어났고, 방은 텅 비어 있었지
어디서도 그녀의 모습 볼 수 없었지
그는 스스로에게 말했지 상관없다고, 그러고는 창을 활짝 열었지
그는 알 수 없는 내면의 공허를 느꼈지
운명의 단순한 장난에서 비롯한

그는 시계가 째깍거리는 소리를 듣고 있어
말하는 앵무새 한 마리와 함께 길을 걷고 있지
선원들 모두 돌아오는 부둣가 선창 따라 그녀의 뒤를 쫓고 있어
아마도 그녀는 다시 그를 선택할 거야, 얼마나 오래 그는 기다려야 할까
한번 더, 운명의 단순한 장난을 위해

사람들은 내게 말하지

마음속으로 너무 많은 걸 알고 느끼는 건 죄악이라고
나는 여전히 그녀가 나의 반쪽이라고 믿고 있지, 하지만 난 반지를
　　잃어버렸어
그녀는 봄에 태어났지, 반면 나는 너무 늦게 태어났어
그저 운명의 단순한 장난을 탓할 수밖에

You're a Big Girl Now

Our conversation was short and sweet
It nearly swept me off-a my feet
And I'm back in the rain, oh, oh
And you are on dry land
You made it there somehow
You're a big girl now

Bird on the horizon, sittin' on a fence
He's singin' his song for me at his own expense
And I'm just like that bird, oh, oh
Singin' just for you
I hope that you can hear
Hear me singin' through these tears

Time is a jet plane, it moves too fast
Oh, but what a shame if all we've shared can't last
I can change, I swear, oh, oh
See what you can do
I can make it through
You can make it too

Love is so simple, to quote a phrase
You've known it all the time, I'm learnin' it these days
Oh, I know where I can find you, oh, oh
In somebody's room
It's a price I have to pay
You're a big girl all the way

A change in the weather is known to be extreme
But what's the sense of changing horses in midstream?
I'm going out of my mind, oh, oh
With a pain that stops and starts
Like a corkscrew to my heart
Ever since we've been apart

이제 넌 어엿한 여인

우리의 대화는 짧고 달콤했어
난 홀딱 반하고 말았지
그리고 난 다시 빗속에 있어, 오, 오
그리고 넌 마른 땅 위에 있지
어쨌든 넌 그럴 수 있었지
이제 넌 어엿한 여인이니까

지평선 위의 새, 담장 위에 앉아서
저 새는 수고를 마다치 않고 날 위해 노래하고 있어
난 바로 저 새와 같지, 오, 오
널 위해 노래하는 새
네가 들어줬으면
이 눈물을 통해 부르는 나의 노래를

시간은 제트비행기, 너무나 빨리 흘러가
오, 그런데도 우리가 나누는 모든 것 영원할 수 없다니 얼마나
　안타까운지
난 변할 수 있어, 맹세할게, 오, 오
네가 할 수 있는 것을 생각해봐
난 해낼 수 있어
너 역시 해낼 수 있어

사랑은 단순한 거래
넌 항상 알고 있었지, 난 최근에야 배워가고 있어
오, 어딜 가면 널 찾을 수 있는지 난 알고 있지, 오, 오
누군가의 방
그리고 그건 내가 감수해야 할 대가야
넌 어엿한 여인이니까 완전무결하게

날씨가 극단적으로 변덕스럽다는 거야 다들 알지만
아무리 그래도 강물 한가운데서 말을 바꿔 타는 건 너무하잖아?
난 미쳐가, 오, 오

우리 떨어져 지내면서부터
멎었다간 다시 시작되는 이 고통
내 마음에 코르크따개처럼 박혀 있는 이 고통 때문에

Idiot Wind

Someone's got it in for me, they're planting stories in the press
Whoever it is I wish they'd cut it out but when they will I can only guess
They say I shot a man named Gray and took his wife to Italy
She inherited a million bucks and when she died it came to me
I can't help it if I'm lucky

People see me all the time and they just can't remember how to act
Their minds are filled with big ideas, images and distorted facts
Even you, yesterday you had to ask me where it was at
I couldn't believe after all these years, you didn't know me better than that
Sweet lady

Idiot wind, blowing every time you move your mouth
Blowing down the backroads headin' south
Idiot wind, blowing every time you move your teeth
You're an idiot, babe
It's a wonder that you still know how to breathe

I ran into the fortune-teller, who said beware of lightning that might strike
I haven't known peace and quiet for so long I can't remember what it's like
There's a lone soldier on the cross, smoke pourin' out of a boxcar door
You didn't know it, you didn't think it could be done, in the final end he
    won the wars
After losin' every battle

I woke up on the roadside, daydreamin' 'bout the way things sometimes are
Visions of your chestnut mare shoot through my head and are makin' me
    see stars
You hurt the ones that I love best and cover up the truth with lies
Oneday you'll be in the ditch, flies buzzin' around your eyes
Blood on your saddle

Idiot wind, blowing through the flowers on your tomb
Blowing through the curtains in your room
Idiot wind, blowing every time you move your teeth
You're an idiot, babe
It's a wonder that you still know how to breathe

It was gravity which pulled us down and destiny which broke us apart
You tamed the lion in my cage but it just wasn't enough to change my heart
Now everything's a little upside down, as a matter of fact the wheels have
    stopped

멍청이 바람

누군가가 날 위해 그걸 모았지, 언론에서는 그걸로 이야기를 만들어내고
   있어
그게 누구든 작작 좀 했으면 해 하지만 언제쯤 그 짓을 멈출지 그저
   짐작만 해볼 뿐
그들은 내가 그레이라는 남자를 쐈대 그리고 그의 아내를 이탈리아로
   데려갔다고
그녀는 수백만 달러 유산을 물려받았고 그녀가 죽으면 그 돈 전부 내
   것이 될 거라고
내가 운이 좋다면 마다할 이유는 없겠지

사람들은 줄곧 나만 보고 있을 뿐 행동하는 법에 대해서는 잊어버렸어
그들의 마음속은 거창한 생각과 이미지와 왜곡된 사실 들로 가득차
   있어
심지어 당신조차, 어제 당신은 내게 그것이 어디에 있는지 물어봐야만
   했지
믿기지 않았어, 여러 해 지났는데도 당신이 그 매력적인 부인보다도 더
   나를
모르고 있다는 게

멍청이 바람, 당신이 입을 움직일 때마다 불어오는
남쪽으로 뻗은 뒷길을 따라 불어가는
멍청이 바람, 당신이 이빨을 움직일 때마다 불어오는
당신은 멍청이야, 자기
당신이 아직 숨쉬는 법은 잊지 않았다는 게 놀라울 뿐

난 점쟁이에게 달려갔지, 번개 떨어질지 모르니 조심하라더군
평온을 느껴본 지 너무 오래돼서 이젠 그게 어떤 거였는지도 기억나지
   않아
한 외로운 군인이 십자가 위에 있어, 연기가 열차 화물칸 문밖으로
   쏟아져나오고 있어
당신은 그걸 몰랐지, 그게 이뤄질 수 있다 생각지 않았지, 결국 마지막엔
   그가 전쟁에 이겼어

What's good is bad, what's bad is good, you'll find out when you reach the
    top
You're on the bottom

I noticed at the ceremony, your corrupt ways had finally made you blind
I can't remember your face anymore, your mouth has changed, your eyes
don't look into mine
The priest wore black on the seventh day and sat stone-faced while the
building burned
I waited for you on the running boards, near the cypress trees, while the
    springtime turned
Slowly into autumn

Idiot wind, blowing like a circle around my skull
From the Grand Coulee Dam to the Capitol
Idiot wind, blowing every time you move your teeth
You're an idiot, babe
It's a wonder that you still know how to breathe

I can't feel you anymore, I can't even touch the books you've read
Every time I crawl past your door, I been wishin' I was somebody else
    instead
Down the highway, down the tracks, down the road to ecstasy
I followed you beneath the stars, hounded by your memory
And all your ragin' glory

I been double-crossed now for the very last time and now I'm finally free
I kissed goodbye the howling beast on the borderline which separated you
    from me
You'll never know the hurt I suffered nor the pain I rise above
And I'll never know the same about you, your holiness or your kind of love
And it makes me feel so sorry

Idiot wind, blowing through the buttons of our coats
Blowing through the letters that we wrote
Idiot wind, blowing through the dust upon our shelves
We're idiots, babe
It's a wonder we can even feed ourselves

모든 전투에 패배한 뒤에

나는 길가에서 깨어나, 때때로 벌어지는 일들을 몽상했지
당신의 밤색 암말 환영이 내 머릿속을 뚫고 들어와 어질어질 별이
　　보이게 했어
당신은 내가 가장 사랑하는 것들을 상처 입히고 거짓말로 진실을
　　가려버리지
어느 날 당신은 도랑 속에 있을 거야, 파리들은 당신 눈 주위를
　　왱왱거리고
당신의 안장 위에는 피가

멍청이 바람, 당신의 무덤 위 꽃들을 스쳐가는
당신의 방 커튼 사이로 불어오는
멍청이 바람, 당신이 이빨을 움직일 때마다 불어오는
당신은 멍청이야, 자기
당신이 아직 숨쉬는 법은 잊지 않았다는 게 놀라울 뿐

그것은 우리를 아래로 잡아당기는 중력이었고 우리를 산산조각 낸
　　운명이었지
당신은 내 우리 속의 사자를 길들였지만 그 정도로는 내 마음
　　바꿔놓기에 충분치 않았지
이제 모든 게 조금씩 거꾸로 뒤집혀 있고, 사실상 바퀴는 멈춰 있어
좋은 것은 나쁘고, 나쁜 것은 좋아, 꼭대기에 도달하면 당신은 깨닫게 될
　　거야
당신이 바닥에 있다는 것을

나는 그 예식 때 알아차렸지, 당신의 부패한 방식들이 마침내 당신을
　　눈멀게 했다는 것을
당신의 얼굴 더이상 기억나지 않아, 당신의 입은 변했고, 당신의 눈은 내
　　눈을 들여다보지 않아
사제는 일곱번째 날에 검은 옷을 입고 돌처럼 굳은 얼굴로 앉아 있었지
　　그 건물이 불타는 동안
난 자동차 발판 위에서 당신을 기다렸어 사이프러스 나무들 근처에서,
　　봄이 천천히
가을로 변하는 동안

멍청이 바람, 내 머리 주위의 동그라미처럼 불어가는
그랜드쿨리 댐*에서 국회의사당까지
멍청이 바람, 당신이 이빨을 움직일 때마다 불어오는
당신은 멍청이야, 자기
당신이 아직 숨쉬는 법은 잊지 않았다는 게 놀라울 뿐이야

더는 당신을 느낄 수 없어, 당신이 읽은 책들조차 만질 수가 없어
살금살금 당신의 문을 지나쳐갈 때마다 난 내가 다른 누군가이기를
　　바랐지
고속도로를 따라, 철로를 따라, 황홀경으로 가는 길을 따라
나는 당신을 따라갔지 별들 아래로, 당신의 기억에
당신의 모든 격렬한 영광에 쫓기면서

난 마지막의 마지막까지 배신당했지 그리고 이제 난 마침내 자유로워
나는 당신과 나를 떼어놓았던 그 경계선 위에서 울부짖는 짐승에게
　　작별 키스를 했지
당신은 내가 겪은 상처를 결코 모를 거야, 내가 넘어서는 그 고통도
그리고 나 역시 당신의 것에 대해 절대 알지 못하겠지, 당신의 성스러움
　　혹은 당신만의 사랑에 대해서도
그리고 그게 안타까운 기분이 들게 해

멍청이 바람, 우리의 코트 단추 사이로 불어오는
우리가 쓴 편지들에게로 불어오는
멍청이 바람, 우리의 선반에 쌓인 먼지 위로 불어오는
우린 멍청이야, 자기
우리가 스스로를 먹여살릴 수 있다는 게 놀라울 뿐이야

You're Gonna Make Me Lonesome When You Go

I've seen love go by my door
It's never been this close before
Never been so easy or so slow
Been shooting in the dark too long
When somethin's not right it's wrong
Yer gonna make me lonesome when you go

Dragon clouds so high above
I've only known careless love
It's always hit me from below
This time around it's more correct
Right on target, so direct
Yer gonna make me lonesome when you go

Purple clover, Queen Anne's lace
Crimson hair across your face
You could make me cry if you don't know
Can't remember what I was thinkin' of
You might be spoilin' me too much, love
Yer gonna make me lonesome when you go

Flowers on the hillside, bloomin' crazy
Crickets talkin' back and forth in rhyme
Blue river runnin' slow and lazy
I could stay with you forever and never realize the time

Situations have ended sad
Relationships have all been bad
Mine've been like Verlaine's and Rimbaud
But there's no way I can compare
All those scenes to this affair
Yer gonna make me lonesome when you go

Yer gonna make me wonder what I'm doin'
Stayin' far behind without you
Yer gonna make me wonder what I'm sayin'
Yer gonna make me give myself a good talkin' to

I'll look for you in old Honolulu
San Francisco, Ashtabula
Yer gonna have to leave me now, I know
But I'll see you in the sky above

넌 날 외롭게 만들 거야
네가 가버리면

나는 사랑이 내 문가로 지나가는 것을 보았지
전에는 이토록 가까웠던 적 없었어
이토록 완만하게 이토록 천천히 지나간 적
이토록 오래 어둠 속으로 날아간 적도
뭔가가 정확하지 않다면 그건 틀린 거지
넌 날 외롭게 만들 거야 네가 가버리면

저 높은 곳에 떠 있는 용처럼 생긴 구름들
나는 오직 부정확한 사랑만을 알았지
그건 언제나 내 아래쪽에서 날 쳤어
그런데 이번 것은 좀더 정확해
목표를 제대로 맞췄고, 상당히 직접적이지
넌 날 외롭게 만들 거야 네가 가버리면

보랏빛 클로버, 야생당근
너의 얼굴에 드리운 진홍색 머리칼
넌 날 울게 만들 거야 네가 모르고 있다면
네가 기억하지 못한다면 내가 무엇을 생각하고 있었는지
날 너무 응석받이로 만들어놓은 건지도 몰라, 내 사랑
넌 날 외롭게 만들 거야 네가 가버리면

산비탈 위엔 꽃들, 미친듯 피어나는
귀뚜라미들은 서로 각운 맞춰 주거니받거니 얘기하고
푸른 강물은 천천히 느릿느릿 흘러가고
난 너의 곁에 영원히 머물 수 있어 시간의 흐름조차 느끼지 못할 거야

상황들은 슬프게 끝나왔지
관계들은 모두 나빠져버렸고
내 경우는 베를렌과 랭보의 관계와 비슷했어
하지만 이번엔 도저히 비교될 수 없어
예전의 그 어떤 일들과도
넌 날 외롭게 만들 거야 네가 가버리면

In the tall grass, in the ones I love
Yer gonna make me lonesome when you go

넌 내가 궁금하도록 만들 거야 내가 무엇을 하고 있는지
너도 없이 한참 떨어진 뒤편에 머무르며
넌 날 궁금해하도록 만들 거야 내가 무슨 얘길 하고 있는지
넌 내가 스스로를 호되게 타이르도록 만들 거야

올드 호놀룰루에서 널 찾을 거야
샌프란시스코에서, 애슈터뷸라에서
넌 이제 나를 떠나야 하겠지, 나도 알아
하지만 난 저 위 하늘에서 널 볼 거야
키 큰 풀 속에서, 내가 사랑하는 것들 속에서
넌 날 외롭게 만들 거야 네가 가버리면

Meet Me in the Morning

Meet me in the morning, 56th and Wabasha
Meet me in the morning, 56th and Wabasha
Honey, we could be in Kansas
By time the snow begins to thaw

They say the darkest hour is right before the dawn
They say the darkest hour is right before the dawn
But you wouldn't know it by me
Every day's been darkness since you been gone

Little rooster crowin', there must be something on his mind
Little rooster crowin', there must be something on his mind
Well, I feel just like that rooster
Honey, ya treat me so unkind

The birds are flyin' low babe, honey I feel so exposed
Well, the birds are flyin' low babe, honey I feel so exposed
Well now, I ain't got any matches
And the station doors are closed

Well, I struggled through barbed wire, felt the hail fall from above
Well, I struggled through barbed wire, felt the hail fall from above
Well, you know I even outran the hound dogs
Honey, you know I've earned your love

Look at the sun sinkin' like a ship
Look at the sun sinkin' like a ship
Ain't that just like my heart, babe
When you kissed my lips?

Blood on the Tracks

아침에 날 만나줘

아침에 날 만나줘, 56번가에서 그리고 워보쇼에서
아침에 날 만나줘, 56번가에서 그리고 워보쇼에서
자기, 우리는 캔자스에 있을 수도 있어
눈이 녹기 시작할 무렵엔

사람들은 말하지 가장 어두운 때는 새벽이 오기 바로 전이라고
사람들은 말하지 가장 어두운 때는 새벽이 오기 바로 전이라고
하지만 넌 날 보고선 그게 무슨 얘긴지 모를 거야
네가 떠나간 뒤로는 매일이 어둠이니까

작은 수탉이 울고 있어, 마음에 걸리는 일 있는 게 틀림없어
작은 수탉이 울고 있어, 마음에 걸리는 일 있는 게 틀림없어
음, 내가 바로 저 수탉과 같은 심정이지
자기, 자기는 날 너무 무정하게 대하는 것 같아

새들이 낮게 날고 있어 자기, 자기, 내겐 비바람을 막아줄 그 무엇도
  없는 것 같아
음, 새들이 낮게 날고 있어 자기, 자기, 내겐 비바람을 막아줄 그 무엇도
  없는 것 같아
음 이제, 내겐 성냥개비 하나 남지 않았어
그리고 역의 문들은 전부 닫혔어

음, 난 간신히 철조망을 뚫고 들어갔어, 위에서 우박이 떨어지는 걸 느끼며
음, 난 간신히 철조망을 뚫고 들어갔어, 위에서 우박이 떨어지는 걸 느끼며
음, 넌 알지 내가 심지어 사냥개들보다 더 빨리 달렸다는 걸
자기, 자기는 알 거야 내가 자기의 사랑을 받을 만하다는 걸

배처럼 가라앉고 있는 저 태양을 봐
배처럼 가라앉고 있는 저 태양을 봐
자기, 저건 꼭 그때 내 심장 같지 않아
자기가 내 입술에 입맞춤했던 그때?

Lily, Rosemary and the Jack of Hearts

The festival was over, the boys were all plannin' for a fall
The cabaret was quiet except for the drillin' in the wall
The curfew had been lifted and the gamblin' wheel shut down
Anyone with any sense had already left town
He was standin' in the doorway lookin' like the Jack of Hearts

He moved across the mirrored room, "Set it up for everyone," he said
Then everyone commenced to do what they were doin' before he turned
   their heads
Then he walked up to a stranger and he asked him with a grin
"Could you kindly tell me, friend, what time the show begins?"
Then he moved into the corner, face down like the Jack of Hearts

Backstage the girls were playin' five-card stud by the stairs
Lily had two queens, she was hopin' for a third to match her pair
Outside the streets were fillin' up, the window was open wide
A gentle breeze was blowin', you could feel it from inside
Lily called another bet and drew up the Jack of Hearts

Big Jim was no one's fool, he owned the town's only diamond mine
He made his usual entrance lookin' so dandy and so fine
With his bodyguards and silver cane and every hair in place
He took whatever he wanted to and he laid it all to waste
But his bodyguards and silver cane were no match for the Jack of Hearts

Rosemary combed her hair and took a carriage into town
She slipped in through the side door lookin' like a queen without a crown
She fluttered her false eyelashes and whispered in his ear
"Sorry, darlin', that I'm late," but he didn't seem to hear
He was starin' into space over at the Jack of Hearts

"I know I've seen that face before," Big Jim was thinkin' to himself
"Maybe down in Mexico or a picture up on somebody's shelf"
But then the crowd began to stamp their feet and the houselights did dim
And in the darkness of the room there was only Jim and him
Starin' at the butterfly who just drew the Jack of Hearts

Lily was a princess, she was fair-skinned and precious as a child
She did whatever she had to do, she had that certain flash every time she
   smiled
She'd come away from a broken home, had lots of strange affairs

* 포커 게임의 한 종류.

릴리, 로즈메리, 그리고 하트의 잭

축제는 끝났다, 소년들은 모두 가을을 위한 계획을 짜고 있다
카바레는 벽에 구멍 뚫는 소리만 제외하면 조용했다
통금시간은 해제되었고 룰렛 바퀴는 멈췄다
분별 있는 사람들은 전부 이미 도시를 떠났고
그는 출입구에 서 있었다, 하트의 잭 같은 모습으로

그는 거울 달린 방을 가로질러 갔다, "모두를 위해 그걸 준비해", 그가
   말했다
그러자 모두가 하기 시작했다, 그가 있는 쪽으로 머리를 돌리기 전에
   그들이 하고 있던 것을
그런 다음 그는 한 낯선 사람에게 걸어가 씩 웃으며 물었다
"부탁하건대, 친구, 쇼가 몇시에 시작하는지 알려주시겠소?"
그리고 그는 구석으로 가 얼굴을 숙였다, 하트의 잭처럼

무대 뒤편의 여자들은 계단 옆에서 파이브-카드 스터드°를 하고 있었다
릴리는 퀸 두 장을 쥐고 있었고 세번째 카드가 그 두 장과 어울리는
   카드이기를 바라고 있었다
바깥 거리들은 사람들로 가득 채워지고 있었고, 창은 활짝 열려 있었다
부드러운 미풍이 불어오고 있었고, 당신은 실내에서 그것을 느낄 수
   있었다
릴리는 또 한번 베팅을 했고 그녀가 집어든 카드는 하트의 잭이었다

빅 짐은 빈틈 없는 자였다, 그 도시의 하나 있는 다이아몬드 광산이 그의
   소유였다
그는 자신의 평상시 입장하는 모습을 근사하고 멋있게 보이게 했다
그의 경호원들과 은지팡이, 그리고 한점 흐트러짐 없는 헤어스타일로
그는 원하는 것은 무엇이든 가졌고 그런 다음 그것을 완전히 망가뜨렸다
하지만 그의 경호원들과 은지팡이조차 하트의 잭에게는 상대가 되지
   않았다

로즈메리는 머리를 빗은 다음 마차를 타고 시내로 갔다
그녀는 옆문으로 살며시 들어갔다, 왕관을 쓰지 않은 여왕의 모습으로

775

With men in every walk of life which took her everywhere
But she'd never met anyone quite like the Jack of Hearts

The hangin' judge came in unnoticed and was being wined and dined
The drillin' in the wall kept up but no one seemed to pay it any mind
It was known all around that Lily had Jim's ring
And nothing would ever come between Lily and the king
No, nothin' ever would except maybe the Jack of Hearts

Rosemary started drinkin' hard and seein' her reflection in the knife
She was tired of the attention, tired of playin' the role of Big Jim's wife
She had done a lot of bad things, even once tried suicide
Was lookin' to do just one good deed before she died
She was gazin' to the future, riding on the Jack of Hearts

Lily washed her face, took her dress off and buried it away
"Has your luck run out?" she laughed at him, "Well, I guess you must have
    known it would someday
Be careful not to touch the wall, there's a brand-new coat of paint I'm glad
    to see you're still alive, you're lookin' like a saint"
Down the hallway footsteps were comin' for the Jack of Hearts

The backstage manager was pacing all around by his chair
"There's something funny going on," he said, "I can just feel it in the air"
He went to get the hangin' judge, but the hangin' judge was drunk
As the leading actor hurried by in the costume of a monk
There was no actor anywhere better than the Jack of Hearts

Lily's arms were locked around the man that she dearly loved to touch
She forgot all about the man she couldn't stand who hounded her so much
"I've missed you so," she said to him, and he felt she was sincere
But just beyond the door he felt jealousy and fear
Just another night in the life of the Jack of Hearts

No one knew the circumstance but they say that it happened pretty quick
The door to the dressing room burst open and a cold revolver clicked
And Big Jim was standin' there, ya couldn't say surprised
Rosemary right beside him, steady in her eyes
She was with Big Jim but she was leanin' to the Jack of Hearts

Two doors down the boys finally made it through the wall
And cleaned out the bank safe, it's said that they got off with quite a haul
In the darkness by the riverbed they waited on the ground
For one more member who had business back in town
But they couldn't go no further without the Jack of Hearts

The next day was hangin' day, the sky was overcast and black

Blood on the Tracks

그녀는 가짜 속눈썹을 깜박거리면서 그의 귀에 속삭였다
"늦어서 미안해요, 자기" 하지만 그는 듣고 있는 것 같지 않았다
그는 하트의 잭 앞의 허공을 응시하고 있었다

"난 알지 내가 예전에 저 얼굴을 본 적이 있다는 걸" 빅 짐은 마음속으로
    생각하고 있었다
"아마 멕시코에서였던가, 아니면 누군가의 선반에 세워져 있던 어느
    사진 속에서"
하지만 그때 군중이 발을 구르기 시작했고 객석의 조명은 어두워졌다
그리고 그 어둠 속에서 그녀를 보고 있던 건 오직 짐과 그 자신뿐이었다
이제 막 하트의 잭을 뽑아든 그 바람둥이 여자를

릴리는 공주였다, 어렸을 때 그녀는 살결이 하얀 사랑스러운 아이였다
그녀는 해야 하는 것은 무엇이든 했다, 웃을 때마다 그녀의 얼굴에서는
    그 은근한 색기가 드러났다
그녀는 온전치 못한 가정이었던 고향집을 떠났고, 온갖 직업의 남자들과
여러 번 기묘한 연애를 했다, 그리고 그 남자들은 그녀를 어디든 데리고
    다녔다
그런 그녀인데도 하트의 잭과 꼭 닮은 그런 남자는 여태껏 본 적이
    없었다

교수형 내리기를 좋아하는 재판관이 눈에 띄지 않게 안으로 들어와
    술과 음식을 대접받고 있었다
벽 구멍 뚫기가 계속되었지만 아무도 그것에 신경쓰는 것 같지 않았다
릴리가 짐의 반지를 가졌다는 것은 온 도시에 알려져 있었다
그리고 릴리와 킹 사이에는 그 어떤 일도 일어나지 않을 것이었다
아무렴, 그 어떤 일도, 하트의 잭하고면 또 몰라도

로즈메리는 폭음하기 시작했고 나이프에 비친 자신의 모습을 보고
    있었다
그녀는 남의 이목을 끄는 것에도, 빅 짐의 아내 역할을 하는 것에도
    싫증이 났다
그녀는 나쁜 짓을 많이 했고 한번은 자살을 시도하기도 했다
죽기 전에 한 번은 좋은 일을 해야겠다고 생각하고 있었다
그녀는 자신의 미래를 바라보고 있었다, 그리고 그 미래는 하트의
    잭에게 달려 있었다

Big Jim lay covered up, killed by a penknife in the back
And Rosemary on the gallows, she didn't even blink
The hangin' judge was sober, he hadn't had a drink
The only person on the scene missin' was the Jack of Hearts

The cabaret was empty now, a sign said, "Closed for repair"
Lily had already taken all of the dye out of her hair
She was thinkin' 'bout her father, who she very rarely saw
Thinkin' 'bout Rosemary and thinkin' about the law
But most of all she was thinkin' 'bout the Jack of Hearts

릴리는 얼굴을 씻고 드레스를 벗어 그것을 땅에 묻었다
"운을 다 써버렸나보죠?" 그녀는 그를 놀렸다, "음, 당신은 언젠가 운이
    다할 날이 오리라 예상했어야 해요
벽에 닿지 않게 조심해요, 새로 페인트칠을 했거든요
아직 살아 있는 당신을 봐서 기뻐요, 당신은 꼭 성인聖人처럼 보이네요"
복도를 따라 발소리가 하트의 잭을 향해 다가오고 있었다

무대 뒤 매니저는 자기 의자 주위를 서성거리고 있었다
"뭔가 이상한 일이 벌어지고 있어," 그가 말했다 "그냥 그런 기운이
    느껴져"
그는 교수형 내리길 좋아하는 재판관에게 갔다, 하지만 그는 술에 취해
    있었다
주연배우가 수도승 복장을 한 채로 황급히 나가버리고 난 뒤에는
그 어디에도 하트 잭보다 나은 배우는 없었다

릴리의 팔이 그 남자를 꼭 껴안고 있었다, 그녀가 몹시 만지고 싶어했던
    그 남자를
그녀는 견딜 수 없었던, 자신을 그토록 따라다니며 괴롭혔던 그 남자에
    대해서는 싹 잊었다
"당신이 너무 그리웠어요," 그녀가 그에게 말했다, 그리고 그는 그녀가
    진심이라고 느꼈다
반면 문 바로 너머의 그 남자는 질투와 두려움을 느꼈다
하트의 잭, 그의 인생에 있어서는 단지 그저 그런 수많은 밤들 중 하나에
    불과할 뿐일 그런 밤에

아무도 그 상황에 대해 몰랐지만 사람들은 그것이 순식간에 벌어진
    일이라고 말한다
분장실 문이 벌컥 열리고 차가운 권총이 딸깍 소리를 냈다
그리고 빅 짐이 거기 서 있었고, 너는 놀라서 아무 말도 할 수 없었다
그의 바로 곁에 있던 로즈메리, 그녀의 눈빛은 침착했다
그녀는 빅 짐과 함께 있었지만 그녀의 마음은 하트의 잭에게 기울어
    있었다

두 개의 문이 바닥으로 쓰러지고 소년들은 드디어 벽을 뚫고 들어갔다
그리고 은행금고를 몽땅 털었다, 그들이 상당히 두둑하게 챙겨 떠났을

거라고 사람들은 말한다
강바닥 근처의 어둠 속에서 그들은 땅 위에 서서 기다렸다
볼일이 있어 시내로 돌아간 또 한 명의 멤버를
그들은 하트의 잭 없이는 한걸음도 더 갈 수 없었다

다음날은 교수형 집행일이었다, 하늘은 구름으로 뒤덮여 어두웠다
등뒤에서 펜나이프에 찔려 살해당한, 빅 짐은 천에 덮여 누워 있었다
그리고 교수대 위의 로즈메리, 그녀는 눈도 한 번 깜박이지 않았다
교수형 내리기 좋아하는 재판관은 맨정신이었다, 그전에 술을 마시지
　않았기에
그 현장에서 빠진 유일한 사람은 하트의 잭이었다

카바레는 이제 텅 비어 있었다, 표지판에는 "내부 수리중"이라고 적혀
　있었다
릴리는 이미 머리에서 염색물을 다 뺀 뒤였다
그녀는 그녀의 아버지를 생각하고 있었다, 얼굴도 몇 번 본 적 없는 그를
그녀는 로즈메리를 그리고 법률을 생각했다
하지만 무엇보다도 그녀의 머릿속을 채우고 있던 것은 하트의 잭, 바로
　그였다

If You See Her, Say Hello

If you see her, say hello, she might be in Tangier
It's the city 'cross the water, not too far from here
Say for me that I'm all right though things are kind of slow
She might think that I've forgotten her. Don't tell her it isn't so

We had a falling-out, like lovers sometimes do
But to think of how she left that night, it hurts me through and through
And though our situation pierced me to the bone
I got to find someone to take her place. I don't like to be alone

I see a lot of people as I make the rounds
And I hear her name here and there as I go from town to town
And I've never gotten used to it, I've just learned to turn it off
Her eyes were blue, her hair was too, her skin so sweet and soft

Sundown, yellow moon, I replay the past
I know every scene by heart, they all went by so fast
If she's passin' back this way, and I sure hope she don't
Tell her she can look me up. I'll either be here or I won't

그녀를 보거든 안부 전해줘

그녀를 보거든, 안부 전해줘, 그녀는 탕헤르에 있을지도 몰라
바다 건너 도시지, 여기서 그렇게 멀지 않은
날 대신해 말해줘 난 잘 지내고 있다고 상황이 그리 좋진 않지만
그녀는 내가 자기를 잊었다 생각할지도 몰라. 그렇지 않다고, 그녀에게
　　말하진 마

다툼이 있었어, 연인들 사이에서 가끔 벌어지는 그런 거
하지만 그날 밤 그녀가 날 어떤 식으로 떠났는지를 떠올리면 그 기억
　　하나하나가 날 아프게 해
우리가 처한 상황이 날 뼛속까지 아프게 찔렀지만
난 그녀를 대신할 누군가를 찾아야 했어. 난 혼자가 되는 걸 좋아하지
　　않거든

떠도는 동안 많은 사람들을 보게 되지
그리고 이곳저곳에서 그녀의 이름을 듣게 돼 도시에서 도시로
　　다니다보면
그리고 난 그것에 절대 익숙해지지 못했지, 이제야 겨우 그것에 대해
　　신경 끄는 법을 배웠어
그녀의 눈은 푸른색이었지, 그녀의 머리카락도, 살결은 너무나 달콤하고
　　부드러웠어

일몰, 노란 달, 난 과거를 되돌려보고 있어
그 모든 장면 하나하나를 외우고 있지, 그 모든 게 너무나 빨리
　　지나가버렸어
그녀가 다시 이 길을 지날 일이 있다면, 물론 그런 일은 없기를
　　바라지만,
날 보러 와도 좋다고 말해줘. 난 이곳에 있을 수도, 없을 수도 있지만

Shelter from the Storm

'Twas in another lifetime, one of toil and blood
When blackness was a virtue and the road was full of mud
I came in from the wilderness, a creature void of form
"Come in," she said, "I'll give you shelter from the storm"

And if I pass this way again, you can rest assured
I'll always do my best for her, on that I give my word
In a world of steel-eyed death, and men who are fighting to be warm
"Come in," she said, "I'll give you shelter from the storm"

Not a word was spoke between us, there was little risk involved
Everything up to that point had been left unresolved
Try imagining a place where it's always safe and warm
"Come in," she said, "I'll give you shelter from the storm"

I was burned out from exhaustion, buried in the hail
Poisoned in the bushes an' blown out on the trail
Hunted like a crocodile, ravaged in the corn
"Come in," she said, "I'll give you shelter from the storm"

Suddenly I turned around and she was standin' there
With silver bracelets on her wrists and flowers in her hair
She walked up to me so gracefully and took my crown of thorns
"Come in," she said, "I'll give you shelter from the storm"

Now there's a wall between us, somethin' there's been lost
I took too much for granted, got my signals crossed
Just to think that it all began on a long-forgotten morn
"Come in," she said, "I'll give you shelter from the storm"

Well, the deputy walks on hard nails and the preacher rides a mount
But nothing really matters much, it's doom alone that counts
And the one-eyed undertaker, he blows a futile horn
"Come in," she said, "I'll give you shelter from the storm"

I've heard newborn babies wailin' like a mournin' dove
And old men with broken teeth stranded without love
Do I understand your question, man, is it hopeless and forlorn?
"Come in," she said, "I'll give you shelter from the storm"

In a little hilltop village, they gambled for my clothes
I bargained for salvation an' they gave me a lethal dose

폭풍우 피해 쉴 곳

그것은 또다른 생, 수고와 피의 생애에 있었던 일이야
어둠이 미덕이었던, 길은 진흙으로 가득찼던 시절의
나는 황무지에서 왔지, 형체 없는 생명체로서
"들어오세요" 그녀는 말했지, "폭풍우 피해 쉴 곳을 내드릴게요"

그리고 내가 다시 이 길을 지난다면, 자넨 내 말을 믿어도 좋아
나는 그녀를 위해 언제나 최선을 다할 거야, 내 맹세한다니까
냉혹한 죽음의 세상 속에서, 그리고 온기를 얻기 위해 싸우는 남자들
　　속에서
"들어오세요" 그녀는 말했지, "폭풍우 피해 쉴 곳을 내드릴게요"

우리 사이엔 한마디도 오가지 않았어, 무슨 위험이 있어서 그랬던 건
　　아냐
그 정도로 모든 게 대답되지 않은 상태로 남겨져 있었지
늘 안전하고 따뜻한 그런 장소를 상상해봐
"들어오세요" 그녀는 말했지, "폭풍우 피해 쉴 곳을 내드릴게요"

난 피로로 완전히 기진맥진한 상태였어, 우박에 뒤덮이고
덤불숲에서 독에 중독되고, 몽롱한 정신으로 산길을 걷고
악어처럼 쫓기고, 궁지에 몰려 약탈당했지
"들어오세요" 그녀는 말했지, "폭풍우 피해 쉴 곳을 내드릴게요"

문득 내가 돌아섰을 때 그녀가 거기에 서 있었어
양 손목엔 은팔찌를 차고, 머리엔 꽃을 꽂은 채
그녀는 너무나 우아한 자태로 내게 걸어와 내 머리에서 가시왕관을
　　벗겼어
"들어오세요" 그녀는 말했지, "폭풍우 피해 쉴 곳을 내드릴게요"

지금 우리 사이에는 어떤 벽 같은 것이 있어, 무언가 잃어버린 것이
너무나 당연한 것으로 여겨왔던 무언가가, 내가 전하는 신호에 혼선을
　　일으킨 거야
그 모든 게 오래전에 잊은 어느 아침에 시작되었을 거라 생각할 뿐

I offered up my innocence and got repaid with scorn
"Come in," she said, "I'll give you shelter from the storm"

Well, I'm livin' in a foreign country but I'm bound to cross the line
Beauty walks a razor's edge, someday I'll make it mine
If I could only turn back the clock to when God and her were born
"Come in," she said, "I'll give you shelter from the storm"

"들어오세요" 그녀는 말했지, "폭풍우 피해 쉴 곳을 내드릴게요"

음, 대리인이 단단한 못들 위를 걷고 있어 그리고 전도자는 말을 타고
　　가고 있어
하지만 실제로 그리 중요한 건 아무것도 없어, 중요한 건 오직 최후의
　　심판뿐이지
그리고 애꾸눈의 장의사, 그는 부질없는 뿔피리를 불고 있어
"들어오세요" 그녀는 말했지, "폭풍우 피해 쉴 곳을 내드릴게요"

나는 갓 태어난 아기들이 아침 비둘기처럼 우는 소리를 들었지
그리고 사랑도 없이 한곳에 발이 묶인 이빨 빠진 늙은이들의
　　울음소리를
이봐, 내가 자네 질문을 제대로 이해한 건가, 너무 절망적이고 비참한
　　얘긴가?
"들어오세요" 그녀는 말했지, "폭풍우 피해 쉴 곳을 내드릴게요"

언덕 꼭대기에 있는 어느 작은 마을에서 사람들은 내 옷을 걸고 도박을
　　했어
난 구원을 위해 흥정했고 그들은 내게 치사량의 약을 줬지
난 나의 순수함을 내어놓았고 그 보답으로 멸시를 받았지
"들어오세요" 그녀는 말했지, "폭풍우 피해 쉴 곳을 내드릴게요"

음, 나는 어느 외국의 땅에서 살고 있지만 반드시 국경선을 넘어야 해
아름다움은 면도날 위를 걷지, 언젠가 나는 그것을 내 것으로 만들 거야
신과 그녀가 태어나던 시절로 시계를 돌릴 수만 있다면
"들어오세요" 그녀는 말했지, "폭풍우 피해 쉴 곳을 내드릴게요"

Buckets of Rain

Buckets of rain
Buckets of tears
Got all them buckets comin' out of my ears
Buckets of moonbeams in my hand
I got all the love, honey baby
You can stand

I been meek
And hard like an oak
I seen pretty people disappear like smoke
Friends will arrive, friends will disappear
If you want me, honey baby
I'll be here

Like your smile
And your fingertips
Like the way that you move your lips
I like the cool way you look at me
Everything about you is bringing me
Misery

Little red wagon
Little red bike
I ain't no monkey but I know what I like
I like the way you love me strong and slow
I'm takin' you with me, honey baby
When I go

Life is sad
Life is a bust
All ya can do is do what you must
You do what you must do and ya do it well
I'll doit for you, honey baby
Can't you tell?

몇 양동이의 빗물

몇 양동이의 빗물
몇 양동이의 눈물
그 모두가 내 눈에서 나온 것들
내 손엔 몇 양동이의 달빛
내 모든 사랑을 담았어, 사랑하는 자기
당신이 감당할 수 있을 만큼

난 온순하지
그리고 떡갈나무처럼 단단하지
난 예쁜 사람들이 연기처럼 사라지는 걸 봐왔어
친구들은 올 것이고, 또 사라질 거야
당신이 날 원한다면, 사랑하는 자기
난 여기에 있을 거야

당신의 미소가 좋아
당신의 손가락 끝이
당신의 입술이 움직이는 모습이
당신이 나를 바라보는 그 근사한 방식이 좋아
당신의 모든 것은 내 마음에 불러일으키지
고통을

조그만 붉은 마차
조그만 붉은 자전거
난 원숭이는 아니지만 내가 뭘 좋아하는지 알아
난 당신이 강렬하고 느긋하게 나를 사랑하는 그 방식이 좋아
당신을 데리고 갈 거야, 사랑하는 자기
내가 떠날 때

인생은 슬퍼
인생은 실패작이야
당신이 하는 모든 것은 당신이 해야만 하는 것
당신은 당신이 해야만 하는 것을 하고, 또 그것을 잘해내지

난 당신을 위해 그걸 할 거야, 사랑하는 자기
이해할 수 있겠어?

Up to Me

Everything went from bad to worse, money never changed a thing
Death kept followin', trackin' us down, at least I heard your bluebird sing
Now somebody's got to show their hand, time is an enemy
I know you're long gone, I guess it must be up to me

If I'd thought about it I never would've done it, I guess I would've let it
slide
If I'd lived my life by what others were thinkin', the heart inside me
would've died
I was just too stubborn to ever be governed by enforced insanity
Someone had to reach for the risin' star, I guess it was up to me

Oh, the Union Central is pullin' out and the orchids are in bloom
I've only got me one good shirt left and it smells of stale perfume
In fourteen months I've only smiled once and I didn't do it consciously
Somebody's got to find your trail, I guess it must be up to me

It was like a revelation when you betrayed me with your touch
I'd just about convinced myself that nothin' had changed that much
The old Rounder in the iron mask slipped me the master key
Somebody had to unlock your heart, he said it was up to me

Well, I watched you slowly disappear down into the officers' club
I would've followed you in the door but I didn't have a ticket stub
So I waited all night 'til the break of day, hopin' one of us could get free
When the dawn came over the river bridge, I knew it was up to me

Oh, the only decent thing I did when I worked as a postal clerk
Was to haul your picture down off the wall near the cage where I used to
work
Was I a fool or not to try to protect your identity?
You looked a little burned out, my friend, I thought it might be up to me

Well, I met somebody face to face and I had to remove my hat
She's everything I need and love but I can't be swayed by that
It frightens me, the awful truth of how sweet life can be
But she ain't a-gonna make me move, I guess it must be up to me

We heard the Sermon on the Mount and I knew it was too complex
It didn't amount to anything more than what the broken glass reflects
When you bite off more than you can chew you pay the penalty
Somebody's got to tell the tale, I guess it must be up to me

내 몫이겠지

모든 것이 나쁜 것에서 더 나쁜 것으로 변해가, 돈으로는 단 한 가지도
　　바꿀 수 없어
죽음은 계속 따라오면서, 우리를 찾아냈지, 하지만 적어도 난 당신의
　　파랑새 노랫소리 들었어
이제 누군가는 그들의 손을 보여줘야 해, 시간은 적이야
당신이 오래전에 떠났다는 걸 알아, 아마도 그건 내 탓이겠지

그것에 대해 생각해보았더라면, 절대 그렇게 하진 않았을 거야, 아마도
　　그냥 한번 눈감아줬겠지
다른 이들이 생각하는 대로 내 인생을 살았더라면, 내 안의 심장은
　　죽어버렸을 거야
난 너무 고집이 세서 강요된 광기에 다스려지지 않거든
누군가는 솟아오르는 별을 향해 손을 뻗어야 해, 아마도 그건 내
　　몫이겠지

오, 유니온 센트럴이 출발하고 있어 난초들은 꽃을 피웠어
내게 남은 좋은 셔츠는 한 벌뿐이야 그것에서는 퀴퀴한 향수 냄새가
　　나지
열네 달 만에 난 딱 한 번 웃었어 의식적으로 그렇게 한 건 아니야
누군가는 너의 길을 찾아내야 해, 아마도 그건 내 몫이겠지

그건 계시와 같았어 네가 너의 그 손길로 나를 드러냈을 때
그때 난 그 무엇도 그리 달라지지 않았다고 스스로를 설득시키려던
　　참이었지
철가면 쓴 그 늙은 술꾼은 내게 마스터키를 흘렸지
누군가는 당신의 마음의 문을 열어야 해, 그가 말했지 그건 내 몫이라고

음, 난 네가 천천히 장교회관 안으로 들어가는 것을 지켜봤지
나도 문으로 들어서는 너의 뒤를 따랐지만 내겐 반쪽짜리 티켓이 없었지
그래서 아침이 밝을 때까지 밤새 기다렸지 우리 중 하나는
　　자유로워지기를 희망하면서
새벽이 강물 위 다리 있는 곳까지 다가갔을 무렵 난 깨달았지 그건 내

Well, Dupree came in pimpin' tonight to the Thunderbird Café
Crystal wanted to talk to him, I had to look the other way
Well, I just can't rest without you, love, I need your company
But you ain't a-gonna cross the line, I guess it must be up to me

There's a note left in the bottle, you can give it to Estelle
She's the one you been wond'rin' about, but there's really nothin' much to
   tell
We both heard voices for a while, now the rest is history
Somebody's got to cry some tears, I guess it must be up to me

So go on, boys, and play your hands, life is a pantomime
The ringleaders from the county seat say you don't have all that much time
And the girl with me behind the shades, she ain't my property
One of us has got to hit the road, I guess it must be up to me

And if we never meet again, baby, remember me
How my lone guitar played sweet for you that old-time melody
And the harmonica around my neck, I blew it for you, free
No one else could play that tune, you know it was up to me

몫이라는 걸

오, 우체국 직원으로 일할 때 내가 유일하게 잘했던 짓은
내가 근무하던 창구 근처 벽에서 너의 사진을 떼어낸 일이었어
난 바보였을까 아니면 너의 신원을 보호하려 하지 말아야 했을까?
넌 약간 지쳐 보였었지, 친구여, 난 생각했지 어쩌면 그건 내 탓인지
    모른다고

음, 난 누군가와 대면해야 했지 그래서 모자를 벗어야 했어
그녀는 내가 필요로 하고 사랑하는 전부지만, 난 그런 것에 흔들려선
    안 돼
그것은 나를 놀라게 해, 인생이 얼마나 달콤할 수 있는지 그 끔찍한
    진실을
하지만 그녀는 나를 움직이지 못할 거야, 아마도 그건 내 몫이어야 해

우리는 산상수훈을 들었지 그리고 난 그게 매우 복잡하다는 걸 알아
그건 깨진 유리가 반사하는 빛보다 조금도 나을 게 없어
자기가 씹을 수 있는 양보다 더 많은 양을 베어물었을 때는 그 응보를
    받게 마련이지
누군가는 이런 애길 해야 해, 아마도 그건 내 몫이겠지

음, 듀프리가 오늘밤에 뚜쟁이 일로 선더버드 카페에 왔어
크리스털은 그에게 말을 걸고 싶어했지, 난 못 본 척해야 했어
음, 난 너 없이 쉴 수 없어, 사랑이여, 내겐 너의 동행이 필요해
하지만 내게 간섭하려 들면 안 돼, 아마도 그건 내 몫이니까

병 속에 지폐 한 장 남아 있어, 넌 그걸 에스텔에게 줘도 돼
그녀는 내가 궁금해하던 여자잖아, 하지만 그녀에 대해서 진짜로 할말은
    많지 않아
우린 한동안 이런저런 목소리들을 들었지, 이제 그 나머지는 역사야
누군가는 눈물을 좀 흘려야 해, 아마도 그건 내 몫이겠지

그러니 계속해, 형씨들, 손 연기를 하라고, 인생은 한 편의 팬터마임이야
군청소재지의 그 윗대가리들은 말하지 당신에겐 시간이 그리 많지
    않다고
그리고 그들 뒤에 나와 함께 있는 그 여자, 그 여자는 내 소유물이

아니야
우리 중 하나는 여행에 나서야 해 아마도 그건 내 몫이겠지

그리고 우리가 만약 다시는 만날 수 없게 된다면, 자기, 날 기억해줘
내 외로운 기타가 널 위해 그 옛 선율을 얼마나 달콤하게 연주해줬는지
그리고 내 목에 둘러진 하모니카를, 난 널 위해 그것을 불었지, 자유로이
다른 그 누구도 그런 선율 연주할 수 없었지, 너도 알지 그건
　내 몫이었다는 걸

Call Letter Blues

Well, I walked all night long
Listenin' to them church bells tone
Yes, I walked all night long
Listenin' to them church bells tone
Either someone needing mercy
Or maybe something I've done wrong

Well, your friends come by for you
I don't know what to say
Well, your friends come by for you
I don't know what to say
I just can't face up to tell 'em
Honey you just went away

Well, children cry for mother
I tell them, "Mother took a trip"
Well, children cry for mother
I tell them, "Mother took a trip"
Well, I walk on pins and needles
I hope my tongue don't slip

Well, I gaze at passing strangers
In case I might see you
Yes, I gaze at passing strangers
In case I might see you
But the sun goes around the heavens
And another day just drives on through

콜 레터* 블루스

음, 난 밤새 걸었지
교회 종소리 들으며
그래, 난 밤새 걸었지
교회 종소리 들으며
누군가 자비를 구하고 있는 것이거나
아니면 내가 잘못한 게 있겠지

음, 당신 친구들은 당신 보러 찾아오지
난 무슨 말을 해야 할지 모르지
음, 당신 친구들은 당신 보러 찾아오지
난 무슨 말을 해야 할지 모르지
난 얼굴 똑바로 들고 그들에게 말할 자신이 없어
내 사랑, 당신이 멀리 떠나버렸다고

음, 아이들이 엄마를 찾으며 울고 있어
난 그들에게 말하지, "엄마는 잠깐 여행을 떠났어"
음, 아이들이 엄마를 찾으며 울고 있어
난 그들에게 말하지, "엄마는 잠깐 여행을 떠났어"
음, 나는 걸으며 내내 안절부절못하지
내가 말실수한 게 아니길 바라지

음, 나는 지나가는 낯선 이들 바라보지
혹시 당신을 보게 될지도 모르니까
그래, 난 지나가는 낯선 이들 바라보지
혹시 당신을 보게 될지도 모르니까
하지만 해는 친구天球 위를 돌아가고
또다른 하루는 똑바로 달려오지

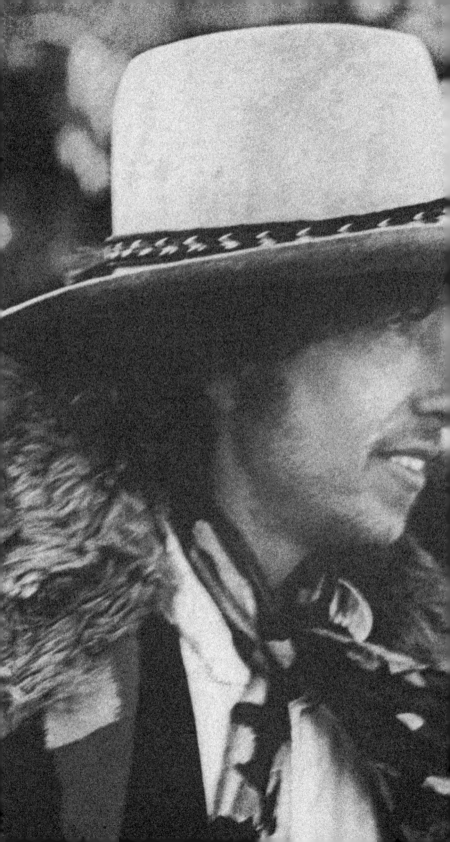

Desire 1976

욕망

Hurricane

Isis

Mozambique

One More Cup of Coffee (Valley Below)

Oh, Sister

Joey

Romance in Durango

Black Diamond Bay

Sara

additional lyrics

Abandoned Love

Catfish

Golden Loom

Rita May

Seven Days

Sign Language

Money Blues

Hurricane
(with Jacques Levy)

Pistol shots ring out in the barroom night
Enter Patty Valentine from the upper hall
She sees the bartender in a pool of blood
Cries out, "My God, they killed them all!"
Here comes the story of the Hurricane
The man the authorities came to blame
For somethin' that he never done
Put in a prison cell, but one time he could-a been
The champion of the world

Three bodies lyin' there does Patty see
And another man named Bello, movin' around mysteriously
"I didn't do it," he says, and he throws up his hands
"I was only robbin' the register, I hope you understand
I saw them leavin'," he says, and he stops
"One of us had better call up the cops"
And so Patty calls the cops
And they arrive on the scene with their red lights flashin'
In the hot New Jersey night

Meanwhile, far away in another part of town
Rubin Carter and a couple of friends are drivin' around
Number one contender for the middleweight crown
Had no idea what kinda shit was about to go down
When a cop pulled him over to the side of the road
Just like the time before and the time before that
In Paterson that's just the way things go
If you're black you might as well not show up on the street
'Less you wanna draw the heat

Alfred Bello had a partner and he had a rap for the cops
Him and Arthur Dexter Bradley were just out prowlin' around
He said, "I saw two men runnin' out, they looked like middleweights
They jumped into a white car with out-of-state plates"
And Miss Patty Valentine just nodded her head
Cop said, "Wait a minute, boys, this one's not dead"
So they took him to the infirmary
And though this man could hardly see
They told him that he could identify the guilty men

- 미국 가수(1935~2004).
- •• 미국 권투선수(1937~2014).

Desire

허리케인
(자크 레비*와 함께)

늦은 밤 술집에서 총성이 울려
위층에 사는 패티 밸런타인이 들어와
피바다가 된 바닥에 뻗어 있는 바텐더를 보고는
소리쳐, "세상에, 그자들이 이 사람들을 다 죽였어!"
여기서 허리케인의 이야기가 시작된다네
정부가 의심하는 그 남자
그가 전혀 하지 않은 일을 두고 말이지
교도소 감방에 갇혀 있지만, 한때 그는
세계 챔피언이 될 수도 있었어

패티는 거기 시체 셋이 누워 있는 걸 봐
그리고 벨로라는 또다른 남자가 그곳을 비밀스레 기웃거리고 있지
"제가 한 거 아니에요," 그러고서 양손을 쳐들었어
"전 그저 카운터를 털고 있었다고요, 이해해주실 거죠
전 그자들이 뜨는 걸 봤어요," 그러다 말을 멈추더니
"우리 중 하나가 경찰을 부르는 게 좋겠군요"
그래서 패티가 경찰을 부르지
그리고 경찰은 빨간불을 깜빡이며 현장에 나타나
무더운 뉴저지의 밤에

한편, 마을에서 멀리 떨어진 다른 곳에선
루빈 카터**와 친구 몇몇이 차를 몰고 있어
미들급 우승을 노리는 최고의 도전자는
앞으로 무슨 거지 같은 일이 일어날지 상상도 못했지
경찰이 길가로 차를 세우게 했을 때 말이야
예전에도 그랬고 더 예전에도 그랬듯이
패터슨에선 모든 게 다 그딴 식으로 흘러가지
당신이 흑인이라면 거리에 나타나지 않는 게 좋아
열을 식히려는 게 아니라면 말이야

앨프리드 벨로에겐 파트너가 있었고, 전과도 있었지
그와 아서 덱스터 브래들리는 그냥 밖에서 어슬렁대고 있었어

Four in the mornin' and they haul Rubin in
Take him to the hospital and they bring him upstairs
The wounded man looks up through his one dyin' eye
Says, "Wha'd you bring him in here for? He ain't the guy!"
Yes, here's the story of the Hurricane
The man the authorities came to blame
For somethin' that he never done
Put in a prison cell, but one time he could-a been
The champion of the world

Four months later, the ghettos are in flame
Rubin's in South America, fightin' for his name
While Arthur Dexter Bradley's still in the robbery game
And the cops are puttin' the screws to him, lookin' for somebody to blame
"Remember that murder that happened in a bar?"
"Remember you said you saw the getaway car?"
"You think you'd like to play ball with the law?"
"Think it might-a been that fighter that you saw runnin' that night?"
"Don't forget that you are white"

Arthur Dexter Bradley said, "I'm really not sure"
Cops said, "A poor boy like you could use a break
We got you for the motel job and we're talkin' to your friend Bello
Now you don't wanta have to go back to jail, be a nice fellow
You'll be doin' society a favor
That sonofabitch is brave and gettin' braver
We want to put his ass in stir
We want to pin this triple murder on him
He ain't no Gentleman Jim"

Rubin could take a man out with just one punch
But he never did like to talk about it all that much
It's my work, he'd say, and I do it for pay
And when it's over I'd just as soon go on my way
Up to some paradise
Where the trout streams flow and the air is nice
And ride a horse along a trail
But then they took him to the jailhouse
Where they try to turn a man into a mouse

All of Rubin's cards were marked in advance
The trial was a pig-circus, he never had a chance
The judge made Rubin's witnesses drunkards from the slums
To the white folks who watched he was a revolutionary bum
And to the black folks he was just a crazy nigger
No one doubted that he pulled the trigger

그는 말했지, "두 명이 도망치는 걸 봤어요, 미들급 같아 보였죠
다른 주 번호판을 단 흰색 차 안으로 뛰어들었어요"
그러자 미스 패티 밸런타인은 고개를 끄덕였어
경찰이 말했어, "잠깐만 얘들아, 이 사람은 아직 죽지 않았어"
그래서 그들은 그를 병원으로 데려갔어
그리고 이 남잔 거의 앞을 볼 수 없었지만
그들은 범인을 확인해줄 수 있느냐고 물었지

새벽 네시에 그들은 루빈을 체포해
병원으로 끌고 가서는 위층으로 데려가
부상당한 남자는 다 죽어가는 한쪽 눈으로 쳐다보고는
말하지, "대체 왜 여기 데려온 거예요? 이 사람이 아니라고요!"
그래, 이건 허리케인의 이야기지
정부가 의심하는 그 남자
그가 전혀 하지 않은 일을 두고 말이지
교도소 감방에 갇혀 있지만, 한때 그는
세계 챔피언이 될 수도 있었어

넉 달 후, 빈민가는 불길에 휩싸여
남미에서 루빈이 명예를 위해 싸울 때
아서 덱스터 브래들리는 여전히 도둑질을 일삼아
그리고 경찰은 책임질 누군가를 찾아다니며 브래들리를 압박하지
"바에서 일어났던 그 살인 사건을 기억하나?"
"도망간 차를 봤다고 말했던 것도 기억하고?"
"경찰에 협조하고 싶은 거 맞지?"
"그날 밤 네가 봤던 도주자가 그 권투선수였을 수도 있다고 생각하나?"
"네가 백인이란 사실을 잊지 마"

아서 덱스터 브래들리가 말했어, "잘 모르겠어요"
경찰이 말했어, "너처럼 불쌍한 녀석에겐 휴식이 필요해
우리가 모텔 일을 줄게, 네 친구 벨로하고도 얘기하고 있다고
이젠 감옥에 가고 싶지 않잖아, 착하게 굴라고
넌 이 사회의 부탁을 들어주게 될 거야
저 망할 용감한 놈이 날이 갈수록 더 용감해지고 있어
우린 이놈을 감옥에 처넣고 싶다고
우린 이놈을 사람 셋을 죽인 살인범으로 만들고 싶다고

And though they could not produce the gun
The D.A. said he was the one who did the deed
And the all-white jury agreed

Rubin Carter was falsely tried
The crime was murder "one," guess who testified?
Bello and Bradley and they both baldly lied
And the newspapers, they all went along for the ride
How can the life of such a man
Be in the palm of some fool's hand?
To see him obviously framed
Couldn't help but make me feel ashamed to live in a land
Where justice is a game

Now all the criminals in their coats and their ties
Are free to drink martinis and watch the sun rise
While Rubin sits like Buddha in a ten-foot cell
An innocent man in a living hell
That's the story of the Hurricane
But it won't be over till they clear his name
And give him back the time he's done
Put in a prison cell, but one time he could-a been
The champion of the world

- 미국 권투선수 제임스 코빗(James J. Corbett, 1866~1933)의 별명.

Desire

이 검둥이는 젠틀맨 짐* 따위가 아니야"

루빈은 펀치 한 방으로 사람 하나를 보내버릴 수 있었지만
결코 그런 얘길 하는 걸 좋아하지 않았지
이건 내 일이야, 그는 말하겠지, 난 돈을 위해 그 일을 한다고
그리고 모든 게 다 끝나면 곧장 갈 거야
저 위 천국으로 말이야
거긴 분명 송어가 사는 개울이 흐르고 공기도 좋겠지
그리고 난 산길을 따라 말을 타고 달리겠지
하지만 그들은 그를 감옥에 집어넣었어
거기서 그들은 인간을 쥐새끼 취급하려 들지

루빈이 쥐고 있던 패는 사전에 모두 막혀버렸어
재판은 돼지 서커스였고, 그에겐 아무런 기회가 없었어
판사는 루빈 측 증인으로 빈민가 주정뱅이들을 내세웠다네
그걸 본 백인들에게 그는 혁명적인 부랑자였고
그걸 본 흑인들에게 그는 미치광이 검둥이에 불과했지
그가 방아쇠를 당겼다는 걸 누구도 의심하지 않았어
그리고 비록 그들이 권총을 만들어낼 순 없었지만
지방검사는 그가 바로 범인이라 말했고
모든 백인 배심원단은 거기에 동의했어

루빈 카터는 순 엉터리 재판을 받았어
그가 지은 죄는 '1급' 살인이었지, 누가 증언했는지 알아?
벨로와 브래들리, 노골적으로 거짓말을 했지
그리고 신문들이 거기 동참했다네
어떻게 한 사람의 인생을
바보들 몇몇이서 쥐락펴락할 수 있지?
명백하게 그가 누명을 쓰는 꼴을 지켜보고 있자니
어쩔 수 없이 부끄러워졌어, 내가 이 땅에 살고 있다는 사실이
이곳에서 정의란 그저 장난일 뿐이야

이제 범인들은 모두 코트를 입고 넥타이를 맨 채
자유롭게 마티니를 마시며 일출을 보네
루빈이 10피트짜리 감방에 부처님처럼 앉아 있는 동안 말이야
생지옥 속에서 결백한 남자,

그게 허리케인의 이야기지
하지만 끝나지 않을 거야, 저들이 그의 오명을 씻어주고
그가 감옥에서 보낸 시간을 되돌려주기 전까진
교도소 감방에 갇혀 있지만, 한때 그는
세계 챔피언이 될 수도 있었어

Isis

(with Jacques Levy)

I married Isis on the fifth day of May
But I could not hold on to her very long
So I cut off my hair and I rode straight away
For the wild unknown country where I could not go wrong

I came to a high place of darkness and light
The dividing line ran through the center of town
I hitched up my pony to a post on the right
Went in to a laundry to wash my clothes down

A man in the corner approached me for a match
I knew right away he was not ordinary
He said, "Are you lookin' for somethin' easy to catch?"
I said, "I got no money." He said, "That ain't necessary"

We set out that night for the cold in the North
I gave him my blanket, he gave me his word
I said, "Where are we goin'?" He said we'd be back by the fourth
I said, "That's the best news that I've ever heard"

I was thinkin' about turquoise, I was thinkin' about gold
I was thinkin' about diamonds and the world's biggest necklace
As we rode through the canyons, through the devilish cold
I was thinkin' about Isis, how she thought I was so reckless

How she told me that one day we would meet up again
And things would be different the next time we wed
If I only could hang on and just be her friend
I still can't remember all the best things she said

We came to the pyramids all embedded in ice
He said, "There's a body I'm tryin' to find
If I carry it out it'll bring a good price"
'Twas then that I knew what he had on his mind

The wind it was howlin' and the snow was outrageous
We chopped through the night and we chopped through the dawn
When he died I was hopin' that it wasn't contagious
But I made up my mind that I had to go on

I broke into the tomb, but the casket was empty
There was no jewels, no nothin', I felt I'd been had

아이시스
(자크 레비와 함께)

난 아이시스와 5월 5일에 결혼했지
하지만 그녀에게 그렇게 오래 붙어 있을 순 없었어
그래서 난 머리를 자르고 곧장 떠나버렸어
내가 잘못될 일이 없을 거친 미지의 나라로

난 어둠과 빛이 있는 산꼭대기 신전으로 갔지
마을 중간에 경계선이 그어져 있었어
난 조랑말을 오른쪽 말뚝에 매두고선
옷을 빨러 세탁소에 갔어

구석에 있던 남자가 내게 오더니 성냥을 좀 빌리자고 했지
나는 단박에 그가 평범하지 않다는 걸 알아차렸어
그가 말했어, "뭔가 얻기 쉬운 걸 찾고 있소?"
난 말했지, "저 돈 없는데요." 그가 말했어, "돈은 필요 없어"

그날 밤 우린 북쪽의 추위를 향해 출발했어
난 그에게 내 담요를 주었고, 그는 내게 약속을 해주었지
내가 말했어, "우리 어디로 가는 건가요?" 4일까지는 돌아올 거라고 그가
　　말했어
나는 말했지, "그거 듣던 중 좋은 소식이군요"

난 터키석에 대해 생각하고 있었어, 난 황금에 대해 생각하고 있었지
난 다이아몬드와 세상에서 가장 큰 목걸이에 대해 생각하고 있었어
우리가 지독한 추위를 뚫고서 협곡을 달릴 때
난 아이시스를 생각했지, 그녀가 날 얼마나 무모한 인간으로 여겼을지를

우리 언젠가 다시 만날 거라고
우리 다음번에 결혼한다면 뭔가 달라질 거라고 그녀가 말했던 걸
　　생각했어
만일 내가 계속 버틸 수만 있다면, 그리고 그저 그녀의 친구가 될 수
　　있다면
난 여전히 그녀가 했던 모든 멋진 말들을 기억할 수가 없네

When I saw that my partner was just bein' friendly
When I took up his offer I must-a been mad

I picked up his body and I dragged him inside
Threw him down in the hole and I put back the cover
I said a quick prayer and I felt satisfied
Then I rode back to find Isis just to tell her I love her

She was there in the meadow where the creek used to rise
Blinded by sleep and in need of a bed
I came in from the East with the sun in my eyes
I cursed her one time then I rode on ahead

She said, "Where ya been?" I said, "No place special"
She said, "You look different." I said, "Well, not quite"
She said, "You been gone." I said, "That's only natural"
She said, "You gonna stay?" I said, "Yeah, I jes might"

Isis, oh, Isis, you mystical child
What drives me to you is what drives me insane
I still can remember the way that you smiled
On the fifth day of May in the drizzlin' rain

우린 온통 얼음에 파묻힌 피라미드로 갔어
그는 말했지, "저기 내가 찾으려는 시신이 있소
꺼내 오면 몹시 비싸게 팔릴 테지"
그때 난 알았어, 그가 뭘 생각하고 있었는지를

바람은 울부짖었고 눈발은 미쳐 날뛰었어
우린 밤새 얼음을 깼고 새벽 내내 얼음을 깼지
그가 죽었을 때 난 전염병 때문은 아니었길 바랐어
그렇지만 계속 해나가야겠다고 결심했지

난 무덤 속으로 몰래 들어갔어, 하지만 관은 텅 비어 있었지
거기엔 보석이 없었어, 아니 아예 아무것도, 속은 기분이었지
단지 내 파트너가 친절할 뿐이라고 생각했을 때
내가 그의 제안을 받아들였을 때, 난 미쳤던 게 분명해

난 그의 시체를 들고선 안쪽으로 끌고 왔어
텅 빈 데다 그를 던져버리고 다시 뚜껑을 덮었지
난 짧게 기도를 드리고선 만족감을 느꼈어
그리고 다시 돌아왔지 아이시스를 찾기 위해, 오로지 그녀에게
　　사랑한다는 말을 해주기 위해

그녀는 예전에 시냇물이 불어 넘치던 초원에 있었어
잠을 못 자 앞이 거의 보이지 않는 지경이 된 채
난 두 눈에 햇빛을 받으며 동쪽에서 그곳에 이르렀어
그녀에게 욕을 한번 퍼붓고는 계속 달렸지

그녀가 말했어, "어디 있다 왔어?" 난 말했지, "딱히 특별한 데는 아니야"
그녀가 말했어, "너 달라 보인다." 난 말했지, "글쎄, 별로 그렇지 않은데"
그녀가 말했어, "넌 떠났었잖아." 난 말했지, "그건 당연한 일이지"
그녀가 말했어, "계속 여기 있을 거니?" 난 말했지, "응, 아마도"

아이시스, 오 아이시스, 신비로운 아이여
날 네게로 향하게 하는 그것, 바로 그게 나를 미치게 만들지
난 여전히 기억해 네가 웃던 모습을
부슬부슬 비가 내리던 5월 5일의 그날에

Mozambique
(with Jacques Levy)

I like to spend some time in Mozambique
The sunny sky is aqua blue
And all the couples dancing cheek to cheek
It's very nice to stay a week or two

There's lot of pretty girls in Mozambique
And plenty time for good romance
And everybody likes to stop and speak
To give the special one you seek a chance
Or maybe say hello with just a glance

Lying next to her by the ocean
Reaching out and touching her hand
Whispering your secret emotion
Magic in a magical land

And when it's time for leaving Mozambique
To say goodbye to sand and sea
You turn around to take a final peek
And you see why it's so unique to be
Among the lovely people living free
Upon the beach of sunny Mozambique

모잠비크
(자크 레비와 함께)

모잠비크에서 시간을 좀 보내고 싶어
하늘은 연한 파란색이고
모든 커플이 서로 뺨을 맞댄 채 춤을 추는 곳
한 주나 두 주쯤 머무르기에 아주 그만이야

모잠비크에는 예쁜 아가씨들이 정말 많아
멋진 로맨스를 즐길 시간이 충분하지
그리고 모두들 멈춰 서서 말 걸고 싶어하지
어쩌면 잘될지도 모를 특별한 사람에게
아니면 그냥 힐끗 보고는 안녕, 인사를 해

바닷가에서 그녀 곁에 누워
손을 뻗어 그녀 손을 만져
당신의 비밀스러운 감정을 속삭이며
마법의 땅에서의 마법이야

그러다 모잠비크를 떠날 때가 되면
당신은 해변과 바다에 작별을 고하려고
뒤돌아서서 마지막으로 한 번 그곳을 엿보지
그러고는 알게 돼, 그게 왜 그리도 특별한지를
화창한 모잠비크 해변에서
자유롭게 살아가는 사랑스러운 사람들 사이에 있다는 게 말이야

One More Cup of Coffee
(Valley Below)

Your breath is sweet
Your eyes are like two jewels in the sky
Your back is straight, your hair is smooth
On the pillow where you lie
But I don't sense affection
No gratitude or love
Your loyalty is not to me
But to the stars above

One more cup of coffee for the road
One more cup of coffee 'fore I go
To the valley below

Your daddy he's an outlaw
And a wanderer by trade
He'll teach you how to pick and choose
And how to throw the blade
He oversees his kingdom
So no stranger does intrude
His voice it trembles as he calls out
For another plate of food

One more cup of coffee for the road
One more cup of coffee 'fore I go
To the valley below

Your sister sees the future
Like your mama and yourself
You've never learned to read or write
There's no books upon your shelf
And your pleasure knows no limits
Your voice is like a meadowlark
But your heart is like an ocean
Mysterious and dark

One more cup of coffee for the road
One more cup of coffee 'fore I go
To the valley below

Desire

커피 한 잔 더
(골짜기 아래로)

너의 숨결은 달콤하고
너의 눈은 하늘에 박힌 두 개의 보석 같아
너의 등은 곧고, 베고 누운 베개 위
네 머릿결은 부드러워
하지만 애정이 느껴지지 않아
고마운 마음이나 사랑도
너는 내가 아니라
저 하늘 위 별들에게만 충실하니까

길을 떠나기 위해 커피 한 잔 더
골짜기 아래로 떠나기 전에
커피 한 잔 더

너의 아빠는 무법자야
직업은 방랑자지
그는 네게 까다롭게 고르는 법과
칼 던지는 법을 가르쳐줄 거야
그는 자신의 왕국을 감시하지
어떤 이방인도 침입하지 않도록
음식 한 접시를 더 시킬 때
그의 목소리는 떨려

길을 떠나기 위해 커피 한 잔 더
골짜기 아래로 떠나기 전에
커피 한 잔 더

너의 자매는 미래를 보지
너의 엄마와 네가 그런 것처럼
너는 읽거나 쓰는 법을 배운 적이 없어
너의 선반에는 책이 한 권도 없지
그리고 네 기쁨은 끝 간 데를 몰라
너의 목소리는 들종다리 같아

하지만 마음은 바다와도 같지
신비하고도 어두워

길을 떠나기 위해 커피 한 잔 더
골짜기 아래로 떠나기 전에
커피 한 잔 더

Oh, Sister
(with Jacques Levy)

Oh, sister, when I come to lie in your arms
You should not treat me like a stranger
Our Father would not like the way that you act
And you must realize the danger

Oh, sister, am I not a brother to you
And one deserving of affection?
And is our purpose not the same on this earth
To love and follow His direction?

We grew up together
From the cradle to the grave
We died and were reborn
And then mysteriously saved

Oh, sister, when I come to knock on your door
Don't turn away, you'll create sorrow
Time is an ocean but it ends at the shore
You may not see me tomorrow

오, 자매여
(자크 레비와 함께)

오, 자매여, 제가 당신의 품에 안기러 가면
날 이방인처럼 대해선 안 돼요
우리 신부님께선 당신이 그러는 걸 좋아하지 않으실 테고
당신은 그게 위험하다는 걸 알아야만 해요

오, 자매여, 제가 당신의 형제가 아니던가요
당신의 애정을 받을 자격이 있는 사람이 아니던가요?
사랑하며 신의 방향을 따르고자 하는
이 지상에서 우리의 목적은 같은 것이 아니던가요?

요람에서 무덤까지
우린 함께 자랐어요
우린 죽었고 다시 태어났죠
그러고는 신비롭게 구원받았어요

오, 자매여, 제가 당신의 문을 두드리러 가면
날 외면하지 말아요, 그러면 슬퍼질 거예요
시간은 바다와도 같지만 결국 해변에서 끝나버리죠
내일이면 당신은 저를 못 보게 될지도 몰라요

Joey
(with Jacques Levy)

Born in Red Hook, Brooklyn, in the year of who knows when
Opened up his eyes to the tune of an accordion
Always on the outside of whatever side there was
When they asked him why it had to be that way, "Well," he answered,
   "just because"

Larry was the oldest, Joey was next to last
They called Joe "Crazy," the baby they called "Kid Blast"
Some say they lived off gambling and runnin' numbers too
It always seemed they got caught between the mob and the men in blue

Joey, Joey
King of the streets, child of clay
Joey, Joey
What made them want to come and blow you away?

There was talk they killed their rivals, but the truth was far from that
No one ever knew for sure where they were really at
When they tried to strangle Larry, Joey almost hit the roof
He went out that night to seek revenge, thinkin' he was bulletproof

The war broke out at the break of dawn, it emptied out the streets
Joey and his brothers suffered terrible defeats
Till they ventured out behind the lines and took five prisoners
They stashed them away in a basement, called them amateurs

The hostages were tremblin' when they heard a man exclaim
"Let's blow this place to kingdom come, let Con Edison take the blame"
But Joey stepped up, he raised his hand, said, "We're not those kind of men
It's peace and quiet that we need to go back to work again"

Joey, Joey
King of the streets, child of clay
Joey, Joey
What made them want to come and blow you away?

The police department hounded him, they called him Mr. Smith
They got him on conspiracy, they were never sure who with
"What time is it?" said the judge to Joey when they met
"Five to ten," said Joey. The judge says, "That's exactly what you get"

He did ten years in Attica, reading Nietzsche and Wilhelm Reich

조이
(자크 레비와 함께)

브루클린의 레드훅에서 태어났어, 언제인지는 아무도 몰라
아코디언 선율을 듣고는 두 눈을 번쩍 떴지
그는 어느 쪽에서나 늘 그쪽 바깥에 있었어
그들이 왜 그랬어야만 했느냐고 물을 때, "글쎄," 그는 대답했지, "그냥"

래리가 가장 나이가 많았고, 조이는 끝에서 두번째였어
그들은 조를 '미친놈'이라고 불렀고, 어린 녀석을 '망할 놈'이라고 불렀지
혹자는 그들이 도박과 불법 복권으로 살아갔다고들 해
갱인지 경찰인지 늘 구분이 안 갔어

조이, 조이
거리의 왕, 진흙으로 만든 아이
조이, 조이
무엇 때문에 그들이 와서 널 보내버린 걸까?

그들이 자기네 라이벌을 죽였다는 얘기가 나돌았어, 하지만 진실과는
    거리가 멀었지
그들이 정말 어디 있었는지는 누구도 정확히 알 수 없었어
그들이 래리를 목 졸라 죽이려 했을 때, 조이는 길길이 날뛰다시피 했지
그날 밤 복수를 하러 갔어, 자기가 무적인 줄 알고서 말이야

동틀 무렵 전쟁이 일어났어, 거리는 텅 비어버렸지
조이와 형제들은 끔찍한 패배들을 맛봤어
위험을 무릅쓰고 선을 넘어 결국 포로 다섯을 붙잡기까지
그들은 포로들을 아마추어라 부르고는 지하실에 가뒀지

인질들은 떨고 있었어, 그때 한 사람이 소리쳤지
"여길 날려버리고 천국으로 가자, 컨 에디슨에 책임을 돌리자고"
하지만 조이가 나서서는 손을 들고 말했지, "우린 그런 사람들이 아니야
우리가 다시 힘써야 하는 건 평온을 되찾는 일이라고"

조이, 조이

They threw him in the hole one time for tryin' to stop a strike
His closest friends were black men 'cause they seemed to understand
What it's like to be in society with a shackle on your hand

When they let him out in '71 he'd lost a little weight
But he dressed like Jimmy Cagney and I swear he did look great
He tried to find the way back into the life he left behind
To the boss he said, "I have returned and now I want what's mine"

Joey, Joey
King of the streets, child of clay
Joey, Joey
Why did they have to come and blow you away?

It was true that in his later years he would not carry a gun
"I'm around too many children," he'd say, "they should never know of
    one"
Yet he walked right into the clubhouse of his lifelong deadly foe
Emptied out the register, said, "Tell 'em it was Crazy Joe"

One day they blew him down in a clam bar in New York
He could see it comin' through the door as he lifted up his fork
He pushed the table over to protect his family
Then he staggered out into the streets of Little Italy

Joey, Joey
King of the streets, child of clay
Joey, Joey
What made them want to come and blow you away?

Sister Jacqueline and Carmela and mother Mary all did weep
I heard his best friend Frankie say, "He ain't dead, he's just asleep"
Then I saw the old man's limousine head back toward s the grave
I guess he had to say one last goodbye to the son that he could not save

The sun turned cold over President Street and the town of Brooklyn
    mourned
They said a mass in the old church near the house where he was born
And someday if God's in heaven overlookin' His preserve
I know the men that shot him down will get what they deserve

Joey, Joey
King of the streets, child of clay
Joey, Joey

거리의 왕, 진흙으로 만든 아이
조이, 조이
무엇 때문에 그들이 와서 널 보내버린 걸까?

경찰서는 그를 못살게 굴었어, 그를 미스터 스미스라 불렀지
그들은 그를 공모죄로 잡아들였어, 누구와 한 건지 확실히 알지도
　　못하면서
"지금 몇시지?" 조이를 만났을 때 판사가 말했어
"열시 오분 전," 조이가 말했어. 판사는 말했지 "그게 딱 네가 감방에서
　　썩을 시간이야"

그는 아티카 주립 교도소에서 니체와 빌헬름 라이히를 읽으며 십 년을
　　썩었어
그들은 파업을 멈추게 하려고 한번은 그를 독방에 처넣었지
그의 가장 친한 친구들은 흑인이었어, 그들은 이해하는 것 같았으니까
사람들 앞에서 손에 쇠고랑을 차고 사는 게 어떤 기분인지를

그들이 71년에 그를 풀어줬을 때, 그는 몸무게가 좀 줄어 있었어
하지만 지미 캐그니**처럼 옷을 입었고 분명 멋져 보였지
그는 예전의 삶으로 돌아갈 방법을 찾으려 했어
그는 보스에게 말했지, "제가 돌아왔어요, 그리고 이젠 제 몫을 원해요"

조이, 조이
거리의 왕, 진흙으로 만든 아이
조이, 조이
무엇 때문에 그들이 와서 널 보내버린 걸까?

그가 말년에 권총을 가지고 다니지 않은 건 사실이었어
"내 주변엔 아이들이 너무 많아," 그는 말했지, "아이들이 그런 걸 하나도
　　알아선 안 돼"
하지만 그는 자신의 평생 숙적인 클럽 회관으로 걸어들어가
카운터를 털어버리고는 말했어, "미친놈 조가 그랬다고 말해"

어느 날 그들은 뉴욕 어느 사교클럽에서 그를 보내버렸어
포크를 집어들었을 때, 그는 문틈을 보고는 그 일이 일어날 거라는 걸
　　알았지

What made them want to come and blow you away?

그는 자신의 가족을 지키려고 테이블을 쓰러뜨렸어
그러고는 비틀거리며 리틀 이탈리아 거리로 갔지

조이, 조이
거리의 왕, 진흙으로 만든 아이
조이, 조이
무엇 때문에 그들이 와서 널 보내버린 걸까?

재클린 수녀와 카멜라 수녀, 그리고 성모 마리아 모두 눈물을 흘렸어
난 그와 절친했던 프랭키가 하는 말을 들었지, "그는 죽지 않았어,
　잠들었을 뿐"
그리고 노인이 탄 리무진이 무덤으로 돌아오는 걸 봤어
아마도 자신이 구할 수 없었던 아들에게 마지막으로 작별인사를
　했어야만 했나봐

프레지던트가街에 뜬 태양은 차갑게 식어버렸고 브루클린은 그의
　죽음을 애도했지
조이가 태어났던 집 근처의 오래된 성당에서 미사를 드렸어
만일 하늘나라에 계신 신께서 이 세상을 내려다보고 계신다면, 언젠가
조이를 쏘아 죽인 놈들은 분명 대가를 치르고야 말 거야

조이, 조이
거리의 왕, 진흙으로 만든 아이
조이, 조이
무엇 때문에 그들이 와서 널 보내버린 걸까?

Romance in Durango

(with Jacques Levy)

Hot chili peppers in the blistering sun
Dust on my face and my cape
Me and Magdalena on the run
I think this time we shall escape

Sold my guitar to the baker's son
For a few crumbs and a place to hide
But I can get another one
And I'll play for Magdalena as we ride

No llores, mi querida
Dias nos vigila
Soon the horse will take us to Durango
Agarrame, mi vida
Soon the desert will be gone
Soon you will be dancing the fandango

Past the Aztec ruins and the ghosts of our people
Hoofbeats like castanets on stone
At night I dream of bells in the village steeple
Then I see the bloody face of Ramon

Was it me that shot him down in the cantina
Was it my hand that held the gun?
Come, let us fly, my Magdalena
The dogs are barking and what's done is done

No llores, mi querida
Dias nos vigila
Soon the horse will take us to Durango
Agarrame, mi vida
Soon the desert will be gone
Soon you will be dancing the fandango

At the corrida we'll sit in the shade
And watch the young torero stand alone
We'll drink tequila where our grandfathers stayed
When they rode with Villa into Torreón

Then the padre will recite the prayers of old
In the little church this side of town
I will wear new boots and an earring of gold

두랑고에서의 로맨스
(자크 레비와 함께)

맹렬한 태양 속 매운 고추들
내 얼굴과 망토에 쌓인 먼지
나와 마그달레나는 도망치고 있다네
이번엔 탈출에 성공할 수 있을 것만 같아

빵집 주인 아들에게 기타를 팔았지
빵 부스러기 조금하고 은신처를 얻으려고
하지만 기타는 또 구할 수 있어
그리고 난 마그달레나와 함께 달리며 그녀를 위해 기타를 연주할 거야

울지 마, 내 사랑
신께서 우리를 보살펴주셔
이 말이 곧 우리를 두랑고로 데려다줄 거야
나를 붙잡아, 나의 삶이여
사막은 곧 사라질 거야
너는 곧 판당고 춤을 추게 될 거야

아즈텍 유적지와 선조들의 유령을 지나
돌에다 매단 캐스터네츠처럼 말발굽 소리를 내
밤이면 난 마을 뾰족탑의 종소릴 듣는 꿈을 꿔
그러고선 라몬의 피투성이 얼굴을 보지

술집에서 그를 쓰러뜨린 게 나였던가
그 총을 쥔 게 내 손이었던가?
어서 도망쳐버리자, 나의 마그달레나
개들이 짖고 있어, 이미 일어나버린 일은 일어나버린 일

울지 마, 내 사랑
신께서 우리를 보살펴주셔
이 말이 곧 우리를 두랑고로 데려다줄 거야
나를 붙잡아, 나의 삶이여
사막은 곧 사라질 거야

You'll shine with diamonds in your wedding gown

The way is long but the end is near
Already the fiesta has begun
The face of God will appear
With His serpent eyes of obsidian

No llores, mi querida
Dia nos vigila
Soon the horse will take us to Durango
Agarrame, mi vida
Soon the desert will be gone
Soon you will be dancing the fandango

Was that the thunder that I heard?
My head is vibrating, I feel a sharp pain
Come sit by me, don't say a word
Oh, can it be that I am slain?

Quick, Magdalena, take my gun
Look up in the hills, that flash of light
Aim well my little one
We may not make it through the night

No llores, mi querida
Dias nos vigila
Soon the horse will take us to Durango
Agarrame, mi vida
Soon the desert will be gone
Soon you will be dancing the fandango

너는 곧 판당고 춤을 추게 될 거야

우린 투우장 그늘에 앉아 있을 거야
그리고 젊은 투우사가 승리하는 모습을 볼 거야
우린 테킬라를 마시겠지, 우리 할아버지들이
비야 장군과 함께 토레온으로 쳐들어갔을 때 머물렀던 곳에서

그리고 신부님은 오래된 기도문을 외우실 거야
마을 이쪽편 작은 성당에서
나는 새 부츠를 신고 금으로 된 귀걸이를 달겠지
너는 웨딩드레스에 박힌 다이아몬드로 빛날 거야

길은 멀지만 끝이 머지않았어
벌써 피에스타가 시작됐다네
신께서 얼굴을 드러내실 거야
흑요석 같은 뱀의 눈 번득이며

울지 마, 내 사랑
신께서 우리를 보살펴주셔
이 말이 곧 우리를 두랑고로 데려다줄 거야
나를 붙잡아, 나의 삶이여
사막은 곧 사라질 거야
너는 곧 판당고 춤을 추게 될 거야

내가 들은 게 천둥소리 맞나?
머리통이 진동해, 찌르듯 아파
와서 내 옆에 앉아, 한마디도 하지 말고
오, 내가 죽게 될 수도 있는 거야?

어서, 마그달레나, 내 총을 들어
언덕 위를 봐, 저 번쩍이는 불빛을
잘 조준해, 내 사랑
우리 오늘밤을 못 넘길 수도 있어

울지 마, 내 사랑
신께서 우리를 보살펴주셔

이 말이 곧 우리를 두랑고로 데려다줄 거야
나를 붙잡아, 나의 삶이여
사막은 곧 사라질 거야
너는 곧 판당고 춤을 추게 될 거야

Black Diamond Bay

(with Jacques Levy)

Up on the white veranda
She wears a necktie and a Panama hat
Her passport shows a face
From another time and place
She looks nothin' like that
And all the remnants of her recent past
Are scattered in the wild wind
She walks across the marble floor
Where a voice from the gambling room is callin' her to come on in
She smiles, walks the other way
As the last ship sails and the moon fades away
From Black Diamond Bay

As the mornin' light breaks open, the Greek comes down
And he asks for a rope and a pen that will write
"Pardon, monsieur," the desk clerk says
Carefully removes his fez
"Am I hearin' you right?"
And as the yellow fog is liftin'
The Greek is quickly headin' for the second floor
She passes him on the spiral staircase
Thinkin' he's the Soviet Ambassador
She starts to speak, but he walks away
As the storm clouds rise and the palm branches sway
On Black Diamond Bay

A soldier sits beneath the fan
Dain' business with a tiny man who sells him a ring
Lightning strikes, the lights blow out
The desk clerk wakes and begins to shout
"Can you see anything?"
Then the Greek appears on the second floor
In his bare feet with a rope around his neck
While a loser in the gam bling room lights up a candle
Says, "Open up another deck"
But the dealer says, "Attendez-vous, s'il vous plaît"
As the rain beats down and the cranes fly away
From Black Diamond Bay

The desk clerk heard the woman laugh
As he looked around the aftermath and the soldier got tough
He tried to grab the woman's hand

블랙 다이아몬드 만
(자크 레비와 함께)

새하얀 베란다에서
그녀는 넥타이를 매고 파나마 모자를 쓰고 있네
여권 속 얼굴 사진은
과거 다른 곳에서 찍은 거야
지금과는 전혀 다른 모습이지
그리고 비교적 최근에 남아 있던 것들은 모두
거친 바람 속에 흩어져버렸어
그녀는 대리석 바닥을 걸어 지나가
도박장에서 들려오는 목소리가 그녀에게 어서 들어오라 하네
그녀는 웃지, 그러고선 반대편으로 걸어가
마지막 배가 항해를 시작하고 달이 사라져갈 때
블랙 다이아몬드 만에서

아침에 동이 트기 시작할 때, 그리스인이 내려와
밧줄과 뭔가 쓸 수 있는 펜을 달라고 하네
"므시외, 뭐라고 하셨나요," 호텔 안내원이 말했지
조심스레 페즈 모자를 벗으며
"제가 제대로 들은 게 맞나요?"
그리고 누런 안개가 걷힐 때
그리스인은 재빨리 2층으로 향해
나선 계단에서 그를 마주친 그녀는
소비에트 대사라고 생각하고는
말을 걸어봤지만 그는 그냥 가버렸어
먹구름이 일어 야자나무 가지를 흔들 때
블랙 다이아몬드 만에서

한 군인이 천장에 달린 팬 아래 앉아
반지를 팔려는 조그마한 남자와 흥정을 하고 있네
번개가 치자 전기가 나갔지
호텔 안내원이 잠에서 깨어 소리치기 시작했어
"뭐가 보이긴 하세요?"
그러자 그리스인이 2층에 나타났지

Said, "Here's a ring, it cost a grand"
She said, "That ain't enough"
Then she ran upstairs to pack her bags
While a horse-drawn taxi waited at the curb
She passed the door that the Greek had locked
Where a handwritten sign read, "Do Not Disturb"
She knocked upon it anyway
As the sun went down and the music did play
On Black Diamond Bay

"I've got to talk to someone quick!"
But the Greek said, "Go away," and he kicked the chair to the floor
He hung there from the chandelier
She cried, "Help, there's danger near
Please open up the door!"
Then the volcano erupted
And the lava flowed down from the mountain high above
The soldier and the tiny man were crouched in the corner
Thinking of forbidden love
But the desk clerk said, "It happens every day"
As the stars fell down and the fields burned away
On Black Diamond Bay

As the island slowly sank
The loser finally broke the bank in the gambling room
The dealer said, "It's too late now
You can take your money, but I don't know how
You'll spend it in the tomb"
The tiny man bit the soldier's ear
As the floor caved in and the boiler in the basement blew
While she's out on the balcony, where a stranger tells her
"My darling, je vous aime beaucoup"
She sheds a tear and then begins to pray
As the fire burns on and the smoke drifts away
From Black Diamond Bay

I was sittin' home alone one night in L.A.
Watchin' old Cronkite on the seven o'clock news
It seems there was an earthquake that
Left nothin' but a Panama hat
And a pair of old Greek shoes
Didn't seem like much was happenin'
So I turned it off and went to grab another beer
Seems like every time you turn around
There's another hard-luck story that you're gonna hear
And there's really nothin' anyone can say
And I never did plan to go anyway

맨발로 목에 밧줄을 두른 채
도박에서 진 사람은 촛불을 켜고는 말하네
"한 판 더 열어줘요"
하지만 딜러는 말하지, "잠시만 기다려주시기 바랍니다"
비가 퍼붓고 두루미들이 날아갈 때
블랙 다이아몬드 만에서

호텔 안내원은 그 여자가 웃는 소릴 들었지
자신은 소동이 지나간 자리를 둘러봤고 군인은 경직된 그때
그는 여자의 손을 잡으려 하며
말했지, "자, 반지를 줄게, 천 달러짜리라고"
그녀가 말했어, "그걸로는 안 돼요"
그런 다음 짐을 싸러 위층으로 달려갔어
말이 끄는 택시가 길가에서 대기하는 동안에
그리스인이 잠근 문 앞을 지나가다 그녀는
"방해하지 마시오"라고 손으로 쓴 걸 봤지
그러거나 말거나 문을 두들겼어
해가 지고 음악이 흘러나올 때
블랙 다이아몬드 만에서

"당장 이야기할 사람이 필요해요!"
하지만 그리스인은 말했지, "돌아가세요." 그리고 바닥으로 의자를
　차버렸어
샹들리에에 대롱대롱 매달렸지
그녀는 소리쳤어, "도와주세요, 곧 일이 터진다고요
제발 문 좀 열어줘요!"
그러고는 화산이 폭발했다네
산 저 높은 데서부터 용암이 흘러내렸지
군인과 조그마한 남자는 구석에서 웅크렸어
금지된 사랑을 생각하며
하지만 호텔 안내원은 말했지, "매일 일어나는 일이에요"
별들이 떨어지고 들판이 불타오를 때
블랙 다이아몬드 만에서

섬이 서서히 가라앉을 때
아까 그 패자는 마침내 도박장에서 파산해버렸네

To Black Diamond Bay

* 미국 언론인(1916~2009).

딜러는 말했지, "이미 너무 늦었어요
돈은 가져가셔도 좋지만, 방법을 모르겠군요
무덤에서 쓰시면 되겠어요"
그 조그마한 남자는 군인의 귀를 물었지
호텔 바닥이 무너지고 지하실 보일러가 폭발했을 때
그동안 그녀는 발코니에 나와 있었어, 거기서 한 낯선 이가 말했지
"내 사랑, 당신을 정말 좋아해요"
그녀는 눈물을 흘리고는 기도하기 시작했다네
불길이 일고 연기가 흩어질 때
블랙 다이아몬드 만에서

어느 밤, 난 L.A.의 집에 혼자 앉아
일곱시 뉴스에 나오는 늙은 크롱카이트*를 보고 있었지
지진이 일어났다고 하는데
남은 게 없는 듯하더군 파나마 모자 하나와
오래된 그리스 신발 한 켤레 말고는
별일은 아닌 듯했어
그래서 난 TV를 끄고 맥주나 한 캔 더 가지러 갔지
한 번 뒤돌아설 때마다
불행한 이야기가 들려오는 것 같아
그리고 누구도 딱히 해줄 말은 없지
어쨌거나 난 한 번도 가볼 생각은 안 했어
블랙 다이아몬드 만에 말이야

Sara

I laid on a dune, I looked at the sky
When the children were babies and played on the beach
You came up behind me, I saw you go by
You were always so close and still within reach

Sara, Sara
Whatever made you want to change your mind?
Sara, Sara
So easy to look at, so hard to define

I can still see them playin' with their pails in the sand
They run to the water their buckets to fill
I can still see the shells fallin' out of their hands
As they follow each other back up the hill

Sara, Sara
Sweet virgin angel, sweet love of my life
Sara, Sara
Radiant jewel, mystical wife

Sleepin' in the woods by a fire in the night
Drinkin' white rum in a Portugal bar
Them playin' leapfrog and hearin' about Snow White
You in the marketplace in Savanna-la-Mar

Sara, Sara
It's all so clear, I could never forget
Sara, Sara
Lovin' you is the one thing I'll never regret

I can still hear the sounds of those Methodist bells
I'd taken the cure and had just gotten through
Stayin' up for days in the Chelsea Hotel
Writin' "Sad-Eyed Lady of the Lowlands" for you

Sara, Sara
Wherever we travel we're never apart
Sara, oh Sara
Beautiful lady, so dear to my heart

How did I meet you? I don't know
A messenger sent me in a tropical storm

세라

난 모래언덕에 누웠어, 난 하늘을 봤지
우리 아이들이 아기였던 시절, 해변에서 놀던 시절에
당신은 내 뒤로 다가왔었어, 난 당신이 지나가는 걸 봤지
당신은 늘 아주 가까운 곳에 있었고 지금도 손닿을 곳에 있어

세라, 세라
대체 뭐가 당신의 마음을 바꿔놓은 거야?
세라, 세라
보는 건 정말 쉽지만, 설명하긴 정말 어려워

여전히 내 눈엔 모래밭에서 양동이를 들고 노는 아이들의 모습이 보여
녀석들은 양동이를 채우러 바다로 뛰어가지
여전히 내 눈엔 아이들의 손에서 조개껍질 떨어지는 모습이 보여
녀석들이 다시 언덕을 오르려고 서로를 쫓는 동안 말이지

세라, 세라
사랑스럽고 순수한 천사, 달콤한 내 인생의 사랑
세라, 세라
영롱한 보석, 신비스러운 아내

한밤에 숲에서 불을 피워놓고 잠을 자
포르투갈 바에서 화이트 럼을 마셔
녀석들은 등 짚고 뛰어넘는 놀이를 하고, 백설 공주 이야기를 듣지
당신은 사반나 라 마르의 시장에 있어

세라, 세라
모든 게 너무나도 선명해, 절대 잊을 수가 없어
세라, 세라
당신을 사랑하는 걸 절대 후회하지 않을 거야

여전히 내 귀에는 감리교회의 종소리가 들려
난 치료를 받았어, 그리고 이겨내버렸지

You were there in the winter, moonlight on the snow
And on Lily Pond Lane when the weather was warm

Sara, oh Sara
Scorpio Sphinx in a calico dress
Sara, Sara
You must forgive me my unworthiness

Now the beach is deserted except for some kelp
And a piece of an old ship that lies on the shore
You always responded when I needed your help
You gimme a map and a key to your door

Sara, oh Sara
Glamorous nymph with an arrow and bow
Sara, oh Sara
Don't ever leave me, don't ever go

첼시 호텔에서 몇 날 며칠을 깬 채로
당신을 위해 〈로랜드의 슬픈 눈 여인〉을 쓰면서

세라, 세라
우린 어딜 여행하든 절대 떨어지지 않아
세라, 오 세라
아름다운 여인, 너무나도 소중한 사람

내가 당신을 어떻게 만났더라? 잘 모르겠어
열대성 폭풍우 속에 있을 때 전령이 내게 보내줬나봐
당신은 눈 위로 달빛이 내리던 그 겨울에 그곳에 있었어
그리고 날씨가 따뜻했을 땐 릴리 폰드 레인에 있었지

세라, 세라
캘리코 드레스를 입은 전갈자리 스핑크스
세라, 세라
당신은 나의 하찮음을 용서해야만 해

이제 해변은 황량해, 드문드문 보이는 해초들과
해변에 누워 있는 낡은 배의 잔해를 빼고는
내가 도움이 필요했을 때 당신은 늘 응답해주었지
당신의 문으로 가는 지도와 열쇠를 주었지

세라, 오 세라
활과 화살을 든 매혹의 요정
세라, 오 세라
절대 날 떠나지 마, 절대로 떠나지 마

Abandoned Love

I can hear the turning of the key
I've been deceived by the clown inside of me
I thought that he was righteous but he's vain
Oh, something's a-telling me I wear the ball and chain

My patron saint is a-fighting with a ghost
He's always off somewhere when I need him most
The Spanish moon is rising on the hill
But my heart is a-tellin' me I love ya still

I come back to the town from the flaming moon
I see you in the streets, I begin to swoon
I love to see you dress before the mirror
Won't you let me in your room one time 'fore I finally disappear?

Everybody's wearing a disguise
To hide what they've got left behind their eyes
But me, I can't cover what I am
Wherever the children go I'll follow them

I march in the parade of liberty
But as long as I love you I'm not free
How long must I suffer such abuse
Won't you let me see you smile one time before I turn you loose?

I've given up the game, I've got to leave
The pot of gold is only make-believe
The treasure can't be found by men who search
Whose gods are dead and whose queens are in the church

We sat in an empty theater and we kissed
I asked ya please to cross me off-a your list
My head tells me it's time to make a change
But my heart is telling me I love ya but you're strange

One more time at midnight, near the wall
Take off your heavy makeup and your shawl
Won't you descend from the throne, from where you sit?
Let me feel your love one more time before I abandon it

버려진 사랑

열쇠 돌리는 소리가 들리네
난 내 안의 광대에게 기만당해왔어
난 그가 정의롭다고 생각했었는데, 아무 소용이 없더군
오, 뭔가가 말해주네, 내가 쇠공 달린 쇠사슬을 차고 있다고

내 수호성인은 유령과 싸우고 있어
내가 가장 필요로 할 때, 그는 늘 어딘가 먼 곳에 있지
언덕 위로 맑고 커다란 달이 떠오르고 있어
하지만 내 마음은 내가 아직도 널 사랑한다고 말하고 있어

난 타는 듯한 달을 보고 마을로 돌아와
난 거리에서 널 보고, 쓰러질 듯 황홀해져
난 네가 거울 앞에서 옷 입는 모습을 보고 싶어
내가 완전히 사라지기 전에, 한 번이라도 네 방에 들여주면 안 되겠니?

모두가 변장을 하고 있다네
자기네 눈빛 뒤에 남아 있는 걸 숨기기 위해서지
하지만 난 말야, 나 자신을 속일 수가 없어
아이들이 가는 곳마다 난 그애들을 따라가지

난 자유의 행렬에서 행진해
하지만 널 사랑하는 한, 난 자유롭지 못하지
내가 그런 학대를 얼마나 오래 참아야만 할까
내가 널 놓기 전에, 한 번이라도 웃는 모습을 보여주지 않겠니?

난 기권했어, 떠나야만 해
횡재를 바라는 건 환상이었어
죽은 신들을 믿고 교회에 있는 여왕을 모시는
그런 사람들이 찾는 보물은 절대로 보이지 않아

우린 텅 빈 극장에 앉아 키스했지
난 부탁했어, 제발 네 리스트에서 날 빼달라고

845

내 머리가 말해, 이젠 변할 시간이라고
하지만 내 마음은 내가 널 사랑한다고 말하지, 하지만 넌 이상해

한밤중에 한 번만 더, 담장 근처에서
네 두꺼운 화장을 지우고 숄도 벗어줘
네가 앉아 있는 그 왕좌에서 제발 내려와주면 안 되겠니?
내가 네 사랑을 버리기 전에, 한 번만 더 그걸 느끼게 해줘

Catfish
(with Jacques Levy)

Lazy stadium night
Catfish on the mound
"Strike three," the umpire said
Batter have to go back and sit down

Catfish, million-dollar-man
Nobody can throw the ball like Catfish can

Used to work on Mr. Finley's farm
But the old man wouldn't pay
So he packed his glove and took his arm
An' one day he just ran away

Catfish, million-dollar-man
Nobody can throw the ball like Catfish can

Come up where the Yankees are
Dress up in a pinstripe suit
Smoke a custom-made cigar
Wear an alligator boot

Catfish, million-dollar-man
Nobody can throw the ball like Catfish can

Carolina born and bred
Love to hunt the little quail
Got a hundred-acre spread
Got some huntin' dogs for sale

Catfish, million-dollar-man
Nobody can throw the ball like Catfish can

Reggie Jackson at the plate
Seein' nothin' but the curve
Swing too early or too late
Got to eat what Catfish serve

Catfish, million-dollar-man
Nobody can throw the ball like Catfish can

Even Billy Martin grins

* Catfish Hunter(1946~1999), 미국 야구선수.

Desire

메기*
(자크 레비와 함께)

나른한 스타디움의 밤
마운드 위에는 메기가 올라와 있어
"삼진 아웃," 심판이 말했지
타자는 자리로 돌아가 앉아야만 해

메기, 백만장자 사나이
누구도 메기처럼 공을 던질 순 없어

미스터 핀리의 농장에서 일했었지
그런데 노인네가 돈을 주질 않았어
그래서 그는 글러브를 싸고 자기 팔도 챙겼지
그리고 어느 날 도망쳐버렸어

메기, 백만장자 사나이
누구도 메기처럼 공을 던질 순 없어

양키스가 있는 곳으로 가
세로줄무늬 유니폼을 입어
주문 제작한 시가를 피워
악어 부츠를 신어

메기, 백만장자 사나이
누구도 메기처럼 공을 던질 순 없어

캐롤라이나에서 나고 자랐지
작은 메추라기 사냥을 좋아해
백 에이커의 땅을 가지고 있었어
팔려고 내놓은 사냥개들이 몇 마리 있지

메기, 백만장자 사나이
누구도 메기처럼 공을 던질 순 없어

When the Fish is in the game
Every season twenty wins
Gonna make the Hall of Fame

Catfish, million-dollar-man
Nobody can throw the ball like Catfish can

레지 잭슨이 타석에 섰어
변화구 말고는 안 보이지
너무 빨리, 혹은 너무 늦게 휘둘러
메기가 주는 대로 받아먹어야만 해

메기, 백만장자 사나이
누구도 메기처럼 공을 던질 순 없어

심지어 빌리 마틴도 활짝 웃지
경기장에 생선이 나타나면
매 시즌 20승
명예의 전당에 오르게 될 거야

메기, 백만장자 사나이
누구도 메기처럼 공을 던질 순 없어

Golden Loom

Smoky autumn night, stars up in the sky
I see the sailin' boats across the bay go by
Eucalyptus trees hang above the street
And then I turn my head, for you're approachin' me
Moonlight on the water, fisherman's daughter, floatin' in to my room
With a golden loom

First we wash our feet near the immortal shrine
And then our shadows meet and then we drink the wine
I see the hungry clouds up above your face
And then the tears roll down, what a bitter taste
And then you drift away on a summer's day where the wildflowers bloom
With your golden loom

I walk across the bridge in the dismal light
Where all the cars are stripped between the gates of night
I see the trembling lion with the lotus flower tail
And then I kiss your lips as I lift your veil
But you're gone and then all I seem to recall is the smell of perfume
And your golden loom

어렴풋한 금빛

자욱한 가을밤, 하늘엔 별이 총총해
난 만을 가로질러 항해하는 작은 돛단배들을 봐
유칼립투스 나무 이파리들이 거리 위를 드리우고 있어
그러고는 난 고개를 돌리네, 네가 내게로 오고 있으니까
물 위에 어린 달빛, 어부의 딸이 내 방으로 흘러들어와
어렴풋한 금빛으로

우선 우린 불멸의 신전 가까이에서 발을 씻지
그러고는 우리의 그림자들이 만나, 그러고서 우리는 와인을 마셔
네 얼굴 위로 굶주린 구름들이 보이네
그러고는 눈물이 흘러내려, 그 맛은 얼마나 쓴지
그리고 너는 떠내려가, 들꽃이 만발한 어느 여름날
어렴풋한 금빛으로

난 음울한 빛 속에서 다리 위를 걸어
밤이 들어오는 문들 사이, 자동차들이 모두 해체된 곳에서
난 연꽃 꼬리를 단 채 떨고 있는 사자를 봐
그러고는 너의 베일을 들추며 네 입술에 키스하지
하지만 넌 사라졌고, 내가 기억하는 건 향수 냄새와
너의 어렴풋한 금빛뿐

Rita May

(with Jacques Levy)

Rita May, Rita May
You got your body in the way
You're so damn nonchalant
But it's your mind that I want
You got me huffin' and a-puffin'
Next to you I feel like nothin'
Rita May

Rita May, Rita May
How'd you ever get that way?
When do you ever see the light?
Don't you ever feel a fright?
You got me burnin' and I'm turnin'
But I know I must be learnin'
Rita May

All my friends have told me
If I hang around with you
That I'll goblind
But I know that when you hold me
That there really must be somethin'
On your mind

Rita May, Rita May
Laying in a stack of hay
Do you remember where you been?
What's that crazy place you're in?
I'm gonna have to go to college
'Cause you are the book of knowledge
Rita May

리타 메이
(자크 레비와 함께)

리타 메이, 리타 메이
넌 자꾸 내게 몸만 들이밀어
넌 정말이지 무심해
하지만 내가 원하는 건 네 마음이야
넌 날 지쳐 헐떡이게 해
네 옆에 있으면 난 아무것도 아닌 듯 느껴져
리타 메이

리타 메이, 리타 메이
대체 어쩌다 그렇게 된 거니?
대체 언제쯤 받아들일 거니?
두려울 때가 있긴 한 거야?
넌 내 속을 끓어오르게 해, 날 돌게 해
하지만 알아, 난 아직 배울 게 많다는 걸
리타 메이

친구들 모두 내게 말했어
너와 어울려 다니면
정신을 못 차리게 될 거라고
하지만 알아, 날 안아줄 때
네 마음속엔 정말 뭔가
특별한 게 있다는 걸

리타 메이, 리타 메이
건초 더미에 누워서는
네가 어디 있었는지 기억이나 하니?
지금 네가 있는 그 정신 나간 곳은 대체 어디니?
난 대학에 가야겠어
왜냐하면 넌 지식이 가득한 책이니까
리타 메이

Seven Days

Seven days, seven more days she'll be comin'
I'll be waiting at the station for her to arrive
Seven more days, all I gotta do is survive

She been gone ever since I been a child
Ever since I seen her smile, I ain't forgotten her eyes
She had a face that could outshine the sun in the skies

I been good, I been good while I been waitin'
Maybe guilty of hesitatin', I just been holdin' on
Seven more days, all that'll be gone

There's kissing in the valley
Thieving in the alley
Fighting every inch of the way
Trying to be tender
With somebody I remember
In a night that's always brighter'n the day

Seven days, seven more days that are connected
Just like I expected, she'll be comin' on forth
My beautiful comrade from the north

There's kissing in the valley
Thieving in the alley
Fighting every inch of the way
Trying to be tender
With somebody I remember
In a night that's always brighter'n the day

일주일

일주일, 앞으로 일주일만 더 있으면 그녀가 올 거야
난 역에서 그녀가 도착하길 기다릴 테지
앞으로 일주일만 더, 내가 할 일은 그때까지 살아 있는 것뿐

그녀는 내가 어린아이였을 때부터 옆에 없었지
그녀의 미소를 본 후로, 난 그 두 눈을 한 번도 잊은 적 없어
그녀의 얼굴은 저 하늘의 태양보다 더 빛났거든

난 착하게 살아왔어, 기다리는 동안 착하게 살아왔지
망설였다는 생각에 죄책감이 들긴 했어, 난 그걸 그저 견뎌만 왔지
앞으로 일주일만 더, 그것들은 모두 사라지고 말 거야

골짜기에서의 키스
골목에서의 도둑질
한 치의 양보도 없는 싸움
다정해지려 애쓰기
내가 기억하는 누군가와 함께
늘 낮보다 환했던 밤에

일주일, 앞으로 일주일만 더 있으면 돼
예상했던 그대로, 그녀가 나타날 거야
북에서 온 나의 아름다운 동지가

골짜기에서의 키스
골목에서의 도둑질
한 치의 양보도 없는 싸움
다정해지려 애쓰기
내가 기억하는 누군가와 함께
늘 낮보다 환했던 밤에

Sign Language

You speak to me
In sign language
As I'm eating a sandwich
In a small café
At a quarter to three
But I can't respond
To your sign language
You're taking advantage
Bringing me down
Can't you make any sound?

'Twas there by the bakery
Surrounded by fakery
Tell her my story
Still I'm still there
Does she know I still care?

Link Wray was playin'
On a jukebox I was payin'
Forthe words I was sayin'
So misunderstood
He didn't do me no good

You speak to me
In sign language
As I'm eating a sandwich
In a small café
At a quarter to three
But I can't respond
To your sign language
You're taking advantage
Bringing me down
Can't you make any sound?

* 미국 기타리스트 겸 보컬(1929~2005).

수화

너는 내게
수화로 이야기해
내가 작은 카페에서
세시 되기 십오 분 전에
샌드위치를 먹고 있을 때
하지만 난 너의 수화에
대답할 수가 없네
너는 내 약점을 이용하면서
나를 우울하게 만들고 있어
무슨 소리라도 좀 내주면 안 되겠니?

그건 베이커리 옆이었어
가짜들에 둘러싸여 있었지
그녀에게 내 이야기를 전해줘
내 마음은 여전히 변하지 않았다고
내가 아직 사랑한다는 거, 그녀도 아니?

내가 틀어놓은 주크박스에서
링크 레이가 나오고 있었는데
그는 아무 도움이 안 됐지
내가 한 말들은
완전히 오해받았으니까

너는 내게
수화로 이야기해
내가 작은 카페에서
세시 되기 십오 분 전에
샌드위치를 먹고 있을 때
하지만 난 너의 수화에
대답할 수가 없네
너는 내 약점을 이용하면서
나를 우울하게 만들고 있어
무슨 소리라도 좀 내주면 안 되겠니?

Money Blues
(with Jacques Levy)

Sittin' here thinkin'
Where does the money go
Sittin' here thinkin'
Where does the money go
Well, I give it to my woman
She ain't got it no more

Went out last night
Bought two eggs and a slice of ham
Went out last night
Bought two eggs and a slice of ham
Bill came to three dollars and ten cents
And I didn't even get no jam

Man came around
Askin' for the rent
Man came around
Askin' for the rent
Well, I looked into the drawer
But the money's all been spent

Well, well
Ain't got no bank account
Well, well
Ain't got no bank account
Went down to start one
But I didn't have the right amount

Everything's inflated
Like a tire on a car
Everything's inflated
Like a tire on a car
Well, the man came and took my Chevy back
I'm glad I hid my old guitar

Come to me, mama
Ease my money crisis now
Come to me, mama
Ease my money crisis now
I need something to support me
And only you know how

머니 블루스
(자크 레비와 함께)

여기 앉아서 생각해
돈이 다 어디로 가는지
여기 앉아서 생각해
돈이 다 어디로 가는지
음, 난 내 여자에게 가져다줘
그녀는 그걸 벌써 다 써버렸지

어젯밤에 외출을 했어
달걀 두 개랑 햄 한 조각을 샀지
어젯밤에 외출을 했어
달걀 두 개랑 햄 한 조각을 샀지
계산서엔 3달러 10센트라고 적혀 있었어
심지어 잼은 사지도 못했지

집주인이 와서
집세를 달라고 그래
집주인이 와서
집세를 달라고 그래
웬걸, 서랍을 열어봤지만
돈은 하나도 없었네

이런, 이런
난 은행계좌가 없어
이런, 이런
난 은행계좌가 없어
하나 만들러 갔더니 글쎄
필요한 돈이 부족하다더군

모든 게 부풀어올랐어
자동차 타이어처럼
모든 게 부풀어올랐어
자동차 타이어처럼

웬걸, 그자가 와서 내 쉐비를 가져가버렸어
낡은 기타는 숨겨두길 정말 잘했지

내게로 와, 아가씨
당장 파산하게 생긴 날 달래줘
내게로 와, 아가씨
당장 파산하게 생긴 날 달래줘
날 먹여살려줄 뭔가가 필요해
그리고 너만이 방법을 알고 있어

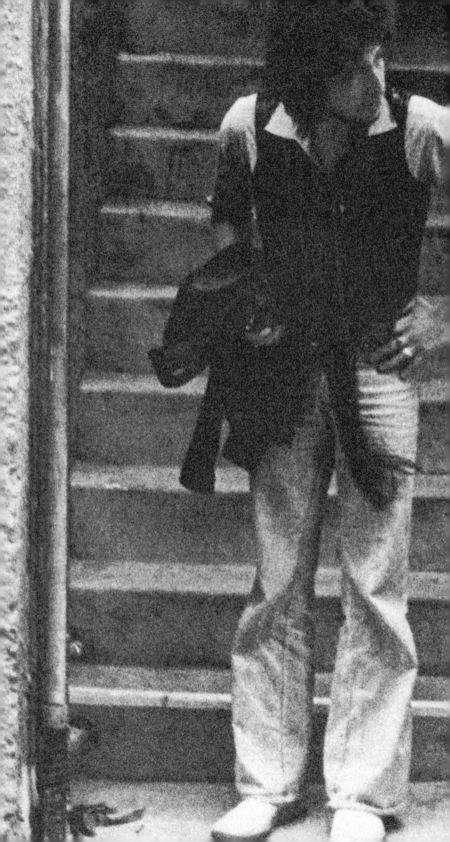

Street Legal 1978

스트리트 리걸 *

Changing of the Guards

New Pony

No Time to Think

Baby, Stop Crying

Is Your Love in Vain?

Señor (Tales of Yankee Power)

True Love Tends to Forget

We Better Talk This Over

Where Are You Tonight?
  (Journey Through Dark Heat)

additional lyrics
Legionnaire's Disease

* 합법적으로 도로 주행이 가능한 차량.

Changing of the Guards

Sixteen years
Sixteen banners united over the field
Where the good shepherd grieves
Desperate men, desperate women divided
Spreading their wings 'neath the falling leaves

Fortune calls
I stepped forth from the shadows, to the marketplace
Merchants and thieves, hungry for power, my last deal gone down
She's smelling sweet like the meadows where she was born
On midsummer's eve, near the tower

The cold-blooded moon
The captain waits above the celebration
Sending his thoughts to a beloved maid
Whose ebony face is beyond communication
The captain is down but still believing that his love will be repaid

They shaved her head
She was torn between Jupiter and Apollo
A messenger arrived with a black nightingale
I seen her on the stairs and I couldn't help but follow
Follow her down past the fountain where they lifted her veil

I stumbled to my feet
I rode past destruction in the ditches
With the stitches still mending 'neath a heart-shaped tattoo
Renegade priests and treacherous young witches
Were handing out the flowers that I'd given to you

The palace of mirrors
Where dog soldiers are reflected
The endless road and the wailing of chimes
The empty rooms where her memory is protected
Where the angels' voices whisper to the souls of previous times

She wakes him up
Forty-eight hours later, the sun is breaking
Near broken chains, mountain laurel and rolling rocks
She's begging to know what measures he now will betaking

- 이 작품이 수록된 1978년 앨범이 1962년 1집 《밥 딜런》 이후 16년 만의 행보였음에 주목해 이를 밥 딜런의 자전적 이야기로 보는 시각도 있다.

　　　　　　　　　　　　　　　　　　　　Street Legal

수호자의 교체

16년*
16개의 깃발이 들판 위로 집결했다
그곳에서 선한 목자는 비통해한다
나뉘어 있는, 절망에 사로잡힌 남자들과 여자들
떨어지는 나뭇잎들 아래로, 그들의 펼쳐진 날개

운명이 부른다
나는 그림자들을 벗어나 앞으로 나아간다, 시장으로
힘을 갈망하는, 상인들 그리고 도둑들, 내 최후의 거래는 무산된다
그녀는 자신이 태어난 목초지처럼 달콤한 냄새를 풍긴다
한여름 저녁, 탑 근처에서

차가운 피의 달
대위는 의식儀式이 벌어지는 곳 위에서 기다리고 있다
자신의 생각들을 사랑하는 아가씨에게
소통 너머에 있는, 흑단처럼 새까만 얼굴의 그녀에게 보내면서
대위는 우울해하지만 여전히 그의 사랑이 보답받을 거라 믿고 있다

그들은 그녀의 머리카락을 밀었다
그녀는 유피테르와 아폴론 사이에서 고통받았다
전령이 검은 나이팅게일과 함께 도착했다
나는 그녀가 계단 위에 있는 것을 보았고 그녀의 뒤를 따를 수밖에
    없었다
그녀를 따라 분수대를 지났다, 그곳에서 그들이 그녀의 베일을
    들어올렸다

나는 비틀거리며 일어섰다
만취한 채 말을 달려 폐허를 지났다
심장 모양 문신 아래 아직 덜 꿰맨 상처를 지닌 채
배교도 사제들과 거짓된 젊은 마녀들이
내가 당신에게 주었던 그 꽃들을 나누어주고 있었다

He's pulling her down and she's clutching on to his long golden locks

Gentlemen, he said
I don't need your organization, I've shined your shoes
I've moved your mountains and marked your cards
But Eden is burning, either brace yourself for elimination
Or else your hearts must have the courage for the changing of the guards

Peace will come
With tranquillity and splendor on the wheels of fire
But will bring us no reward when her false idols fall
And cruel death surrenders with its pale ghost retreating
Between the King and the Queen of Swords

- 월계수꽃.

거울들의 궁전
고참병들의 모습이 거기에 비친다
끝없이 이어지는 길과 종들의 울부짖음
그녀의 기억들이 보존되어 있는 빈방들
거기서 천사들의 목소리가 이전 시대의 영혼들에게 속삭인다

그녀가 그를 깨운다
48시간 뒤, 태양이 부서지고 있다
부서진 사슬들, 칼미아°와 구르는 바위들 근처에서
그녀는 그가 이제 어떤 조치를 취하려는지 알려주길 간청한다
그는 그녀의 몸을 아래로 끌어내리고 그녀는 그의 긴 황금 자물쇠를
　움켜잡는다

여러분, 그가 말했다
난 그대들의 조직이 필요 없소, 난 그대들의 신발을 닦아주었고
그대들의 산을 옮겼고 그대들의 카드에 표시를 해주었소
하지만 에덴이 불타고 있소 그러니 제거의 위험에 대비하시오
아니면 용기를 내어 그대들의 수호자를 교체해야 하오

평화는 올 것이다
정적과 광휘와 더불어, 불의 바퀴들 위로
그러나 우리에겐 어떠한 보상도 없을 것이다, 그녀의 거짓 우상들이
　무너질 때
그리고 잔인한 죽음은 퇴각하는 창백한 죽음의 유령과 함께 항복한다
검의 왕과 검의 여왕 사이에서

New Pony

Once I had a pony, her name was Lucifer
I had a pony, her name was Lucifer
She broke her leg and she needed shooting
I swear it hurt me more than it could ever have hurted her

Sometimes I wonder what's going on in the mind of Miss X
Sometimes I wonder what's going on in the mind of Miss X
You know she got such a sweet disposition
I never know what the poor girl's gonna do to me next

I got a new pony, she knows how to fox-trot, lope and pace
Well, I got a new pony, she knows how to fox-trot, lope and pace
She got great big hind legs
And long black shaggy hair above her face

Well now, it was early in the mornin', I seen your shadow in the door
It was early in the mornin', I seen your shadow in the door
Now, I don't have to ask nobody
I know what you come here for

They say you're usin' voodoo, your feet walk by themselves
They say you're usin' voodoo, I seen your feet walk by themselves
Oh, baby, that god you been prayin' to
Is gonna give ya back what you're wishin' on someone else

Come over here pony, I, I wanna climb up onetime on you
Come over here pony, I, I wanna climb up onetime on you
Well, you're so bad and nasty
But I love you, yes I do

- 폭스트롯은 여우처럼 짧고 빠른 스텝으로 걷는 것으로 사교댄스의 일종이기도 하다. 구보는
  성큼성큼 걷는 것, 측대보는 같은 쪽의 앞뒤 다리를 동시에 들면서 걷는 것을 말한다.
- 서인도 제도와 미국 남부의 주술 종교.

Street Legal

새 조랑말

한때 내겐 조랑말 있었지, 이름은 루시퍼였어
내겐 조랑말 있었지, 이름은 루시퍼였어
그녀는 다리가 부러졌고 그래서 총으로 쏴야만 했어
맹세해 그녀 느낀 고통 아무리 커도 내가 느낀 고통보단 작을 거라고

가끔 궁금해 미스 X의 마음속에서 어떤 일이 벌어지고 있는지
가끔 궁금해 미스 X의 마음속에서 어떤 일이 벌어지고 있는지
너도 알지 그녀의 마음씨 얼마나 상냥한지
전혀 모르겠어 그 불쌍한 여자가 다음에 내게 무엇을 할지

새 조랑말을 얻었어, 그녀는 폭스트롯도 구보도 측대보도 할 줄 알아
음, 새 조랑말을 얻었어, 그녀는 폭스트롯도 구보도 측대보도 할 줄 알아
그녀는 뒷다리가 아주 큼직하지
얼굴 위에는 길고 검은 털이 덥수룩하게 나 있지

음 그리고, 이른 아침이었어, 문간에 서 있는 너의 그림자를 본 것은
이른 아침이었어, 문간에 서 있는 너의 그림자를 본 것은
자, 아무에게도 물어볼 필요 없지
난 네가 왜 이곳에 왔는지 아니까

그들은 말하지 네가 부두교** 마법을 쓴다고, 네 다리들이 저 스스로
    움직인다고
그들은 말하지 네가 부두교 마법을 쓴다고, 난 봤지 네 다리들이 저
    스스로 움직이는 걸
오, 자기, 너의 기도 들은 그 신은
네게 되돌려줄 거야, 네가 다른 누군가에게 일어나길 바란 그것으로

이리와 조랑말아, 나는, 나는 네 위에 한번 올라타보고 싶어
이리와 조랑말아, 나는, 나는 네 위에 한번 올라타보고 싶어
음, 넌 너무 끔찍하고 추잡해
하지만 널 사랑해, 아무렴 그렇고말고

No Time to Think

In death, you face life with a child and a wife
Who sleep-walks through your dreams into walls
You're a soldier of mercy, you're cold and you curse
"He who cannot be trusted must fall"

Loneliness, tenderness, high society, notoriety
You fight for the throne and you travel alone
Unknown as you slowly sink
And there's no time to think

In the Federal City you been blown and shown pity
In secret, for pieces of change
The empress attracts you but oppression distracts you
And it makes you feel violent and strange

Memory, ecstasy, tyranny, hypocrisy
Betrayed by a kiss on a cool night of bliss
In the valley of the missing link
And you have no time to think

Judges will haunt you, the country priestess will want you
Her worst is better than best
I've seen all these decoys through a set of deep turquoise eyes
And I feel so depressed

China doll, alcohol, duality, mortality
Mercury rules you and destiny fools you
Like the plague, with a dangerous wink
And there's no time to think

Your conscience betrayed you when some tyrant waylaid you
Where the lion lies down with the lamb
I'd have paid off the traitor and killed him much later
But that's just the way that I am

Paradise, sacrifice, mortality, reality
But the magician is quicker and his game
Is much thicker than blood and blacker than ink
And there's no time to think

Anger and jealousy's all that he sells us

- 미국 워싱턴 D. C.의 별칭.

생각할 겨를이 없다

죽음 속에서, 당신은 아이도 하나 아내도 하나인 인생을 마주한다
아이와 아내는 몽유병자의 걸음으로 당신의 꿈들을 통과하여 벽 속으로
　걸어간다
당신은 자비의 병사, 당신은 냉담하고 당신은 저주한다
"신뢰할 수 없는 자는 죽어야 한다"

외로움, 다정함, 상류사회, 악명
당신은 왕좌를 위해 싸우고 홀로 여행한다
아무도 모르게, 당신이 천천히 가라앉을 때
그리고 생각할 겨를이 없다

연방도시˚에서 당신은 나가떨어졌고 남들에게 동정받았다
비밀리에, 거액을 미끼로
여황제는 당신의 마음을 끌지만 압제는 흐트러뜨린다
그리고 그것은 폭력적이고 낯선 기분을 느끼게 한다

기억, 황홀, 폭압, 위선
어느 시원한 지복의 밤에 있었던 입맞춤 한 번으로 그것은 드러난다
잃어버린 고리의 골짜기에서
그리고 당신은 생각할 겨를이 없다

재판관들은 당신을 쫓을 것이다, 시골 여사제가 당신을 원할 것이다
그녀의 최악은 최고보다 좋다
나는 이 모든 미끼들을 깊은 터키석색 두 눈으로 보아왔다
그로 인해 나는 몹시 우울해진다

중국 인형, 알코올, 이원성二元性, 필멸
수성은 당신을 지배하고 운명은 당신을 속인다
역병처럼, 위험한 한 번의 윙크로
그리고 생각할 겨를이 없다

당신의 양심은 당신을 배반했다, 어느 독재자가 당신을 불러 세웠을 때

He's content when you're under his thumb
Madmen oppose him, but your kindness throws him
To survive it you play deaf and dumb

Equality, liberty, humility, simplicity
You glance through the mirror and there's eyes staring clear
At the back of your head as you drink
And there's no time to think

Warlords of sorrow and queens of tomorrow
Will offer their heads for a prayer
You can't find no salvation, you have no expectations
Anytime, anyplace, anywhere

Mercury, gravity, nobility, humility
You know you can't keep her and the water gets deeper
That is leading you onto the brink
But there's no time to think

You've murdered your vanity, buried your sanity
For pleasure you must now resist
Lovers obey you but they cannot sway you
They're not even sure you exist

Socialism, hypnotism, patriotism, materialism
Fools making laws for the breaking of jaws
And the sound of the keys as they clink
But there's no time to think

The bridge that you travel on goes to the Babylon girl
With the rose in her hair
Starlight in the East and you're finally released
You're stranded but with nothing to share

Loyalty, unity, epitome, rigidity
You turn around for one real last glimpse of Camille
'Neath the moon shinin' bloody and pink
And there's no time to think

Bullets can harm you and death can disarm you
But no, you will not be deceived
Stripped of all virtue as you crawl through the dirt
You can give but you cannot receive

No time to choose when the truth must die
No time to lose or say goodbye
No time to prepare for the victim that's there

사자가 양과 함께 누워 있던 그곳에서
나는 그 배반자에게 복수했고 한참 뒤에 그를 죽였다
하지만 그런 게 바로 나의 방식이다

낙원, 희생, 필멸, 현실
하지만 마법사는 더 재빠르고 그의 계략은
피보다 훨씬 걸쭉하고 잉크보다 검다
그리고 생각할 겨를이 없다

분노와 질투는 그가 우리에게 파는 모든 것
그는 만족한다, 당신이 그의 충실한 노리개로 있을 때
광인들은 그에게 대항한다, 반면 당신은 다정함으로 그를 현혹한다
살아남기 위해 당신은 귀머거리인 척 벙어리인 척 연기한다

평등, 자유, 겸손, 소박함
당신은 흘낏 거울을 본다, 그리고 거기엔 당신의 뒤통수를
투명하게 응시하는 눈들이 있다, 당신이 마시고 있을 때
그리고 생각할 겨를이 없다

슬픔의 장군들과 내일의 여왕들은
기원의 제물로 그들의 머리를 바친다
당신은 그 어떤 구원도 찾을 수 없다, 어떠한 기대도 가질 수 없다
언제든, 어느 곳에서든, 어디에서든

수성, 중력, 고귀함, 겸손
당신은 그녀를 차지할 수 없음을 안다 그리고 물은 점점 깊어져
당신을 죽음 직전으로 몰아가고 있다
하지만 생각할 겨를이 없다

당신은 당신의 자부심을 살해했고 분별력을 땅에 묻었다
쾌락을 위해, 당신은 저항해야 한다
연인들은 당신에게 순종하지만 당신을 흔들지 못한다
그들은 당신이 존재한다는 것조차 확신하지 못한다

사회주의, 최면술, 애국심, 물질주의
턱을 부수기 위한 법률을 만드는 바보들

No time to suffer or blink
And no time to think

그리고 열쇠들이 부딪치며 내는 짤랑 소리
하지만 생각할 겨를이 없다

당신이 건너고 있는 다리는 머리에 장미를 꽂은
바빌론 소녀가 있는 곳으로 이어진다
동방의 별빛 그리고 당신은 마침내 풀려난다
다른 이와 나눌 무엇 하나 없는 빈털터리로

충성심, 통일성, 본보기, 엄격함
당신은 마지막으로 한번 더 카미유를 보기 위해 뒤돌아선다
핏빛의 분홍으로 빛나는 달 아래서
그리고 생각할 겨를이 없다

총알들은 당신을 해칠 수 있고 죽음은 당신을 무장해제할 수 있다
하지만 그래도, 당신은 속지 않을 것이다
모든 미덕 빼앗긴 채 흙바닥을 길 때
당신은 줄 수 있으나 받을 수는 없다

선택할 겨를이 없다, 진리가 죽어야 할 때
우물쭈물할 겨를도 작별인사할 겨를도 없다
거기에 있는 희생물을 위해 준비할 겨를도
괴로워하고 있을 겨를도 눈 깜박일 겨를도 없다
그리고 생각할 겨를이 없다

Baby, Stop Crying

You been down to the bottom with a bad man, babe
But you're back where you belong
Go get me my pistol, babe
Honey, I can't tell right from wrong

Baby, please stop crying, stop crying, stop crying
Baby, please stop crying, stop crying, stop crying
Baby, please stop crying
You know, I know, the sun will always shine
So baby, please stop crying 'cause it's tearing up my mind

Go down to the river, babe
Honey, I will meet you there
Go down to the river, babe
Honey, I will pay your fare

Baby, please stop crying, stop crying, stop crying
Baby, please stop crying, stop crying, stop crying
Baby, please stop crying
You know, I know, the sun will always shine
So baby, please stop crying 'cause it's tearing up my mind

If you're looking for assistance, babe
Or if you just want some company
Or if you just want a friend you can talk to
Honey, come and see about me

Baby, please stop crying, stop crying, stop crying
Baby, please stop crying, stop crying, stop crying
Baby, please stop crying
You know, I know, the sun will always shine
So baby, please stop crying 'cause it's tearing up my mind

You been hurt so many times
And I know what you're thinking of
Well, I don't have to be no doctor, babe
To see that you're madly in love

Baby, please stop crying, stop crying, stop crying
Baby, please stop crying, stop crying, stop crying
Baby, please stop crying
You know, I know, the sun will always shine

자기, 그만 울어

당신은 어느 나쁜 남자와 바닥까지 갔지, 자기
하지만 당신이 속한 곳으로 돌아왔지
가서 내 권총 좀 가져다줘, 자기
내 사랑, 난 무엇이 옳고 그른지 판단할 수가 없어

자기, 제발 그만 울어, 그만 울어, 그만 울어
자기, 제발 그만 울어, 그만 울어, 그만 울어
자기, 제발 그만 울어
당신도 알고 나도 알지, 태양은 언제나 빛날 거란 걸
그러니까 자기, 제발 그만 울어 내 마음이 찢어질 듯 아파

강으로 가, 자기
내 사랑, 거기서 만나
강으로 가, 자기
내 사랑, 당신 요금은 내가 낼게

자기, 제발 그만 울어, 그만 울어, 그만 울어
자기, 제발 그만 울어, 그만 울어, 그만 울어
자기, 제발 그만 울어
당신도 알고 나도 알지, 태양은 언제나 빛날 거란 걸
그러니까 자기, 제발 그만 울어 내 마음이 찢어질 듯 아파

혹시 도움을 구하고 있다면, 자기
혹은 그저 동행할 사람이 필요하다면
혹은 그저 얘기 나눌 친구를 원한다면
내 사랑, 그럼 날 만나러 와

자기, 제발 그만 울어, 그만 울어, 그만 울어
자기, 제발 그만 울어, 그만 울어, 그만 울어
자기, 제발 그만 울어
당신도 알고 나도 알지, 태양은 언제나 빛날 거란 걸
그러니까 자기, 제발 그만 울어 내 마음이 찢어질 듯 아파

So baby, please stop crying 'cause it's tearing up my mind

당신은 수없이 상처받았지
난 알아 당신이 무슨 생각하고 있는지
음, 굳이 의사가 되지 않아도 알 수 있어, 자기
당신이 미친듯 사랑에 빠져 있다는 걸 말이야

자기, 제발 그만 울어, 그만 울어, 그만 울어
자기, 제발 그만 울어, 그만 울어, 그만 울어
자기, 제발 그만 울어
당신도 알고 나도 알지, 태양은 언제나 빛날 거란 걸
그러니까 자기, 제발 그만 울어 내 마음이 찢어질 듯 아파

Is Your Love in Vain?

Do you love me, or are you just extending goodwill?
Do you need me half as bad as you say, or are you just feeling guilt?
I've been burned before and I know the score
So you won't hear me complain
Will I be able to count on you
Or is your love in vain?

Are you so fast that you cannot see that I must have solitude?
When I am in the darkness, why do you intrude?
Do you know my world, do you know my kind
Or must I explain?
Will you let me be myself
Or is your love in vain?

Well I've been to the mountain and I've been in the wind
I've been in and out of happiness
I have dined with kings, I've been offered wings
And I've never been too impressed

All right, I'll take a chance, I will fall in love with you
If I'm a fool you can have the night, you can have the morning too
Can you cook and sew, make flowers grow
Do you understand my pain?
Are you willing to risk it all
Or is your love in vain?

당신의 사랑은 헛된 건가요?

날 사랑하나요, 아니면 그저 호의를 베풀고 있는 건가요?
당신이 말한 만큼의 반이라도 나를 원하나요, 아니면 단지 죄책감
　때문인가요?
전에도 데어본 적 있어 일이 어떻게 돌아가는 건지는 알아요
당신에게 불평하는 일 없을 거예요
당신을 믿어도 될까요?
아니면 당신의 사랑은 헛된 건가요?

당신은 너무 빨라서 내게 고독이 필요하다는 걸 이해하지 못하는
　건가요?
내가 어둠 속에 있을 때, 어째서 함부로 그 안으로 들어오려 하나요?
나의 세상을, 나 같은 사람들을 알고 있나요?
아니면 설명해줘야 하나요?
나 자신으로 살게끔 그냥 내버려둘 순 없나요?
아니면 당신의 사랑은 헛된 건가요?

음 산에 오르던 시절이 있었죠 바람 속을 떠돌던 시절도 있어요
행복 안에 혹은 밖에 머문 적도 있어요
왕과 만찬을 함께 한 적도, 날개를 달아주겠다는 제안 받은 적도 있어요
그리고 그런 것에는 크게 감명 받은 적 없었죠

좋아요, 한번 해보죠, 당신과 사랑에 빠져볼래요
내가 바보가 되면 당신은 내 밤을, 아침도 가질 수 있겠죠
요리하고 바느질할 줄 아나요, 꽃 키울 줄 아나요?
내 고통을 이해할 수 있나요?
모든 걸 걸어볼 생각 있나요?
아니면 당신의 사랑은 헛된 건가요?

Señor
(Tales of Yankee Power)

Señor, señor, do you know where we're headin'?
Lincoln County Road or Armageddon?
Seems like I been down this way before
Is there any truth in that, señor?

Señor, señor, do you know where she is hidin'?
How long are we gonna be ridin'?
How long must I keep my eyes glued to the door?
Will there be any comfort there, señor?

There's a wicked wind still blowin' on that upper deck
There's an iron cross still hanging down from around her neck
There's a marchin' band still playin' in that vacant lot
Where she held me in her arms one time and said," Forget me not"

Señor, señor, I can see that painted wagon
I can smell the tail of the dragon
Can't stand the suspense anymore
Can you tell me who to contact here, señor?

Well, the last thing I remember before I stripped and kneeled
Was that trainload of fools bogged down in a magnetic field
A gypsy with a broken flag and a flashing ring
Said, "Son, this ain't a dream no more, it's the real thing"

Señor, señor, you know their hearts is as hard as leather
Well, give me a minute, let me get it together
I just gotta pick myself up off the floor
I'm ready when you are, señor

Señor, señor, let's disconnect these cables
Overturn these tables
This place don't make sense to me no more
Can you tell me what we're waiting for, señor?

• 스페인어 경칭으로 여기서는 나리, 주인님, 또는 하느님 등의 의미로 해석할 수 있다.

세뇨르*
(양키 파워 이야기)

세뇨르, 세뇨르, 우리가 어디로 가고 있는지 아시나요?
링컨카운티 로드 아니면 아마겟돈?
전에도 이 길로 와본 적 있는 것 같아요
거기에 어떤 진실이 있나요, 세뇨르?

세뇨르, 세뇨르, 그녀가 어디에 숨어 있는지 아시나요?
우리 얼마나 오래 타고 왔죠?
얼마나 더 내 눈을 문에 찰싹 붙이고 있어야 하나요?
거기에 어떤 안식이 있을까요, 세뇨르?

사악한 바람이 아직도 상갑판 위로 불고 있어요
철제 십자가가 아직도 그녀의 목에 늘어져 있어요
악단이 아직도 공터에서 연주하고 있어요
그곳에서 그녀가 날 한 번 껴안고는 말했죠, "날 잊지 마"

세뇨르, 세뇨르, 페인트칠한 화물기차가 보여요
용의 꼬리 냄새가 나요
긴장돼서 더는 못 견디겠어요
여기서 누구한테 연락할 건지 말해줄 수 있나요, 세뇨르?

음, 마지막으로 기억나는 건, 내가 발가벗고 무릎 꿇기 전
한 열차분이나 되는 바보들이 자기장에 갇혀 옴짝달싹 못하고 있었다는
    거죠
부러진 깃발과 반짝이는 반지를 가진 집시가
말했죠, "아들아, 이건 더이상 꿈이 아니란다, 이건 현실이야"

세뇨르, 세뇨르, 그들의 심장이 가죽만큼 딱딱하다는 걸 당신도 아시죠
음, 잠시만 시간을 주세요, 정신 좀 가다듬게요
이제는 바닥에서 벌떡 일어나야죠
저는 준비됐어요, 언제든 말씀하세요, 세뇨르

세뇨르, 세뇨르, 이 케이블들을 뽑아버려요

이 탁자들을 뒤집어버려요
더이상 난 이곳을 이해할 수 없어요
우리가 뭘 기다리고 있는 건지 말해줄 수 있나요, 세뇨르?

True Love Tends to Forget

I'm getting weary looking in my baby's eyes
When she's near me she's so hard to recognize
I finally realize there's no room for regret
True love, true love, true love tends to forget

Hold me, baby be near
You told me that you'd be sincere
Every day of the year's like playin' Russian roulette
True love, true love, true love tends to forget

I was lyin' down in the reeds without any oxygen
I saw you in the wilderness among the men
Saw you drift into infinity and come back again
All you got to do is wait and I'll tell you when

You're a tearjerker, baby, but I'm under your spell
You're a hard worker, baby, and I know you well
But this weekend in hell is making me sweat
True love, true love, true love tends to forget

I was lyin' down in the reeds without any oxygen
I saw you in the wilderness among the men
Saw you drift into infinity and come back again
All you got to do is wait and I'll tell you when

You belong to me, baby, without any doubt
Don't forsake me, baby, don't sell me out
Don't keep me knockin' about from Mexico to Tibet
True love, true love, true love tends to forget

진정한 사랑은 잊는 경향이 있다

내 사랑의 눈을 들여다보는 것에 싫증이 나고 있어
그녀가 가까이 있을 때 그녀를 알아보기가 쉽지 않아
난 결국 깨닫지 후회가 발붙일 여지는 없다고
진정한 사랑, 진정한 사랑, 진정한 사랑은 잊는 경향이 있지

날 붙잡아, 자기 좀더 가까이 와
당신은 진실해지겠다고 말했지
매일매일 러시안 룰렛을 하고 있는 것 같아
진정한 사랑, 진정한 사랑, 진정한 사랑은 잊는 경향이 있지

난 갈대밭에 산소도 없이 누워 있었지
그 황무지에서 남자들 속에 있는 당신을 보았어
당신이 무한 속으로 흘러들어갔다가 다시 나오는 것을 보았지
당신이 해야 할 건 오직 기다리는 것 그때가 언젠지는 내가 말해줄게

당신은 찔찔 짜는 신파영화야, 자기, 하지만 난 당신의 주문에 걸렸지
당신은 굉장한 노력가야, 자기, 그리고 난 당신을 잘 알지
하지만 빌어먹을 이번 주말은 나를 땀 흘리게 만들고 있어
진정한 사랑, 진정한 사랑, 진정한 사랑은 잊는 경향이 있지

난 갈대밭에 산소도 없이 누워 있었지
그 황무지에서 남자들 속에 있는 당신을 보았어
당신이 무한 속으로 흘러들어갔다가 다시 나오는 것을 보았지
당신이 해야 할 건 오직 기다리는 것 그때가 언젠지는 내가 말해줄게

당신은 나의 것이야, 자기, 의심의 여지 없이
날 버리지 마, 자기, 날 팔아버리지 마
멕시코부터 티베트까지 헤매게 하지 마
진정한 사랑, 진정한 사랑, 진정한 사랑은 잊는 경향이 있지

We Better Talk This Over

I think we better talk this over
Maybe when we both get sober
You'll understand I'm only a man
Doin' the best that I can

This situation can only get rougher
Why should we needlessly suffer?
Let's call it a day, go our own different ways
Before we decay

You don't have to be afraid of looking into my face
We've done nothing to each other time will not erase

I feel displaced, I got a low-down feeling
You been two-faced, you been double-dealing
I took a chance, got caught in the trance
Of a downhill dance

Oh, child, why you wanna hurt me?
I'm exiled, you can't convert me
I'm lost in the haze of your delicate ways
With both eyes glazed

You don't have to yearn for love, you don't have to be alone
Somewheres in this universe there's a place that you can call home

I guess I'll be leaving tomorrow
If I have to beg, steal or borrow
It'd be great to cross paths in a day and a half
Look at each other and laugh

But I don't think it's liable to happen
Like the sound of one hand clappin'
The vows that we kept are now broken and swept
'Neath the bed where we slept

Don't think of me and fantasize on what we never had
Be grateful for what we've shared together and be glad
Why should we go on watching each other through a telescope?
Eventually we'll hang ourselves on all this tangled rope

Oh, babe, time for a new transition

나중에 다시 얘기해

다시 얘기해보는 게 좋겠어
우리 둘 다 차분히 생각할 수 있을 때
그러면 당신도 알게 될 거야 난 그저 한 남자로서
최선을 다하고 있다는 걸

이 상황은 갈수록 더 힘들어지기만 할 거야
왜 군이 불필요한 고통을 겪어야 해?
이제 그만하기로 해, 각자 갈 길 가기로 해
우리가 썩어버리기 전에

내 얼굴 들여다보는 걸 겁낼 필요는 없어
우린 서로에게 아무것도 하지 않았어, 시간이 지우지 못할 그 어떤 것도

추방당한 것처럼, 모멸감을 느껴
당신은 두 얼굴을 하고서, 양다리를 걸쳤어
난 내 운을 걸었고, 황홀 속으로 빠져들었지
어떤 몰락의 춤에

오, 자기, 왜 날 아프게 하려는 거야?
난 망명했어, 이제 날 돌려세울 순 없어
난 당신의 미묘한 방식들의 안개 속에서 길을 잃었어
멍한 두 눈으로

당신은 사랑을 갈망할 필요도, 혼자가 될 필요도 없어
이 우주 어딘가에는 당신이 내 집이라 부를 만한 곳이 있을 거야

내일 떠날 것 같아
필요하다면 구걸하거나, 훔치거나, 빌려서라도 그렇게 할 거야
멋질 거야 우리가 하루하고 반나절 뒤에 우연히 길에서 마주친다면
서로를 보고 웃는다면

하지만 그럴 일은 없겠지

I wish I was a magician
I would wave a wand and tie back the bond
That we've both gone beyond

한 손으로 치는 박수 소리처럼
우리가 했던 약속들은 이제 깨져 쓸려갔어
우리가 자던 그 침대 밑으로

나에 대해 생각하지 마 그리고 우리가 결코 하지 않았던 것에 대해
  공상하지 마
그동안 우리가 함께 나눴던 것들에 대해 감사하자 그리고 기뻐하자
서로를 망원경으로 지켜보는 짓을 언제까지 해야 해?
결국 우린 엉망으로 얽힌 밧줄로 제 몸을 칭칭 감게 될 거야

오, 자기, 이제 새로 변해야 할 때야
내가 마법사라면 좋겠어
지팡이를 흔들어 그 끈을 다시 단단히 묶을 수 있었으면
우리가 떠나온 그 끈을

Where Are You Tonight?
(Journey Through Dark Heat)

There's a long-distance train rolling through the rain
Tears on the letter I write
There's a woman I long to touch and I miss her so much
But she's drifting like a satellite

There's a neon light ablaze in this green smoky haze
Laughter down on Elizabeth Street
And a lonesome bell tone in that valley of stone
Where she bathed in a stream of pure heat

Her father would emphasize you got to be more than streetwise
But he practiced what he preached from the heart
A full-blooded Cherokee, he predicted to me
The time and the place that the trouble would start

There's a babe in the arms of a woman in a rage
And a longtime golden-haired stripper onstage
And she winds back the clock and she turns back the page
Of a book that no one can write
Oh, where are you tonight?

The truth was obscure, too profound and too pure
To live it you have to explode
In that last hour of need, we entirely agreed
Sacrifice was the code of the road

I left town at dawn, with Marcel and St. John
Strong men belittled by doubt
I couldn't tell her what my private thoughts were
But she had some way of finding them out

He took dead-center aim but he missed just the same
She was waiting, putting flowers on the shelf
She could feel my despair as I climbed up her hair
And discovered her invisible self

There's a lion in the road, there's a demon escaped
There's a million dreams gone, there's a landscape being raped
As her beauty fades and I watch her undrape

- 미국 오클라호마주에 많이 살고 있는 북미 인디언.
- 가브리엘 마르셸(Gabriel Marcel, 1889~1973), 프랑스의 기독교적 실존주의 철학자.

당신은 어디에 있는 거지 오늘밤?
(어두운 열기 속을 지나온 여정)

빗속을 달려가는 장거리열차 있어
내가 쓴 편지 위에는 눈물이 있어
만지고픈 한 여자가 있어 그녀가 너무나 그리워
하지만 그녀는 인공위성처럼 흘러다니고 있지

초록빛 연기 자욱한 안개 속에서 빛나는 네온 불빛이 있어
엘리자베스 가街를 따라 내려가는 웃음소리가
그리고 저 돌의 골짜기에서 울려오는 외로운 종소리가 있어
그녀가 순수한 열기의 흐름 속에서 멱감던

그녀의 아버지는 사람이 세상물정에 밝은 것만으로는 부족하다고
　힘주어 말하곤 했지
그는 자신이 온 마음으로 설교한 내용을 몸소 실천했지
순수 혈통의 체로키 인디언*, 그는 내게 예견했지
곤경이 시작될 때와 장소를

격노한 한 여인의 팔에 안긴 아기가 있어
그리고 무대 위에는 오랜 경력의 금발머리 스트리퍼가 있어
그리고 그녀는 시계를 되감고 책장을 뒤로 넘기고 있어
아무도 쓸 수 없는 어떤 책의 책장을
오, 당신은 어디에 있는 거지 오늘밤?

진리는 이해하기 어려웠어, 너무나 심오하고 너무나 순수해서
그것대로 살다간 당신은 폭발하고 말 거야
도움을 필요로 했던 그 마지막 순간에 우린 모두 동의했지
희생이 곧 길의 규칙이라는 것을

난 새벽에 도시를 떠났어, 마르셀**과 성聖 요한과 함께
의심으로 인해 업신여김당했던 강한 사람들
난 그녀에게 내 개인적인 생각들에 대해 말할 수 없었어
하지만 그녀에겐 그들을 알아볼 방법이 있었지

I won't but then again, maybe I might
Oh, if I could just find you tonight

I fought with my twin, that enemy within
'Til both of us fell by the way
Horseplay and disease is killing me by degrees
While the law looks the other way

Your partners in crime hit me up for nickels and dimes
The guy you were lovin' couldn't stay clean
It felt outa place, my foot in his face
But he should-a stayed where his money was green

I bit into the root of forbidden fruit
With the juice running down my leg
Then I dealt with your boss, who'd never known about loss
And who always was too proud to beg

There's a white diamond gloom on the dark side of this room
And a pathway that leads up to the stars
If you don't believe there's a price for this sweet paradise
Remind me to show you the scars

There's a new day at dawn and I've finally arrived
If I'm there in the morning, baby, you'll know I've survived
I can't believe it, I can't believe I'm alive
But without you it just doesn't seem right
Oh, where are you tonight?

그는 과녁 한복판을 정조준했지만 정확하게 맞히질 못했지
그녀는 기다리고 있었어, 선반에 꽃을 놓아두고서
그녀는 내 절망을 느낄 수 있었어, 내가 그녀의 머리칼을 걷어올려
그녀의 보이지 않는 자아를 발견했을 때

길에는 사자가 있어, 탈출한 악마가 있어
사라져버린 백만 개의 꿈들이 있어, 유린당하는 풍경이 있어
그녀의 아름다움이 시들고 내가 옷 벗은 그녀를 바라볼 때
난 그러지 않을 거야, 아니 또 한편으론 그럴지도 모르지
오, 오늘밤 당신을 찾을 수만 있다면

난 내 쌍둥이와 싸웠지, 내 안의 적인
도중에 둘 다 쓰러질 때까지
거칠게 밀고 때리는 장난과 질병이 서서히 나를 죽이고 있어
법이 못 본 척하고 있는 동안

당신의 공범자들은 내게서 얼마 안 되는 동전들을 털어갔어
당신이 사랑하던 그 사내는 깨끗한 상태로 머무를 수 없었지
어딘가 어색한 자리에 놓여 있는 것 같았지, 그의 얼굴을 밟고 있는 내
　　발이
어쨌든 그는 지폐가 있는 곳에 머물렀어야 했어

나는 금단의 열매를 그 속까지 베어물었어
내 다리로 과즙이 흘러내렸지
그러고는 난 당신의 보스와 협상했어, 패배라고는 모르는
늘 자존심이 강해 남에게 아쉬운 소리 한 번 하는 법 없는

이 방의 어두운 쪽에는 하얀 다이아몬드 우울이 있어
그리고 별들에게로 올라가는 길 하나가
이 달콤한 낙원을 위해서는 치러야 할 대가가 있다는 걸 당신이 믿지
　　못하겠다면
내게 상기시켜줘 당신에게 그 흉터들 보여줘야 한다는 걸

동터오는 새날이 있어 그리고 난 마침내 도착했어
아침에 내가 거기 있다면, 자기, 당신은 내가 살아남았다는 걸 알게
　　되겠지

믿기지 않아, 내가 살아 있다는 게 도무지 믿기지 않아
하지만 당신이 없으니 뭔가 올바르지 않은 것처럼 느껴져
오, 당신은 어디에 있는 거지 오늘밤?

Legionnaire's Disease

Some say it was radiation, some say there was acid on the microphone
Some say a combination that turned their hearts to stone
But whatever it was, it drove them to their knees
Oh, Legionnaire's disease

I wish I had a dollar for everyone that died within that year
Got 'em hot by the collar, plenty an old maid shed a tear
Now within my heart, it sure put on a squeeze
Oh, that Legionnaire's disease

Granddad fought in a revolutionary war, father in the War of 1812
Uncle fought in Vietnam and then he fought a war all by himself
But whatever it was, it came out of the trees
Oh, that Legionnaire's disease

- 세균성 급성 호흡기 감염증으로 1976년 미국 재향군인회대회에서 다수가 감염된 것에서 병명이 유래했다.
- ·· 어떤 일이 갑작스럽게 발생함을 뜻한다.

재향군인병*

누군가는 말하지 방사능 때문이라고, 누군가는 말하지 마이크에 산酸이
  묻어 있었다고
누군가는 말하지 그들의 심장을 돌로 변하게 만든 어떤 화합물
  때문이라고
하지만 그게 무어든, 그것은 그들을 무릎 꿇게 만들었지
오, 재향군인병은

그해에 죽은 한 사람당 1달러씩 내게 주면 좋겠어
사람들 멱살 잡아 열 오르게 하고 수많은 노부인들 눈물 흘리게 하고
이제는 내 심장 안에서 날 쥐어짜려 하고 있지
오, 그 재향군인병은

할아버지는 혁명전쟁에서 싸웠지, 아버지는 1812년의 전쟁에서
삼촌은 베트남에서 그리고 이어서 홀로 벌이는 전쟁에서
하지만 그게 무어든, 그것은 나무들에서 뛰쳐나왔지**
오, 그 재향군인병은

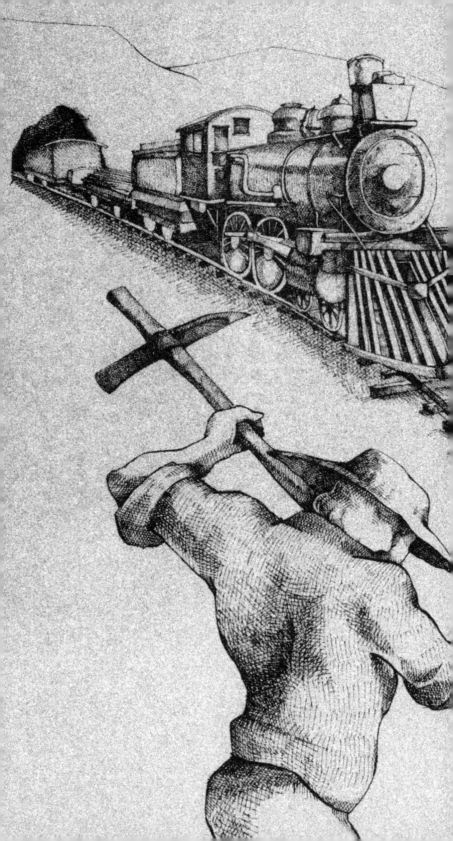

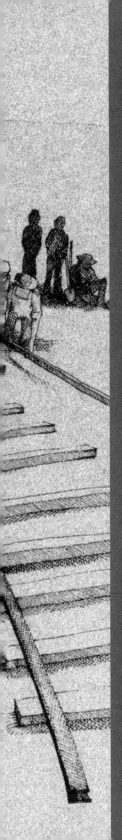

Slow Train Coming 1979

느린 기차가 와

Gotta Serve Somebody

Precious Angel

I Believe in You

Slow Train

Gonna Change My Way of Thinking

Gonna Change My Way of Thinking
   (Alternate Version)

Do Right to Me Baby (Do Unto Others)

When You Gonna Wake Up?

Man Gave Names to All the Animals

When He Returns

additional lyrics

Ain't No Man Righteous, No Not One

Trouble in Mind

Ye Shall Be Changed

Gotta Serve Somebody

You may be an ambassador to England or France
You may like to gamble, you might like to dance
You may be the heavyweight champion of the world
You may be a socialite with a long string of pearls

But you're gonna have to serve somebody, yes indeed
You're gonna have to serve somebody
Well, it may be the devil or it may be the Lord
But you're gonna have to serve somebody

You might be a rock 'n' roll addict prancing on the stage
You might have drugs at your command, women in a cage
You may be a businessman or some high-degree thief
They may call you Doctor or they may call you Chief

But you're gonna have to serve somebody, yes indeed
You're gonna have to serve somebody
Well, it may be the devil or it may be the Lord
But you're gonna have to serve somebody

You may be a state trooper, you might be a young Turk
You may be the head of some big TV network
You may be rich or poor, you may be blind or lame
You may be living in another country under another name

But you're gonna have to serve somebody, yes indeed
You're gonna have to serve somebody
Well, it may be the devil or it may be the Lord
But you're gonna have to serve somebody

You may be a construction worker working on a home
You may be living in a mansion or you might live in a dome
You might own guns and you might even own tanks
You might be somebody's landlord, you might even own banks

But you're gonna have to serve somebody, yes indeed
You're gonna have to serve somebody
Well, it may be the devil or it may be the Lord
But you're gonna have to serve somebody

You may be a preacher with your spiritual pride
You may be a city councilman taking bribes on the side

누군가를 섬겨야만 해

당신은 영국이나 프랑스로 파견된 대사일 수 있어
도박을 좋아하거나, 춤추는 걸 좋아할 수도 있겠지
당신은 세계 헤비급 챔피언일 수도 있어
보석을 주렁주렁 단 사교계 인사일 수도 있고

하지만 당신은 누군가를 섬겨야만 할 거야, 그래 정말로
누군가를 섬겨야만 할 거야
글쎄, 그건 악마가 될 수도 주님이 될 수도 있겠지
어쨌거나 당신은 누군가를 섬겨야만 할 거야

당신은 무대 위를 뛰어다니는 로큰롤 중독자일 수 있어
마약을 손에 거머쥐고, 여자들을 우리 안에 가둬놓은 사람일 수도 있어
당신은 사업가이거나, 아니면 지체 높으신 도둑놈일 수도 있어
사람들은 아마 당신을 의사 선생님, 혹은 회장님, 하고 불러대겠지

하지만 당신은 누군가를 섬겨야만 할 거야, 그래 정말로
누군가를 섬겨야만 할 거야
글쎄, 그건 악마가 될 수도 주님이 될 수도 있겠지
어쨌거나 당신은 누군가를 섬겨야만 할 거야

당신은 주州 경찰관일 수 있고 급진개혁파 젊은이일 수 있어
어느 TV 방송국의 우두머리일 수도 있지
당신은 부자거나 가난뱅이일 수도 맹인이거나 앉은뱅이일 수도 있어
다른 이름으로 다른 나라에서 살 수도 있지

하지만 당신은 누군가를 섬겨야만 할 거야, 그래 정말로
누군가를 섬겨야만 할 거야
글쎄, 그건 악마가 될 수도 주님이 될 수도 있겠지
어쨌거나 당신은 누군가를 섬겨야만 할 거야

당신은 집을 짓는 공사장 인부일 수 있고
대저택에 살거나 돔 아래서 살 수도 있지

You may be workin' in a barbershop, you may know how to cut hair
You may be somebody's mistress, may be somebody's heir

But you're gonna have to serve somebody, yes indeed
You're gonna have to serve somebody
Well, it may be the devil or it may be the Lord
But you're gonna have to serve somebody

Might like to wear cotton, might like to wear silk
Might like to drink whiskey, might like to drink milk
You might like to eat caviar, you might like to eat bread
You may be sleeping on the floor, sleeping in a king-sized bed

But you're gonna have to serve somebody, yes indeed
You're gonna have to serve somebody
Well, it may be the devil or it may be the Lord
But you're gonna have to serve somebody

You may call me Terry, you may call me Timmy
You may call me Bobby, you may call me Zimmy
You may call me R.J., you may call me Ray
You may call me anything but no matter what you say

You're gonna have to serve somebody, yes indeed
You're gonna have to serve somebody
Well, it may be the devil or it may be the Lord
But you're gonna have to serve somebody

당신은 총을 가지고 있을 수도 심지어 탱크를 가지고 있을 수도 있어
누군가의 집주인일 수도 있고, 심지어 은행을 가지고 있을 수도 있지

하지만 당신은 누군가를 섬겨야만 할 거야, 그래 정말로
누군가를 섬겨야만 할 거야
글쎄, 그건 악마가 될 수도 주님이 될 수도 있겠지
어쨌거나 당신은 누군가를 섬겨야만 할 거야

당신은 영적으로 자부심이 있는 전도사일 수 있고
남몰래 뇌물을 받는 시의회 의원님일 수도 있어
당신은 이발소에서 일하는 사람이라 머리 자르는 법을 알 수도 있고
누군가의 애인이거나 누군가의 상속인일 수도 있어

하지만 당신은 누군가를 섬겨야만 할 거야, 그래 정말로
누군가를 섬겨야만 할 거야
글쎄, 그건 악마가 될 수도 주님이 될 수도 있겠지
어쨌거나 당신은 누군가를 섬겨야만 할 거야

면 옷을 좋아할 수도 실크 옷을 좋아할 수도 있어
위스키 마시는 걸 좋아할 수도 우유 마시는 걸 좋아할 수도 있어
캐비어 먹는 걸 좋아할 수도 빵 먹는 걸 좋아할 수도 있어
바닥에서 잘 수도 킹사이즈 침대에서 잘 수도 있어

하지만 당신은 누군가를 섬겨야만 할 거야, 그래 정말로
누군가를 섬겨야만 할 거야
글쎄, 그건 악마가 될 수도 주님이 될 수도 있겠지
어쨌거나 당신은 누군가를 섬겨야만 할 거야

당신은 날 테리라고 부를 수도 티미라고 부를 수도 있어
바비라고 부를 수도 지미라고 부를 수도
R. J. 라고 부를 수도 레이라고 부를 수도 있지
날 뭐라 불러도 상관없어, 하지만 날 뭐라고 부르든지

당신은 누군가를 섬겨야만 할 거야, 그래 정말로
누군가를 섬겨야만 할 거야
글쎄, 그건 악마가 될 수도 주님이 될 수도 있겠지
어쨌거나 당신은 누군가를 섬겨야만 할 거야

Precious Angel

Precious angel, under the sun
How was I to know you'd be the one
To show me I was blinded, to show me I was gone
How weak was the foundation I was standing upon?

Now there's spiritual warfare and flesh and blood breaking down
Ya either got faith or ya got unbelief and there ain't no neutral ground
The enemy is subtle, how be it we are so deceived
When the truth's in our hearts and we still don't believe?

Shine your light, shine your light on me
Shine your light, shine your light on me
Shine your light, shine your light on me
Ya know I just couldn't make it by myself
I'm a little too blind to see

My so-called friends have fallen under a spell
They look me squarely in the eye and they say, "All is well"
Can they imagine the darkness that will fall from on high
When men will beg God to kill them and they won't be able to die?

Sister, lemme tell you about a vision I saw
You were drawing water for your husband, you were suffering under the
    law
You were telling him about Buddha, you were telling him about
    Mohammed in the same breath
You never mentioned one time the Man who came and died a criminal's
    death

Shine your light, shine your light on me
Shine your light, shine your light on me
Shine your light, shine your light on me
Ya know I just couldn't make it by myself
I'm a little too blind to see

Precious angel, you believe me when I say
What God has given to us no man can take away
We are covered in blood, girl, you know our forefathers were slaves
Let us hope they've found mercy in their bone-filled graves

You're the queen of my flesh, girl, you're my woman, you're my delight
You're the lamp of my soul, girl, and you torch up the night

소중한 천사

소중한 천사여, 이 세상에서
그게 당신이 될 줄 어찌 알았겠어요
내가 눈멀었다고 알려줄 사람, 내가 틀렸다고 알려줄 사람이
제가 서 있던 토대는 얼마나 약했던 걸까요?

이제는 영靈의 싸움이 일어나 피와 살이 분리되고 있어요
믿거나 안 믿거나 둘 중 하나, 중립지대 따윈 없죠
적들은 교묘해요, 우리 마음속에 진리가 있는데
우린 어쩌면 그토록 속을 수 있는 건가요, 어떻게 아직도 우리가 그걸
　　믿지 않을 수 있는 거죠?

당신의 빛을 비춰줘요, 제게 당신의 그 빛을 비춰줘요
당신의 빛을 비춰줘요, 제게 당신의 그 빛을 비춰줘요
당신의 빛을 비춰줘요, 제게 당신의 그 빛을 비춰줘요
저 혼자선 해낼 수 없다는 거 아시잖아요
전 눈이 멀어서 제대로 보질 못해요

소위 친구라는 것들이 계략에 빠졌어요
그애들은 제 눈을 똑바로 쳐다보고 말하죠, "아무 문제 없다고"
그들이 저 높은 곳에서 내려올 어둠을 상상이나 할 수 있을까요
인간들이 신께 죽여주십사 하고 간청해도 마음대로 죽을 수도 없는
　　그때를 말이에요

자매여, 제가 보았던 환상을 들려드릴게요
당신은 남편을 위해 물을 긷고 있었죠, 당신은 신의 율법 아래 고통받고
　　있었어요
당신은 그에게 부처님을 얘기하고 있었고, 동시에 무함마드를 얘기하고
　　있었죠
당신은 한 번도 이 땅에 오셔서 죄인으로 죽임당하신 그분을 언급한
　　적이 없었어요

당신의 빛을 비춰줘요, 제게 당신의 그 빛을 비춰줘요

But there's violence in the eyes, girl, so let us not be enticed
On the way out of Egypt, through Ethiopia, to the judgment hall of Christ

Shine your light, shine your light on me
Shine your light, shine your light on me
Shine your light, shine your light on me
Ya know I just couldn't make it by myself
I'm a little too blind to see

당신의 빛을 비춰줘요, 제게 당신의 그 빛을 비춰줘요
당신의 빛을 비춰줘요, 제게 당신의 그 빛을 비춰줘요
저 혼자선 해낼 수 없다는 거 아시잖아요
전 눈이 멀어서 제대로 보질 못해요

소중한 천사여, 당신은 제 말을 믿어주시죠
누구도 앗아갈 수 없어요, 신께서 우리에게 주신 건
우린 피로 뒤덮여 있죠, 우리 선조들은 노예였잖아요
뼈로 가득한 무덤에서 그들이 자비를 구하게 되길 바랍시다

당신은 제 육체의 여왕이에요, 저의 여자, 저의 기쁨이죠
당신은 제 영혼의 등불이에요, 밤을 환히 밝히죠
하지만 눈앞에 사나움이 아른거려요, 그러니 우리 꾐에 넘어가지 않도록
    합시다
에티오피아를 지나 이집트를 빠져나가, 그리스도 심판의 장소에 이르는
    길 위에서

당신의 빛을 비춰줘요, 제게 당신의 그 빛을 비춰줘요
당신의 빛을 비춰줘요, 제게 당신의 그 빛을 비춰줘요
당신의 빛을 비춰줘요, 제게 당신의 그 빛을 비춰줘요
저 혼자선 해낼 수 없다는 거 아시잖아요
전 눈이 멀어서 제대로 보질 못해요

I Believe in You

They ask me how I feel
And if my love is real
And how I know I'll make it through
And they, they look at me and frown
They'd like to drive me from this town
They don't want me around
'Cause I believe in you

They show me to the door
They say don't come back no more
'Cause I don't be like they'd like me to
And I walk out on my own
A thousand miles from home
But I don't feel alone
'Cause I believe in you

I believe in you even through the tears and the laughter
I believe in you even though we be apart
I believe in you even on the morning after
Oh, when the dawn is nearing
Oh, when the night is disappearing
Oh, this feeling is still here in my heart

Don't let me drift too far
Keep me where you are
Where I will always be renewed
And that which you've given me today
Is worth more than I could pay
And no matter what they say
I believe in you

I believe in you when winter turn to summer
I believe in you when white turn to black
I believe in you even though I be outnumbered
Oh, though the earth may shake me
Oh, though my friends forsake me
Oh, even that couldn't make me go back

Don't let me change my heart
Keep me set apart
From all the plans they do pursue
And I, I don't mind the pain

전 당신을 믿어요

그들은 묻죠, 제 기분이 어떤지
제 사랑이 정말이냐고
그리고 그걸 이겨낼 수 있을지 어떻게 아느냐고
그리고 그들, 그들은 절 보고 얼굴을 찡그려요
그들은 절 이 마을에서 쫓아내고 싶어해요
제가 얼쩡거리길 원치 않죠
왜냐하면 전 당신을 믿으니까요

그들은 제게 나가는 문을 알려줘요
더는 돌아오지 말라고 하죠
왜냐하면 전 그들이 원하는 대로 굴지 않으니까요
혼자서 걸어나와요
집으로부터 천릿길을 떠나죠
하지만 외롭다는 기분은 들지 않아요
왜냐하면 전 당신을 믿으니까요

심지어 눈물과 웃음 속에서도 전 당신을 믿어요
심지어 우리가 떨어져 있더라도 전 당신을 믿어요
심지어 다음날 아침에도 전 당신을 믿어요
오, 여명이 가까워올 때
오, 밤이 사라질 때
오, 이 감정은 여전히 제 마음속에 남아요

절 너무 멀리까지 떠돌게 하지 마세요
절 당신 계신 곳에 있게 하세요
제가 늘 새로워질 그곳에
그리고 오늘 당신께서 제게 주신 건
돈으로 치를 수 있는 이상의 가치가 있어요
그리고 그들이 뭐라 떠들든
전 당신을 믿어요

전 겨울이 여름으로 바뀌어도 당신을 믿어요

Don't mind the driving rain
I know I will sustain
'Cause I believe in you

전 흰색이 검은색으로 바뀌어도 당신을 믿어요
남들에게 수적으로 압도당해도 전 당신을 믿어요
오, 비록 이 땅이 절 뒤흔든다 해도
오, 비록 친구들이 절 버린다고 해도
오, 그렇다고 해도 절 과거로 돌아가게 할 순 없어요

제 마음 변치 말게 하세요
그들이 추구하는 모든 계획들로부터
저를 계속 떼어놓으세요
그리고 전, 전 고통은 개의치 않아요
퍼붓는 비도 개의치 않죠
전 알아요, 제가 버텨낼 거란 걸
왜냐하면 전 당신을 믿으니까요

Slow Train

Sometimes I feel so low-down and disgusted
Can't help but wonder what's happenin' to my companions
Are they lost or are they found
Have they counted the cost it'll take to bring down
All their earthly principles they're gonna have to abandon?
There's a slow, slow train comin' up around the bend

I had a woman down in Alabama
She was a backwoods girl, but shesure was realistic
She said," Boy, without a doubt
Have to quit your mess and straighten out
You could die down here, be just another accident statistic"
There's a slow, slow train comin' up around the bend

All that foreign oil controlling American soil
Look around you, it's just bound to make you embarrassed
Sheiks walkin' around like kings
Wearing fancy jewels and nose rings
Deciding America's future from Amsterdam and to Paris
And there's a slow, slow train comin' up around the bend

Man's ego is inflated, his laws are outdated, they don't apply no more
You can't rely no more to be standin' around waitin'
In the home of the brave
Jefferson turnin' over in his grave
Fools glorifying themselves, trying to manipulate Satan
And there's a slow, slow train comin' up around the bend

Big-time negotiators, false healers and woman haters
Masters of the bluff and masters of the proposition
But the enemy I see
Wears a cloak of decency
All nonbelievers and men stealers talkin' in the name of religion
And there's a slow, slow train comin' up around the bend

People starving and thirsting, grain elevators are bursting
Oh, you know it costs more to store the food than it do to give it
They say lose your inhibitions
Follow your own ambitions
They talk about a life of brotherly love show me someone who knows how
   to live it
There's a slow, slow train comin' up around the bend

느린 기차

때로 천박하고 메스꺼운 기분이 들어
내 동료들에게 무슨 일이 일어나고 있는지 몹시 의아할 수밖에 없네
그들이 길을 잃은 건지, 아니면 길을 찾은 건지
그들은 그걸 무너뜨리느라 치러야 할 대가를 다 따져본 거야?
자신들의 모든 세속적인 원칙들을 포기해버리고서야 얻게 될 대가
　말이야
저기 느릿, 느릿한 기차가 오고 있어, 모퉁이를 돌아

앨라배마에 여자가 하나 있었지
오지 출신이었지만 확실히 현실적이었어
그녀는 말했지, "이봐, 분명히 말하는데
넌 장난 좀 그만 치고 정신을 똑바로 차릴 필요가 있겠어
그러다 여기서 뒈져서 사고 통계 숫자나 올려줄 수 있다니까"
저기 느릿, 느릿한 기차가 오고 있어, 모퉁이를 돌아

저 모든 딴 나라 석유가 미국땅을 지배하고 있네
네 주위를 둘러봐, 분명 넌 몹시 당황할 거야
아랍 족장들이 왕처럼 걸어다니지
화려한 보석과 코걸이를 달고서
암스테르담에서 파리를 오가며 미국의 미래를 결정한다네
그리고 저기 느릿, 느릿한 기차가 오고 있어, 모퉁이를 돌아

그의 자아는 부풀려졌고, 그의 법은 이미 낡았지, 더는 효력이 없어
더는 우두커니 서서 기다리며 그에게 의지해선 안 돼
용사의 고국에서
무덤 속 제퍼슨은 자꾸 뒤척이네
멍청이들은 스스로를 찬양하며 사탄을 조종하려 들지
그리고 저기 느릿, 느릿한 기차가 오고 있어, 모퉁이를 돌아

크게 한 건 해먹으려는 협상가들, 엉터리 치료사들과 여성혐오자들
허세 대마왕들과 제안의 달인들
하지만 내가 보는 적은

Well, my baby went to Illinois with some bad-talkin' boy she could destroy
A real suicide case, but there was nothin' I could do to stop it
I don't care about economy
I don't care about astronomy
But it sure do bother me to see my loved ones turning into puppets
There's a slow, slow train comin' up around the bend

체면이라는 망토를 두르고 있어
종교의 이름으로 떠들어대는 모든 불신자와 노예 상인들
그리고 저기 느릿, 느릿한 기차가 오고 있어, 모퉁이를 돌아

굶주리고 목말라하는 사람들, 그런데 거대한 곡물 창고는 터질 듯하네
오, 너도 알잖아, 음식은 나눌 때보다 쌓아둘 때 돈이 더 많이 든다는 걸
그들은 말해, 거리낌없이 행동하라고
너 자신의 야망을 따르라고
형제끼리 사랑하는 인생에 대해 떠들어들 대는데, 어디 그렇게 살 줄
　아는 사람이 있으면 내게 좀 보여줘봐
저기 느릿, 느릿한 기차가 오고 있어, 모퉁이를 돌아

글쎄, 내 여자가 입이 거친 어떤 놈이랑 일리노이로 갔다네, 그녀는
　망가질 수도 있다고
완전히 자살행위지, 하지만 그걸 멈추기 위해 내가 할 수 있는 일은
　아무것도 없었어
난 경제에는 관심 없어
천문학에도 관심 없지
하지만 내가 사랑하는 사람들이 꼭두각시로 변해가는 꼴을 보는 건
　정말이지 괴롭단 말이야
저기 느릿, 느릿한 기차가 오고 있어, 모퉁이를 돌아

Gonna Change My Way of Thinking

Gonna change my way of thinking
Make myself a different set of rules
Gonna change my way of thinking
Make myself a different set of rules
Gonna put my good foot forward
And stop being influenced by fools

So much oppression
Can't keep track of it no more
So much oppression
Can't keep track of it no more
Sons becoming husbands to their mothers
And old men turning young daughters into whores

Stripes on your shoulders
Stripes on your back and on your hands
Stripes on your shoulders
Stripes on your back and on your hands
Swords piercing your side
Blood and water flowing through the land

Well don't know which one is worse
Doing your own thing or just being cool
Well don't know which one is worse
Doing your own thing or just being cool
You remember only about the brass ring
You forget all about the golden rule

You can mislead a man
You can take ahold of his heart with your eyes
You can mislead a man
You can take ahold of his heart with your eyes
But there's only one authority
And that's the authority on high

I got a God-fearing woman
One I can easily afford
I got a God-fearing woman
One I can easily afford
She can do the Georgia crawl
She can walk in the spirit of the Lord

사고방식을 바꿀 거야

사고방식을 바꿀 거야
직접 나만의 규칙을 만들 거야
사고방식을 바꿀 거야
스스로 또다른 일련의 규칙들을 만들 거야
열심을 다할 거야
그리고 더는 바보들에게 휘둘리지 않을 거야

탄압이 너무 심해
더는 따라갈 수가 없어
탄압이 너무 심해
더는 따라갈 수가 없어
아들들은 엄마들의 남편이 되고 있어
노인네들은 어린 딸들을 창녀로 만들고 있어

네 어깨 위에 줄무늬가 있어
등과 두 손 위에도 줄무늬가 있지
네 어깨 위에 줄무늬가 있어
등과 두 손 위에도 줄무늬가 있지
칼이 네 옆구리를 찔러대
이 땅에 피와 물이 흐르고 있네

뭐가 더 최악인지 잘 모르겠어
하고 싶은 일만 하는 쪽이랑 그저 쿨한 쪽 가운데
뭐가 더 최악인지 잘 모르겠어
하고 싶은 일만 하는 쪽이랑 그저 쿨한 쪽 가운데
넌 그저 성공할 기회만을 생각하지
황금률에 대해서는 전혀 기억도 못하지

넌 한 사람을 꾀어낼 수 있어
두 눈으로 그의 마음을 사로잡을 수 있지
넌 한 사람을 꾀어낼 수 있어
두 눈으로 그의 마음을 사로잡을 수 있지

Jesus said, "Be ready
For you know not the hour in which I come"
Jesus said, "Be ready
For you know not the hour in which I come"
He said, "He who is not for Me is against Me"
Just so you know where He's coming from

There's a kingdom called Heaven
A place where there is no pain of birth
There's a kingdom called Heaven
A place where there is no pain of birth
Well the Lord created it, mister
About the same time He made the earth

하지만 권위자는 한 분뿐이셔
바로 저 하늘에 계신 권위자시지

내 여자는 신을 무서워할 줄 알아
내게 어울리는 사람이지
내 여자는 신을 무서워할 줄 알아
내게 어울리는 사람이지
그녀는 조지아 크롤 춤을 출 줄 알아
주님의 영으로 충만해 걸을 줄 알지

예수께서 말씀하셨어, "그러므로 깨어 있으라
내가 언제 임할지 너희는 모르나니"
예수께서 말씀하셨어, "그러므로 깨어 있으라
내가 언제 임할지 너희는 모르나니"
그분은 말씀하셨지, "나와 함께 아니하는 자는 나를 반대하는 자다"
이제 넌 그분이 어디서 오시는지 확실히 알겠지

천국이라 불리는 왕국이 있어
태어남의 고통이 없는 곳
천국이라 불리는 왕국이 있어
태어남의 고통이 없는 곳
이봐, 주님께서 그곳을 창조하셨어
그분께서 이 땅을 만드셨던 바로 그때 말이야

Gonna Change My Way of Thinking
(Alternate Version)

Change my way of thinking, make myself a different set of rules
Change my way of thinking, make myself a different set of rules
Put my best foot forward, stop being influenced by fools

I'm sittin' at the welcome table, I'm so hungry I could eat a horse
I'm sittin' at the welcome table, I'm so hungry I could eat a horse
I'm gonna revitalize my thinking, I'm gonna let the law take its course

Jesus is calling, He's coming back to gather up his jewels
Jesus is calling, He's coming back to gather up his jewels
We living by the golden rule, whoever got the gold rules

The sun is shining, ain't but one train on this track
The sun is shining, ain't but one train on this track
I'm stepping out of the dark woods, I'm jumping on the monkey's back

I'm all dressed up, I'm going to the county dance
I'm all dressed up, I'm going to the county dance
Every day you got to pray for guidance
Every day you got to give yourself a chance

Storms are on the ocean, storms out on the mountain, too
Storms are on the ocean, storms out on the mountain, too
Oh Lord, you know I have no friend like you

I'll tell you something, things you never had you'll never miss
I'll tell you something, things you never had you'll never miss
A brave man will kill you with a sword, a coward with a kiss

사고방식을 바꿀 거야
(다른 버전)

사고방식을 바꿀 거야, 직접 나만의 규칙을 만들 거야
사고방식을 바꿀 거야, 직접 나만의 규칙을 만들 거야
최선을 다할 거야, 더는 바보들에게 휘둘리지 않을 거야

난 주님의 식탁에 앉아 있어, 너무 배가 고파 말 한 마리도 먹을 수 있어
난 주님의 식탁에 앉아 있어, 너무 배가 고파 말 한 마리도 먹을 수 있어
내 생각에 다시 활력을 불어넣을래, 율법이 자연스레 흘러가게 놔둘래

예수께서 부르셔, 그분의 보석들을 주워 모으러 돌아오고 계셔
예수께서 부르셔, 그분의 보석들을 주워 모으러 돌아오고 계셔
황금률을 가진 이라면 누구나 그 황금률에 따라 살아가

태양이 빛나고 있어, 이쪽 선로엔 기차가 한 대밖에 없네
태양이 빛나고 있어, 이쪽 선로엔 기차가 한 대밖에 없네
난 어두운 숲 밖으로 걸어나가, 원숭이 등뒤에 올라타

나는 잘 차려입었어, 동네 댄스 파티에 가
나는 잘 차려입었어, 동네 댄스 파티에 가
매일 기도를 드려야 한다네 그분께서 인도해주시기를
매일 스스로에게 기회를 줘야만 한다네

바다 위로 폭풍이 불어, 멀리 산 위에도 폭풍이 불어
바다 위로 폭풍이 불어, 멀리 산 위에도 폭풍이 불어
오 주님, 당신은 아시죠, 제게 당신만한 친구가 또 없다는 걸

내가 말해줄게, 넌 한 번도 가져보지 않았던 건 잃어버리지도 못할 거야
내가 말해줄게, 넌 한 번도 가져보지 않았던 건 잃어버리지도 못할 거야
용감한 사람은 널 칼로 죽이지만, 겁쟁이는 키스로 널 죽이지

Do Right to Me Baby
(Do Unto Others)

Don't wanna judge nobody, don't wanna be judged
Don't wanna touch nobody, don't wanna be touched
Don't wanna hurt nobody, don't wanna be hurt
Don't wanna treat nobody like they was dirt

But if you do right to me, baby
I'll do right to you, too
Ya got to do unto others
Like you'd have them, like you'd have them, do unto you

Don't wanna shoot nobody, don't wanna be shot
Don't wanna buy nobody, don't wanna be bought
Don't wanna bury nobody, don't wanna be buried
Don't wanna marry nobody if they're already married

But if you do right to me, baby
I'll doright to you, too
Ya got to do unto others
Like you'd have them, like you'd have them, do unto you

Don't wanna burn nobody, don't wanna be burned
Don't wanna learn from nobody what I gotta unlearn
Don't wanna cheat nobody, don't wanna be cheated
Don't wanna defeat nobody if they already been defeated

But if you do right to me, baby
I'll doright to you, too
Ya got to do unto others
Like you'd have them, like you'd have them, do unto you

Don't wanna wink at nobody, don't wanna be winked at
Don't wanna be used by nobody for a doormat
Don't wanna confuse nobody, don't wanna be confused
Don't wanna amuse nobody, don't wanna be amused

But if you do right to me, baby
I'll do right to you, too
Ya got to do unto others
Like you'd have them, like you'd have them, do unto you

Don't wanna betray nobody, don't wanna be betrayed
Don't wanna play with nobody, don't wanna be waylaid

Slow Train Coming

내게 잘해줘, 자기야
(남들을 그렇게 대해줘)

누구도 재단하고 싶지 않아, 누가 날 재단하는 것도 싫어
누구도 만지고 싶지 않아, 누가 날 만지는 것도 싫어
누구도 상처주고 싶지 않아, 누가 날 상처주는 것도 싫어
그 누구도 하찮게 대하고 싶지 않다고

하지만 네가 내게 잘해준다면, 자기야
나도 네게 잘해줄 거야
넌 남들을 그렇게 대해야 해
남들이 해주길 바라는 만큼, 남들이 해주길 바라는 만큼, 네게 말이야

누구도 쏘고 싶지 않아, 누가 날 쏘는 것도 싫어
누구도 사고 싶지 않아, 누가 날 사는 것도 싫어
누구도 파묻고 싶지 않아, 누가 날 파묻는 것도 싫어
누구와도 결혼하고 싶지 않다고, 이미 저들이 결혼을 한 거라면

하지만 네가 내게 잘해준다면, 자기야
나도 네게 잘해줄 거야
넌 남들을 그렇게 대해야 해
남들이 해주길 바라는 만큼, 남들이 해주길 바라는 만큼, 네게 말이야

누구도 불태우고 싶지 않아, 누가 날 불태우는 것도 싫어
누구에게도 배우고 싶지 않아, 배우고서 잊어야만 하는 건
누구도 속이고 싶지 않아, 누가 날 속이는 것도 싫어
누구도 패배시키고 싶지 않다고, 이미 저들이 패배를 당했다면

하지만 네가 내게 잘해준다면, 자기야
나도 네게 잘해줄 거야
넌 남들을 그렇게 대해야 해
남들이 해주길 바라는 만큼, 남들이 해주길 바라는 만큼, 네게 말이야

누굴 눈감아주고 싶지 않아, 누가 날 눈감아주는 것도 싫어
누구에게도 현관 깔개처럼 이용당하고 싶지 않아

Don't wanna miss nobody, don't wanna be missed
Don't put my faith in nobody, not even a scientist

But if you do right to me, baby
I'll do right to you, too
Ya got to do unto others
Like you'd have them, like you'd have them, do unto you

누굴 혼란스럽게 하고 싶지 않아, 누가 날 혼란스럽게 하는 것도 싫어
누굴 즐겁게 해주고 싶지 않아, 누가 날 즐겁게 해주는 것도 싫어

하지만 네가 내게 잘해준다면, 자기야
나도 네게 잘해줄 거야
넌 남들을 그렇게 대해야 해
남들이 해주길 바라는 만큼, 남들이 해주길 바라는 만큼, 네게 말이야

누구도 배신하고 싶지 않아, 누가 날 배신하는 것도 싫어
누구도 가지고 놀고 싶지 않아, 누가 날 갑자기 덮치는 것도 싫어
누구도 그리워하고 싶지 않아, 누가 날 그리워하는 것도 싫어
누구도 신뢰하고 싶지 않다고, 심지어 과학자조차

하지만 네가 내게 잘해준다면
나도 네게 잘해줄 거야
넌 남들을 그렇게 대해야 해
남들이 해주길 바라는 만큼, 남들이 해주길 바라는 만큼, 네게 말이야

When You Gonna Wake Up?

God don't make no promises that He don't keep
You got some big dreams, baby, but in order to dream you gotta still be
    asleep

When you gonna wake up, when you gonna wake up
When you gonna wake up and strengthen the things that remain?

Counterfeit philosophies have polluted all of your thoughts
Karl Marx has got ya by the throat, Henry Kissinger's got you tied up in
    knots

When you gonna wake up, when you gonna wake up
When you gonna wake up and strengthen the things that remain?

You got innocent men in jail, your insane asylums are filled
Yougot unrighteous doctors dealing drugs that'll never cure your ills

When you gonna wake up, when you gonna wake up
When you gonna wake up and strengthen the things that remain?

You got men who can't hold their peace and women who can't control their
    tongues
The rich seduce the poor and the old are seduced by the young

When you gonna wake up, when you gonna wake up
When you gonna wake up and strengthen the things that remain?

Adulterers in churches and pornography in the school
 You got gangsters in power and lawbreakers making rules

When you gonna wake up, when you gonna wake up
When you gonna wake up and strengthen the things that remain?

Spiritual advisors and gurus to guide your every move
Instant inner peace and every step you take has got to be approved

When you gonna wake up, when you gonna wake up
When you gonna wake up and strengthen the things that remain?

Do you ever wonder just what God requires?
You think He's just an errand boy to satisfy your wandering desires

넌 언제쯤 깨어날 거니?

신께선 지키지 못할 약속은 하지 않으셔
너에겐 큰 꿈이 있지, 하지만 꿈을 꾸려면 계속 잠들어 있어야 해

언제쯤 깨어날 거니, 대체 언제쯤 깨어날 거니
언제쯤 깨어나서 그때까지 남아 있는 것들을 더 굳건하게 할 거니?

가짜 철학들이 네 생각을 온통 더럽혔어
칼 마르크스가 목을 졸랐고, 헨리 키신저가 널 밧줄로 꽁꽁 묶었지

언제쯤 깨어날 거니, 대체 언제쯤 깨어날 거니
언제쯤 깨어나서 그때까지 남아 있는 것들을 더 굳건하게 할 거니?

넌 죄 없는 사람들을 감옥에 처넣었어, 네 정신병원은 만원이야
넌 부정한 의사들을 만났지, 그들이 쓰는 약은 절대 네 병을 고치지
　못하지

언제쯤 깨어날 거니, 대체 언제쯤 깨어날 거니
언제쯤 깨어나서 그때까지 남아 있는 것들을 더 굳건하게 할 거니?

넌 침묵을 지킬 줄 모르는 남자들과 혀를 함부로 놀리는 여자들을 알지
부자는 가난뱅이를 꾀고 노인은 젊은이에게 꾀이지

언제쯤 깨어날 거니, 대체 언제쯤 깨어날 거니
언제쯤 깨어나서 그때까지 남아 있는 것들을 더 굳건하게 할 거니?

교회의 간통자들 그리고 학교의 음란물
넌 권력을 쥔 갱스터들과 법을 만드는 범법자들을 알지

언제쯤 깨어날 거니, 대체 언제쯤 깨어날 거니
언제쯤 깨어나서 그때까지 남아 있는 것들을 더 굳건하게 할 거니?

네 행동을 일일이 지도해주는 영적 지도자와 구루들

When you gonna wake up, when you gonna wake up
When you gonna wake up and strengthen the things that remain?

You can't take it with you and you know that it's too worthless to be sold
They tell you, "Time is money," as if your life was worth its weight in gold

When you gonna wake up, when you gonna wake up
When you gonna wake up and strengthen the things that remain?

There's a Man up on a cross and He's been crucified
Do you have any idea why or for who He died?

When you gonna wake up, when you gonna wake up
When you gonna wake up and strengthen the things that remain?

순간적인 내면의 평화와 네가 내딛는 모든 걸음까지 허락받아야 하지

언제쯤 깨어날 거니, 대체 언제쯤 깨어날 거니
언제쯤 깨어나서 그때까지 남아 있는 것들을 더 굳건하게 할 거니?

신께서 뭘 필요로 하는지 궁금한 적이 있기나 해?
넌 그분을 단지 종잡을 수 없는 네 욕망이나 충족시켜주는
    심부름꾼으로 생각하잖아

언제쯤 깨어날 거니, 대체 언제쯤 깨어날 거니
언제쯤 깨어나서 그때까지 남아 있는 것들을 더 굳건하게 할 거니?

넌 그걸 가지고 갈 수 없어, 그리고 알잖아 팔기엔 가치가 너무
    형편없다는 걸
그들은 말하지, "시간이 돈이죠," 마치 네 삶이 꽤나 귀중한 뭐라도
    된다는 양 말이야

언제쯤 깨어날 거니, 대체 언제쯤 깨어날 거니
언제쯤 깨어나서 그때까지 남아 있는 것들을 더 굳건하게 할 거니?

십자가에 그분이 매달려 계셔, 그분께선 거기 못박혀 돌아가셨지
넌 그분이 왜 죽으셨는지, 누구를 위해 돌아가셨는지 알기나 해?

넌 언제쯤 깨어날 거니, 대체 언제쯤 깨어날 거니
언제쯤 깨어나서 그때까지 남아 있는 것들을 더 굳건하게 할 거니?

Man Gave Names to All the Animals

Man gave names to all the animals
In the beginning, in the beginning
Man gave names to all the animals
In the beginning, long time ago

He saw an animal that liked to growl
Big furry paws and he liked to howl
Great big furry back and furry hair
"Ah, think I'll call it a bear"

Man gave names to all the animals
In the beginning, in the beginning
Man gave names to all the animals
In the beginning, long time ago

He saw an animal up on a hill
Chewing up so much grass until she was filled
He saw milk comin' out but he didn't know how
"Ah, think I'll call it a cow"

Man gave names to all the animals
In the beginning, in the beginning
Man gave names to all the animals
In the beginning, long time ago

He saw an animal that liked to snort
Horns on his head and they weren't too short
It looked like there wasn't nothin' that he couldn't pull
"Ah, think I'll call it a bull"

Man gave names to all the animals
In the beginning, in the beginning
Man gave names to all the animals
In the beginning, long time ago

He saw an animal leavin' a muddy trail
Real dirty face and a curly tail
He wasn't too small and he wasn't too big
"Ah, think I'll call it a pig"

Man gave names to all the animals
In the beginning, in the beginning

그분께서 동물들의 이름을 모두 지어주셨지

그분께서 동물들의 이름을 모두 지어주셨지
태초에 말이야, 태초에 말이야
그분께서 동물들의 이름을 모두 지어주셨지
태초에 말이야, 아주 오래전에

으르렁대길 좋아하는 한 동물을 보셨지
발이 크고 북실북실한 녀석은 울부짖길 좋아했지
아주 커다랗고 북실북실한 등과 북실북실한 털
"아, 이 녀석은 곰이라고 불러야겠군"

그분께서 동물들의 이름을 모두 지어주셨지
태초에 말이야, 태초에 말이야
그분께서 동물들의 이름을 모두 지어주셨어
태초에 말이야, 아주 오래전에

언덕 위에 있는 한 동물을 보셨지
풀을 정말 많이 씹고 있었어, 배가 부를 때까지
젖이 나오는 걸 보셨지만 어떻게 그런 건지는 모르셨어
"아, 이 녀석은 젖소라고 불러야겠군"

그분께서 동물들의 이름을 모두 지어주셨지
태초에 말이야, 태초에 말이야
그분께서 동물들의 이름을 모두 지어주셨지
태초에 말이야, 아주 오래전에

콧김을 내뿜길 좋아하는 한 동물을 보셨지
머리 위에 달린 뿔이 그리 짧진 않았지
녀석이 끌 수 없는 건 세상에 없어 보였어
"아, 이 녀석은 황소라고 불러야겠군"

그분께서 동물들의 이름을 모두 지어주셨지
태초에 말이야, 태초에 말이야

Man gave names to all the animals
In the beginning, long time ago

Next animal that he did meet
Had wool on his back and hooves on his feet
Eating grass on a mountainside so steep
"Ah, think I'll call it a sheep"

Man gave names to all the animals
In the beginning, in the beginning
Man gave names to all the animals
In the beginning, long time ago

He saw an animal as smooth as glass
Slithering his way through the grass
Saw him disappear by a tree near a lake······

그분께서 동물들의 이름을 모두 지어주셨지
태초에 말이야, 아주 오래전에

진흙 자국을 남기고 다니는 한 동물을 보셨지
정말 지저분한 얼굴에 동그랗게 말린 꼬리
녀석은 너무 작지도 너무 크지도 않았지
"아, 이 녀석은 돼지라고 불러야겠군"

그분께서 동물들의 이름을 모두 지어주셨지
태초에 말이야, 태초에 말이야
그분께서 동물들의 이름을 모두 지어주셨지
태초에 말이야, 아주 오래전에

이번에 만난 동물은
등에 털이 나 있고 발에 굽이 달려 있었지
아주 가파른 산비탈에서 풀을 뜯어먹고 있었지
"아, 이 녀석은 양이라고 불러야겠군"

그분께서 동물들의 이름을 모두 지어주셨지
태초에 말이야, 태초에 말이야
그분께서 동물들의 이름을 모두 지어주셨지
태초에 말이야, 아주 오래전에

유리만큼이나 매끄러운 동물을 보셨지
풀 사이로 스르르 기어가는 모습을
녀석이 호숫가 나무 옆으로 사라지는 모습을 보셨지……

When He Returns

The iron hand it ain't no match for the iron rod
The strongest wall will crumble and fall to a mighty God
For all those who have eyes and all those who have ears
It is only He who can reduce me to tears
Don't you cry and don't you die and don't you burn
For like a thief in the night, He'll replace wrong with right
When He returns

Truth is an arrow and the gate is narrow that it passes through
He unleashed His power at an unknown hour that no one knew
How long can I listen to the lies of prejudice?
How long can I stay drunk on fear out in the wilderness?
Can I cast it aside, all this loyalty and this pride?
Will I ever learn that there'll be no peace, that the war won't cease
Until He returns?

Surrender your crown on this blood-stained ground, take off your mask
He sees your deeds, He knows your needs even before you ask
How long can you falsify and deny what is real?
How long can you hate yourself for the weakness you conceal?
Of every earthly plan that be known to man, He is unconcerned
He's got plans of His own to set up His throne
When He returns

그분께서 돌아오실 때

쇠로 된 손은 쇠막대기를 당해낼 수 없지
가장 튼튼한 벽도 위대한 신 앞에선 허물어지고 무너질 거야
눈 있는 모든 자들과 귀 있는 모든 이들을 위하여
날 눈물 흘리게 할 수 있는 건 오로지 그분뿐이라네
울지 말아요, 죽지 말아요, 불타지 말아요
한밤중 도적같이, 그릇됨을 올바름으로 그분께서 고쳐주실 테니
그분께서 돌아오시면

진실은 화살이고, 그 화살이 지나가는 문은 좁고
아무도 모르는 미지의 시간에 그분께서 자신의 힘을 풀어놓으셨다네
편견이 든 거짓말을 내가 얼마나 더 오래 들을 수 있을까?
저멀리 황야에서 얼마나 더 오래 두려움에 취할 수 있을까?
이 모든 충실함과 자부심을 다 없애버릴 수 있을까?
내가 알 수 있을까? 평화는 없을 테고 전쟁은 멈추지 않을 거란 걸
그분께서 돌아오시기 전까진 말이야

피로 물든 이 땅 위에 네 왕관을 내려놓으렴, 그 가면을 벗으렴
그분께선 네가 한 일을 아셔, 네가 뭘 필요로 하는지를 아시지 미처
　　묻기도 전에
진짜인 그분을 넌 얼마나 더 오래 속이고 부정할 수 있을까?
감추고 있는 나약함으로 인해 얼마나 더 오래 너 자신을 증오할 수
　　있을까?
인간이 알아야 할 모든 세속의 계획들은 그분의 관심 밖이지
자신의 왕좌를 세우려는 그분만의 계획이 있지
그분이 돌아오시면

Ain't No Man Righteous, No Not One

When a man he serves the Lord, it makes his life worthwhile
It don't matter 'bout his position, it don't matter 'bout his lifestyle
Talk about perfection, I ain't never seen none
And there ain't no man righteous, no not one

Sometimes the devil likes to drive you from the neighborhood
He'll even work his ways through those whose intentions are good
Some like to worship on the moon, others are worshipping the sun
And there ain't no man righteous, no not one

Look around, ya see so many social hypocrites
Like to make rules for others while they do just the opposite

You can't get to glory by the raising and the lowering of no flag
Put your goodness next to God's and it comes out like a filthy rag
In a city of darkness there's no need of the sun
And there ain't no man righteous, no not one

Done so many evil things in the name of love, it's a crying shame
I never did see no fire that could put out a flame

Pull your hat down, baby, pull the wool down over your eyes
Keep a-talking, baby, 'til you run right out of alibis
Someday you'll account for all the deeds that you done
Well, there ain't no man righteous, no not one

God got the power, man has got his vanity
Man gotta choose before God can set him free
Don't you know there's nothing new that's under the sun?
Well, there ain't no man righteous, no not one

When I'm gone don't wonder where I be
Just say that I trusted in God and that Christ was in me
Say He defeated the devil, He was God's chosen Son
And that there ain't no man righteous, no not one

정의로운 사람은 없어요, 아무도요

한 인간이 주를 섬길 때, 그의 인생은 가치 있어지죠
그의 처지는 중요치 않아요, 생활 방식도 중요치 않죠
완벽함에 대해 말하자면, 전 그런 사람을 단 한 명도 못 봤네요
그리고 이 세상에 정의로운 사람은 없어요, 아무도요

때론 악마가 이웃으로부터 당신을 몰아내고 싶어하죠
심지어 선한 의도를 가진 이들을 통해서도 자신의 일을 꾸밀 거예요
누구는 달을 숭배하길 좋아하고, 누구는 태양을 숭배하죠
그리고 세상에 정의로운 사람은 없어요, 아무도요

주위를 둘러봐요, 사회의 위선자들이 아주 많이 보이죠
다른 이들을 위해 규칙을 만들고 싶어하죠, 정작 자신들은 그 반대로
　　하는 주제에

깃발을 쳐들거나 내리는 것만으로는 영광에 이를 수 없어요
당신의 선함을 신의 선함 곁에 두면, 그건 더러운 누더기처럼
　　떨어져나오죠
어둠의 도시에 태양은 필요치 않아요
그리고 세상에 정의로운 사람은 없어요, 아무도요

사랑의 이름으로 너무나도 많은 악행을 저질렀어요, 정말 창피하네요
전 불꽃을 끌 수 있는 불은 한 번도 본 적이 없어요

모자를 푹 눌러써요, 그대여, 당신의 두 눈을 속여요
계속 이야기해봐요 당신, 변명거리가 다 떨어질 때까지
언젠가 당신은 행했던 모든 일들을 해명하겠죠
그래요, 세상에 정의로운 사람은 없어요, 아무도요

신께는 권능이 있죠, 인간은 허영심이 있고요
인간은 선택을 해야만 하죠, 신께서 자유롭게 해주시기 전에
태양 아래 새로운 건 없다는 걸 모르겠나요?
그래요, 세상에 정의로운 사람은 없어요, 아무도요

제가 떠나면 어디 있을지 궁금해하지 말아요
그저 제가 주를 믿었고 예수께서 제 안에 계셨다고만 말해줘요
그분이 악마를 물리치셨고, 그분이 바로 신께서 선택하신 아들이었다고
  말해줘요
그리고 세상에 정의로운 사람은 아무도, 아무도 없다고도요

Trouble in Mind

I got to know, Lord, when to pull back on the reins
Death can be the result of the most underrated pain
Satan whispers to ya, "Well, I don't want to bore ya
But when ya get tired of the Miss So-and-so I got another woman for ya"

Trouble in mind, Lord, trouble in mind
Lord, take away this trouble in mind

When the deeds that you do don't add up to zero
It's what's inside that counts, ask any war hero
You think you can hide but you're never alone
Ask Lot what he thought when his wife turned to stone

Trouble in mind, Lord, trouble in mind
Lord, take away this trouble in mind

Here comes Satan, prince of the power of the air
He's gonna make you a law unto yourself, gonna build a bird's nest in your
    hair
He's gonna deaden your conscience 'til you worship the work of your own
    hands
You'll be serving strangers in a strange, forsaken land

Trouble in mind, Lord, trouble in mind
Lord, take away this trouble in mind

Well, your true love has caught you where you don't belong
You say, "Baby, everybody's doing it so I guess it can't be wrong"
The truth is far from you, so you know you got to lie
Then you're all the time defending what you can never justify

Trouble in mind, Lord, trouble in mind
Lord, take away this trouble in mind

So many of my brothers, they still want to be the boss
They can't relate to the Lord's kingdom, they can't relate to the cross
They self-inflict punishment on their own broken lives
Put their faith in their possessions, in their jobs or their wives

Trouble in mind, Lord, trouble in mind
Lord, take away this trouble in mind

마음속 괴로움

주님, 전 알아야만 되겠어요, 언제 고삐를 당겨야 하는지를
죽음은 가장 과소평가된 고통의 결과일 수 있죠
사탄이 속삭여요, "널 지루하게 하고 싶지 않아
그런데 말이야, 그 아무개 여인이 싫증난다면 또다른 여자를 네게 주지"

마음속 괴로움, 주님, 마음속 괴로움
주님, 이 마음속 괴로움을 앗아가주세요

행한 일이 결국 무無로 귀결될 때
중요한 건 그 안에 있는 것이죠, 아무 전쟁 영웅에게나 물어보세요
저흰 숨을 수 있다 생각하지만 저흰 절대 혼자가 아니죠
롯에게 물어보세요, 부인이 돌로 변했을 때 무슨 생각을 했느냐고

마음속 괴로움, 주님, 마음속 괴로움
주님, 이 마음속 괴로움을 앗아가주세요

여기 공중의 권세를 잡은 자, 사탄이 와요
그는 저희가 원하는 법을 만들어줄 테고 저희 머리에 둥지를 틀 거예요
그는 저희의 양심을 둔하게 만들 거예요, 저희 손으로 만든 걸 스스로
　숭배할 때까지
저흰 버려진 낯선 땅의 이방인들을 섬길 거예요

마음속 괴로움, 주님, 마음속 괴로움
주님, 이 마음속 괴로움을 앗아가주세요

진정한 사랑이 저희가 속하지 않은 곳에서 저흴 발견했죠
저흰 말해요, "뭐 다들 하는 일인데, 잘못될 일은 없을 거야"
진실은 저희로부터 멀리 있으니, 저흰 거짓말을 해야만 한다는 걸
　알아요
그리고 저흰 늘 변호하죠, 그게 절대 정당화될 수 없다는 걸 알면서도
　말이에요

When my life is over, it'll be like a puff of smoke
How long must I suffer, Lord, how long must I be provoked?
Satan will give you a little taste, then he'll move in with rapid speed
Lord, keep my blind side covered and see that I don't bleed

마음속 괴로움, 주님, 마음속 괴로움
주님, 이 마음속 괴로움을 앗아가주세요

그렇게 많은 제 형제들은 여전히 지배자를 원하죠
주님의 왕국을 이해하지 못해요, 십자가를 이해하지 못하죠
그들은 망가진 자신의 삶에 스스로 벌을 내려요
자신의 재산과 직업, 그리고 부인만을 믿죠

마음속 괴로움, 주님, 마음속 괴로움
주님, 이 마음속 괴로움을 앗아가주세요

제 삶이 끝날 때, 그건 한 번 내뿜어지는 연기 같겠죠
주님, 제가 얼마나 더 오래 고통받아야 하나요, 얼마나 더 오래 시험에
　　들어야 하나요?
사탄은 저희에게 맛만 보여주겠죠, 그러다 엄청난 속도로 접근해올
　　거예요
주님, 제가 보지 못하는 위험을 덮어주시고 제가 피 흘리지 않게
　　해주세요

Ye Shall Be Changed

You harbor resentment
You know there ain't too much of a thrill
You wish for contentment
But you got an emptiness that can't be filled
You've had enough of hatred
Your bones are breaking, can't find nothing sacred

Ye shall be changed, ye shall be changed
In a twinkling of an eye, when the last trumpet blows
The dead will arise and burst out of your clothes
And ye shall be changed

Everything you've gotten
You've gotten by sweat, blood and muscle
From early in the morning 'til way past dark
All you ever do is hustle
All your loved ones have walked out the door
You're not even sure 'bout your wife and kids no more, but

Ye shall be changed, ye shall be changed
In a twinkling of an eye, when the last trumpet blows
The dead will arise and burst out of your clothes
And ye shall be changed

The past don't control you
But the future's like a roulette wheel spinning
Deep down inside
You know you need a whole new beginning
Don't have to go to Russia or Iran
Just surrender to God and He'll move you right here where you stand, and

Ye shall be changed, ye shall be changed
In a twinkling of an eye, when the last trumpet blows
The dead will arise and burst out of your clothes
And ye shall be changed

You drink bitter water
And you been eating the bread of sorrow
You can't live for today
When all you're ever thinking of is tomorrow
The path you've endured has been rough
When you've decided that you've had enough, then

너희는 변할 거야

너흰 분노를 품고 있어
있잖아, 세상엔 신나는 일이 별로 없지
만족을 바라겠지만
너희에겐 채워질 수 없는 공허가 있어
너희는 증오를 만끽했어
너희의 뼈가 부러지고 있지, 그 어떤 성스러운 것도 찾을 수가 없지

너흰 변할 거야, 너흰 변할 거야
눈 깜짝할 사이에, 마지막 나팔 소리가 울려퍼질 때
죽은 자가 벌떡 일어나 육신을 얻을 거야
그리고 너흰 변할 거야

너희가 얻은 모든 것들은
땀과 피와 근육으로 얻은 것들이지
아침 일찍부터 어두워지고도 한참이 지날 때까지
너흰 그저 야단법석이나 떨어댈 뿐이야
너희가 사랑하는 이들 모두 문밖으로 떠나갔지
더는 부인과 아이들도 믿을 수 없지, 하지만

너흰 변할 거야, 너흰 변할 거야
눈 깜짝할 사이에, 마지막 나팔 소리가 울려퍼질 때
죽은 자가 벌떡 일어나 육신을 얻을 거야
그리고 너흰 변할 거야

과거는 너희를 지배하지 못해
하지만 미래는 돌아가는 룰렛 휠과도 같지
마음속 깊은 곳에서
너희는 완전히 새로운 시작이 필요하다는 걸 알잖아
러시아나 이란으로 갈 필요는 없어
그저 신께 모든 걸 맡겨, 그럼 지금 서 있는 바로 이곳에서부터 너희를
　움직여주실 거야, 그리고

Ye shall be changed, ye shall be changed
In a twinkling of an eye, when the last trumpet blows
The dead will arise and burst out of your clothes
And ye shall be changed

너흰 변할 거야, 너흰 변할 거야
눈 깜짝할 사이에, 마지막 나팔 소리가 울려퍼질 때
죽은 자가 벌떡 일어나 육신을 얻을 거야
그리고 너흰 변할 거야

너흰 쓴 물을 마시지
그리고 슬픔의 빵을 먹어왔어
오늘만을 위해 살 수 없지
너희가 오직 내일만을 생각하고 있을 땐 말이야
너희가 견뎌온 길은 험난했어, 이제
할 만큼 했다는 확신이 들 때, 바로 그때

너흰 변할 거야, 너흰 변할 거야
눈 깜짝할 사이에, 마지막 나팔 소리가 울려퍼질 때
죽은 자가 벌떡 일어나 육신을 얻을 거야
그리고 너흰 변할 거야

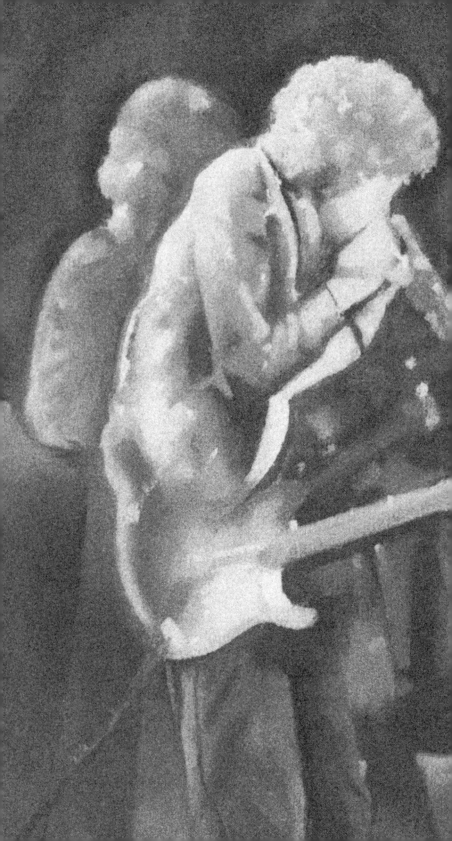

Saved 1980

구원

Saved
(with Tim Drummond)

I was blinded by the devil
Born already ruined
Stone-cold dead
As I stepped out of the womb
By His grace I have been touched
By His word I have been healed
By His hand I've been delivered
By His spirit I've been sealed

I've been saved
By the blood of the lamb
Saved
By the blood of the lamb
Saved
Saved
And I'm so glad
Yes, I'm so glad
I'm so glad
So glad
I want to thank You, Lord
I just want to thank You, Lord
Thank You, Lord

By His truth I can be upright
By His strength I do endure
By His power I've been lifted
In His love I am secure
He bought me with a price
Freed me from the pit
Full of emptiness and wrath
And the fire that burns in it

I've been saved
By the blood of the lamb
Saved
By the blood of the lamb
Saved
Saved
And I'm so glad
Yes, I'm so glad
I'm so glad

- 미국 가수(1941~2015).

구원
(팀 드러먼드'와 함께)

악마에게 눈멀어 있던 나
이미 망쳐진 채로 태어났네
차디차게 죽은 채로
자궁 밖으로 걸어나왔네
그분의 은혜가 나를 만졌네
그분의 말씀이 나를 치유했네
그분의 손길이 나를 인도했네
그분의 영혼 나를 감쌌네

나는 구원받았네
양의 피로
구원받았네
양의 피로
구원받았네
구원받았네
정말 기쁘네
그래, 정말 기뻐
정말 기쁘네
정말 기뻐
당신께 감사드리고 싶어요, 주님
그저 감사드리고 싶어요, 주님
감사합니다, 주님

그분의 진리로 나 똑바로 설 수 있네
그분의 힘으로 나 견딜 수 있네
그분의 권능으로 나 희망 얻을 수 있네
그분의 사랑 안에서 나 평온하네
그분이 나를 비싼 값으로 사셨네
그분이 나를 꺼내주셨네
공허와 분노로 가득한 구덩이에서
그 안의 타오르는 불길에서

So glad
I want to thank You, Lord
I just want to thank You, Lord
Thank You, Lord

Nobody to rescue me
Nobody would dare
I was going down for the last time
But by His mercy I've been spared
Not by works
But by faith in Him who called
For so long I've been hindered
For so long I've been stalled

I've been saved
By the blood of the lamb
Saved
By the blood of the lamb
Saved
Saved
And I'm so glad
Yes, I'm so glad
I'm so glad
So glad
I want to thank You, Lord
I just want to thank You, Lord
Thank You, Lord

나는 구원받았네
양의 피로
구원받았네
양의 피로
구원받았네
구원받았네
정말 기쁘네
그래, 정말 기뻐
정말 기쁘네
정말 기뻐
당신께 감사드리고 싶어요, 주님
그저 감사드리고 싶어요, 주님
감사합니다, 주님

아무도 나를 구해줄 수 없었네
아무도 감히 그럴 수 없었네
최후에 나는 무너지고 있었네
하지만 그분의 자비로 목숨 구했네
무엇을 했기 때문 아니라
나를 부르셨던 그분에 대한 믿음으로
나 그토록 오랫동안 가로막혀 있었네
나 그토록 오랫동안 발 묶여 있었네

나는 구원받았네
양의 피로
구원받았네
양의 피로
구원받았네
구원받았네
정말 기쁘네
그래, 정말 기뻐
정말 기쁘네
정말 기뻐
당신께 감사드리고 싶어요, 주님
그저 감사드리고 싶어요, 주님
감사합니다, 주님

Covenant Woman

Covenant woman got a contract with the Lord
Way up yonder, great will be her reward
Covenant woman, shining like a morning star
I know I can trust you to stay where you are

And I just got to tell you
I do intend
To stay closer than any friend
I just got to thank you
Once again
For making your prayers known
Unto heaven for me
And to you, always, so grateful
I will forever be

I've been broken, shattered like an empty cup
I'm just waiting on the Lord to rebuild and fill me up
And I know He will do it 'cause He's faithful and He's true
He must have loved me so much to send me someone as fine as you

And I just got to tell you
I do intend
To stay closer than any friend
I just got to thank you
Once again
For making your prayers known
Unto heaven for me
And to you, always, so grateful
I will forever be

Covenant woman, intimate little girl
Who knows those most secret things of me that are hidden from the world
You know we are strangers in a land we're passing through
I'll always be right by your side, I've got a covenant too

And I just got to tell you
I do intend
To stay closer than any friend
I just got to thank you
Once again
For making your prayers known
Unto heaven for me

언약의 여인

언약의 여인은 주님과 계약 맺었네
저 높은 곳에 계시는, 크리라, 그녀가 얻을 보상은
언약의 여인, 샛별처럼 빛나는
나는 알아요 나는 믿을 수 있어요 당신이 지금 있는 곳에 머물 것임을

그리고 당신께 말할 게 있어요
좀더 당신과
가까워지려 합니다 그 어떤 친구보다
감사해요
다시 한번
당신의 기도 들리게 해주셔서
천국까지 날 위해
그리고 당신께, 언제나, 감사해요
영원히 당신께 감사할 거예요

나는 부서지고 조각난 빈 컵과 같았죠
나는 주님이 나를 재건하시고 채워주시기를 기다리고 있어요
나는 알아요 그분이 그리하시리라는 것을, 그분은 충실하고 참되시니
그분은 나를 너무나 사랑하시어 당신 같은 훌륭한 이를 보내주셨죠

그리고 당신께 말할 게 있어요
좀더 당신과
가까워지려 합니다 그 어떤 친구보다
감사해요
다시 한번
당신의 기도 들리게 해주셔서
천국까지 날 위해
그리고 당신께, 언제나, 감사해요
영원히 당신께 감사할 거예요

언약의 여인, 친애하는 소녀여
세상에 숨기는 나의 오롯한 비밀까지 아는 당신

And to you, always, so grateful
I will forever be

당신은 알고 있지요 우리가 스쳐지나는 이 땅에서 우린 나그네라는 걸
언제나 당신 곁에 있을 거예요, 나 역시 언약을 맺었으니

그리고 당신께 말할 게 있어요
좀더 당신과
가까워지려 합니다 그 어떤 친구보다 감사해요
다시 한번
당신의 기도 들리게 해주셔서
천국까지 날 위해
그리고 당신께, 언제나, 감사해요
영원히 당신께 감사할 거예요

What Can I Do for You?

You have given everything to me
What can I do for You?
You have given me eyes to see
What can I do for You?

Pulled me out of bondage and You made me renewed inside
Filled up a hunger that had always been denied
Opened up a door no man can shut and You opened it up so wide
And You've chosen me to be among the few
What can I do for You?

You have laid down Your life for me
What can I do for You?
You have explained every mystery
What can I do for You?

Soon as a man is born, you know the sparks begin to fly
He gets wise in his own eyes and he's made to believe a lie
Who would deliver him from the death he's bound to die?
Well, You've done it all and there's no more anyone can pretend to do
What can I do for You?

You have given all there is to give
What can I do for You?
You have given me life to live
How can I live for You?

I know all about poison, I know all about fiery darts
I don't care how rough the road is, show me where it starts
Whatever pleases You, tell it to my heart
Well, I don't deserve it but I sure did make it through
What can I do for You?

당신을 위해 무엇을 하면 좋을까요?

당신은 내게 모든 것을 주셨습니다
당신 위해 무엇을 할 수 있을까요?
당신은 내게 볼 수 있는 눈을 주셨습니다
당신 위해 무엇을 하면 좋을까요?

속박에서 나를 구하셨습니다, 나의 내면 거듭나게 하셨습니다
언제나 거부당해왔던 내 안의 허기 채워주셨습니다
문을 열어주셨습니다 그 누구도 닫지 못할, 당신은 그 문을 참으로 활짝
　열어주셨습니다
그리고 당신은 나를 소수 가운데 하나가 되도록 선택하셨습니다
당신 위해 무엇을 하면 좋을까요?

당신은 나를 위해 당신의 생명을 버리셨습니다
당신 위해 무엇을 할 수 있을까요?
당신은 모든 수수께끼를 설명해주셨습니다
당신 위해 무엇을 하면 좋을까요?

당신은 아십니다, 누군가가 태어나면 머지않아 갈등의 불똥이 날기
　시작한다는 것을
그는 제 자신의 시야에 갇혀 오만해지고 거짓말을 믿게 됩니다
누가 그를 필연적인 죽음으로부터 구할 것입니까?
음, 당신이 그 모든 일을 해오셨습니다 그 누구도 그리하려는 흉내조차
　내지 못할 것입니다
당신 위해 무엇을 하면 좋을까요?

당신은 줄 수 있는 모든 것을 주셨습니다
당신 위해 무엇을 할 수 있을까요?
당신은 내게 살아갈 삶을 주셨습니다
당신 위해 어떻게 살면 좋을까요?

나는 독에 대한 모든 것, 불타는 화살에 대한 모든 것 압니다
길이 아무리 험하더라도 상관없습니다, 그 길 어디서부터 시작되는지

보여주십시오
당신 기쁘게 할 수 있는 일 무엇이든 좋습니다, 내 심장에
　말씀해주십시오
음, 나는 자격 없지만 분명 그 일을 해냈습니다
당신 위해 무엇을 하면 좋을까요?

Solid Rock

Well, I'm hangin' on to a solid rock
Made before the foundation of the world
And I won't let go, and I can't let go, won't let go
And I can't let go, won't let go and I can't let go no more

For me He was chastised, for me He was hated
For me He was rejected by a world that He created
Nations are angry, cursed are some
People are expecting a false peace to come

Well, I'm hangin' on to a solid rock
Made before the foundation of the world
And I won't let go and I can't let go, won't let go
And I can't let go, won't let go and I can't let go no more

It's the ways of the flesh to war against the spirit
Twenty-four hours a day you can feel it and you can hear it
Using all the devices under the sun
And He never give up 'til the battle's lost or won

Well, I'm hangin' on to a solid rock
Made before the foundation of the world
And I won't let go and I can't let go, won't let go
And I can't let go, won't let go and I can't let go no more

- 신약성서 「요한의 묵시록」 11장 18절. '이방인들이 이것에 분개하였으나 오히려 그들이 주님의
  분노를 샀으며'를 인용했다.

단단한 바위

음, 나는 단단한 바위를 붙잡고 있어
세상이 생겨나기 전에 만들어진
그리고 난 놓지 않을 거야, 놓을 수 없어, 놓지 않을 거야
그리고 난 놓을 수 없어, 놓지 않을 거야, 다시는 놓을 수 없어

날 위해 그분은 매질당하셨지, 날 위해 미움받으셨지
날 위해 그분은 당신이 창조한 세상에게 거부당하셨지
이방인들이 분노하고 있어, 그중 일부는 분노를 샀어˙
사람들은 도래할 거짓 평화를 기대하고 있어

음, 나는 단단한 바위를 붙잡고 있어
세상이 생겨나기 전에 만들어진
그리고 난 놓지 않을 거야, 놓을 수 없어, 놓지 않을 거야
그리고 난 놓을 수 없어, 놓지 않을 거야, 다시는 놓을 수 없어

영혼에 대항해 전쟁을 벌이는 것이 바로 육신의 방식이지
하루 스물네 시간 당신은 그것을 느낄 수 있고 들을 수 있지
태양 아래 온갖 장치들을 이용하는
그리고 그분은 그 전투의 승패가 판가름날 때까지 결코 포기 않으시지

음, 나는 단단한 바위를 붙잡고 있어
세상이 생겨나기 전에 만들어진
그리고 난 놓지 않을 거야, 놓을 수 없어, 놓지 않을 거야
그리고 난 놓을 수 없어, 놓지 않을 거야, 다시는 놓을 수 없어

Pressing On

Well I'm pressing on
Yes, I'm pressing on
Well I'm pressing on
To the higher calling of my Lord

Many try to stop me, shake me up in my mind
Say, "Prove to me that He is Lord, show me a sign"
What kind of sign they need when it all come from within
When what's lost has been found, what's to come has already been?

Well I'm pressing on
Yes, I'm pressing on
Well I'm pressing on
To the higher calling of my Lord

Shake the dust off of your feet, don't look back
Nothing now can hold you down, nothing that you lack
Temptation's not an easy thing, Adam given the devil reign
Because he sinned I got no choice, it run in my vein

Well I'm pressing on
Yes, I'm pressing on
Well I'm pressing on
To the higher calling of my Lord

나아가리

음, 나아가리
그래, 나는 나아가리
음, 나아가리
내 주의 더 높은 부름 향해

많은 사람들 나를 세우려 하네, 내 마음 흔들려 하네
그들은 말하네, "그가 우리의 주라는 걸 증명해보시오, 우리에게 증거를
    대보시오"
그들은 어떤 증거를 필요로 하는 것일까, 그 모두가 내면에서 온다면,
잃어버린 것이 이미 찾은 것이라면, 도래할 것 이미 와 있는 것이라면?

음, 나아가리
그래, 나는 나아가리
음, 나아가리
내 주의 더 높은 부름 향해

그대의 발에서 먼지를 털어내라, 뒤돌아보지 마라
이제 그 무엇도 그대를 잡아둘 수 없으니, 그대에게 부족한 것 전혀
    없으니
유혹은 물리치기 어렵네, 아담은 악마의 지배 받았네
그가 죄 지었기에 내겐 선택의 여지 없다네, 그것이 내 혈관을 타고
    흐르기에

음, 나아가리
그래, 나는 나아가리
음, 나아가리
내 주의 더 높은 부름 향해

In the Garden

When they came for Him in the garden, did they know?
When they came for Him in the garden, did they know?
Did they know He was the Son of God, did they know that He was Lord?
Did they hear when He told Peter, "Peter, put up your sword"?
When they came for Him in the garden, did they know?
When they came for Him in the garden, did they know?

When He spoke to them in the city, did they hear?
When He spoke to them in the city, did they hear?
Nicodemus came at night so he wouldn't be seen by men
Saying, "Master, tell me why a man must be born again"
When He spoke to them in the city, did they hear?
When He spoke to them in the city, did they hear?

When He healed the blind and crippled, did they see?
When He healed the blind and crippled, did they see?
When He said, "Pick up your bed and walk, why must you criticize?
Same thing My Father do, I can do likewise"
When He healed the blind and crippled, did they see?
When He healed the blind and crippled, did they see?

Did they speak out against Him, did they dare?
Did they speak out against Him, did they dare?
The multitude wanted to make Him king, put a crown upon His head
Why did He slip away to a quiet place instead?
Did they speak out against Him, did they dare?
Did they speak out against Him, did they dare?

When He rose from the dead, did they believe?
When He rose from the dead, did they believe?
He said, "All power is given to Me in heaven and on earth"
Did they know right then and there what the power was worth?
When He rose from the dead, did they believe?
When He rose from the dead, did they believe?

- 신약성서 「요한의 복음서」 18장 11절 '이것을 보신 예수께서 베드로에게 "그 칼을 칼집에 도로 꽂아라. 아버지께서 나에게 주신 이 고난의 잔을 내가 마셔야 하지 않겠느냐?"'에 대한 인유.
- •• 니코데모는 바리새인으로 그리스도의 숨은 제자이며, 해당 구절은 「요한의 복음서」 3장 4절 '다 자란 사람이 어떻게 다시 태어날 수 있겠습니까?'의 인유.
- ••• 「요한의 복음서」 5장 8절, '일어나 요를 걷어들고 걸어가거라' 5장 17절 '예수께서는 그들에게 "내 아버지께서 언제나 일하고 계시니 나도 일하는 것이다" 하고 말씀하셨다'를 인유.

Saved

동산에서

그들이 동산에서 그분을 맞으러 왔을 때, 그들은 알았을까?
그들이 동산에서 그분을 맞으러 왔을 때, 그들은 알았을까?
그들은 알았을까 그분이 신의 아들임을, 그들은 알았을까 그분이
　　주님임을?
그들은 들었을까 그분이 베드로에게 "베드로야, 검을 거두어라"
　　말씀하셨을 때?
그들이 동산에서 그분을 맞으러 왔을 때, 그들은 알았을까?
그들이 동산에서 그분을 맞으러 왔을 때, 그들은 알았을까?

그분이 도시에서 그들에게 말씀하셨을 때, 그들은 들었을까?
그분이 도시에서 그들에게 말씀하셨을 때, 그들은 들었을까?
니코데모가 사람들의 이목을 피해 밤에 찾아와
말하기를 "스승이시여, 말해주소서 왜 인간은 다시 태어나야 합니까?"
그분이 도시에서 그들에게 말씀하셨을 때, 그들은 들었을까?
그분이 도시에서 그들에게 말씀하셨을 때, 그들은 들었을까?

그분이 맹인과 절름발이를 치료하셨을 때, 그들은 보았을까?
그분이 맹인과 절름발이를 치료하셨을 때, 그들은 보았을까?
그분이 "네 자리를 들고 걸어가라, 어찌하여 비평하려고만 하느냐?
나의 아버지가 같은 것을 하셨으니, 나도 그와 같이 할 수 있는 것이다"
　　말씀하셨을 때
그분이 맹인과 절름발이를 치료하셨을 때, 그들은 보았을까?
그분이 맹인과 절름발이를 치료하셨을 때, 그들은 보았을까?

그들은 그분에게 반대하는 목소리를 냈을까, 감히 그렇게 했을까?
그들은 그분에게 반대하는 목소리를 냈을까, 감히 그렇게 했을까?
대중은 그분을 왕으로 세우고자 했고, 그분의 머리에 왕관을
　　씌워드리고자 했다
그분은 왜 그 자리를 피하여 조용한 곳으로 가셨을까?
그들은 그분에게 반대하는 목소리를 냈을까, 감히 그렇게 했을까?
그들은 그분에게 반대하는 목소리를 냈을까, 감히 그렇게 했을까?

- 신약성서 「마태오의 복음서」 28장 18절의 일부.

그분이 죽은 자 가운데서 일어나셨을 때, 그들은 믿었을까?
그분이 죽은 자 가운데서 일어나셨을 때, 그들은 믿었을까?
그분은 말하셨다, "나는 하늘과 땅의 모든 권한을 받았다"
그들은 곧바로 알았을까 그 권한 어떠한 가치 지녔는지?
그분이 죽은 자 가운데서 일어나셨을 때, 그들은 믿었을까?
그분이 죽은 자 가운데서 일어나셨을 때, 그들은 믿었을까?

Saving Grace

If you find it in Your heart, can I be forgiven?
Guess I owe You some kind of apology
I've escaped death so many times, I know I'm only living
By the saving grace that's over me

By this time I'd-a thought I would be sleeping
In a pine box for all eternity
My faith keeps me alive, but I still be weeping
For the saving grace that's over me

Well, the death of life, then come the resurrection
Wherever I am welcome is where I'll be
I put all my confidence in Him, my sole protection
Is the saving grace that's over me

Well, the devil's shining light, it can be most blinding
But to search for love, that ain't no more than vanity
As I look around this world all that I'm finding
Is the saving grace that's over me

The wicked know no peace and you just can't fake it
There's only one road and it leads to Calvary
It gets discouraging at times, but I know I'll make it
By the saving grace that's over me

구원의 은총

당신, 당신의 가슴에서 그것을 발견하신다면, 나는 용서받을 수
　있을까요?
난 당신께 수없이 사죄드려려야 할 빚을 지고 있겠지요
나 죽음으로부터 수없이 도망쳤으니, 나 사는 것
내게 임하시는 구원의 은총 덕분임을

이제 나는 생각해요 잠들고 싶다고
관 속에서 영원토록
나의 믿음이 나를 살아 있게 해요, 그저 울고 있을 뿐 내게 임하시는
　구원의 은총에

음, 삶의 죽음, 그다음엔 부활이 있어요
나 받아들여질 수 있는 곳 어디든 그곳이 내가 있을 곳이에요
내 모든 믿음 그분께 드렸으니, 날 보호해줄 유일한 것은
내게 임하시는 구원의 은총이에요

음, 악마는 빛을 비추고 있어요, 그 빛 눈멀 만큼 눈부실 수 있어요
하지만 사랑을 찾는 것, 그것은 허영에 지나지 않을 일 아니에요
이 세상을 둘러보며 내가 발견하는 건 오직
내게 임하시는 구원의 은총이에요

사악한 자들은 평화를 몰라요 그리고 당신들은 그것을 속일 수 없어요
오직 하나의 길 있을 뿐, 갈보리로 통하는
가끔 그 사실이 비관적인 생각을 갖게 하지요, 하지만 나 해내리라는 것
　알아요
내게 임하시는 구원의 은총 덕분에

Are You Ready?

Are you ready, are you ready?
Are you ready, are you ready?

Are you ready to meet Jesus?
Are you where you ought to be?
Will He know you when He sees you
Or will He say, "Depart from Me"?

Are you ready, hope you're ready
Am I ready, am I ready?
Am I ready, am I ready?

Am I ready to lay down my life for the brethren
And to take up my cross?
Have I surrendered to the will of God
Or am I still acting like the boss?

Am I ready, hope I'm ready

When destruction cometh swiftly
And there's no time to say a fare-thee-well
Have you decided whether you want to be
In heaven or in hell?

Are you ready, are you ready?

Have you got some unfinished business?
Is there something holding you back?
Are you thinking for yourself
Or are you following the pack?

Are you ready, hope you're ready
Are you ready?

Are you ready for the judgment?
Are you ready for that terrible swift sword?
Are you ready for Armageddon?
Are you ready for the day of the Lord?

Are you ready, I hope you're ready

• 「마태오의 복음서」 7장 23절. '내게서 물러가거라. 나는 너희를 도무지 알지 못한다'에서 인용했다.

준비됐나요?

당신은 준비됐나요, 준비됐나요?
당신은 준비됐나요, 준비됐나요?

예수님 만날 준비됐나요?
당신은 당신이 있어야 할 곳에 있나요?
그분이 당신을 보면 당신 알아보실 수 있을까요
아니면 "내게서 떠나가라"' 말씀하실까요?

당신은 준비됐나요, 준비됐길 바라요
난 준비됐을까, 난 준비됐을까?
난 준비됐을까, 난 준비됐을까?

나는 형제들 위해 내 삶 바칠 준비가 되었나
내 십자가를 짊어질 준비가?
나는 하느님의 의지에 나 자신을 맡겼을까?
아니면 여전히 주인처럼 행동하고 있을까?

난 준비됐을까, 준비됐길 바라

빠르게 파괴가 다가올 때
그리하여 작별의 인사 할 시간조차 없을 때
당신은 결정했는가, 어디에 있길 바라는지를?
천국인지, 지옥인지를?

당신은 준비됐나요, 당신은 준비됐나요?

아직 끝마치지 못한 일이 있나요?
당신을 막고 있는 뭔가가 있나요?
당신은 스스로 생각하고 있나요?
아니면 집단을 따르고 있나요?

당신은 준비됐나요, 준비됐길 바라요

당신은 준비됐나요?

당신은 심판에 대한 준비가 됐나요?
당신은 저 끔찍하도록 날랜 검에 대한 준비가 됐나요?
당신은 아마겟돈에 대한 준비가 됐나요?
당신은 주님의 그날에 대한 준비가 됐나요?

당신은 준비됐나요, 준비됐길 바라요

City of Gold

There is a City of Gold
Far from the rat race that eats at your soul
Far from the madness and the bars that hold
There is a City of Gold

There is a City of Light
Raised up in the heavens and the streets are bright
Glory to God—not by deeds or by might
There is a City of Light

There is a City of Love
Surrounded by stars and the powers above
Far from this world and the stuff dreams are made of
There is a City of Love

There is a City of Grace
You drink holy water in sanctified space
No one is afraid to show their face
In the City of Grace

There is a City of Peace
Where all foul forms of destruction cease
Where the mighty have fallen and there are no police
There is a City of Peace

There is a City of Hope
Above the ravine on the green sunlit slope
All I need is an axe and a rope
To get to the City of Hope

I'm heading for the City of Gold
Before it's too late, before it gets too cold
Before I'm too tired, before I'm too old
I'm heading for the City of Gold

Saved

황금의 도시

황금의 도시 있네
당신의 영혼을 파먹는 무한경쟁으로부터 먼 곳에
광기와 가로막는 빗장들로부터 먼 곳에
황금의 도시 있네

빛의 도시 있네
천국 위로 솟아오른 그리고 밝은 거리들이 있는
하느님께 영광을—업적이나 힘에 의한 것 아닌
빛의 도시 있네

사랑의 도시 있네
별들과 그 위의 천사들로 둘러싸인
이 세계로부터 멀리 있는 그리고 꿈을 이루는 물질로 만들어진
사랑의 도시 있네

은총의 도시 있네
당신은 축성된 공간에서 성수를 마신다네
아무도 제 얼굴 보이는 것을 두려워하지 않는다네
은총의 도시에서는

평화의 도시 있네
모든 잔혹한 형태의 파괴가 멈춘 곳
권력자는 쓰러지고 어떠한 경찰도 없는 곳
평화의 도시 있네

희망의 도시 있네
협곡 위 양지바른 푸른 경사지 위에
내게 필요한 모든 건 도끼와 밧줄
희망의 도시 닿기 위해

나 황금의 도시 향해 가네
너무 늦기 전에, 너무 추워지기 전에

너무 지치기 전에, 너무 늙기 전에
나 황금의 도시 향해 가네

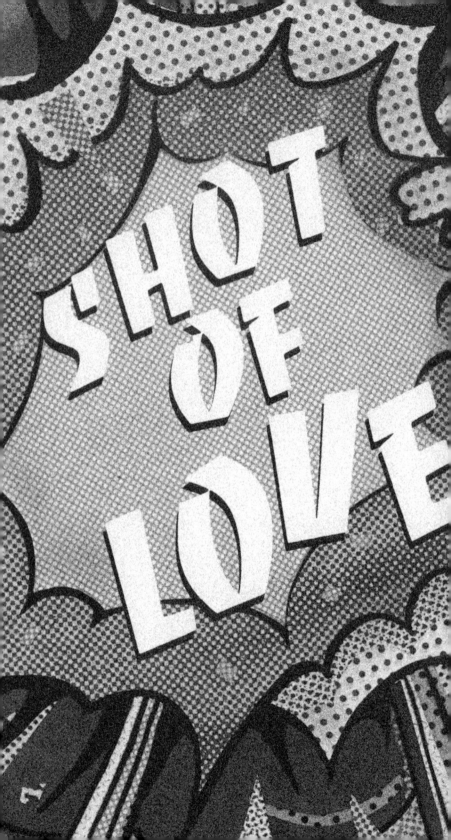

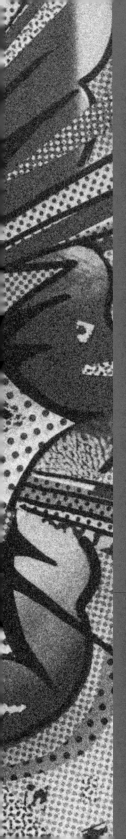

Shot of Love 1981

샷 오브 러브

Shot of Love

Heart of Mine

Property of Jesus

Lenny Bruce

Watered-Down Love

The Groom's Still Waiting at the Altar

Dead Man, Dead Man

In the Summertime

Trouble

Every Grain of Sand

additional lyrics

Let's Keep It Between Us

Caribbean Wind

Need a Woman

Angelina

You Changed My Life

Shot of Love

I need a shot of love, I need a shot of love

Don't need a shot of heroin to kill my disease
Don't need a shot of turpentine, only bring me to my knees
Don't need a shot of codeine to help me to repent
Don't need a shot of whiskey, help me be president

I need a shot of love, I need a shot of love

Doctor, can you hear me? I need some Medicaid
I seen the kingdoms of the world and it's makin' me feel afraid
What I got ain't painful, it's just bound to kill me dead
Like the men that followed Jesus when they put a price upon His head

I need a shot of love, I need a shot of love

I don't need no alibi when I'm spending time with you
I've heard all of them rumors and you have heard 'em too
Don't show me no picture show or give me no book to read
It don't satisfy the hurt inside nor the habit that it feeds

I need a shot of love, I need a shot of love

Why would I want to take your life?
You've only murdered my father, raped his wife
Tattooed my babies with a poison pen
Mocked my God, humiliated my friends

I need a shot of love, I need a shot of love

Don't wanna be with nobody tonight
Veronica not around nowhere, Mavis just ain't right
There's a man that hates me and he's swift, smooth and near
Am I supposed to set back and wait until he's here?

I need a shot of love, I need a shot of love

What makes the wind wanna blow tonight?
Don't even feel like crossing the street and my car ain't actin' right
Called home, everybody seemed to have moved away
My conscience is beginning to bother me today

샷 오브 러브

난 사랑이 한 잔 필요해, 사랑의 주사가 한 대 필요해

병을 없애려고 헤로인을 맞을 필요는 없어
테레빈유를 마실 필요도 없지, 날 무너뜨릴 뿐이야
회개하려고 코데인을 맞을 필요는 없어
우두머리 기분을 내려고 위스키를 마실 필요도 없지

난 사랑이 한 잔 필요해, 사랑의 주사가 한 대 필요해

의사 양반, 내 말 들리시나? 난 의료보험이 필요하다고
난 이 세상 왕국들을 여럿 봤지, 그것들은 날 두렵게 해
내 병이 고통스럽진 않아, 어디 뭐 죽기밖에 더하겠어
그놈들이 예수님 목에 현상금을 걸었을 때 그분을 따랐던 자들처럼
　말이야

난 사랑이 한 잔 필요해, 사랑의 주사가 한 대 필요해

너와 함께 시간을 보낼 때 알리바이는 필요치 않아
난 그 모든 루머들을 잘 알지, 너도 잘 알고 있고
내게 영화를 보여주지 마, 읽을 책도 주지 마
그건 내면의 상처도, 상처로 생긴 습관도 만족시켜주지 않을 거야

난 사랑이 한 잔 필요해, 사랑의 주사가 한 대 필요해

왜 내가 당신의 목숨을 뺏고 싶어하겠어?
당신은 내 아버지를 죽이고, 내 아버지의 부인을 강간했을 뿐인데
독이 든 펜으로 내 아기들에게 문신을 했을 뿐인데
나의 신을 조롱하고 내 친구들에게 굴욕을 줬을 뿐인데

난 사랑이 한 잔 필요해, 사랑의 주사가 한 대 필요해

오늘밤엔 그 누구와도 같이 있고 싶지 않아

I need a shot of love, I need a shot of love

I need a shot of love, I need a shot of love
If you're a doctor, I need a shot of love

베로니카는 어디 있는지 모르겠고, 마비스는 어울리지 않는다고
날 싫어하는 녀석이 하나 있긴 하지, 재빠르고 침착한데다 나와 가까워
그저 멀찍이 물러서서 그가 여기 올 때까지 기다려야 하는 거야?

난 사랑이 한 잔 필요해, 사랑의 주사가 한 대 필요해

오늘 같은 밤, 바람은 왜 부는 걸까?
길을 건너고 싶은 기분조차 들지 않네, 그리고 내 차는 도무지 말을
　듣지 않네
집에 전화를 걸었지, 다들 이사 가버린 모양이야
오늘 난 양심의 가책이 들기 시작하네

난 사랑이 한 잔 필요해, 사랑의 주사가 한 대 필요해

난 사랑이 한 잔 필요해, 사랑의 주사가 한 대 필요해
혹시 네가 의사라면, 내게 사랑의 주사 한 대만 놓아줘

Heart of Mine

Heart of mine be still
You can play with fire but you'll get the bill
Don't let her know
Don't let her know that you love her
Don't be a fool, don't be blind
Heart of mine

Heart of mine go back home
You got no reason to wander, you got no reason to roam
Don't let her see
Don't let her see that you need her
Don't put yourself over the line
Heart of mine

Heart of mine go back where you been
It'll only be trouble for you if you let her in
Don't let her hear
Don't let her hear you want her
Don't let her think you think she's fine
Heart of mine

Heart of mine you know that she'll never be true
She'll only give to others the love that she's gotten from you
Don't let her know
Don't let her know where you're going
Don't untie the ties that bind
Heart of mine

Heart of mine so malicious and so full of guile
Give you an inch and you'll take a mile
Don't let yourself fall
Don't let yourself stumble
If you can't do the time, don't do the crime
Heart of mine

나의 마음아

나의 마음아, 가만히 있어
불장난을 해도 좋지만 대가는 네가 치러야 할 거야
그녀가 알게 하지 마
그녀가 알게 하지 마 네가 사랑한다는 걸
바보처럼 굴지 마, 눈멀지 마
나의 마음아

나의 마음아, 집으로 돌아가
방황할 필요 없어, 배회할 필요 없어
그녀가 모르게 해
그녀가 모르게 해, 네가 필요로 한다는 걸
선을 넘지는 마
나의 마음아

나의 마음아, 네가 있었던 곳으로 돌아가
그녀를 들이면 골치 아픈 일들만 생길 거야
그녀가 못 듣게 해
그녀가 못 듣게 해, 네가 원한다는 소리를
네가 자기를 좋아한다고 생각하게 만들지 마
나의 마음아

나의 마음아, 그녀는 절대 진실하지 않으리란 거 알잖아
그녀는 네가 준 사랑을 다른 사람들에게 그냥 줘버리고 말 거야
그녀가 알게 하지 마
그녀가 알게 하지 마, 네가 어디로 가고 있는지를
묶인 끈을 풀어버리지 마
나의 마음아

나의 마음아, 정말 심술궂고 너무나도 교활하지
네게 내 일당을 주면 너는 내 전 재산을 달라고 할 거야
넘어질 일을 만들지 마
비틀거릴 일을 만들지 마

감옥에 못 가겠다면, 죄를 저지르지 마
나의 마음아

Property of Jesus

Go ahead and talk about him because he makes you doubt
Because he has denied himself the things that you can't live without
Laugh at him behind his back just like the others do
Remind him of what he used to be when he comes walkin' through

He's the property of Jesus
Resent him to the bone
You got something better
You've got a heart of stone

Stop your conversation when he passes on the street
Hope he falls upon himself, oh, won't that be sweet
Because he can't be exploited by superstition anymore
Because he can't be bribed or bought by the things that you adore

He's the property of Jesus
Resent him to the bone
You got something better
You've got a heart of stone

When the whip that's keeping you in line doesn't make him jump
Say he's hard-of-hearin', say that he's a chump
Say he's out of step with reality as you try to test his nerve
Because he doesn't pay no tribute to the king that you serve

He's the property of Jesus
Resent him to the bone
You got something better
You've got a heart of stone

Say that he's a loser 'cause he got no common sense
Because he don't increase his worth at someone else's expense
Because he's not afraid of trying, 'cause he don't look at you and smile
'Cause he doesn't tell you jokes or fairy tales, say he's got no style

He's the property of Jesus
Resent him to the bone
You got something better
You've got a heart of stone

You can laugh at salvation, you can play Olympic games
You think that when you rest at last you'll go back from where you came

예수님의 재산

어서 그에 대해 떠들어봐, 그는 너흴 의심하게 만드니까
너흰 없으면 못 사는 것들을 그는 스스로 부정했으니까
등뒤에서 그를 비웃어봐, 남들처럼 말이야
그가 여길 지나갈 때 그가 예전에 어땠었는지 떠오르게 해줘봐

그는 예수님의 재산
너흰 그를 뼛속까지 미워해
그래, 너흰 뭔가 더 나은 걸 갖고 있군
너흰 무정한 마음을 가졌어

다들 하던 말을 멈춰보지그래, 그가 거리를 지나갈 때 말이야
그가 혼자 자빠지길 빌어보지 그래, 오, 그것 참 고소할 거야
그는 더이상 미신에 휘둘리지 않을 테니까
그는 너희가 아주 좋아하는 것들을 뇌물로 받거나, 그걸로 매수당하지
  않을 테니까

그는 예수님의 재산
너흰 그를 뼛속까지 미워해
그래, 너흰 뭔가 더 나은 걸 갖고 있군
너흰 무정한 마음을 가졌어

너흴 동조하게 하는 채찍이 그에겐 아무 소용 없을 때
말해봐 그를 보고 귀머거리라고, 얼간이라고
말해봐 그를 보고 현실과 동떨어졌다고, 그의 인내심을 시험하며 말이야
그는 너희가 섬기는 왕을 향해 경의를 보내지 않으니까

그는 예수님의 재산
너흰 그를 뼛속까지 미워해
그래, 너흰 뭔가 더 나은 걸 갖고 있군
너흰 무정한 마음을 가졌어

말해봐 그가 루저라고, 그에겐 도무지 상식이란 게 없으니까

But you've picked up quite a story and you've changed since the womb
What happened to the real you, you've been captured but by whom?

He's the property of Jesus
Resent him to the bone
You got something better
You've got a heart of stone

그는 다른 누군가의 희생으로 자신의 가치를 드높이지 않으니까
그는 고통을 두려워하지 않으니까, 너흴 보고 웃어주지 않으니까
너희에게 농담이나 거짓말을 하지 않으니까, 말해봐 그가 구식이라고

그는 예수님의 재산
너흰 그를 뼛속까지 미워해
그래, 너흰 뭔가 더 나은 걸 갖고 있군
너흰 무정한 마음을 가졌어

구원을 비웃어도 좋아, 올림픽 게임이나 해도 좋아
마침내 너희가 휴식을 취하게 될 때, 너흰 왔었던 곳으로 되돌아갈 테지
하지만 너흰 그동안 주워들은 게 꽤 되잖아, 자궁 안에 있던 시절
　이후로 많이 변해버렸지
'진짜 너희'에겐 무슨 일이 일어난 거야? 대체 그동안 누구한테 사로잡혀
　있었던 거냐고?

그는 예수님의 재산
너흰 그를 뼛속까지 미워해
그래, 너흰 뭔가 더 나은 걸 갖고 있군
너흰 무정한 마음을 가졌어

Lenny Bruce

Lenny Bruce is dead but his ghost lives on and on
Never did get any Golden Globe award, never made it to Synanon
He was an outlaw, that's for sure
More of an outlaw than you ever were
Lenny Bruce is gone but his spirit's livin' on and on

Maybe he had some problems, maybe some things that he couldn't work
out
But he sure was funny and he sure told the truth and he knew what he was
talkin' about
Never robbed any churches nor cut off any babies' heads
He just took the folks in high places and he shined a light in their beds
He's on some other shore, he didn't wanna live anymore

Lenny Bruce is dead but he didn't commit any crime
He just had the insight to rip off the lid before its time
I rode with him in a taxi once
Only for a mile and a half, seemed like it took a couple of months
Lenny Bruce moved on and like the ones that killed him, gone

They said that he was sick 'cause he didn't play by the rules
He just showed the wise men of his day to be nothing more than fools
They stamped him and they labeled him like they do with pants and shirts
He fought a war on a battlefield where every victory hurts
Lenny Bruce was bad, he was the brother that you never had

- 마약중독자를 치료하는 사설 단체.

Shot of Love

레니 브루스

레니 브루스는 죽었어, 하지만 그의 유령은 사라지지 않아
어떤 골든글로브상도 받지 않았어, 시내년*에도 단 한 번 가지 않았지
그는 무법자였어, 그건 분명한 사실이야
누구보다도 더한 무법자였지
레니 브루스는 죽었어, 하지만 그의 영혼은 계속돼

어쩌면 그에겐 문제가 조금 있었는지도 몰라, 아마 도저히 해결할 수
　　없던 문제들이
하지만 그는 분명 웃겼고 그는 분명 진실을 말했지, 그는 자기가 무슨
　　소릴 하는지를 알았어
교회를 턴 적도 없고, 아기들의 목을 딴 적도 없지
그는 그저 높은 자리에 있는 분들을 데려다가 그들의 침대에 빛을
　　비춰줬어
이제 그는 다른 해변에 있다네, 더는 살고 싶어하지 않았지

레니 브루스는 죽었어, 하지만 그는 어떤 범죄도 저지르지 않았지
그는 통찰력이 있었어, 너무 늦기 전에 진실을 들춰낼 줄 알았지
한번은 그와 함께 택시를 탄 적이 있었어
겨우 1마일 반을 달렸을 뿐인데 몇 달이 걸린 것만 같았지
레니 브루스는 계속 나아가다 결국 그를 죽였던 놈들과 마찬가지로
　　죽어버렸다네

그들은 말했지 그가 맛이 갔다고, 왜냐하면 그는 규칙을 따르지
　　않았으니까
그 시대의 현자들에게 그는 그저 바보에 불과한 존재로 보였지
그들은 그에게 도장을 찍고 상표를 붙였어, 마치 바지와 셔츠에 하듯이
그는 전쟁을 치렀어, 모든 승리가 아픔인 그런 전장에서 말이야
레니 브루스는 멋졌어, 그는 당신들이 한 번도 가져보지 못한
　　형제였다네

Watered-Down Love

Love that's pure hopes all things
Believes all things, won't pull no strings
Won't sneak up into your room, tall, dark and handsome
Capture your heart and hold it for ransom

You don't want a love that's pure
You wanna drown love
You want a watered-down love

Love that's pure, it don't make no false claims
Intercedes for you 'stead of casting you blame
Will not deceive you or lead you into transgression
Won't write it up and make you sign a false confession

You don't want a love that's pure
You wanna drown love
You want a watered-down love

Love that's pure won't lead you astray
Won't hold you back, won't mess up your day
Won't pervert you, corrupt you with stupid wishes
It don't make you envious, it don't make you suspicious

You don't want a love that's pure
You wanna drown love
You want a watered-down love

Love that's pure ain't no accident
Always on time, is always content
An eternal flame, quietly burning
Never needs to be proud, restlessly yearning

You don't want a love that's pure
You wanna drown love
You want a watered-down love

싱거운 사랑

순수한 사랑은 모든 걸 기대해
모든 걸 믿지, 뒤에서 몰래 조종하지 않아
네 방에 몰래 숨어들려 하지 않을 거야, 키 크고 가무잡잡하고 잘생긴
　　남자애처럼
네 마음을 사로잡아 그걸로 몸값을 요구하지 않을 거야

넌 순수한 사랑을 원하지 않아
넌 사랑을 물에 빠뜨리고 싶어해
넌 싱거운 사랑을 원해

순수한 사랑, 그건 거짓을 내세우지 않아
널 비난하는 대신 널 위해 선처를 호소하지
널 속이거나 널 일탈로 이끌지 않을 거야
거짓 자백을 써서 네가 거기 서명하게 하진 않을 거야

넌 순수한 사랑을 원하지 않아
넌 사랑을 물에 빠뜨리고 싶어해
넌 싱거운 사랑을 원해

순수한 사랑은 널 타락으로 이끌지 않을 거야
널 방해하지도, 네 하루를 망쳐놓지도 않을 거야
널 빗나가게 하거나, 멍청한 바람들로 널 더럽히지도 않을 거야
그건 널 시샘하게 하지 않아, 의심에 빠지게 하지 않아

넌 순수한 사랑을 원하지 않아
넌 사랑을 물에 빠뜨리고 싶어해
넌 싱거운 사랑을 원해

순수한 사랑은 우연이 아니야
언제나 시간을 지키고, 언제나 만족스럽지
영원한 불꽃으로 고요히 타올라
절대 자만하지 않고, 쉼 없이 갈망하지

넌 순수한 사랑을 원하지 않아
넌 사랑을 물에 빠뜨리고 싶어해
넌 싱거운 사랑을 원해

The Groom's Still Waiting at the Altar

Prayed in the ghetto with my face in the cement
Heard the last moan of a boxer, seen the massacre of the innocent
Felt around for the light switch, became nauseated
She was walking down the hallway while the walls deteriorated

West of the Jordan, east of the Rock of Gibraltar
I see the turning of the page
Curtain risin' on a new age
See the groom still waitin' at the altar

Try to be pure at heart, they arrest you for robbery
Mistake your shyness for aloofness, your silence for snobbery
Got the message this morning, the one that was sent to me
About the madness of becomin' what one was never meant to be

West of the Jordan, east of the Rock of Gibraltar
I see the burning of the stage
Curtain risin' on a new age
See the groom still waitin' at the altar

Don't know what I can say about Claudette that wouldn't come back to
   haunt me
Finally had to give her up 'bout the time she began to want me
But I know God has mercy on them who are slandered and humiliated
I'd a-done anything for that woman if she didn't make me feel so obligated

West of the Jordan, east of the Rock of Gibraltar
I see the burning of the cage
Curtain risin' on a new stage
See the groom still waitin' at the altar

Put your hand on my head, baby, do I have a temperature?
I see people who are supposed to know better standin' around like furniture
There's a wall between you and what you want and you got to leap it
Tonight you got the power to take it, tomorrow you won't have the power
   to keep it

West of the Jordan, east of the Rock of Gibraltar
I see the burning of the stage
Curtain risin' on a new age
See the groom still waitin' at the altar

신랑은 여전히 제단에서 기다리고 있어

빈민가에서 기도했어, 얼굴을 시멘트에 파묻은 채
복서의 마지막 신음을 들었지, 순수가 완패하는 걸 봤어
전등 스위치를 찾아 더듬거렸어, 속이 메스꺼워졌지
그녀는 복도를 걷고 있었다네, 벽이 무너져내리는 동안

요르단의 서쪽, 지브롤터 암벽의 동쪽
페이지가 넘어가고 있어
새 시대의 막이 오르고 있어
봐, 신랑은 여전히 제단에서 기다리고 있어

순수한 마음을 가지려고 해봐, 그들은 널 강도죄로 체포하지
너의 수줍음을 무관심으로, 너의 침묵을 속물근성으로 착각하지
오늘 아침 전보를 받았다네, 바로 나한테 온 거였지
절대 의도하지 않았지만 그렇게 되어버린 광기에 대해서 말이야

요르단의 서쪽, 지브롤터 암벽의 동쪽
무대가 불타고 있어
새 시대의 막이 오르고 있어
봐, 신랑은 여전히 제단에서 기다리고 있어

뭐라고 말해야 할지 모르겠어, 더는 다시 나타나 날 괴롭히지 않는
　　클로뎃에 대해 말이야
그녀가 날 원하기 시작했을 때, 결국 난 그녀를 포기해야 했지
하지만 난 알아, 신께서 비방당하고 굴욕당한 자들에게 자비를
　　베푸신다는 걸
난 저 여자를 위해 뭐든 했을 거라네, 내게 과한 의무감을 지우지만
　　않았더라면

요르단의 서쪽, 지브롤터 암벽의 동쪽
새장이 불타고 있어
새 무대의 막이 오르고 있어
봐, 신랑은 여전히 제단에서 기다리고 있어

Cities on fire, phones out of order
They're killing nuns and soldiers, there's fighting on the border
What can I say about Claudette? Ain't seen her since January
She could be respectfully married or running a whorehouse in Buenos Aires

West of the Jordan, east of the Rock of Gibraltar
I see the burning of the stage
Curtain risin' on a new age
See the groom still waitin' at the altar

손으로 내 머리 좀 짚어봐, 나한테 열이 나니?
그렇게 어리석지는 않으실 분들께서 주변에 우두커니 가구처럼 서 계셔
너와 네가 원하는 것 사이에 벽이 있어, 그리고 넌 그걸 뛰어넘어야 해
오늘밤 넌 그걸 가질 힘이 있지만, 내일이면 넌 그걸 지킬 힘을 잃고 말
　거야

요르단의 서쪽, 지브롤터 암벽의 동쪽
무대가 불타고 있어
새 시대의 막이 오르고 있어
봐, 신랑은 여전히 제단에서 기다리고 있어

도시는 불바다고, 전화기는 고장났어
그들이 수녀와 군인을 죽이고 있다네, 국경에서 싸움이 벌어졌지
내가 클로뎃에 대해 뭘 말할 수 있겠어? 1월 이후론 보지도 못했는데
경건하게 결혼을 했을 수도, 부에노스아이레스에서 사창굴을 굴릴 수도
　있겠지

요르단의 서쪽, 지브롤터 암벽의 동쪽
무대가 불타고 있어
새 시대의 막이 오르고 있어
봐, 신랑이 여전히 제단에서 기다리고 있어

Dead Man, Dead Man

Uttering idle words from a reprobate mind
Clinging to strange promises, dying on the vine
Never bein' able to separate the good from the bad
Ooh, I can't stand it, I can't stand it
It's makin' me feel so sad

Dead man, dead man
When will you arise?
Cobwebs in your mind
Dust upon your eyes

Satan got you by the heel, there's a bird's nest in your hair
Do you have any faith at all? Do you have any love to share?
The way that you hold your head, cursin' God with every move
Ooh, I can't stand it, I can't stand it
What are you tryin' to prove?

Dead man, dead man
When will you arise?
Cobwebs in your mind
Dust upon your eyes

The glamour and the bright lights and the politics of sin
The ghetto that you build for me is the one you end up in
The race of the engine that overrules your heart
Ooh, I can't stand it, I can't stand it
Pretending that you're so smart

Dead man, dead man
When will you arise?
Cobwebs in your mind
Dust upon your eyes

What are you tryin' to overpower me with, the doctrine or the gun?
My back is already to the wall, where can I run?
The tuxedo that you're wearin', the flower in your lapel
Ooh, I can't stand it, I can't stand it
You wanna take me down to hell

Dead man, dead man
When will you arise?
Cobwebs in your mind

Shot of Love

죽은 자여, 죽은 자여

타락한 마음으로 헛된 소리를 지껄여대다
이상한 약속에 얽매여선 열매 한 번 못 맺어보고 죽지
선과 악을 전혀 구별할 줄 모르다니
우우, 난 참을 수가 없어, 정말이지 참을 수가 없어
날 너무나도 슬프게 해

죽은 자여, 죽은 자여
넌 언제쯤 일어날 거니?
네 마음엔 거미줄이
네 눈엔 먼지가

사탄이 네 발뒤꿈치를 붙잡고 있어, 네 머리에 둥지를 틀고 있어
너한테 믿음이란 게 있기나 하니? 함께 나눌 사랑이 조금이라도 있니?
꼿꼿이 고개를 쳐들고서, 무얼 하든 신을 저주하는 바로 그 태도
우우, 난 참을 수가 없어, 정말이지 참을 수가 없어
넌 대체 무얼 증명하려는 거니?

죽은 자여, 죽은 자여
넌 언제쯤 일어날 거니?
네 마음엔 거미줄이
네 눈엔 먼지가

화려함과 도시의 휘황찬란함, 그리고 죄악의 정치
결국 넌 네가 날 위해 지어준 빈민가로 가는 신세가 되고 말겠지
네 마음을 지배하는 엔진의 공회전
우우, 난 참을 수가 없어, 정말이지 참을 수가 없어
네가 그렇게 잘난 척해대는 꼴을

죽은 자여, 죽은 자여
넌 언제쯤 일어날 거니?
네 마음엔 거미줄이
네 눈엔 먼지가

Dust upon your eyes

넌 대체 뭘로 날 제압하려는 거야? 교리나 총으로?
난 이미 벽을 등지고 있어, 어디로 도망칠 수 있겠어?
네가 입은 턱시도, 옷깃에 꽂은 꽃
우우, 난 참을 수가 없어, 정말이지 참을 수가 없어
넌 날 지옥으로 끌고 가고 싶어하지

죽은 자여, 죽은 자여
넌 언제쯤 일어날 거니?
네 마음엔 거미줄이
네 눈엔 먼지가

In the Summertime

I was in your presence for an hour or so
Or was it a day? I truly don't know
Where the sun never set, where the trees hung low
By that soft and shining sea
Did you respect me for what I did
Or for what I didn't do, or for keeping it hid?
Did I lose my mind when I tried to get rid
Of everything you see?

In the summertime, ah in the summertime
In the summertime, when you were with me

I got the heart and you got the blood
We cut through iron and we cut through mud
Then came the warnin' that was before the flood
That set everybody free
Fools they made a mock of sin
Our loyalty they tried to win
But you were closer to me than my next of kin
When they didn't want to know or see

In the summertime, ah in the summertime
In the summertime when you were with me

Strangers, they meddled in our affairs
Poverty and shame was theirs
But all that sufferin' was not to be compared
With the glory that is to be
And I'm still carrying the gift you gave
It's a part of me now, it's been cherished and saved
It'll be with me unto the grave
And then unto eternity

In the summertime, ah in the summertime
In the summertime when you were with me

Shot of Love

여름철에

전 당신 눈앞에 있었어요, 아마도 한 시간쯤
아니 하루종일이었나요? 정말 모르겠어요
태양이 절대 지지 않는 곳, 나무들이 가지를 늘어뜨린 곳
부드럽고 빛나는 바닷가에서
당신은 제가 한 일에 경의를 표했었나요?
아니면 제가 하지 않은 일이나, 혹은 제가 숨겨둔 일에?
당신이 보는 모든 것들을 제가 없애버리려 했을 때
저는 제정신이 아니었던 건가요?

여름철에, 아 여름철에
여름철에, 당신이 저와 함께 있었을 때

저에겐 마음이 있고 당신에겐 피가 있어요
우린 무쇠를 자르고 진창을 뚫고 왔죠
그러다가 경고가 내렸어요, 홍수가 닥칠 거라고요
모두를 해방시키라고요
바보들은 죄를 조롱했죠
그들은 우리의 충성심을 얻으려 했어요
하지만 당신은 제 가장 가까운 친척보다 더 가까이에 계셨죠
그들이 알려 하지도 보려 하지도 않았을 때 말이에요

여름철에, 아 여름철에
여름철에, 당신이 저와 함께 있었을 때

낯선 자들, 그들이 우리 사이에 끼어들어요
가난과 수치심은 그들의 것이었죠
하지만 그 모든 수난들은 정말 아무것도 아니었어요
앞으로 올 영광에 비하면요
그리고 전 여전히 당신이 주신 선물을 지니고 다니죠
이제 저의 일부가 되어버렸어요, 저는 그걸 소중히 아껴두었죠
무덤까지 들고 갈 거예요
그리고 영원에 이르기까지

여름철에, 아 여름철에
여름철에, 당신이 저와 함께 있었을 때

Trouble

Trouble in the city, trouble in the farm
You got your rabbit's foot, you got your good-luck charm
But they can't help you none when there's trouble

Trouble
Trouble, trouble, trouble
Nothin' but trouble

Trouble in the water, trouble in the air
Go all the way to the other side of the world, you'll find trouble there
Revolution even ain't no solution for trouble

Trouble
Trouble, trouble, trouble
Nothin' but trouble

Drought and starvation, packaging of the soul
Persecution, execution, governments out of control
You can see the writing on the wall inviting trouble

Trouble
Trouble, trouble, trouble
Nothin' but trouble

Put your ear to the train tracks, put your ear to the ground
You ever feel like you're never alone even when there's nobody else
    around?
Since the beginning of the universe man's been cursed by trouble

Trouble
Trouble, trouble, trouble
Nothin' but trouble

Nightclubs of the broken-hearted, stadiums of the damned
Legislature, perverted nature, doors that are rudely slammed
Look into infinity, all you see is trouble

Trouble
Trouble, trouble, trouble
Nothin' but trouble

문제

도시에 문제, 농장에도 문제
행운의 토끼발도 있고, 행운의 부적도 있지만
그것들은 아무짝에도 쓸모없지, 문제가 터지면 말이야

문제야 문제
문제, 문제, 문제
오로지 문제뿐이야

물속에 문제, 공기에도 문제
이 세상 반대쪽까지 쭉 가봐, 거기에도 문제는 있다는 걸 알게 되지
혁명도 문제를 해결해주지 못하지

문제야 문제
문제, 문제, 문제
오로지 문제뿐이야

가뭄과 기아, 영혼의 포장
박해, 처형, 통제 불가능한 정부들
문제를 터뜨리려는 불행한 징조가 보이네

문제야 문제
문제, 문제, 문제
오로지 문제뿐이야

기차선로에 귀기울여봐, 땅에도 귀기울여봐
전혀 외롭지 않았던 적이 있니? 주변에 아무도 없는데도 말이야
우주가 시작됐을 때부터 인류는 문제라는 저주에 시달려왔다네

문제야 문제
문제, 문제, 문제
오로지 문제뿐이야

실연당한 자들의 나이트클럽, 저주받은 자들의 스타디움
입법부, 변태적 성향, 무례하게 쾅! 닫혀버리는 문들
아득히 먼 곳을 한번 봐봐, 보이는 건 문제뿐이지

문제야 문제
문제, 문제, 문제
오로지 문제뿐이야

Every Grain of Sand

In the time of my confession, in the hour of my deepest need
When the pool of tears beneath my feet flood every newborn seed
There's a dyin' voice within me reaching out somewhere
Toiling in the danger and in the morals of despair

Don't have the inclination to look back on any mistake
Like Cain, I now behold this chain of events that I must break
In the fury of the moment I can see the Master's hand
In every leaf that trembles, in every grain of sand

Oh, the flowers of indulgence and the weeds of yesteryear
Like criminals, they have choked the breath of conscience and good cheer
The sun beat down upon the steps of time to light the way
To ease the pain of idleness and the memory of decay

I gaze into the doorway of temptation's angry flame
And every time I pass that way I always hear my name
Then onward in my journey I come to understand
That every hair is numbered like every grain of sand

I have gone from rags to riches in the sorrow of the night
In the violence of a summer's dream, in the chill of a wintry light
In the bitter dance of loneliness fading into space
In the broken mirror of innocence on each forgotten face

I hear the ancient footsteps like the motion of the sea
Sometimes I turn, there's someone there, other times it's only me
I am hanging in the balance of the reality of man
Like every sparrow falling, like every grain of sand

Shot of Love

모래알 한 알 한 알

내 고백의 시기에, 내가 정말 절실한 시기에
내 발 아래 생겨난 눈물의 웅덩이가 갓 태어난 씨앗들을 모두 잠기게
　할 때
내 안에서 어딘가로 손을 뻗으려 하는, 죽어가는 목소리가 들려오네
위험 속에서, 절망의 윤리로 느릿느릿 나아가면서

어떤 실수라도 돌이켜볼 생각은 없어
카인처럼, 이젠 내가 부서뜨려야만 하는 이 일련의 사건들을 바라봐
순간의 분노 속에서, 난 주님의 손길을 느끼네
바람에 떠는 모든 잎사귀에서, 한 알 한 알의 모든 모래알에서

오, 방종한 꽃들과 지난날의 잡초들
죄지은 자들처럼, 양심과 명랑한 기분의 숨통을 조여버렸어
시간이 발을 내딛는 곳마다 햇빛이 내려 길을 밝혀주네
부패의 기억과 나태의 고통을 덜어주려고

난 성난 유혹의 불길로 들어가는 문을 바라봐
그리고 그 길을 지날 때마다 늘 내 이름을 듣지
그리고 여정을 계속하다가 마침내 난 알게 되었네
머리털도 그 수가 정해져 있다는 걸, 모든 모래알처럼

난 가난뱅이에서 부자가 되었지, 밤의 슬픔 속에서
여름날 꿈의 격렬함 속에서, 겨울날 빛의 한기 속에서
허공 속으로 사라져가는 외로움의 비통한 춤 속에서
망각된 얼굴을 하나하나 비추는 깨진 순수의 거울 속에서

난 바다의 출렁임 같은 오래된 발소리를 들어
때로 뒤돌아보면 거기엔 누군가가 있고, 또다른 때엔 오직 나뿐이지
난 인간의 현실이 어찌될지 알 수 없는 상태에 있다네
추락하는 모든 참새들처럼, 한 알 한 알의 모든 모래알처럼

Let's Keep It Between Us

Let's keep it between us
These people meddlin' in our affairs, they're not our friends
Let's keep it between us
Before doors close and our togetherness comes to an end
They'll turn you against me and me against you
'Til we don't know who to trust
Oh, darlin', can we keep it between us?

Let's keep it between us
We've been through too much tough times that they never shared
They've had nothing to say to us before
Now all of a sudden it's as if they've always cared
All we need is honesty
A little humility and trust
Oh, darlin', can we keep it between us?

I know we're not perfect
Then again, neither are they
They act like we got to live for them
As if there just ain't no other way
And it's makin' me kind of tired

Can we just lay back for a moment
Before we wake up and find ourselves in a daze that's got us out of our
    minds?
There must be something we're overlooking here
We better drop down now and get back behind the lines
There's some things not fit for human ears
Some things don't need to be discussed
Oh, darlin', can we keep it between us?

They'll tell you onething and me another
'Til we don't know who to trust
Oh, darlin', can we keep it between us?

Let's keep it between us
Before it all snaps and goes too far
If we can't deal with this by ourselves
Tell me we ain't worse off than they think we are
Backseat drivers don't know the feel of the wheel
But they sure know how to make a fuss
Oh, darlin', can we keep it between us?

우리 둘만 알고 있자

우리 둘만 알고 있자
우리 사이에 끼어드는 이 사람들, 그들은 우리의 친구가 아니야
우리 둘만 알고 있자
문이 다 닫히고 우리의 단란함이 끝나버리기 전에
그들은 네게 날 배신하게 하고 내게 널 배신하게 할 거야
대체 우리가 누굴 믿어야 할지 모르게 될 때까지
오 그대여, 우리 둘만 알고 있으면 안 될까?

우리 둘만 알고 있자
우린 그들이 결코 공유한 적 없는 고난의 시간을 정말 오랫동안
　함께해왔잖아
그들은 우리 앞에서 아무 할말이 없지
그런데 갑자기 이제 와서는 늘 신경이라도 써줬다는 듯 굴다니
우리에게 필요한 건 정직함
그리고 약간의 겸손과 신뢰뿐
오 그대여, 우리 둘만 알고 있으면 안 될까?

우리가 완벽하지 않다는 걸 알아
그렇긴 하지만, 그건 그들도 마찬가지야
마치 우리가 그들을 위해 살아야만 한다는 듯 굴다니
마치 다른 길은 없다는 듯이
그리고 그건 나를 좀 지치게 해

우리 잠깐이라도 편히 앉을까?
우리가 깨어나기 전까지, 그래서 정신을 빼놓는 현혹 속에 우리가 빠져
　있었다는 걸 알게 되기 전까지
여기서 분명 우리가 못 본 게 있을 거야
지금 모두 다 내려놓고 선 뒤로 물러서는 게 나을지도 몰라
인간의 귀로 듣기에 어울리지 않는 것들이 있잖아
논할 필요조차 없는 것들이 있잖아
오 그대여, 우리 둘만 알고 있으면 안 될까?

Can we keep it between us?

그들은 너와 내게 서로 다른 말들을 해댈 거야
대체 우리가 누굴 믿어야 할지 모르게 될 때까지
오 그대여, 우리 둘만 알고 있으면 안 될까?

우리 둘만 알고 있자
모든 게 툭 끊어져서 도를 넘어버리기 전에
만일 우리가 스스로 이걸 감당해낼 수 없다 하더라도
우리가 그들의 생각보다 못한 건 아니라고 내게 말해줘
뒷자리에 앉아 잔소리만 하는 사람이 핸들의 기분을 알 리가 없지
하지만 어떻게 소란을 피울지는 확실히 알고 있다네
오 그대여, 우리 둘만 알고 있으면 안 될까?

우리 둘만 알고 있으면 안 될까?

Caribbean Wind

She was the rose of Sharon from paradise lost
From the city of seven hills near the place of the cross
I was playing a show in Miami in the theater of divine comedy
Told about Jesus, told about the rain
She told me about the jungle where her brothers were slain
By a man who danced on the roof of the embassy

Was she a child or a woman, I can't say which
From one to another she could easily switch
We went into the wall to where the long arm of the law could not reach
Could I been used and played as a pawn?
It certainly was possible as the gay night wore on
Where men bathed in perfume and celebrated free speech

And them Caribbean winds still blow from Nassau to Mexico
Fanning the flames in the furnace of desire
And them distant ships of liberty on them iron waves so bold and free
Bringing everything that's near to me nearer to the fire

She looked into my soul through the clothes that I wore
She said, "We got a mutual friend over by the door
And you know he's got our best interest in mind"
He was well connected but her heart was a snare
And she had left him to die in there
There were payments due and he was a little behind

The cry of the peacock, flies buzz my head
Ceiling fan broken, there's a heat in my bed
Street band playing "Nearer My God to Thee"
We met at the steeple where the mission bells ring
She said, "I know what you're thinking, but there ain't a thing
You can do about it, so let us just agree to agree"

And them Caribbean winds still blow from Nassau to Mexico
Fanning the flames in the furnace of desire
And them distant ships of liberty on them iron waves so bold and free
Bringing everything that's near to me nearer to the fire

Atlantic City by the cold grey sea
I hear a voice crying, "Daddy," I always think it's for me
But it's only the silence in the buttermilk hills that call
Every new messenger brings evil report

카리브해의 바람

그녀는 실낙원에 핀 샤론의 장미였어
십자가가 있는 근처, 일곱 언덕의 도시에서 말이야
난 마이애미의 신곡神曲 극장에서 쇼를 하고 있었지
예수님에 대해 말했고, 비에 대해 말했어
그녀는 자신의 동생들이 살해당한 정글에 대해 내게 말했어
그들이 대사관 지붕 위에서 춤추던 한 남자에게 살해당했다고

그녀가 아이였는지 어른이었는지는 딱 꼬집어 말할 수 없어
하나에서 다른 하나로 쉽게 변할 수 있었거든
우린 법의 기다란 팔이 뻗치지 못하는 벽 속으로 걸어들어갔지
내가 장기판의 졸처럼 이용당하고 놀아날 수도 있었을까?
분명 그랬을 수 있어, 화려한 밤이 더디게 흐르고 있었을 때
인간들이 향수로 목욕하고 언론의 자유를 축하하던 곳에서

그리고 그 카리브해의 바람은 여전히 나소에서 멕시코를 향해 불고 있어
욕망의 용광로 속 불꽃을 부채질하면서
그리고 먼 자유의 배들을 향해 아주 대담하고도 자유로운 강철의
　파도가 치고 있지
내 가까이 있는 모든 것들을 불로 더 가까이 가지고 가면서

그녀는 내가 입고 있던 옷 안의 영혼을 꿰뚫어보았지
그녀는 말했어, "우리 둘 다 아는 친구가 저기 문 옆에 있어
바로 우리 관심을 가장 크게 끄는 사람이잖아"
그는 연줄이 많았지만 그녀의 마음은 돌이었지
그녀는 그가 거기서 죽도록 내버려뒀어
돈을 갚기로 한 날짜가 있었는데, 그가 좀 늦었거든

공작의 울음, 파리들이 내 머릿속에서 윙윙거려
천장의 팬이 고장났고, 내 침대는 뜨겁지
거리의 밴드는 〈내 주를 가까이 하게 함은〉을 연주하고 있어
우리는 교회종이 울리는 첨탑에서 만났어
그녀가 말했지, "네가 무슨 생각 하고 있는지 알아, 하지만 네가 할 수

'Bout armies on the march and time that is short
And famines and earthquakes and hatred written upon walls

Would I have married her? I don't know, I suppose
She had bells in her braids and they hung to her toes
But I kept hearing my name and had to be movin' on
I saw screws break loose, saw the devil pound tin
I saw a house in the country being torn from within
I heard my ancestors calling from the land far beyond

And them Caribbean winds still blow from Nassau to Mexico
Fanning the flames in the furnace of desire
And them distant ships of liberty on them iron waves so bold and free
Bringing everything that's near to me nearer to the fire

있는 일은
아무것도 없어, 그러니 그만 합의하기로 합의를 보자"

그리고 그 카리브해의 바람은 여전히 나소에서 멕시코를 향해 불고 있어
욕망의 용광로 속 불꽃을 부채질하면서
그리고 먼 자유의 배들을 향해 아주 대담하고도 자유로운 강철의
　파도가 치고 있지
내 가까이 있는 모든 것들을 불로 더 가까이 가지고 가면서

차가운 잿빛 바다 옆 애틀랜틱시티
"아빠," 하고 외치는 목소리가 들려, 나는 늘 그게 날 부르는 거라
　생각하지
하지만 버터밀크 언덕에서 날 부르는 건 오직 침묵뿐이야
새로운 전령들이 모두 불길한 소식을 가져오네
행진중인 군대들과 부족한 시간,
기아와 지진과 성벽에 쓰인 증오의 소식들을

내가 그녀와 결혼해야 했을까? 모르겠어, 아마 그래야 했겠지
그녀는 양 갈래로 땋은 머리에 종을 달고 있었어, 그게 발아래까지
　늘어졌었지
하지만 계속 내 이름을 듣고 있던 난, 떠나야만 했어
나는 나사가 느슨해지는 걸 봤어, 악마가 깡통을 두들기는 걸 봤지
시골집이 안에서부터 허물어지는 걸 봤어
나는 저 먼 땅에서 내 조상들이 부르는 소리를 들었어

그리고 그 카리브해의 바람은 여전히 나소에서 멕시코를 향해 불고 있어
욕망의 용광로 속 불꽃을 부채질하면서
그리고 먼 자유의 배들을 향해 아주 대담하고도 자유로운 강철의
　파도가 치고 있지
내 가까이 있는 모든 것들을 불로 더 가까이 가지고 가면서

Need a Woman

It's been raining in the trenches all day long, dripping down to my clothes
My patience is wearing thin, got a fire inside my nose
Searching for the truth the way God designed it
The truth is I might drown before I find it

Well I need a woman, yes I do
Need a woman, yes I do
Someone who can see me as I am
Somebody who just don't give a damn
And I want you to be that woman every night
Be that woman

I've had my eyes on you baby for about five long years
You probably don't know me at all, but I have seen your laughter and tears
Now you don't frighten me, my heart is jumping
And you look like it wouldn't hurt you none to have a man
    who could give ya something

Well I need a woman, oh don't I
Need a woman, bring it home safe at last
Seen you turn the corner, seen your boot heels spark
Seen you in the daylight, and watched you in the dark
And I want you to be that woman, all right
Be that woman every night

Well, if you believe in something long enough you just naturally
    come to think it's true
There ain't no wall you can't cross over, ain' t no fire you can't walk
    through
Well, believing is all right, just don't let the wrong people know what it's
    all about
They might put the evil eye on you, use their hidden powers to try to turn
    you out

Well I need a woman, just to be my queen
Need a woman, know what I mean?

여자가 필요해

하루종일 참호에 비가 내리네, 옷 아래로 빗물이 뚝뚝 떨어져내리네
인내심이 한계에 이르고 있어, 코에서는 뜨거운 김이 뿜어져나와
신께서 계획하신 대로 진리를 찾고 있는데
진실은 아마 내가 그걸 찾기도 전에 익사할지도 모른다는 것

난 여자가 필요해, 그래 정말이야
여자가 필요해, 그래 정말이야
있는 그대로 날 봐줄 누군가
전혀 아랑곳하지 않을 누군가
그리고 난 네가 바로 그 여자가 되어주었으면 해, 매일 밤
그 여자가 되어줘

난 오 년 동안이나 널 지켜봐왔어
넌 아마 날 전혀 알지 못할 거야, 하지만 난 너의 웃음과 눈물까지도
  봐왔지
이제 넌 날 겁먹게 하지 않아, 내 심장은 뛰고 있어
그리고 넌 아무런 상처도 받지 않을 것 같아, 네게 무언가를 줄 수 있는
  남자가 생기더라도 말이야

난 여자가 필요해, 오 그렇지 않니
여자가 필요해, 마침내 확실히 깨달았어
네가 모퉁이를 도는 걸 봤어, 네 부츠의 힐이 불꽃을 튀기는 걸 봤지
너를 대낮의 햇빛 속에서 봤어, 어둠 속에서도 봤어
그리고 난 네가 바로 그 여자가 되어주었으면 해, 그래 좋아
매일 밤 그 여자가 되어줘

글쎄, 만일 무엇을 충분히 오래 믿으면 자연스레 사실이라고 여기게
  되지
네가 넘지 못할 벽은 없어, 뚫고 지나가지 못할 불길도 없지
글쎄, 믿는 건 괜찮아, 그저 엉뚱한 사람들이 그 사실을 눈치채지
  못하게만 해
그들이 널 사악한 눈초리로 쳐다볼지도 몰라, 자신들의 숨겨진 힘으로

널 쫓아내려 할지도 모르지

난 여자가 필요해, 그저 나의 여왕이 되어줄 여자가
여자가 필요하다고, 무슨 말인지 알겠어?

Angelina

Well, it's always been my nature to take chances
My right hand drawing back while my left hand advances
Where the current is strong and the monkey dances
To the tune of a concertina

Blood dryin' in my yellow hair as I go from shore to shore
I know what it is that has drawn me to your door
But whatever it could be, makes me think you've seen me before
Angelina

Oh, Angelina. Oh, Angelina

His eyes were two slits that would make a snake proud
With a face that any painter would paint as he walked through the crowd
Worshipping a god with the body of a woman well endowed
And the head of a hyena

Do I need your permission to turn the other cheek?
If you can read my mind, why must I speak?
No, I have heard nothing about the man that you seek
Angelina

Oh, Angelina. Oh, Angelina

In the valley of the giants where the stars and stripes explode
The peaches they were sweet and the milk and honey flowed
I was only following instructions when the judge sent me down the road
With your subpoena

When you cease to exist, then who will you blame
I've tried my best to love you but I cannot play this game
Your best friend and my worst enemy is one and the same
Angelina

Oh, Angelina. Oh, Angelina

There's a black Mercedes rollin' through the combat zone
Your servants are half dead, you're down to the bone
Tell me, tall men, where would you like to be overthrown

- 아코디언과 비슷하게 생긴 악기.
- •• 성조기를 가리킨다.

Shot of Love

앤젤리나

나는 늘 되는대로 사는 성격이었지
내 왼손이 앞으로 나아가는 동안, 내 오른손은 뒤로 물러서네
물살이 거세고 원숭이가 춤을 추는 곳에서
콘서티나*의 곡조에 맞춰

이쪽 해변서 저쪽 해변으로 가는 동안, 내 노란 머리에 묻은 피가
　　말라가네
난 알아 네 문 앞으로 날 끌어당긴 게 무엇인지
하지만 그게 뭐가 됐든, 네가 전에 날 만났었다는 생각이 들게 만들어
앤젤리나

오, 앤젤리나. 오, 앤젤리나

그의 두 눈은 길게 찢어져 있었지, 뱀이 자랑스러워할 만큼 말이야
어떤 화가라도 그리고 싶어했지, 인파를 뚫고 지나가는 그의 얼굴을
　　보면 말이야
그는 신을 숭배했어, 가슴이 풍만한 여자의 몸과
하이에나의 머리를 가진 신을

내가 다른 쪽 뺨을 내밀려면 네 허락을 받아야 하니?
네가 내 마음을 읽을 수 있다면, 왜 내가 말을 해야 하지?
아냐, 난 네가 찾는 남자라면 전혀 들은 게 없어
앤젤리나

오, 앤젤리나. 오, 앤젤리나

별들과 줄무늬**가 폭발하는 거인들의 계곡
복숭아는 달콤했고, 젖과 꿀이 흘렀지
난 그저 명령을 따랐을 뿐이야, 판사가 날 길바닥으로 내보냈을 때
널 잡아들일 소환장을 내게 쥐어주고서 말이지

네가 죽을 때, 그때 넌 누구를 탓할 거니

Maybe down in Jerusalem or Argentina?

She was stolen from her mother when she was three days old
Now her vengeance has been satisfied and her possessions have been sold
He's surrounded by God's angels and she's wearin' a blindfold
And so are you, Angelina

Oh, Angelina. Oh, Angelina

I see pieces of men marching, trying to take heaven by force
I can see the unknown rider, I can see the pale white horse
In God's truth tell me what you want and you'll have it of course
Just step into the arena

Beat a path of retreat up them spiral staircases
Pass the tree of smoke, pass the angel with four faces
Begging God for mercy and weepin' in unholy places
Angelina

Oh, Angelina. Oh, Angelina

나는 널 사랑하려고 최선을 다했지만 더는 이 짓을 할 수 없어
너의 가장 친한 친구와 내 최악의 적은 다름 아닌 한 사람이니까
앤젤리나

오, 앤젤리나. 오, 앤젤리나

교전지대를 찾아온 검은 메르세데스 한 대가 보이네
네 하인들은 반쯤 죽었고, 넌 완전히 무기력하지
말해줘, 키 큰 남자들이여, 너흰 대체 어디서 정복당하고 싶은 거니
어쩌면 저 아래 예루살렘, 아니면 아르헨티나?

세 살배기였을 때, 누군가가 그녀를 어미에게서 훔쳐갔었어
이제 그녀의 복수는 이뤄졌고, 그녀가 쥐고 있던 것들도 다 팔렸지
그는 신의 천사들에게 둘러싸여 있고, 그녀는 눈가리개를 하고 있어
그리고 너도 마찬가지야, 앤젤리나

오, 앤젤리나. 오, 앤젤리나

나는 행진해가는 몇몇 사람들을 봐, 무력으로 천국을 정복하려 해
누군지 알 수 없는 기수騎手가 보여, 창백한 흰색 말이 보여
신의 진리를 걸고 네가 원하는 게 뭔지 내게 말해봐, 물론 넌 그걸 얻게
    될 거야
그냥 경기장 안으로 걸어들어가면 돼

저 나선 계단 위로 퇴로를 내
연기의 나무를 지나고, 얼굴이 네 개인 천사를 지나쳐
신께 자비를 구하면서, 불경한 장소에서는 눈물을 흘리면서 말이야
앤젤리나

오, 앤젤리나. 오, 앤젤리나

You Changed My Life

I was listening to the voices of death on parade
Singing about conspiracy, wanted me to be afraid
Working for a system I couldn't understand or trust
Suffered ridicule and wanting to give it all up in disgust

But you changed my life
Came along in a time of strife
In hunger and need, you made my heart bleed
You changed my life

Talk about salvation, people suddenly get tired
They got a million things to do, they're all so inspired
You do the work of the devil, you got a million friends
They'll be there when you got something, they'll take it all in the end

But you changed my life
Came along in a time of strife
I was under the gun, clouds blocking the sun
You changed my life

Well, the nature of man is to beg and to steal
I do it myself, it's not so unreal
The call of the wild is forever at my door
Wants me to fly like an eagle while being chained to the floor

But you changed my life
Came along in a time of strife
From silver and gold to what man cannot hold
You changed my life

I was eating with the pigs off a fancy tray
I was told I was looking good and to have a nice day
It all seemed so proper, it all seemed so elite
Eating that absolute garbage while being so discreet

But you changed my life
Came along in a time of strife
From silver and gold to what man cannot hold
You changed my life

You were glowing in the sun while being peaceably calm
While orphans of man danced to the beat of the palm

당신이 제 삶을 변화시켰어요

전 행진하는 죽음의 목소리들을 듣고 있었죠
절 두려움에 떨게 하려고 음모에 대해 노래하는 목소리들을요
체제에 순순히 따르느라 전 이해할 수도 믿을 수도 없었어요
조롱을 당하고서 넌더리가 나 모든 걸 포기해버리고만 싶었죠

하지만 당신이 제 삶을 변화시켰어요
고난의 시기를 함께해주셨죠
굶주림과 궁핍 속에 있을 때, 제 마음을 피 흘리게 하셨어요
당신은 제 삶을 변화시켰죠

구원을 얘기하면 사람들은 갑자기 피곤해해요
다들 할 일이 정말 많죠, 다들 잔뜩 들떠 있어요
악마의 일을 하면 수많은 친구들이 생기죠
뭔가를 갖고 있을 때 그들은 모여들어요, 결국 그들이 다 빼앗아가버릴
　테죠

하지만 당신이 제 삶을 변화시켰어요
고난의 시기를 함께해주셨죠
마음의 고통이 극심했었죠, 구름이 태양을 가리고 있었어요
당신은 제 삶을 변화시켰죠

그래요, 인간의 본성은 구걸하고 훔치는 거죠
저 또한 마찬가지예요, 그렇게 비현실적이지 않죠
문 앞에서 야성이 끝도 없이 절 부르고 있어요
제가 독수리처럼 날아오르길 원하죠, 쇠사슬로 바닥에 묶여 있는데도요

하지만 당신이 제 삶을 변화시켰어요
고난의 시기를 함께해주셨죠
금과 은에서 인간이 가질 수 없는 것으로
당신은 제 삶을 변화시켰죠

전 돼지들과 함께 값비싼 쟁반에 담긴 음식을 먹어치우고 있었어요

Your eyes were on fire, your feet were of brass
In the world you had made they made you an outcast

You changed my life
Came along in a time of strife
From silver and gold to what man cannot hold
You changed my life

There was someone in my body that I could hardly see
Invading my privacy making my decisions for me
Holding me back, not letting me stand
Making me feel like a stranger in a strange land

But you changed my life
Came along in a time of strife
You come down the line, gave me a new mind
You changed my life

My Lord and my Savior, my companion, my friend
Heart fixer, mind regulator, true to the end
My creator, my comforter, my cause for joy
What the world is set against but will never destroy

You changed my life
Came along in a time of strife
You came in like the wind, like Errol Flynn
You changed my life

얼굴 좋아 보인다고, 좋은 하루 보내라고 하는 말들을 들었죠
모든 게 정말 제대로 돼 보였어요, 정말 엘리트 같았죠
잔뜩 예의를 따지면서 완전히 쓰레기를 먹는 일이 말이에요

하지만 당신이 제 삶을 변화시켰어요
고난의 시기를 함께해주셨죠
금과 은에서 인간이 가질 수 없는 것으로
당신은 제 삶을 변화시켰죠

당신께선 태양 아래 평화로운 고요 속에서 빛나고 계셨어요
인간의 고아들이 박수 소리에 맞춰 춤을 추는 동안
당신의 눈은 불타오르고 있었어요, 당신의 발은 단련한 놋쇠 같았죠
당신께서 만드신 세상에서, 그들은 당신을 추방자로 만들어버렸어요

당신이 제 삶을 변화시켰어요
고난의 시기를 함께해주셨죠
금과 은에서 인간이 가질 수 없는 것으로
당신은 제 삶을 변화시켰죠

제 몸 안에 누군가가 있었어요, 저는 잘 보지 못했죠
제 사생활에 끼어들고, 저 대신 결정을 내렸어요
저를 방해했고, 저를 일어설 수 없게 했어요
낯선 나라의 낯선 사람이 된 기분에 빠지게 했죠

하지만 당신이 제 삶을 변화시켰어요
고난의 시기를 함께해주셨죠
제게 나타나 새로운 정신을 주셨어요
당신은 제 삶을 변화시켰죠

저의 주님, 저의 구세주, 동반자이자 벗
마음의 치유자, 정신의 통제자, 영원히 진실하시죠
저의 창조주, 저의 위안자, 기쁨의 이유
세상이 아무리 배척해도 절대 무너뜨릴 수 없는 분이시죠

당신이 제 삶을 변화시켰어요
고난의 시기를 함께해주셨죠

•   할리우드에서 활약한 호주 출신 배우(1909~1959).

바람처럼 오셨어요, 마치 에롤 플린*처럼
당신은 제 삶을 변화시켰죠

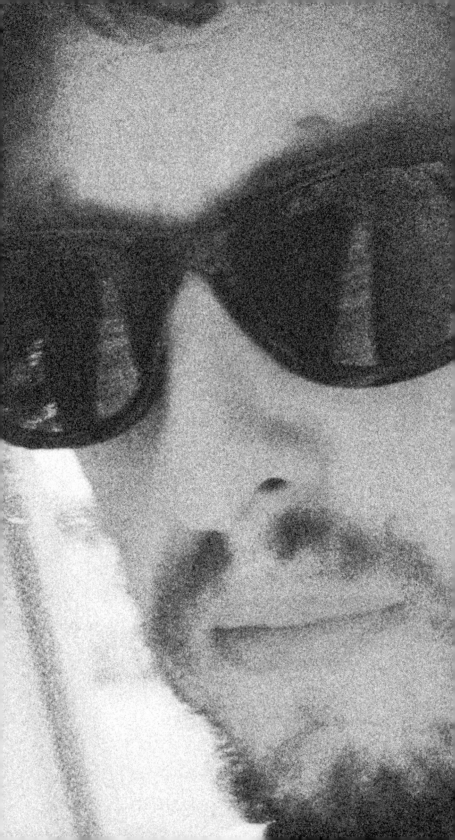

Infidels 1983

이교도들

Jokerman

Sweetheart Like You

Neighborhood Bully

License to Kill

Man of Peace

Union Sundown

I and I

Don't Fall Apart on Me Tonight

additional lyrics

Blind Willie McTell

Foot of Pride

Lord Protect My Child

Someone's Got a Hold of My Heart
(Early version of "Tight Connection to My Heart")

Tell Me

Jokerman

Standing on the waters casting your bread
While the eyes of the idol with the iron head are glowing
Distant ships sailing into the mist
You were born with a snake in both of your fists while a hurricane was
    blowing
Freedom just around the corner for you
But with the truth so far off, what good will it do?

Jokerman dance to the nightingale tune
Bird fly high by the light of the moon
Oh, oh, oh, Jokerman

So swiftly the sun sets in the sky
You rise up and say goodbye to no one
Fools rush in where angels fear to tread
Both of their futures, so full of dread, you don't show one
Shedding off one more layer of skin
Keeping one step ahead of the persecutor within

Jokerman dance to the nightingale tune
Bird fly high by the light of the moon
Oh, oh, oh, Jokerman

You're a man of the mountains, you can walk on the clouds
Manipulator of crowds, you're a dream twister
You're going to Sodom and Gomorrah
But what do you care? Ain't nobody there would want to marry your sister
Friend to the martyr, a friend to the woman of shame
You look into the fiery furnace, see the rich man without any name

Jokerman dance to the nightingale tune
Bird fly high by the light of the moon
Oh, oh, oh, Jokerman

Well, the Book of Leviticus and Deuteronomy
The law of the jungle and the sea are your only teachers
In the smoke of the twilight on a milk-white steed
Michelangelo indeed could've carved out your features
Resting in the fields, far from the turbulent space
Half asleep near the stars with a small dog licking your face

-    「마태오의 복음서」 14장 25~26절의 부분을 인용했다. 이외에도 이 곡은 성서에서 많은
이미지들을 끌어왔고 그리스신화의 내용을 엿볼 수 있는 부분도 있다.

조커맨

물 위에 서서* 빵을 던진다
쇠머리 가진 우상의 눈들 빛을 발하고
멀리 배들은 안개 속으로 항해하는데
당신은 폭풍우가 부는 동안 양 주먹에 뱀을 쥔 채로 태어났다
자유가 당신의 지척에 있다 해도
진리가 그토록 멀리 있다면, 무슨 득이 있으리?

조커맨 춤춘다 나이팅게일 선율에 맞춰
새들 높이 난다 달빛 스치며
오, 오, 오, 조커맨

태양은 너무도 빠르게 저문다
당신은 일어서고, 누구에게도 작별인사하지 않는다
바보들은 몰려든다 천사들조차 발 딛기 두려워하는 곳으로
그들 양쪽의 미래, 두려움으로 가득한, 당신은 그 가운데 어느 하나도
    보여주지 않는다
또 한 겹의 허물을 벗으며
내면의 박해자로부터 언제나 한걸음 앞선 채

조커맨 춤춘다 나이팅게일 선율에 맞춰
새들 높이 난다 달빛 스치며
오, 오, 오, 조커맨

당신은 산의 남자, 당신은 구름 위를 걸을 수 있다
군중 조종자, 당신은 꿈을 비트는 자
당신은 소돔과 고모라로 갈 것이다
하지만 당신이 무슨 상관이겠는가? 그곳의 그 누구도 당신의 누이와
    혼인하기를 원치 않으리라
순교자의 친구, 천한 여자의 친구
당신은 타오르는 용광로 안을 들여다본다, 어떤 이름도 갖지 않은
    부유한 남자를 본다

Jokerman dance to the nightingale tune
Bird fly high by the light of the moon
Oh, oh, oh, Joker man

Well, the rifleman's stalking the sick and the lame
Preacher man seeks the same, who'll get there first is uncertain
Nightsticks and water cannons, tear gas, padlocks
Molotov cocktails and rocks behind every curtain
False-hearted judges dying in the webs that they spin
Only a matter of time 'til night comes steppin' in

Jokerman dance to the nightingale tune
Bird fly high by the light of the moon
Oh, oh, oh, Jokerman

It's a shadowy world, skies are slippery grey
A woman just gave birth to a prince today and dressed him in scarlet
He'll put the priest in his pocket, put the blade to the heat
Take the motherless children off the street and place them at the feet of a
    harlot
Oh, Jokerman, you know what he wants
Oh, Jokerman, you don't show any response

Jokerman dance to the nightingale tune
Bird fly high by the light of the moon
Oh, oh, oh, Jokerman

Infidels

조커맨 춤춘다 나이팅게일 선율에 맞춰
새들 높이 난다 달빛 스치며
오, 오, 오, 조커맨

음, 레위기와 신명기
정글과 바다의 법이 당신의 유일한 교사
황혼의 연기 속에서 우윳빛 흰 말 타고서
미켈란젤로는 실제로 당신의 이목구비를 조각할 수 있었을 것이다
들판에서 쉬며, 소란스러운 곳에서 멀리 떨어진
반쯤 잠이 든 채 별들 근처에서 당신의 얼굴 핥는 작은 개와 함께

조커맨 춤춘다 나이팅게일 선율에 맞춰
새들 높이 난다 달빛 스치며
오, 오, 오, 조커맨

음, 소총수는 병자들과 절름발이들을 뒤쫓는다
설교자도 같은 이들을 찾고 있다, 누가 먼저 그들에게 닿을지는 확실치 않다
야경봉과 물대포, 최루가스, 통자물쇠
화염병과 돌, 모든 커튼 뒤엔
스스로 자은 거미줄 속에서 죽어가는 거짓된 재판관들
밤이 안으로 들어오기까지는 시간문제일 뿐

조커맨 춤춘다 나이팅게일 선율에 맞춰
새들 높이 난다 달빛 스치며
오, 오, 오, 조커맨

그것은 그늘진 세계, 하늘은 미끄러운 잿빛
오늘 한 여자가 막 왕자를 낳아 진홍색 천에 아기를 감쌌다
그는 사제를 그의 주머니 속에 넣으리라, 검을 불길 속에 집어넣으리라
어미 없는 아이들을 거리로 데려가 헤롯 왕의 발 앞에 두리라
오, 조커맨, 당신은 그가 무엇을 원하는지 안다
오, 조커맨, 당신은 어떤 반응도 보이지 않는다

조커맨 춤춘다 나이팅게일 선율에 맞춰
새들 높이 난다 달빛 스치며
오, 오, 오, 조커맨

Sweetheart Like You

Well, the pressure's down, the boss ain't here
He gone North, he ain't around
They say that vanity got the best of him
But he sure left here after sundown
By the way, that's a cute hat
And that smile's so hard to resist
But what's a sweetheart like you doin' in a dump like this?

You know, I once knew a woman who looked like you
She wanted a whole man, not just a half
She used to call me sweet daddy when I was only a child
You kind of remind me of her when you laugh
In order to deal in this game, got to make the queen disappear
It's done with a flick of the wrist
What's a sweetheart like you doin' in a dump like this?

You know, a woman like you should be at home
That's where you belong
Watching out for someone who loves you true
Who would never do you wrong
Just how much abuse will you be able to take?
Well, there's no way to tell by that first kiss
What's a sweetheart like you doin' in a dump like this?

You know you can make a name for yourself
You can hear them tires squeal
You can be known as the most beautiful woman
Whoever crawled across cut glass to make a deal

You know, news of you has come down the line
Even before ya came in the door
They say in your father's house, there's many mansions
Each one of them got a fireproof floor
Snap out of it, baby, people are jealous of you
They smile to your face, but behind your back they hiss
What's a sweetheart like you doin' in a dump like this?

Got to be an important person to be in here, honey
Got to have done some evil deed
Got to have your own harem when you come in the door
Got to play your harp until your lips bleed

Infidels

당신처럼 상냥한 아가씨가

음, 압박이 느슨해지는군, 사장 여기 없으니
그는 북쪽으로 떠났어, 근처에 없어
사람들은 말하지 자만심이 그를 굴복시켰다고
어쨌든 확실히 그는 이곳을 떠났어 해가 진 뒤
그건 그렇고, 거 참 귀여운 모자로군
그리고 그 미소엔 도저히 못 당하겠어
그런데 당신처럼 상냥한 아가씨가 이런 쓰레기 더미 속에서 뭘 하고
　있는 거지?

있잖아, 한때 당신처럼 생긴 여자를 알았어
그녀는 나무랄 데 없는 온전한 남자 원했지, 반쪽짜리 아니라
그녀는 날 사랑스러운 아빠라고 부르곤 했지 내가 아직 아이였을 때
당신은 웃을 때 그녀를 떠올리게 하는 면이 있어
이 게임에 끼기 위해서라도, 그 여왕은 사라지게 해야겠지
손목 한 번 까딱하는 걸로 충분해
당신처럼 상냥한 아가씨가 이런 쓰레기 더미 속에서 뭘 하고 있는 거지?

있잖아, 당신 같은 여자는 집에 있어야 해
거기가 당신이 있어야 할 곳이야
당신을 진정으로 사랑하는 누군가를 잘 지켜보면서
당신에게 결코 몹쓸 짓 하지 않을 그런 자를
도대체 어느 정도까지 학대를 견딜 수 있을 것 같아?
음, 그 첫 입맞춤만 가지고는 절대 판단할 수 없는 문제지
당신처럼 상냥한 아가씨가 이런 쓰레기 더미 속에서 뭘 하고 있는 거지?

당신 이름 당신이 직접 지어도 된다는 걸 알 거야
타이어들이 끼익대는 소리 들을 수 있을 거야
당신은 가장 아름다운 여자로 알려질 수도 있어
그동안 협상을 성사시키기 위해 유릿조각 위로 기었던 모든 여자들
　중에서 말이지

있잖아, 당신에 대한 소식이 들리고 있어

They say that patriotism is the last refuge
To which a scoundrel clings
Steal a little and they throw you in jail
Steal a lot and they make you king
There's only one step down from here, baby
It's called the land of permanent bliss
What's a sweetheart like you doin' in a dump like this?

당신이 문가에 도착하기도 전인데
그들은 말하고 있어 당신 아버지의 집에서, 그곳엔 대저택들이 많이
　있지
모두 불연성 바닥이 깔려 있는
기운 내, 자기, 사람들은 당신을 질투하고 있어
당신 앞에서는 웃지만 뒤에서는 쉬쉬거리지
당신처럼 상냥한 아가씨가 이런 쓰레기 더미 속에서 뭘 하고 있는 거지?

이곳에서 중요한 사람이 돼야 해, 자기
나쁜 짓도 좀 해야 하고
그 문으로 들어가면 당신만의 하렘을 가져야 해
당신의 하프를 연주해야 해, 당신 입술에서 피가 날 때까지

그들은 말하지 애국심은 마지막 피난처라고
악당들이 매달릴 수 있는
조금 훔치면 그들은 당신을 감옥에 처넣을 거야
많이 훔치면 당신을 왕으로 만들어줄 거야
여기서 한걸음만 아래로 내려가면 돼, 자기
영원한 지복의 땅이라고 불리는 곳이지
당신처럼 상냥한 아가씨가 이런 쓰레기 더미 속에서 뭘 하고 있는 거지?

Neighborhood Bully

Well, the neighborhood bully, he's just one man
His enemies say he's on their land
They got him outnumbered about a million to one
He got no place to escape to, no place to run
He's the neighborhood bully

The neighborhood bully just lives to survive
He's criticized and condemned for being alive
He's not supposed to fight back, he's supposed to have thick skin
He's supposed to lay down and die when his door is kicked in
He's the neighborhood bully

The neighborhood bully been driven out of every land
He's wandered the earth an exiled man
Seen his family scattered, his people hounded and torn
He's always on trial for just being born
He's the neighborhood bully

Well, he knocked out a lynch mob, he was criticized
Old women condemned him, said he should apologize
Then he destroyed a bomb factory, nobody was glad
The bombs were meant for him. He was supposed to feel bad
He's the neighborhood bully

Well, the chances are against it and the odds are slim
That he'll live by the rules that the world makes for him
'Cause there's a noose at his neck and a gun at his back
And a license to kill him is given out to every maniac
He's the neighborhood bully

He got no allies to really speak of
What he gets he must pay for, he don't get it out of love
He buys obsolete weapons and he won't be denied
But no one sends flesh and blood to fight by his side
He's the neighborhood bully

Well, he's surrounded by pacifists who all want peace
They pray for it nightly that the bloodshed must cease
Now, they wouldn't hurt a fly. To hurt one they would weep
They lay and they wait for this bully to fall asleep
He's the neighborhood bully

동네 불량배

음, 동네 불량배, 그는 혼자야
그의 적들은 말하지, 그가 자신들의 땅에 있다고
그들은 수가 더 많지 한 100만 대 1 정도로
그는 숨을 곳도 도망칠 곳도 없지
그는 동네 불량배지

동네 불량배는 살아남기 위해 살아
그는 비난받고 저주받지, 살아 있다는 이유로
그는 맞서 싸워선 안 되지, 살가죽이 튼튼해야 하지
항복하고 죽어야 하지 그의 집 문이 발에 차여 열리면
그는 동네 불량배지

동네불량배는 온갖 땅으로 내몰렸어
그는 지상을 방랑했지 추방된 자였지
그의 가족들 뿔뿔이 흩어졌지, 그의 사람들 쫓겨나고 찢겼지
그는 단지 태어났다는 이유로 늘 재판에 회부되어 있지
그는 동네 불량배지

음, 그는 폭력배 무리를 혼내줬다가 사람들에게 비난받았어
늙은 여자들이 그를 나무랐지, 그가 사과해야 한다고 했지
그리고 그는 폭탄공장을 파괴했지, 아무도 기뻐하지 않았지
폭탄은 그에게 써먹으려고 만든 거였으니까. 그는 응당 기분이 좋지
  않아야 했으니
그는 동네 불량배지

음, 상황은 불리하고 승산은 희박하니
그는 세상이 그를 위해 만든 규칙에 따라 살게 되겠지
그의 목엔 올가미 있고 그의 등뒤엔 총 있기에
그를 죽여도 좋다는 살인면허가 모든 미치광이들에게 배포되었지
그는 동네 불량배지

그에겐 이렇다 할 우군이 없어

Every empire that's enslaved him is gone
Egypt and Rome, even the great Babylon
He's made a garden of paradise in the desert sand
In bed with nobody, under no one's command
He's the neighborhood bully

Now his holiest books have been trampled upon
No contract he signed was worth what it was written on
He took the crumbs of the world and he turned it into wealth
Took sickness and disease and he turned it into health
He's the neighborhood bully

What's anybody indebted to him for?
Nothin', they say. He just likes to cause war
Pride and prejudice and superstition indeed
They wait for this bully like a dog waits to feed
He's the neighborhood bully

What has he done to wear so many scars?
Does he change the course of rivers? Does he pollute the moon and stars?
Neighborhood bully, standing on the hill
Running out the clock, time standing still
Neighborhood bully

얻는 것 있으면 무조건 대가 지불해야 하지, 그는 애정에서 나온 그 어떤
　　것도 갖지 못하지
그는 구닥다리 무기 샀지 앞으로 거부당할 일 없을 거야
하지만 아무도 자기 자식 보내지 않았지 그의 편에서 싸우도록
그는 동네 불량배지

음, 그는 평화주의자들에게 둘러싸여 있어 모두가 평화를 원해
그들은 밤마다 그것을 위해 기도하지, 유혈사태는 멈춰야 한다고
이제, 그들은 파리 한 마리 다치게 하려 하지 않지. 한 마리라도 다치게
　　하려면 흐느껴 울지
그들은 누워서 기다리고 있지 이 불량배가 잠에 들기만을
그는 동네 불량배지

그를 노예 삼았던 제국들은 모두 사라졌어
이집트와 로마, 그 위대한 바빌론도
그는 사막 모래땅에 천국의 정원 만들었지
누구와도 한 침대에서 자지 않고, 누구의 명령도 받지 않고서
그는 동네 불량배지

이제 그의 가장 신성한 책들은 짓밟혀 뭉개졌어
그가 서명한 어떤 계약도 내용상의 효력을 갖지 못하지
그는 세상의 부스러기들 그러모아 부富로 변화시켰지
아픈 자와 병든 자 모아 건강한 자로 변화시켰지
그는 동네 불량배지

어느 누구라도 그에게 빚진 것 있는가?
없어, 그들은 말하지, 그는 그저 전쟁 일으키길 좋아할 뿐이야
그건 오만이요 편견이요 미신이야, 라고
그들은 이 불량배를 기다리고 있지, 먹을 것 주길 기다리는 개처럼
그는 동네 불량배지

대체 무엇을 했기에 그는 이토록 흉터투성이인가?
그가 강의 물길을 바꾸는가? 달과 별들을 오염시키는가?
동네 불량배, 언덕 위에 서 있는
시계 밖으로 도망치는, 고요히 멈춰 선 시간
동네 불량배

License to Kill

Man thinks 'cause he rules the earth he can do with it as he please
And if things don't change soon, he will
Oh, man has invented his doom
First step was touching the moon

Now, there's a woman on my block
She just sit there as the night grows still
She say who gonna take away his license to kill?

Now, they take him and they teach him and they groom him for life
And they set him on a path where he's bound to get ill
Then they bury him with stars
Sell his body like they do used cars

Now, there's a woman on my block
She just sit there facin' the hill
She say who gonna take away his license to kill?

Now, he's hell-bent for destruction, he's afraid and confused
And his brain has been mismanaged with great skill
All he believes are his eyes
And his eyes, they just tell him lies

But there's a woman on my block
Sitting there in a cold chill
She say who gonna take away his license to kill?

Ya may be a noisemaker, spirit maker
Heartbreaker, backbreaker
Leave no stone unturned
May be an actor in a plot
That might be all that you got
'Til your error you clearly learn

Now he worships at an altar of a stagnant pool
And when he sees his reflection, he's fulfilled
Oh, man is opposed to fair play
He wants it all and he wants it his way

Now, there's a woman on my block
She just sit there as the night grows still
She say who gonna take away his license to kill?

살인면허

인간은 생각하지 지구를 지배하므로 그것으로 바라는 대로 할 수
　　있다고
무슨 갑작스러운 사정이 생기지 않는 한, 그렇게 할 거라고
오, 인간은 그의 운명을 발명했지
첫 단계는 달에 닿는 것이었지

자, 나 사는 동네에 어떤 여자 있지
그녀는 그저 앉아 있지 밤이 고요히 깊어가도록
그녀는 말하지, 누가 그에게서 살인면허를 뺏어 올까?

자, 그들은 그를 붙들지 그를 가르치고 그를 삶에 대해 준비시키지
그러고는 그를 길 위에 세워두지 그곳에서 그는 반드시 병이 들게 되어
　　있지
그러면 그들은 그를 별들과 함께 매장하지
그의 몸을 팔지 중고차 팔듯이

자, 나 사는 동네에 어떤 여자 있지
그녀는 그저 앉아 있지 언덕 마주하고
그녀는 말하지, 누가 그에게서 살인면허를 뺏어 올까?

자, 그는 파괴하기로 마음먹었지, 그는 겁에 질려 혼란스러워하지
그리고 그의 뇌는 잘못 관리되어왔지 대단한 솜씨로
그가 믿는 건 오직 그의 두 눈뿐
그리고 그의 눈, 그것들은 다만 그에게 거짓을 말하지

하지만 나 사는 동네에 어떤 여자 있지
앉아 있지 차가운 추위 속에
그녀는 말하지, 누가 그에게서 살인면허를 뺏어 올까?

당신은 아마도 소란 피우는 자, 영혼 제작자
마음 아프게 하는 자, 등골 빠지게 하는 자
어떤 돌이든 뒤집어놓지 않고서는 지나치지 못하는

어쩌면 어떤 플롯 속의 배우
그것이 당신이 가진 전부일지 모르지
당신의 오류를 당신이 명확히 깨닫게 되기까지

이제 그는 괴어 있는 웅덩이의 제단을 참배하지
그리고 물에 비친 자기 모습 보며 뿌듯해하지
오, 인간은 페어플레이에 반대하지
그는 모든 걸 갖길 원하고 그걸 자기 식대로 하길 원하지

자, 나 사는 동네에 어떤 여자 있지
그녀는 그저 앉아 있지 밤이 고요히 깊어가도록
그녀는 말하지, 누가 그에게서 살인면허를 뺏어 올까?

Man of Peace

Look out your window, baby, there's a scene you'd like to catch
The band is playing "Dixie," a man got his hand outstretched
Could be the Führer
Could be the local priest
You know sometimes Satan comes as a man of peace

He got a sweet gift of gab, he got a harmonious tongue
He knows every song of love that ever has been sung
Good intentions can be evil
Both hands can be full of grease
You know that sometimes Satan comes as a man of peace

Well, first he's in the background, then he's in the front
Both eyes are looking like they're on a rabbit hunt
Nobody can see through him
No, not even the Chief of Police
You know that sometimes Satan comes as a man of peace

Well, he catch you when you're hoping for a glimpse of the sun
Catch you when your troubles feel like they weigh a ton
He could be standing next to you
The person that you'd notice least
I hear that sometimes Satan comes as a man of peace

Well, he can be fascinating, he can be dull
He can ride down Niagara Falls in the barrels of your skull
I can smell something cooking
I can tell there's going to be a feast
You know that sometimes Satan comes as a man of peace

He's a great humanitarian, he's a great philanthropist
He knows just where to touch you, honey, and how you like to be kissed
He'll put both his arms around you
You can feel the tender touch of the beast
You know that sometimes Satan comes as a man of peace

Well, the howling wolf will howl tonight, the king snake will crawl
Trees that've stood for a thousand years suddenly will fall
Wanna get married? Do it now

- 미국 작곡가 D.D. 에밋(1815~1904)의 곡.
-- 아돌프 히틀러를 암시한다.

평화주의자

창밖을 봐, 자기, 당신이 좋아할 만한 광경이야
밴드가 〈딕시〉를 연주하고 있어, 손을 쭉 뻗고 있는 저 남자는
총통 각하**일 수도 있어
교구 사제일 수도
당신도 알지 가끔 사탄은 평화주의자의 모습으로 온다는 걸

그는 달콤한 말솜씨 지녔고, 듣기 좋게 말하는 혀가 있지
그는 이제까지 불린 적 있는 사랑 노래라면 전부 알고 있지
선의는 악한 것일 수 있어
양손은 기름투성이일 수 있지
당신도 알지 가끔 사탄은 평화주의자의 모습으로 온다는 걸

음, 처음에 그는 배경에 있지, 그러고는 전면에 나타나
두 눈은 토끼사냥 하는 사람의 그것과 꼭 닮았지
아무도 그를 꿰뚫어볼 수 없어
절대 못해, 경찰국장이라도 그렇게는 못해
당신도 알지 가끔 사탄은 평화주의자의 모습으로 온다는 걸

음, 그는 당신을 붙잡지 당신이 흘낏 태양 바라보려 할 때
잡으러 올 수 있어 당신이 걱정근심이 1톤은 될 것처럼 무겁다 느낄 때
당신 옆에 서 있을 수도
최소한 당신이 인지하고 있는 사람일 수 있어
그런 얘길 듣지 가끔 사탄은 평화주의자의 모습으로 온다고

음, 그는 매혹적일 수도, 따분할 수도 있어
그는 술통 안에 들어간 채 당신의 두개골 속 나이아가라폭포를 타고
　　내려올 수도 있어
뭔가 요리하는 냄새가 나는걸
어디선가 연회를 벌일 건가봐
당신도 알지 가끔 사탄은 평화주의자의 모습으로 온다는 걸

그는 대단한 인도주의자, 대단한 박애주의자야

Tomorrow all activity will cease
You know that sometimes Satan comes as a man of peace

Somewhere Mama's weeping for her blue-eyed boy
She's holding them little white shoes and that little broken toy
And he's following a star
The same one them three men followed from the East
I hear that sometimes Satan comes as a man of peace

그는 알아 정확히 당신의 어디를 건드리면 되는지를, 자기, 그리고
  당신이 입맞춤 받는 것을 얼마나 좋아하는지를
그는 양팔로 당신을 안을 거야
당신은 그 야수의 부드러운 손길을 느낄 수 있지
당신도 알지 가끔 사탄은 평화주의자의 모습으로 온다는 걸

음, 늑대는 울부짖을 거야 오늘밤, 왕뱀이 기어다닐 거야
천년 동안 서 있던 나무들이 갑자기 쓰러질 거야
결혼하고 싶어? 그럼 당장 해
내일이면 모든 활동이 멈출 거야
당신도 알지 가끔 사탄은 평화주의자의 모습으로 온다는 걸

어디선가 엄마가 흐느끼고 있어 그녀의 푸른 눈의 소년 때문에
그녀는 작고 하얀 신발과 부서진 조그만 장난감을 손에 쥐고 있어
그리고 그는 어느 별을 따라가고 있지
같은 것을, 동방에서 온 그들 세 사람이 따라갔었지
그런 얘길 듣지 가끔 사탄은 평화주의자의 모습으로 온다고

Union Sundown

Well, my shoes, they come from Singapore
My flashlight's from Taiwan
My tablecloth's from Malaysia
My belt buckle's from the Amazon
You know, this shirt I wear comes from the Philippines
And the car I drive is a Chevrolet
It was put together down in Argentina
By a guy makin' thirty cents a day

Well, it's sundown on the union
And what's made in the U.S.A.
Sure was a good idea
'Til greed got in the way

Well, this silk dress is from Hong Kong
And the pearls are from Japan
Well, the dog collar's from India
And the flower pot's from Pakistan
All the furniture, it says "Made in Brazil"
Where a woman, she slaved for sure
Bringin' home thirty cents a day to a family of twelve
You know, that's a lot of money to her

Well, it's sundown on the union
And what's made in the U.S.A.
Sure was a good idea
'Til greed got in the way

Well, you know, lots of people complainin' that there is no work
I say, "Why you say that for
When nothin' you got is U.S.-made?"
They don't make nothin' here no more
You know, capitalism is above the law
It say, "It don't count 'less it sells"
When it costs too much to build it at home
You just build it cheaper someplace else

Well, it's sundown on the union
And what's made in the U.S.A.
Sure was a good idea
'Til greed got in the way

Infidels

노동조합의 황혼

그래, 내 신발, 그것은 싱가포르에서 왔지
내 손전등은 대만에서
내 식탁보는 말레이시아에서
내 허리띠 버클은 아마존에서
그리고 있잖아, 내가 입고 있는 이 셔츠는 필리핀에서 왔어
그리고 내가 모는 차는 쉐보레야
아르헨티나에서 조립되었지
하루에 30센트 버는 어떤 이에 의해

그래, 노동조합은 황혼을 맞고 있어
그리고 미국에서 만들어진 것들은
확실히 좋은 아이디어였지
탐욕이 끼어들기 전까지는

그래, 이 실크 드레스는 홍콩에서 만든 것
그리고 진주는 일본에서
음, 개목걸이는 인도에서 만든 거야
화분은 파키스탄
가구들은 전부 '메이드 인 브라질'
어떤 여자가, 분명 노예처럼 일할 여자가
열두 식구 위해 하루 일당으로 받은 30센트 집으로 가져가는 그 나라
　　말이야
알지, 그건 그녀에게 큰돈이야

그래, 노동조합은 황혼을 맞고 있어
그리고 미국에서 만들어진 것들은
확실히 좋은 아이디어였지
탐욕이 끼어들기 전까지는

그래, 있잖아, 많은 사람들이 일자리가 없다고 불평하고 있어
난 말하지, "어째서 그런 소리를 하는 거요
당신이 쓰는 물건 중에 미국제는 하나도 없잖소?"

Well, the job that you used to have
They gave it to somebody down in El Salvador
The unions are big business, friend
And they're goin' out like a dinosaur
They used to grow food in Kansas
Now they want to grow it on the moon and eat it raw
I can see the day coming when even your home garden
Is gonna be against the law

Well, it's sundown on the union
And what's made in the U.S.A.
Sure was a good idea
'Til greed got in the way

Democracy don't rule the world
You'd better get that in your head
This world is ruled by violence
But I guess that's better left unsaid
From Broadway to the Milky Way
That's a lot of territory indeed
And a man's gonna do what he has to do
When he's got a hungry mouth to feed

Well, it's sundown on the union
And what's made in the U.S.A.
Sure was a good idea
'Til greed got in the way

Infidels

이 나라에서 사람들은 더이상 아무것도 만들지 않아
당신도 알지, 자본주의는 법보다 위에 있어
그것은 말하지, "덜 팔린다면 아무 의미 없다"고
비용이 너무 많이 들어 고향에 그걸 지을 수 없다면
더 싸게 먹히는 다른 어디에다가 지으면 되는 거지

그래, 노동조합은 황혼을 맞고 있어
그리고 미국에서 만들어진 것들은
확실히 좋은 아이디어였지
탐욕이 끼어들기 전까지는

그래, 예전에 당신이 가졌던 일거리들
그들은 그걸 엘살바도르에 사는 누군가에게 주었지
노동조합들은 덩치 큰 사업이야, 친구
이제는 공룡처럼 사라져가고 있지
그들은 캔자스에서 먹을거리를 재배했지
이제는 그걸 달에서 재배해서 생으로 먹을 생각을 하고 있어
그날이 오고 있다는 걸 알아 심지어 당신 집 정원 가꾸는 일조차
법에 저촉될 그런 날이

그래, 노동조합은 황혼을 맞고 있어
그리고 미국에서 만들어진 것들은
확실히 좋은 아이디어였지
탐욕이 끼어들기 전까지는

민주주의는 세계를 다스리지 않아
이 점을 머릿속에 넣어두는 게 좋을 거야
이 세상은 폭력에 의해 다스려지고 있어
음 이런 말은 안 하는 게 좋겠지만
브로드웨이부터 은하수까지 말이야
확실히 영토가 엄청나지
그리고 인간은 자신이 해야 할 일을 하기 마련이지
먹여 살려야 할 굶주린 입 있는 한

그래, 노동조합은 황혼을 맞고 있어
그리고 미국에서 만들어진 것들은

확실히 좋은 아이디어였지
탐욕이 끼어들기 전까지는

I and I

Been so long since a strange woman has slept in my bed
Look how sweet she sleeps, how free must be her dreams
In another lifetime she must have owned the world, or been faithfully wed
To some righteous king who wrote psalms beside moonlit streams

I and I
In creation where one's nature neither honors nor forgives
I and I
One says to the other, no man sees my face and lives

Think I'll go out and go for a walk
Not much happenin' here, nothin' ever does
Besides, if she wakes up now, she'll just want me to talk
I got nothin' to say, 'specially about whatever was

I and I
In creation where one's nature neither honors nor forgives
l and I
One says to the other, no man sees my face and lives

Took an untrodden path once, where the swift don't win the race
It goes to the worthy, who can divide the word of truth
Took a stranger to teach me, to look into justice's beautiful face
And to see an eye for an eye and a tooth for a tooth

I and I
In creation where one's nature neither honors nor forgives
I and I
One says to the other, no man sees my face and lives

Outside of two men on a train platform there's nobody in sight
They're waiting for spring to come, smoking down the track
The world could come to an end tonight, but that's all right
She should still be there sleepin' when I get back

I and I
In creation where one's nature neither honors nor forgives
I and I

- 여기서의 나와 나는 창조주와 인간을 가리키는 것으로 보인다.
- 구약성서 「출애굽기」 33장 20절.
- 구약성서 「전도서」 9장 11절.

나와 나*

한 낯선 여자가 내 침대에서 자게 된 이래로 오랜 시간이 흘렀지
봐봐 그녀의 자는 모습 얼마나 사랑스러운지, 그녀의 꿈들 분명
   자유로울 거야
또다른 인생에서 그녀는 세상을 가졌었을 거야, 아니면
달빛의 강가에서 시편을 쓰는 어느 정의로운 왕의 충실한 아내였을 거야

나와 나
창조중에, 하나는 명예롭지도 용서하지도 못하는 본성을 얻고
나와 나
하나가 다른 하나에게 말하네, 그 누구도 내 얼굴 볼 수 없고 보고
   나서는 살 수 없으리라**

밖에 나가 잠시 산책이라도 해야겠어
이곳엔 별다른 일 없으니, 할 일이 아무것도 없군
게다가, 그녀가 지금이라도 깨어난다면 내게 이야기해주길 청할 텐데
내겐 할말이 전혀 없어, 무엇에 관한 것이든

나와 나
창조중에, 하나는 명예롭지도 용서하지도 못하는 본성을 얻고
나와 나
하나는 다른 하나에게 말하네, 그 누구도 내 얼굴 볼 수 없고 보고
   나서는 살 수 없으리라

한때 사람들의 발길 닿은 적 없는 길을 갔지, 그 길에서는 발 빠른 자가
   달음박질에서 우승하지 않으며***
승리는 가치 있는 자에게 돌아가니, 그는 진리의 말을 올바르게 가르칠
   수 있는 자이지
한 이방인으로 하여금 나를 가르치게 했지, 정의의 아름다운 얼굴
   들여다볼 수 있도록
그리고 눈에는 눈으로, 이에는 이로 볼 수 있도록

나와 나

One says to the other, no man sees my face and lives

Noontime, and I'm still pushin' myself along the road, the darkest part
Into the narrow lanes, I can't stumble or stay put
Someone else is speakin' with my mouth, but I'm listening only to my heart
I've made shoes for everyone, even you, while I still go barefoot

I and I
In creation where one's nature neither honors nor forgives
I and I
One says to the other, no man sees my face and lives

창조중에, 하나는 명예롭지도 용서하지도 못하는 본성을 얻고
나와 나
하나는 다른 하나에게 말하네, 그 누구도 내 얼굴 볼 수 없고 보고
   나서는 살 수 없으리라

어느 기차 플랫폼의 두 사람 그들 바깥에는 보이는 이 아무도 없지
그들은 봄이 오기를 기다리고 있지, 선로 따라 담배 피우며
세계는 오늘밤에라도 종말을 맞을 수 있지, 하지만 그건 괜찮아
그녀는 여전히 잠들어 있을 거야 내가 집으로 돌아간 그때도

나와 나
창조중에, 하나는 명예롭지도 용서하지도 못하는 본성을 얻고
나와 나
하나는 다른 하나에게 말하네, 그 누구도 내 얼굴 볼 수 없고 보고
   나서는 살 수 없으리라

정오, 그리고 나는 여전히 스스로를 길 따라 몰아가고 있지, 가장
   어두운 구석으로,
비좁은 골목으로, 비틀거릴 수도 그대로 서 있을 수도 없지
다른 누군가가 내 입을 빌려 말하고 있지, 하지만 나는 오직 내 심장에만
   귀기울일 뿐
나는 모두를 위해 신발 만들었지, 당신의 신발 또한, 여전히 맨발인 채로
   다니며

나와 나
창조중에, 하나는 명예롭지도 용서하지도 못하는 본성을 얻고
나와 나
하나는 다른 하나에게 말하네, 그 누구도 내 얼굴 볼 수 없고 보고
   나서는 살 수 없으리라

Don't Fall Apart on Me Tonight

Just a minute before you leave, girl
Just a minute before you touch the door
What is it that you're trying to achieve, girl?
Do you think we can talk about it some more?
You know, the streets are filled with vipers
Who've lost all ray of hope
You know, it ain't even safe no more
In the palace of the Pope

Don't fall apart on me tonight
I just don't think that I could handle it
Don't fall apart on me tonight
Yesterday's just a memory
Tomorrow is never what it's supposed to be
And I need you, yeah

Come over here from over there, girl
Sit down here. You can have my chair
I can't see us goin' anywhere, girl
The only place open is a thousand miles away and I can't take you there
I wish I'd have been a doctor
Maybe I'd have saved some life that had been lost
Maybe I'd have done some good in the world
'Stead of burning every bridge I crossed

Don't fall apart on me tonight
I just don't think that I could handle it
Don't fall apart on me tonight
Yesterday's just a memory
Tomorrow is never what it's supposed to be
And I need you, oh, yeah

I ain't too good at conversation, girl
So you might not know exactly how I feel
But if I could, I'd bring you to the mountaintop, girl
And build you a house made out of stainless steel
But it's like I'm stuck inside a painting
That's hanging in the Louvre
My throat start to tickle and my nose itches
But I know that I can't move

Don't fall apart on me tonight

내 곁에서 떨어지지 마 오늘밤엔

잠깐만 기다려줘 떠나기 전에, 자기
잠깐만 기다려줘 문에 손을 대기 전에
무엇을 이루려 애쓰고 있는 거지, 자기?
그것에 대해 우리가 조금 더 대화를 나눌 수 있을 거라 생각해?
당신도 알지, 거리엔 독사 같은 인간들이 넘쳐나
모든 희망을 잃은 자들
당신도 알지, 이제 더는 안전하지 않아
교황의 궁전조차도

내 곁에서 떨어지지 마 오늘밤엔
내가 감당할 수 있을 것 같지가 않아
내 곁에서 떨어지지 마 오늘밤엔
어제는 단지 추억일 뿐이야
내일은 결코 기대한 모습대로가 아니야
그리고 난 당신이 필요해, 그래

거기서 이쪽으로 건너와, 자기
여기 앉아. 내 의자를 써도 돼
난 우리가 어딘가로 가는 모습을 볼 수 없어, 자기
열려 있는 유일한 장소는 천 마일 떨어져 있고 난 당신을 그곳까지
    데려갈 순 없어
내가 의사였다면 좋았을 텐데
어쩌면 잃어버린 몇몇 생명을 살릴 수 있었겠지
어쩌면 세상에 도움 되는 일 몇 가지 했겠지
건너온 다리를 불태우는 것 대신

내 곁에서 떨어지지 마 오늘밤엔
난 그것을 감당할 수 있을 것 같지 않아
내 곁에서 떨어지지 마 오늘밤엔
어제는 단지 추억일 뿐이야
내일은 결코 기대한 모습대로가 아니야
그리고 난 당신이 필요해, 오, 그래

I just don't think that I could handle it
Don't fall apart on me tonight
Yesterday's gone but the past lives on
Tomorrow's just one step beyond
And I need you, oh, yeah

Who are these people who are walking towards you?
Do you know them or will there be a fight?
With their humorless smiles so easy to see through
Can they tell you what's wrong from what's right?
Do you remember St. James Street
Where you blew Jackie P.'s mind?
You were so fine, Clark Gable would have fell at your feet
And laid his life on the line

Let's try to get beneath the surface waste, girl
No more booby traps and bombs
No more decadence and charm
No more affection that's misplaced, girl
No more mudcake creatures lying in your arms
What about that millionaire with the drumsticks in his pants?
He looked so baffled and so bewildered
When he played and we didn't dance

Don't fall apart on me tonight
I just don't think that I could handle it
Don't fall apart on me tonight
Yesterday's just a memory
Tomorrow is never what it's supposed to be
And I need you, yeah

난 대화에 능숙한 편이 아니야, 자기
그래서 내 느낌이 어떤지 당신이 정확히 모를 수 있어
그래도 할 수만 있다면, 산꼭대기로 당신을 데려가고 싶어, 자기
그리고 당신을 위해 스테인리스 강철로 된 집을 지어주고 싶어
하지만 난 어떤 그림 속에 갇혀 있는 기분이야
루브르 박물관에 걸려 있는
목이 따끔거리고 코가 간질거리기 시작하네
하지만 난 알아 내가 움직일 수 없다는 걸

내 곁에서 떨어지지 마 오늘밤엔
내가 감당할 수 있을 것 같지가 않아
내 곁에서 떨어지지 마 오늘밤엔
어제는 지나갔지만 과거는 살아 있어
내일은 한 발짝 뒤에 있을 뿐이지
그리고 난 당신이 필요해, 오, 그래

우리를 향해 걸어오는 이 사람들은 누구지?
그들을 알고 있어? 아니면 싸움이 벌어지려나?
속이 빤히 보이는 저런 재미없는 미소를 띠고서
저들은 당신에게 무엇이 옳고 그른지 말해줄 수 있을까?
세인트제임스 가街 기억나?
거기서 당신이 재키 P.를 뽕가게 했잖아?
당신 참 근사했어, 클라크 게이블도 당신 앞에선 무릎 꿇었을 거야
그리고 당신 위해서라면 목숨이라도 걸려고 했을 거야

우리 이 황량한 땅 밑으로 내려갈 수 있게 애써보자, 자기
더이상 부비트랩도 폭탄도 없는
더이상 타락도 주문呪文도 없는
더이상 부적절한 애정도 없는, 자기
더이상 당신 팔에 안겨 있는 진흙괴물 같은 것도 없는 곳으로
바지 안에 북채를 꽂고 있던 그 백만장자는 어때?
꽤나 놀라고 당황했었지
그가 연주할 때 우리가 춤추지 않으니까 말이야

내 곁에서 떨어지지 마 오늘밤엔

내가 감당할 수 있을 것 같지가 않아
내 곁에서 떨어지지 마 오늘밤엔
어제는 단지 추억일 뿐이야
내일은 결코 기대한 모습대로가 아니야
그리고 난 당신이 필요해, 그래

Blind Willie McTell

Seen the arrow on the doorpost
Saying, "This land is condemned
All the way from New Orleans
To new Jerusalem"
I traveled through East Texas
Where many martyrs fell
And I can tell you one thing
Nobody can sing the blues
Like Blind Willie McTell

Well, I heard that hoot owl singing
As they were taking down the tents
The stars above the barren trees
Were his only audience
Them charcoal gypsy maidens
Can strut their feathers well
And I can tell you one thing
Nobody can sing the blues
Like Blind Willie McTell

There's a woman by the river
With some fine young handsome man
He's dressed up like a squire
Bootlegged whiskey in his hand
Some of them died in the battle
Some of them survived as well
And I can tell you one thing
Nobody can sing the blues
Like Blind Willie McTell

Well, God is in His heaven
And we all want what's His
But power and greed and corruptible seed
Seem to be all that there is
I'm gazing out the window
Of the St. James Hotel
And I can tell you one thing
Nobody can sing the blues
Like Blind Willie McTell

• 미국의 블루스 가수이자 기타리스트(1898~1959).

Infidels

블라인드 윌리 맥텔*

문설주 위의 화살을 보고는
말하길 "이 땅은 저주 받았어
뉴올리언스부터
뉴예루살렘까지 몽땅 다"
난 동부 텍사스를
많은 순교자들이 쓰러졌던
그 땅을 여행했지
그리고 한 가지만은 말할 수 있어
아무도 블루스를 그렇게 부를 순 없어
블라인드 윌리 맥텔처럼 말이야

음, 나는 큰 부엉이가 노래하는 소리 들었지
그들이 텐트를 걷고 있는 동안
헐벗은 나무들 위의 별들이
그의 유일한 청중이었지
그들 숯처럼 검은 집시 처녀들은
그들의 깃털 뽐내며 걸을 수 있었지
그리고 한 가지만은 말할 수 있어
아무도 블루스를 그렇게 부를 순 없어
블라인드 윌리 맥텔처럼 말이야

강가엔 한 여인이 있어
어느 젊고 잘생긴 남자와 함께
그는 기사의 종자처럼 차려입었어
손에는 밀주 위스키 병을 들고서
어떤 이들은 전투중에 죽고
어떤 이들은 살아남았지
그리고 한 가지만은 말할 수 있어
아무도 블루스를 그렇게 부를 순 없어
블라인드 윌리 맥텔처럼 말이야

음, 하느님은 당신의 천국에 계시지

그리고 우리는 모두 그분이 가진 것을 원하지
하지만 권력과 탐욕과 썩기 쉬운 씨앗이
세상에 존재하는 전부인 것처럼 느껴져
난 창밖을 바라보고 있어
세인트제임스 호텔에서
그리고 한 가지만은 말할 수 있어
아무도 블루스를 그렇게 부를 순 없어
블라인드 윌리 맥텔처럼 말이야

Foot of Pride

Like the lion tears the flesh off of a man
So can a woman who passes herself off as a male
They sang "Danny Boy" at his funeral and the Lord's Prayer
Preacher talking 'bout Christ betrayed
It's like the earth just opened and swallowed him up
He reached too high, was thrown back to the ground
You know what they say about bein' nice to the right people on the way up
Sooner or later you gonna meet them comin' down

Well, there ain't no goin' back
When your foot of pride come down
Ain't no goin' back

Hear ya got a brother named James, don't forget faces or names
Sunken cheeks and his blood is mixed
He looked straight into the sun and said revenge is mine
But he drinks, and drinks can be fixed
Sing me one more song, about ya love me to the moon and the stranger
And your fall-by-the sword love affair with Errol Flynn
In these times of compassion when conformity's in fashion
Say one more stupid thing to me before the final nail is driven in

Well, there ain't no goin' back
When your foot of pride come down
Ain't no goin' back

There's a retired businessman named Red
Cast down from heaven and he's out of his head
He feeds off of everyone that he can touch
He said he only deals in cash or sells tickets to a plane crash
He's not somebody that you play around with much
Miss Delilah is his, a Phillistine is what she is
She'll do wondrous works with your fate, feed you coconut bread, spice
    buns in your bed
If you don't mind sleepin' with your head face down in a grave

Well, there ain't no goin' back
When your foot of pride come down
Ain't no goin' back

Well, they'll choose a man for you to meet tonight
You'll play the fool and learn how to walk through doors

자만의 한걸음

사자가 한 남자의 살을 찢듯
스스로 남자 행세하는 여자도 그렇게 할 수 있지
그들은 그의 장례식에서 〈대니 보이〉를 노래했지 그리고 주기도문을
설교자는 배신당한 그리스도에 대해 이야기했어
그건 마치 땅이 입을 벌려 그를 꿀꺽 삼킨 것과 같달까
그는 너무 높이 올라갔고, 땅으로 내동댕이쳐졌지
당신도 알 거야 상승일로에 있는 잘난 인간들에게 친절하게 구는 것에
  대해 사람들이 어떤 얘기를 하는지
조만간 보게 될 거야 그들이 아래로 떨어지는 모습을

음, 돌아갈 길은 없어
그대 자만의 한걸음 내디딘다면
이제 돌아갈 길은 없어

당신에게 제임스라는 이름의 형제가 있다고 들었어, 사람들의 얼굴이나
  이름을 잊어선 안 돼
뺨은 움푹 파여 있고, 그리고 그는 혼혈이지
태양을 똑바로 바라보면서 그가 말했어, 복수는 나의 것이라고
하지만 그는 마시지, 마실 거리를 구할 순 있거든
한 곡만 더 불러줘, 너는 날 달만큼 사랑해와 나그네
그리고 에롤 플린과의 칼로써 망한 연애에 대한 노래를
요즘같이 순응이 유행하는 동정심의 시대에
멍청한 소리 하나 더 해줘, 마지막 못이 박혀오기 전에

음, 돌아갈 길은 없어
그대 자만의 한걸음 내디딘다면
이제 돌아갈 길은 없어

레드라는 이름의 은퇴한 사업가가 있어
천국에서 내던져진 뒤로 머리가 돌아버렸지
그는 손에 닿은 누구든 먹어치우지
그는 말했지 자긴 현금만 취급한다고 또는 비행기 추락사고 티켓을

How to enter into the gates of paradise
No, how to carry a burden too heavy to be yours
Yeah, from the stage they'll be tryin' to get water outa rocks
A whore will pass the hat, collect a hundred grand and say thanks
They like to take all this money from sin, build big universities to study in
Sing "Amazing Grace" all the way to the Swiss banks

Well, there ain't no goin' back
When your foot of pride come down
Ain't no goin' back

They got some beautiful people out there, man
They can be a terror to your mind and show you how to hold your tongue
They got mystery written all over their forehead
They kill babies in the crib and say only the good die young
They don't believe in mercy
Judgement on them is something that you'll never see
They can exalt you up or bring you down main route
Turn you into anything that they want you to be

Well, there ain't no goin' back
When your foot of pride come down
Ain't no goin' back

Yes, I guess I loved him too
I can still see him in my mind climbin' that hill
Did he make it to the top, well he probably did and dropped
Struck down by the strength of the will
Ain't nothin' left here partner, just the dust of a plague that has left this
   whole town afraid
From now on, this'll be where you're from
Let the dead bury the dead. Your time will come
Let hot iron blow as he raised the shade

Well, there ain't no goin' back
When your foot of pride come down
Ain't no goin' back

판다고
그는 당신이 어울려 놀아나는 그런 부류들과는 달라
미스 텔리아가 그의 여자야, 속물이지 그녀는
그녀는 당신의 운명을 가지고 놀라운 짓을 할 거야, 당신에게 코코넛
　빵을 먹일 거야, 당신 침대의 그 양념된 빵을
당신이 어느 무덤 속에서 머리 처박고 잠드는 것에 개의치 않는다면
　말이지

음, 돌아갈 길은 없어
그대 자만의 한걸음 내디딘다면
이제 돌아갈 길은 없어

음, 그들은 당신이 오늘밤 만날 남자를 고를 거야
당신은 광대짓을 하고 문들을 걸어서 통과하는 법을 배울 거야
천국의 입구로 들어가는 법을
아니, 당신의 것이 되기엔 너무 무거운 그런 짐 지는 법을
그래, 그들이 바위에서 물 얻으려 애쓰는 모습 보여줄 그 무대를 통해서
　말이야
창녀는 모자를 돌릴 거야, 십만 달러를 모을 거고 감사 인사를 할 거야
사람들은 이 모든 돈을 죄에서 얻길 좋아하고 공부 가르치는 큰 대학
　세우길 좋아하지
그들은 노래하지 〈어메이징 그레이스〉를 스위스 은행으로 가는 길 내내

음, 돌아갈 길은 없어
그대 자만의 한걸음 내디딘다면
이제 돌아갈 길은 없어

이봐, 그들은 거기서 몇몇 아름다운 사람들을 만났어
그들은 당신에게 두려움의 대상일 수 있어 당신에게 입 닥치고 있는
　법을 가르쳐줄 수 있지
그들은 자기들 이마에다 수수께끼를 잔뜩 적어놓았지
그들은 구유 속 아기들을 죽이지 그러고는 오직 선인善人만이 일찍
　죽는다고 말하지
그들은 자비를 믿지 않아
그들이 심판당하는 걸 당신이 보게 될 날은 절대 오지 않아
그들은 당신을 높이 들어올릴 수 있고 큰길에다 내팽개쳐버릴 수도 있어

그들은 그들이 원하는 어떤 것으로든 당신을 바꿀 수 있어

음, 돌아갈 길은 없어
그대 자만의 한걸음 내디딘다면
이제 돌아갈 길은 없어

그래, 나 역시 그를 사랑했던 것 같아
마음속으로 아직도 볼 수 있어 그가 그 언덕을 오르던 모습을
그가 꼭대기까지 올랐을까, 글쎄 아마 그랬을 거야, 그러고는 떨어졌지
의지의 힘에 의해 쓰러뜨려졌지
이곳엔 아무도 남아 있지 않아 파트너, 도시 전체를 두려움으로 떨게 한
　역병의 흙먼지만이 남아 있을 뿐
이제부터는, 이곳이 당신의 출신지가 될 거야
죽은 자는 죽은 자가 매장하게 하자. 당신의 시간은 올 거야
달아오른 쇠를 울게 하자 그가 차양을 들어올렸으니

음, 돌아갈 길은 없어
그대 자만의 한걸음 내디딘다면
이제 돌아갈 길은 없어

Lord Protect My Child

For his age, he's wise
He's got his mother's eyes
There's gladness in his heart
He's young and he's wild
My only prayer is, if I can't be there
Lord, protect my child

As his youth now unfolds
He is centuries old
Just to see him at play makes me smile
No matter what happens to me
No matter what my destiny
Lord, protect my child

The whole world is asleep
You can look at it and weep
Few things you find are worthwhile
And though I don't ask for much
No material things to touch
Lord, protect my child

He's young and on fire
Full of hope and desire
In a world that's been raped and defiled
If I fall along the way
And can't see another day
Lord, protect my child

There'll be a time I hear tell
When all will be well
When God and man will be reconciled
But until men lose their chains
And righteousness reigns
Lord, protect my child

주여, 제 아이를 지켜주소서

나이에 비해, 그는 지혜롭습니다
그는 그의 엄마의 눈을 가졌습니다
그의 마음속엔 기쁨이 있습니다
그는 젊고 길들여지지 않았습니다
저의 유일한 기도는 이것입니다, 제가 더이상 있을 수 없게 된다면
주여, 제 아이를 지켜주소서

이제 그의 젊음이 펼쳐질 때
그는 수백 살입니다
그의 놀고 있는 모습만 보아도 미소가 절로 떠오릅니다
저에게 무슨 일이 일어나든
저의 운명이 무엇이든
주여, 제 아이를 지켜주소서

온 세상이 잠들어 있습니다
당신은 그 세상을 보며 슬피 울 수도 있습니다
가치 있는 것을 거의 찾지 못하실 것입니다
그리고 저는 많은 것을 바라지 않습니다
만질 수 있는 그 어떤 물질적인 것도 바라지 않습니다
주여, 제 아이를 지켜주소서

그는 젊고 불타고 있습니다
희망과 욕망으로 가득차 있습니다
유린당하고 더럽혀진 세상에서
제가 이 길 따라 쓰러진다면
그리하여 또다른 날을 볼 수 없게 된다면
주여, 제 아이를 지켜주소서

그런 날이 온다고 들었습니다
모든 게 좋아지고
신과 인간이 화해할 그런 날이
하지만 인간들이 제 사슬을 잃고

정의로움이 세상을 다스리게 될 그날까지
주여, 제 아이를 지켜주소서

Someone's Got a Hold of My Heart
(Early version of "Tight Connection to My Heart")

They say, "Eat, drink and be merry"
"Take the bull by the horns"
I keep seeing visions of you, a lily among thorns
Everything looks a little far away to me

Gettin' harder and harder to recognize the trap
Too much information about nothin'
Too much educated rap
It's just like you told me, just like you said it would be

The moon rising like wildfire
I feel the breath of a storm
Something I got to do tonight
You go inside and stay warm

Someone's got a hold of my heart
Someone's got a hold of my heart
Someone's got a hold of my heart
You—
Yeah, you got a hold of my heart

Just got back from a city of flaming red skies
Everybody thinks with their stomach
There's plenty of spies
Every street is crooked, they just wind around till they disappear

Madame Butterfly, she lulled me to sleep
Like an ancient river
So wide and deep
She said, "Be easy, baby, ain't nothin' worth stealin' here"

You're the one I've been waitin' for
You're the one I desire
But you must first realize
I'm not another man for hire

Someone's got a hold of my heart
Someone's got a hold of my heart
Someone's got a hold of my heart
You, you, you, you
Yeah, you got a hold of my heart

• 어려움에 정면으로 용감히 맞서라는 뜻.

누군가 내 마음 붙들고 있습니다
(〈내 마음에 강력한 끈〉의 초기 버전)

사람들은 말합니다, "먹고, 마시고, 즐거워하라"
"황소의 뿔을 잡아라"
나는 계속 당신의 모습들 보고 있습니다, 가시들 속 한 송이 백합을
모든 것이 내게서 조금 멀리 떨어져 있는 것처럼 보입니다

가면 갈수록 덫을 알아보기가 어렵습니다
아무것도 아닌 것에 대한 정보가 넘쳐나고
현학적인 비방이 넘쳐납니다
당신이 제게 말씀하신 그대로입니다, 당신이 그렇게 되리라 말씀하신 것
　그대로

달은 들불처럼 솟아오르고
저는 폭풍우의 숨결을 느낍니다
오늘밤 저는 무언가 해야 합니다
당신은 안으로 들어가 따뜻한 곳에 머무십시오

누군가 내 마음 붙들고 있습니다
누군가 내 마음 붙들고 있습니다
누군가 내 마음 붙들고 있습니다
당신—
그렇습니다, 당신이 내 마음을 붙들고 있습니다

이제 막 타오르는 붉은 하늘의 도시에서 돌아왔습니다
모두가 제 자신의 욕심대로만 생각하고 있습니다
첩자들이 넘쳐납니다
모든 거리가 구부러져 있습니다, 완전히 사라져버릴 때까지 그저 휘고만
　있습니다

나비 부인, 그녀는 내가 잠들도록 나를 달랬습니다
고대의 강처럼
너무나 드넓고 깊은
그녀는 말했습니다, "편히 쉬어요, 그대, 여기엔 훔쳐갈 만한 것 아무것도

Hear that hot-blooded singer
On the bandstand croon
September song, Memphis in June
While they're beating the devil out of a guy who's wearing a powder blue
   wig

I been to Babylon
I gotta confess
I could still hear the voice crying in the wilderness
What looks large from a distance, close up is never that big
Never could learn to drink that blood and call it wine
Never could learn to look at your face and call it mine

Someone's got a hold of my heart
Someone's got a hold of my heart
Someone's got a hold of my heart
You—
Yeah, you got a hold of my heart

없으니"

당신은 내가 기다려온 그분입니다
당신은 내가 갈망하는 그분입니다
하지만 먼저 아셔야 합니다
나는 그저 그런 또 한 명의 고용인이 아님을

누군가 내 마음 붙들고 있습니다
누군가 내 마음 붙들고 있습니다
누군가 내 마음 붙들고 있습니다
당신, 당신, 당신, 당신
그렇습니다, 당신이 내 마음을 붙들고 있습니다

들어보십시오 저 열정적인 가수가
무대 위에서 나직이 부르는 노래를
9월의 노래, 6월의 멤피스를
그들이 연한 푸른빛 가발 쓴 한 남자의 몸에서 악마를 몰아내고 있는
　　동안

나는 바빌론에 있었습니다
나는 고백해야 합니다
황무지에서 울부짖던 그 목소리를 아직도 들을 수 있습니다
멀리서 커 보였던 것이 가까이에서 보면 그리 크지 않습니다
나는 결코 배울 수 없었습니다 그 피를 마시고 그것을 포도주라 부르는
　　법을
당신의 얼굴을 보고 그것을 나의 것이라 부르는 법을

누군가 내 마음 붙들고 있습니다
누군가 내 마음 붙들고 있습니다
누군가 내 마음 붙들고 있습니다
당신—
그렇습니다, 당신이 내 마음을 붙들고 있습니다

Tell Me

Tell me—I've got to know
Tell me—Tell me before I go
Does that flame still burn, does that fire still glow
Or has it died out and melted like the snow
Tell me
Tell me

Tell me—what are you focused upon
Tell me—will it come to me after you're gone
Tell me quick with a glance on the side
Shall I hold you close or shall I let you go by
Tell me
Tell me

Are you lookin' at me and thinking of somebody else
Can you feel the heat and the beat of my pulse
Do you have any secrets
That will only come out in time
Doyou lay in bedand stare at the stars
Is your main friend someone who's an old acquaintance of ours
Tell me
Tell me

Tell me—what's in back of them pretty brown eyes
Tell me—behind what door your treasure lies
Ever gone broke in a big way
Ever done the opposite of what the experts say
Tell me
Tell me

Is it some kind of game that you're playin' with me
Am I imagining something that never can be
Do you have any morals
Do you have any point of view
Is that a smile I see on your face
Will it take you to glory or to disgrace
Tell me
Tell me

Tell me—is my name in your book
Tell me—will you go back and take another look
Tell me the truth, tell me no lies

말해줘요

말해줘요—난 알아야 해요
말해줘요—말해줘요 내가 떠나기 전에
그 불꽃이 아직도 타고 있나요, 그 불이 아직도 빛나고 있나요
아니면 죽어 눈처럼 녹아 사라져버렸나요
말해줘요
말해줘요

말해줘요—당신은 무엇에 관심을 두고 있는지
말해줘요—당신이 떠나고 난 뒤 그것이 내게 올 것인지
어서 말해줘요 한 번의 곁눈질로
당신을 꼭 끌어안아야 하는지 아니면 당신을 떠나보내야 하는지
말해줘요
말해줘요

날 보고 있나요 다른 누군가를 생각하고 있나요
느끼나요 이 열기를 나의 고동치는 맥박을
당신에겐 비밀이 있나요
오직 때가 되어야 드러날
잠자리에 누워 별들을 바라보나요
당신의 가장 친한 친구는 우리와 오랫동안 알고 지내온 어떤 자인가요
말해줘요
말해줘요

말해줘요—그 예쁜 갈색 눈 뒤에 무엇이 있는지
말해줘요—어느 문 뒤에 당신의 보물이 놓여 있는지
완전히 고갈되고 말았는지
전문가들이 말하는 것과 정반대로 되었는지
말해줘요
말해줘요

이건 당신이 나와 벌이는 게임 같은 것인가요
내가 절대 있을 수 없는 것을 상상하고 있는 건가요

Are you someone whom anyone prays for or cries
Tell me
Tell me

당신에겐 도덕이 있나요
어떤 견해가 있나요
내가 당신의 얼굴에서 본 것이 미소인가요
그것이 당신을 영광으로, 아니면 불명예로 데려갈까요
말해줘요
말해줘요

말해줘요—내 이름이 당신의 책 속에 있는지
말해줘요—돌아와서 다시 한번 살펴볼 건가요
진실을 말해줘요, 거짓말은 마세요
당신은 사람들이 기도하거나 울며 부르는 그분인가요
말해줘요
말해줘요

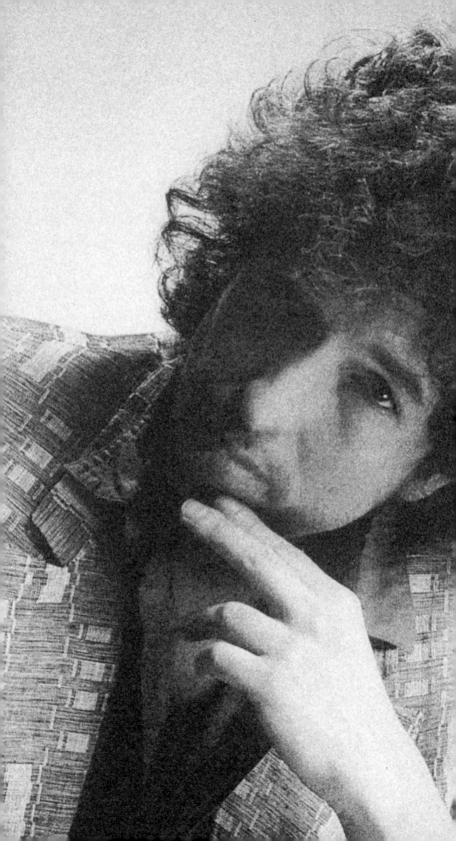

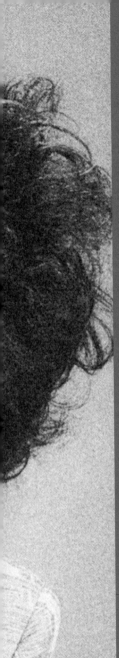

Empire Burlesque 1985

엠파이어 벌레스크

Tight Connection to My Heart
  (Has Anybody Seen My Love)

Seeing the Real You at Last

I'll Remember You

Clean-Cut Kid

Never Gonna Be the Same Again

Trust Yourself

Emotionally Yours

When the Night Comes Falling
  from the Sky

Something's Burning, Baby

Dark Eyes

Tight Connection to My Heart
(Has Anybody Seen My Love)

Well, I had to move fast
And I couldn't with you around my neck
I said I'd send for you and I did
What did you expect?
My hands are sweating
And we haven't even started yet
I'll go along with the charade
Until I can think my way out
I know it was all a big joke
Whatever it was about
Someday maybe
I'll remember to forget

I'm gonna get my coat
I feel the breath of a storm
There's something I've got to do tonight
You go inside and stay warm

Has anybody seen my love
Has anybody seen my love
Has anybody seen my love
I don't know
Has anybody seen my love?

You want to talk to me
Go ahead and talk
Whatever you got to say to me
Won't come as any shock
I must be guilty of something
You just whisper it into my ear
Madame Butterfly
She lulled me to sleep
In a town without pity
Where the water runs deep
She said, "Be easy, baby
There ain't nothin' worth stealin' in here"

You're the one I've been looking for
You're the one that's got the key
But I can't figure out whether I'm too good for you
Or you're too good for me

내 마음에 강력한 끈
(누구 내 애인 본 적 있어?)

그래, 난 바삐 움직여야 했어
늘 너를 목에 두르고 다닐 수 없었지
먼저 내가 연락할 거라고 말했고, 그렇게 했잖아
대체 뭘 기대했던 거니?
손에서 땀이 나
우린 아직 시작도 안 했는데
난 계속 가식을 떨 거야
빠져나갈 구멍을 찾아낼 때까지
그거 다 완전 농담이었다는 거 알아
그게 무엇에 관한 것이었든 말이야
언젠가 어쩌면
난 분명 잊고 말 테지

코트를 챙겨야겠어
폭풍의 숨결이 느껴져
오늘밤 반드시 해야만 하는 일이 있어
넌 안에 들어가서 따뜻하게 있어

누구 내 애인 본 적 있어?
누구 내 애인 본 적 있어?
누구 내 애인 본 적 있냐고?
난 잘 모르겠어
누구 내 애인 본 적 있어?

넌 나와 이야기하고 싶잖아
어서 말해봐
그게 무슨 말이 됐든지
전혀 충격으로 다가오진 않을 거야
내가 뭔가 잘못했나보지
네가 내 귀에 대고 속삭이는 걸 보니
나비 부인
그녀는 날 달래서 잠을 재웠지

Has anybody seen my love
Has anybody seen my love
Has anybody seen my love
I don't know
Has anybody seen my love?

Well, they're not showing any lights tonight
And there's no moon
There's just a hot-blooded singer
Singing "Memphis in June"
While they're beatin' the devil out of a guy
Who's wearing a powder-blue wig
Later he'll be shot
For resisting arrest
I can still hear his voice crying
In the wilderness
What looks large from a distance
Close up ain't never that big

Never could learn to drink that blood
And call it wine
Never could learn to hold you, love
And call you mine

동정심 없는 마을
깊은 물이 흐르는 곳에서
그녀는 말했어, "그대여, 안심해요
여긴 훔칠 만한 게 아무것도 없어요"

네가 바로 지금껏 내가 찾던 사람이야
네가 바로 열쇠를 쥔 사람이야
하지만 난 잘 모르겠어, 내가 네게 과분한 사람인지
아니면 네가 내게 과분한 사람인지

누구 내 애인 본 적 있어?
누구 내 애인 본 적 있어?
누구 내 애인 본 적 있냐고?
난 잘 모르겠어
누구 내 애인 본 적 있어?

오늘밤엔 아무런 빛도 비치지 않네
그리고 달도 없지
피가 뜨거운 가수 하나가
〈유월의 멤피스〉를 부를 뿐이야
그동안 그들은 남자 하나를 흠씬 두들겨팼지
파우더 블루 색 가발을 쓴 남자를
나중에 그는 총을 맞고 말 거야
잡혀가기를 거부하다가 말이야
아직도 그가 울부짖는 소리가 들려
황야에서
멀리선 크게 보이는 것도
가까이서 보면 전혀 그렇지가 않지

그 피를 마시고도
그걸 포도주라 부를 줄은 몰랐어
내 사랑, 너를 안고도
널 내 사랑이라 부를 줄은 몰랐어

Seeing the Real You at Last

Well, I thought that the rain would cool things down
But it looks like it don't
I'd like to get you to change your mind
But it looks like you won't

From now on I'll be busy
Ain't gain' nowhere fast
I'm just glad it's over
And I'm seeing the real you at last

Well, didn't I risk my neck for you
Didn't I take chances?
Didn't I rise above it all for you
The most unfortunate circumstances?

Well, I have had some rotten nights
Didn't think that they would pass
I'm just thankful and grateful
To be seeing the real you at last

I'm hungry and I'm irritable
And I'm tired of this bag of tricks
At one time there was nothing wrong with me
That you could not fix

Well, I sailed through the storm
Strapped to the mast
But the time has come
And I'm seeing the real you at last

When I met you, baby
You didn't show no visible scars
You could ride like Annie Oakley
You could shoot like Belle Starr

Well, I don't mind a reasonable amount of trouble
Trouble always comes to pass
But all I care about now
Is that I'm seeing the real you at last

Well, I'm gonna quit this baby talk now
I guess I should have known

마침내 너의 진짜 모습을 보네

글쎄, 난 비가 모든 열기를 식혀줄 거라 생각했어
그런데 그렇지가 않은 것 같군
난 네 마음을 바꿔놓고 싶었어
그런데 넌 그렇지 않을 것 같군

지금부터 난 바빠질 거야
어디론가 서둘러 가는 건 아니야
그저 다 끝났다는 게 난 기쁠 뿐
그리고 난 마침내 너의 진짜 모습을 보네

이봐, 널 위해 내가 목숨을 걸지 않았니?
모험을 하지 않았니?
널 위해 내가 그 무엇에도 꿋꿋하게 버티지 않았니?
가장 불행한 상황에서도 말이야

이봐, 난 정말 불쾌한 밤들을 보냈어
그게 쉽게 지나가리란 생각도 안 했지
그저 감사하고 고마울 뿐
마침내 너의 진짜 모습을 볼 수 있게 됐으니까

난 굶주렸어, 난 짜증을 잘 내지
그리고 난 이 온갖 수법에 아주 넌더리가 나
한때 내게는 어떤 문제도 없었어
네가 해결해줄 수 없는 문제란 없었지

있잖아, 난 태풍을 뚫고서 항해했어
돛대에 밧줄을 꼭 묶고서
하지만 때가 왔어
난 마침내 너의 진짜 모습을 보네

자기, 내가 널 만났을 때
넌 외면의 어떤 상처도 보여주질 않았지

I got troubles, I think maybe you got troubles
I think maybe we'd better leave each other alone

Whatever you gonna do
Please do it fast
I'm still trying to get used to
Seeing the real you at last

*   미국의 여성 명사수(1860~1926).

넌 애니 오클리*처럼 달릴 수 있었어
벨 스타처럼 총을 쏠 수 있었지

있잖아, 난 웬만한 문제엔 크게 신경쓰지 않아
문제야 늘 지나가는 거니까
하지만 지금 내게 중요한 건 오로지
마침내 너의 진짜 모습을 보게 될 일뿐이야

그래, 이제 이 어린애 같은 소리는 집어치워야겠군
잘 몰랐던 내가 바보지
나한텐 문제가 있어, 아마 너한테도 문제가 있는 것 같아
우린 아마 서로 헤어지는 게 좋겠어

네가 하려는 게 뭐가 됐든
제발 빨리 해치워버려
난 여전히 익숙해지려고 애쓰고 있어
마침내 보게 된 진짜 네 모습에

I'll Remember You

I'll remember you
When I've forgotten all the rest
You to me were true
You to me were the best
When there is no more
You cut to the core
Quicker than anyone I knew
When I'm all alone
In the great unknown
I'll remember you

I'll remember you
At the end of the trail
I had so much left to do
I had so little time to fail
There's some people that
You don't forget
Even though you've only seen 'm one time or two
When the roses fade
And I'm in the shade
I'll remember you

Didn't I, didn't I try to love you?
Didn't I, didn't I try to care?
Didn't I sleep, didn't I weep beside you
With the rain blowing in your hair?

I'll remember you
When the wind blows through the piney wood
It was you who came right through
It was you who understood
Though I'd never say
That I done it the way
That you'd have liked me to
In the end
My dear sweet friend
I'll remember you

널 기억할 거야

난 널 기억할 거야
너 말곤 모든 걸 잊었을 때도
넌 내게 진실했어
넌 내게 최고였지
더는 방법이 없을 때
넌 정곡을 찔렀어
내가 알던 그 누구보다 빨랐지
그 아무도 모르는 곳에
나 혼자 있을 때
나는 널 기억할 거야

난 널 기억할 거야
길의 끝에서
내겐 할 일이 너무도 많았지
실패하기엔 시간이 너무도 부족했어
어떤 사람들은
절대 잊히질 않지
그저 한두 번 봤을 뿐인데도
장미는 시들고
나는 그늘에 있을 때
내가 널 기억할 거야

내가, 내가 널 사랑하려고 노력하지 않았니?
내가, 내가 널 보살피려고 노력하지 않았니?
곁에서 잠들어주고 울어주지 않았니?
네 머리로 비바람이 불어닥쳤을 때 말이야

난 널 기억할 거야
바람이 소나무 숲을 지나갈 때
너는 당장 달려와줬지
너는 이해해줬어
비록 네가 바라는 대로

내가 행동했다고는
절대 말할 수 없겠지만
결국에는,
내 소중하고 사랑스러운 친구여
나는 널 기억할 거야

Clean-Cut Kid

Everybody wants to know why he couldn't adjust
Adjust to what, a dream that bust?

He was a clean-cut kid
But they made a killer out of him
That's what they did

They said what's up is down, they said what isn't is
They put ideas in his head he thought were his

He was a clean-cut kid
But they made a killer out of him
That's what they did

He was on the baseball team, he was in the marching band
When he was ten years old he had a watermelon stand

He was a clean-cut kid
But they made a killer out of him
That's what they did

He went to church on Sunday, he was a Boy Scout
For his friends he would turn his pockets inside out

He was a clean-cut kid
But they made a killer out of him
 That's what they did

They said," Listen boy, you're just a pup"
They sent him to a napalm health spa to shape up

They gave him dope to smoke, drinks and pills
A jeep to drive, blood to spill

They said "Congratulations, you got what it takes"
They sent him back into the rat race without any brakes

He was a clean-cut kid
But they made a killer out of him
That's what they did

He bought the American dream but it put him in debt

말쑥한 아이

다들 그애가 왜 적응을 못했는지 알고 싶어하지
뭐에 적응한단 말이야, 망가진 꿈에?

걘 말쑥한 아이였지만
그들은 그애를 살인자로 만들어버렸어
그게 바로 그들이 한 짓이야

그들은 위를 아래라 하고, 아닌 걸 맞다고 했지
그들은 그애 머릿속에 생각들을 주입시켰고, 그앤 그게 자기 것인
  줄로만 알았지

걘 말쑥한 아이였지만
그들은 그애를 살인자로 만들어버렸어
그게 바로 그들이 한 짓이야

그애는 야구팀에 있었어, 행진 악대에 있었지
열 살이 되었을 땐 자기 가판대에서 수박을 팔았지

걘 말쑥한 아이였지만
그들은 그애를 살인자로 만들어버렸어
그게 바로 그들이 한 짓이야

그애는 일요일에 교회에 갔어, 보이스카우트였지
친구들을 위해 자기 호주머니를 탈탈 털었지

걘 말쑥한 아이였지만
그들은 그애를 살인자로 만들어버렸어
그게 바로 그들이 한 짓이야

그들은 말했어, "들어봐 꼬마야, 넌 그저 풋내기일 뿐이야"
그들은 그애를 가꿔주려고 네이팜 헬스 스파에 보냈지

The only game he could play was Russian roulette

He drank Coca-Cola, he was eating Wonder Bread
Ate Burger Kings, he was well fed

Hewent to Hollywood to see Peter O'Toole
He stole a Rolls-Royce and drove it in a swimming pool

They took a clean-cut kid
And they made a killer out of him
That's what they did

He could've sold insurance, owned a restaurant or bar
Could've been an accountant or a tennis star

He was wearing boxing gloves, took a dive one day
Off the Golden Gate Bridge into China Bay

His mama walks the floor, his daddy weeps and moans
They gotta sleep together in a home they don't own

They took a clean-cut kid
And they made a killer out of him
That's what they did

Well, everybody's asking why he couldn't adjust
All he ever wanted was somebody to trust

They took his head and turned it inside out
He never did know what it was all about

He had a steady job, he joined the choir
He never did plan to walk the high wire

They took a clean-cut kid
And they made a killer out of him
That's what they did

• 아일랜드 출신 배우(1932~2013).

Empire Burlesque

그들은 그애에게 마리화나를 줬고, 술과 알약을 줬어
몰고 다닐 지프를 줬고, 피 흘릴 거리를 줬어

그들은 말했지, "축하해, 이제 필요한 건 다 갖췄구나"
그들은 절대 멈추지 않는 무한 경쟁의 세상 속으로 그애를 되돌려보냈지

걘 말쑥한 아이였지만
그들은 그애를 살인자로 만들어버렸어
그게 바로 그들이 한 짓이야

그애는 아메리칸 드림을 샀지만 빚만 떠안았지
그애가 할 수 있었던 게임은 러시안 룰렛뿐

그애는 코카콜라를 마셨어, 원더 브레드를 먹고 있었어
버거킹을 먹었지, 그애는 아주 잘 먹었어

그애는 피터 오툴*을 만나려고 할리우드로 갔지
롤스로이스를 훔쳐 몰다가 수영장 안으로 처박아버렸지

그들은 말쑥한 아이를 데려다가
살인자로 만들어버렸어
그게 바로 그들이 한 짓이야

그애는 보험을 팔았을 수도, 레스토랑이나 바를 운영했을 수도 있어
회계사나 테니스 스타가 됐을 수도 있지

그애는 권투 글러브를 끼고 있었어, 그러던 어느 날 뛰어들어버렸지
금문교 위에서 차이나만으로

그애 엄마는 마루를 왔다갔다했고, 그애 아빠는 울며 신음했지
그들은 자기네 소유가 아닌 집에서 함께 자야만 했지

그들은 말쑥한 아이를 데려다가
살인자로 만들어버렸어
그게 바로 그들이 한 짓이야

글쎄, 다들 그애가 왜 적응하지 못했느냐고 물어
그애가 원했던 건 단지 믿을 수 있는 누군가였을 뿐

그들은 그애의 머리를 가져다 그 속을 완전히 뒤집어놨어
뭐가 어떻게 돌아가는지 그애는 전혀 알지 못했지

그애는 안정적인 수입이 있었어, 성가대에 들어갔지
높은 데서 위험하게 줄타기 할 생각은 전혀 없었지

그들은 말쑥한 아이를 데려다가
살인자로 만들어버렸어
그게 바로 그들이 한 짓이야

Never Gonna Be the Same Again

Now you're here beside me, baby
You're a living dream
And every time you get this close
It makes me want to scream
You touched me and you knew
That I was warm for you and then
I ain't never gonna be the same again

Sorry if I hurt you, baby
Sorry if I did
Sorry if I touched the place
Where your secrets are hid
But you meant more than everything
And I could not pretend
I ain't never gonna be the same again

You give me something to think about, baby
Every time I see ya
Don't worry, baby, I don't mind leaving
I'd just like it to be my idea

You taught me how to love you, baby
You taught me, oh, so well
Now, I can't go back to what was, baby
I can't unring the bell
You took my reality
And cast it to the wind
And I ain't never gonna be the same again

절대 다시 예전으로 돌아가지 못할 거야

이제 넌 여기 내 곁에 있어
넌 살아 있는 꿈이야
그리고 네가 이렇게 가까이 다가올 때마다
난 소리치고만 싶어져
나를 만진 넌 알게 됐지
내가 네게 따뜻하다는 걸, 그리고 이제
난 절대 다시 예전으로 돌아가지 못할 거야

네 마음 아프게 했다면 미안해
내가 그랬다면 미안해
네 비밀이 숨겨진 곳을
내가 건드린 거라면 미안해
하지만 넌 세상 그 무엇보다 큰 의미였어
그리고 난 아닌 척할 수 없었어
난 절대 다시 예전으로 돌아가지 못할 거야

넌 뭔가 생각할 거리를 던져줘
내가 널 바라볼 때마다 말이야
걱정 마, 난 떠나도 괜찮아
단지 그게 나의 결정이기를 바랄 뿐이야

너는 내게 널 사랑하는 법을 가르쳐줬어
너는 정말 잘 가르쳐줬지
이젠 과거의 나로 돌아갈 수 없어
이미 일어난 일을 돌이킬 수 없어
너는 내 현실을 가져다
바람 속에 날려버렸어
그리고 난 절대 다시 예전으로 돌아가지 못할 거야

Trust Yourself

Trust yourself
Trust yourself to do the things that only you know best
Trust yourself
Trust yourself to do what's right and not be second-guessed
Don't trust me to show you beauty
When beauty may only turn to rust
If you need somebody you can trust, trust yourself

Trust yourself
Trust yourself to know the way that will prove true in the end
Trust yourself
Trust yourself to find the path where there is no if and when
Don't trust me to show you the truth
When the truth may only be ashes and dust
If you want somebody you can trust, trust yourself

Well, you're on your own, you always were
In a land of wolves and thieves
Don't put your hope in ungodly man
Or be a slave to what somebody else believes

Trust yourself
And you won't be disappointed when vain people let you down
Trust yourself
And look not for answers where no answers can be found
Don't trust me to show you love
When my love may be only lust
If you want somebody you can trust, trust yourself

너 자신을 믿어

너 자신을 믿어
너 자신을 믿고서 오직 너만이 가장 잘 알고 있는 일들을 해
너 자신을 믿어
너 자신을 믿고서 옳은 일을 해, 망설이지 말고
내가 네게 아름다움을 보여줄 거라고 믿지는 마
아름다움은 시간 속에서 녹이 슬게 마련이니까
만일 누군가 믿을 사람이 필요하다면, 너 자신을 믿어

너 자신을 믿어
너 자신을 믿고서 나중에 결국 진실로 드러날 그 방법을 따라
너 자신을 믿어
너 자신을 믿고서 길을 찾아가, 의심과 걱정 따윈 버려버리고
내가 네게 진실을 알려줄 거라고 믿지는 마
진실은 먼지와 재에 불과할 수도 있으니까
만일 누군가 믿을 사람이 필요하다면, 너 자신을 믿어

너는 너 혼자야, 언제나 그랬지
늑대와 도둑놈의 땅에서
신을 섬기지 않는 인간들에게 희망을 걸지 마
아니면 남이 믿는 것의 노예나 돼버리라고

너 자신을 믿어
그럼 시시한 사람들이 네 기대를 저버려도 넌 실망하지 않을 거야
너 자신을 믿어
그리고 답을 찾을 수 없는 곳에서 답을 찾으려 들지 마
내가 네게 사랑을 보여줄 거라고 믿지는 마
내 사랑은 겨우 욕정에 불과할 수도 있으니까
만일 누군가 믿을 사람이 필요하다면, 너 자신을 믿어

Emotionally Yours

Come baby, find me, come baby, remind me of where I once begun
Come baby, show me, show me you know me, tell me you're the one
I could be learning, you could be yearning to see behind closed doors
But I will always be emotionally yours

Come baby, rock me, come baby, lock me into the shadows of your heart
Come baby, teach me, come baby, reach me, let the music start
I could be dreaming but I keep believing you're the one I'm livin' for
And I will always be emotionally yours

It's like my whole life never happened
When I see you, it's as if I never had a thought
I know this dream, it might be crazy
But it's the only one I've got

Come baby, shake me, come baby, take me, I would be satisfied
Come baby, hold me, come baby, help me, my arms are open wide
I could be unraveling wherever I'm traveling, even to foreign shores
But I will always be emotionally yours

너의 연인이라는 기분 속에

이리 와 그대여, 나를 찾아줘, 이리 와 그대여, 다시 떠올리게 해줘, 한때
　　내가 시작했던 곳을
이리 와 그대여, 내게 보여줘, 네가 잘 안다는 걸 보여줘, 말해줘 네가
　　바로 그 사람이라고
난 배울 수 있고, 넌 갈망할 수 있어, 닫힌 문 뒤를 보는 법을
하지만 나는 늘 너의 연인이라는 기분 속에 살아갈 거야

이리 와 그대여, 나를 뒤흔들어줘, 이리 와 그대여, 나를 가둬줘,
　　네 마음의 그림자 속에
이리 와 그대여, 나를 가르쳐줘, 이리 와 그대여, 내게 손 내밀어줘,
　　음악을 흐르게 해줘
내가 꿈을 꾸는 것일 수도 있지만, 나는 굳게 믿고 있어, 네가 바로 내
　　삶의 이유라고
그리고 나는 늘 너의 연인이라는 기분 속에 살아갈 거야

그동안 난 완전히 헛살아온 것 같아
너를 볼 때면, 그동안 난 아무 생각도 없었던 것 같아
나도 알아, 이 꿈이 미친 꿈일 수도 있다는 걸
하지만 내가 가진 건 오직 그뿐이야

이라 와 그대여, 나를 흔들어줘, 이리 와 그대여, 나를 가져, 난 만족할
　　테니
이리 와 그대여, 나를 안아줘, 이리 와 그대여, 나를 도와줘, 난 두 팔을
　　활짝 벌리고 있어
난 흐트러질 수 있다고, 어디든 여행하는 곳에서 심지어 외국에서도
하지만 나는 늘 너의 연인이라는 기분 속에 살아갈 거야

When the Night Comes Falling from the Sky

Look out across the fields, see me returning
Smoke is in your eye, you draw a smile
From the fireplace where my letters to you are burning
You've had time to think about it for a while

Well, I've walked two hundred miles, now look me over
It's the end of the chase and the moon is high
It won't matter who loves who
You'll love me or I'll love you
When the night comes falling from the sky

I can see through your walls and I know you're hurting
Sorrow covers you up like a cape
Only yesterday I know that you've been flirting
With disaster that you managed to escape

I can't provide for you no easy answers
Who are you that I should have to lie?
You'll know all about it, love
It'll fit you like a glove
When the night comes falling from the sky

I can hear your trembling heart beat like a river
You must have been protecting someone last time I called
I've never asked you for nothing you couldn't deliver
I've never asked you to set yourself up for a fall

I saw thousands who could have overcome the darkness
For the love of a lousy buck, I've watched them die
Stick around, baby, we're not through
Don't look for me, I'll see you
When the night comes falling from the sky

In your teardrops, I can see my own reflection
It was on the northern border of Texas where I crossed the line
I don't want to be a fool starving for affection
I don't want to drown in someone else's wine

For all eternity I think I will remember
That icy wind that's howling in your eye
You will seek me and you'll find me
In the wasteland of your mind

하늘에서 밤이 내릴 때

들판을 가로질러 바깥을 내다봐, 돌아오는 내 모습을 봐
네 두 눈에 우수가 어리고, 넌 미소를 짓네
네게 보냈던 내 편지들이 불타는 벽난로에서
넌 잠시 생각해볼 시간을 가졌잖아

이봐, 난 이백 마일을 걸어왔어, 이제 날 좀 바라보지그래
추격은 끝났고, 달은 높이 떴어
누가 누굴 사랑하는지가 중요하진 않을 거야
네가 날 사랑하거나, 아니면 내가 널 사랑하는 거겠지
하늘에서 밤이 내릴 때

네 마음속이 훤히 들여다보여, 네가 아파하고 있다는 거 알아
슬픔이 망토처럼 널 휘감고 있어
난 알아, 네가 줄곧 시시덕거렸던 재앙으로부터
어제 겨우 벗어났다는 걸

난 네게 쉬운 답을 줄 수 없어
대체 네가 뭐라고 내가 거짓말을 해야만 하지?
너도 다 알게 될 거야, 내 사랑
장갑처럼 네게 꼭 들어맞을 거라고
하늘에서 밤이 내릴 때

네 떨리는 심장이 강물처럼 뛰는 소리가 들려
넌 분명 누굴 보호하고 있었어, 지난번 내가 불렀을 때 말이야
난 요구한 적 없어 네가 내놓을 수 없는 그 어떤 것도
난 부탁한 적 없어 너 스스로 무모한 짓을 저지르라고

난 어둠을 극복할 수도 있었을 수많은 사람들을 봤어
더러운 돈을 향한 사랑 때문에 그들이 죽어가는 꼴을 봤지
내 옆에 있어, 자기야, 우리 아직 안 끝났어
날 찾지 마, 내가 널 볼 테니
하늘에서 밤이 내릴 때

When the night comes falling from the sky

Well, I sent you my feelings in a letter
But you were gambling for support
This time tomorrow I'll know you better
When my memory is not so short

This time I'm asking for freedom
Freedom from a world which you deny
And you'll give it to me now
I'll take it anyhow
When the night comes falling from the sky

네 눈물방울에서, 난 거기 비친 내 모습을 봐
내가 경계를 넘은 곳은 텍사스 북부 국경이었어
애정에 굶주린 바보가 되고 싶지 않아
다른 누군가의 와인 속에서 익사하고 싶지 않단 말이야

아마도 영원히 난 기억할 것만 같아
네 두 눈 속에서 울부짖던 그 칼바람을
넌 날 찾으려 할 거야, 그리고 날 발견하겠지
네 마음의 황무지에서
하늘에서 밤이 내릴 때

이봐, 난 내 감정을 편지에 담아 네게 보냈어
하지만 넌 내 도움을 얻을 요행만을 바라고 있었지
내일 이맘때면 나는 널 더 잘 알게 될 테지
아직 내 기억력이 그리 나쁘지 않을 때 말이야

이번에 난 네게 자유를 요구할 거야
네가 부정하는 세상으로부터의 자유를
그리고 넌 이제 그걸 내게 줄 테고
어쨌든 난 그걸 받겠지
하늘에서 밤이 내릴 때

Something's Burning, Baby

Something is burning, baby, are you aware?
Something is the matter, baby, there's smoke in your hair
Are you still my friend, baby, show me a sign
Is the love in your heart for me turning blind?

You've been avoiding the main streets for a long, long while
The truth that I'm seeking is in your missing file
What's your position, baby, what's going on?
Why is the light in your eyes nearly gone?

I know everything about this place, or so it seems
Am I no longer a part of your plans or your dreams?
Well, it is so obvious that something has changed
What's happening, baby, to make you act so strange?

Something is burning, baby, here's what I say
Even the bloodhounds of London couldn't find you today
I see the shadow of a man, baby, makin' you blue
Who is he, baby, and what's he to you?

We've reached the edge of the road, baby, where the pasture begins
Where charity is supposed to cover up a multitude of sins
But where do you live, baby, and where is the light?
Why are your eyes just staring off in the night?

I can feel it in the night when I think of you
I can feel it in the light and it's got to be true
You can't live by bread alone, you won't be satisfied
You can't roll away the stone if your hands are tied

Gotto start someplace, baby, can you explain?
Please don't fade away on me, baby, like the midnight train
Answer me, baby, a casual look will do
Just what in the world has come over you?

I can feel it in the wind and it's upside down
I can feel it in the dust as I get off the bus on the outskirts of town
I've had the Mexico City blues since the last hairpin curve
I don't wanna see you bleed, I know what you need but it ain't what you
    deserve

Something is burning, baby, something's in flames

뭔가 타고 있어, 자기야

뭔가 타고 있는데, 자기야, 너는 알고 있니?
뭔가 잘못됐다고, 자기야, 네 머리에서 연기가 나잖아
넌 아직도 내 친구니? 자기야, 그렇다는 걸 내게 보여줘봐
네 마음속 나를 향한 사랑이 점점 흐릿해지는 거니?

너는 중심가에 가길 꺼려왔어, 아주아주 오랫동안
내가 찾는 진실은 사라진 너의 파일 속에 있지
네 입장이 뭐니, 자기야, 대체 무슨 일이야?
왜 네 두 눈 속 빛이 거의 사라져버린 거지?

나는 이곳에서 일어나는 모든 일을 알아, 아마 그런 것 같아
내가 더이상 너의 계획이나 꿈의 일부가 아닌 거니?
글쎄, 뭔가 변했다는 것만큼은 아주 명백해
대체 무슨 일이기에, 자기야, 그렇게 이상하게 구는 거야?

뭔가 타고 있잖아, 자기야, 내 생각은 이래
심지어 런던의 블러드하운드들도 지금의 널 찾지 못할 거야
한 남자의 그림자가 보여, 자기야, 널 우울하게 하는구나
대체 누구야, 그는 대체 네게 뭐야?

우린 길 끝에 다다랐어, 자기야, 여기서부터 초원이 시작돼
너그러움이 수많은 나쁜 사정들을 숨겨주기로 되어 있는 곳
그런데 넌 어디에 사는 거니, 자기야, 그리고 빛은 또 어디 있니?
왜 네 두 눈은 밤에 그저 멍하니 있는 거니?

난 느낄 수 있어, 밤에 널 생각할 때면
난 낮에도 느낄 수 있어, 그건 분명 사실일 거야
빵만으론 살아갈 수 없어, 절대 만족할 수 없지
돌을 굴릴 순 없는 거잖아, 두 손이 꽁꽁 묶여 있다면 말이야

어디에서건 시작해야만 해, 자기야, 내게 해명해줄 수 있겠니?
제발 자기야, 내게서 야간열차처럼 사라지지는 마

There's a man going 'round calling names
Ring down when you're ready, baby, I'm waiting for you
I believe in the impossible, you know that I do

대답해, 자기야, 평소 때 모습으로도 충분할 거야
그러니까 대체 네게 무슨 일이 생겨버린 거냐고?

바람 속에서도 난 느낄 수 있어, 아주 엉망이지
난 느낄 수 있어, 교외에서 버스를 내릴 때 불어오는 먼지 속에서도
나는 멕시코시티 블루스를 느꼈지, 마지막 급커브를 돌고 난 후로
나는 네가 피 흘리는 걸 보고 싶지 않아, 네가 뭘 필요로 하는지 알지만
　넌 그걸 받을 자격이 없어

뭔가 타고 있잖아, 자기야, 뭔가 불길에 휩싸였다고
한 남자가 욕을 지껄이면서 돌아다녀
준비가 되면 막을 내려줘, 자기야, 내가 널 이렇게 기다리고 있잖아
난 불가능을 믿는 사람이야, 내가 그렇다는 거 너도 잘 알잖아

Dark Eyes

Oh, the gentlemen are talking and the midnight moon is on the riverside
They're drinking up and walking and it is time for me to slide
I live in another world where life and death are memorized
Where the earth is strung with lovers' pearls and all I see are dark eyes

A cock is crowing far away and another soldier's deep in prayer
Some mother's child has gone astray, she can't find him anywhere
But I can hear another drum beating for the dead that rise
Whom nature's beast fears as they come and all I see are dark eyes

They tell me to be discreet for all intended purposes
They tell me revenge is sweet and from where they stand, I'm sure it is
But I feel nothing for their game where beauty goes unrecognized
All I feel is heat and flame and all I see are dark eyes

Oh, the French girl, she's in paradise and a drunken man is at the wheel
Hunger pays a heavy price to the falling gods of speed and steel
Oh, time is short and the days are sweet and passion rules the arrow that
  flies
A million faces at my feet but all I see are dark eyes

Empire Burlesque

어두운 두 눈

오, 신사분들께서 이야기를 나누고 있네, 강변 위로는 자정의 달이 떠
　있지
그들은 술을 퍼마시면서 강변을 거닐고 있네, 이제 슬슬 내가 움직일
　시간이야
나는 또다른 세상에서 살고 있어, 삶과 죽음이 기억되는 곳
대지가 연인들의 진주 목걸이로 장식된 곳, 보이는 건 오로지 어두운 두
　눈뿐

멀리서 수탉이 울고 있네, 그리고 또다른 군인 하나가 조용히 기도를
　드리고 있지
어떤 어미의 아이는 길을 잃고 사라졌다네, 그녀는 그 아이를 어디서도
　찾지 못해
하지만 내게는 죽은 자를 일으켜세우는 또다른 북소리가 들려
그들이 올 때 자연의 짐승은 두려움에 떨고, 보이는 건 오로지 어두운
　두 눈뿐

그들은 내게 말해, 의도한 목적을 이루려면 신중하라고
그들은 내게 말해, 복수는 달콤하다고, 그리고 그들의 입장에선 분명
　그럴 테지
하지만 난 아무것도 느껴지지 않네, 아름다움이 완전히 무시당하는
　그들의 짓거리에 말이야
내게 느껴지는 건 열기와 불꽃뿐, 보이는 건 오로지 어두운 두 눈뿐

오, 그 프랑스 소녀, 그녀는 천국을 맛보고 있네, 술 취한 남자가 핸들을
　쥐고 있지
굶주림은 막대한 대가를 지불한다네, 추락하는 속도와 강철의 신에게
오, 시간은 짧고 하루하루는 달콤해, 그리고 열정이 날아가는 화살을
　지배하지
내 발밑에는 수많은 얼굴들이 있지만, 보이는 건 오로지 어두운 두 눈뿐

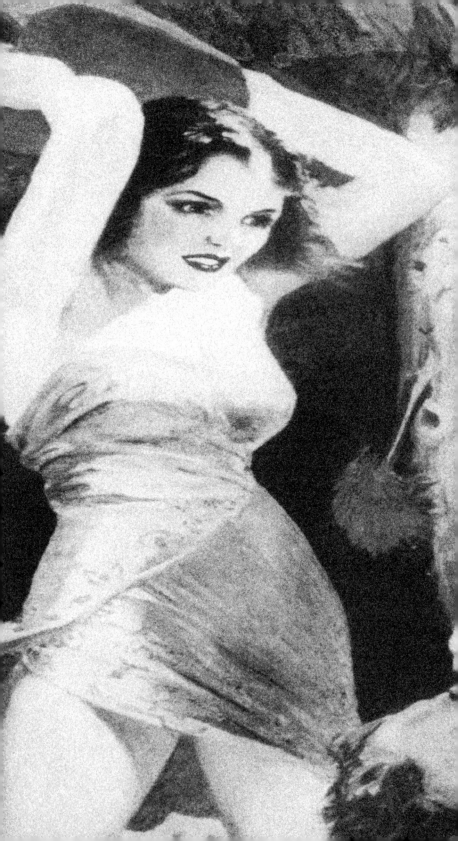

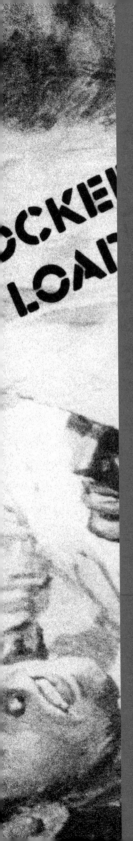

Knocked Out Loaded 1986

엉망으로 취해 나가떨어진

Driftin' Too Far from Shore

Maybe Someday

Brownsville Girl

Under Your Spell

additional lyrics

Band of the Hand (It's Hell Time, Man!)

Driftin' Too Far from Shore

I didn't know that you'd be leavin'
Or who you thought you were talkin' to
I figure maybe we're even
Or maybe I'm one up on you

I send you all my money
Just like I did before
I tried to reach you honey
But you're driftin' too far from shore

Driftin' too far from shore
Driftin' too far from shore
Driftin' too far from shore
Driftin' too far from shore

I ain't gonna get lost in this current
I don't like playing cat and mouse
No gentleman likes making love to a servant
Especially when he's in his father's house

I never could guess your weight, baby
Never needed to call you my whore
I always thought you were straight, baby
But you're driftin' too far from shore

Driftin' too far from shore
Driftin' too far from shore
Driftin' too far from shore
Driftin' too far from shore

Well these times and these tunnels are haunted
The bottom of the barrel is too
I waited years sometimes for what I wanted
Everybody can't be as lucky as you

Never no more do I wonder
Why you don't never play with me anymore
At any moment you could go under
'Cause you're driftin' too far from shore

Driftin' too far from shore
Driftin' too far from shore

Knocked Out Loaded

해안에서 너무 멀리 떨어진 곳을 표류하고 있구나

네가 떠날 줄 몰랐어
네가 이야기하고 있던 사람 어떻게 생각하고 있었는지도
우리는 아마 동등했거나
내가 너보다 조금 더 위에 있었는지 몰라

가진 돈 전부 네게 보낼게
전에도 그러했듯이
너에게 다가가려 노력했어 자기
하지만 넌 해안에서 너무 멀리 떨어진 곳을 표류하고 있구나

해안에서 너무 멀리 떨어진 곳을 표류해
해안에서 너무 멀리 떨어진 곳을 표류해
해안에서 너무 멀리 떨어진 곳을 표류해
해안에서 너무 멀리 떨어진 곳을 표류해

난 이 파도 속에서 길 잃지 않을 거야
고양이와 생쥐처럼 쫓고 쫓기는 놀이 좋아하지 않아
신사라면 누구도 자기 하녀와 자는 걸 좋아하지 않지
아버지 집에 있을 때라면 더더욱

네게 어떤 근심 있는지 헤아릴 수 없었어, 자기
널 내 창부라고 불러야 한다고 생각한 적 없었어
언제나 네가 솔직하다고 생각했어, 자기
하지만 넌 해안에서 너무 멀리 떨어진 곳을 표류하고 있구나

해안에서 너무 멀리 떨어진 곳을 표류해
해안에서 너무 멀리 떨어진 곳을 표류해
해안에서 너무 멀리 떨어진 곳을 표류해
해안에서 너무 멀리 떨어진 곳을 표류해

음 이 시간들은 이 터널들은 귀신 들렸어
술통 바닥도 마찬가지고

Driftin' too far from shore
Driftin' too far from shore

You and me we had completeness
I give you all of what I could provide
We weren't on the wrong side, sweetness
We were the wrong side

I've already ripped out the phones, honey
You can't walk the streets in a war
I can finish this alone honey
You're driftin' too far from shore

난 가끔 내가 원하는 것을 위해 몇 년씩 기다려야 했어
모두가 너처럼 운이 좋을 순 없어

두 번 다시 궁금해하지 않을 거야
왜 넌 더이상 나와 놀지 않는 거지
언제든 넌 가라앉을 수 있어
넌 해안에서 너무 멀리 떨어진 곳을 표류하고 있으니까

해안에서 너무 멀리 떨어진 곳을 표류해
해안에서 너무 멀리 떨어진 곳을 표류해
해안에서 너무 멀리 떨어진 곳을 표류해
해안에서 너무 멀리 떨어진 곳을 표류해

너와 나 우린 완벽했지
내가 줄 수 있는 모든 걸 네게 주었지
우린 잘못된 쪽에 섰던 게 아니야, 자기
우리가 잘못된 쪽이었지

전화선은 이미 걷어내버렸어, 자기
전쟁중엔 거리를 나돌아다녀선 안 되는 거야
이 문제는 나 혼자서 끝낼 수 있어 자기
넌 해안에서 너무 멀리 떨어진 곳을 표류하고 있구나

Maybe Someday

Maybe someday you'll be satisfied
When you've lost everything you'll have nothing left to hide
When you're through running over things like you're walking 'cross the
   tracks
Maybe you'll beg me to take you back
Maybe someday you'll find out everybody's somebody's fool
Maybe then you'll realize what it would have taken to keep me cool
Maybe someday when you're by yourself alone
You'll know the love that I had for you was never my own

Maybe someday you'll have nowhere to turn
You'll look back and wonder 'bout the bridges you have burned
You'll look back sometime when the lights grow dim
And you'll see you look much better with me than you do with him
Through hostile cities and unfriendly towns
Thirty pieces of silver, no money down
Maybe someday, you will understand
That something for nothing is everybody's plan

Maybe someday you'll remember what you felt
When there was blood on the moon in the cotton belt
When both of us, baby, were going through some sort of a test
Neither one of us could do what we do best
I should have known better, baby, I should have called your bluff
I guess I was too off the handle, not sentimental enough
Maybe someday, you'll believe me when I say
That I wanted you, baby, in every kind of way

Maybe someday you'll hear a voice from on high
Sayin', "For whose sake did you liv e, for whose sake did you die?"
Forgive me, baby, for what I didn't do
For not breakin' down no bedroom door to get at you
Always was a sucker for the right cross
Never wanted to go home 'til the last cent was lost
Maybe someday you will look back and see
That I made it so easy for you to follow me

Maybe someday there'll be nothing to tell
I'm just as happy as you, baby, I just can't say it so well

- • T. S. 엘리엇의 시 「매기의 여행(Journey of the Magi)」의 한 구절 'Through hostile cities and unfriendly towns'에서 따왔다.

- •• 유다가 예수를 배신하고 대가로 받은 것.

아마 언젠가는

아마 언젠가는 너도 만족할 거야
모든 걸 잃었다 생각할 때 네겐 숨겨야 할 그 어떤 것도 남지 않을 거야
길을 건널 때처럼 네가 이런저런 일들을 쓱 훑어보며 지나갈 수 있게
　　되면
아마 넌 내게 너를 다시 받아달라고 간청할 거야
아마 언젠가는 알게 될 거야 모두가 다른 누군가의 바보라는 것을
아마 그땐 깨닫게 될 거야 내가 냉정을 유지하기 위해 무엇을 해야
　　했을지를
아마 언젠가는, 네가 혼자일 때
알게 될 거야 너에 대한 내 사랑이 결코 내 것이 아니었다는 걸

아마 언젠가는 돌아설 곳이 없어질 거야
뒤를 돌아보고는 네가 태워버린 다리들이 궁금할 거야
가끔 돌아볼 거야 불빛이 흐려질 때
그리고 알게 될 거야 나와 함께할 때의 네 모습이 그와 함께할 때보다
　　훨씬 더 좋아 보였다는 걸
냉담한 도시들과 쌀쌀맞은 마을들을 떠돌며*
은 30량**, 계약금 없음
아마 언젠가는, 이해할 거야
누구나 공짜로 뭔가를 얻어보려는 계획을 세우고 있다는 걸

아마 언젠가 기억할 거야 네가 어떻게 느꼈는지를
목화 농장에 피의 달이 떴을 때
우리 둘 다, 자기, 일종의 시험을 치르고 있었지
우리 중 누구도 최선을 다할 순 없었지
난 더 잘 알았어야 했어, 자기, 너의 엄포에 제대로 대응했어야 했어
화만 벌컥 내고 충분히 다정하지 못했던 것 같아
아마 언젠가는, 믿게 될 거야 내가 하는 말을
널 원했노라고, 내 사랑, 온 마음 다해

아마 언젠가는 저 위에서 오는 어떤 목소리 듣게 될 거야
"누구를 위해 너는 살았는가, 누구를 위해 너는 죽었는가?"

Never slumbered or slept or waited for lightning to strike
There's no excuse for you to say that we don't think alike
You said you were gain' to Frisco, stay a couple of months
I always like San Francisco, I was there for a party once
Maybe someday you'll see that it's true
There was no greater love than what I had for you

용서해줘, 자기, 내가 하지 않은 것들에 대해
너에게 가려고 그 어떤 침실 문도 부수지 않았던 것에 대해
언제나 라이트 크로스에 속는 멍청이였지
마지막 동전까지 잃기 전에는 절대 집에 가려 하지 않았지
아마 언젠가는 돌볼 거고 알게 될 거야
네가 날 따라오기 매우 쉽도록 해뒀다는 걸

아마 언젠가는 할말이 남지 않을 거야
나도 너만큼 행복해, 자기, 다만 그걸 제대로 표현하기가 어렵네
절대 꾸벅꾸벅 졸지도, 잠들지도, 번개가 치길 기다리지도 않았어
우리가 똑같이 생각하지 않는다는 네 말은 변명이 되지 않아
넌 샌프란시스코로 갈 거라고 했지, 거기서 두 달간 머물 거라고
난 늘 샌프란시스코가 좋았지, 파티 때문에 한 번 가본 적 있어
아마 언젠가는 알게 될 거야 사실이라는 걸
어떤 사랑도 너에 대한 내 사랑보다 크지 않았다는 걸

Brownsville Girl

(with Sam Shepard)

Well, there was this movie I seen one time
About a man riding 'cross the desert and it starred Gregory Peck
He was shot down by a hungry kid trying to make a name for himself
The townspeople wanted to crush that kid down and string him up by the
    neck

Well, the marshal, now he beat that kid to a bloody pulp
As the dying gunfighter lay in the sun and gasped for his last breath
"Turn him loose, let him go, let him say he outdrew me fair and square
I want him to feel what it's like to every moment face his death"

Well, I keep seeing this stuff and it just comes a-rolling in
And you know it blows right through me like a ball and chain
You know I can't believe we've lived so long and are still so far apart
The memory of you keeps callin' after me like a rollin' train

I can still see the day that you came to me on the painted desert
In your busted down Ford and your platform heels
I could never figure out why you chose that particular place to meet
Ah, but you were right. It was perfect as I got in behind the wheel

Well, we drove that car all night into San Anton'
And we slept near the Alamo, your skin was so tender and soft
Way down in Mexico you went out to find a doctor and you never came
    back
I would have gone on after you but I didn't feel like letting my head get
    blown off

Well, we're drivin' this car and the sun is comin' up over the Rockies
Now I know she ain't you but she's here and she's got that dark rhythm in
    her soul
But I'm too over the edge and I ain't in the mood anymore to remember the
    times when I was your only man
And she don't want to remind me. She knows this car would go out of
    control

-    미국 텍사스주에 있는 도시로 멕시코와의 국경에 있다.
- ••   미국 배우, 극작가(1943~).
- •••   미국 애리조나주 중북부의 고원 지대.
- ••••   미국 텍사스주 남부의 상공업 도시.
- ••••• 18세기, 샌안토니오에 설립된 프란체스코 수도회의 예배당.

Knocked Out Loaded

브라운스빌* 걸
(샘 셰파드**와 함께)

음, 예전에 한 번 봤던 영화가 있어
말 타고 사막을 가로지르는 어떤 남자에 대한, 그레고리 펙이 주연이었지
그는 이름을 날리고 싶어하던 어느 배고픈 꼬마의 총에 맞아 쓰러졌어
마을 주민들은 그 꼬마를 마구 짓밟은 다음 목매달아 죽이길 바랐지

음, 보안관, 그는 그 꼬마를 피투성이가 되도록 두들겨팼어
그 죽어가던 총잡이는 태양 아래 누워 마지막 숨을 헐떡이며 이렇게
   말했는데 말야
"그를 풀어줘, 가게 해줘, 그가 말할 수 있도록 해줘, 정정당당하게
   맞서서 나보다 빨리 총을 뽑았다고
난 그가 죽음을 마주한다는 것이 어떤 것인지 매순간 느끼길 원해"

음, 나는 이 영화를 계속 보았지 그리고 그것은 그냥 그렇게 흘러가고
   있었지
그리고 있잖아, 그게 날 완전히 휘어잡아버렸어, 마치 족쇄처럼
있잖아, 난 우리가 그토록 오랫동안 살아왔고 또 그토록 멀리 떨어져
   있다는 게 믿기지 않아
너에 대한 기억이 자꾸만 날 부르며 뒤쫓아오고 있어, 달리는 기차처럼

아직도 그날을 생생히 떠올릴 수 있어 넌 오색사막***에서 내게로 왔지
너의 그 다 부서져가는 포드를 타고서, 하이힐 신고서
도무지 알 수가 없었지 왜 네가 그런 곳을 만날 장소로 골랐는지
아, 하지만 네가 옳았어. 그곳은 내가 차에 몸 싣고 운전대 잡기엔
   최상의 장소였지

음, 우리는 그 차를 밤새 몰아 샌안토니오****로 갔어
그리고 알라모*****근처에서 잠을 잤지, 너의 살결은 너무나 여리고
   부드러웠어
넌 아래 멕시코 쪽으로 의사를 찾으러 갔고 그러고는 다시 돌아오지
   않았지
널 따라서 계속 가려 했지만 내 머리통이 날아가도록 내버려두고 싶진
   않았어

Brownsville girl with your Brownsville curls
Teeth like pearls shining like the moon above
Brownsville girl, show me all around the world
Brownsville girl, you're my honey love

Well, we crossed the panhandle and then we headed towards Amarillo
We pulled up where Henry Porter used to live. He owned a wreckin' lot
    outside of town about a mile
Ruby was in the backyard hanging clothes, she had her red hair tied back.
    She saw us come rolling up in a trail of dust
She said, "Henry ain't here but you can come on in, he'll be back in a little
    while"

Then she told us how times were tough and about how she was thinkin' of
    bummin' a ride back to from where she started
But ya know, she changed the subject every time money came up
She said, "Welcome to the land of the living dead."
    You could tell she was so broken hearted
She said, "Even the swap meets around here are getting pretty corrupt"

"How far are y'all going?" Ruby asked us with a sigh
"We're going all the way 'til the wheels fall off and burn
'Til the sun peels the paint and the seat covers fade and the water moccasin
    dies"
Ruby just smiled and said, "Ah, you know some babies never learn"

Something about that movie though, well I just can't get it out of my head
But I can't remember why I was in it or what part I was supposed to play
All I remember about it was Gregory Peck and the way people moved
And a lot of them seemed to be lookin' my way

Brownsville girl with your Brownsville curls
Teeth like pearls shining like the moon above
Brownsville girl, show me all around the world
Brownsville girl, you're my honey love

Well, they were looking for somebody with a pompadour
I was crossin' the street when shots rang out
I didn't know whether to duck or to run, so I ran
"We got him cornered in the churchyard," I heard somebody shout

Well, you saw my picture in the *Corpus Christi Tribune*. Underneath it, it
    said, "A man with no alibi"
You went out on a limb to testify for me, you said I was with you
Then when I saw you break down in front of the judge and cry real tears
It was the best acting I saw anybody do

---

* 팬핸들은 텍사스주 카슨 카운티의 도시, 애머릴로는 텍사스주 서북부의 도시.

음, 우리가 이 차를 몰고 갈 때 태양이 로키산맥 위로 솟아오르고
　　있었지
이제 알겠어 그녀는 네가 아니야 하지만 그녀는 여기에 있어 그리고
　　그녀는 자신의 영혼 속에 저 어두운 리듬을 품고 있어
아무래도 내가 미쳐가는 것 같은데, 더는 기억을 떠올리고 싶지 않아
　　내가 너의 유일한 남자였던 그 시절을
그리고 그녀도 내게 그 기억을 떠올리게 하길 원치 않지. 그녀는 알고
　　있어 이 차가 통제 불능이 되리라는 걸

브라운스빌 걸, 브라운스빌 곱슬머리의
저 위에 떠 있는 달처럼 빛나는 진주 같은 치아
브라운스빌 걸, 내게 보여줘, 세상 방방곡곡을
브라운스빌 걸, 너는 내 달콤한 사랑

음, 우리는 팬핸들을 가로지른 다음 애머릴로*로 향했지
헨리 포터가 살고 있던 곳에 차를 세웠지. 그는 시내에서 약 1마일쯤
　　떨어진 곳에 다 허물어진 집을 갖고 있었어
루비가 뒷마당에서 빨래를 널고 있었지, 그녀는 붉은 머리를 뒤로 묶고
　　있었어. 그녀는 우리가 흙먼지를 일으키며 달려오는 것을 바라보았지
그녀가 말했지, "헨리는 여기 없지만 안으로 들어와요, 잠시 뒤에 돌아올
　　거예요"

그런 다음 그녀는 요즘 살기가 얼마나 힘든지 그래서 차를 얻어
　　타고 그녀가 시작했던 곳으로 다시 돌아가면 어떨지 생각중이라고
　　얘기했지
하지만 알지, 그녀는 돈 얘기만 나오면 화제를 바꿨어
그녀가 말했지, "산송장들의 땅에 온 걸 환영해요"
　　너도 그녀가 무척 상심해 있었다는 걸 알 수 있을 거야
그녀가 말했지, "이 근처 중고품 시장조차 갈수록 끔찍하게 썩어가고
　　있어요"

"얼마나 더 멀리 갈 거예요?" 루비가 한숨 쉬며 우리에게 물었지
"그냥 계속 달릴 거예요 바퀴가 빠지고 타버릴 때까지
햇볕에 페인트칠이 벗겨지고 시트커버 색이 바래지고 독사가 죽을
　　때까지"

Now I've always been the kind of person that doesn't like to trespass but
   sometimes you just find yourself over the line
Oh if there's an original thought out there, I could use it right now
You know, I feel pretty good, but that ain't sayin' much.
   I could feel a whole lot better
If you were just here by my side to show me how

Well, I'm standin' in line in the rain to see a movie starring Gregory Peck
Yeah, but you know it's not the one that I had in mind
He's got a new one out now, I don't even know what it's about
But I'll see him in anything so I'll stand in line

Brownsville girl with your Brownsville curls
Teeth like pearls shining like the moon above
Brownsville girl, show me all around the world
Brownsville girl, you're my honey love

You know, it's funny how things never turn out the way you had 'em
   planned
The only thing we knew for sure about Henry Porter is that his name wasn't
   Henry Porter
And you know there was somethin' about you baby that I liked that was
   always too good for this world
Just like you always said there was somethin' about me you liked that I left
   behind in the French Quarter

Strange how people who suffer together have stronger connections than
   people who are most content
I don't have any regrets, they can talk about me plenty when I'm gone
You always said people don't do what they believe in, they just do what's
   most convenient, then they repent
And I always said, "Hang on to me, baby, and let's hope that the roof stays
   on"

There was a movie I seen one time, I think I sat through it twice
I don't remember who I was or where I was bound
All I remember about it was it starred Gregory Peck, he wore a gun and he
   was shot in the back
Seems like a long time ago, long before the stars were torn down

Brownsville girl with your Brownsville curls
Teeth like pearls shining like the moon above
Brownsville girl, show me all around the world
Brownsville girl, you're my honey love

루비는 그저 웃으며 말했지, "아, 당신도 알죠, 어떤 애들은 절대 배우는
　법이 없죠"

그럼에도 그 영화의 어떤 것을, 음, 도무지 그걸 내 머릿속에서 지울 수가
　없어
기억할 수도 없어, 왜 그게 내 안에 머물러 있는지 혹은 어떤 부분을
　내가 상연해야 했었는지
내가 아는 거라곤 그가 그레고리 펙이었다는 것 그리고 사람들이
　움직이던 방식
그리고 그들 중 다수가 나의 길을 보고 있는 것 같았다는 거야

브라운스빌 걸, 브라운스빌 곱슬머리의
저 위에 떠 있는 달처럼 빛나는 진주 같은 치아
브라운스빌 걸, 내게 보여줘, 세상 방방곡곡을
브라운스빌 걸, 너는 내 달콤한 사랑

음, 그들은 올백 머리를 한 어떤 남자를 찾고 있었지
길을 건너고 있는데 몇 발의 총성이 크게 울렸지
몸을 숨겨야 할지 도망쳐야 할지 알 수가 없었지, 그러다 뛰기 시작했지
"교회 묘지 안으로 놈을 몰아넣었어" 누군가 외치는 소리 들었지

음, 넌 〈코퍼스 크리스티 트리뷴〉에 실린 내 사진을 봤지. 그 밑에는
　이렇게 적혀 있었지, '알리바이가 없는 한 남자'
넌 위험을 무릅쓰고 날 위해 증언했지, 넌 말했어 내가 너와 같이
　있었다고
그리고 난 네가 판사 앞에서 무너져 진심으로 눈물 쏟는 모습 보았지
그건 여태까지 내가 남들에게서 보아온 것 중에서 최고의 연기였어

그건 그렇고, 난 늘 무단 침입하는 걸 좋아하지 않는 그런 부류의
　사람이었는데 가끔 넌 선을 넘고 있는 너 자신을 발견하지
오 어떤 독창적인 생각이란 게 있다면 당장 그걸 써먹을 텐데
있잖아, 난 무척 기분이 좋아, 그런데 표현이 잘 되질 않네
　기분이 훨씬 더 좋아질 텐데
네가 지금 내 옆에 앉아서 어떻게 말하면 되는지 가르쳐준다면

음, 난 빗속에서 줄을 서고 있어 그레고리 펙이 주연배우로 나오는 어떤

영화를 보려고
그래, 하지만 그게, 내 머릿속에 있는 그 영화는 아냐
그가 새 영화를 내놨어, 난 영화 내용이 뭔지도 몰라
하지만 뭐가 됐든 영화에 나오는 그를 볼 거야 그러니 이 줄에 서
　　있어야지

브라운스빌 걸, 브라운스빌 곱슬머리의
저 위에 떠있는 달처럼 빛나는 진주 같은 치아
브라운스빌 걸, 내게 보여줘, 세상 방방곡곡을
브라운스빌 걸, 너는 내 달콤한 사랑

있잖아, 참 재밌어 인생은 절대 계획한 대로 돌아가지 않는다는 건
헨리 포터에 대해서 우리가 확실히 알고 있는 유일한 사실은
　　그의 이름이 헨리 포터가 아니라는 거지
그리고 알지, 내가 좋아했던 너의 어떤 점은 늘 이 세상에게는 과분한
　　것이었어
네가 늘 말했듯이, 너도 나의 어떤 점을 좋아했는데, 난 그걸
　　프렌치쿼터°에 남겨두고 떠나왔지

이상한 일이야 어째서 함께 고통을 겪는 사람들이 더 강한 유대관계를
　　갖는 걸까 가장 만족스러운 상태에 있는 사람들보다
난 아무런 후회도 없어, 사람들은 내가 자리를 뜨면 나에 대해 실컷
　　떠들 수 있겠지
네가 늘 말했듯이 사람들은 그들이 믿는 것을 하지 않아
　　단지 가장 편리한 것을 할 뿐이지, 그리고 나서는 뉘우치지
그리고 나는 늘 이렇게 말했지, "날 꼭 붙잡아, 자기, 그리고 지붕이
　　지금처럼 계속 남아 있어주길 바라자"

예전에 한 번 본 영화가 있어, 아니 앉아서 처음부터 끝까지 두 번 본 것
　　같아
내가 누구였는지 또는 내가 어디에 묶여 있었는지 기억나지 않아
그것에 대해 내가 유일하게 기억하는 건 그레고리 펙이 주연배우로
　　나왔다는 것, 그가 총을 차고 있었고 그가 뒤에서 총에 맞았다는 것
오래전에, 별들이 부서져내리던 그때보다 한참 전에 있었던 일 같아

브라운스빌 걸, 브라운스빌 곱슬머리의

저 위에 떠 있는 달처럼 빛나는 진주 같은 치아
브라운스빌 걸, 내게 보여줘, 세상 방방곡곡을
브라운스빌 걸, 너는 내 달콤한 사랑

Under Your Spell
(with Carol Bayer Sager)

Somethin' about you that I can't shake
Don't know how much more of this I can take
Baby, I'm under your spell

I was knocked out and loaded in the naked night
When my last dream exploded, I noticed your light
Baby, oh what a story I could tell

It's been nice seeing you, you read me like a book
If you ever want to reach me, you know where to look
Baby, I'll be at the same hotel

I'd like to help you but I'm in a bit of a jam
I'll call you tomorrow if there's phones where I am
Baby, caught between heaven and hell

But I will be back, I will survive
You'll never get rid of me as long as you're alive
Baby, can't you tell

Well it's four in the morning by the sound of the birds
I'm starin' at your picture, I'm hearin' your words
Baby, they ring in my head like a bell

Everywhere you go it's enough to break hearts
Someone always gets hurt, a fire always starts
You were too hot to handle, you were breaking every vow
I trusted you baby, you can trust me now

Turn back baby, wipe your eye
Don't think I'm leaving here without a kiss goodbye
Baby, is there anything left to tell?

I'll see you later when I'm not so out of my head
Maybe next time I'll let the dead bury the dead
Baby, what more can I tell?

Well the desert is hot, the mountain is cursed
Pray that I don't die of thirst
Baby, two feet from the well

* 미국 작사가(1947~).

Knocked Out Loaded

당신의 주문에 걸렸어
(캐럴 베이어 세이거'와 함께)

내가 흔들 수 없는 당신의 어떤 것
모르겠어 이걸 내가 얼마나 더 견딜 수 있을지
자기, 난 당신의 주문에 걸렸어

난 엉망으로 취해 나가떨어졌지 그 벌거벗은 밤에
내 마지막 꿈이 폭발했을 때, 나는 당신의 빛을 알아보았지
자기, 오 내가 무슨 얘길 할 수 있었을까

당신을 봐서 좋았어, 당신은 나를 책처럼 읽었지
나한테 연락하고 싶으면, 어디를 봐야 하는지 알 거야
자기, 난 같은 호텔에 있을 거야

당신을 돕고 싶지만 상황이 좀 꼬였어
내일 전화할게 내가 있는 곳에 전화가 있다면
자기, 천국과 지옥 사이에 붙들린 채

하지만 난 돌아올 거야, 난 살아남을 거야
당신은 절대 날 없앨 수 없어 내가 살아 있는 한
자기, 내 말 이해하겠어?

음 새소리가 들리는 걸 보니 새벽 네시군
당신 사진을 보고 있어, 당신의 말을 듣고 있어
자기, 그것들이 내 머릿속에서 종처럼 울리고 있어

당신은 어디로든 가지 그것만으로 마음 아프게 하는 덴 충분해
누군가는 언제나 상처받지, 언제나 불이 나기 시작하지
당신은 너무 뜨거워서 감당이 안 돼, 당신은 모든 맹세를 깨지
난 당신을 믿었어, 자기, 당신도 날 믿을 수 있어 이제

돌아와 자기, 눈물을 닦아
작별 키스도 없이 내가 이곳을 떠날 거라 생각하지 마
자기, 더 할말이 남았어?

나중에 봐 내가 좀 정신이 돌아오면
아마도 다음 기회에, 죽은 자는 죽은 자가 묻게 해야지
자기, 내가 무슨 말을 더 할 수 있겠어?

음 사막은 뜨거워, 산은 저주받았어
내가 갈증으로 죽지 않길 기도해줘
자기, 우물에서 2피트 떨어진 곳에서

Band of the Hand
(It's Hell Time, Man!)

Band of the hand
Band of the hand
Band of the hand
Band of the hand

Down these streets the fools rule
There's no freedom or self respect
A knife's point or a trip to the joint
Is about all you can expect

They kill people here who stand up for their rights
The system's just too damned corrupt
It's always the same, the name of the game
Is who do you know higher up

Band of the hand
Band of the hand
Band of the hand
Band of the hand

The blacks and the whites
Steal the other kids' lives
Wealth is a filthy rag
So erotic so unpatriotic
So wrapped up in the American flag

The witchcraft scum exploiting the dumb
Turns children into crooks and slaves
Whose heroes and healers are real stoned dealers
Who should be put in their graves

Band of the hand
Band of the hand
Band of the hand
Band of the hand

Listen to me Mr. Pusherman
This might be your last night in a bed so soft
There are pimps on the make, politicians on the take
You can't pay us off

- 1984년에 개봉한 영화. 밥 딜런이 OST작업에 참여하여 만든 동명 곡.

Knocked Out Loaded

밴드 오브 더 핸드*
(이제 지옥문이 열린다네, 친구!)

밴드 오브 더 핸드
밴드 오브 더 핸드
밴드 오브 더 핸드
밴드 오브 더 핸드

이 거리들은 바보들이 지배하지
자유도 자존심도 없지
칼끝 또는 교도소 여행이
당신이 기대할 수 있는 모든 것

그들은 이곳에서 사람들을 죽이지 자기 권리 지키려는 자들을
체제는 썩을 대로 썩었지
언제나 똑같지, 게임의 이름은
당신이 아는 더 높은 자리 있는 사람은 누구?

밴드 오브 더 핸드
밴드 오브 더 핸드
밴드 오브 더 핸드
밴드 오브 더 핸드

흑인들과 백인들
상대방 아이들 목숨 훔치지
재물은 더러운 누더기
너무나 에로틱하고 너무나 비애국적인
미국 국기로 잘 포장된

마법 쓰는 쓰레기들이 말 못하는 자 착취하고
아이들을 곱사등이와 노예로 만들지
아이들의 영웅과 치유자는 마약거래상들
무덤에나 처넣어야 할 것들이지

밴드 오브 더 핸드

We're gonna blow up your home of Voodoo
And watch it burn without any regret
We got the power, we're the new government
You just don't know it yet

Band of the hand
Band of the hand
Band of the hand
Band of the hand

For all of my brothers from Vietnam
And my uncles from World War II
I've got to say that it's countdown time now
We're gonna do what the law should do

And for you pretty baby
I know your story is too painful to share
One day though you'll be talking in your sleep
And when you do, I wanna be there

Band of the hand
Band of the hand
Band of the hand
Band of the hand

밴드 오브 더 핸드
밴드 오브 더 핸드
밴드 오브 더 핸드

나 미스터 푸셔맨의 얘길 들어보라
이 밤은 당신이 푹신한 침대에서 잘 수 있는 마지막 밤이 될지 몰라
한몫 챙기려는 뚜쟁이들, 뇌물 먹는 정치인들
당신들도 우릴 어쩌지 못해

당신들의 부두교 고향 폭파시킬 거야
아무 후회 없이 그것이 불타는 모습 지켜볼 거야
우린 힘이 있지, 우리는 새로운 정부
아직 당신들이 모르고 있을 뿐

밴드 오브 더 핸드
밴드 오브 더 핸드
밴드 오브 더 핸드
밴드 오브 더 핸드

베트남전 참전한 내 모든 형제들 위해
제2차세계대전 참전한 내 삼촌들 위해
이제 말해야겠어, 카운트다운이 시작됐다고
법이 해야 할 일 이제 우리가 할 거야

그리고 너 예쁜 자기
네 이야기 너무 고통스러워 남과 나눌 수 없다는 거 알아
그래도 어느 날 잠자며 말하게 될 거야
그리고 그땐, 내가 그곳에 있기를 바라

밴드 오브 더 핸드
밴드 오브 더 핸드
밴드 오브 더 핸드
밴드 오브 더 핸드

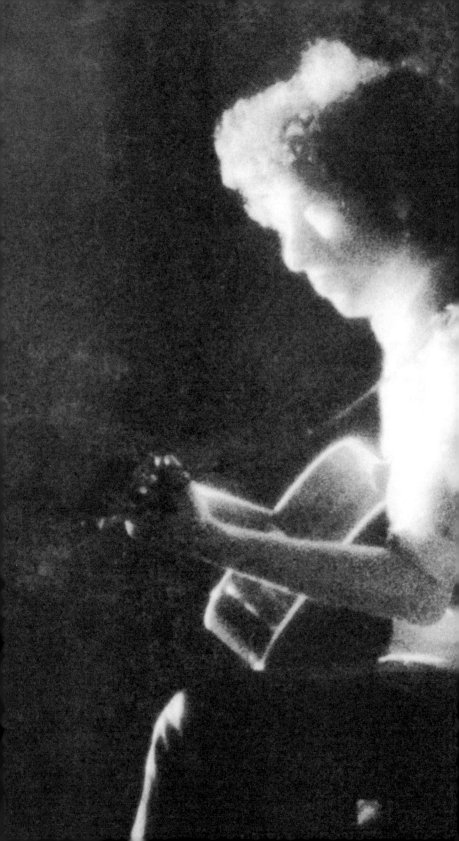

Down in the Groove 1988

그루브에 빠져서

Death Is Not the End
Had a Dream About You, Baby

additional lyrics
Night After Night

Death Is Not the End

When you're sad and when you're lonely
And you haven't got a friend
Just remember that death is not the end
And all that you've held sacred
Falls down and does not mend
Just remember that death is not the end
Not the end, not the end
Just remember that death is not the end

When you're standing at the crossroads
That you cannot comprehend
Just remember that death is not the end
And all your dreams have vanished
And you don't know what's up the bend
Just remember that death is not the end
Not the end, not the end
Just remember that death is not the end

When the storm clouds gather 'round you
And heavy rains descend
Just remember that death is not the end
And there's no one there to comfort you
With a helpin' hand to lend
Just remember that death is not the end
Not the end, not the end
Just remember that death is not the end

Oh, the tree of life is growing
Where the spirit never dies
And the bright light of salvation shines
In dark and empty skies

When the cities are on fire
With the burning flesh of men
Just remember that death is not the end
And you search in vain to find
Just one law-abiding citizen
Just remember that death is not the end
Not the end, not the end
Just remember that death is not the end

죽음은 끝이 아니야

네가 슬프고 외로울 때
그리고 친구가 하나도 없을 때
죽음은 끝이 아니라는 것만 기억해
그리고 네가 신성시해온 모든 것들이
무너져내리고 회복되지 않을 때
죽음은 끝이 아니라는 것만 기억해
끝이 아니야, 끝이 아니지
죽음은 끝이 아니라는 것만 기억해

네가 이해할 수 없는
기로에 서 있을 때
죽음은 끝이 아니라는 것만 기억해
그리고 네 모든 꿈들이 사라지고
굽이 너머에 뭐가 있는지 알 수 없을 때
죽음은 끝이 아니라는 것만 기억해
끝이 아니야, 끝이 아니지
죽음은 끝이 아니라는 것만 기억해

네 주위로 먹구름이 모여들고
장대비가 쏟아질 때
죽음은 끝이 아니라는 것만 기억해
그리고 도움의 손길을 뻗어
너를 위로해줄 누구도 거기 없을 때
죽음은 끝이 아니라는 것만 기억해
끝이 아니야, 끝이 아니지
죽음은 끝이 아니라는 것만 기억해

오, 생명의 나무가 자라고 있어
영혼이 절대 죽지 않는 곳에서
그리고 구원의 환한 빛이 빛나고 있어
어둡고 텅 빈 하늘에서

타오르는 인간의 살로
도시들이 불타고 있을 때
죽음은 끝이 아니라는 것만 기억해
그리고 법을 지키는 시민을 단 한 사람이라도
찾으려는 게 다 헛수고였을 때
죽음은 끝이 아니라는 것만 기억해
끝이 아니야, 끝이 아니지
죽음은 끝이 아니라는 것만 기억해

Had a Dream About You, Baby

I got to see you baby, I don't care
It may be someplace, baby, you say where

I had a dream about you, baby
Had a dream about you, baby
Late last night you come a-rollin' across my mind

You got the crazy rhythm when you walk
You make me nervous when you start to talk

I had a dream about you, baby
Had a dream about you, baby
Late last night you come a-rollin' across my mind

Standin' on the highway, you flag me down
Said, take me Daddy, to the nearest town

I had a dream about you, baby
Had a dream about you, baby
Late last night you come a-rollin' across my mind

The joint is jumpin'
It's really somethin'
The beat is pumpin'
My heart is thumpin'
Spent my money on you honey
My limbs are shakin'
My heart is breakin'

You kiss me, baby, in the coffee shop
You make me nervous, you gotta stop

I had a dream about you, baby
Had a dream about you, baby
Late last night you come a-rollin' across my mind

You got a rag wrapped around your head
Wearing a long dress fire engine red

I had a dream about you, baby
Had a dream about you, baby
Late last night you come a-rollin' across my mind

네 꿈을 꾸었어, 자기야

자기야 난 널 만나야 해, 난 상관없어
아무데나 괜찮아, 자기야, 장소는 네가 정해

네 꿈을 꾸었어, 자기야
네 꿈을 꾸었지, 자기야
지난밤 늦게 네가 내 마음속을 스쳐지나갔어

네가 걸을 때 그 미칠 듯한 리듬
네가 말을 하기 시작하면 난 너무나도 초조해져

네 꿈을 꾸었어, 자기야
네 꿈을 꾸었지, 자기야
지난밤 늦게 네가 내 마음속을 스쳐지나갔어

고속도로 위에 서서 나를 멈춰 세우고는
말했어, 날 데려다줘 자기야, 가장 가까운 마을로

네 꿈을 꾸었어, 자기야
네 꿈을 꾸었지, 자기야
지난밤 늦게 네가 내 마음속을 스쳐지나갔어

뼈마디가 들썩거려
정말 대단하지
비트가 쿵쾅거려
내 심장이 쿵쿵거려
내 돈을 너에게 썼지, 자기야
내 팔다리가 흔들려
내 마음이 부서지고 있어

넌 내게 키스해, 자기야, 커피숍에서 말이야
넌 날 초조하게 하잖아, 그만 멈춰줘

네 꿈을 꾸었어, 자기야
네 꿈을 꾸었지, 자기야
지난밤 늦게 네가 내 마음속을 스쳐지나갔어

넌 머리 둘레에 넝마를 칭칭 감고 있어
소방차처럼 새빨간 긴 드레스를 입고 있지

네 꿈을 꾸었어, 자기야
네 꿈을 꾸었지, 자기야
지난밤 늦게 네가 내 마음속을 스쳐지나갔어

Night After Night

Night after night you wander the streets of my mind
Night after night don't know what you think you will find
No place to go, nowhere to turn
Everything around you seems to burn, burn, burn
And there's never any mercy in sight night after night

Night after night
Night after night

Night after night some new plan to blow up the world
Night after night another old man kissing some young girl
You look for salvation, you find none
Just another broken heart, another barrel of a gun
Just another stick of dynamite night after night

Night after night
Night after night

Night after night you drop dead in your bed
Night after night another bottle finds a head
Night after night I think about cutting you loose
But I just can't do it, what would be the use?
So I just keep a-holding you tight night after night

Night after night
Night after night

매일 밤

매일 밤 당신은 내 마음속 거리를 방황해
매일 밤 당신이 뭘 찾을 거라고 생각하는지 모르겠어
갈 곳이 없어, 돌아설 곳이 없네
당신 주위의 모든 게 불타고, 불타고, 불타는 것처럼만 보일 때
그리고 아무런 자비도 보이질 않을 때, 매일 밤

매일 밤
매일 밤

매일 밤 세상을 날려버릴 어떤 새로운 계획
매일 밤 어느 젊은 여자에게 키스하는 또다른 노인
당신은 구원을 찾네, 아무것도 찾지 못했지
그저 또다른 아픈 가슴, 또다른 총신
그저 또다른 다이너마이트 하나뿐, 매일 밤

매일 밤
매일 밤

매일 밤 당신은 침대에서 급사해
매일 밤 또다른 술병이 두통을 안겨줘
매일 밤 난 당신을 자유롭게 해주는 일에 대해 생각하네
하지만 아무래도 그럴 수가 없네, 그게 무슨 소용이겠어?
그래서 난 그냥 당신을 계속 꼭 끌어안고 있지, 매일 밤

매일 밤
매일 밤

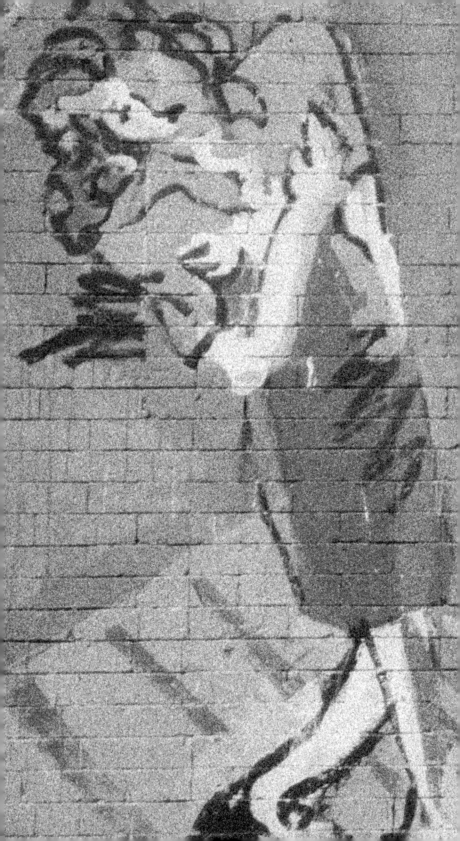

Oh Mercy 1989

오 자비를

Political World

We live in a political world
Love don't have any place
We're living in times where men commit crimes
And crime don't have a face

We live in a political world
Icicles hanging down
Wedding bells ring and angels sing
Clouds cover up the ground

We live in a political world
Wisdom is thrown into jail
It rots in a cell, is misguided as hell
Leaving no one to pick up a trail

We live in a political world
Where mercy walks the plank
Life is in mirrors, death disappears
Up the steps into the nearest bank

We live in a political world
Where courage is a thing of the past
Houses are haunted, children are unwanted
The next day could be your last

We live in a political world
The one we can see and can feel
But there's no one to check, it's all a stacked deck
We all know for sure that it's real

We live in a political world
In the cities of lonesome fear
Little by little you turn in the middle
But you're never sure why you're here

We live in a political world
Under the microscope
You can travel anywhere and hang yourself there
You always got more than enough rope

We live in a political world

* 눈을 가린 채 뱃전에서 밖으로 내민 판자 위를 걸어 바다에 빠지게 하던 옛 형벌을 가리킨다.

Oh Mercy

정치적 세계

우리는 정치적 세계에 살고 있다
사랑이 머물 자리는 어디에도 없다
우리는 사람들이 범죄를 저지르는 시대에 살고 있다
그리고 범죄에는 얼굴이 없다

우리는 정치적 세계에 살고 있다
늘어진 고드름들
결혼식 종이 울리고 천사들이 노래한다
구름이 땅을 뒤덮는다

우리는 정치적 세계에 살고 있다
지혜는 감옥에 내던져졌다
감방에서 썩고 있다, 지독히도 오도되어
그 자취 찾으려는 자 하나 남기지 못한 채

우리는 정치적 세계에 살고 있다
자비가 판자 위를 걸어가는
인생은 거울들 속에 있다, 죽음은 사라진다
계단을 올라 가장 근처에 있는 둑으로

우리는 정치적 세계에 살고 있다
용기는 과거의 것일 뿐인
집들은 귀신 들렸고, 누구도 아이들을 원치 않는다
다음날은 당신의 마지막 날이 될 수도 있다

우리는 정치적 세계에 살고 있다
볼 수 있고 느낄 수 있으나
아무도 점검하지 않는다, 그것은 그저 농간 부린 카드 한 벌일 뿐
우리 모두는 분명히 알고 있다 그게 현실임을

우리는 정치적 세계에 살고 있다
외로운 두려움의 도시에서

Turning and a-thrashing about
As soon as you're awake, you're trained to take
What looks like the easy way out

We live in a political world
Where peace is not welcome at all
It's turned away from the door to wander some more
Or put up against the wall

We live in a political world
Everything is hers or his
Climb into the frame and shout God's name
But you're never sure what it is

조금씩 조금씩 당신은 한가운데로 오게 된다
하지만 자신이 왜 여기에 있는지 확신하지 못한다

우리는 정치적 세계에 살고 있다
현미경 아래에서
당신은 어디든 여행할 수 있고 거기서 스스로 목매달 수 있다
당신에겐 언제나 넘치도록 많은 밧줄이 있다

우리는 정치적 세계에 살고 있다
빙빙 돌며 요동치는
깨어나자마자 당신은 훈련된다
가급적 쉬워 보이는 해결책을 선택하게끔

우리는 정치적 세계에 살고 있다
평화가 전혀 환영받지 못하는
그것은 문전박대당하여 좀더 떠돌거나
막다른 길로 내몰린다

우리는 정치적 세계에 살고 있다
모든 것이 그녀의 것이거나 그의 것인
체제 속으로 기어들고 신의 이름을 외치는
하지만 그게 무엇인지 당신은 확신하지 못한다

Where Teardrops Fall

Far away where the soft winds blow
Far away from it all
There is a place you go
Where teardrops fall

Far away in the stormy night
Far away and over the wall
You are there in the flickering light
Where teardrops fall

We banged the drum slowly
And played the fife lowly
You know the song in my heart
In the turning of twilight
In the shadows of moonlight
You can show me a new place to start

I've torn my clothes and I've drained the cup
Strippin' away at it all
Thinking of you when the sun comes up
Where teardrops fall

By rivers of blindness
In love and with kindness
We could hold up a toast if we meet
To the cuttin' of fences
To sharpen the senses
That linger in the fireball heat

Roses are red, violets are blue
And time is beginning to crawl
I just might have to come see you
Where teardrops fall

Oh Mercy

눈물방울이 떨어지는 곳

부드러운 바람 부는 곳에서 멀리 떨어진
그 모든 것에서 멀리 떨어진
당신이 가는 한 장소 있다
눈물방울이 떨어지는 곳

폭풍우 이는 밤에서 멀리 떨어진
멀리 그리고 벽 너머의
당신은 거기에 있다 가물거리는 빛 속
눈물방울이 떨어지는 곳에

우리는 천천히 북을 두드렸다
낮게 파이프를 연주했다
당신은 내 마음속 노래 알고 있다
시작되는 황혼 속에서
달빛의 그림자 속에서
당신은 내게 새로이 시작할 장소 보여줄 수 있다

나는 입고 있던 옷을 찢고 잔에 든 마지막 한 방울까지 마셨다
모든 걸 벗어던지며
태양이 솟아오를 때의 당신을 생각했다
눈물방울이 떨어지는 곳에 있는

맹목의 강가에서
사랑 안에서 그리고 우정으로
축배 들어올릴 수 있다 우리 만난다면
울타리를 자르고
감각을 예리하게 벼리기 위해
불덩이 열기 속에 남아 있는

장미는 붉다, 제비꽃은 푸르다
시간이 느리게 흐르기 시작한다
나는 당신을 보러 가야 하리라
눈물방울이 떨어지는 곳으로

Everything Is Broken

Broken lines, broken strings
Broken threads, broken springs
Broken idols, broken heads
People sleeping in broken beds
Ain't no use jiving, ain't no use joking
Everything is broken

Broken bottles, broken plates
Broken switches, broken gates
Broken dishes, broken parts
Streets are filled with broken hearts
Broken words never meant to be spoken
Everything is broken

Seem like every time you stop and turn around
Something else just hit the ground

Broken cutters, broken saws
Broken buckles, broken laws
Broken bodies, broken bones
Broken voices on broken phones
Take a deep breath, feel like you're chokin'
Everything is broken

Every time you leave and go off someplace
Things fall to pieces in my face

Broken hands on broken ploughs
Broken treaties, broken vows
Broken pipes, broken tools
People bending broken rules
Hound dog howling, bullfrog croaking
Everything is broken

모든 것이 망가졌다

망가진 선들, 망가진 줄들
망가진 실들, 망가진 용수철들
망가진 우상들, 망가진 머리들
망가진 침대들에서 자는 사람들
자이브 춤도, 농담도 소용없다
모든 것이 망가졌다

망가진 병들, 망가진 접시들
망가진 스위치들, 망가진 문들
망가진 그릇들, 망가진 부품들
거리들은 망가진 마음들로 가득하다
결코 입 밖으로 나올 의도 없었던 망가진 말들
모든 것이 망가졌다

당신이 멈추고 돌아서는 매 순간
다른 어떤 것이 바닥에 떨어지는 것 같다

망가진 절단기들, 망가진 톱들
망가진 버클들, 망가진 법률들
망가진 몸통들, 망가진 뼈들
망가진 전화기들 속 망가진 목소리들
깊게 숨을 들이마신다, 당신은 숨이 막힐 것만 같다
모든 것이 망가졌다

당신이 어떤 장소를 떠날 때마다
물건들이 떨어져 산산조각 난다 내 얼굴 앞에서

망가진 쟁기들 위의 망가진 손들
망가진 조약들, 망가진 맹세들
망가진 파이프들, 망가진 도구들
망가진 규칙들을 구부리는 사람들
울부짖는 사냥개, 개골거리는 황소개구리
모든 것이 망가졌다

Ring Them Bells

Ring them bells, ye heathen
From the city that dreams
Ring them bells from the sanctuaries
'Cross the valleys and streams
For they're deep and they're wide
And the world's on its side
And time is running backwards
And so is the bride

Ring them bells St. Peter
Where the four winds blow
Ring them bells with an iron hand
So the people will know
Oh it's rush hour now
On the wheel and the plow
And the sun is going down
Upon the sacred cow

Ring them bells Sweet Martha
For the poor man's son
Ring them bells so the world will know
That God is one
Oh the shepherd is asleep
Where the willows weep
And the mountains are filled
With lost sheep

Ring them bells for the blind and the deaf
Ring them bells for all of us who are left
Ring them bells for the chosen few
Who will judge the many when the game is through
Ring them bells, for the time that flies
For the child that cries
When innocence dies

Ring them bells St. Catherine
From the top of the room
Ring them from the fortress
For the lilies that bloom
Oh the lines are long
And the fighting is strong

* 마리아의 언니이며, 나사로의 누이.

Oh Mercy

종소리를 울려라

종소리를 울려라, 너 이교도들이여
꿈꾸는 도시에서
종소리를 울려라 성소들에서
골짜기들과 강들을 가로질러
왜냐하면 그들은 깊고 넓으며
세상은 옆으로 기울어 있고
시간은 뒤로 달려가고 있고
신부新婦 또한 그렇게 하고 있기에

종소리를 울려라 성 베드로여
네 개의 바람 부는 곳에서
종소리를 울려라 무쇠 손으로
사람들 알도록
오 지금은 혼잡한 시간
바퀴와 쟁기로
태양은 저물고 있다
성스러운 암소 위로

종소리를 울려라 상냥한 마르다여
가난한 자의 아들 위해
종소리를 울려라 세상이 알도록
신은 한 분뿐임을
오 양치기는 잠들어 있다
버드나무들 눈물 흘리는 곳에
산은 가득하다
길 잃은 양들로

종소리를 울려라 맹인과 귀머거리 위해
종소리를 울려라 남겨진 우리 모두 위해
종소리를 울려라 선택받은 소수 위해
게임이 끝날 때 그들이 다수를 심판하리라
종소리를 울려라, 날아가는 시간 위해

And they're breaking down the distance
Between right and wrong

울고 있는 아이들 위해
천진함이 죽을 때

종소리를 울려라 성 카테리나여
방의 꼭대기에서
종소리를 울려라 요새에서
피어나는 백합들 위해
오 대열은 길고
싸움은 치열하다
그들은 간격을 부수고 있다
옳음과 그름 사이의

Man in the Long Black Coat

Crickets are chirpin', the water is high
There's a soft cotton dress on the line hangin' dry
Window wide open, African trees
Bent over backwards from a hurricane breeze
Not a word of goodbye, not even a note
She gone with the man
In the long black coat

Somebody seen him hanging around
At the old dance hall on the outskirts of town
He looked into her eyes when she stopped him to ask
If he wanted to dance, he had a face like a mask
Somebody said from the Bible he'd quote
There was dust on the man
In the long black coat

The preacher was a-talkin', there's a sermon he gave
He said, "Every man's conscience is vile and depraved
You cannot depend on it to be your guide
When it's you who must keep it satisfied."
It ain't easy to swallow, it sticks in the throat
She gave her heart to the man
In the long black coat

There are no mistakes in life some people say
And it's true sometimes you can see it that way
I went down to the river but I just missed the boat
She went with the man
In the long black coat

There's smoke on the water, it's been there since June
Tree trunks uprooted, 'neath the high crescent moon
Feel the pulse and vibration andthe rumbling force
Somebody is out there beating on a dead horse
She never said nothing, there was nothing she wrote
She went with the man
In the long black coat

• 구약성서 「여호수아」 7장 6절을 인용.

Oh Mercy

검은색 롱코트 입은 남자

귀뚜라미들이 울고 있다, 물이 높다
부드러운 면 드레스가 마른 채 빨랫줄에 걸려 있다
활짝 열린 창문, 아프리카의 나무들
허리케인의 약한 바람 맞아 뒤로 구부러져 있다
작별의 말 한마디 없이, 메모 한 장 남기지 않고
그녀는 그 남자와 함께 떠났다
검은색 롱코트 차림의

누군가 배회하는 그를 보았다
도시 외곽 낡은 댄스홀에서
그는 그녀의 눈을 들여다보았다 그녀가 묻기 위해 그를 멈춰 세웠을 때
춤추길 원하는지, 그는 가면 같은 얼굴 가졌다
누군가 말했다 성경 구절 인용하여
그 남자 위에 먼지가 덮여 있었다고'
검은색 롱코트 차림의

설교자가 말하고 있었다, 그가 한 설교가 있다
그가 말했다, "모든 사람의 양심은 타락하고 부패했소
그것을 자신의 길잡이로 삼지 마시오
그것을 계속 만족시켜야 하는 자가 바로 당신이라면"
그 말은 삼키기 쉽지 않아 목구멍에 걸린다
그녀는 그녀의 마음을 주었다 그 남자에게
검은색 롱코트 차림의

인생에는 어떠한 실수도 없다고 사람들은 말한다
그것은 참이다 때때로 당신은 인생을 그런 방식으로 볼 수 있다
나는 강으로 내려갔지만 간발의 차로 보트를 놓쳤다
그녀는 그 남자와 함께 갔다
검은색 롱코트 차림의

물 위로 연기가 깔려 있다, 6월 이래로 그랬다
나무 둥치가 뿌리째 뽑혀 있다, 높이 뜬 초승달 아래

느껴진다 맥박과 떨림이 우르릉거리는 어떤 힘이
누군가 그곳에 나와 있다 죽은 말馬을 두드리며
그녀는 아무 말도 하지 않았다, 아무런 글도 남기지 않았다
그녀는 그 남자와 함께 갔다
검은색 롱코트 차림의

Most of the Time

Most of the time
I'm clear focused all around
Most of the time
I can keep both feet on the ground
I can follow the path, I can read the signs
Stay right with it when the road unwinds
I can handle whatever I stumble upon
I don't even notice she's gone
Most of the time

Most of the time
It's well understood
Most of the time
I wouldn't change it if I could
I can make it all match up, I can hold my own
I can deal with the situation right down to the bone
I can survive, I can endure
And I don't even think about her
Most of the time

Most of the time
My head is on straight
Most of the time
I'm strong enough not to hate
I don't build up illusion 'til it makes me sick
I ain't afraid of confusion no matter how thick
I can smile in the face of mankind
Don't even remember what her lips felt like on mine
Most of the time

Most of the time
She ain't even in my mind
I wouldn't know her if I saw her
She's that far behind
Most of the time
I can't even be sure
If she was ever with me
Or if I was with her

Most of the time
I'm halfway content
Most of the time

Oh Mercy

대부분의 시간

대부분의 시간
내 정신은 명확하고 주위에 관심을 두고 있지
대부분의 시간 동안
나는 내 양발을 땅에 붙이고 있을 수 있어
길을 따라갈 수 있고, 표지판을 읽을 수 있어
그것과 더불어 올바로 유지할 수 있어 길이 휘어지지 않는 한
다룰 수 있어 내가 마주치는 그 어떤 것이든
그녀가 떠났다는 사실조차 알아채지 못하지
대부분의 시간

대부분의 시간
나는 잘 이해하고 있지
대부분의 시간
난 바꾸려 하지 않을 거야 내가 할 수 있다 해도
모든 걸 정돈할 수 있고, 내 것으로 지킬 수 있어
상황에 대처할 수 있어 매우 철저히
난 살아남을 수 있고, 견딜 수 있어
그녀를 생각조차 하지 않아
대부분의 시간

대부분의 시간
내 머리는 똑바로 있어
대부분의 시간
나는 강하지 미워하지 않을 만큼 충분히
나를 아프게 만들 정도로 환상을 키우지 않아
혼란이 아무리 심해도 두렵지 않아
웃을 수 있어 인류의 얼굴 앞에서
기억조차 나지 않아 내 입술 위에 그녀의 입술이 있던 느낌이 어땠는지
대부분의 시간

대부분의 시간
그녀는 심지어 내 마음속에 있지도 않아

I know exactly where it went
I don't cheat on myself, I don't run and hide
Hide from the feelings that are buried inside
I don't compromise and I don't pretend
I don't even care if I ever see her again
Most of the time

그녀를 본다 해도 알아보지 못할 거야
그녀는 그토록 멀리 있어
대부분의 시간
심지어 확실치 않아
그녀가 나와 함께 있었는지
혹은 내가 그녀와 함께 있었는지

대부분의 시간
나는 그럭저럭 만족스러워
대부분의 시간 동안
정확히 알고 있지 그것이 어디로 갔는지
난 자신을 속이지 않아, 달아나지 않고 숨지 않아
내면에 파묻힌 감정들로부터 숨지 않아
타협하지 않고 가장하지 않아
신경조차 쓰지 않는다 그녀를 다시 보게 될지
대부분의 시간

What Good Am I?

What good am I if I'm like all the rest
If I just turn away, when I see how you're dressed
If I shut myself off so I can't hear you cry
What good am I?

What good am I if I know and don't do
If I see and don't say, if I look right through you
If I turn a deaf ear to the thunderin' sky
What good am I?

What good am I while you softly weep
And I hear in my head what you say in your sleep
And I freeze in the moment like the rest who don't try
What good am I?

What good am I then to others and me
If I've had every chance and yet still fail to see
If my hands are tied must I not wonder within
Who tied them and why and where must I have been?

What good am I if I say foolish things
And I laugh in the face of what sorrow brings
And I just turn my back while you silently die
What good am I?

내가 무슨 쓸모 있나?

내가 무슨 쓸모 있나 내가 나머지 다른 사람과 똑같다면
당신이 어떤 옷차림 하고 있는지 보고, 내가 외면한다면
스스로를 가두고 있다면 그래서 당신이 우는 소리 듣지 못한다면
내가 무슨 쓸모 있나?

내가 무슨 쓸모 있나 알고도 행동하지 않는다면
보고도 말하지 않는다면, 당신을 투명인간 보듯 바라본다면
천둥 치는 하늘에 듣지 못하는 귀 갖다댄다면
내가 무슨 쓸모 있나?

내가 무슨 쓸모 있나 당신이 나직이 흐느끼고 있는 동안
내가 머릿속으로 당신이 잠 속에서 말하는 것 듣고는
그 순간 굳어지고 만다면 노력하지 않는 다른 이들과 마찬가지로
내가 무슨 쓸모 있나?

내가 무슨 쓸모 있나 다른 이들에게 그리고 내게
얼마든지 기회 있음에도 여전히 보지 못한다면
내 양손 묶여 있다면 속으로 궁금해하지 말아야 하나
누가 그것을 묶었는지 왜 그리고 언제부터 묶여야 했는지?

내가 무슨 쓸모 있나 어리석게 말한다면
슬픔으로 인해 생겨난 것 앞에서 웃는다면
당신이 조용히 죽어가는 동안 그저 등돌린다면
내가 무슨 쓸모 있나?

Disease of Conceit

There's a whole lot of people suffering tonight
From the disease of conceit
Whole lot of people struggling tonight
From the disease of conceit
Comes right down the highway
Straight down the line
Rips into your senses
Through your body and your mind
Nothing about it that's sweet
The disease of conceit

There's a whole lot of hearts breaking tonight
From the disease of conceit
Whole lot of hearts shaking tonight
From the disease of conceit
Steps into your room
Eats your soul
Over your senses
You have no control
Ain't nothing too discreet
About the disease of conceit

There's a whole lot of people dying tonight
From the disease of conceit
Whole lot of people crying tonight
From the disease of conceit
Comes right out of nowhere
And you're down for the count
From the outside world
The pressure will mount
Turn you into a piece of meat
The disease of conceit

Conceit is a disease
That the doctors got no cure
They've done a lot of research on it
But what it is, they're still not sure

There's a whole lot of people in trouble tonight
From the disease of conceit
Whole lot of people seeing double tonight
From the disease of conceit

자만심이라는 병

오늘밤 고통받는 많은 사람 있다
자만심이라는 병으로
오늘밤 몸부림치는 많은 사람 있다
자만심이라는 병으로
그것은 고속도로를 달려온다
곧장 길을 내려온다
당신의 감각 속으로 맹렬히 파고든다
당신의 몸과 마음속으로
그 어떤 달콤함도 없다
자만심이라는 병에는

오늘밤 많은 아픈 마음들 있다
자만심이라는 병으로
오늘밤 많은 흔들리는 마음들 있다
자만심이라는 병으로
그것은 당신의 방으로 들어간다
당신의 영혼을 먹는다
당신의 감각에 대해
당신은 아무런 통제력이 없다
아무리 조심해도 지나치지 않다
자만심이라는 병은

오늘밤 죽어가는 많은 사람들 있다
자만심이라는 병으로
오늘밤 울고 있는 많은 사람들 있다
자만심이라는 병으로
그것은 어디선가 불쑥 나타난다
당신은 의식불명이 된다
바깥세상에 대해
압력이 상승할 것이다
당신을 고깃덩이로 만들 것이다
자만심이라는 병으로

Give ya delusions of grandeur
And a evil eye
Give you the idea that
You're too good to die
Then they bury you from your head to your feet
From the disease of conceit

자만심은 병이다
어떤 의사도 치료할 수 없는
그들은 그것에 대해 많이 연구했으나
그게 무엇인지, 여전히 확신하지 못한다

오늘밤 근심에 싸인 많은 사람들 있다
자만심이라는 병으로
오늘밤 모든 게 둘로 보이는 많은 사람들 있다
자만심이라는 병으로
그것은 당신에게 거대한 망상을 선사한다
그리고 어떤 사악한 눈을 주었지
당신을 생각하게 만든다
당신은 너무 훌륭해서 죽지 않는다고
그리고 사람들은 당신을 머리부터 발끝까지 땅에 묻는다
자만심이라는 병으로

What Was It You Wanted?

What was it you wanted?
Tell me again so I'll know
What's happening in there
What's going on in your show
What was it you wanted
Could you say it again?
I'll be back in a minute
You can get it together by then

What was it you wanted
You can tell me, I'm back
We can start it all over
Get it back on the track
You got my attention
Go ahead, speak
What was it you wanted
When you were kissing my cheek?

Was there somebody looking
When you give me that kiss
Someone there in the shadows
Someone that I might have missed?
Is there something you needed
Something I don't understand
What was it you wanted
Do I have it here in my hand?

Whatever you wanted
Slipped out of my mind
Would you remind me again
If you'd be so kind
Has the record been breaking
Did the needle just skip
Is there somebody waiting
Was there a slip of the lip?

What was it you wanted
I ain't keeping score
Are you the same person
That was here before?
Is it something important?
Maybe not

당신이 원한 게 뭐였지?

당신이 원한 게 뭐였지?
다시 한번 말해봐 그럼 난 알 거야
거기서 무슨 일이 일어나고 있는지
당신의 쇼가 어떻게 진행되고 있는지
당신이 원한 게 뭐였는지
다시 한번 말해줄 수 있겠어?
잠시 후 돌아올게
그때쯤엔 당신도 정신이 들 거야

당신이 원한 게 뭐였지
이제 말해봐, 나 돌아왔어
처음부터 다시 시작할 수 있어
본론으로 돌아갈 수 있어
난 집중하고 있어
그럼 시작해, 말해봐
당신이 원한 게 뭐였지
당신이 내 뺨에 입맞춤하고 있었을 때?

누군가 보고 있었나
당신이 내게 입맞춤해줄 때
거기 그늘 속에 누군가가
내가 놓쳤을지도 모를 누군가가?
당신에게 필요한 뭔가가 있었나
내가 이해하지 못한 무언가
당신이 원한 게 뭐였지
그게 지금 내 수중에 있는 건가?

당신이 뭘 원했든
그게 내 머릿속을 빠져나가버렸어
다시 한번 일깨워줄래
내게 친절 베풀 수 있다면
레코드판이 망가진 건가

What was it you wanted?
Tell me again I forgot

Whatever you wanted
What could it be
Did somebody tell you
That you could get it from me
Is it something that comes natural
Is it easy to say
Why do you want it
Who are you anyway?

Is the scenery changing
Am I getting it wrong
Is the whole thing going backwards
Are they playing our song?
Where were you when it started
Do you want it for free
What was it you wanted
Are you talking to me?

축음기 바늘이 흔들렸나
기다리는 누군가 있었나
뭐 말실수한 거라도 있었어?

당신이 원한 게 뭐였지
잘잘못 따지려는 게 아냐
당신 같은 사람 맞아
전에 여기 있던?
뭔가 중요한 건가?
그렇진 않겠지
당신이 원한 게 뭐였지?
다시 말해봐 잊어버렸어

당신이 원한 게 뭐였든
그게 무엇일 수 있었을까
누군가 당신에게 말해줬나
당신이 내게서 그걸 얻을 수 있다고
그게 자연스럽게 나오는 어떤 건가
말하기 쉬운 건가
왜 그걸 원하지
그런데 당신은 누구지?

풍경이 변하고 있나
내 계산이 틀린 건가
모든 게 뒤로 돌아가고 있나
그들이 우리의 노래를 연주하고 있나?
그것이 시작할 때 당신은 어디에 있었지
그걸 공짜로 갖길 원하는 건가
당신이 원한 게 뭐였지
당신 나한테 말하고 있는 거야?

Shooting Star

Seen a shooting star tonight
And I thought of you
You were trying to break into another world
A world I never knew
I always kind of wondered
If you ever made it through
Seen a shooting star tonight
And I thought of you

Seen a shooting star tonight
And I thought of me
If I was still the same
If I ever became what you wanted me to be
Did I miss the mark or overstep the line
That only you could see?
Seen a shooting star tonight
And I thought of me

Listen to the engine, listen to the bell
As the last fire truck from hell
Goes rolling by
All good people are praying
It's the last temptation, the last account
The last time you might hear the sermon on the mount
The last radio is playing

Seen a shooting star tonight
Slip away
Tomorrow will be
Another day
Guess it's too late to say the things to you
That you needed to hear me say
Seen a shooting star tonight
Slip away

별똥별

별똥별을 봤어 오늘밤
그리고 당신을 생각했지
당신은 또다른 세상 속으로 비집고 들어가려 애쓰고 있었지
내가 전혀 알지 못했던 세상
늘 궁금했어
당신이 그걸 해냈는지
별똥별을 봤어 오늘밤
그리고 당신을 생각했지

별똥별을 봤어 오늘밤
그리고 나를 생각했지
내가 여전히 똑같은 사람이라면
내가 당신이 원하는 그런 모습이 된다면
내가 과녁을 놓쳤던 건가 아니면 지켜야 할 선을 넘었던 건가
오직 당신만이 볼 수 있는?
별똥별을 봤어 오늘밤
그리고 나를 생각했지

엔진 소리를 들어봐, 종소리를 들어봐
지옥에서 온 마지막 소방차가
곁을 스쳐 달려갈 때
착한 사람들은 모두 기도하고 있어
그건 마지막 유혹이야, 마지막 이야기야
마지막으로 네가 듣는 산상수훈일지도 몰라
마지막 라디오 음악이 흐르고 있어

별똥별을 봤어 오늘밤
사라져가
내일은
또다른 날이겠지
당신에게 말하기엔 너무 늦은 거겠지
당신이 내게서 듣고 싶어했던 그 말

별똥별을 봤어 오늘밤
사라져가

Series of Dreams

I was thinking of a series of dreams
Where nothing comes up to the top
Everything stays down where it's wounded
And comes to a permanent stop
Wasn't thinking of anything specific
Like in a dream, when someone wakes up and screams
Nothing too very scientific
Just thinking of a series of dreams

Thinking of a series of dreams
Where the time and the tempo fly
And there's no exit in any direction
'Cept the one that you can't see with your eyes
Wasn't making any great connection
Wasn't falling for any intricate scheme
Nothing that would pass inspection
Just thinking of a series of dreams

Dreams where the umbrella is folded
Into the path you are hurled
And the cards are no good that you're holding
Unless they're from another world

In one, numbers were burning
In another, I witnessed a crime
In one, I was running, and in another
All I seemed to be doing was climb
Wasn't looking for any special assistance
Not going to any great extremes
I'd already gone the distance
Just thinking of a series of dreams

연속된 꿈들

나는 어떤 연속된 꿈들에 대해 생각하고 있었어
그 안에서는 아무것도 꼭대기에 이르지 않지
모든 게 상처 입은 채 그 자리에 머물다가
영원한 정지에 이르지
구체적인 무언가를 생각하고 있진 않았어
사람들이 깨어나면서 비명 지르는, 그런 꿈처럼
거기엔 특별히 과학적일 게 전혀 없어
단지 어떤 연속된 꿈들에 대해 생각하고 있었을 뿐

어떤 연속된 꿈들을 생각하고 있었어
그 안에서는 시간과 박자가 흐르고
어느 방향에도 출구는 없어
너의 눈으로는 볼 수 없는 하나를 제외하고
무슨 대단한 연관성을 찾아내려던 건 아니었어
어떤 복잡한 계략에 넘어간 것도 아니었고
정밀검사를 통과할 만한 건 아무것도 없었지
단지 어떤 연속된 꿈들에 대해 생각하고 있었을 뿐

꿈들, 그 안에선 우산이 접히고
네가 길로 내동댕이쳐지지
그리고 네가 들고 있는 카드들은 아무 소용이 없어
그것들이 다른 세계에서 온 것이 아닌 한

어떤 꿈에서, 숫자들이 불타고 있었어
또 어떤 꿈에서, 나는 범죄를 목격했어
어떤 꿈에서, 나는 도망치고 있었어 그리고 또 어떤 꿈에서는
위로 기어오르는 것밖에 할 수 없었어
그 어떤 특별한 도움을 찾고 있진 않았지
그 어떤 엄청난 극단으로 치닫지도 않았어
난 이미 길 끝에 이르렀고
단지 어떤 연속된 꿈들에 대해 생각하고 있었을 뿐이니까

Dignity

Fat man lookin' in a blade of steel
Thin man lookin' at his last meal
Hollow man lookin' in a cotton field
For dignity

Wise man lookin' in a blade of grass
Young man lookin' in the shadows that pass
Poor man lookin' through painted glass
For dignity

Somebody got murdered on New Year's Eve
Somebody said dignity was the first to leave
I went into the city, went into the town
Went into the land of the midnight sun

Searchin' high, searchin' low
Searchin' everywhere I know
Askin' the cops wherever I go
Have you seen dignity?

Blind man breakin' out of a trance
Puts both his hands in the pockets of chance
Hopin' to find one circumstance
Of dignity

I went to the wedding of Mary Lou
She said, "I don't want nobody see me talkin' to you"
Said she could get killed if she told me what she knew
About dignity

I went down where the vultures feed
I would've gone deeper, but there wasn't any need
Heard the tongues of angels and the tongues of men
Wasn't any difference to me

Chilly wind sharp as a razor blade
House on fire, debts unpaid
Gonna stand at the window, gonna ask the maid
Have you seen dignity?

Drinkin' man listens to the voice he hears
In a crowded room full of covered-up mirrors

품위

뚱뚱한 남자, 강철검 들여다보는
마른 남자, 그의 마지막 식사 바라보는
텅 빈 남자, 목화밭 들여다보는
품위를 찾아서

현명한 남자, 풀잎 들여다보는
젊은 남자, 지나가는 그림자들 들여다보는
가난한 남자, 채색된 유리를 통해 보는
품위를 찾아서

누군가 신년 전야에 살해되었지
누군가 말했지 품위가 가장 먼저 떠났다고
나는 도시로, 마을로 갔지
한밤의 태양이 뜨는 땅으로 갔지

높은 곳 찾고, 낮은 곳 찾고
내가 아는 모든 곳 찾았지
가는 곳마다 경찰들에게 물었지
품위를 본 적 있소?

눈먼 남자, 가수면 상태에서 깨어난
양손을 우연의 호주머니 속에 집어넣는다
찾을 수 있길 희망하면서 한 가지 상황을
품위에 어울리는

나는 메리 루의 결혼식에 갔지
그녀가 말했지, "너랑 얘기하는 걸 아무도 보지 않았으면 해"
말했지, 그녀는 살해당할 수도 있다고 그녀가 알고 있는 것 내게
　　말한다면
품위에 대해

나는 독수리가 서식하는 곳까지 내려갔지

Lookin' into the lost forgotten years
For dignity

Met Prince Phillip at the home of the blues
Said he'd give me information if his name wasn't used
He wanted money up front, said he was abused
By dignity

Footprints runnin' 'cross the silver sand
Steps gain' down into tattoo land
I met the sons of darkness and the sons of light
In the bordertowns of despair

Got no place to fade, got no coat
I'm on the rollin' river in a jerkin' boat
Tryin' to read a note somebody wrote
About dignity

Sick man lookin' for the doctor's cure
Lookin' at his hands for the lines that were
And into every masterpiece of literature
For dignity

Englishman stranded in the blackheart wind
Combin' his hair back, his future looks thin
Bites the bullet and he looks within
Ford ignity

Someone showed me a picture and I just laughed
Dignity never been photographed
I went into the red, went into the black
Into the valley of dry bone dreams

So many roads, so much at stake
So many dead ends, I'm at the edge of the lake
Sometimes I wonder what it's gonna take
To find dignity

더 깊이 들어가려 했지만, 전혀 그럴 필요 없었지
천사 말소리와 인간 말소리 들려왔지
그리고 내겐 그 둘이 전혀 다르게 들리지 않았지

면도날처럼 날카로운 찬바람
타오르는 집, 해결되지 않은 빚
창 앞에 서야지, 하녀에게 물어야지
품위를 본 적 있어?

술 마시는 남자가 들려오는 목소리에 귀기울이고 있지
가려진 거울들로 가득 붐비는 방안에서
오랫동안 잊힌 세월 속 들여다보며
품위를 찾아서

블루스의 고향에서 필립 왕자를 만났지
그가 내게 정보를 주겠다고 했지 그의 이름 거론되지 않는다면
돈을 요구했지 선불로, 그는 학대당했다고 했지
품위에 의해

은모래 가로질러 달려가는 발자국들
발걸음은 문신 왕국 안으로 들어섰지
나는 어둠의 아들들과 빛의 아들들 만났지
절망의 국경마을에서

몸 숨길 곳도 없이 외투도 없이
강 위로 흘러갔지 출렁대는 보트 타고
누군가 써놓은 메모 읽으려 애쓰며
품위에 대한

병든 남자, 의사의 치료법 찾고 있는
자기 손 들여다보며 예전에 있던 손금 찾고
모든 걸작 문학 작품들 샅샅이 조사한다
품위를 찾아서

영국인, 검은심장 바람 속에 발 묶인
머리 뒤로 빗어넘기는, 그의 미래 비참해 보인다

이를 악문다 그리고 그는 안을 본다
품위를 찾아서

누군가 내게 사진 한 장 보여줬고 난 그저 웃었지
품위는 절대 사진에 찍히지 않아
나는 붉은색으로 들어가고 검은색으로 들어갔지
마른 뼈가 꿈꾸는 골짜기로 갔지

너무나 많은 길들, 너무나 많은 위험들
너무나 많은 막다른 길들, 나는 호수 가장자리에 있지
가끔 난 궁금하지 과연 무엇이 필요한 건지
품위를 찾기 위해서는

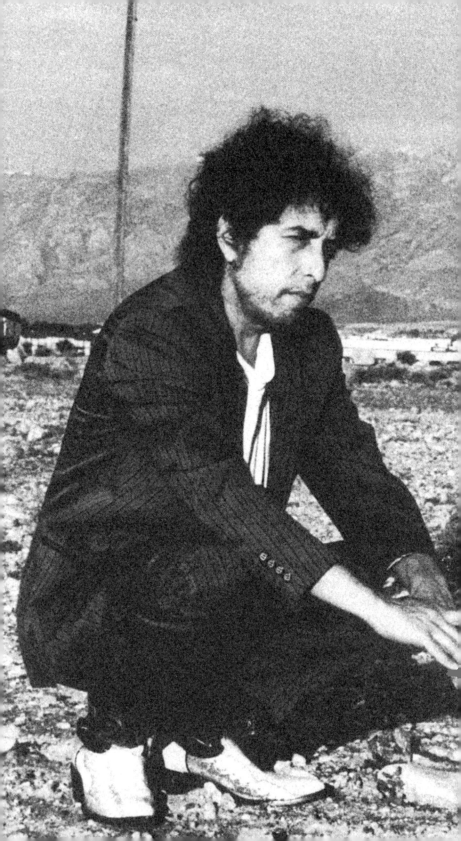

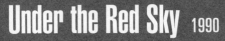

Under the Red Sky 1990

붉은 하늘 아래

Wiggle Wiggle
Under the Red Sky
Unbelievable
Born in Time
TV Talkin' Song
10,000 Men
2 × 2
God Knows
Handy Dandy
Cat's in the Well

Wiggle Wiggle

Wiggle, wiggle, wiggle like a gypsy queen
Wiggle, wiggle, wiggle all dressed in green
Wiggle, wiggle, wiggle 'til the moon is blue
Wiggle 'til the moon sees you

Wiggle, wiggle, wiggle in your boots and shoes
Wiggle, wiggle, wiggle, you got nothing to lose
Wiggle, wiggle, wiggle like a swarm of bees
Wiggle on your hands and knees

Wiggle to the front, wiggle to the rear
Wiggle 'til you wiggle right out of here
Wiggle 'til it opens, wiggle 'til it shuts
Wiggle 'til it bites, wiggle 'til it cuts

Wiggle, wiggle, wiggle like a bowl of soup
Wiggle, wiggle, wiggle like a rolling hoop
Wiggle, wiggle, wiggle like a ton of lead
Wiggle—you can raise the dead

Wiggle 'til you're high, wiggle 'til you're higher
Wiggle 'til you vomit fire
Wiggle 'til it whispers, wiggle 'til it hums
Wiggle 'til it answers, wiggle 'til it comes

Wiggle, wiggle, wiggle like satin and silk
Wiggle, wiggle, wiggle like a pail of milk
Wiggle, wiggle, wiggle, rattle and shake
Wiggle like a big fat snake

씰룩씰룩

씰룩, 씰룩, 씰룩거려, 집시 여왕처럼
씰룩, 씰룩, 씰룩거려, 온통 녹색으로 차려입고서
씰룩, 씰룩, 씰룩거려, 달이 푸른색이 될 때까지
씰룩거려, 달이 널 볼 때까지

꼼지락, 꼼지락, 꼼지락거려, 부츠와 신발을 신고서
꼼지락, 꼼지락, 꼼지락거려, 잃을 건 아무것도 없지
꼼지락, 꼼지락, 꼼지락거려, 벌떼처럼
꼼지락거려, 네 발로 기면서 말이야

앞으로 꿈틀, 뒤로 꿈틀
꿈틀거려, 여기서 당장 벗어날 때까지
꿈틀거려, 그게 열릴 때까지, 꿈틀거려, 그게 닫힐 때까지
꿈틀거려, 그게 물 때까지, 꿈틀거려, 그게 자를 때까지

씰룩, 씰룩, 씰룩거려, 수프 한 접시처럼
씰룩, 씰룩, 씰룩거려, 구르는 후프처럼
씰룩, 씰룩, 씰룩거려, 엄청 많은 탄환처럼
씰룩거려, 넌 죽은 자도 벌떡 일으킬 수 있어

꼼지락거려, 흥분할 때까지, 꼼지락거려, 더 흥분할 때까지
꼼지락거려, 입에서 불을 토할 때까지
꼼지락거려, 그게 속삭일 때까지, 꼼지락거려, 그게 허밍을 할 때까지
꼼지락거려, 그게 대답할 때까지, 꼼지락거려, 그게 올 때까지

꿈틀, 꿈틀, 꿈틀거려, 새틴과 비단처럼
꿈틀, 꿈틀, 꿈틀거려, 우유 한 동이처럼
꿈틀, 꿈틀, 꿈틀거려, 덜컹덜컹, 흔들흔들
꿈틀거려, 커다랗고 뚱뚱한 한 마리 뱀처럼

Under the Red Sky

There was a little boy and there was a little girl
And they lived in an alley under the red sky
There was a little boy and there was a little girl
And they lived in an alley under the red sky

There was an old man and he lived in the moon
One summer's day he came passing by
There was an old man and he lived in the moon
And one day he came passing by

Someday little girl, everything for you is gonna be new
Someday little girl, you'll have a diamond as big as your shoe

Let the wind blow low, let the wind blow high
One day the little boy and the little girl were both baked in a pie
Let the wind blow low, let the wind blow high
One day the little boy and the little girl were both baked in a pie

This is the key to the kingdom and this is the town
This is the blind horse that leads you around

Let the bird sing, let the bird fly
One day the man in the moon went home and the river went dry
Let the bird sing, let the bird fly
The man in the moon went home and the river went dry

붉은 하늘 아래

작은 소년이 한 명 있었어, 작은 소녀도 한 명 있었지
그들은 붉은 하늘 아래 골목에서 살았네
작은 소년이 한 명 있었어, 작은 소녀도 한 명 있었지
그들은 붉은 하늘 아래 골목에서 살았네

노인이 한 명 있었어, 그는 달에서 살았지
어느 여름날, 그가 옆을 지나갔네
노인이 한 명 있었어, 그는 달에서 살았지
그리고 여름날, 그가 옆을 지나갔네

작은 소녀야, 언젠가 너에겐 모든 게 새로워질 거란다
작은 소녀야, 언젠가 넌 네 신발만큼이나 큰 다이아몬드를 가지게 될
　　거란다

바람아 낮게 불어라, 바람아 높게 불어라
어느 날, 작은 소년과 작은 소녀 둘 다 파이로 구워졌다네
바람아 낮게 불어라, 바람아 높게 불어라
어느 날, 작은 소년과 작은 소녀 둘 다 파이로 구워졌다네

자, 왕국으로 가는 열쇠야, 여기가 그 마을이란다
자, 여기저기 널 안내해줄 눈먼 말이란다

새야 노래 불러라, 새야 날아가거라
어느 날, 달에 살던 그 남자는 집으로 갔고 강은 말라버렸다네
새야 노래 불러라, 새야 날아가거라
달에 살던 그 남자는 집으로 갔고 강은 말라버렸다네

Unbelievable

It's unbelievable, it's strange but true
It's inconceivable it could happen to you
You go north and you go south
Just like bait in the fish's mouth
Ya must be livin' in the shadow of some kind of evil star
It's unbelievable it would get this far

It's undeniable what they'd have you to think
It's indescribable, it can drive you to drink
They said it was the land of milk and honey
Now they say it's the land of money
Who ever thought they could ever make that stick
It's unbelievable you can get this rich this quick

Every head is so dignified
Every moon is so sanctified
Every urge is so satisfied as long as you're with me
All the silver, all the gold
All the sweethearts you can hold
That don't come back with stories untold
Are hanging on a tree

It's unbelievable like a lead balloon
It's so impossible to even learn the tune
Kill that beast and feed that swine
Scale that wall and smoke that vine
Feed that horse and saddle up the drum
It's unbelievable, the day would finally come

Once there was a man who had no eyes
Every lady in the land told him lies
He stood beneath the silver sky and his heart began to bleed
Every brain is civilized
Every nerve is analyzed
Everything is criticized when you are in need

It's unbelievable, it's fancy-free
So interchangeable, so delightful to see
Turn your back, wash your hands
There's always someone who understands
It don't matter no more what you got to say
It's unbelievable it would go down this way

믿을 수가 없네

믿을 수가 없네, 이상하지만 사실이지
상상도 할 수 없어, 네게 그런 일이 일어나리란 건
넌 북쪽으로 가, 넌 남쪽으로 가
물고기 입에 물린 미끼처럼
넌 그 어떤 사악한 별의 그림자 아래에서 사는 게 틀림없어
믿을 수가 없네, 일이 이 지경에 이를 수 있다는 걸

부정할 수 없네 그들이 네게 무슨 생각을 심어줄지를
말로 다 설명할 수 없네, 그건 네게 술을 퍼마시게 할 수도 있다고
그자들은 그곳을 젖과 꿀이 흐르는 땅이라고 말했지
이제는 그곳을 돈의 땅이라고 말하네
그자들이 그걸 성사시키리라고 누가 생각이나 했겠어
믿을 수가 없네, 네가 이렇게나 빨리 부자가 됐다는 걸

모든 머리는 정말 위엄이 있지
모든 달은 정말 신성해졌어
모든 욕구가 만족된다네, 네가 나와 함께 있는 한
모든 은과 모든 금
네가 안을 수 있는 모든 연인들
말해지지 않은 이야기들과 함께 돌아오지 않는 것들이
나무 위에 매달려 있네

믿을 수가 없네, 납으로 된 풍선처럼
정말이지 불가능해, 그런 곡을 배운다는 건
저 짐승을 죽이고 저 돼지를 먹어
저 벽에 기어오르고 저 포도나무를 불태워
저 말을 먹이고 안장 대신 드럼을 올려
믿을 수가 없네, 그날이 마침내 오리라는 걸

한때 눈이 없는 남자가 있었지
그 땅의 모든 여자들이 그에게 거짓말을 했어
그는 은빛 하늘 아래 섰다네, 그리고 그 마음은 피를 흘리기 시작했지

모든 두뇌는 문명화됐어
모든 신경은 분석되었지
모든 건 비판을 받네, 네가 어려움에 처해 있을 때 말이야

믿을 수가 없네, 그건 자유분방해
아주 쉽게 갈아치울 수 있어, 보고 있으면 큰 기쁨을 준다네
등을 돌려, 손을 씻어
늘 누군가는 이해해주지
더이상 너한테 들을 말 같은 건 없어
믿을 수가 없네, 일이 이 꼴이 되어버릴 수 있다는 걸

Born in Time

In the lonely night
In the blinking stardust of a pale blue light
You're comin' thru to me in black and white
When we were made of dreams

You're blowing down the shaky street
You're hearing my heart beat
In the record-breaking heat
Where we were born in time

Not one more night, not one more kiss
Not this time baby, no more of this
Takes too much skill, takes too much will
It's revealing
You came, you saw, just like the law
You married young, just like your ma
You tried and tried, you made me slide
You left me reelin' with this feelin'

On the rising curve
Where the ways of nature will test every nerve
You won't get anything you don't deserve
Where we were born in time

You pressed me once, you pressed me twice
You hang the flame, you'll pay the price
Oh babe, that fire
Is still smokin'
You were snow, you were rain
You were striped, you were plain
Oh babe, truer words
Have not been spoken or broken

In the hills of mystery
In the foggy web of destiny
You can have what's left of me
Where we were born in time

때맞춰 태어나

외로운 밤
연한 푸른빛으로 깜박이는 황홀함 속에서
당신은 흑과 백으로 내게 와요
우리가 꿈으로 만들어졌을 때

당신은 흔들리는 거리를 후 불어 꺼요
당신은 내 심장 뛰는 소리를 듣죠
기록적인 더위 속에서
우리가 때맞춰 태어났던 곳에서

'하룻밤만 더'는 없어요, '키스 한 번만 더'도 안 돼요
그대여, 이번에는 안 돼요, 더이상은 안 돼요
너무 많은 기술이 필요하죠, 너무 많은 의지가 필요해요
다 드러나고 있어요
당신은 왔고, 당신은 봤죠, 마치 법처럼
당신은 어려서 결혼했어요, 마치 당신 엄마처럼
당신은 노력하고 또 노력했어요, 날 미끄러뜨렸죠
당신은 날 이렇게 비틀거리게 만들어놓았어요

오르막 커브길 위
자연의 섭리가 모든 용기를 시험하는 곳에서
받을 자격이 없는 건 하나도 얻지 못할 거예요
우리가 때맞춰 태어났던 곳에서

당신은 날 한 번 압박했고, 당신은 날 두 번 압박했어요
불길을 매달아놓았죠, 당신은 대가를 치를 거예요
오 그대여, 저 불은
여전히 타오르고 있어요
당신은 눈이었어요, 당신은 비였죠
당신은 줄무늬였어요, 당신은 민무늬였죠
오 그대여, 이보다 더 진실한 약속은
말해진 적도, 깨진 적도 없어요

신비의 언덕에서
안개 자욱한 운명의 거미줄에서
당신은 내게 남겨진 것들을 가져도 돼요
우리가 때맞춰 태어났던 곳에서

T.V. Talkin' Song

One time in London I'd gone out for a walk
Past a place called Hyde Park where people talk
'Bout all kinds of different gods, they have their point of view
To anyone passing by, that's who they're talking to

There was someone on a platform talking to the folks
About the T.V. god and all the pain that it invokes
"It's too bright a light," he said, "for anybody's eyes
If you've never seen one it's a blessing in disguise"

I moved in closer, got up on my toes
Two men in front of me were coming to blows
The man was saying something 'bout children when they're young
Being sacrificed to it while lullabies are being sung

"The news of the day is on all the time
All the latest gossip, all the latest rhyme
Your mind is your temple, keep it beautiful and free
Don't let an egg get laid in it by something you can't see"

"Pray for peace!" he said. You could feel it in the crowd
My thoughts began to wander. His voice was ringing loud
"It will destroy your family, your happy home is gone
No one can protect you from it once you turn it on"

"It will lead you into some strange pursuits
Lead you to the land of forbidden fruits
It will scramble up your head and drag your brain about
Sometimes you gotta do like Elvis did and shoot the damn thing out"

"It's all been designed," he said, "to make you lose your mind
And when you go back to find it, there's nothing there to find
Every time you look at it, your situation's worse
If you feel it grabbing out for you, send for the nurse"

The crowd began to riot and they grabbed hold of the man
There was pushing, there was shoving and everybody ran
The T.V. crew was there to film it, they jumped right over me
Later on that evening, I watched it on T.V.

TV에 대해 떠드는 노래

런던에서 한번은 바깥으로 산책을 나갔어
하이드 파크라고 불리는 곳을 지나갔지, 거기선 사람들이
온갖 신이란 신들에 대해 얘기하고 있었네, 그리고 자신만의 관점을
　　가지고 있었어
지나가는 모든 이들에 대해, 바로 그들에게 얘기를 하고 있었지

플랫폼에서 누군가가 사람들에게 말하고 있었어
TV라는 이름의 신과 그것이 일으키는 모든 고통에 대해
"너무 밝은 빛이에요," 그가 말했지, "누가 보기에도 말이죠
당신이 그걸 한 번도 본 적이 없다면 정말이지 다행한 일이에요"

난 더 가까이 다가갔어, 발꿈치를 들었지
내 앞에서 두 사람이 주먹다짐을 하고 있었어
그 남자는 아이들에 대해 뭔가 말하고 있었네, 그애들이 어렸을 때
자장가를 들으면서 TV에 희생당했던 일에 대해

"오늘의 뉴스는 항상 틀어져 있어요
모든 최신 가십들, 모든 최신 라임들
당신의 정신은 당신의 사원이죠, 그걸 계속 아름답고 자유롭게
　　유지하세요
당신이 못 보는 무언가가 거기에 알을 까지 못하게 하세요"

"평화를 위해 기도를!" 그는 말했어, 군중들 속에서도 느낄 수 있었지
내 정신은 산만해지기 시작했네. 그의 목소리가 크게 울려댔지
"그건 당신의 가족을 파괴할 겁니다, 당신의 행복한 가정은 사라졌어요
일단 그걸 틀고 나면 누구도 당신을 보호할 수 없죠"

"어떤 이상한 것들을 추구하도록 그게 당신을 이끌 거예요
금단의 열매가 열린 땅으로 이끌 거예요
당신 머릿속을 휘젓고 당신 뇌를 끌고 다닐 테죠
때로는 엘비스가 했듯이 그래야만 해요, 그 망할 것을 쏴버려야
　　한다고요"

"그건 다 계획되었어요," 그는 말했네, "당신이 정신을 잃도록 말이에요
그리고 그걸 되찾으러 갈 땐 아무것도 찾을 게 없을 거예요
당신이 그걸 볼 때마다 상황은 더 악화된다고요
그게 당신을 잡아채려는 게 느껴진다면, 간호사를 부르세요"

군중은 폭동을 일으키기 시작했지, 그리고 그 남자를 붙잡았네
서로 떠밀고, 밀치고, 그러다 모두가 뛰었네
방송국 사람들이 거기서 그걸 찍고 있었지, 그들이 곧장 나를 향해
　뛰어들었어
그리고 그날 저녁, 난 그걸 TV에서 봤다네

10,000 Men

Ten thousand men on a hill
Ten thousand men on a hill
Some of 'm goin' down, some of 'm gonna get killed

Ten thousand men dressed in oxford blue
Ten thousand men dressed in oxford blue
Drummin' in the morning, in the evening they'll be coming for you

Ten thousand men on the move
Ten thousand men on the move
None of them doing nothin' that your mama wouldn't disapprove

Ten thousand men digging for silver and gold
Ten thousand men digging for silver and gold
All clean shaven, all coming in from the cold

Hey! Who could your lover be?
Hey! Who could your lover be?
Let me eat off his head so you can really see!

Ten thousand women all dressed in white
Ten thousand women all dressed in white
Standin' at my window wishing me goodnight

Ten thousand men looking so lean and frail
Ten thousand men looking so lean and frail
Each one of 'm got seven wives, each one of 'm just out of jail

Ten thousand women all sweepin' my room
Ten thousand women all sweepin' my room
Spilling my buttermilk, sweeping it up with a broom

Ooh, baby, thank you for my tea!
Baby, thank you for my tea!
It's so sweet of you to be so nice to me

만 명의 사람들

언덕 위 만 명의 사람들
언덕 위 만 명의 사람들
그중 몇몇은 쓰러지고 있고, 그중 몇몇은 살해당할 거야

만 명의 남자들이 옥스퍼드 블루 옷을 입고 있네
만 명의 남자들이 옥스퍼드 블루 옷을 입고 있어
아침에는 드럼을 치고, 저녁이면 너희에게 쳐들어갈 거야

만 명의 사람들이 움직이고 있네
만 명의 사람들이 움직이고 있어
그중 누구도 네 엄마가 해도 된다고 하는 건 하지 않지

만 명의 남자들이 은과 금을 캐고 있네
만 명의 남자들이 은과 금을 캐고 있어
다들 수염을 말끔히 깎은 채, 추위로부터 무리 속으로 돌아가고 있다네

이봐! 네 애인은 누가 될까?
이봐! 네 애인은 누가 될까?
그를 혼쭐내줄 거야, 그럼 네가 정말 볼 수 있겠지!

만 명의 여자들이 모두 흰 옷을 입고 있네
만 명의 여자들이 모두 흰 옷을 입고 있어
내게 잘 자라는 인사를 하며 창가에 서 있지

호리호리하고 연약해 보이는 만 명의 남자들
호리호리하고 연약해 보이는 만 명의 남자들
그들 모두는 일곱 명의 부인을 데리고 있어, 다들 방금 감옥에서
　나왔다네

만 명의 여자들이 내 방을 쓸고 있네
만 명의 여자들이 내 방을 쓸고 있어
내 버터밀크를 쏟고선 그걸 빗자루로 쓸고 있지

우, 자기야, 차를 가져다줘서 고마워!
자기야, 차를 가져다줘서 고마워!
내게 잘해주는 네가 정말 사랑스러워

2×2

One by one, they followed the sun
One by one, until there were none
Two by two, to their lovers they flew
Two by two, into the foggy dew
Three by three, they danced on the sea
Four by four, they danced on the shore
Five by five, they tried to survive
Six by six, they were playing with tricks

How many paths did they try and fail?
How many of their brothers and sisters lingered in jail?
How much poison did they inhale?
How many black cats crossed their trail?

Seven by seven, they headed for heaven
Eight by eight, they got to the gate
Nine by nine, they drank the wine
Ten by ten, they drank it again

How many tomorrows have they given away?
How many compared to yesterday?
How many more without any reward?
How many more can they afford?

Two by two, they stepped into the ark
Two by two, they step in the dark
Three by three, they're turning the key
Four by four, they turn it some more

One by one, they follow the sun
Two by two, to another rendezvous

둘둘씩

하나하나씩, 그들은 태양을 따라갔네
하나하나씩, 한 사람도 남지 않을 때까지
둘둘씩, 그들은 자기네 연인에게로 달려갔지
둘둘씩, 안개 자욱한 이슬 속으로
셋셋씩, 그들은 바다 위에서 춤을 추었어
넷넷씩, 그들은 해변에서 춤을 추었지
다섯다섯씩, 그들은 살아남기 위해 노력했어
여섯여섯씩, 그들은 속임수를 쓰고 있었네

얼마나 많은 길을 그들은 걸었고 실패했나?
얼마나 많은 그들의 형제자매들이 감옥에 남아 있나?
얼마나 많은 독을 그들은 들이마셨나?
얼마나 많은 검은 고양이들이 그들의 길을 건너갔나?

일곱일곱씩, 그들은 천국으로 향했네
여덟여덟씩, 그들은 입구에 다다랐지
아홉아홉씩, 그들은 와인을 마셨어
열열씩, 그들은 다시 그걸 마셨네

얼마나 많은 내일을 그들은 거저 줘버렸나?
어제에 비해 얼마나 더 많이?
어떤 보상도 없이 얼마나 더 많이?
얼마나 더 많이 그들은 내놓을 수 있나?

둘둘씩, 그들은 노아의 방주에 올라탔어
둘둘씩, 그들은 어둠 속에서 발을 내디뎠네
셋셋씩, 그들은 열쇠를 돌리고 있지
넷넷씩, 그들은 그걸 좀더 돌리고 있어

하나하나씩, 그들은 태양을 따라가네
둘둘씩, 또다른 약속의 장소로

God Knows

God knows you ain't pretty
God knows it's true
God knows there ain't anybody
Ever gonna take the place of you

God knows it's a struggle
God knows it's a crime
God knows there's gonna be no more water
But fire next time

God don't call it treason
God don't call it wrong
It was supposed to last a season
But it's been so strong for so long

God knows it's fragile
God knows everything
God knows it could snap apart right now
Just like putting scissors to a string

God knows it's terrifying
God sees it all unfold
There's a million reasons for you to be crying
You been so bold and so cold

God knows that when you see it
God knows you've got to weep
God knows the secrets of your heart
He'll tell them to you when you're asleep

God knows there's a river
God knows how to make it flow
God knows you ain't gonna be taking
Nothing with you when you go

God knows there's a purpose
God knows there's a chance
God knows you can rise above the darkest hour
Of any circumstance

God knows there's a heaven
God knows it's out of sight

신께선 아셔

신께선 아셔, 네가 예쁘지 않다는 걸
신께선 아셔, 그게 진실이라는 걸
신께선 아셔, 그 누구도
네 자리를 차지하지 못할 거란 걸

신께선 아셔, 그게 투쟁이란 걸
신께선 아셔, 그게 범죄라는 걸
신께선 아셔, 더이상 홍수는 없을 테지만
다음번엔 불이 있을 거란 걸

신께선 그걸 반역이라고 부르지 않으셔
신께선 그걸 잘못됐다고 말하지 않으셔
한 계절을 버티기로 되어 있었지만
그건 정말 강했고, 정말 오래가고 있다네

신께선 아셔, 그게 연약하다는 걸
신께선 아셔, 그 모든 걸
신께선 아셔, 그게 바로 지금 똑 끊어질 수도 있다는 걸
마치 실에 가위를 갖다대는 것처럼

신께선 아셔, 그게 무시무시하다는 걸
신께선 보시지, 그게 모두 밝혀지는 걸
네가 울어야 할 이유는 수도 없이 많다네
넌 그동안 지나치게 용감했고 지나치게 냉정했어

신께선 아셔, 네가 그걸 볼 때
신께선 아셔, 넌 울어야만 한다는 걸
신께선 아셔, 네 마음의 비밀들을
그분께선 네가 잠들어 있을 때 그것들을 말씀해주실 거야

신께선 아셔, 저기 강이 하나 있다는 걸
신께선 아셔, 그걸 어떻게 흐르게 하는지를

God knows we can get all the way from here to there
Even if we've got to walk a million miles by candlelight

신께선 아셔, 넌 어떤 것도 가져가지 않을 거란 걸
네가 떠나갈 그때

신께선 아셔, 목적이 있다는 걸
신께선 아셔, 기회가 있다는 걸
신께선 아셔, 네가 굴하지 않으리란 걸
그 어떤 상황에서 가장 힘든 시기에도

신께선 아셔, 천국이 있다는 걸
신께선 아셔, 그게 보이지 않는다는 걸
신께선 아셔, 우리가 여기서 거기까지 쭉 갈 수 있다는 걸
비록 촛불을 밝힌 채 아주 멀고 먼 길을 걸어야만 하겠지만

Handy Dandy

Handy Dandy, controversy surrounds him
He been around the world and back again
Something in the moonlight still hounds him
Handy Dandy, just like sugar and candy

Handy Dandy, if every bone in his body was broken he would never admit
  it
He got an all-girl orchestra and when he says
"Strike up the band," they hit it
Handy Dandy, Handy Dandy

You say, "What are ya made of?"
He says, "Can you repeat what you said?"
You'll say, "What are you afraid of?"
He'll say, "Nothin'! Neither 'live nor dead."

Handy Dandy, he got a stick in his hand and a pocket full of money
He says, "Darling, tell methe truth, how much time I got?"
She says, "You got all the time in the world, honey"
Handy Dandy, Handy Dandy

He's got that clear crystal fountain
He's got that soft silky skin
He's got that fortress on the mountain
With no doors, no windows, no thieves can break in

Handy Dandy, sitting with a girl named Nancy in a garden feelin' kind of
  lazy
He says, "Ya want a gun? I'll give ya one." She says, "Boy, you talking
  crazy"
Handy Dandy, just like sugar and candy
Handy Dandy, pour him another brandy

Handy Dandy, he got a basket of flowers and a bag full of sorrow
He finishes his drink, he gets up from the table, he says
"Okay, boys, I'll see you tomorrow"
Handy Dandy, Handy Dandy, just like sugar and candy H
andy Dandy, just like sugar and candy

핸디 댄디

핸디 댄디, 그는 논란을 몰고 다니지
그는 세계 여행을 하고서 다시 돌아왔다네
달빛 속 무언가가 여전히 따라다니며 그를 괴롭혀
핸디 댄디, 마치 설탕과 사탕 같아

핸디 댄디, 몸속의 뼈가 다 부서진다 해도 그는 절대 인정하지 않을 거야
그에겐 단원들이 죄다 여자인 오케스트라가 있다네, 그리고 그가
"연주를 시작해,"라고 말하면 그녀들은 곧장 그렇게 하지
핸디 댄디, 핸디 댄디

너는 말해, "당신은 뭘로 만들어졌죠?"
그는 말하지, "다시 한번 말씀해주시겠어요?"
넌 말할 거야, "당신은 뭐가 두렵죠?"
그는 말하겠지, "그런 거 없어요! 그게 산 것이든 죽은 것이든"

핸디 댄디, 그의 손엔 작대기가, 그리고 주머니엔 돈이 한가득이지
그는 말하네, "자기야, 진실을 말해줘, 내게 시간이 얼마나 남았지?"
그녀가 말해, "이 세상 모든 시간만큼, 자기야"
핸디 댄디, 핸디 댄디

그는 투명한 크리스털 분수를 가졌다네
그는 부드러운 실크 같은 피부를 가졌지
그는 산 위에 요새도 가졌어
문도 없고 창문도 없으니 그 어떤 도둑도 침입할 수가 없네

핸디 댄디, 낸시라는 이름의 여자와 함께 정원에 앉아 있네, 조금은
    나른한 기분으로
그는 말하지, "총 줄까? 내가 하나 줄게" 그녀는 말해, "이봐요, 미친 소릴
    하는군요"
핸디 댄디, 마치 설탕과 사탕 같아
핸디 댄디, 그에게 브랜디 한 잔 더 따라줘

핸디 댄디, 그에겐 꽃바구니 하나와 슬픔이 가득 든 가방이 있다네
술잔을 비우고, 테이블에서 일어나, 말을 한다네
"그래, 애들아, 내일 보자꾸나"
핸디 댄디, 핸디 댄디, 마치 설탕과 사탕 같네
핸디 댄디, 마치 설탕과 사탕 같아

Cat's in the Well

The cat's in the well, the wolf is looking down
The cat's in the well, the wolf is looking down
He got his big bushy tail dragging all over the ground

Thecat's in the well, the gentle lady is asleep
Cat's in the well, the gentle lady is asleep
She ain't hearing a thing, the silence is a-stickin' her deep

The cat's in the well and grief is showing its face
The world's being slaughtered and it's such a bloody disgrace

The cat's in the well, the horse is going bumpety bump
The cat's in the well, and the horse is going bumpety bump
Back alley Sally is doing the American jump

The cat's in the well, and Papa is reading the news
His hair's falling out and all of his daughters need shoes

The cat's in the well and the barn is full of bull
The cat's in the well and the barn is full of bull
The night is so long and the table is oh, so full

The cat's in the well and the servant is at the door
The drinks are ready and the dogs are going to war

The cat's in the well, the leaves are starting to fall
The cat's in the well, leaves are starting to fall
Goodnight, my love, may the Lord have mercy on us all

고양이는 우물 안에 있어

고양이는 우물 안에 있어, 늑대가 내려다보고 있지
고양이는 우물 안에 있어, 늑대가 내려다보고 있지
녀석은 크고 북실북실한 꼬리를 땅 여기저기로 끌고 다니네

고양이는 우물 안에 있어, 상냥한 여자는 잠들어 있지
고양이는 우물 안에 있어, 상냥한 여자는 잠들어 있지
그녀는 아무것도 듣지 못해, 침묵이 그녀를 깊이 눌러내리고 있네

고양이는 우물 안에 있어, 그리고 슬픔이 그 얼굴을 드러내고 있어
세상은 도살당하고 있지, 정말이지 피비린내 나는 불명예라네

고양이는 우물 안에 있어, 말은 덜거덕거리지
고양이는 우물 안에 있어, 그리고 말은 덜거덕거리지
뒷골목 샐리는 아메리칸 점프를 하고 있네

고양이는 우물 안에 있어, 아빠는 신문을 읽고 있지
그는 머리가 빠지고 있고, 그의 딸들은 모두 신발이 필요해

고양이는 우물 안에 있어, 그리고 헛간은 황소로 가득해
고양이는 우물 안에 있어, 그리고 헛간은 황소로 가득해
밤은 정말 길어, 그리고 테이블은 오, 정말 꽉 차 있네

고양이는 우물 안에 있어, 그리고 하인은 문 앞에 있지
마실 게 준비됐고 개들은 전쟁을 벌일 거야

고양이는 우물 안에 있어, 낙엽이 지기 시작해
고양이는 우물 안에 있어, 낙엽이 지기 시작해
좋은 밤 되길, 내 사랑, 부디 주님께서 우리 모두에게 자비를 베푸시기를

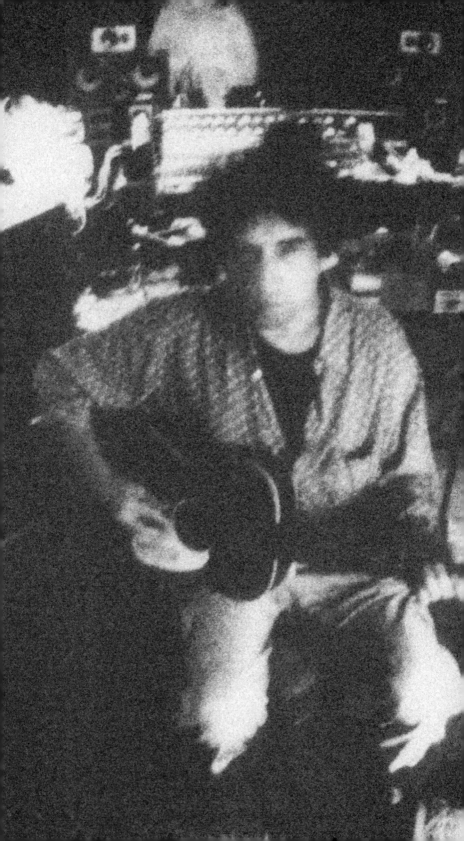

Time Out of Mind 1997

아득한 옛날*

Love Sick

Dirt Road Blues

Standing in the Doorway

Million Miles

Tryin' to Get to Heaven

'Til I Fell in Love with You

Not Dark Yet

Cold Irons Bound

Make You Feel My Love

Can't Wait

Highlands

additional lyrics

Things Have Changed

Red River Shore

* '마음을 벗어난 시간' '마음의 시간 정지' 등으로 해석할 수 있다.

Love Sick

I'm walking through streets that are dead
Walking, walking with you in my head
My feet are so tired, my brain is so wired
And the clouds are weeping

Did I hear someone tell a lie?
Did I hear someone's distant cry?
You thrilled me to my heart, then you ripped it all apart
You went through my pockets when I was sleeping

I'm sick of love······ but I'm in the thick of it
This kind of love······ I'm so sick of it

I see lovers in the meadow
I see silhouettes in the window
I watch them 'til they're gone and they leave me hanging on
To a shadow

I'm sick of love······ I hear the clock tick
I'm sick of love······ I'm love sick

Sometimes the silence can be like the thunder
Sometimes I feel like I'm being plowed under
Could you ever be true? I think of you
And I wonder

I'm sick of love······ I wish I'd never met you
I'm sick of love······ I'm trying to forget you

Just don't know what to do
I'd give anything to just be with you

사랑앓이

죽어 있는 거리를 걸어
걸어, 걸어 내 머릿속의 너와 함께
내 발은 너무 지쳤고 신경은 극도로 곤두섰지
그리고 구름들은 울고 있어

누군가 거짓말하는 걸 내가 들었던가?
누군가 멀리서 우는 소릴 내가 들었던가?
너는 날 심장 속까지 전율케 했어, 그러곤 그 모두를 갈기갈기
　　찢어버렸지
넌 내 주머니를 뒤졌지 내가 잠들어 있을 때

사랑이라면 이제 질렸어…… 하지만 난 그것에 완전히 붙들렸어
이런 식의 사랑은…… 이젠 너무나 지긋지긋해

초원의 연인들을 보고 있어
창문 안의 실루엣들을 보고 있어
그들을 지켜보고 있어 그들이 가버릴 때까지 그들이 떠날 때까지
어떤 그림자를 꼭 붙잡고 있는 나를 남겨두고

사랑이라면 이제 질렸어…… 시계가 재깍거리는 소리가 들려
사랑이라면 이제 질렸어…… 난 사랑을 앓고 있어

가끔은 침묵이 천둥처럼 느껴질 수도 있어
가끔은 취한 것 같은 기분이 들 때가 있어
넌 언젠가 진실할 수 있을까? 널 생각해
그리고 궁금해하고 있어

사랑이라면 이제 질렸어…… 널 만나지 않았다면 좋았을 텐데
사랑이라면 이제 질렸어…… 널 잊으려 애써

뭘 해야 할지 모르겠어
너와 같이 있을 수만 있다면 뭐든 줄 수 있어

Dirt Road Blues

Gon' walk down that dirt road, 'til someone lets me ride
Gon' walk down that dirt road, 'til someone lets me ride
If I can't find my baby, I'm gonna run away and hide

I been pacing around the room hoping maybe she'd come back
Pacing 'round the room hoping maybe she'd come back
Well, I been praying for salvation laying 'round in a one-room country
  shack

Gon' walk down that dirt road until my eyes begin to bleed
Gon' walk down that dirt road until my eyes begin to bleed
'Til there's nothing left to see, 'til the chains have been shattered and I've
  been freed

I been lookin' at my shadow, I been watching the colors up above
Lookin' at my shadow, watching the colors up above
Rolling through the rain and hail, looking for the sunny side of love

Gon' walk on down that dirt road 'til I'm right beside the sun
Gon' walk on down until I'm right beside the sun
I'm gonna have to put up a barrier to keep myself away from everyone

비포장도로 블루스

비포장도로를 걸을 거야, 누군가 날 태워줄 때까지
비포장도로를 걸을 거야, 누군가 날 태워줄 때까지
내 사랑 찾을 수 없다면, 먼 곳으로 도망쳐 숨어버릴 거야

난 방안을 서성이고 있어 그녀 돌아올 거란 희망으로
방안을 서성이고 있어 그녀 돌아올 거란 희망으로
음, 난 구원을 위해 기도하고 있어 단칸방 시골 판잣집에 누워

비포장도로를 걸을 거야, 내 눈에서 피 흐르기 시작할 때까지
비포장도로를 걸을 거야, 내 눈에서 피 흐르기 시작할 때까지
보이는 것 아무것도 남지 않을 때까지, 사슬이 산산이 부서지고 내가
　자유로워질 때까지

난 내 그림자를 보고 있어, 그 위의 색깔들을 보고 있어
내 그림자를 보고 있어, 그 위의 색깔들을 보고 있어
비와 우박 속을 구르며, 햇빛 쏟아지는 사랑을 찾고 있어

비포장도로를 걸을 거야, 태양 바로 옆에 설 때까지
비포장도로를 걸을 거야, 태양 바로 옆에 설 때까지
난 장벽을 세워야 할 거야 모두와 멀리 떨어져 있도록

Standing in the Doorway

I'm walking through the summer nights
Jukebox playing low
Yesterday everything was going too fast
Today, it's moving too slow
I got no place left to turn
I got nothing left to burn
Don't know if I saw you, if I would kiss you or kill you
It probably wouldn't matter to you anyhow
You left me standing in the doorway crying
I got nothing to go back to now

The light in this place is so bad
Making me sick in the head
All the laughter is just making me sad
The stars have turned cherry red
I'm strumming on my gay guitar
Smoking a cheap cigar
The ghost of our old love has not gone away
Don't look like it will anytime soon
You left me standing in the doorway crying
Under the midnight moon

Maybe they'll get me and maybe they won't
But not tonight and it won't be here
There are things I could say but I don't
I know the mercy of God must be near
I've been riding the midnight train
Got ice water in my veins
I would be crazy if I took you back
It would go up against every rule
You left me standing in the doorway crying
Suffering like a fool

When the last rays of daylight go down
Buddy, you'll roll no more
I can hear the church bells ringing in the yard
I wonder who they're ringing for
I know I can't win
But my heart just won't give in
Last night I danced with a stranger
But she just reminded me you were the one
You left me standing in the doorway crying

문가에 서서

며칠째 여름밤을 걷고 있어
주크박스에서는 음악이 낮게 흐르고
어제는 모든 게 너무나 빨리 지나갔는데
오늘은, 모든 게 너무나 천천히 움직여
이제 돌아갈 곳은 남아 있지 않아
태워버릴 어떤 것도 남아 있지 않아
모르겠어, 널 보게 된다면 네게 입맞춤할지, 널 죽일지
어차피 네게 그런 건 별로 중요하지 않겠지
넌 떠났지 문가에 서서 울고 있던 나를
이제 돌아갈 곳은 없어

이곳의 빛은 몹시 좋지 않아
머리를 아프게 해
웃음소리는 나를 슬프게 만들 뿐이야
별들의 빛깔이 선홍색으로 변했어
명랑하게 울리는 내 기타를 치고 있어
싸구려 시가를 피우며
우리 옛사랑의 유령은 사라지지 않았어
금세 떠날 성싶지 않아
넌 떠났지 문가에 서서 울고 있던 나를
한밤의 달 아래서

그들은 날 가질 수도 있고 갖지 않을 수도 있어
하지만 오늘밤엔, 그리고 이곳에선 아니야
나도 할말은 있지만 하지 않을래
분명 하느님의 자비가 가까이 있다는 건 나도 알아
난 지금 심야열차를 타고 가고 있어
내 혈관에는 얼음물이 흘러
난 미쳐버릴 거야 널 다시 갖게 된다면
그건 모든 규칙에 맞서는 게 되겠지
넌 떠났지 문가에 서서 울고 있던 나를
바보처럼 고통을 견디던

In the dark land of the sun

I'll eat when I'm hungry, drink when I'm dry
And live my life on the square
And even if the flesh falls off of my face
I know someone will be there to care
It always means so much
Even the softest touch
I see nothing to be gained by any explanation
There are no words that need to be said
You left me standing in the doorway crying
Blues wrapped around my head

마지막 햇살마저 기울면
친구, 넌 더는 달리지 않겠지
마당에서 교회 종소리가 들려와
누구를 위해서 울리는 종일까
내가 이길 수 없다는 걸 알아
하지만 내 심장은 여전히 포기하려 하지 않아
지난밤엔 낯선 사람과 춤을 췄지
하지만 그녀는 나와 춤추던 널 생각나게 했을 뿐
넌 떠났지 문가에 서서 울고 있던 나를
태양의 어두운 땅에서

배고플 땐 먹고, 목마를 땐 마실 거야
그리고 당당하게 내 삶을 살 거야
내 얼굴에서 살점이 떨어져나간다 해도
날 돌봐줄 누군가는 있을 거야
그건 대단히 소중한 거야
아무리 작고 여린 손길일지라도
설명해봤자 무슨 득이 있겠어
말할 필요가 있는 건 아무것도 없어
넌 떠났지 문가에 서서 울고 있던 나를
우울이 내 머리를 에워싸고 있었지

Million Miles

You took a part of me that I really miss
I keep asking myself how long it can go on like this
You told yourself a lie, that's all right mama I told myself one too
I'm tryin' to get closer but I'm still a million miles from you

You took the silver, you took the gold
You left me standing out in the cold
People asked about you, I didn't tell them everything I knew
Well, I'm tryin' to get closer but I'm still a million miles from you

I'm drifting in and out of dreamless sleep
Throwing all my memories in a ditch so deep
Did so many things I never did intend to do
Well, I'm tryin' to get closer but I'm still a million miles from you

I need your love so bad, turn your lamp down low
I need every bit of it for the places that I go
Sometimes I wonder just what it's all coming to
Well, I'm tryin' to get closer but I'm still a million miles from you

Well, I don't dare close my eyes and I don't dare wink
Maybe in the next life I'll be able to hear myself think
Feel like talking to somebody but I just don't know who
Well, I'm tryin' to get closer but I'm still a million miles from you

The last thing you said before you hit the street
"Gonna find me a janitor to sweep me off my feet"
I said, "That's all right, you do what you gotta do"
Well, I'm tryin' to get closer, I'm still a million miles from you

Rock me, pretty baby, rock me 'til everything gets real
Rock me for a little while, rock me 'til there's nothing left to feel
And I'll rock you too
I'm tryin' to get closer but I'm still a million miles from you

Well, there's voices in the night trying to be heard
I'm sitting here listening to every mind-polluting word
I know plenty of people who would put me up for a day or two
Yes, I'm tryin' to get closer but I'm still a million miles from you

백만 마일

넌 내 존재의 일부를 가져갔지 내가 정말로 그리워하는
난 나 자신에게 계속 묻고 있어 이런 상태로 얼마나 더 갈 수 있을지
넌 너 자신에게 거짓말을 했어, 뭐 그건 괜찮아 자기, 나 역시 나
　　자신에게 그랬으니까
난 더 가까워지려 애쓰고 있어 하지만 난 여전히 네게서 백만 마일
　　떨어져 있어

넌 은을 가졌지, 넌 금을 가졌지
넌 나를 추위 속에 세워둔 채 떠나버렸지
사람들이 너에 대해 물었어, 난 그들에게 내가 아는 모든 걸 말하지
　　않았지
음, 난 더 가까워지려 애쓰고 있어 하지만 난 여전히 네게서 백만 마일
　　떨어져 있어

꿈 없는 잠을 넘나들고 있어
내 모든 기억들을 도랑 속 깊이 던져넣으며
너무나 많은 것들을 했어 내가 결코 의도하지 않았던 것들을
음, 난 더 가까워지려 애쓰고 있어 하지만 난 여전히 네게서 백만 마일
　　떨어져 있어

너의 사랑이 너무나 필요해, 너의 램프 불을 낮춰줘
내가 가는 곳들을 위해서는 그 빛의 작은 조각 하나하나까지 모두
　　필요해
가끔 궁금해 앞으로 무엇이 다가올지
음, 난 더 가까워지려 애쓰고 있어 하지만 난 여전히 네게서 백만 마일
　　떨어져 있어

음, 난 감히 눈을 감을 수 없어 눈을 깜박일 수도 없어
아마 다음 생에서 난 나 자신의 생각을 들을 수 있을 거야
누군가와 얘기하고 싶지만 그게 누구인지 모르겠어
음, 난 더 가까워지려 애쓰고 있어 하지만 난 여전히 네게서 백만 마일
　　떨어져 있어

네가 길 떠나기 전에 마지막으로 했던 말
"날 반하게 만들 청소부를 내게 찾아줄 거야"
난 말했지, "그래 괜찮아, 넌 네가 해야 할 일을 하는 거니까"
음, 난 더 가까워지려 애쓰고 있어 하지만 난 여전히 네게서 백만 마일
　　떨어져 있어

날 흔들어줘, 어여쁜 자기, 날 흔들어줘 모든 게 현실이 될 때까지
날 흔들어줘 잠시 동안만, 날 흔들어줘 아무것도 느낄 수 없을 때까지
그러면 나도 널 흔들어줄게
난 더 가까워지려 애쓰고 있어 하지만 난 여전히 네게서 백만 마일
　　떨어져 있어

음, 밤에 누군가에게 자신을 전하려 애쓰는 목소리들이 있어
난 이곳에 앉아 마음을 타락하게 하는 온갖 말들에 귀기울이고 있어
난 하루나 이틀쯤 자기집에 날 재워줄 사람들을 많이 알고 있어
그래, 난 더 가까워지려 애쓰고 있어 하지만 난 여전히 네게서 백만 마일
　　떨어져 있어

Tryin' to Get to Heaven

The air is getting hotter
There's a rumbling in the skies
I've been wading through the high muddy water
With the heat rising in my eyes
Every day your memory grows dimmer
It doesn't haunt me like it did before
I've been walking through the middle of nowhere
Trying to get to heaven before they close the door

When I was in Missouri
They would not let me be
I had to leave there in a hurry
I only saw what they let me see
You broke a heart that loved you
Now you can seal up the book and not write anymore
I've been walking that lonesome valley
Trying to get to heaven before they close the door

People on the platforms
Waiting for the trains
I can hear their hearts a-beatin'
Like pendulums swinging on chains
I tried to give you everything
That your heart was longing for
I'm just going down the road feeling bad
Trying to get to heaven before they close the door

I'm going down the river
Down to New Orleans
They tell me everything is gonna be all right
But I don't know what "all right" even means
I was riding in a buggy with Miss Mary-Jane
Miss Mary-Jane got a house in Baltimore
I been all around the world, boys
Now I'm trying to get to heaven before they close the door

Gonna sleep down in the parlor
And relive my dreams
I'll close my eyes and I wonder
If everything is as hollow as it seems
When you think that you've lost everything
You find out you can always lose a little more

천국에 도착하려 애쓰면서

공기가 점점 더 뜨거워져
하늘에서는 우르릉거리는 소리가 들려
난 높이 차오르는 흙탕물 속을 걷고 있어
눈으로 올라오는 열기를 느끼며
하루하루 너에 대한 기억이 희미해져가
그것이 전만큼 날 괴롭히지도 않아
인적 없는 외딴 곳을 걷고 있어
천국에 도착하려 애쓰면서 그들이 그 문을 닫기 전에

미주리에 있을 때였어
그들은 날 그냥 내버려두지 않았지
난 서둘러 떠나야 했어
난 오직 그들이 내게 허락한 것만을 봤어
넌 너를 사랑한 누군가의 마음을 부서뜨렸어
이제 넌 그 책의 틈새를 모두 막아버리고 더는 쓰지 않을 수 있어
난 그 외로운 골짜기를 걸어가고 있었지
천국에 도착하려 애쓰면서 그들이 그 문을 닫기 전에

플랫폼에는
기차를 기다리는 사람들
난 그들의 심장이 뛰는 소리를 들을 수 있어
체인 위로 흔들리는 시계추 소리 같은
난 네게 주려고 노력했어
너의 심장이 갈망하던 모든 것을
난 길을 따라 가고 있어 우울한 기분으로
천국에 도착하려 애쓰면서 그들이 그 문을 닫기 전에

강을 타고 내려가고 있어
뉴올리언스로
그들은 내게 말하지 모든 게 다 괜찮아질 거라고
하지만 난 "괜찮다"는 게 무슨 뜻인지조차 모르겠어
미스 메리-제인과 함께 마차를 타고 가고 있었어

I been to Sugar Town, I shook the sugar down
Now I'm trying to get to heaven before they close the door

미스 메리-제인은 볼티모어에 집을 갖고 있었어
난 세상 곳곳을 돌아다녔어, 친구들
그리고 이젠 천국에 도착하려 애쓰고 있어 그들이 그 문을 닫기 전에

그 객실에 누워 잠을 잘 거야
그리고 내 꿈들을 쉬게 해줄 거야
눈을 감고서 궁금해할 거야
모든 게 실제로 겉으로 보이는 것처럼 텅 비어 있는 것인지
네가 모든 걸 잃었다고 생각할 때면
깨우칠 거야 항상 아직 더 잃을 게 남아 있다는 걸
난 슈거타운에 갔어, 난 설탕을 흔들어 떨어뜨렸지
그리고 이젠 천국에 도착하려 애쓰고 있어 그들이 그 문을 닫기 전에

'Til I Fell in Love with You

Well, my nerves are exploding and my body's tense
I feel like the whole world got me pinned up against the fence
I've been hit too hard, I've seen too much
Nothing can heal me now, but your touch
I don't know what I'm gonna do
I was all right 'til I fell in love with you

Well, my house is on fire, burning to the sky
I thought it would rain but the clouds passed by
Now I feel like I'm coming to the end of my way
But I know God is my shield and he won't lead me astray
Still I don't know what I'm gonna do
I was all right 'til I fell in love with you

Boys in the street beginning to play
Girls like birds flying away
When I'm gone you will remember my name
I'm gonna win my way to wealth and fame
I don't know what I'm gonna do
I was all right 'til I fell in love with you

Junk is piling up, taking up space
My eyes feel like they're falling off my face
Sweat falling down, I'm staring at the floor
I'm thinking about that girl who won't be back no more
I don't know what I'm gonna do
I was all right 'til I fell in love with you

Well, I'm tired of talking, I'm tired of trying to explain
My attempts to please you were all in vain
Tomorrow night before the sun goes down
If I'm still among the living, I'll be Dixie bound
I just don't know what I'm gonna do
I was all right 'til I fell in love with you

너와 사랑에 빠져 있었을 땐

음, 마음은 폭발 직전이고 몸은 딱딱하게 굳었어
세상이 날 울타리에 박아놓은 것 같은 기분이야
난 너무나 많이 얻어맞았고 너무나 많은 걸 보았어
이젠 그 무엇도 날 치료해줄 수 없어, 오직 너의 손길만이 그렇게 할 수
　있어
모르겠어 앞으로 어떻게 해야 할지
예전엔 모든 게 괜찮았는데 너와 사랑에 빠져 있었을 땐

음, 내 집은 불타고 있어, 불길이 하늘로 솟구치고 있어
비가 올 거라 생각했지만 구름들은 그냥 지나가버렸지
이젠 내 길의 끝에 다다르고 있는 느낌이야
하지만 난 알아 하느님은 방패가 되어주시며 날 타락으로 이끌지
　않으신다는 걸
그런데도 여전히 모르겠어 앞으로 어떻게 해야 할지
예전엔 모든 게 괜찮았는데 너와 사랑에 빠져 있었을 땐

거리에서 놀이를 시작한 남자애들
멀리 날아가는 새들 같은 여자애들
내가 떠나면 넌 내 이름을 기억하게 될 거야
난 내 방식대로 부와 명예를 쟁취할 거야
모르겠어 앞으로 어떻게 할지
예전엔 모든 게 괜찮았는데 너와 사랑에 빠져 있었을 땐

쓰레기가 쌓이고 있어, 그것들이 공간을 차지하고 있어
얼굴에서 내 눈이 떨어지고 있는 것만 같아
땀이 흘러내려, 난 바닥을 쳐다보고 있어
다신 돌아오지 않을 그 여자를 생각하고 있어
모르겠어 앞으로 어떻게 할지
예전엔 모든 게 괜찮았는데 너와 사랑에 빠져 있었을 땐

음, 얘기하는 것도 지쳤어, 설명하려 애쓰는 것도 지쳤어
널 기쁘게 해주려던 내 시도들은 전부 헛수고였어

내일 밤 해가 지기 전에
아직 살아 있는 자들 가운데 있다면, 남부로 가게 될 거야
하지만 모르겠어 앞으로 어떻게 할지
예전엔 모든 게 괜찮았는데 너와 사랑에 빠져 있었을 땐

Not Dark Yet

Shadows are falling and I've been here all day
It's too hot to sleep, time is running away
Feel like my soul has turned into steel
I've still got the scars that the sun didn't heal
There's not even room enough to be anywhere
It's not dark yet, but it's getting there

Well, my sense of humanity has gone down the drain
Behind every beautiful thing there's been some kind of pain
She wrote me a letter and she wrote it so kind
She put down in writing what was in her mind
I just don't see why I should even care
It's not dark yet, but it's getting there

Well, I've been to London and I've been to gay Paree
I've followed the river and I got to the sea
I've been down on the bottom of a world full of lies
I ain't looking for nothing in anyone's eyes
Sometimes my burden seems more than I can bear
It's not dark yet, but it's getting there

I was born here and I'll die here against my will
I know it looks like I'm moving, but I'm standing still
Every nerve in my body is so vacant and numb
I can't even remember what it was I came here to get away from
Don't even hear a murmur of a prayer
It's not dark yet, but it's getting there

아직 어둡지 않아

그림자가 내려와 난 하루종일 이곳에 있었지
너무 더워서 잘 수가 없어, 시간은 흘러만 가는데
내 영혼이 강철로 변해버린 것만 같은 기분이야
내겐 아직 흉터가 남아 있어 태양이 치유해주지 않은
몸을 다른 데로 둘 만큼의 공간조차 없어
아직 어둡진 않아, 하지만 곧 그렇게 되겠지

음, 내 인간적인 감각은 바닥이 났어
모든 아름다운 것들의 이면엔 어떤 고통이 있어
그녀는 내게 편지를 한 통 썼어 아주 친절하게 썼지
그녀의 마음속에 있던 것들을 그 글에 담았지
난 그저 잘 모르겠어 왜 내가 신경써야 하는지
아직 어둡진 않아, 하지만 곧 그렇게 되겠지

음, 난 런던에 갔었지 유쾌한 파리에도 갔었어
강을 따라가다 바다에 도착한 적도 있지
난 거짓말로 가득한 세상의 밑바닥까지 내려가봤어
난 다른 사람의 눈으로는 그 무엇도 찾지 않을 거야
가끔은 내 짐이 감당할 수 없을 만큼 무겁게 느껴지기도 해
아직 어둡진 않아, 하지만 곧 그렇게 되겠지

난 여기서 태어났어 그리고 내 의지와는 무관하게 여기서 죽겠지
내가 움직이고 있는 것처럼 보인다는 거 알아, 하지만 난 가만히 서 있어
몸안의 모든 신경들이 멍하고 반응이 없어
무엇에서 벗어나려고 이곳으로 왔었는지조차 기억나지 않아
기도하는 작은 목소리조차 들리지 않아
아직 어둡진 않아, 하지만 곧 그렇게 되겠지

Cold Irons Bound

I'm beginning to hear voices and there's no one around
Well, I'm all used up and the fields have turned brown
I went to church on Sunday and she passed by
My love for her is taking such a long time to die

I'm waist deep, waist deep in the mist
It's almost like, almost like I don't exist
I'm twenty miles out of town in cold irons bound

The walls of pride are high and wide
Can't see over to the other side
It's such a sad thing to see beauty decay
It's sadder still to feel your heart torn away

One look at you and I'm out of control
Like the universe has swallowed me whole
I'm twenty miles out of town in cold irons bound

There's too many people, too many to recall
I thought some of 'm were friends of mine, I was wrong about 'm all
Well, the road is rocky and the hillside's mud
Up over my head nothing but clouds of blood

I found my world, found my world in you
But your love just hasn't proved true
I'm twenty miles out of town in cold irons bound
Twenty miles out of town in cold irons bound

Oh, the winds in Chicago have torn me to shreds
Reality has always had too many heads
Some things last longer than you think they will
There are some kind of things you can never kill

It's you and you only I been thinking about
But you can't see in and it's hard lookin' out
I'm twenty miles out of town in cold irons bound

Well the fat's in the fire and the water's in the tank
The whiskey's in the jar and the money's in the bank
I tried to love and protect you because I cared
I'm gonna remember forever the joy that we shared

Time Out of Mind

차가운 족쇄에 묶여

목소리들이 들려오기 시작하는데 주위엔 아무도 없어
음, 난 완전히 지쳐버렸고 들판은 갈색으로 변했어
난 일요일마다 교회에 나갔지 그리고 그녀가 지나갔어
그녀 향한 내 사랑 죽으려면 아주 오랜 시간이 걸릴 거야

난 허리까지 잠겨 있어, 안개 속에 허리까지 잠겨 있어
이건 마치, 이건 마치 내가 존재하지 않는 것만 같아
난 마을에서 20마일 바깥에 있어 차가운 족쇄에 묶인 채

자만심의 벽은 높고도 넓지
반대편 끝이 보이지도 않을 만큼
아름다움이 쇠락해가는 걸 보는 건 참으로 슬픈 일이지
하지만 그보다 훨씬 더 슬픈 건 멀어져가는 너의 마음 느끼는 일

널 한 번 보는 것만으로 난 걷잡을 수 없어지지
우주가 날 통째로 삼켜버린 것처럼
난 마을에서 20마일 바깥에 있어 차가운 족쇄에 묶인 채

너무 많은 사람들이 있고, 너무 많은 기억들이 떠올라
난 그들 중 몇몇은 내 친구라고 생각했지, 내 생각이 전부 틀렸던 거야
음, 길은 바위투성이고 언덕은 진창이야
내 머리 위로는 아무것도 없어 오직 피의 구름만이 떠 있을 뿐

난 내 세상을 찾았어, 네 안에서 내 세상을 찾았지
하지만 네 사랑이 진실하다는 건 증명되지 않았어
난 마을에서 20마일 바깥에 있어 차가운 족쇄에 묶인 채
이십 마일 바깥에 차가운 족쇄에 묶인 채

오, 시카고의 바람은 나를 갈가리 찢어놓았어
현실은 언제나 너무 많은 머리들을 갖고 있지
어떤 것들은 네가 그럴 거라 생각한 것보다 더 오래가
네가 절대 죽일 수 없는 그런 것들이 있어

Looking at you and I'm on my bended knee
You have no idea what you do to me
I'm twenty miles out of town in cold irons bound
Twenty miles out of town in cold irons bound

너야, 오직 너뿐이야 내가 생각하고 있는 건
하지만 넌 찾아낼 수 없지 찾는다는 건 어려운 일이야
난 마을에서 20마일 바깥에 있어 차가운 족쇄에 묶인 채

음 비곗덩이는 불 위에 있고 물은 물통에 있어
위스키는 단지에 있고 돈은 은행에 있지
난 널 사랑하고 지키려 애썼어 걱정이 됐으니까
우리가 나눴던 기쁨을 영원히 기억할 거야

널 보며 난 무릎 꿇고 있어
넌 네가 내게 뭘 했는지 전혀 모를 거야
난 마을에서 20마일 바깥에 있어 차가운 족쇄에 묶인 채
이십 마일 바깥에 차가운 족쇄에 묶인 채

Make You Feel My Love

When the rain is blowing in your face
And the whole world is on your case
I could offer you a warm embrace
To make you feel my love

When the evening shadows and the stars appear
And there is no one there to dry your tears
I could hold you for a million years
To make you feel my love

I know you haven't made your mind up yet
But I would never do you wrong
I've known it from the moment that we met
No doubt in my mind where you belong

I'd go hungry, I'd go black and blue
I'd go crawling down the avenue
There's nothing that I wouldn't do
To make you feel my love

The storms are raging on the rollin' sea
And on the highway of regret
Put your hand in mine and come with me
I'll see that you don't get wet

I could make you happy, make your dreams come true
Nothing that I wouldn't do
Go to the ends of the earth for you
To make you feel my love

당신이 내 사랑 느낄 수 있도록

거센 빗줄기가 당신을 때리고
온 세상이 당신을 비난할 때
내가 따뜻하게 안아줄게요
당신이 내 사랑 느낄 수 있도록

저녁이 그림자 드리우고 별들이 나타날 때
당신의 눈물 마르게 해줄 사람 아무도 없을 때
내가 안아줄게요 백만 년이라도
당신이 내 사랑 느낄 수 있도록

아직 마음 정하지 못했다는 것 알아요
당신한테 절대 나쁘게 하지 않을게요
우리가 만난 그 순간에 알았죠
분명 내 마음속에 당신이 산다는 걸

굶을 수도 있어요 멍이 들어도 좋아요
거리를 기어다닐 수도 있어요
내가 못할 건 아무것도 없어요
당신이 내 사랑 느낄 수 있도록

출렁이는 바다 위로
후회로 얼룩진 길 위로 폭풍우가 몰아치고 있어요
당신 손을 내 손에 맡겨요 나와 함께 가요
당신이 젖지 않게 해줄게요

당신을 행복하게 해줄 수 있어요, 당신 꿈이 이루어지도록 해줄 수
  있어요
내가 못할 건 아무것도 없어요
당신 위해서라면 땅끝까지 가겠어요
당신이 내 사랑 느낄 수 있도록

Can't Wait

I can't wait, wait for you to change your mind
It's late, I'm trying to walk the line
Well, it's way past midnight and there are people all around
Some on their way up, some on their way down
The air burns and I'm trying to think straight
And I don't know how much longer I can wait

I'm your man, I'm trying to recover the sweet love that we knew
You understand that my heart can't go on beating without you
Well, your loveliness has wounded me, I'm reeling from the blow
I wish I knew what it was keeps me loving you so
I'm breathing hard, standing at the gate
But I don't know how much longer I can wait

Skies are grey, I'm looking for anything that will bring a happy glow
Night or day, it doesn't matter where I go anymore, I just go
If I ever saw you coming I don't know what I would do
I'd like to think I could control myself, but it isn't true
That's how it is when things disintegrate
And I don't know how much longer I can wait

I'm doomed to love you, I've been rolling through stormy weather
I'm thinking of you and all the places we could roam together

It's mighty funny, the end of time has just begun
Oh, honey, after all these years you're still the one
While I'm strolling through the lonely graveyard of my mind
I left my life with you somewhere back there along the line
I thought somehow that I would be spared this fate
But I don't know how much longer I can wait

기다릴 수 없어

기다릴 수 없어, 기다릴 수 없어 당신이 마음 바꿀 때까지
이미 늦었어, 난 중립을 지키려 노력하고 있어
음, 자정도 훌쩍 지났는데 어디에나 사람들이 있어
어떤 이들은 길을 올라가고, 어떤 이들은 길을 내려가고
공기는 탈 듯이 뜨겁고 난 올곧게 생각해보려 애쓰고 있어
모르겠어 내가 얼마나 더 기다릴 수 있을지

난 당신의 남자야, 난 우리가 나눴던 달콤한 사랑을 되찾으려 애쓰고
    있어
당신도 알 거야 당신 없이 내 심장은 계속 뛸 수 없다는 걸
음, 당신의 사랑스러움에 나 상처 입고 그 충격에 난 비틀거려
알고 싶어 도대체 어떤 점 때문에 이토록 당신을 사랑하고 있는 건지
난 지금 숨을 헐떡이고 있어, 문 앞에 서서
하지만 모르겠어 내가 얼마나 더 기다릴 수 있을지

하늘은 회색빛이야, 난 행복한 빛을 가져다줄 무언가를 찾고 있어
밤이든 낮이든, 어디를 가든 그건 중요치 않아, 다만 난 떠날 거야
당신이 오는 걸 본다면 내가 어떻게 행동할지 모르겠어
나 자신을 통제할 수 있을 거라고 믿고 싶지만, 그건 사실이 아니야
바로 이런 모습인 거지 산산조각이란
그리고 모르겠어 내가 얼마나 더 기다릴 수 있을지

난 당신을 사랑하도록 저주받았어, 당신은 험악한 날씨를 뚫고 달려가고
    있지
당신을 생각하고 있어 그리고 우리가 함께 다니던 모든 장소들을

참 우스워, 시간의 끝이 이제 막 시작되었다니
오, 자기, 이렇게 오랜 세월이 지났는데도 당신은 여전해
내가 마음속 외로운 묘지를 거닐고 있는 동안에도
난 내 인생을 당신에게 맡겼어 지나온 시간의 어딘가에서
그렇게 하면 어쨌든 이 운명을 벗을 수 있을 거라 생각했었지
하지만 모르겠어 내가 얼마나 더 기다릴 수 있을지

Highlands

Well my heart's in the Highlands, gentle and fair
Honeysuckle blooming in the wildwood air
Bluebells blazing where the Aberdeen waters flow
Well my heart's in the Highlands
I'm gonna go there when I feel good enough to go

Windows were shakin' all night in my dreams
Everything was exactly the way that it seems
Woke up this morning and I looked at the same old page
Same ol' rat race
Life in the same ol' cage

I don't want nothing from anyone, ain't that much to take
Wouldn't know the difference between a real blonde and a fake
Feel like a prisoner in a world of mystery
I wish someone would come
And push back the clock for me

Well my heart's in the Highlands wherever I roam
That's where I'll be when I get called home
The wind, it whispers to the buck-eyed trees in rhyme
Well my heart's in the Highlands
I can only get there one step at a time

I'm listening to Neil Young, I gotta turn up the sound
Someone's always yelling turn it down
Feel like I'm drifting
Drifting from scene to scene
I'm wondering what in the devil could it all possibly mean?

Insanity is smashing up against my soul
You can say I was on anything but a roll
If I had a conscience, well, I just might blow my top
What would I do with it anyway
Maybe take it to the pawn shop

My heart's in the Highlands at the break of dawn
By the beautiful lake of the Black Swan
Big white clouds like chariots that swing down low
Well my heart's in the Highlands

- 영국 시인 로버트 번스(Robert Burns, 1759~1796)의 시 「My heart's in the Highlands」에서
  가져온 구절이다.

하이랜즈

음 내 마음 하이랜즈에 있네', 온화하고 맑은 곳
인동덩굴이 원시림 공기 속에서 꽃을 피우고
애버딘 강물 흐르는 곳에 블루벨 눈부시게 피어 있는 곳
음 내 마음은 하이랜즈에 있네
난 그곳으로 갈 거야 떠날 수 있을 만큼 기분 나아지면

창문들이 밤새 흔들리고 있었지 내 꿈속에서
모든 게 정확히 눈에 보이는 그대로였지
오늘 아침 일어나 똑같은 낡은 페이지를 봤어
똑같은 낡은 무한경쟁
똑같은 낡은 우리 속 인생

아무에게도 아무것도 바라지 않아, 가질 것 별로 없으니
진짜 금발머리와 가짜 금발머리에 어떤 차이가 있는지 난 모르겠어
수수께끼 같은 세상의 포로가 된 기분이야
누군가 와서
내 시간을 뒤로 돌려주었으면 좋겠어

음 내 마음은 하이랜즈에 있네 내가 어느 곳을 떠돌고 있든
고향이라 불리는 곳에 도착할 때 내가 있을 곳이지
바람, 그것은 얼룩덜룩한 무늬의 나무들에게 가운 맞춰 속삭이네
음 내 마음은 하이랜즈에 있네
오직 한 번에 한 걸음씩 걸어야만 그곳에 도착할 수 있네

닐 영의 음악을 듣고 있어, 소리를 더 키워야겠어
이럴 때면 꼭 소리 좀 낮추라고 고함치는 사람이 있지
어딘가를 떠돌고 있는 기분이야
풍경에서 풍경으로 떠돌고 있어
난 궁금해, 그 모든 것이 대체 어떤 의미를 가질 수 있는 거지?

광기가 내 영혼을 박살내고 있어
당신이 보기에도 내가 결코 순탄한 길을 걸어온 건 아닐 거야

Only place left to go

I'm in Boston town, in some restaurant
I got no idea what I want
Well, maybe I do but I'm just really not sure
Waitress comes over
Nobody in the place but me and her

It must be a holiday, there's nobody around
She studies me closely as I sit down
She got a pretty face and long white shiny legs
She says, "What'll it be?"
I say, "I don't know, you got any soft boiled eggs?"

She looks at me, says, "I'd bring you some
But we're out of 'm, you picked the wrong time to come"
Then she says, "I know you're an artist, draw a picture of me!"
I say, "I would if I could, but
I don't do sketches from memory"

"Well," she says, "I'm right here in front of you, or haven't you looked?"
I say, "All right, I know, but I don't have my drawing book!"
She gives me a napkin, she says, "You can do it on that"
I say, "Yes I could, but
I don't know where my pencil is at!"

She pulls one out from behind her ear
She says, "All right now, go ahead, draw me, I'm standing right here"
I make a few lines and I show it for her to see
Well she takes the napkin and throws it back
And says, "That don't look a thing like me!"

I said, "Oh, kind Miss, it most certainly does"
She says, "You must be jokin'." I say, "I wish I was!"
Then she says, "You don't read women authors, do you?"
Least that's what I think I hear her say
"Well," I say, "how would you know and what would it matter anyway?"

"Well," she says, "you just don't seem like you do!"
I said, "You're way wrong"
She says, "Which ones have you read then?" I say, "I read Erica Jong!"
She goes away for a minute
And I slide up out of my chair
I step outside back to the busy street but nobody's going anywhere

Well my heart's in the Highlands with the horses and hounds
Way up in the border country, far from the towns

내게 옳다고 믿는 대로 행동하는 양심이란 게 있다면, 음, 머리끝까지
　　화가 치밀겠지
뭐 어쨌든 그걸 가지고 내가 뭘 하겠어
전당포에나 들고 가겠지

내 마음은 동틀녘의 하이랜즈에 있네
검은 백조의 아름다운 호숫가
낮게 내려오는 마차같이 생긴 커다란 흰구름
음 내 마음은 하이랜즈에 있네
유일하게 남아 있는 내가 갈 수 있는 곳

난 보스턴 시내에 있지, 어느 레스토랑에
내가 뭘 원하는지 아무 생각이 안 나지
음, 아마 원하는 게 있을 텐데 그게 확실치가 않아
웨이트리스가 다가오네
그곳엔 그녀와 나 말곤 아무도 없지

휴일인 게 분명해, 주변에 아무도 없는 걸 보니
내가 앉을 때 그녀는 유심히 날 관찰하지
그녀는 예쁜 얼굴에 길고 윤기 나는 흰 다리
그녀가 말하지, "뭘로 할래요?"
난 말하지, "모르겠어요, 혹시 부드러운 삶은 달걀 같은 거 있어요?"

그녀는 나를 보고, 말하지, "갖다드리죠
달걀이 거의 다 떨어졌는데, 시간을 잘못 맞춰 오셨네요"
그러고는 그녀가 말하지, "화가이신 것 같은데, 내 그림 한 장만
　　그려줘요"
나는 말하지, "할 수만 있다면야 그렇게 해드리죠, 그런데
난 기억을 더듬어 스케치하지 않아요"

"음," 그녀가 말하지, "난 지금 당신 바로 앞에 있는걸요, 안 보이세요?"
나는 말하지, "좋아요, 알겠어요, 그런데 드로잉북을 안 가져왔네요!"
그녀는 내게 냅킨 한 장을 건네고는, 말하지, "그 위에 그리면 돼요"
내가 말하지, "네 그려드릴 수 있죠, 그런데
내 연필이 어디 갔는지 알 수가 없네요!"

With the twang of the arrow and a snap of the bow
My heart's in the Highlands
Can't see any other way to go

Every day is the same thing out the door
Feel further away than ever before
Some things in life, it gets too late to learn
Well, I'm lost somewhere
I must have made a few bad turns

I see people in the park forgetting their troubles and woes
They're drinking and dancing, wearing bright-colored clothes
All the young men with their young women looking so good
Well, I'd trade places with any of them
In a minute, if I could

I'm crossing the street to get away from a mangy dog
Talking to myself in a monologue
I think what I need might be a full-length leather coat
Somebody just asked me
If I registered to vote

The sun is beginning to shine on me
But it's not like the sun that used to be
The party's over and there's less and less to say
I got new eyes
Everything looks far away

Well, my heart's in the Highlands at the break of day
Over the hills and far away
There's a way to get there and I'll figure it out somehow
But I'm already there in my mind
And that's good enough for now

•   미국 소설가이자 시인(1942~).

그녀는 귀에 꽂아둔 연필을 빼들지
그녀가 말하지, "이제 됐죠, 시작해요, 날 그려줘요, 여기 서 있을게요"
난 선을 몇 개 그리고는 그것을 그녀에게 보여주지
음 그녀는 그 냅킨을 집어들더니 뒤로 던져버리지
그러곤 말하지, "나하고 하나도 안 닮았어요!"

난 말했지, "오, 친절한 아가씨, 그건 당신을 꼭 닮았는데요"
그녀가 말하지, "농담하는 거죠." 내가 말하지, "나도 농담이라면
    좋겠어요!"
그녀가 말하지, "당신은 여자가 쓴 책은 읽지 않죠, 그렇죠?"
그녀에게서 그런 얘길 들을 거라곤 꿈에도 생각 못했지
"음," 나는 말하지, "그걸 어떻게 알죠? 그게 중요한가요?"

"음," 그녀가 말하지, "그냥 당신은 그런 책을 읽을 사람처럼 안
    보이니까요!"
내가 말했지, "당신 짐작은 완전히 틀렸어요"
그녀가 말하지, "그럼 어떤 책을 읽어봤나요?" 내가 말하지, "에리카 종을
    읽었죠!"
그녀는 잠시 자리를 떠나지
그리고 나는 슬며시 의자에서 일어서지
나는 밖으로 나와 변화한 거리로 돌아가지만 오가는 사람은 아무도
    없지

음 내 마음은 하이랜즈에 있네, 말들과 사냥개들 있는
저 위쪽 국경선 끄트머리 시골, 도시에서 멀리 떨어진
획 하고 날아가는 화살과 탁 하고 흔들리는 활이 있는
내 마음은 하이랜즈에 있네
내가 갈 다른 길은 보이지 않네

문밖은 매일 똑같은 세상이지
예전보다 더 멀게만 느껴지네
인생의 어떤 것들은 배우기엔 이미 너무 늦은 것들
음, 난 어디선가 길을 잃었지
몇 번인가 방향을 잘못 튼 게 틀림없지

공원에 있는 사람들 보고 있지 걱정도 근심도 모두 잊은 듯한 얼굴

다들 마시고 춤추고 있지, 밝은 빛깔의 옷 입고서
젊은 여자들과 함께 있는 젊은 남자들 모두 무척 좋아 보여
음, 저들 중 누군가와 내 자리를 바꾸면 좋겠어
잠깐만이라도, 그게 가능하다면

피부병 걸린 개를 피해 거리를 가로지르고 있지
나 자신에게 독백으로 말을 걸면서
내겐 전신을 덮는 가죽 외투 한 벌이 필요하다는 생각이 들어
이제 막 누군가가 내게 물었지
투표 등록을 했느냐고

태양이 나를 비추기 시작했어
하지만 평소와 같은 태양은 아니지
파티는 끝났고 갈수록 할말은 줄어들지
내겐 새로운 눈이 생겼어
모든 게 너무나 멀리 떨어져 있는 것처럼 보여

음, 내 마음은 새벽녘의 하이랜즈에 있네
저 언덕들 너머 아주 먼 곳의
그곳에 닿는 길이 있어, 어쨌든 난 그 길을 알아낼 거야
하지만 난 마음속으로는 이미 그곳에 있지
그리고 지금은 그것만으로도 충분해

Things Have Changed

A worried man with a worried mind
No one in front of me and nothing behind
There's a woman on my lap and she's drinking champagne
Got white skin, blood in my eyes
I'm looking up into the sapphire-tinted skies
I'm well dressed, waiting on the last train

Standing on the gallows with my head in a noose
Any minute now I'm expecting all hell to break loose

People are crazy and times are strange
I'm locked in tight, I'm out of range
I used to care, but things have changed

This place ain't doing me any good
I'm in the wrong town, I should be in Hollywood
Just for a second there I thought I saw something move
Gonna take dancing lessons, do the jitterbug rag
Ain't no shortcuts, gonna dress in drag
Only a fool in here would think he's got anything to prove

Lot of water under the bridge, lot of other stuff too
Don't get up gentlemen, I'm only passing through

People are crazy and times are strange
I'm locked in tight, I'm out of range
I used to care, but things have changed

I've been walking forty miles of bad road
If the Bible is right, the world will explode
I've been trying to get as far away from myself as I can
Some things are too hot to touch
The human mind can only stand so much
You can't win with a losing hand

Feel like falling in love with the first woman I meet
Putting her in a wheelbarrow and wheeling her down the street

People are crazy and times are strange
I'm locked in tight, I'm out of range
I used to care, but things have changed

상황이 변했다

근심스런 마음 가진 근심스런 남자
내 앞엔 아무도 없고 뒤에도 아무것도 없지
내 무릎 위엔 한 여자 있고 그녀는 샴페인을 마시고 있어
하얀 피부, 내 눈엔 피가
나는 사파이어빛 하늘을 올려다보고 있어
잘 차려입고서, 마지막 기차를 기다리고 있지

교수대 위에 서서 올가미에 머리 집어넣은 채
이제 곧 찾아올 지옥문 열릴 순간 기다리며

사람들은 미쳤고 세월은 낯설어
난 비좁은 곳에 갇혀 멀리 떨어져 있어
그동안 마음 써왔건만, 상황이 변해버렸지

이 장소는 내게 조금도 좋지 않아
도시를 잘못 골랐어, 할리우드에 있어야 하는 건데
잠깐 동안 거기서 생각했지 무언가 움직이는 걸 본 것 같다고
댄스 수업을 들어야겠어, 지르박을 춰야지
쇼트커트는 안 돼, 여장을 해야지
이곳에선 오직 바보만이 자신이 증명할 무언가를 갖고 있다고 생각할
     거야

다리 아래엔 많은 물, 그리고 다른 많은 것들
일어날 것 없소 신사 양반들, 단지 지나가려는 것뿐이니

사람들은 미쳤고 세월은 낯설어
난 비좁은 곳에 갇혀 멀리 떨어져 있어
그동안 마음 써왔건만, 상황이 변해버렸지

거친 길을 사십 마일째 걷고 있어
성경이 옳다면, 세상은 폭발할 거야
난 그동안 최대한 나 자신으로부터 멀리 떨어지려고 애써왔지

I hurt easy, I just don't show it
You can hurt someone and not even know it
The next sixty seconds could be like an eternity
Gonna get low down, gonna fly high
All the truth in the world adds up to one big lie
I'm in love with a woman who don't even appeal to me

Mr. Jinx and Miss Lucy, they jumped in the lake
I'm not that eager to make a mistake

People are crazy and times are strange
I'm locked in tight, I'm out of range
I used to care, but things have changed

어떤 것들은 너무 뜨거워서 만질 수 없어
인간의 마음은 딱 그만큼만 견딜 수 있지
애초에 패할 패를 들고서는 이길 수 없어

마주치는 첫 여자와 사랑에 빠지고 싶어
그녀를 손수레에 태우고 거리를 달리고 싶어

사람들은 미쳤고 세월은 낯설어
난 비좁은 곳에 갇혀 멀리 떨어져 있어
그동안 마음 써왔건만, 상황이 변해버렸지

난 쉽게 상처받지, 단지 드러내지 않을 뿐
당신은 누군가를 아프게 하고는 그 사실도 모를 수 있어
다음 육십 초는 영원과도 같을 수 있어
아래로 낮게 내려갈 거야, 높이 날아오를 거야
세상의 모든 진실을 합하면 하나의 커다란 거짓말이 되지
난 전혀 매력적이지 않은 한 여자와 사랑에 빠졌어

징크스 씨와 루시 양, 그들은 호수로 뛰어들었지
난 그렇게 열정적이지 않아, 실수를 저지를 만큼

사람들은 미쳤고 세월은 낯설어
난 비좁은 곳에 갇혀 멀리 떨어져 있어
그동안 마음 써왔건만, 상황이 변해버렸지

Red River Shore

Some of us turn off the lights and we lay
Up in the moonlight shooting by
Some of us scare ourselves to death in the dark
To be where the angels fly
Pretty maids all in a row lined up
Outside my cabin door
I've never wanted any of 'em wanting me
'Cept the girl from the Red River shore

Well I sat by her side and for a while I tried
To make that girl my wife
She gave me her best advice when she said
Go home and lead a quiet life
Well I been to the East and I been to the West
And I been out where the black winds roar
Somehow, though, I never did get that far
With the girl from the Red River shore

Well I knew when I first laid eyes on her
I could never be free
One look at her and I knew right away
She should always be with me
Well the dream dried up a long time ago
Don't know where it is anymore
True to life, true to me
Was the girl from the Red River shore

Well I'm wearing the cloak of misery
And I've tasted jilted love
And the frozen smile upon my face
Fits me like a glove
But I can't escape from the memory
Of the one that I'll always adore
All those nights when I lay in the arms
Of the girl from the Red River shore

Well we're livin' in the shadows of a fading past
Trapped in the fires of time
I tried not to ever hurt anybody
And to stay out of a life of crime
And when it's all been said and done

- 미국 남부, 미시시피강의 하류.

레드 리버* 강가

우리 중 몇몇이 불을 끄고 우리는 눕는다
휙 지나가는 달빛 위로
우리 중 몇몇은 우리 자신을 죽도록 겁준다 어둠 속에서
천사들이 나는 곳에 있기 위해서
아름다운 처녀들이 한 줄로 늘어섰다
내 오두막 문 바깥에
나를 원하는 그들 중 나 그 누구도 원치 않았다
레드 리버 강가에서 온 그 여자만 제외하고

음 나는 그녀 곁에 앉았고 한동안 노력했다
그 여자를 나의 아내로 만들려고
그녀는 내게 그녀 나름의 최선의 조언을 했다 그녀는 말했다
고향으로 돌아가 조용한 삶을 살라고
음 나는 동부에도 갔고 서부에도 갔다
검은 바람 울부짖는 먼 곳에도 갔다
어쨌든, 그럼에도, 난 결코 그렇게 멀리 가지 않았다
레드 리버 강가에서 온 그 여자와 함께는

음 나는 알았다 그녀를 처음 봤을 때
나는 결코 자유로울 수 없음을
그녀를 한 번 보고는 바로 알았다
그녀는 언제나 나와 함께여야 한다는 것을
음 그 꿈은 오래전에 말라버렸다
그것이 어디에 있는지 더는 알지 못한다
삶에 진실하고, 내게 진실했던 건
레드 리버 강가에서 온 그 여자였다

음 나는 고통의 망토를 두르고 있다
그리고 난 버림받은 사랑을 맛봤고
내 얼굴의 얼어붙은 미소는
마치 장갑처럼 내게 꼭 맞는다
하지만 난 도망칠 수 없다

I never did know the score
One more day is another day away
From the girl from the Red River shore

Well I'm a stranger here in a strange land
But I know this is where I belong
I ramble and gamble for the one I love
And the hills will give me a song
Though nothing looks familiar to me
I know I've stayed here before
Once a thousand nights ago
With the girl from the Red River shore

Well I went back to see about her once
Went back to straighten it out
Everybody that I talked to had seen us there
Said they didn't know who I was talkin' about
Well the sun went down a long time ago
And doesn't seem to shine anymore
I wish I could have spent every hour of my life
With the girl from the Red River shore

Now I heard of a guy who lived a long time ago
A man full of sorrow and strife
That if someone around him died and was dead
He knew how to bring him on back to life
Well I don't know what kind of language he used
Or if they do that kind of thing anymore
Sometimes I think nobody ever saw me here at all
'Cept the girl from the Red River shore

언제까지나 사모하게 될 그 사람의 기억에서
그 모든 밤들, 내가 품에 안겨 있던
레드 리버 강가에서 온 그 여자의

음 우리는 어떤 사라져가는 과거의 그림자 속에서 살고 있다
시간의 불 속에 갇힌 채
나는 누군가를 상처 입히려 하지 않았고
그렇다고 죄 짓는 삶을 피하려 하지도 않았다
모든 것이 말해지고 이루어졌을 때
상황이 어떻게 돌아가는지 알지 못했다
또 한번의 하루는 그저 또다른 하루였을 뿐
레드 리버 강가에서 온 그 여자와 떨어져 지내는

음 이곳 낯선 땅에서 나는 이방인이다
하지만 나는 이곳이 내가 속한 땅임을 안다
나는 내가 사랑하는 그 사람 위해 떠돌며 도박을 한다
그리고 언덕들은 내게 노래를 줄 것이다
낯익은 것 어디에도 없지만
전에 내가 이곳에 머무른 적 있다는 걸 안다
언젠가 천 일 전에
레드 리버 강가에서 온 그 여자와 함께

음 나는 그녀를 보러 돌아갔었다 한때
돌아갔다 그것을 바로잡기 위해
내가 말 건넨 사람들은 모두 그곳에서 우릴 본 적 있었지만
그들은 내가 누구에 대해서 이야기하고 있는지 모르겠다고 했다
음 해는 오래전에 저물었고
더는 빛을 비출 것 같지 않다
얼마나 좋을까 내 인생의 모든 시간 함께 보낼 수 있었다면
레드 리버 강가에서 온 그 여자와

난 오래전에 살았던 한 남자에 대한 이야기를 들었다
슬픔과 갈등으로 가득했던 남자
나는 들었다 그의 주변 누군가가 죽거나 죽었더라도
그는 그자를 되살려내는 법을 알았다고
음 나는 그가 어떤 종류의 언어를 사용했는지

혹은 그들이 그런 방법을 최근에도 사용하고 있는지는 알지 못한다
가끔 난 이곳에서 나를 본 사람은 아무도 없었다는 생각을 한다
레드 리버 강가에서 온 그 여자를 제외하고는

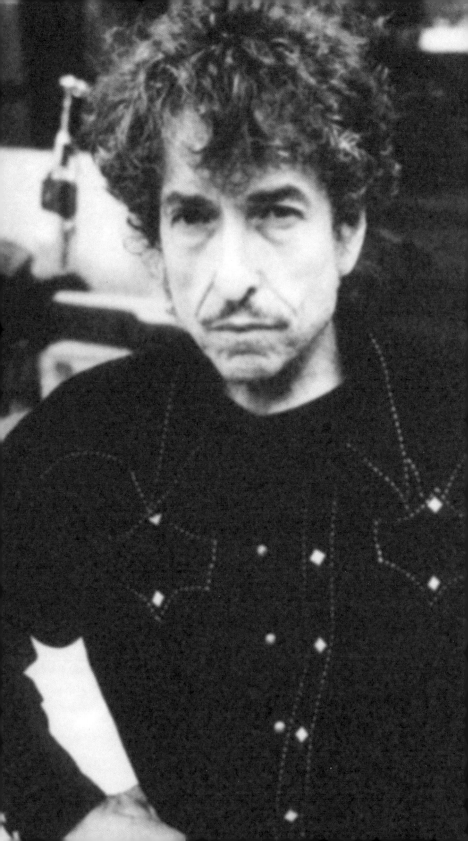

"Love and Theft" 2001

"사랑과 절도"

Tweedle Dee & Tweedle Dum

Mississippi

Summer Days

Bye and Bye

Lonesome Day Blues

Floater (Too Much to Ask)

High Water (For Charley Patton)

Moonlight

Honest with Me

Po' Boy

Cry a While

Sugar Baby

additional lyrics

'Cross the Green Mountain

Waitin' for You

Tweedle Dee & Tweedle Dum

Tweedle-dee Dum and Tweedle-dee Dee
They're throwing knives into the tree
Two big bags of dead man's bones
Got their noses to the grindstones
Living in the Land of Nod
Trustin' their fate to the hands of God
They pass by so silently
Tweedle-dee Dum and Tweedle-dee Dee

Well, they're going to the country, they're gonna retire
They're taking a street car named Desire
Looking in the window at the pecan pie
Lot of things they'd like they would never buy
Neither one gonna turn and run
They're making a voyage to the sun
"His Master's voice is calling me,"
Says Tweedle-dee Dum to Tweedle-dee Dee

Tweedle-dee Dee and Tweedle-dee Dum
All that and more and then some
They walk among the stately trees
They know the secrets of the breeze
Tweedle-dee Dum says to Tweedle-dee Dee
"Your presence is obnoxious to me."
They're like babies sittin' on a woman's knee
Tweedle-dee Dum and Tweedle-dee Dee

Well, they're living in a happy harmony
Tweedle-dee Dum and Tweedle-dee Dee
They're one day older and a dollar short
They've got a parade permit and a police escort
Tweedle-dee Dee—he's on his hands and his knees
Saying, "Throw me somethin', Mister, please."
"What's good for you is good for me,"
Says Tweedle-dee Dum to Tweedle-dee Dee

Well a childish dream is a deathless need
And a noble truth is a sacred creed
They're lying low and they're makin' hay
They seem determined to go all the way
One is a lowdown, sorry old man
The other will stab you where you stand

트위들 디와 트위들 덤

트위들-디 덤과 트위들-디 디
나무에 칼을 던지고 있네
시체의 뼈가 담긴 커다란 자루 두 개
쉬지 않고 죽어라 일만 하고 있지
낮의 땅에 살면서
자신들의 운명을 신의 손에 맡긴 채
그들은 정말 조용히 지나가네
트위들-디 덤과 트위들-디 디

글쎄, 그들은 시골로 가고 있어, 머지않아 은퇴할 거야
욕망이라는 이름의 전차를 타고 있지
창 너머로 피칸파이를 쳐다보고 있네
그들이 좋아는 하겠지만 절대 사지는 못할 정말 많은 것들
누구 하나 뒤돌아서서 도망치지 않을 거야
그들은 태양을 향해 항해하고 있지
"우리 주인님께서 날 부르시는 목소리가 들려,"
트위들-디 덤이 트위들-디 디에게 말하네

트위들-디 디와 트위들-디 덤
그 모든 것, 아니 그 이상, 그리고 조금 더
그들은 장엄한 나무들 사이로 걸어가네
산들바람의 비밀을 알지
트위들-디 덤이 트위들-디 디에게 말해
"난 너의 존재가 몹시도 못마땅해"
그들은 마치 여자 무릎 위에 앉아 있는 아기들 같네
트위들-디 덤과 트위들-디 디

글쎄, 그들은 행복하고 사이좋게 살아가고 있어
트위들-디 덤과 트위들-디 디
그들은 하루만큼 더 나이를 먹었고, 1달러가 부족해
가두행진을 허가받고 경찰의 호위를 받네
트위들-디 디, 그는 네 발로 기어

"I've had too much of your company,"
Says Tweedle-dee Dum to Tweedle-dee Dee

"제게 뭐라도 좀 던져주세요, 선생님, 제발요" 하면서
"너한테 좋은 게 나한테도 좋은 거지,"
트위들-디 덤이 트위들-디 디에게 말하네

글쎄, 불사를 바라는 것은 유치한 꿈
고귀한 진실은 성스러운 교리라네
그들은 바짝 엎드려 건초를 말리고 있지
갈 데까지 가보기로 결정한 모양이야
하나는 비열하고 딱한 노인네이고
나머지 하나는 네가 선 곳에서 널 찌를 거야
"난 너랑 너무 오랫동안 함께해왔어,"
트위들-디 덤이 트위들-디 디에게 말하네

Mississippi

Every step of the way we walk the line
Your days are numbered, so are mine
Time is pilin' up, we struggle and we scrape
We're all boxed in, nowhere to escape
City's just a jungle, more games to play
Trapped in the heart of it, trying to get away
I was raised in the country, I been workin' in the town
I been in trouble ever since I set my suitcase down
Got nothing for you, I had nothing before
Don't even have anything for myself anymore
Sky full of fire, pain pourin' down
Nothing you can sell me, I'll see you around
All my powers of expression and thoughts so sublime
Could never do you justice in reason or rhyme
Only one thing I did wrong
Stayed in Mississippi a day too long

Well, the devil's in the alley, mule's in the stall
Say anything you wanna, I have heard it all
I was thinkin' about the things that Rosie said
I was dreaming I was sleeping in Rosie's bed
Walking through the leaves, falling from the trees
Feeling like a stranger nobody sees
So many things that we never will undo
I know you're sorry, I'm sorry too
Some people will offer you their hand and some won't
Last night I knew you, tonight I don't
I need somethin' strong to distract my mind
I'm gonna look at you 'til my eyes go blind
Well I got here following the southern star
I crossed that river just to be where you are
Only one thing I did wrong
Stayed in Mississippi a day too long

Well my ship's been split to splinters and it's sinking fast
I'm drownin' in the poison, got no future, got no past
But my heart is not weary, it's light and it's free
I've got nothin' but affection for all those who've sailed with me
Everybody movin' if they ain't already there
Everybody got to move somewhere
Stick with me baby, stick with me anyhow
Things should start to get interesting right about now

미시시피

내딛는 모든 발걸음마다 우린 중립을 지키지
넌 죽을 날이 머지않았어, 나 또한 그래
시간이 쌓여가고, 우린 투쟁하며 무진장 애를 써
우린 모두 에워싸였고, 도망칠 곳은 아무데도 없네
도시는 그냥 정글이야, 벌여야 할 일들은 계속되고
거기 한복판에 갇혀, 벗어나려 애를 쓰지
난 시골에서 자랐어, 난 도시에서 일해왔네
여행가방을 내려놓은 후로 줄곧 곤경에 처해 있어
네게 줄 건 아무것도 없어, 전에도 가진 건 없었지
더이상 날 위한 그 어떤 것도 가지고 있질 않아
불로 가득한 하늘, 고통이 쏟아져내려
어디서 약을 팔려고 그래, 또 보자고
너무나도 숭고한 내 모든 표현들과 생각들의 힘으로도
절대 널 공정하게 대할 수 없었어, 합당하거나 말이 되도록 말이야
내가 잘못한 건 딱 한 가지뿐
미시시피에 너무 오래 머물렀네

글쎄, 악마는 골목에 있고, 노새는 마구간에 있어
하고 싶은 말이 있으면 뭐든 해보렴, 전에 다 들은 거겠지만
난 로지가 말했던 것들을 생각하고 있었어
로지의 침대에서 자는 꿈을 꾸고 있었지
나무에서 떨어지는 잎들 사이를 거닐며
누구도 모르는 이방인 같은 기분을 느끼며
우리가 절대 되돌릴 수 없을 정말 많은 일들
네가 미안해한다는 거 알아, 나도 미안해
누구는 네게 손을 내밀고, 누구는 그러지 않을 거야
어젯밤 난 널 알았지만, 오늘밤엔 난 널 몰라
내 기분을 바꿔줄 강력한 뭔가가 필요해
난 눈이 멀어버릴 때까지 널 쳐다볼 거야
글쎄, 난 남쪽의 별을 따라 여기까지 왔네
그저 네가 있는 곳에 오기 위해 저 강을 건넜어
내가 잘못한 건 딱 한 가지뿐

My clothes are wet, tight on my skin
Not as tight as the corner that I painted myself in
I know that fortune is waitin' to be kind
So give me your hand and say you'll be mine
Well, the emptiness is endless, cold as the clay
You can always cóme back, but you can't come back all the way
Only one thing I did wrong
Stayed in Mississippi a day too long

미시시피에 너무 오래 머물렀네

있잖아, 내 배는 산산조각이 났어, 빠르게 침몰하고 있지
난 독약 속에 익사하고 있어, 미래는 없어, 과거도 없지
하지만 내 마음만은 지치지 않았어, 가볍고도 자유로워
나와 함께 항해해온 모든 이들에게 난 애정 말곤 가진 게 없네
다들 움직이지, 이미 거기 가 있는 게 아니라면
다들 어딘가로 움직여야만 해
내 곁에 있어 그대여, 어쨌거나 내 곁에 있어
아마 지금부터 서서히 일이 재미있어질 테니
내 옷은 젖었어, 내 피부에 타이트하게 달라붙었지
내가 잘못을 바로잡았던 그때 그 상황만큼 타이트한 건 아니야
난 알아, 그 운이 곧 친절해질 거란 걸
그러니 네 손을 내게 내밀어, 내 여자가 되겠다고 말해줘
글쎄, 공허함은 끝이 없지, 진흙처럼 차갑다네
넌 언제든지 돌아와도 되지만, 완전히 예전처럼 돌아올 순 없어
내가 잘못한 건 딱 한 가지뿐
미시시피에 너무 오래 머물렀네

Summer Days

Summer days, summer nights are gone
Summer days and the summer nights are gone
I know a place where there's still somethin' going on

I got a house on a hill, I got hogs all out in the mud
I got a house on a hill, I got hogs out lying in the mud
Got a long haired woman, she got royal Indian blood

Everybody get ready—lift up your glasses and sing
Everybody get ready to lift up your glasses and sing
Well, I'm standin' on the table, I'm proposing a toast to the King

Well, I'm drivin' in the flats in a Cadillac car
The girls all say, "You're a worn out star."
My pockets are loaded and I'm spending every dime
How can you say you love someone else when you know it's me all the
   time?

Well, the fog's so thick you can't spy the land
The fog is so thick that you can't even spy the land
What good are you anyway, if you can't stand up to some old business
   man?

Wedding bells ringin', the choir is beginning to sing
Yes, the wedding bells are ringing and the choir is beginning to sing
What looks good in the day, at night is another thing

She's looking into my eyes, she's holding my hand
She's looking into my eyes, she's holding my hand
She says, "You can't repeat the past." I say, "You can't? What do you mean,
   you can't? Of course you can."

Where do you come from? Where do you go?
Sorry that's nothin' you would need to know
Well, my back has been to the wall for so long, it seems like it's stuck
Why don't you break my heart one more time just for good luck

I got eight carburetors, boys, I'm using 'em all
Well, I got eight carburetors and boys, I'm using 'em all
I'm short on gas, my motor's starting to stall

My dogs are barking, there must be someone around

여름날들

여름날들, 여름밤들은 사라졌네
여름날들, 그리고 여름밤들은 사라졌네
여전히 뭔가가 일어나고 있는 한곳을 난 알고 있지

내겐 언덕 위에 집 한 채가 있어, 죄다 진흙 속에 들어앉은 수퇘지들이
　　있지
내겐 언덕 위에 집 한 채가 있어, 죄다 진흙 속에 드러누운 수퇘지들이
　　있지
머리가 긴 여자도 있지, 그녀는 인도 왕족의 혈통이라네

다들 준비해, 술잔을 들고서 노래해
다들 술잔을 들고서 노래할 준비를 하라고
이봐, 난 테이블 위에 서 있어, 왕에게 축배를 제안하고 있다네

이봐, 난 펑크난 캐딜락을 몰고 있어
여자들이 모두 말하길, "당신은 한물간 스타야"
호주머니엔 돈이 가득하고 난 그걸 몽땅 써버리네
어떻게 다른 누굴 사랑한다고 말할 수 있니? 네가 사랑한 사람은 언제나
　　나였단 걸 알면서 말이야

이봐, 안개가 너무 짙어 넌 앞을 살필 수가 없네
안개가 너무 짙어 앞을 살필 수조차 없어
그건 그렇고 대체 네가 무슨 소용이 있겠어, 웬 늙은 장사꾼에게 맞설
　　수조차 없다면?

결혼식 종이 울리네, 합창단이 노래를 시작해
그래, 결혼식 종이 울리고 합창단이 노래를 시작하지
낮에는 좋아 보였던 것도, 밤에는 어떨지 알 수 없어

그녀는 내 두 눈을 바라보고 있어, 내 손을 잡고 있네
그녀는 내 두 눈을 바라보고 있어, 내 손을 잡고 있네
그녀는 말해, "넌 과거를 반복할 수 없어" 나는 말하지, "할 수 없다고?"

My dogs are barking, there must be someone around
I got my hammer ringin', pretty baby, but the nails ain't goin' down

You got something to say, speak or hold your peace
Well, you got something to say, speak now or hold your peace
If it's information you want you can go get it from the police

Politician got on his jogging shoes
He must be running for office, got no time to lose
You been suckin' the blood out of the genius of generosity
You been rolling your eyes—you been teasing me

Standing by God's river, my soul is beginnin' to shake
Standing by God's river, my soul is beginnin' to shake
I'm countin' on you love, to give me a break

Well, I'm leaving in the morning as soon as the dark clouds lift
Yes, I'm leaving in the morning just as soon as the dark clouds lift
Gonna break in the roof—set fire to the place as a parting gift

Summer days, summer nights are gone
Summer days, summer nights are gone
I know a place where there's still somethin' going on

<hr />

• 자동차 엔진의 기화기, 혹은 대마초 연기와 공기를 혼합해주는 기구.

"Love and Theft"

할 수 없다니 무슨 소리야? 당연히 할 수 있지"

넌 어디서 왔니? 어디로 가니?
미안, 그건 네가 전혀 알 필요 없지
글쎄, 난 너무 오랫동안 궁지에 몰려 있었네, 거기 갇혀버린 것만 같아
내 마음에 한번 더 상처주는 게 어때, 그저 행운을 위해서 말이야

내겐 카뷰레터˚ 여덟 개가 있어, 얘들아, 난 그걸 다 써
이봐, 내겐 카뷰레터 여덟 개가 있어, 그리고 얘들아, 난 그걸 다 쓴다고
가스가 부족하네, 시동이 꺼지기 시작하네

내 개들이 짖고 있어, 주위에 누가 있는 게 분명해
내 개들이 짖고 있어, 주위에 누가 있는 게 분명하다고
난 망치를 내려치고 있는데, 예쁜 그대여, 당최 못이 들어가질 않아

뭔가 할말이 있다면, 말하든지 그냥 잠자코 있어
글쎄, 뭔가 할말이 있다면, 말하든지 그냥 잠자코 있으라고
만일 네가 원하는 게 정보라면, 그건 경찰에게서나 얻을 수 있을 거야

조깅화를 신고 있는 정치인
그는 사무실로 달려가는 게 틀림없어, 허비할 시간이 없지
넌 관대한 천재의 피를 빨아왔어
넌 나를 향해 눈알을 굴려왔지, 날 괴롭혀왔어

신의 강가에 서서, 내 영혼은 흔들리기 시작해
신의 강가에 서서, 내 영혼은 흔들리기 시작하네
내 사랑, 난 네가 숨 돌릴 틈을 줄 거라 믿고 있어

이봐, 아침에 어두운 구름이 걷히자마자 난 떠날 거야
그래, 아침에 어두운 구름이 걷히자마자 난 바로 떠날 거라고
지붕으로 침입할 거야, 작별의 선물로 거기에 불을 질러줘야지

여름날들, 여름밤들은 사라졌네
여름날들, 여름밤들은 사라졌네
여전히 뭔가가 일어나고 있는 한 곳을 난 알고 있지

Bye and Bye

Bye and bye, I'm breathin' a lover's sigh
I'm sittin' on my watch so I can be on time
I'm singin' love's praises with sugar-coated rhyme
Bye and bye, on you I'm casting my eye

I'm paintin' the town—swinging my partner around
I know who I can depend on, I know who to trust
I'm watchin' the roads, I'm studying the dust
I'm paintin' the town making my last go-round

Well, I'm slippin' and slidin', walkin' on briars
To get to the one that my heart desires

I'm rollin' slow—I'm doing all I know
I'm tellin' myself I found true happiness
That I've still got a dream that hasn't been repossessed
I'm rollin' slow, goin' where the wild red roses grow

Well the future for me is already a thing of the past
You were my first love and you will be my last

Papa gone mad, mama, she's feeling sad
I'll establish my rule through civil war
Bring it on up from the ocean's floor
I'll take you higher just so you can see the fire

"Love and Theft"

안녕 또 안녕

안녕 또 안녕, 연인의 탄식을 난 내쉬고 있어
난 시계 위에 앉아 있지, 제시간에 도착할 수 있도록
난 사탕 발린 달콤한 라임에 맞춰 사랑의 찬가를 부르고 있어
안녕 또 안녕, 나는 널 바라보고 있네

술집을 돌며 놀고 마시고 있다네, 내 파트너를 흔들어대며
난 누구에게 의지해야 할지를 알아, 누구를 믿어야 할지를 알지
난 길을 쳐다보고 있어, 먼지를 연구하고 있지
술집을 돌며 놀고 마시고 있다네, 마지막 술집을 찾아가고 있지

글쎄, 난 헛디디고 미끄러져, 들장미 위를 걸어
나의 욕망이 이끄는 이에게로 가기 위해

난 천천히 흔들리고 있어, 내가 아는 모든 짓거리들을 하고 있지
나 스스로에게 진정한 행복을 발견했다 말하고 있지
여전히 되찾지 못한 꿈을 꾸고 있다고 말이야
난 천천히 흔들리고 있어, 야생의 붉은 장미가 자라는 곳으로 가고 있지

글쎄, 나에게 미래란 이미 과거의 유물이야
넌 내 첫사랑이었고, 내 마지막 사랑일 거야

아빠는 미쳤지, 엄마는 슬퍼하네
난 내전을 일으켜 나만의 규칙을 세울 거야
바다 밑바닥에서부터 어디 한번 덤벼보시지
난 널 더 높은 곳으로 데려갈 거야, 그래서 네가 불을 볼 수 있도록

Lonesome Day Blues

Well, today has been a sad ol' lonesome day
Yeah, today has been a sad ol' lonesome day
I'm just sittin' here thinking
With my mind a million miles away

Well, they're doing the double shuffle, throwin' sand on the floor
They're doing the double shuffle, they're throwin' sand on the floor
When I left my long-time darlin'
She was standing in the door

Well, my pa he died and left me, my brother got killed in the war
Well, my pa he died and left me, my brother got killed in the war
My sister, she ran off and got married
Never was heard of any more

Samantha Brown lived in my house for about four or five months
Samantha Brown lived in my house for about four or five months
Don't know how it looked to other people
I never slept with her even once

The road's washed out—weather not fit for manor beast
Yeah, the road's washed out—weather not fit for man or beast
Funny how the things you have the hardest time parting with
Are the things you need the least

I'm forty miles from the mill—I'm droppin' it into overdrive
I'm forty miles from the mill—I'm droppin' it into overdrive
Got my dial set on the radio
I'm telling myself I'm still alive

I see your lover-man comin'—comin' 'cross the barren field
I see your lover-man comin'—comin' 'cross the barren field
He's not a gentleman at all—he's rotten to the core
He's a coward and he steals

Well my captain he's decorated—he's well schooled and he's skilled
My captain, he's decorated—he's well schooled and he's skilled
He's not sentimental—don't bother him at all
How many of his pals have been killed

Last night the wind was whisperin', I was trying to make out what it was
Last night the wind was whisperin' somethin'—I was trying to make out

외로운 날 블루스

글쎄, 오늘은 흔히 있는 슬프고 외로운 날이었지
그래, 오늘은 흔히 있는 슬프고 외로운 날이었어
난 그저 여기 앉아 생각하네
어디 먼 곳에 정신이 팔린 채

글쎄, 그들이 더블 셔플을 하고 있어, 바닥에 모래를 던지고 있지
그들이 더블 셔플을 하고 있어, 그들은 바닥에 모래를 던지고 있네
내가 오래된 나의 연인을 떠났을 때
그녀는 문 앞에 서 있었어

글쎄, 아빠는 죽어서 날 떠나갔지, 동생은 전쟁에 나갔다가 죽어버렸어
글쎄, 아빠는 죽어서 날 떠나갔지, 동생은 전쟁에 나갔다가 죽어버렸네
내 여동생, 그애는 도망가서 결혼했지
더이상 소식은 들려오지 않았어

서맨사 브라운은 내 집에서 넉 달이나 다섯 달쯤 살았어
서맨사 브라운은 내 집에서 넉 달이나 다섯 달쯤 살았지
그게 딴 사람들에겐 어떻게 보였나 모르겠어
난 그녀와 단 한 번도 잔 적이 없지

길이 깨끗이 씻겼다네, 사람에게도 짐승에게도 어울리지 않는 날씨야
그래, 길이 깨끗이 씻겼네, 사람에게도 짐승에게도 어울리지 않는
  날씨지
참 우습지, 네가 가장 헤어지기 힘들어하는 것들이
네게 가장 필요 없는 것들이라니

난 방앗간에서 사십 마일 떨어져 있어, 최선을 다하기 시작하지
난 방앗간에서 사십 마일 떨어져 있어, 최선을 다하기 시작하네
라디오 주파수를 맞춰놨어
난 아직 살아 있다고 나 자신에게 말해주고 있다네

네 연인이 오는 게 보여, 황량한 들판을 지나서 오고 있네

what it was
I tell myself something's comin'
But it never does

I'm gonna spare the defeated—I'm gonna speak to the crowd
I'm gonna spare the defeated, boys, I'm going to speak to the crowd
I am gain' to teach peace to the conquered
I'm gonna tame the proud

Well the leaves are rustlin' in the wood—things are fallin' off of the shelf
Leaves are rustlin' in the wood—things are fallin' off the shelf
You gonna need my help, sweetheart
You can't make love all by yourself

네 연인이 오는 게 보여, 황량한 들판을 지나서 오고 있지
그는 전혀 신사가 아니야, 그는 속속들이 썩어빠졌어
겁쟁이에다 도둑질까지 하지

글쎄, 내 대장이 훈장을 받았어, 제대로 배운데다 노련하기도 해
내 대장, 그가 훈장을 받았어, 제대로 배운데다 노련하기도 하지
그는 감상에 빠지지 않아, 그걸로 전혀 괴로워하지도 않지
그의 동료들이 얼마나 많이 죽임을 당했는데

지난밤, 바람이 속삭였어, 그게 뭔지 이해하려 난 애를 썼고
지난밤, 바람이 뭔가를 속삭였어, 그게 뭔지 이해하려 난 애를 썼고
나 자신에게 말했지, 뭔가가 오고 있다고
하지만 결코 오질 않았어

난 패배자들의 목숨을 살려줄 거야, 군중에게 말할 거야
난 패배자들의 목숨을 살려줄 거야, 얘들아, 난 군중에게 말할 거야
정복자들에게 평화를 가르쳐줄 거야
오만한 자들을 길들일 거야

글쎄, 낙엽이 숲에서 바스락거리네, 선반에서 물건들이 쏟아져내리네
낙엽이 숲에서 바스락거리네, 선반에서 물건들이 쏟아져내리네
넌 내 도움이 필요할 거야, 자기
너 혼자서는 사랑을 나누지 못하잖아

Floater
(Too Much to Ask)

Down over the window
Comes the dazzling sunlit rays
Through the back alleys—through the blinds
Another one of them endless days
Honey bees are buzzin'
Leaves begin to stir
I'm in love with my second cousin
I tell myself I could be happy forever with her
I keep listenin' for footsteps
But I ain't hearing any
From the boat I fish for bullheads
I catch a lot, sometimes too many
A summer breeze is blowing
A squall is settin' in
Sometimes it's just plain stupid
To get into any kind of wind

The old men 'round here, sometimes they get
On bad terms with the younger men
But old, young, age don't carry weight
It doesn't matter in the end
One of the boss' hangers-on
Comes to call at times you least expect
Try to bully ya—strong arm you-inspire you with fear
It has the opposite effect
There's a new grove of trees on the outskirts of town
The old one is long gone
Timber two-foot six across
Burns with the bark still on
They say times are hard, if you don't believe it
You can just follow your nose
It don't bother me—times are hard everywhere
We'll just have to see how it goes

My old man, he's like some feudal lord
Got more lives than a cat
Never seen him quarrel with my mother even once
Things come alive or they fall flat
You can smell the pinewood burnin'
You can hear the school bell ring
Gotta get up near the teacher if you can
If you wanna learn anything

떠돌이
(무리한 요구)

창문 안으로
눈부신 햇살이 들어오네
뒷골목들 사이로, 블라인드 사이로
끝없는 나날 중 또다른 하루지
꿀벌들이 윙윙거려
잎사귀들이 흔들리기 시작해
난 육촌이랑 사랑에 빠졌다네
나 자신에게 말하지, 그녀와 함께라면 영원히 행복할 수 있다고
난 발소리에 계속 귀를 기울여
하지만 아무 소리도 들리지 않네
난 배에서 머리 큰 물고기들을 낚지
난 엄청 잡아대, 때로는 너무 많이
여름의 산들바람이 불어와
스콜이 시작되네
때론 정말 그냥 바보 같은 짓이지
바람에 휘말리는 것 말이야, 그게 어떤 바람이든

이곳의 노친네들, 그들은 때로
젊은이들과 사이가 틀어지네
하지만 늙든, 젊든, 나이는 중요하지 않아
결국엔 중요치 않지
보스 주변을 알짱대는 녀석 하나가
가끔 부르러 와, 전혀 예상치 못했던 놈이지
널 괴롭히려 해, 폭력을 쓰려고 해, 두려움을 불러일으키려 하지
그건 정반대의 효과를 낳는다네
마을 변두리에 새로운 나무숲이 생겼어
오래된 나무는 사라진 지 오래야
높이 2피트에 가로 6피트짜리 목재가
여전히 나무껍질이 붙은 채로 타올라
그들은 힘든 시기라고들 하네, 만일 너희가 그 말을 믿지 않는다면
그냥 본능을 따르면 돼
난 그 말에 별 신경 안 써, 힘들지 않은 곳이 어디 있겠어

Romeo, he said to Juliet, "You got a poor complexion.
It doesn't give your appearance a very youthful touch!"
Juliet said back to Romeo, "Why don't you just shove off
If it bothers you so much."
They all got out of here any way they could
The cold rain can give you the shivers
They went down the Ohio, the Cumberland, the Tennessee
All the rest of them rebel rivers

If you ever try to interfere with me or cross my path again
You do so at the peril of your own life
I'm not quite as cool or forgiving as I sound
I've seen enough heartaches and strife
My grandfather was a duck trapper
He could do it with just dragnets and ropes
My grandmother could sew new dresses out of old cloth
I don't know if they had any dreams or hopes
I had 'em once though, I suppose, to go along
With all the ring dancin' Christmas carols on all of the Christmas Eves
I left all my dreams and hopes
Buried under tobacco leaves
It's not always easy kicking someone out
Gotta wait a while—it can be an unpleasant task
Sometimes somebody wants you to give something up
And tears or not, it's too much to ask

우린 그저 어떻게 되는지 두고 봐야 할 거야

내 노친네, 그는 무슨 영주 같지
고양이보다 더 목숨이 많아
엄마랑 말싸움하는 걸 단 한 번도 본 적이 없네
일은 재미있어지거나 완전히 엎어져버려
소나무 숲이 불타는 냄새가 나네
학교 종 울리는 소리가 들려
가능하면 선생님 가까이에서 일어나야 해
네가 뭐라도 배우고 싶다면 말이야
로미오, 그가 줄리엣에게 말하길, "안색이 안 좋네.
그러니까 네 얼굴이 그리 젊어 보이지 않는군!"
줄리엣이 로미오에게 대답했지, "그냥 꺼져버리지그래
그게 그렇게 신경쓰인다면 말이야."
그들은 어떡해서든 다들 여기서 벗어났다네
차가운 비는 너희를 몸서리치게 해
그들은 오하이오, 컴벌랜드, 테네시로 갔네
나머지 사람들은 전부 대세를 거스르지

네가 또 날 협박하려 들거나 내 갈 길을 가로막으려 한다면
목숨을 걸고서 하는 게 좋을 거야
난 말하는 것처럼 그렇게 쿨하지도 관대하지도 않다고
고뇌와 갈등을 난 볼 만큼 봤어
할아버지는 덫으로 오리를 잡는 사냥꾼이셨지
끌그물과 밧줄만으로도 사냥할 수 있었어
할머니는 낡은 옷으로 새 옷을 만들어내셨지
그분들에게 어떤 꿈이나 희망이 있었는지는 모르겠어
그래도 내겐 한때 그것들이 있었지, 아마도 말이야
크리스마스 이브마다 들려오던, 빙글빙글 춤을 추며 듣던 크리스마스
　캐럴과 어울리던 꿈과 희망이
나는 내 모든 꿈과 희망을 떠나왔어
담뱃잎 아래 파묻어버렸지
누군가를 쫓아낸다는 게 늘 그리 쉬운 일은 아니야
잠시 기다려야 하지, 불쾌한 일이 될 수도 있어
때론 누군가가 네게 무언가 포기하길 요구하지
그리고 울든 말든, 그건 무리한 요구야

High Water
(For Charley Patton)

High water risin'—risin' night and day
All the gold and silver are being stolen away
Big Joe Turner lookin' east and west
From the dark room of his mind
He made it to Kansas City
Twelfth Street and Vine
Nothing standing there
High water everywhere

High water risin', the shacks are slidin' down
Folks lose their possessions—folks are leaving town
Bertha Mason shook it—broke it
Then she hung it on a wall
Says, "You're dancin' with whom they tell you to
Or you don't dance at all."
It's tough out there
High water everywhere

I got a cravin' love for blazing speed
Got a hopped up Mustang Ford
Jump into the wagon, love, throw your panties overboard
I can write you poems, make a strong man lose his mind
I'm no pig without a wig
I hope you treat me kind
Things are breakin' up out there
High water everywhere

High water risin', six inches 'bove my head
Coffins droppin' in the street
Like balloons made out of lead
Water pourin' into Vicksburg, don't know what I'm going to do
"Don't reach out for me," she said
"Can't you see I'm drownin' too?"
It's rough out there
High water everywhere

Well, George Lewis told the Englishman, the Italian and the Jew
"Don't open up your mind, boys,
To every conceivable point of view."

* 미국의 블루스 가수(1891~1934).
** 미국의 블루스 가수(1911~1985).

"Love and Theft"

홍수
(찰리 패튼*에게)

홍수가 났어, 밤낮으로 물이 불어나네
금과 은이 죄다 도둑맞고 있지
빅 조 터너**는 동쪽과 서쪽을 바라보네
자기 마음의 어두운 방에서 말이야
그가 캔자스시티에 도착했어
12번가와 바인 가
그곳엔 서 있는 게 아무것도 없지
홍수가 나지 않은 곳이 없다네

홍수가 났어, 판잣집들이 미끄러져 내려가네
사람들은 가진 것을 잃고, 사람들은 마을을 떠나가네
버사 메이슨은 그걸 흔들었어, 그걸 부서뜨렸지
그리고 그걸 벽에 걸었어
"넌 그들이 춤추라고 한 사람하고만 춤을 춰야 해
안 그럴 거면 아예 춤을 추지 마"
그곳은 가차없는 동네지
홍수가 나지 않은 곳이 없다네

내겐 불타오르는 속도를 갈구하는 사랑이 있어
무스탕 포드에 뛰어올랐다네
차에 올라타, 내 사랑, 팬티를 밖으로 던져버려
난 네게 시를 써줄 수 있어, 힘센 사람을 정신 잃게 할 수도 있지
난 가발을 벗은 돼지 따위가 아니야
네가 날 친절하게 대해주면 좋겠네
그곳에서는 모든 게 박살나고 있어
홍수가 나지 않은 곳이 없다네

홍수가 났어, 물이 머리 위로 6인치까지 차올랐네
거리 위로 관들이 떨어지네
마치 납으로 만든 풍선처럼
빅스버그로 물이 쏟아져들어와, 뭘 어째야 할지 모르겠어
"나한테 오지 마," 그녀가 말했지

They got Charles Darwin trapped out there on Highway Five
Judge says to the High Sheriff
"I want him dead or alive
Either one, I don't care."
High water everywhere

The Cuckoo is a pretty bird, she warbles as she flies
I'm preachin' the word of God
I'm puttin' out your eyes
I asked Fat Nancy for something to eat, she said, "Take it off the shelf—
As great as you are, man,
You'll never be greater than yourself."
I told her I didn't really care
High water everywhere

I'm gettin' up in the morning—I believe I'll dust my broom
Keeping away from the women
I'm givin' 'em lots of room
Thunder rolling over Clarksdale, everything is looking blue
I just can't be happy, love
Unless you're happy too
It's bad out there
High water everywhere

•   미국의 클라리넷 연주자(1900~1968).

                                                        "Love and Theft"

"나도 물에 빠져 있는 거 안 보이니?"
그곳은 장난이 아니지
홍수가 나지 않은 곳이 없다네

글쎄, 조지 루이스가 영국인과 이탈리아인, 그리고 유대인에게 말했지
"제군들, 모든 가능한 견해들에
자네들의 마음을 열어놓진 말게"
그들은 5번 고속도로에서 찰스 다윈을 붙잡았네
판사가 주州 장관에게 말하길
"저놈이 죽었든 살았든, 난 저놈을 원해
어느 쪽이든 상관없어"
홍수가 나지 않은 곳이 없다네

뻐꾸기는 예쁜 새야, 날면서 지저귀네
난 신의 말씀을 설교하고 있어
너희들의 귀를 괴롭히고 있지
뚱뚱한 낸시에게 난 먹을 걸 좀 달라고 했어, 그녀는 말했지, "선반에서
　가져다 드세요
당신만큼 많아요, 아저씨,
당신은 절대 당신 자신보다 더 위대해질 수 없을 거예요"
그녀에게 난 딱히 신경쓰지 않는다고 말했지
홍수가 나지 않은 곳이 없다네

난 아침에 일어나, 빗자루의 먼지를 털 거야
여자들에게서 떨어져서 말이야
난 그들에게 정말 많은 걸 양보한다네
클라크스데일 위로 천둥이 울려, 모든 게 푸르게 보여
난 행복할 수가 없어, 내 사랑
네가 행복하지 않는 한
그곳은 상황이 좋질 않아
홍수가 나지 않은 곳이 없다네

Moonlight

The seasons they are turnin'
And my sad heart is yearnin'
To hear again the songbird's sweet melodious tone
Meet me in the moonlight alone

The dusky light, the day is losing
Orchids, poppies, black-eyed Susan
The earth and sky that melts with flesh and bone
Meet me in the moonlight alone

The air is thick and heavy
All along the levee
Where the geese into the countryside have flown
Meet me in the moonlight alone

Well, I'm preachin' peace and harmony
The blessings of tranquility
Floating like a dream across the floor
I'll take you 'cross the river dear
You've no need to linger here
Draw the blinds, step outside the door

The clouds are turnin' crimson
The leaves fall from the limbs an'
The branches cast their shadows over stone
Meet me in the moonlight alone

The boulevards of Cypress trees
The masquerades of birds and bees
The petals, pink and white, the wind has blown
Meet me in the moonlight alone

The trailing moss and mystic glow
Purple blossoms soft as snow
Step up and drop the coin right into the slot
The fading light of sunset glowed
It's crowded on the narrow road
Who cares whether you forgive me or not

My pulse is runnin' through my palm
The sharp hills are rising from
The yellow fields with twisted oaks that groan

"Love and Theft"

달빛

계절은 돌고 돌지
그리고 슬픈 내 마음은 갈망하네
지저귀는 새의 달콤하고도 듣기 좋은 음색을 다시 한번 듣게 되기를
달빛 아래서 홀로 나를 만나줘

어스름한 빛, 낮은 잃고 있어
난초, 양귀비, 노랑데이지 들을
살과 뼈로 녹아드는 대지와 하늘
달빛 아래서 홀로 나를 만나줘

공기는 짙고 무겁네
둑을 따라서 쭉
그곳에서 거위떼는 시골로 날아가버렸지
달빛 아래서 홀로 나를 만나줘

글쎄, 난 평화와 화합을 전파해
평온함의 축복이
바닥을 지나 꿈처럼 흘러가네
내가 널 강 건너편으로 데려갈 거야, 그대여
넌 여기 머물 필요 없어
블라인드를 내려, 문밖으로 나와

구름이 진홍빛으로 물들고 있네
잎들이 나뭇가지에서 떨어지고
그 가지들이 돌 위로 그림자를 드리우네
달빛 아래서 홀로 나를 만나줘

사이프러스 나무들의 대로
새와 벌들의 가면무도회
바람이 날려버린 분홍색과 흰색의 꽃잎들
달빛 아래서 홀로 나를 만나줘

Meet me in the moonlight alone

길게 늘어진 이끼와 신비한 불빛
눈처럼 부드러운 보랏빛 꽃들
앞으로 나가서 구멍 안에 곧장 동전을 떨어뜨려
희미해져가는 석양빛이 붉게 타올랐네
좁은 길은 복잡하지
네가 날 용서해주든 말든 누가 신경이나 쓰겠어

손바닥에 맥박이 번지네
가파른 언덕은 솟아오르지
신음하는 뒤틀린 오크 나무가 있는 누런 들판으로부터
달빛 아래서 홀로 나를 만나줘

Honest with Me

Well, I'm stranded in the city that never sleeps
Some of these women they just give me the creeps
I'm avoidin' the Southside the best I can
These memories I got, they can strangle a man
Well, I came ashore in the dead of the night
Lot of things can get in the way when you're tryin' to do what's right
You don't understand it—my feelings for you
You'd be honest with me if only you knew

I'm not sorry for nothin' I've done
I'm glad I fought—I only wish we'd won
The Siamese twins are comin' to town
People can't wait—they're gathered around
When I left my home the sky split open wide
I never wanted to go back there—I'd rather have died
You don't understand it—my feelings for you
You'd be honest with me if only you knew

My woman got a face like a teddy bear
She's tossin' a baseball bat in the air
The meat is so tough you can't cut it with a sword
I'm crashin' my car, trunk first into the boards
You say my eyes are pretty and my smile is nice
Well, I'll sell it to ya at a reduced price
You don't understand it—my feelings for you
You'd be honest with me if only you knew

Some things are too terrible to be true
I won't come here no more if it bothers you
The Southern Pacific leaving at nine forty-five
I'm having a hard time believin' some people were ever alive
I'm stark naked, but I don't care
I'm going off into the woods, I'm huntin' bare
You don't understand it—my feelings for you
Well, you'd be honest with me if only you knew

I'm here to create the new imperial empire
I'm going to do whatever circumstances require
I care so much for you—didn't think that I could
I can't tell my heart that you're no good
Well, my parents they warned me not to waste my years
And I still got their advice oozing out of my ears

"Love and Theft"

내게 솔직해

글쎄, 난 절대 잠들지 않는 도시에 좌초했어
여기 이 여자들 몇몇은 날 그저 섬뜩하게 해
난 될 수 있으면 사우스사이드 쪽은 피할래
내가 가진 이 기억들, 그것들이 한 남자의 목을 조를 수도 있어
글쎄, 난 한밤중에 상륙했어
정의로운 일을 하려 하면 많은 것들이 널 방해할 수 있다네
넌 이해하지 못하지, 너에 대한 내 감정을
네가 그걸 알기만 한다면 내게 솔직할 텐데

내가 한 일들에 대해 난 어떤 유감도 없어
내가 싸웠다는 사실이 기뻐, 우리가 승리했다면 좋았을걸 하고 바랄 뿐
샴쌍둥이가 마을로 오고 있네
사람들은 기다리질 못하고, 다들 주위로 모여들었어
내가 집을 떠났을 때, 하늘이 활짝 열렸지
난 한 번도 거기 돌아가고 싶었던 적 없어, 차라리 죽는 게 나았을 거야
넌 이해하지 못하지, 너에 대한 내 감정을
네가 그걸 알기만 한다면, 내게 솔직할 텐데

내 여자의 얼굴은 꼭 테디 베어 같아
그녀는 공중에서 야구 방망이를 휘둘러
고기가 너무 질겨서 칼로 자를 수가 없네
나는 차를 갖다 박지, 트렁크 먼저 울타리 판자를 향해
넌 내 눈이 예쁘고 내 미소가 멋지다고 말하네
글쎄, 그럼 내가 그걸 싸게 팔게
넌 이해하지 못하지, 너에 대한 내 감정을
네가 그걸 알기만 한다면, 내게 솔직할 텐데

어떤 것들은 진실이라기엔 너무 끔찍해
네게 방해된다면 더는 여기 오지 않을게
서던퍼시픽 기차는 9시 45분에 떠나
살아 있기나 했었다고는 도저히 믿기지 않는 사람들이 있지
난 완전 알몸이야, 하지만 상관없어

You don't understand it—my feelings for you
Well, you'd be honest with me if only you knew

숲으로 떠날 거야, 헐벗은 채 사냥을 할 거야
넌 이해하지 못하지, 너에 대한 내 감정을
네가 그걸 알기만 한다면, 내게 솔직할 텐데

이곳에서 난 새로운 황제의 제국을 세울 거야
상황에 따라 필요한 건 뭐든 할 거야
난 너를 정말 정말 좋아해, 그럴 수 있을 거라 생각지 않았어
네가 못됐다고는 생각할 수가 없어
글쎄, 부모님은 내게 세월을 허비하지 말라고 경고하셨지
그들의 충고가 아직도 내 귓속에서 흘러나오네
넌 이해하지 못하지, 너에 대한 내 감정을
네가 그걸 알기만 한다면, 내게 솔직할 텐데

Po' Boy

Man comes to the door—I say, "For whom areyou looking?"
He says, "Your wife." I say, "She's busy in the kitchen cookin'."
Poor boy, where you been?
I already tol' you—won't tell you again

I say, "How much you want for that?" I go into the store
The man says, "Three dollars." "All right," I say, "Will you take four?"
Poor boy, never say die
Things will be all right by and by

Been workin' on the mainline—workin' like the devil
The game is the same—it's just up on a different level
Poor boy, dressed in black
Police at your back

Poor boy in a red hot town
Out beyond the twinklin' stars
Ridin' first class trains—making the rounds
Tryin' to keep from fallin' between the cars

Othello told Desdemona, "I'm cold, cover me with a blanket.
By the way, what happened to that poison wine?" She says, " I gave it to
    you, you drank it."
Poor boy, layin' 'em straight
Pickin' up the cherries fallin' off the plate

Time and love has branded me with its claws
Had to go to Florida, dodgin' them Georgia laws
Poor boy, sitting in the gloom
Calls down to room service, says, "Send up a room."

My mother was a daughter of a wealthy farmer
My father was a traveling salesman, I never met him
When my mother died, my uncle took me in—he ran a funeral parlor
He did a lot of nice things for me and I won't forget him

All I know is that I'm thrilled by your kiss
I don't know any more than this
Poor boy, pickin' up sticks
Build ya a house out of mortar and bricks

Knockin' on the door, I say, "Who is it and where are you from?"

"Love and Theft"

불쌍한 남자

남자가 문가로 다가오네, 난 말하지, "누구를 찾으시죠?"
그는 말해, "네 부인." 난 말하지, "그 사람은 부엌에서 요리하느라
 　바쁜데요."
불쌍한 남자야, 넌 그것도 모르니?
난 이미 네게 말해줬어, 또 말해주진 않을 거야

난 말하네, "얼마면 되겠어요?" 난 가게로 들어가
그 남자는 말하지, "3달러." "좋아요." 난 말해, "4달러는 어때요?"
불쌍한 남자야, 절대 희망을 버리지 마
조만간 다 괜찮아질 거야

사회의 주류에서 일해왔다네, 죽기 살기로 했지
하는 건 똑같아, 그저 차원이 다를 뿐
검은 옷을 입은 불쌍한 남자야,
경찰이 네 등뒤에 있어

열광적인 마을의 불쌍한 소년
저 너머에 반짝이는 별들이 있어
일등석 기차를 타고 달리네, 순회를 하며
객차들 사이로 추락하지 않으려 애를 쓰면서

오셀로와 데스데모나, "추워, 담요로 날 좀 덮어줘.
그런데, 독을 탄 와인은 어찌된 거야?" 그녀는 말해, "제가 그걸 줬고,
 　당신이 마셨잖아요."
불쌍한 남자는 그걸 똑바로 내려놓고
접시에서 떨어진 체리를 줍네

시간과 사랑이 그 발톱으로 내게 낙인을 찍었어
플로리다에 가야만 했지, 조지아주의 법을 피해서
불쌍한 남자는 어둠 속에 앉아
룸서비스를 부탁하며 말하지, "방 하나만 올려보내주세요."

Man says, "Freddy!" I say, "Freddy who?" He says, "Freddy or not here I
   come."
Poor boy, 'neath the stars that shine
Washin' them dishes, feedin' them swine

어머니는 돈 많은 농부의 딸이었어
아버지는 떠돌이 외판원이었지, 난 그를 한 번도 만난 적 없네
어머니가 돌아가셨을 때, 삼촌이 날 데려갔지, 그는 장례식장을 운영했어
내게 정말 좋은 일들을 많이 해줬지, 그리고 난 그를 잊지 못할 거야

내가 아는 건 네 키스에 내가 짜릿해졌다는 것뿐
그 이상은 난 모르겠네
불쌍한 남자는 작대기를 주워서
네게 회반죽과 벽돌로 집을 한 채 지어줄 거야

문을 두들기며 나는 말하네, "누구세요, 어디서 오신 분이죠?"
남자는 말하지, "프레디!" 난 말해, "프레디 누구요?" 그는 말하지,
  "프레디든 아니든 내가 왔어."
불쌍한 남자, 빛나는 저 별들 아래서
접시를 닦고 있어, 돼지치기를 하고 있네

Cry a While

Well, I had to go down and see a guy named Mr. Goldsmith
A nasty, dirty, double-crossin', back-stabbin' phony I didn't wanna have to
    be dealin' with
But I did it for you and all you gave me was a smile
Well, I cried for you—now it's your turn to cry awhile

I don't carry dead weight—I'm no flash in the pan
All right, I'll set you straight, can't you see I'm a union man?
I'm lettin' the cat out of the cage, I'm keeping a low profile
Well, I cried for you—now it's your turn, you can cry awhile

Feel like a fighting rooster—feel better than I ever felt
But the Pennsylvania line's in an awful mess and the Denver road is about
    to melt
I went to the church house, every day I go an extra mile
Well, I cried for you—now it's your turn, you can cry awhile

Last night 'cross the alley there was a pounding on the walls
It must have been Don Pasqualli makin' a two A.M. booty call
To break a trusting heart like mine was just your style
Well, I cried for you—now it's your turn to cry awhile

I'm on the fringes of the night, fighting back tears that I can't control
Some people they ain't human, they got no heart or soul
Well, I'm crying to the Lord—I'm tryin' to be meek and mild
Yes, I cried for you—now it's your turn, you can cry awhile

Well, there's preachers in the pulpits and babies in the cribs
I'm longin' for that sweet fat that sticks to your ribs
I'm gonna buy me a barrel of whiskey—I'll die before I turn senile
Well, I cried for you—now it's your turn, you can cry awhile

Well, you bet on a horse and it ran on the wrong way
I always said you'd be sorry and today could be the day
I might need a good lawyer, could be your funeral, my trial
Well, I cried for you—now it's your turn, you can cry awhile

"Love and Theft"

잠시 울어

이봐, 난 미스터 골드스미스라는 이름의 남자를 만나러 가야 했어
끔찍하고 추잡하고 배신자에다 남 뒤통수나 치는 사기꾼이었지,
　상대하고 싶지 않은 놈이었어
하지만 널 위해 그를 만났고, 넌 그저 내게 웃어주기나 했을 뿐
이봐, 난 너 때문에 울었어, 이제는 네가 잠시 울 차례야

난 무거운 짐은 들지 않아, 난 한순간의 섬광이 아니라고
좋아, 네 생각을 바로잡아주지, 내가 조합원이란 걸 모르겠니?
난 비밀을 누설하고 있잖아, 튀는 행동을 하지 않는다고
이봐, 난 너 때문에 울었어, 이젠 네 차례야, 너도 잠시 울어도 돼

싸움닭이 된 기분이야, 어느 때보다도 기분이 좋아
하지만 펜실베이니아 노선은 끔찍이도 혼란스럽고, 덴버 로드는
　녹아버리기 일보 직전이라네
난 교회당에 갔어, 매일매일 난 한층 더 애를 쓰지
이봐, 난 너 때문에 울었어, 이젠 네 차례야, 너도 잠시 울어도 돼

지난밤 골목 맞은편에서 벽을 두들기는 소리가 들렸어
돈 파스콸리가 새벽 두시의 밀회를 즐기려는 게 분명했어
남을 잘 믿는 나 같은 사람의 마음을 아프게 하는 게 너의
　방식이었나보다
이봐, 난 너 때문에 울었어, 이제는 네가 잠시 울 차례야

난 밤의 가장자리에 있어, 참을 수 없는 눈물을 간신히 억누르며
어떤 놈들은 인간도 아니야, 그들은 마음도 영혼도 없지
이봐, 난 주님께 울며 호소해, 난 말 잘 듣는 인간이 되려고 해
그래, 난 너 때문에 울었어, 이젠 네 차례야, 너도 잠시 울어도 돼

이봐, 설교단에 목사들이 있어, 구유에는 아기들이 있지
난 네 갈비뼈에 붙은 그 달콤한 비계를 간절히 원해
난 위스키 한 통을 살 거야, 노망이 나기 전에 죽을 거야
이봐, 난 너 때문에 울었어, 이젠 네 차례야, 너도 잠시 울어도 돼

이봐, 넌 마권을 샀어, 그리고 그놈은 엉뚱한 방향으로 달려가버렸지
난 늘 말했어 네가 미안해할 거라고, 오늘이 바로 그날이 될 수도 있겠군
난 아마 좋은 변호사가 한 명 필요할 거야, 내 재판이 네 장례식이 될
  수도 있겠어
이봐, 난 너 때문에 울었어, 이젠 네 차례야, 너도 잠시 울어도 돼

Sugar Baby

I got my back to the sun 'cause the light is too intense
I can see what everybody in the world is up against
You can't turn back—you can't come back, sometimes we push too far
One day you'll open up your eyes and you'll see where we are

Sugar Baby get on down the road
You ain't got no brains, no how
You went years without me
Might as well keep going now

Some of these bootleggers, they make pretty good stuff
Plenty of places to hide things here if you wanna hide 'em bad enough
I'm staying with Aunt Sally, but you know, she's not really my aunt
Some of these memories you can learn to live with and some of them you
      can't

Sugar Baby get on down the line
You ain't got no brains, no how
You went years without me
You might as well keep going now

The ladies in Darktown, they're doing the Darktown Strut
You always got to be prepared but you never know for what
There ain't no limit to the amount of trouble women bring
Love is pleasing, love is teasing, love's not an evil thing

Sugar Baby, get on down the road
You ain't got no brains, no how
You went years without me
You might as well keep going now

Every moment of existence seems like some dirty trick
Happiness can come suddenly and leave just as quick
Any minute of the day the bubble could burst
Try to make things better for someone, sometimes you just end up making
      it a thousand times worse

Sugar Baby, get on down the road
You ain't got no brains, no how
You went years without me
Might as well keep going now

"Love and Theft"

슈거 베이비

나는 태양을 등졌어, 햇빛이 너무 강렬하니까
세상 모든 사람들이 어떤 문제에 부딪혔는지를 알겠어
넌 뒤돌아설 수 없어, 돌아올 수 없어, 때로 우린 너무 세게 몰아붙여
언젠가 넌 두 눈을 뜨고서 우리가 어디에 있는지 보게 될 거야

슈거 베이비, 그냥 길을 떠나
넌 무식해, 어떻게 하는지를 모르지
넌 나 없이 몇 년을 보냈어
지금 가던 길을 계속 가는 게 좋을 거야

밀주업자 가운데 몇몇은 꽤나 좋은 술을 만들지
이곳엔 물건을 숨길 장소들이 넘쳐나, 네가 그걸 이미 엉망인 채로
    숨기고 싶다면 말이야
난 샐리 이모랑 살고 있어, 하지만 있잖아, 그녀가 정말 내 이모는 아니지
넌 이 기억들 중 몇몇은 안고 살아가야만 한다는 걸 배울 수 있지만, 또
    몇몇은 그렇지가 않아

슈거 베이비, 그냥 길을 떠나
넌 무식해, 어떻게 하는지를 모르지
넌 나 없이 몇 년을 보냈어
지금 가던 길을 계속 가는 게 좋을 거야

다크타운의 여자들, 다크타운 스타일로 뽐내며 걸어다니네
넌 늘 준비된 상태여야 하지만, 무엇을 위한 건지는 전혀 알 길이 없네
여자들이 일으키는 문제들의 양에는 한이 없거든
사랑은 즐거운 것, 사랑은 짓궂은 것, 사랑은 사악한 게 아니야

슈거 베이비, 그냥 길을 떠나
넌 무식해, 어떻게 하는지를 모르지
넌 나 없이 몇 년을 보냈어
지금 가던 길을 계속 가는 게 좋을 거야

Your charms have broken many a heart and mine is surely one
You got a way of tearing a world apart, love, see what you done
Just as sure as we're living, just as sure as you're born
Look up, look up—seek your Maker—'fore Gabriel blows his horn

Sugar Baby, get on down the line
You ain't got no sense, no how
You went years without me
Might as well keep going now

"Love and Theft"

존재의 매 순간들이 더러운 술수처럼 보여
행복은 불현듯 찾아와 그만큼 빨리 떠나가버리네
그건 하루 중 언제라도 방울처럼 펑 터져버릴 수 있지
남이 처한 상황을 더 낫게 해주려고 해봐, 때로 넌 천 배는 더
　　악화시켜버릴 수도 있지

슈거 베이비, 그냥 길을 떠나
넌 무식해, 어떻게 하는지를 모르지
넌 나 없이 몇 년을 보냈어
지금 가던 길을 계속 가는 게 좋을 거야

너의 매력은 정말 많은 마음을 아프게 해왔어, 내 마음도 분명 그중
　　하나지
네겐 세상을 갈가리 찢어놓는 재주가 있어, 내 사랑, 네가 한 짓을 좀 봐
우리가 살아 있다는 사실만큼이나 확실해, 네가 태어났다는
　　사실만큼이나 확실하지
하늘을 올려다봐, 거길 올려다보라고, 너의 창조주를 찾아봐, 가브리엘
　　대천사가 나팔을 불기 전에

슈거 베이비, 그냥 길을 떠나
넌 무식해, 어떻게 하는지를 모르지
넌 나 없이 몇 년을 보냈어
지금 가던 길을 계속 가는 게 좋을 거야

'Cross the Green Mountain

(from the film *Gods and Generals*)

I crossed the green mountain, I slept by the stream
Heaven blazin' in my head, I dreamt a monstrous dream
Something came up out of the sea
Swept through the land of the rich and the free

I look into the eyes of my merciful friend
And then I ask myself, is this the end?
Memories linger, sad yet sweet
And I think of the souls in heaven who will meet

Altars are burning with flames falling wide
The foe has crossed over from the other side
They tip their caps from the top of the hill
You can feel them come, more brave blood to spill

Along the dim Atlantic line
The ravaged land lies for miles behind
The light's comin' forward and the streets are broad
All must yield to the avenging God

The world is old, the world is gray
Lessons of life can't be learned in a day
I watch and I wait and I listen while I stand
To the music that comes from a far better land

Close the eyes of our Captain, peace may he know
His long night is done, the great leader is laid low
He was ready to fall, he was quick to defend
Killed outright he was by his own men

It's the last day's last hour of the last happy year
I feel that the unknown world is so near
Pride will vanish and glory will rot
But virtue lives and cannot be forgot

The bells of evening have rung
There's blasphemy on every tongue
Let them say that I walked in fair nature's light
And that I was loyal to truth and to right

Serve God and be cheerful, look upward beyond
Beyond the darkness that masks the surprises of dawn

"Love and Theft"

짙푸른 산을 지나
(영화 〈신의 영웅들〉 수록곡)

난 짙푸른 산을 지나왔네, 개울가에서 잠을 잤고
머릿속에선 천국이 불타올랐지, 무시무시한 꿈을 꾸었어
바닷속에서 무언가가 올라왔네
부자들과 자유로운 자들의 땅을 휩쓸고 지나갔지

난 자비로운 내 친구의 눈을 바라보네
그리고 스스로 물어, 이제 다 끝난 건가?
추억에 잠기네, 슬프지만 달콤해
그리고 난 생각하지, 천국에서 만날 모든 영혼들을

여기저기 떨어지는 불꽃으로 제단은 불타고 있지
반대편에서 적군이 건너왔네
그들은 언덕 꼭대기에서 모자를 약간 들어올려 인사해
그들이 오는 게 느껴지네, 용감한 피를 더 흘려야만 해

흐릿한 대서양 항로를 따라
수마일 뒤에는 황폐한 땅이 있어
빛은 흘러나오고 거리는 넓다네
모두가 복수의 신께 굴복해야만 하지

세상은 낡았어, 세상은 늙었지
인생의 교훈은 하루아침에 얻을 수 없네
난 지켜보고 기다려, 선 채로 귀를 기울여
훨씬 더 나은 땅에서 들려오는 음악에

우린 대장의 두 눈을 감겨, 아마도 그는 평안을 얻게 될 터
그의 기나긴 밤은 끝났다네, 위대한 지도자가 쓰러졌네
그는 쓰러질 준비가 되어 있었지, 재빨리 방어했으니
철저하게도 그는 자신의 부하들에게 살해당했다네

행복한 마지막 해, 마지막 날의 마지막 시간
미지의 세상이 아주 가까이에 있다는 걸 느끼네

In the deep green grasses of the blood stained wood
They never dreamed of surrendering. They fell where they stood

Stars fell over Alabama, I saw each star
You're walkin' in dreams whoever you are
Chilled are the skies, keen is the frost
The ground's froze hard and the morning is lost

A letter to mother came today
Gunshot wound to the breast is what it did say
But he'll be better soon he's in a hospital bed
But he'll never be better, he's already dead

I'm ten miles outside the city and I'm lifted away
In an ancient light that is not of day
They were calm, they were blunt, we knew 'em all too well
We loved each other more than we ever dared to tell

"Love and Theft"

긍지는 사라지고, 영광은 부패할 테지
하지만 미덕은 계속 살아남아 잊힐 리 없네

저녁의 종이 울렸어
모두 신성을 모독하는 말들을 하지
그들을 말하게 해, 내가 공정한 자연의 빛 아래로 걸었다는 걸
그리고 내가 진실과 올바름에 충성했다는 걸

신을 섬기고 즐거워해, 저 너머 위쪽을 바라봐
새벽의 놀라움을 가리고 있는 저 어둠 너머를
피로 물든 숲의 짙고 푸른 풀밭에서
그들은 항복을 꿈도 꾸지 않았어, 자신들이 서 있는 곳에서 쓰러졌다네

앨라배마 위로 별들이 떨어졌네, 난 별들을 하나하나 바라봤지
네가 누구든 넌 꿈속을 걷고 있어
하늘은 차갑고, 서리는 살을 에는 듯해
땅은 꽁꽁 얼어붙었고 아침은 사라졌네

오늘 어머니에게 편지 한 통이 왔지
가슴에 총을 맞았다고 적혀 있었네
하지만 그는 곧 나을 거야, 병원 침대에 있으니
하지만 그는 절대 낫지 못할 거야, 그는 이미 죽었거든

난 도시에서 십 마일 벗어난 곳에 있어, 그리고 난 하늘 위로 떠오르네
한낮의 빛이 아닌, 아주 오래된 빛 속에서
그들은 고요했어, 무뚝뚝했지, 그들 모두를 우린 너무나도 잘 알고
　있었다네
우리가 감히 말할 수 있는 것보다 우린 훨씬 더 서로를 사랑했지

Waitin' for You

(from the film *Divine Secrets of the Ya-Ya Sisterhood*)

I never dreamed there could be someone made just for me
I'm not letting her have her way
I come here to see what she has to say
Oh, the poor gal always wins the day
I'm staying ahead of the game, she's doing the same
And the whiskey's flying into my head
The fiddler's arm has gone dead
And talk is beginning to spread

When did our love go bad?
Whatever happened to the best friend that I had?
Been so long since I held you tight
Been so long since we said goodnight
The taste of tears is bittersweet
When you're near me, my heart forgets to beat
You're there every night among the good and the true
And I'll be around, waitin' for you

The king of them all is starting to fall
I lost my gal at the boatman's ball
The night has a thousand hearts and eyes
Hope may vanish but it never dies
I'll see you tomorrow when freedom rings
I'm gonna stay on top of things
It's the middle of the summer and the moon is blue
I'll be around waitin' for you

Another deal gone down, another man done gone
You put up with it all and you carry on
Something holding you back but you'll come through
I'd bet the world and everything in it on you
Happiness is but a state of mind
Anytime you want you can cross the state line
You don't need to be rich or well-to-do
I'll be around waitin' for you

"Love and Theft"

널 기다리며

(영화 〈행복한 비밀〉 수록곡)

단지 날 위해 태어난 사람이 있을 거라곤 꿈에도 생각 못했어
난 그녀가 뜻대로 하게 놔두지 않을 거야
그녀가 뭐라고 하는지나 들어보려고 이곳에 왔지
오, 그 불쌍한 여자는 늘 승리하네
내가 게임에서 앞서고 있어, 그녀는 아직도 그 자리지
그리고 위스키병이 내 머리 위로 날아와
바이올린 연주자의 팔이 완전히 마비됐지
그리고 소문이 퍼지기 시작하네

우리 사랑이 언제부터 잘못됐을까?
내 가장 친한 친구에게 대체 무슨 일이 일어난 거지?
널 꼭 안아본 지가 너무 오래됐어
밤에 작별인사를 해본 지도 너무 오래됐네
눈물의 맛은 달콤 씁쓸해
네가 내 곁에 있을 때, 내 심장은 뛰는 걸 잊곤 해
넌 매일 밤 거기 있네, 선한 자들과 진실한 자들 사이에
그리고 그 주변에 내가 있을 거야, 널 기다리며

그 모든 이들의 왕이 몰락하기 시작하네
뱃사공의 무도회에서 난 내 여자를 잃었지
밤은 천 개의 심장과 천 개의 눈을 가지고 있어
희망은 사라질 뿐, 절대 죽지 않네
내일 만나, 자유가 울려퍼질 때
나는 늘 그 모든 것들 맨 위에 있을 거야
지금은 아주 한여름이야, 그리고 달은 푸르러
내가 주변에서 널 기다리고 있을 거야

또다른 계약이 엎어졌어, 또 한 사람이 죽어버렸지
넌 그 모든 것들을 참고 견디며 계속 나아가
뭔가가 널 가로막고 있지만 넌 이겨내고야 말 거야
난 이 세상과 세상 모든 것들을 너한테 걸게
행복이란 마음먹기 나름이지

"Love and Theft"

원한다면 언제든 주 경계선을 넘어와도 돼
부자가 될 필요도 없고, 잘살 필요도 없지
내가 주변에서 널 기다리고 있을 거야

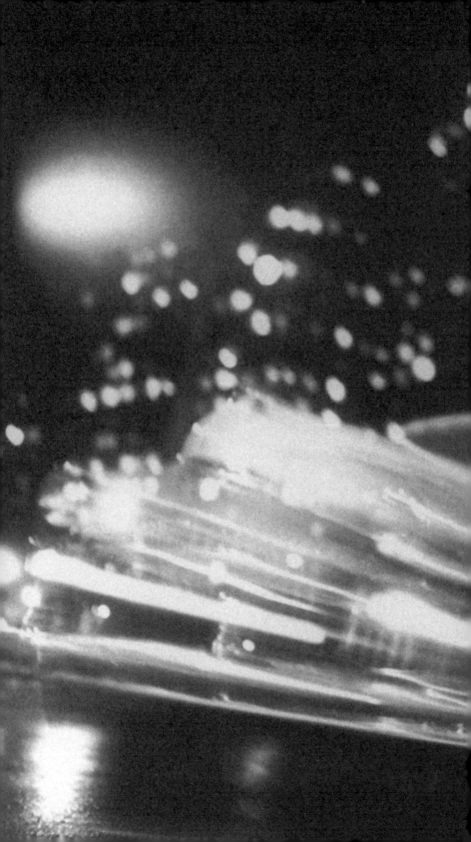

Modern Times 2006

모던 타임스

Thunder on the Mountain

Spirit on the Water

Rollin' and Tumblin'

When the Deal Goes Down

Someday Baby

Workingman's Blues #2

Beyond the Horizon

Nettie Moore

The Levee's Gonna Break

Ain't Talkin'

additional lyrics

Can't Escape from You

Huck's Tune

Thunder on the Mountain

Thunder on the mountain, fires on the moon
There's a ruckus in the alley and the sun will be here soon
Today's the day, gonna grab my trombone and blow
Well, there's hot stuff here and it's everywhere I go
I was thinkin' 'bout Alicia Keys, couldn't keep from crying
When she was born in Hell's Kitchen, I was living down the line
I'm wondering where in the world Alicia Keys could be
I been looking for her even clear through Tennessee
Feel like my soul is beginning to expand
Look into my heart and you will sort of understand
You brought me here, now you're trying to run me away
The writing's on the wall, come read it, come see what it say

Thunder on the mountain, rolling like a drum
Gonna sleep over there, that's where the music coming from
I don't need any guide, I already know the way
Remember this, I'm your servant both night and day
The pistols are poppin' and the power is down
I'd like to try somethin' but I'm so far from town
The sun keeps shinin' and the North Wind keeps picking up speed
Gonna forget about myself for a while, gonna go out and see what others
    need
I've been sitting down studying the art of love
I think it will fit me like a glove
I want some real good woman to do just what I say
Everybody got to wonder what's the matter with this cruel world today

Thunder on the mountain rolling to the ground
Gonna get up in the morning walk the hard road down
Some sweet day I'll stand beside my king
I wouldn't betray your love or any other thing
Gonna raise me an army, some tough sons of bitches
I'll recruit my army from the orphanages
I been to St. Herman's church and I've said my religious vows
I've sucked the milk out of a thousand cows
I got the porkchops, she got the pie
She ain't no angel and neither am I
Shame on your greed, shame on your wicked schemes
I'll say this, I don't give a damn about your dreams

Thunder on the mountain heavy as can be

* 미국 가수이자 배우(1981~).

산 위에 천둥이

산 위에 천둥이 쳐, 달에 불이 났네
골목에 소동이 벌어졌고 태양은 곧 여기로 올 거야
바로 오늘이지, 내 트롬본을 붙잡고 불어댈 거야
글쎄, 여기 화제의 뉴스가 있군, 내가 가는 모든 곳마다 화제의 뉴스가
　있네
난 얼리샤 키스를 생각하고 있었지, 울지 않을 수 없었어
그녀가 우범지역에서 태어났을 때, 난 바로 한 길 건너에 살고 있었거든
얼리샤 키스가 대체 어디 있는 건지 궁금해
그녀를 찾아 심지어 테네시를 샅샅이 뒤졌다니까
내 영혼이 부풀기 시작하는 듯한 기분이야
내 마음속을 들여다보면 너도 좀 이해할 테지
네가 날 여기 데리고 왔어, 이제 넌 내게서 도망을 치려 하네
벽에 있는 글자, 와서 그걸 읽어봐, 뭐라고 하나 보라고

산 위에 천둥이 쳐, 드럼 소리처럼 우르르르거리지
저기서 잘 거야, 그곳이 바로 음악이 나오는 곳이거든
안내자는 누구도 필요 없어, 난 이미 길을 알고 있지
이걸 기억하라고, 난 밤이나 낮이나 네 하인이란 걸
권총을 빵빵 쏘고 있어, 그리고 전기가 나갔지
난 뭔가 해보고 싶어, 하지만 마을에서 너무 멀리 떨어져 있네
태양은 계속 빛나고 있고 북풍은 속도를 올리고 있어
잠시 나 자신에 대해선 잊을 거야, 밖에 나가서 다른 이들이 뭘 필요로
　하는지 봐야겠군
난 계속 앉아서 사랑의 기술을 연구하고 있지
그게 내게 안성맞춤인 것 같아
내겐 내가 하라는 대로 해줄 정말 좋은 여자가 좀 필요하지
다들 오늘의 이 잔인한 세상이 어디가 잘못된 건지 생각해봐야만 해

산 위에 치는 천둥소리가 땅에서도 들려
아침에 일어나서 험한 길을 걸어갈 거야
어느 달콤한 날, 난 나의 왕 옆에 나란히 설 거라고
난 너의 사랑이나 그 어떤 것도 배신하지 않을 거야

Mean old twister bearing down on me
All the ladies of Washington scrambling to get out of town
Looks like something bad gonna happen, better roll your airplane down
Everybody's going and I want to go too
Don't wanna take a chance with somebody new
I did all I could and I did it right there and then
I've already confessed—no need to confess again
Gonna make a lot of money, gonna go up north
I'll plant and I'll harvest what the earth brings forth
The hammer's on the table, the pitchfork's on the shelf
For the love of God, you ought to take pity on yourself

나의 군대를 일으킬 거야, 아주 가차없는 개자식들로
고아원에서 신참들을 모집할 테야
난 세인트 허먼 교회에 가봤지, 난 종교적 서약을 했네
난 천 마리 암소의 젖을 빨았어
내게는 돼지갈빗살이 있고, 그녀에겐 파이가 있지
그녀는 천사 같은 게 아니야, 나도 아니지
네 탐욕이 부끄러운 줄 알라고, 네 사악한 흉계도 부끄러운 줄 알아
난 이렇게 말할 거야, 네 꿈 따위에는 아무 관심도 없다고

산 위에 천둥이 쳐, 최대한 육중하게
비열하고 교활한 사기꾼이 나를 압박해
워싱턴의 모든 여자들이 도시에서 빠져나오려고 허둥대고
뭔가 나쁜 일이 일어날 것만 같아, 빨리 너희들의 비행기를 착륙시키는
　게 좋을 거야
다들 가고 있지, 나도 가고 싶네
새로운 누군가에게 모험을 걸어보고 싶진 않아
난 할 수 있는 걸 다 했어, 바로 그때 그 자리에서 다 했다니까
난 이미 고백했네, 다시 고백할 필요는 없겠지
돈을 정말 많이 벌 거야, 북쪽으로 올라갈 거라고
씨를 뿌릴 거야, 이 땅이 가져다주는 걸 수확할 거야
망치가 테이블 위에 있어, 소리굽쇠가 선반에 있지
빌어먹을, 넌 너 자신을 불쌍히 여겨야만 해

Spirit on the Water

Spirit on the water
Darkness on the face of the deep
I keep thinking about you baby
I can't hardly sleep
I'm traveling by land
Traveling through the dawn of day
You're always on my mind
I can't stay away
I'd forgotten about you
Then you turned up again
I always knew
That we were meant to be more than friends
When you are near
It's just as plain as it can be
I'm wild about you, gal
You ought to be a fool about me

Can't explain
The sources of this hidden pain
You burned your way into my heart
You got the key to my brain
I've been trampling through mud
Praying to the powers above
I'm sweating blood
You got a face that begs for love
Life without you
Doesn't mean a thing to me
If I can't have you
I'll throw my love into the deep blue sea
Sometimes I wonder
Why you can't treat me right
You do good all day
Then you do wrong all night

When you're with me
I'm a thousand times happier than I could ever say
What does it matter
What price I pay
They brag about your sugar
Brag about it all over town
Put some sugar in my bowl

• 구약성서 「창세기」 1장 2절 내용을 압축해서 표현했다.

물 위의 영혼

물 위의 영혼
깊은 수면 위의 어둠˙
계속 널 생각하고 있어, 그대여
통 잠을 이룰 수 없어
난 육로로 여행하지
새벽 내내 여행해
난 널 잊은 적이 없어
떨어져 있을 수가 없네
너를 잊었었는데
그러다 네가 다시 나타났지
난 늘 알았어
우리가 친구 그 이상의 의미라는 걸
네가 가까이 있을 때
그건 정말이지 아주 명백해
난 네게 정말 열광해, 자기
넌 아마도 날 갖고 놀고 있는 것 같아

설명할 수가 없네
이 숨겨진 고통의 원인들을
넌 내 마음에 이르는 길을 태워버렸어
넌 내 머릿속으로 들어오는 열쇠를 가지고 있지
난 진창 속을 걸어왔어
저 하늘의 신께 기도드리며
난 피땀을 흘리고 있지
너는 사랑을 애걸하는 얼굴을 하고 있어
너 없는 삶은
내게 아무런 의미도 없네
만일 널 가질 수 없다면
난 내 사랑을 짙푸른 바다 속에 내던져버릴 거야
때로 난 궁금해
왜 네가 내게 잘 대해주지 않는지
넌 하루종일 착하게 굴지

I feel like laying down
I'm pale as a ghost
Holding a blossom on a stem
You ever seen a ghost? No
But you have heard of them
I hear your name
Ringing up and down the line
I'm saying it plain
These ties are strong enough to bind

I been in a brawl
Now I'm feeling the wall
I'm going away baby
I won't be back 'til fall
High on the hill
You can carry all my thoughts with you
You've numbed my will
This love could tear me in two
I wanna be with you in paradise
And it seems so unfair
I can't go back to paradise no more
I killed a man back there
You think I'm over the hill
You think I'm past my prime
Let me see what you got
We can have a whoppin' good time

그러고선 밤새 몹쓸 짓을 해

네가 나와 함께 있을 때
난 내가 표현할 수 있을 만큼의 천 배쯤은 더 행복해
아무 상관 없어
내가 어떤 대가를 치르든지 말이야
그들은 너의 설탕을 자랑해
온 동네를 자랑하고 다니지
나의 그릇에도 설탕을 좀 뿌려줘
다 때려치우고 싶은 기분이야
난 유령처럼 창백하네
줄기에 달린 꽃 한 송일 붙들고서
넌 유령을 본 적이 있니? 아냐
하지만 들어는 봤겠지
난 네 이름을 들어
길 여기저기에 울려퍼지고 있지
난 숨김없이 얘기해
이 끈들은 묶어두기에 충분할 만큼 튼튼하다고

난 싸움판 속에 있어왔어
이제 난 벽을 느껴
난 떠나가, 그대여
가을까진 돌아오지 않을 거야
언덕 높은 곳으로
내 생각들을 다 들고 가버려도 괜찮아
넌 내 의지를 마비시켰어
이 사랑은 날 두 쪽으로 쪼개놓을 수도 있지
너와 함께 낙원에 있고 싶어
그리고 그건 정말 불공평한 것 같아
내가 더이상 낙원에 갈 수 없다는 건 말이야
거기서 사람을 하나 죽였거든
넌 내가 언덕을 넘었다고 생각하지
넌 나의 전성기가 지났다고 생각해
자 실력을 한번 보여봐
우린 엄청난 시간을 보낼 수 있어

Rollin' and Tumblin'

I rolled and I tumbled, I cried the whole night long
I rolled and I tumbled, I cried the whole night long
Woke up this mornin', I must have bet my money wrong

I got troubles so hard, I can't stand the strain
I got troubles so hard, I just can't stand the strain
Some young lazy slut has charmed away my brains

The landscape is glowin', gleamin' in the golden light of day
The landscape is glowin', gleamin' in the gold light of day
I ain't holding nothin' back now, I ain't standin' in anybody's way

I'm flat out spent, this woman been drivin' me to tears
I'm flat out spent, this woman she been drivin' me to tears
This woman so crazy, I swear I ain't gonna touch another one for years

Well, the warm weather is comin' and the buds are on the vine
The warm weather's comin', the buds are on the vine
Ain't nothing so depressing as trying to satisfy this woman of mine

I got up this mornin', saw the rising sun return
Well, I got up this mornin', seen the rising sun return
Sooner or later you too shall burn

The night's filled with shadows, the years are filled with early doom
The night's filled with shadows, the years are filled with early doom
I've been conjuring up all these long dead souls from their crumblin' tombs

Let's forgive each other darlin', let's go down to the greenwood glen
Let's forgive each other darlin', let's go down to the greenwood glen
Let's put our heads together, let's put old matters to an end

Now I rolled and I tumbled and I cried the whole night long
Ah, I rolled and I tumbled, I cried the whole night long
I woke up this morning, I think I must be travelin' wrong

구르고 몸부림치고

구르고 몸부림쳤네, 밤새 꼬박 울었어
구르고 몸부림쳤네, 밤새 꼬박 울었지
오늘 아침에야 일어났어, 내 돈을 엉뚱한 데다 걸어버린 게 틀림없네

정말 골치 아픈 문제들이 생겼네, 압박감을 견딜 수가 없어
정말 골치 아픈 문제들이 생겼네, 정말이지 압박감을 견딜 수가 없다고
어느 젊고 게으르고 헤픈 여자가 주술로 내 정신을 앗아가버렸다네

풍경은 빛나고 있네, 하루의 황금빛 속에서 어슴푸레 빛나고 있어
풍경이 빛나고 있네, 하루의 금빛 속에서 어슴푸레 빛나고 있지
난 이제 그 무엇도 참고 있지 않아, 누구의 길도 막아서지 않네

돈을 몽땅 다 써버렸네, 이 여자는 날 계속 울리고 있어
돈을 몽땅 다 써버렸네, 이 여자, 그녀가 계속 날 울리고 있지
이 여자는 정말이지 미쳤어, 맹세컨대 이제 일 년 동안 여자는 손도 대지
　　않을 거라네

글쎄, 날씨가 따뜻해지고 있네, 그리고 줄기에는 싹이 돋아났어
날씨가 따뜻해지고 있네, 줄기에는 싹이 돋아났지
나의 이 여자를 만족시키려 애쓰는 것보다 더 우울한 일은 없을 거라네

오늘 아침에야 일어났네, 아침해가 돌아오는 걸 보았어
글쎄, 오늘 아침에야 일어났네, 아침해가 돌아오는 걸 보았지
머지않아 너도 타오르고 말 거야

밤은 어둠으로 가득하네, 세월은 때 이른 파멸들로 가득해
밤은 어둠으로 가득하네, 세월은 때 이른 파멸들로 가득하지
난 죽은 지 오래인 이 모든 영혼들을 그들의 허물어지는 무덤으로부터
　　불러내고 있네

서로를 용서하자, 내 사랑, 푸른 숲의 협곡으로 가자
서로를 용서하자고, 내 사랑, 푸른 숲의 협곡으로 가자

서로 머리를 맞대자고, 지난 일들은 그만 잊자

이제 난 구르고 몸부림치고 밤새 꼬박 울었네
아, 난 구르고 몸부림치고 밤새 꼬박 울었네
오늘 아침에야 일어났어, 난 엉뚱한 곳을 싸돌아다니고 있는 게
　틀림없네

When the Deal Goes Down

In the still of the night, in the world's ancient light
Where wisdom grows up in strife
My bewildering brain, toils in vain
Through the darkness on the pathways of life
Each invisible prayer is like a cloud in the air
Tomorrow keeps turning around
We live and we die, we know not why
But I'll be with you when the deal goes down

We eat and we drink, we feel and we think
Far down the street we stray
I laugh and I cry and I'm haunted by
Things I never meant nor wished to say
The midnight rain follows the train
We all wear the same thorny crown
Soul to soul, our shadows roll
And I'll be with you when the deal goes down

The moon gives light and shines by night
I scarcely feel the glow
We learn to live and then we forgive
O'er the road we're bound to go
More frailer than the flowers, these precious hours
That keep us so tightly bound
You come to my eyes like a vision from the skies
And I'll be with you when the deal goes down

I picked up a rose and it poked through my clothes
I followed the winding stream
I heard the deafening noise, I felt transient joys
I know they're not what they seem
In this earthly domain, full of disappointment and pain
You'll never see me frown
I owe my heart to you, and that's sayin' it true
And I'll be with you when the deal goes down

거래가 이루어질 때

밤의 정적 속, 세상의 오래된 빛 속에서
불화 속에 지혜가 자라나는 곳에서
나의 어리둥절해하는 정신은 헛수고를 하지
인생의 좁은 길에서 어둠을 헤쳐 나가며
보이지 않는 모든 기도들은 공중에 뜬 구름과도 같다네
내일은 계속 돌고 돌지
우리는 살고 우리는 죽어, 이유 같은 건 모르네
하지만 난 너와 함께할 거야, 거래가 이루어질 때

우린 먹고 우린 마시지, 우린 느끼고 우린 생각해
우린 거리 저멀리까지 헤매고 다니지
난 웃고 난 울어, 그리고 난 시달리지
전혀 말할 의도가 없었거나 말하고 싶지 않았던 것들에
자정의 비가 기차를 뒤따르고 있어
우린 모두 같은 가시면류관을 쓰네
영혼에서 영혼으로, 우리의 그림자는 흘러가
그리고 난 너와 함께할 거야, 거래가 이루어질 때

밤이며 달은 빛을 발하며 반짝여
그 빛을 나는 거의 느낄 수 없네
우린 사는 법을 배워, 그러고서 우린 용서하지
저 길 너머로 우린 가야만 해
꽃보다도 더 연약한 이 소중한 시간들이
우릴 계속해서 단단히 묶어주네
넌 내 눈에 비치지, 마치 하늘에서 내린 환영처럼
그리고 난 너와 함께할 거야, 거래가 이루어질 때

장미 한 송이를 꺾었어, 그리고 옷 사이에 꽂아넣었지
구불구불한 개울을 따라갔어
귀를 먹먹하게 하는 소음을 들었지, 덧없는 기쁨을 느꼈네
난 그들이 보이는 것과는 다르다는 걸 알아
이 세속의 영역, 실망과 고통으로 가득한 이곳에서

내가 눈살 찌푸리는 모습을 넌 절대 보지 못할 거야
난 내 마음을 네게 빚지고 있어, 그리고 그건 그게 진실이라는 뜻이지
그리고 난 너와 함께할 거야, 거래가 이루어질 때

Someday Baby

I don't care what you do, I don't care what you say
I don't care where you go or how long you stay
Someday baby, you ain't gonna worry po' me anymore

Well you take my money and you turn me out
You fill me up with nothin' but self doubt
Someday baby, you ain't gonna worry po' me anymore

When I was young, driving was my crave
You drive me so hard, almost to the grave
Someday baby, you ain't gonna worry po' me anymore

Something is the matter, my mind tied up in knots
I keep recycling the same old thoughts
Someday baby, you ain't gonna worry po' me anymore

So many good things in life I overlooked
I don't know what to do now, you got me so hooked
Someday baby, you ain't gonna worry po' me anymore

Gonna get myself together, I'm gonna ring your neck
When all else fails I'll make it a matter of self-respect
Someday baby, you ain't gonna worry po' me anymore

You can take your clothes, put 'm in a sack
You goin' down the road, baby and you can't come back
Someday baby, you ain't gonna worry po' me anymore

I try to be friendly, I try to be kind
Now I'm gonna drive you from your home, just like I was driven from
    mine
Someday baby, you ain't gonna worry po' me anymore

언젠가는 그대여

네가 뭘 하든 상관없어, 네가 뭐라든 상관없지
네가 어딜 가든, 얼마나 오래 머물든 상관없어
언젠가는 그대여, 넌 불쌍한 날 더이상 걱정하지 않게 될 거야

글쎄, 넌 내 돈을 다 빼앗고 날 쫓아냈지
내가 온통 자기 회의에 빠지게 만들었어
언젠가는 그대여, 넌 불쌍한 날 더이상 걱정하지 않게 될 거야

젊었을 때, 난 드라이브하길 간절히 원했었지
넌 날 정말 미친듯이 몰아대, 무덤에 이르기 직전까지
언젠가는 그대여, 넌 불쌍한 날 더이상 걱정하지 않게 될 거야

뭔가 문제가 있어, 내 정신은 곤경에 빠졌네
계속 똑같은 생각만을 되풀이하고 있지
언젠가는 그대여, 넌 불쌍한 날 더이상 걱정하지 않게 될 거야

인생의 정말 좋은 것들을 난 간과해버렸어
이제 어쩌면 좋을지 모르겠네, 넌 날 완전 빠져들게 만들어버렸지
언젠가는 그대여, 넌 불쌍한 날 더이상 걱정하지 않게 될 거야

정신을 차릴 거야, 네 목을 비틀어버릴 거라고
정말 하는 수 없어질 때, 그건 내 자존심의 문제가 될 거야
언젠가는 그대여, 넌 불쌍한 날 더이상 걱정하지 않게 될 거야

네 옷 다 챙겨 가도 돼, 전부 다 자루에 담아
넌 길을 떠나네, 그대여 그리고 넌 돌아올 수 없지
언젠가는 그대여, 넌 불쌍한 날 더이상 걱정하지 않게 될 거야

난 다정하려 해, 친절하려 하지
이제 난 널 네 집에서 쫓아낼 거야, 내가 내 집에서 쫓겨났듯 말이야
언젠가는 그대여, 넌 불쌍한 날 더이상 걱정하지 않게 될 거야

Workingman's Blues #2

There's an evening's haze settling over the town
Starlight by the edge of the creek
The buying power of the proletariat's gone down
Money's getting shallow and weak
The place I love best is a sweet memory
It's a new path that we trod
They say low wages are a reality
If we want to compete abroad

My cruel weapons been laid back on the shelf
Come and sit down on my knee
You are dearer to me than myself
As you yourself can see
I'm listening to the steel rails hum
Got both eyes tight shut
I'm just trying to keep the hunger from
Creepin' its way into my gut

Meet me at the bottom, don't lag behind
Bring me my boots and shoes
You can hang back or fight your best on the front line
Sing a little bit of these workingman's blues

I'm sailing on back getting ready for the long haul
Leaving everything behind
If I stay here I'll lose it all
The bandits will rob me blind
I'm trying to feed my soul with thought
Gonna sleep off the rest of the day
Sometimes nobody wants what you got
Sometimes you can't give it away

I woke up this morning and sprang to my feet
Went into town on a whim
I saw my father there in the street
At least I think it was him
In the dark I hear the night birds call
The hills are rugged and steep
I sleep in the kitchen with my feet in the hall
If I told you my whole story you'd weep

Meet me at the bottom, don't lag behind

Modern Times

노동자의 블루스 #2

마을에 저녁 안개가 내렸네
시냇가의 별빛
프롤레타리아 계급은 구매력이 떨어졌지
돈은 점점 얄팍하고 무력해지고 있어
내가 가장 사랑하는 곳은 달콤한 추억 속
그건 우리가 디딘 새로운 길이야
그들은 낮은 임금이 현실이라 말하네
우리가 해외에서 경쟁하려면 어쩔 수 없다고

내 잔인한 무기들은 다시 선반 위로 돌아갔네
와서 내 무릎에 앉아
넌 내게 나 자신보다도 소중한 사람
너도 보다시피
난 강철 레일이 흥얼대는 소릴 듣고 있어
두 눈을 꼭 감고 있지
난 그저 굶주림이 찾아오지 못하게
내 뱃속으로 기어들어오지 못하게 하고 있을 뿐

밑바닥에서 나랑 만나, 뒤처지지 말라고
내게 내 부츠와 신발을 가져다줘
뒤에 남아도 되고 최전선에서 최선을 다해 싸워도 돼
이 노동자의 블루스를 조금만 불러줘

난 다시 항해를 떠나, 장거리 수송을 준비중이야
모든 걸 두고 가네
만일 여기 있으면 난 그것들을 다 잃고 말 테지
노상강도들이 날 몽땅 털어먹을 거야
난 나의 영혼을 생각들로 배불리려 하고 있어
하루종일 잠만 잘 거야
누구도 네 것을 원치 않을 때가 있지
그걸 줘버릴 수도 없을 때가 있다니까

Bring me my boots and shoes
You can hang back or fight your best on the front line
Sing a little bit of these workingman's blues

They burned my barn and they stole my horse
I can't save a dime
It's a long way down and I don't want to be forced
Into a life of continual crime
I can see for myself that the sun is sinking
O'er the banks of the deep blue sea
Tell me, am I wrong in thinking
That you have forgotten me

Now they worry and they hurry and they fuss and they fret
They waste your nights and days
Them, I will forget
You, I'll remember always
It's a cold black night and it's midsummer's eve
And the stars are spinning around
I still find it so hard to believe
That someone would kick me when I'm down

Meet me at the bottom, don't lag behind
Bring me my boots and shoes
You can hang back or fight your best on the front line
Sing a little bit of these workingman's blues

I'll be back home in a month or two
When the frost is on the vine
I'll punch my spear right straight through
Half-ways down your spine
I'll lift up my arms to the starry skies
And pray the fugitive's prayer
I'm guessing tomorrow the sun will rise
I hope the final judgment's fair

The battle is over up in the hills
And the mist is closing in
Look at me, with all of my spoils
What did I ever win?
Gotta brand new suit and a brand new wife
I can live on rice and beans
Some people never worked a day in their life
They don't know what work even means

Meet me at the bottom, don't lag behind
Bring me my boots and shoes

Modern Times

아침에 깨어나 자리에서 벌떡 일어났어
충동적으로 시내엘 나갔지
거리에서 아버지를 봤어
적어도 내 생각엔 그가 그 사람 같았지
어둠 속에서 난 밤의 새들이 우는 소릴 들어
언덕은 바위투성이에다가 가파르기까지 하지
부엌에서 잠을 자는데 내 발은 현관에 있네
만일 내 이야기를 다 들려주면 넌 울어버리고 말 거야

밑바닥에서 나랑 만나, 뒤처지지 말라고
내게 내 부츠와 신발을 가져다줘
뒤에 남아도 되고 최전선에서 최선을 다해 싸워도 돼
이 노동자의 블루스를 조금만 불러줘

그들은 내 헛간을 태우고 내 말을 훔쳤어
땡전 한 푼 모을 수가 없네
갈 길이 멀지, 그리고 난 그런 상태에 몰리고 싶진 않아
되풀이되는 범죄의 삶에는 말이지
나 스스로도 알 수 있어, 태양이 지고 있다는 걸
짙푸른 바다의 제방 위로
말해줘, 내가 그렇게 생각하는 게 틀린 건지
네가 날 잊었다고 생각하는 게 말이야

이제 그들은 걱정하고 서두르고 법석을 떨고 조바심을 내네
그들은 너의 밤과 낮을 헛되게 하지
그들을, 나는 잊을 거야
너야, 늘 내가 기억하겠지
춥고 어두운 밤이야, 한여름의 저녁이지
그리고 별들은 빙글빙글 돌아가고 있네
여전히 믿기지가 않아
내가 쓰러지면 누가 날 발로 걷어차고 말 거란 걸 말이야

밑바닥에서 나랑 만나, 뒤처지지 말라고
내게 내 부츠와 신발을 가져다줘
뒤에 남아도 되고 최전선에서 최선을 다해 싸워도 돼
이 노동자의 블루스를 조금만 불러줘

You can hang back or fight your best on the front line
Sing a little bit of these working man's blues

한 달이나 두 달쯤 후에 집에 돌아올게
포도나무에 서리가 내릴 때
난 나의 창槍을 꽉 박아버릴 거야
네 척추 한가운데까지
별이 빛나는 하늘 향해 두 팔을 치켜들 거야
그리고 도망자의 기도를 드려야지
아마 내일도 태양은 떠오르는 거겠지
난 최후의 심판이 공정하길 바라네

언덕 위의 전투는 다 끝났어
엷은 안개가 밀려오네
날 봐, 그 모든 전리품들에도 불구하고
내가 뭘 얻기나 한 건지?
완전 새 양복과 완전 새 부인이 생겼어
난 쌀과 콩만 먹고도 살 수 있다네
어떤 이들은 평생 하루도 일해본 적이 없지
그들은 일한다는 게 어떤 의미인지도 몰라

밑바닥에서 나랑 만나, 뒤처지지 말라고
내게 내 부츠와 신발을 가져다줘
뒤에 남아도 되고 최전선에서 최선을 다해 싸워도 돼
이 노동자의 블루스를 조금만 불러줘

Beyond the Horizon

Beyond the horizon, behind the sun
At the end of the rainbow life has only begun
In the long hours of twilight 'neath the stardust above
Beyond the horizon it is easy to love
I'm staring out the window
Of an ancient town
Petals from flowers
Falling to the ground
Beyond the horizon, in the springtime or fall
Love waits forever, for one and for all

Beyond the horizon, across the divide
'Round about midnight, we'll be on the same side
Down in the valley the water runs cold
Beyond the horizon someone's prayin' for your soul
I lost my true lover
In the dusk, in the dawn
I have to recover
Get up and go on
Beyond the horizon, beyond love's burning game
Every step that you take, I'm walking the same

Beyond the horizon, the night winds blow
The theme of a melody from many moons ago
The bells of St. Mary, how sweetly they chime
Beyond the horizon I found you just in time
Slipping and sliding
Too late to stop
Riding and gliding
It's lonely at the top
Beyond the horizon, the sky is so blue
I've got more than a lifetime to live lovin' you

지평선 너머

지평선 너머, 저 태양의 뒤편
삶이 이제 막 시작됐을 뿐인 무지개의 끝에서
저 하늘 위 소성단 아래 긴 여명의 시간 속에서
지평선 너머에서, 사랑하긴 쉽지
난 창밖을 응시하고 있어
오래된 마을에서
꽃잎들이
바닥에 떨어지고 있네
지평선 너머, 봄이든 가을이든
사랑은 영원히 기다리네, 한 사람을 위해서도, 모두를 위해서도

지평선 너머, 경계선 너머에서
자정이 다가올 때, 우린 같은 편에 있을 거야
계곡에 흐르는 물은 차갑지
지평선 너머에서 누군가 네 영혼을 위해 기도드리고 있어
난 내 진실한 사랑을 잃었네
황혼에, 동이 틀 무렵에
난 다시 정신을 차려야만 해
일어서서 나아가야지
지평선 너머, 불타는 사랑의 게임 너머로
네가 한 걸음 내디딜 때마다, 나도 널 따라서 걷고 있네

지평선 너머, 밤바람이 불고 있어
여러 번 달이 뜨고 지는 동안에도 계속된 주제선율
세인트 메리 교회의 종들, 그것들은 어쩌면 그리도 감미롭게 울리는지
지평선 너머에서 난 때마침 널 발견했네
미끄러지고 빠져들었지
멈추기엔 이미 늦었어
감쪽같이 흘러가버리네
정상에 있으면 외롭지
지평선 너머, 하늘은 정말 푸르러
너를 사랑하며 살자면 평생을 다 바쳐도 모자랄 거야

Nettie Moore

Lost John sittin' on a railroad track
Something's out of whack
Blues this morning falling down like hail
Gonna leave a greasy trail

Gonna travel the world is what I'm gonna do
Then come back and see you
All I ever do is struggle and strive
If I don't do anybody any harm, I might make it back home alive

I'm the oldest son of a crazy man
I'm in a cowboy band
Got a pile of sins to pay for and I ain't got time to hide
I'd walk through a blazing fire, baby, if I knew you was on the other side

Oh, I miss you Nettie Moore
And my happiness is o'er
Winter's gone, the river's on the rise
I loved you then and ever shall
But there's no one here that's left to tell
The world has gone black before my eyes

The world of research has gone berserk
Too much paperwork
Albert's in the graveyard, Frankie's raising hell
I'm beginning to believe what the scriptures tell

I'm going where the Southern crosses the Yellow Dog
Get away from all these demagogues
And these bad luck women stick like glue
It's either one or the other or neither of the two

She says, "Look out daddy, don't want you to tear your pants.
You can get wrecked in this dance."
They say whiskey will kill ya, but I don't think it will
I'm riding with you to the top of the hill

Oh, I miss you Nettie Moore
And my happiness is o'er
Winter's gone, the river's on the rise
I loved you then and ever shall
But there's no one here that's left to tell

네티 무어

도망자 존이 철로 위에 앉아 있어
뭔가 잘 안 풀리고 있네
오늘 아침 우박처럼 쏟아진 블루스는
기름 자국을 남길 거야

세상을 여행하는 거, 그게 내가 할 일이지
그리고 돌아와서 널 볼 거야
내가 하는 거라곤 오로지 투쟁과 분투뿐
만일 누구도 해치지 않는다면, 아마 난 살아서 집에 돌아오겠지

난 그 미친 인간의 장남이지
나는야 카우보이 밴드의 멤버
죗값을 치러야 할 게 한 무더기, 숨을 시간은 없네
타오르는 불 속으로도 걸어들어갈 테지, 만일 네가 불 건너편에 있다는
　　걸 안다면 말이야

오, 난 네가 그리워 네티 무어
그리고 내 행복은 끝장났지
겨울은 지나갔어, 얼었던 강이 풀리고 있네
난 그때도 널 사랑했고, 아마 영원히 그럴 테지
하지만 살아남은 사람은 이곳에 아무도 없네
세상은 내 눈앞에서 캄캄해져버렸어

연구자들이 난폭해졌어
너무 많은 문서 업무들
앨버트는 무덤에 있고, 프랭키는 소란을 피우고 있지
난 이제야 성서에서 얘기하는 걸 믿기 시작하네

난 남부와 옐로 도그가 교차하는 곳으로 가
이 모든 선동 정치가들로부터 벗어날 테야
그리고 끈덕지게 달라붙는 이 재수없는 여자들로부터도
늘 그들 둘 중 하나거나 그들 둘 중 그 어느 쪽도 아니지

The world has gone black before my eyes

Don't know why my baby never looked so good before
I don't have to wonder no more
She been cooking all day and it's gonna take me all night
I can't eat all that stuff in a single bite

The Judge is coming in, everybody rise
Lift up your eyes
You can do what you please, you don't need my advice
Before you call me any dirty names you better think twice

Getting light outside, the temperature dropped
I think the rain has stopped
I'm going to make you come to grips with fate
When I'm through with you, you'll learn to keep your business straight

Oh, I miss you Nettie Moore
And my happiness is o'er
Winter's gone, the river's on the rise
I loved you then and ever shall
But there's no one here that's left to tell
The world has gone black before my eyes

The bright spark of the steady lights
Has dimmed my sights
When you're around all my grief gives 'way
A lifetime with you is like some heavenly day

Everything I've ever known to be right has been proven wrong
I'll be drifting along
The woman I'm lovin', she rules my heart
No knife could ever cut our love apart

Today I'll stand in faith and raise
The voice of praise
The sun is strong, I'm standing in the light
I wish to God that it were night

Oh, I miss you Nettie Moore
And my happiness is o'er
Winter's gone, the river's on the rise
I loved you then and ever shall
But there's no one here that's left to tell
The world has gone black before my eyes

그녀는 말해, "당신 조심해요, 당신 바지가 찢어지는 건 바라지
　　않거든요.
당신은 이 춤판에서 완전히 망가질지도 몰라요."
그들은 말하지 위스키가 널 죽이고 말 거라고, 하지만 내 생각엔 그럴 것
　　같지가 않네
난 너와 함께 달리고 있어, 저 언덕 꼭대기를 향해

오, 난 네가 그리워 네티 무어
그리고 내 행복은 끝장났지
겨울은 지나갔어, 얼었던 강이 풀리고 있네
난 그때도 널 사랑했고, 아마 영원히 그럴 테지
하지만 살아남은 사람은 이곳에 아무도 없네
세상은 내 눈앞에서 캄캄해져버렸어

왜 전에는 내 애인이 이렇게 멋져 보이지 않았나 모르겠어
더이상은 궁금해할 필요가 없네
그녀는 하루종일 요리를 하고 있고, 그걸 다 먹으려면 밤을 꼬박
　　새야겠지
그걸 한입에 다 먹어치울 순 없으니까 말이야

판사가 들어와, 다들 기립하지
두 눈을 치켜뜨라고
네가 원하는 걸 해, 내 충고는 네게 필요치 않아
내게 쌍소리를 내뱉기 전에, 다시 한번 생각해보는 게 좋을 거야

바깥에서 햇볕을 쪼여, 기온이 떨어졌어
비가 멈춘 것 같군
네가 운명을 꼭 붙잡도록 만들어줄 거야
내가 너와 끝장나고 나면, 너도 사업을 똑바로 꾸려나가는 법을 알게
　　되겠지

오, 난 네가 그리워 네티 무어
그리고 내 행복은 끝장났지
겨울은 지나갔어, 얼었던 강이 풀리고 있네
난 그때도 널 사랑했고, 아마 영원히 그럴 테지

하지만 살아남은 사람은 이곳에 아무도 없네
세상은 내 눈앞에서 캄캄해져버렸어

끊임없는 빛의 환한 불꽃이
내 시야를 흐리게 만들었어
네가 곁에 있으면 내 모든 슬픔은 사라지네
너와 함께하는 평생은 무슨 천국에서의 하루 같아

내가 옳다고 알아온 모든 것들이 틀렸다는 게 입증됐지
난 표류할 거야
내가 사랑하는 여자, 그녀가 내 마음을 지배해
그 어떤 칼도 우리 사랑을 갈라놓을 순 없네

오늘 난 믿음으로 일어나 드높일 거야
찬양의 목소리를 말이지
태양은 강해, 난 빛 속에 서 있네
난 신께 지금이 밤이었으면 하고 빌지

오, 난 네가 그리워 네티 무어
그리고 내 행복은 끝장났지
겨울은 지나갔어, 얼었던 강이 풀리고 있네
난 그때도 널 사랑했고, 아마 영원히 그럴 테지
하지만 살아남은 사람은 이곳에 아무도 없네
세상은 내 눈앞에서 캄캄해져버렸어

The Levee's Gonna Break

If it keep on rainin' the levee gonna break
If it keep on rainin' the levee gonna break
Everybody saying this is a day only the Lord could make

Well I worked on the levee Mama, both night and day
Well I worked on the levee Mama, both night and day
I got to the river and I threw my clothes away

I paid my time and now I'm as good as new
I paid my time and now I'm as good as new
They can't take me back, not unless I want them to

If it keep on rainin' the levee gonna break
If it keep on rainin' the levee gonna break
Some of these people gonna strip you of all they can take

I can't stop here, I ain't ready to unload
I can't stop here, I ain't ready to unload
Riches and salvation can be waiting behind the next bend in the road

I picked you up from the gutter and this is the thanks I get
I picked you up from the gutter and this is the thanks I get
You say you want me to quit ya, I told you no, not just yet

I look in your eyes, I see nobody else but me
I look in your eyes, I see nobody other than me
I see all that I am and all I hope to be

If it keep on rainin' the levee gonna break
If it keep on rainin' the levee gonna break
Some of these people don't know which road to take

When I'm with you I forget I was ever blue
When I'm with you I forget I was ever blue
Without you there's no meaning in anything I do

Some people on the road carrying everything that they own
Some people on the road carrying everything that they own
Some people got barely enough skin to cover their bones

Put on your cat clothes, Mama, put on your evening dress
Put on your cat clothes, Mama, put on your evening dress

제방이 무너지고 말 거야

계속 비가 내리다간 제방이 무너지고 말 거야
계속 비가 내리다간 제방은 무너지고 말 테지
다들 얘기해, 이런 날은 신께서 조화를 부리시는 거라고

있잖아, 난 오늘 제방을 수리했어 자기야, 밤낮없이
있잖아, 난 오늘 제방을 수리했어 자기야, 밤낮없이
강으로 가서 옷을 벗어던졌어

나는 내 시간을 들였어, 이제 난 새것이나 다름없네
나는 내 시간을 들였어, 이제 난 새것이나 다름없지
그들은 날 다시 데려갈 수 없어, 안 되지, 내가 그들에게 날 데려가라고
　　하지 않는 한

계속 비가 내리다간 제방이 무너지고 말 거야
계속 비가 내리다간 제방은 무너지고 말 테지
이들 중 몇몇은 네게서 빼앗을 수 있는 모든 걸 빼앗아가버릴 거야

여기서 멈출 순 없어, 아직 짐을 내릴 준비가 안 됐다고
여기서 멈출 순 없어, 아직 짐을 내릴 준비가 안 됐다니까
부와 구원이 길의 바로 다음 굽이에서 기다리고 있을지도 모른다네

내가 널 시궁창에서 건져왔어, 그리고 이게 내가 받는 보답이지
내가 널 시궁창에서 건져왔어, 그리고 이게 내가 받는 보답이네
넌 내가 널 포기했으면 한다고 말해, 난 안 된다고 말했지, 아직은 안 돼

난 네 눈을 바라봐, 그 속에는 나밖에 보이질 않네
난 네 눈을 바라봐, 그 속에는 나 말고는 누구도 보이질 않아
난 내 전부와 나의 모든 소망들을 보네

계속 비가 내리다간 제방이 무너지고 말 거야
계속 비가 내리다간 제방은 무너지고 말 테지
이들 중 몇몇은 어떤 길로 가야 할지를 모르네

A few more years of hard work then there'll be a thousand years of
  happiness

If it keep on rainin' the levee gonna break
If it keep on rainin' the levee gonna break
I tried to get you to love me, but I won't repeat that mistake

If it keep on rainin' the levee gonna break
If it keep on rainin' the levee gonna break
Plenty of cheap stuff out there still around to take

I woke up this morning, butter and eggs in my bed
I woke up this morning, butter and eggs in my bed
I ain't got enough room to even raise my head

Come back, baby, say we never more will part
Come back, baby, say we never more will part
Don't be a stranger without a brain or heart

If it keep on rainin' the levee gonna break
If it keep on rainin' the levee gonna break
Some people still sleepin', some people are wide awake

너와 함께면, 난 내가 우울했단 사실을 완전히 잊어
너와 함께면, 난 내가 우울했단 사실을 완전히 잊지
네가 없다면 내가 뭘 하든 그건 아무 의미도 없네

길 위의 어떤 이들은 그들이 가진 모든 걸 들고 가고 있지
길 위의 어떤 이들은 그들이 가진 모든 걸 들고 가고 있어
어떤 이들은 자신들의 뼈를 뒤덮을 피부조차 모자라네

고양이 옷을 걸쳐, 자기야, 이브닝드레스를 걸쳐
고양이 옷을 걸쳐, 자기야, 이브닝드레스를 걸치라고
몇 년만 더 뼈빠지게 일하고 나면 천 년의 행복이 기다리고 있을 거야

계속 비가 내리다간 제방이 무너지고 말 거야
계속 비가 내리다간 제방은 무너지고 말 테지
난 네가 날 사랑하게 만들려 했지만, 똑같은 실수를 되풀이하진 않을
　거야

계속 비가 내리다간 제방이 무너지고 말 거야
계속 비가 내리다간 제방은 무너지고 말 테지
저기 바깥에는 들고 갈 수 있는 수많은 싸구려 물건들이 여전히 수도
　없이 널려 있네

아침에 일어났어, 버터와 달걀이 내 침대에 있네
아침에 일어났어, 버터와 달걀이 내 침대에 있네
심지어 고개를 들 공간도 여의칠 않다니까

돌아와, 자기야, 우리가 더는 헤어지지 않을 거라 말해줘
돌아와, 자기야, 우리가 더는 헤어지지 않을 거라 말해달라니까
날 까맣게 잊고서 모른 체하진 말아줘

계속 비가 내리다간 제방이 무너지고 말 거야
계속 비가 내리다간 제방은 무너지고 말 테지
어떤 이들은 여전히 잠들어 있고, 어떤 이들은 환히 깨어 있네

Ain't Talkin'

As I walked out tonight in the mystic garden
The wounded flowers were dangling from the vines
I was passing by yon cool and crystal fountain
Someone hit me from behind

Ain't talkin', just walkin'
Through this weary world of woe
Heart burnin', still yearnin'
No one on earth would ever know

They say prayer has the power to help
So pray for me mother
In the human heart an evil spirit can dwell
I'm trying to love my neighbor and do good unto others
But oh, mother, things ain't going well

Ain't talkin', just walkin'
I'll burn that bridge before you can cross
Heart burnin', still yearnin'
They'll be no mercy for you once you've lost

Now I'm all worn down by weepin'
My eyes are filled with tears, my lips are dry
If I catch my opponents ever sleepin'
I'll just slaughter them where they lie

Ain't talkin', just walkin'
Through a world mysterious and vague
Heart burnin', still yearnin'
Walking through the cities of the plague

The whole world is filled with speculation
The whole wide world which people say is round
They will tear your mind away from contemplation
They will jump on your misfortune when you're down

Ain't talkin', just walkin'
Eatin' hog-eyed grease in hog-eyed town
Heart burnin', still yearnin'
Someday you'll be glad to have me around

They will crush you with wealth and power

말은 필요 없어

오늘밤 내가 신비로운 정원을 걸어나올 때
상처 입은 꽃들이 줄기에 매달려 있었지
나는 저 차갑고 맑은 분수를 지나가고 있었어
누가 날 뒤에서 쳤네

말은 필요 없어, 그저 거닐 뿐
비애로 가득한 이 지긋지긋한 세상을 지나며
마음은 불타올라, 여전히 갈망하네
이 땅 위의 그 누구도 알 수 없을 거야

사람들은 말하지 기도는 우릴 도와주는 힘이 있다고
그러니 날 위해 기도해줘요 어머니
인간의 마음속에는 악령이 깃들 수 있어요
난 이웃들을 사랑하려 하고 남들에게도 잘하려 하죠
하지만 오, 어머니, 일이 잘 풀리지를 않네요

말은 필요 없어, 그저 거닐 뿐
네가 저 다리를 건너기 전에 그걸 불태워버릴 거야
마음은 불타올라, 여전히 갈망하네
네가 일단 자비를 잃고 나면 그들도 더이상의 자비는 베풀지 않을 거야

이제 난 우느라 완전히 지쳐버렸어
내 눈은 눈물로 가득하네, 내 입술은 메말랐어
만일 나의 반대자들이 잠든 걸 발견하기라도 한다면
그들을 그냥 그 자리에서 학살해버릴 테야

말은 필요 없어, 그저 거닐 뿐
불가사의하고도 모호한 세상을 지나며
마음은 불타올라, 여전히 갈망하네
전염병이 창궐하는 도시들을 거닐며

온 세상이 추측으로 난무해

Every waking moment you could crack
I'll make the most of one last extra hour
I'll avenge my father's death then I'll step back

Ain't talkin', just walkin'
Hand me down my walkin' cane
Heart burnin', still yearnin'
Got to get you out of my miserable brain

All my loyal and my much-loved companions
They approve of me and share my code
I practice a faith that's been long abandoned
Ain't no altars on this long and lonesome road

Ain't talkin', just walkin'
My mule is sick, my horse is blind
Heart burnin', still yearnin'
Thinkin' 'bout that gal I left behind

It's bright in the heavens and the wheels are flying
Fame and honor never seem to fade
The fire's gone out but the light is never dying
Who says I can't get heavenly aid?

Ain't talkin', just walkin'
Carrying a dead man's shield
Heart burnin', still yearnin'
Walkin' with a toothache in my heel

The suffering is unending
Every nook and cranny has its tears
I'm not playing, I'm not pretending
I'm not nursing any superfluous fears

Ain't talkin', just walkin'
Walkin' ever since the other night
Heart burnin', still yearnin'
Walkin' 'til I'm clean out of sight

As I walked out in the mystic garden
On a hot summer day, hot summer lawn
Excuse me, ma'am, I beg your pardon
There's no one here, the gardener is gone

Ain't talkin', just walkin'
Up the road around the bend
Heart burnin', still yearnin'

사람들이 말하는 온 세상 전부가 둥글어
그들은 네 정신이 명상의 상태에 머물지 못하게 훼방놓을 거야
네가 쓰러지면 그들은 너의 불운을 비난할 테지

말은 필요 없어, 그저 거닐 뿐
돼지 눈깔 마을에서 돼지 눈깔 지방을 먹으며
마음은 불타올라, 여전히 갈망하네
언젠가 넌 내가 곁에 있음에 기뻐하게 될 거야

그들은 부와 권력으로 널 뭉개버릴 거야
넌 깨어 있는 매 순간 순간마다 부서질 거야
난 덤으로 주어진 마지막 한 시간을 최대한 활용할 거야
아버지의 죽음에 대한 복수를 할 거야, 그러고선 물러날 테지

말은 필요 없어, 그저 거닐 뿐
내게 내 보행용 지팡이를 건네줘
마음은 불타올라, 여전히 갈망하네
널 내 비참한 머릿속에서 끄집어내야만 해

내 모든 충성스럽고 친애하는 동료들
그들은 나를 인정하고 나와 같은 규율을 따르지
나는 버려진 지 오래인 믿음을 실천한다네
이 멀고 외로운 길 위에 제단 따윈 없지

말은 필요 없어, 그저 거닐 뿐
내 노새는 병들었어, 내 말은 눈멀었지
마음은 불타올라, 여전히 갈망하네
남겨두고 온 여자를 생각하고 있어

천국은 환해, 그리고 바퀴는 날듯이 굴러다니지
명성과 명예는 전혀 빛이 바래지 않는 것 같아
불은 꺼졌지만 불빛은 절대 죽지 않네
내가 천국의 도움을 받지 못할 거라고 누가 그랬지?

말은 필요 없어, 그저 거닐 뿐
죽은 자의 방패를 들고서

In the last outback, at the world's end

마음은 불타올라, 여전히 갈망하네
뒤꿈치에 치통을 앓으며 걸어가고 있어

고통은 끝이 없네
구석구석 눈물 없는 곳이 없어
장난치는 게 아니야, 가식 떠는 것도 아니라고
난 더이상 쓸데없는 두려움은 품지 않을 거야

말은 필요 없어, 그저 거닐 뿐
지난밤 이후로 계속 걸어왔어
마음은 불타올라, 여전히 갈망하네
완전히 보이지 않게 될 때까지 걸을 거야

내가 신비로운 정원에서 걸어나올 때
뜨거운 여름날, 뜨거운 여름의 잔디밭 위로
실례합니다, 부인, 지금 뭐라고 하신 건가요
여긴 아무도 없어, 정원사는 사라져버렸네

말은 필요 없어, 그저 거닐 뿐
길을 가, 모퉁이를 돌아서
마음은 불타올라, 여전히 갈망하네
마지막 오지에서, 세상의 끝에서

Can't Escape from You

Oh the evening train is rolling
All along the homeward way
All my hopes are over the horizon
All my dreams have gone astray
The hillside darkly shaded
Stars fall from above
All the joys of earth have faded
The nights untouched by love
I'll be here 'til tomorrow
Beneath a shroud of gray
I'll pretend I'm free from sorrow
My heart is miles away
The dead bells are ringing
My train is overdue
To your memory I'm clinging
I can't escape from you

Well I hear the sound of thunder
Roaring loud and long
Sometimes you've got to wonder
God knows I've done no wrong
You've wasted all your power
You threw out the Christmas pie
You'll wither like a flower
And play the fool and die
I'm neither sad nor sorry
I'm all dressed up in black
I fought for fame and glory
You tried to break my back
In the far off sweet forever
The sunshine breaking through
We should have walked together
I can't escape from you

I cannot grasp the shadows
That gather near the door
Rain fall 'round my window
I wish I'd seen you more
The path is ever winding
The stars they never age
The morning light is blinding
All the world's a stage

네게서 벗어날 수 없어

저녁에 기차가 달려가
집으로 가는 길 내내
내 모든 희망은 지평선 너머에 있네
내 모든 꿈들은 상실돼버렸지
비탈엔 어두운 그림자가 졌어
하늘에서 별들이 떨어져
지상의 모든 기쁨들은 사라져버렸네
사랑의 손길이 머물지 않는 밤들
난 내일까지 여기 있을 거야
회색의 장막 아래
난 슬프지 않은 척할 거야
내 마음은 깊은 생각에 빠져 있어
조종弔鐘이 울리고 있네
내 기차는 연착됐어
너와의 추억에 나는 매달리지
난 네게서 벗어날 수 없어

글쎄, 난 천둥소릴 들어
길고도 큰 소리로 으르렁거리는 걸
때로 넌 놀라야만 해
신께선 아시지, 내게는 아무 잘못도 없다는 걸
넌 네 힘을 모두 낭비해버렸어
크리스마스 파이를 던져버렸지
넌 꽃처럼 시들고 말 거야
그리고 바보짓을 하고는 죽을 테지
난 슬프지도 미안하지도 않아
온통 검은 옷으로 차려입었어
난 명성과 영예를 위해 싸웠지
너는 내 등골뼈를 부러뜨리려 했어
까마득히 멀고도 달콤한 영원 속에
구름 사이로 햇살이 비치네
우린 함께 걸었어야 했지

Should be the time of gladness
Happy faces everywhere
But the mystery of madness
Is propagating in the air
I don't like the city
Not like some folks do
Isn't it a pity
I can't escape from you?

난 네게서 벗어날 수 없어

난 어둠을 움켜쥘 수 없어
문 가까이 모여든 어둠을
나의 창문 주위로 비가 내리네
널 더 볼 수 있었더라면 좋았을 텐데
길은 영원히 굽어 있지
별들은 절대 늙지 않아
아침 햇살은 눈부셔
온 세상이 하나의 무대야
이제 기쁨의 시간일 거야
어디에나 행복한 얼굴들이 있어
하지만 광기의 불가사의가
전파되고 있는 듯한 기운이 감도네
난 도시가 싫어
몇몇 사람들이 좋아하는 것과는 달리
정말 안타까운 일 아니니?
난 네게서 벗어날 수가 없어

Huck's Tune

Well I wandered alone
Through a desert of stone
And I dreamt of my future wife
My sword's in my hand
And I'm next in command
In this version of death called life
My plate and my cup
Are right straight up
I took a rose from the hand of a child
When I kiss your lips
The honey drips
But I'm gonna have to put you down for a while

Every day we meet
On any old street
And you're in your girlish prime
The short and the tall
Are coming to the ball
I go there all the time
Behind every tree
There's something to see
The river is wider than a mile
I tried you twice
You couldn't be nice
I'm gonna have to put you down for a while

Here come the nurse
With money in her purse
Here come the ladies and men
You push it all in
And you've no chance to win
You play 'em on down to the end
I'm laying in the sand
Getting a sunshine tan
Moving along, riding in style
From my toes to my head
You knock me dead
I'm gonna have to put you down for a while

I count the years
And I shed no tears

* 포커 게임을 소재로 한 영화 〈Lucky You〉(2006)의 OST로, 주인공 '헉'의 이야기를 담고 있다.

혀의 선율*

있잖아, 난 혼자 떠돌았어
돌의 사막을 지나
그리고 내 미래의 부인을 꿈꿨지
손에 칼을 들었어
다음 통솔자는 바로 나지
삶이라고도 불리는 이 죽음을 통솔할 자 말이야
나의 접시와 나의 컵은
똑바로 놓여 있어
한 아이의 손에서 장미 한 송이를 빼앗았지
네 입술에 키스하면
꿀이 흘러내려
하지만 난 잠시 널 내려놓아야만 하겠네

매일 우린 만나
오래된 아무 거리에서나
그리고 넌 지금 여자로서 한창 잘나갈 때지
키 작은 사람과 키 큰 사람이
무도회로 가
난 늘 그곳에 가지
모든 나무들 뒤엔
뭔가 볼 게 있거든
강은 폭이 일 마일도 더 돼
난 네게 두 번 수작을 걸었지
넌 친절하게 대해주지 않았어
난 잠시 널 내려놓아야만 하겠네

여기 간호사가 와
지갑 안에 돈을 넣고서
여기 숙녀들과 남자들이 와
넌 전부 다 밀어넣지
그리고 넌 이길 가망이 없네
넌 끝까지 계속하지

I'm blinded to what might have been
Nature's voice
Makes my heart rejoice
Play me the wild song of the wind
I found hopeless love
In the room above
When the sun and the weather were mild
You're as fine as wine
I ain't handing you no line
But I'm gonna have to put you down for a while

All the merry little elves
Can go hang themselves
My faith is as cold as can be
I'm stacked high to the roof
And I'm not without proof
If you don't believe me, come see
You think I'm blue
I think so too
In my words, you'll find no guile
The game's gotten old
The deck's gone cold
And I'm gonna have to put you down for a while

The game's gotten old
The deck's gone cold
I'm gonna have to put you down for a while

난 모래 속에 누워 있어
햇볕에 몸을 태우면서
내가 나가신다, 폼나게 돌아다니지
발끝부터 머리끝까지 말이야
넌 날 뿅가게 해
난 잠시 널 내려놓아야만 하겠네

지나온 세월을 헤아리네
눈물은 흐르지 않아
난 그렇게 됐을지도 모를 일들에 대해 무지하네
자연의 목소리는
내 마음을 기쁘게 해
내게 바람의 격렬한 노래를 들려줘
난 가망 없는 사랑을 발견했네
위층 방에서
태양과 날씨가 온화했을 때 말이야
넌 와인만큼이나 훌륭해
무슨 딴마음 먹고 네게 달콤한 말을 속삭이는 건 아니야
하지만 난 잠시 널 내려놓아야만 하겠네

모든 명랑하고 작은 요정들은
가서 목이나 매라고 그래
나의 믿음은 더없이 차갑지
난 지붕 위로 날아갈 만큼 기분이 좋아
그리고 내게 증거가 없는 것도 아니야
못 믿겠거든 와서 보라고
넌 내가 우울하다고 생각하는군
내 생각도 마찬가지야
내 말에서 속임수는 찾을 수 없을 거야
게임은 구식이 되어버렸어
카드는 바꿔치기당해버렸지
그리고 난 잠시 널 내려놓아야만 하겠네

게임은 구식이 되어버렸어
카드는 바꿔치기당해버렸지
난 잠시 널 내려놓아야만 하겠네

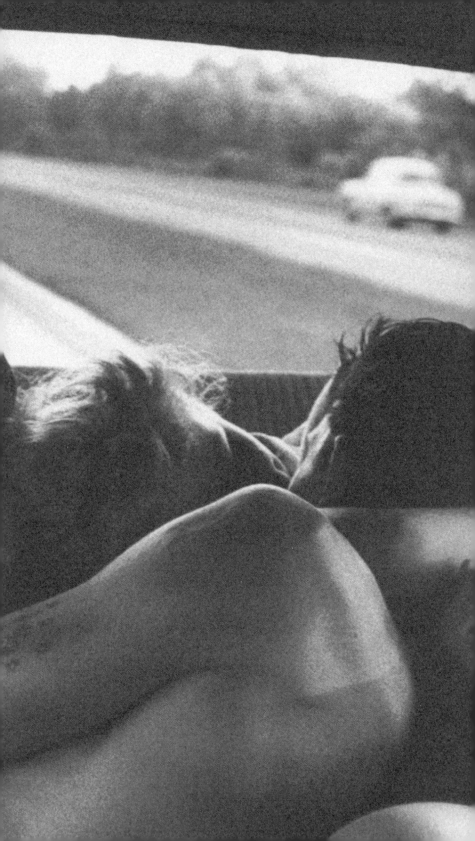

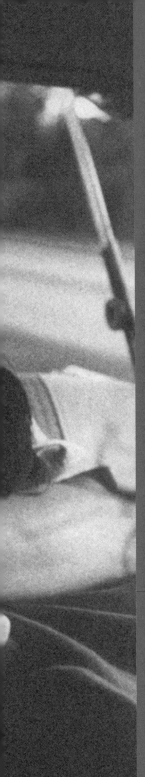

Together Through Life 2009

평생 함께

Beyond Here Lies Nothin'
(with Robert Hunter)

I love you pretty baby
You're the only love I've ever known
Just as long as you stay with me
The whole world is my throne
Beyond here lies nothin'
Nothin' we can call our own

I'm movin' after midnight
Down boulevards of broken cars
Don't know what I'd do without it
Without this love that we call ours
Beyond here lies nothin'
Nothin' but the moon and stars

Down every street there's a window
And every window made of glass
We'll keep on lovin' pretty baby
For as long as love will last
Beyond here lies nothin'
But the mountains of the past

My ship is in the harbor
And the sails are spread
Listen to me pretty baby
Lay your hand upon my head
Beyond here lies nothin'
Nothin' done and nothin' said

* 미국 작사가(1941~).

이곳 너머엔 아무것도 없어
(로버트 헌터*와 함께)

난 널 사랑해, 예쁜 자기야
년 내가 아는 한 유일한 사랑이지
네가 나와 함께하는 한
이 세상이 다 나의 왕좌야
이곳 너머엔 아무것도 없어
우리들 것이라 부를 수 있는 건 아무것도

난 자정이 넘은 시간에 움직이고 있어
망가진 차들의 대로를 따라서
그것 없이는 어쩔 줄을 모르겠네
우리가 가진 이 사랑 없이는 말이야
이곳 너머엔 아무것도 없어
달과 별밖에는 아무것도

길 따라 가는 곳마다 창문이 보여
전부 다 유리로 되어 있지
우린 계속 사랑할 거야, 예쁜 자기야
사랑이 계속되는 한 말이야
이곳 너머엔 아무것도 없어
과거의 산들 말고는 아무것도

내 배는 항구에 있어
그리고 돛은 펼쳐졌다네
내 말을 들어봐, 예쁜 자기야
내 머리 위에 네 손을 얹어줘
이곳 너머엔 아무것도 없어
해결된 건 없지, 아무것도

Life Is Hard
(with Robert Hunter)

The evening winds are still
I've lost the way and will
Can't tell you where they went
I just know what they meant
I'm always on my guard
Admitting life is hard
Without you near me

The friend you used to be
So near and dear to me
You slipped so far away
Where did we go astray
I pass the old schoolyard
Admitting life is hard
Without you near me

Ever since the day
The day you went away
I felt that emptiness so wide
I don't know what's wrong or right
I just know I need strength to fight
Strength to fight that world outside

Since we've been out of touch
I haven't felt that much
From day to barren day
My heart stays locked away
I walk the boulevard
Admitting life is hard
Without you near me

The sun is sinking low
I guess it's time to go
I feel a chilly breeze
In place of memories
My dreams are locked and barred
Admitting life is hard
Without you near me

삶은 힘들어
(로버트 헌터와 함께)

저녁 바람이 고요해
난 길 잃었어, 의지를 잃었지
그것들이 어디로 사라져버렸는지 말할 수 없네
그저 그것들이 무슨 의미였는지를 알 뿐
난 늘 방심하지 않고 있어
삶은 힘들다는 걸 시인하며
네가 내 곁에 없는 삶은

과거에 넌 내 친구였지
정말 가깝고 다정했지
아주 먼 곳으로 넌 사라져버렸네
우리가 어디서 길을 잃고 말았을까
난 오래된 교정을 지나가
삶은 힘들다는 걸 시인하며
네가 내 곁에 없는 삶은

바로 그날 이후
네가 떠나버린 그날 이후로
너무나도 큰 공허함을 느꼈어
뭐가 옳고 그른 건지 모르겠네
그저 내겐 싸울 힘이 필요하다는 걸 알 뿐
바깥세상과 싸워낼 힘이

우리가 연락을 끊은 이후로
난 별 감정이 안 들어
초라해지는 매일매일
내 마음은 굳게 닫혀만 있네
난 대로를 거닐어
삶은 힘들다는 걸 시인하며
네가 내 곁에 없는 삶은

해가 낮게 지고 있어

갈 시간이 된 것 같아
쌀쌀한 바람이 느껴져
추억의 장소에서
내 꿈은 철창 안에 갇혀만 있네
삶은 힘들다는 걸 시인하며
네가 내 곁에 없는 삶은

My Wife's Home Town
(with Robert Hunter)

Well I didn't come here to deal with a doggone thing
I just came here to hear the drummer's cymbal ring
There ain't no way you can put me down
I just want to say that Hell's my wife's home town

Well there's reasons for that and reasons for this
I can't think of any just now, but I know they exist
I'm sitting in the sun 'til my skin turns brown
I just want to say that Hell's my wife's home town
Home town, home town

She can make you steal, make you rob
Give you the hives, make you lose your job
Make things bad, she can make things worse
She got stuff more potent than a gypsy curse

One of these days, I'll end up on the run
I'm pretty sure, she'll make me kill someone
I'm going inside, roll the shutters down
I just want to say that Hell's my wife's home town

Well there's plenty to remember, plenty to forget
I still can remember the day we met
I lost my reason long ago
My love for her is all I know

State gone broke, the county's dry
Don't be looking at me with that evil eye
Keep on walking, don't be hanging around
I'm telling you again that Hell's my wife's home town
Home town, home town

내 여편네의 고향
(로버트 헌터와 함께)

이봐, 난 그 망할 것을 상대하러 여기 온 게 아냐
그저 드러머가 치는 심벌즈 소리나 들으러 왔다고
날 깔아뭉갤 수 있는 방법은 없지
난 그저 여편네 고향은 엿이나 먹으라고 말해주고 싶어

이봐, 모든 일에는 이런 이유 저런 이유가 있지
지금은 하나도 생각나지 않지만, 분명 그런 게 있다는 건 안다고
난 앉아서 햇볕을 쬐고 있네, 살이 까맣게 타버릴 때까지
난 그저 여편네 고향은 엿이나 먹으라고 말해주고 싶어
이런 망할 놈의, 여편네 고향

그녀는 네게 도둑질을 시킬 수도, 강도짓을 시킬 수도 있어
네게 두드러기가 나게 하고, 직업을 잃게 할 수도 있어
상황을 나쁘게 만들고, 상황을 더 나쁘게 만들 수도 있다고
그녀는 집시의 저주보다도 효험이 뛰어난 걸 가졌다네

머지않아 난 도망자 신세가 되고 말 거야
정말 확신해, 그녀는 날더러 누군가를 죽이게 만들 거야
난 안으로 들어가, 셔터를 내리네
난 그저 여편네 고향은 엿이나 먹으라고 말해주고 싶어

이봐, 기억할 것들이 많아, 잊을 것들도 많지
아직도 우리가 만났던 날이 기억나네
난 오래전에 이성을 잃었어
그녀를 향한 사랑 말고, 난 아무것도 모르네

나라는 망했고, 시골은 메말랐지
그런 사악한 눈으로 날 쳐다보지 마
계속 걸어, 빈둥거리지 말라고
내 다시 말하는데, 여편네 고향은 엿이나 먹으라지
이런 망할 놈의, 여편네 고향

If You Ever Go to Houston
(with Robert Hunter)

If you ever go to Houston
Better walk right
Keep your hands in your pockets
And your gun-belt tight
You'll be asking for trouble
If you're lookin' for a fight
If you ever go to Houston
Boy, you better walk right

If you're ever down there
On Bagby and Lamar
You better watch out for
The man with the shining star
Better know where you're going
Or stay where you are
If you're ever down there
On Bagby and Lamar

I know these streets
I've been here before
I nearly got killed here
During the Mexican war
Something always
Keeps me coming back for more
I know these streets
I've been here before

If you ever go to Dallas
Say hello to Mary Anne
Say I'm still pullin' on the trigger
Hangin' on the best that I can
If you see her sister Lucy
Say I'm sorry I'm not there
Tell her other sister Betsy
To pray the sinner's prayer

I got a restless fever
Burnin' in my brain
Got to keep ridin' forward
Can't spoil the game
The same way I leave here
Will be the way that I came

만일 휴스턴에 가게 된다면
(로버트 헌터와 함께)

만일 휴스턴에 가게 된다면
똑바로 걷는 게 좋을 거야
손은 계속 주머니에 넣어두고
권총 벨트는 꽉 매어둬
넌 화를 자초하게 될 거야
싸울 거릴 찾는다면 말이지
만일 휴스턴에 가게 된다면
그래, 똑바로 걷는 게 좋을 거야

만일 거기 가게 된다면
바그비 그리고 러마에
조심하는 게 좋을 거야
빛나는 별을 단 사람을
그리고 조심해서 다니는 게 좋을 거야
아니면 그냥 그 자리에서 꼼짝을 말라고
만일 거기 가게 된다면
바그비 그리고 러마에

난 이 거리를 알아
전에 와본 적이 있다네
여기서 거의 죽을 뻔했어
멕시코 전쟁 때 말이야
늘 뭔가가
날 또 이곳으로 돌아오게 만드네
난 이 거리를 알아
전에 여기 와본 적이 있지

만일 댈러스에 가게 된다면
메리 앤에게 안부 전해줘
여전히 내가 방아쇠를 당기고 있다고 말해줘
할 수 있는 한 최선을 다해 버티고 있다고
만일 그녀의 자매 루시를 본다면

Got a restless fever
Burnin' in my brain

If you ever go to Austin
Fort Worth or San Antone
Find the bar rooms I got lost in
And send my memories home
Put my tears in a bottle
Screw the top on tight
If you ever go to Houston
You better walk right

내가 거기 없어서 미안하다고 말해줘
그녀의 다른 자매인 벳시에겐
참회의 기도를 드리라고 전해줘

열이 멈추질 않네
머릿속이 불타고 있어
앞으로 계속 달려나가야만 해
일을 망쳐버릴 순 없지
난 여기에 왔을 때처럼 똑같이
여기를 떠날 거야
열이 멈추질 않네
머릿속이 불타고 있어

만일 오스틴에 가게 된다면
포트워스나 샌안토니오로
내가 푹 빠졌었던 술집을 찾아
내 추억을 집으로 좀 보내줘
내 눈물을 병에 담고
뚜껑을 꼭 잠가서 말이야
만일 휴스턴에 가게 된다면
똑바로 걷는 게 좋을 거야

Forgetful Heart
(with Robert Hunter)

Forgetful heart
Lost your power of recall
Every little detail
You don't remember at all
The times we knew
Who would remember better than you

Forgetful heart
We laughed and had a good time, you and I
It's been so long
Now you're content to let the days go by
When you were there
You were the answer to my prayer

Forgetful heart
We loved with all the love that life can give
What can I say
Without you it's so hard to live
Can't take much more
Why can't we love like we did before

Forgetful heart
Like a walking shadow in my brain
All night long
I lay awake and listen to the sound of pain
The door has closed forevermore
If indeed there ever was a door

잘 잊는 마음
(로버트 헌터와 함께)

잘 잊는 마음아
넌 떠올릴 힘을 잃었구나
모든 자잘한 일들을
넌 전혀 기억도 하지 못하네
우리가 알았던 시간들을
누가 너보다 더 잘 기억하겠니

잘 잊는 마음아
우린 웃으며 즐거운 시간을 보냈잖니, 너랑 나랑
정말 오래된 일이지
이제 넌 기꺼이 하루하루를 흘려보내네
네가 거기 있었을 때
바로 넌 내 기도를 듣고 신께서 보내준 응답이었어

잘 잊는 마음아
우린 삶이 줄 수 있는 모든 사랑을 다해 사랑했어
뭐라 말해야 좋을까
너 없이 살아가기가 너무 힘들어
더이상은 안 되겠어
우린 왜 예전처럼 사랑할 수 없는 걸까

잘 잊는 마음아
내 머릿속을 걸어다니는 그림자처럼
밤새도록 내내
난 뜬눈으로 누운 채 고통의 소리에 귀기울여
문은 이제 영영 닫혀버렸네
문이라는 게 정말 있기나 했었다면 말이야

Jolene
(with Robert Hunter)

Well you're comin' down High Street, walkin' in the sun
You make the dead man rise and holler she's the one
Jolene, Jolene
Baby, I am the king and you're the queen

Well it's a long old highway, don't ever end
I've got a Saturday night special, I'm back again
I'll sleep by your door, lay my life on the line
You probably don't know, but I'm gonna make you mine
Jolene, Jolene
Baby, I am the king and you're the queen

I keep my hands in my pocket, I'm movin' along
People think they know, but they're all wrong
You're something nice, I'm gonna grab my dice
If I can do it once, I can do it twice
Jolene, Jolene
Baby, I am the king and you're the queen

Well I found out the hard way, I've had my fill
You can't find somebody with his back to a hill
Those big brown eyes, they set off a spark
When you hold me in your arms things don't look so dark
Jolene, Jolene
Baby, I am the king and you're the queen

Together Through Life

졸린
(로버트 헌터와 함께)

그래, 넌 번화가를 걷고 있어, 햇빛 속을 걷고 있네
죽은 자를 벌떡 일으키고는 바로 저 여자야, 하고 소리치게 만드네
졸린, 졸린
자기야, 난 왕이야, 그리고 넌 여왕이지

그래, 길고 오래된 고속도로야, 끝날 줄을 모르네
내겐 싸구려 권총이 있지, 내가 다시 돌아왔다네
난 너희 집 문 앞에서 잘 거야, 죽음도 불사할 거라고
넌 아마 모르겠지, 하지만 난 널 내 것으로 만들 거야
졸린, 졸린
자기야, 난 왕이야, 그리고 넌 여왕이지

난 두 손을 호주머니에 넣고 있어, 난 계속 나아가네
사람들은 자기들이 안다고 생각하는데, 실은 다들 틀렸지
넌 뭔가 멋져, 난 주사위를 들 거야
만일 한 번 할 수 있다면, 두 번도 할 수 있겠지
졸린, 졸린
자기야, 난 왕이야, 그리고 넌 여왕이지

그래, 난 험난한 길을 걸어왔어, 겪을 만큼 겪었다네
언덕을 등지고 선 사람은 보기 드물지
그 커다란 갈색 두 눈, 그것들이 광채를 내뿜네
네가 날 품에 안아줄 때 세상은 그리 어두워 보이지가 않지
졸린, 졸린
자기야, 난 왕이야, 그리고 넌 여왕이지

This Dream of You

How long can I stay in this nowhere café
'Fore night turns into day
I wonder why I'm so frightened of dawn
All I have and all I know
Is this dream of you
Which keeps me living on

There's a moment when all old things
Become new again
But that moment might have been here and gone
All I have and all I know
Is this dream of you
Which keeps me living on

I look away, but I keep seeing it
I don't want to believe, but I keep believing it
Shadows dance upon the wall
Shadows that seem to know it all

Am I too blind to see?
Is my heart playing tricks on me?
Too late to stop now even though all my friends are gone
All I have and all I know
Is this dream of you
Which keeps me living on

Everything I touch seems to disappear
Everywhere I turn you are always here
I'll run this race until my earthly death
I'll defend this place with my dying breath

From a cheerless room in a curtained gloom
I saw a star from heaven fall
I turned and looked again but it was gone
All I have and all I know
Is this dream of you
Which keeps me living on

너에 대한 이 꿈

어딘지도 모를 이 카페에 나는 얼마나 오래 머물 수 있을까
밤이 낮으로 바뀌기 전에
나는 왜 이렇게 새벽이 두려운 건지 모르겠어
내가 가진 전부, 그리고 내가 아는 전부는
너에 대한 이 꿈뿐
그게 계속 날 살아가게 해

그런 순간이 있네, 모든 낡은 것들이
다시 새것이 되는 순간이
하지만 그 순간은 벌써 왔다 가버렸는지도 몰라
내가 가진 전부, 그리고 내가 아는 전부는
너에 대한 이 꿈뿐
그게 계속 날 살아가게 해

난 눈길을 돌려, 하지만 계속 보고 있지
믿고 싶지가 않아, 하지만 계속 믿고 있네
벽 위에서 그림자들이 춤을 춰
모든 걸 다 알고 있는 듯한 그림자들이

내가 눈이 멀어 보지 못하는 걸까?
내 마음이 날 속이고 있는 걸까?
이제 관두기엔 너무 늦어버렸어, 친구들도 다들 떠나버렸건만
내가 가진 전부, 그리고 내가 아는 전부는
너에 대한 이 꿈뿐
그게 계속 날 살아가게 해

내가 손대는 모든 게 사라지는 것만 같아
내가 어디를 향하든 넌 늘 이곳에 있네
난 이 짓을 계속할 거야, 이승에서 이 목숨 다할 때까지
마지막 숨을 쉬면서도 이곳을 지킬 거야

어둠의 커튼이 내려진 생기 없는 방에서

하늘에서 떨어지는 별 하나를 봤어
돌아서서 다시 봤지만 이미 사라진 후였지
내가 가진 전부, 그리고 내가 아는 전부는
너에 대한 이 꿈뿐
그게 계속 날 살아가게 해

Shake Shake Mama
(with Robert Hunter)

I get the blues for you baby when I look up at the sun
I get the blues for you baby when I look up at the sun
Come back here we can have some real fun

Well it's early in the evening and everything is still
Well it's early in the evening and everything is still
One more time, I'm walking up on Heartbreak Hill

Shake, shake mama, like a ship goin' out to sea
Shake, shake mama, like a ship goin' out to sea
You took all my money and you give it to Richard Lee

Down by the river Judge Simpson walkin' around
Down by the river Judge Simpson walkin' around
Nothing shocks me more than that old clown

Some of you women you really know your stuff
Some of you women you really know your stuff
But your clothes are all torn and your language is a little too rough

Shake, shake mama, shake it 'til the break of day
Shake, shake mama, shake it 'til the break of day
I'm right here baby, I'm not that far away

I'm motherless, fatherless, almost friendless too
I'm motherless, fatherless, almost friendless too
It's Friday morning on Franklin Avenue

Shake, shake mama, raise your voice and pray
Shake, shake mama, raise your voice and pray
If you're goin' on home, better go the shortest way

흔들어 흔들어 아가씨
(로버트 헌터와 함께)

너 때문에 기분이 울적해, 태양을 올려다볼 때면
너 때문에 기분이 울적해, 태양을 올려다볼 때면
다시 여기로 돌아와, 우린 진짜 재밌게 놀 수 있어

글쎄, 이른 저녁인데 모든 게 고요해
글쎄, 이른 저녁인데 모든 게 고요하기만 하네
한번 더, 난 상심의 언덕을 걸어올라가

흔들어, 흔들어 아가씨, 바다로 나아가는 한 척의 배처럼
흔들어, 흔들라고 아가씨, 바다로 나아가는 한 척의 배처럼
넌 내 돈을 모두 가져다가 리처드 리에게 줘버리지

강가에서 심슨 판사가 어슬렁거리고 있어
강가에서 심슨 판사가 어슬렁거리고 있네
저 늙은 광대보다 날 더 경악하게 하는 것도 없지

너희 여자들 중 몇몇은 정말이지 뭔가를 좀 알아
너희 여자들 중 몇몇은 정말이지 뭔가를 좀 안다고
하지만 너희들 옷은 다 찢어졌고, 너희들 입은 좀 거칠다네

흔들어, 흔들어 아가씨, 동이 틀 때까지 흔들어
흔들어, 흔들라고 아가씨, 동이 틀 때까지 흔들어
내가 바로 여기 있어 자기야, 그리 멀리 있지 않다고

난 엄마가 없어, 아빠도 없지, 친구도 거의 없어
난 엄마가 없어, 아빠도 없지, 친구도 거의 없네
프랭클린 애비뉴의 금요일 아침이야

흔들어, 흔들어 아가씨, 목소리를 드높여 기도드려
흔들어, 흔들라고 아가씨, 목소리를 드높여 기도드려
만일 집에 가려거든 지름길로 가는 게 좋을 거야

I Feel a Change Comin' On
(with Robert Hunter)

Well I'm looking the world over
Looking far off into the East
And I see my baby coming
She's walking with the village priest
I feel a change coming on
And the last part of the day is already gone

We got so much in common
We strive for the same old ends
And I just can't wait
Wait for us to become friends
I feel a change coming on
And the fourth part of the day is already gone

Life is for love
And they say that love is blind
If you want to live easy
Baby pack your clothes with mine
I feel a change coming on
And the fourth part of the day is already gone

Ain't no use in dreamin'
I got better things to do
Dreams never worked anyway
Even when they did come true

You're as whorish as ever
It ain't no surprise
We see the meaning of life
In each other's eyes
I feel a change coming on
And the fourth part of the day is already gone

I'm hearing Billy Joe Shaver
And I'm reading James Joyce
Some people they tell me
I got the blood of the land in my voice

Everybody got all the money
Everybody got all the beautiful clothes
Everybody got all the flowers
I don't have one single rose

난 변화가 다가오는 걸 느끼네
(로버트 헌터와 함께)

글쎄 난 이 세상을 보고 있어
저멀리 아득한 동쪽을 바라보네
그리고 난 내 애인이 오는 걸 봐
마을 목사와 함께 걷고 있지
난 변화가 다가오는 걸 느끼네
그리고 하루의 마지막 파트는 이미 지나가버렸지

우린 닮은 구석이 정말 많아
늘 같은 목표를 향해 분투하지
그리고 어서 그랬으면
어서 우리가 친구가 되면 좋겠어
난 변화가 다가오는 걸 느끼네
그리고 하루의 네번째 파트는 이미 지나가버렸지

삶은 사랑을 위한 것
그리고 사랑을 하면 눈이 먼다고들 해
만일 편하게 살고 싶다면
그대여 옷을 챙겨, 내 옷도 같이
난 변화가 다가오는 걸 느끼네
그리고 하루의 네번째 파트는 이미 지나가버렸지

꿈꿔봤자 소용없어
그것 말고도 할 일이 많지
어쨌거나 꿈은 들어맞은 적도 없잖아
심지어 실현됐을 때조차 그랬어

넌 어느 때보다도 매춘부 같네
놀랄 일도 아니지
우린 삶의 의미를 봐
서로의 눈 속에서 말이지
난 변화가 다가오는 걸 느끼네
그리고 하루의 네번째 파트는 이미 지나가버렸지

I feel a change coming on
And the fourth part of the day is already gone

•   미국 컨트리 음악 가수(1939~).

난 빌리 조 셰이버*를 듣고 있어
그리고 제임스 조이스를 읽고 있지
어떤 사람들은 내게 말해
내 목소리에서 이 땅의 피가 느껴진다고

다들 돈을 잔뜩 가지고 있네
다들 아름다운 옷을 잔뜩 가지고 있지
다들 꽃을 잔뜩 가지고 있어
내겐 장미 한 송이도 없지
난 변화가 다가오는 걸 느끼네
그리고 하루의 네번째 파트는 이미 지나가버렸지

It's All Good

(with Robert Hunter)

Talk about me babe, if you must
Throw on the dirt, pile on the dust
I'd do the same thing if I could
You've heard what they say—they say it's all good
All good
It's all good

Big politician telling lies
Restaurant kitchen, all full of flies
Don't make a bit of difference, don't see why it should
I'll tell ya somethin'—it's all good
It's all good
It's all good

Wives are leavin' their husbands, they beginning to roam
They leave the party and they never get home
I wouldn't change it, even if I could
Same ol' story—it's all good
It's all good
All good

Brick by brick, they tear you down
A teacup of water is enough to drown
Check your oil, look under the hood
Whatever you see, it's all good
All good
Say it's all good

People in the country, people on the land
Some so sick, they can hardly stand
Everybody would move away, if they could
It's hard to believe but it's all good
Yeah

The widow's cry, the orphan's plea
Everywhere you look, more misery
Come 'long with me, babe, I wish you would
You know what I'm sayin', it's all good
All good, I said it's all good
All good

Cold blooded killer, stalking the town

문제없어
(로버트 헌터와 함께)

나에 대해 얘기해봐 자기야, 꼭 그래야겠다면
험담을 해봐, 더 난처하게 만들어봐
나도 똑같이 할 거야, 그럴 수만 있다면
사람들이 하는 말 들었잖아, 아무 문제 없다고들 말이야
다 괜찮아
문제없지

거짓말을 일삼는 거물 정치인들
레스토랑 부엌엔 파리들이 가득해
조금의 차이도 두지 마, 왜 그래야 하는지 이해하지 마
내가 뭔가 말해줄게, 아무 문제 없다니까
문제없어
문제없지

부인들이 남편들을 떠나고 있어, 그들은 떠돌기 시작하네
파티장을 떠나, 그리고 절대 집으로 안 돌아가지
난 그걸 바꾸지 않을 거야, 설령 그럴 수 있다 해도
맨날 듣는 뻔한 얘기지, 아무 문제 없어
문제없지
다 괜찮아

야금야금, 그들은 널 무너뜨리지
찻잔 하나에 담긴 물로도 익사시키기엔 충분해
오일을 점검해봐, 엔진을 검사해봐
네가 뭘 보든, 아무 문제 없지
다 괜찮아
말해봐, 아무 문제 없다고

전원에 사는 사람들, 시골에 사는 사람들
몇몇은 너무 아파, 제대로 일어설 수조차 없지
모두들 떠나고 말 거야, 그럴 수만 있다면
믿긴 힘들지만, 아무 문제 없다네

Cop cars blinking, something bad going down
Buildings are crumbling in the neighborhood
No doubt about it, it's all good
It's all good
They say it's all good

I'll pluck off your beard and blow it in your face
This time tomorrow I'll be rolling in your place
I'm going out back, get some firewood
It is what it is, and it's all good
It's all good

그래

과부의 울음, 고아의 애원
어디서나 너는 보네, 더 많은 비참함을
나와 함께 가자, 자기야, 네가 그래줬음 좋겠어
내가 무슨 말 하는지 알잖아, 아무 문제 없어
다 괜찮아, 문제없다고 했잖아
다 괜찮아

냉혹한 살인자, 거리를 활보하네
경찰차 불빛이 깜박거려, 뭔가 나쁜 일이 벌어져
주변에선 건물들이 무너지네
아주 확실해, 아무 문제 없지
문제없어
그들은 아무 문제 없다고 말하네

네 턱수염을 잡아 뜯어 얼굴에다 불어버릴 거야
내일 이맘때면 난 너희 집에서 빈둥거리고 있을 테지
잠깐 다녀올게, 장작 좀 가지러
그게 현실이야, 그리고 아무 문제 없지
문제없어

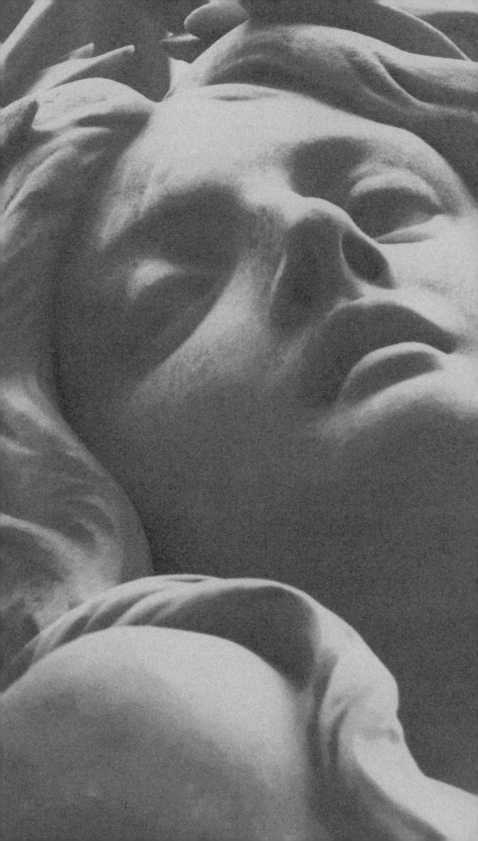

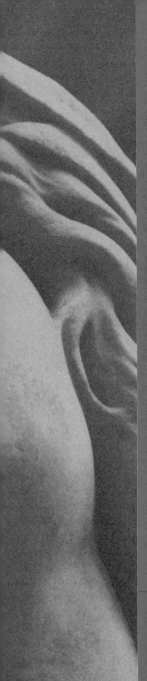

Tempest 2012
폭풍우

Duquesne Whistle
(with Robert Hunter)

Listen to that Duquesne whistle blowin'
Blowin' like it's gonna sweep my world away
I'm gonna stop in Carbondale and keep on going
That Duquesne train gonna ride me night and day

You say I'm a gambler, you say I'm a pimp
But I ain't neither one

Listen to that Duquesne whistle blowin'
Sound like it's on a final run

Listen to that Duquesne whistle blowin'
Blowin' like she never blowed before
Blue light blinkin', red light glowin'
Blowin' like she's at my chamber door

You smiling through the fence at me
Just like you always smiled before

Listen to that Duquesne whistle blowin'
Blowin' like she ain't gonna blow no more

Can't you hear that Duquesne whistle blowin'
Blowin' like the sky's gonna blow apart
You're the only thing alive that keeps me goin'
You're like a time bomb in my heart

I can hear a sweet voice gently calling
Must be the Mother of our Lord

Listen to that Duquesne whistle blowin'
Blowin' like my woman's on board

Listen to that Duquesne whistle blowin'
Blowin' like it's gonna blow my blues away
You ale rascal, I know exactly where you're goin'
I'll lead you there myself at the break of day

I wake up every morning with that woman in my bed
Everybody telling me she's gone to my head

• 미국 펜실베이니아주 두케인에 있는 세계 최대 용광로 도러시 식스(Dorothy Six)의 별칭.

두케인 휘파람*
(로버트 헌터와 함께)

저 두케인 휘파람 소릴 좀 들어봐
내 세상을 완전히 쓸어버릴 듯 불어오는 소리를
난 잠시 카본데일에 들렀다 계속 움직일 거야
저 두케인 기차는 날 싣고 밤낮으로 달려줄 거라네

넌 말해, 내가 도박꾼이라고, 넌 말하지, 내가 기둥서방이라고
하지만 난 그중 무엇도 아니야

저 두케인 휘파람 소릴 좀 들어봐
마치 이번이 마지막인 양 달리는 저 소리를

저 두케인 휘파람 소릴 좀 들어봐
마치 한 번도 불어본 적 없다는 듯 불어오는 그녀의 소리를
푸른빛이 깜박여, 붉은빛이 타올라
마치 내 방문 앞에 있는 듯 그녀가 불어오네

넌 담장 너머로 날 향해 미소 지어
마치 전에도 늘 웃었다는 듯이

저 두케인 휘파람 소릴 좀 들어봐
더는 불지 않을 듯이 불어오는 그녀의 소리를

저 두케인 휘파람 소릴 좀 들어보지 않겠니
하늘을 박살낼 듯이 불어오는 소리를
살아 있는 것들 중 오직 너만이 계속 날 살아 있게 하네
넌 내 심장에 달린 시한폭탄 같아

부드럽게 날 부르는 달콤한 목소리가 들려
우리 주님의 어머니가 틀림없어

저 두케인 휘파람 소릴 좀 들어봐
승선한 내 여자처럼 불어대는 소리를

Listen to that Duquesne whistle blowin'
Blowin' like it's gonna kill me dead

Can't you hear that Duquesne whistle blowin'
Blowin' through another no-good town
The lights of my native land are glowin'
I wonder if they'll know me next time around

I wonder if that old oak tree's still standing
That old oak tree, the one we used to climb

Listen to that Duquesne whistle blowin'
Blowin' like she's blowin' right on time

저 두케인 휘파람 소릴 좀 들어봐
내 슬픔을 다 날려보내줄 듯이 불어오는 소리를
이런 늙은 악당 같으니, 난 네가 가는 곳을 똑똑히 알고 있지
동이 틀 무렵, 내가 그곳으로 널 직접 데려다줄 거야

매일 아침 난 침대에서 저 여자와 함께 일어나
모두들 내가 그녀에게 빠져버렸다고 하네

저 두케인 휘파람 소릴 좀 들어봐
날 완전히 죽여버릴 듯이 불어오는 소리를

저 두케인 휘파람 소릴 좀 들어보지 않겠니
쓸모없는 또다른 마을로 불어오는 소리를
내 고국의 빛이 붉게 타오르고 있어
다음번에도 그들이 날 알아볼는지 모르겠네

저 오래된 떡갈나무가 여전히 서 있을지 모르겠네
저 오래된 떡갈나무, 우리 같이 오르곤 했던 저 나무가

저 두케인 휘파람 소릴 좀 들어봐
딱 제시간에 맞췄다는 듯이 불어오는 그녀의 소리를

Soon After Midnight

I'm searching for phrases to sing your praises
I need to tell someone
It's soon after midnight and my day has just begun

A gal named Honey took my money
She was passing by
It's soon after midnight and the moon is in my eye

My heart is cheerful, it's never fearful
I been down on the killing floors
I'm in no great hurry, I'm not afraid of your fury
I've faced stronger walls than yours

Charlotte's a harlot, dresses in scarlet
Mary dresses in green
It's soon after midnight and I've got a date with a fairy queen

They chirp and they chatter, what does it matter
They're lying there dying in their blood
Two Timing Slim, who's ever heard of him?
I'll drag his corpse through the mud

It's now or never, more than ever
When I met you I didn't think you would do
It's soon after midnight and I don't want nobody but you

머지않아 자정

너를 찬미할 말을 찾고 있어
누군가에게 전해야만 해
곧 자정이야, 그리고 내 하루는 이제 막 시작됐지

허니라는 이름의 여자가 내 돈을 가져갔어
그녀는 지나가던 길이었지
곧 자정이야, 그리고 내 눈엔 달이 뜨네

내 마음은 쾌활해, 절대 걱정하는 법 없지
난 살육의 장場에도 가보았어
난 크게 바쁘지 않아, 너의 분노도 딱히 두렵지 않지
네 것보다 훨씬 더 강한 벽도 맞닥뜨려봤으니

샬럿은 매춘부 같은 여자야, 진홍색 옷을 입고 있지
메리는 초록색 옷을 입고 있네
곧 자정이야, 그리고 난 요정의 여왕과 데이트가 있어

그들은 재잘대, 수다를 떨어대, 대체 뭔 상관이람
그들은 거기 누워 자신들의 피를 뒤집어쓴 채 죽어가고 있어
바람둥이 슬림, 그애를 누가 알기나 하겠어?
난 그의 시신을 진창에서 끌어낼 거야

지금이 유일한 기회야, 어느 때보다도 절실해
널 만났을 때, 난 네가 그러리라곤 생각지 않았어
곧 자정이야, 그리고 난 아무도 원하지 않아, 너 말곤 아무도

1455

Narrow Way

I'm gonna walk across the desert 'til I'm in my right mind
I won't even think about what I left behind
Nothin' back there anyway I can call my own
Go back home, leave me alone

It's a long road, it's a long and narrow way
If I can't work up to you
You'll have to work down to me someday

Ever since the British burned the white house down
There's a bleeding wound in the heart of town
I saw you drinking from an empty cup
I saw you buried and I saw you dug up

It's a long road, it's a long and narrow way
If I can't work up to you
You'll have to work down to me someday

Look down angel, from the skies
Help my weary soul to rise
I kissed your cheek, I dragged your plow
You broke my heart, I was your friend 'til now

It's a long road, it's a long and narrow way
If I can't work up to you
You'll have to work down to me someday

In the courtyard of the golden sun
You stand and fight or you break and run
You went and lost your lovely head
For a drink of wine and a crust of bread

It's a long road, it's a long and narrow way
If I can't work up to you
You'll have to work down to me someday

We looted and we plundered on distant shores
Why is my share not equal to yours?
Your father left you, your mother too
Even death has washed his hands of you

It's a long road, it's a long and narrow way

좁은 길

사막을 가로질러 걸어갈 거야, 제정신이 들 때까지
뒤에 두고 온 것들은 생각하지도 않을 거야
그 가운데 내 것이라 할 만한 건 전혀 없긴 하지만
집으로 돌아가, 날 좀 혼자 내버려두라고

먼길이라네, 멀고도 좁은 길
만일 내가 당신께 도달할 수 없다면
당신이 언젠가 내게로 내려와줘야 할 거예요

영국이 백악관을 불태워버린 후로
마을은 심장에 피 흘리는 상처를 입었어
난 네가 빈 잔을 들고 마시는 모습을 봤지
네가 파묻히는 걸 봤고, 네가 파헤쳐지는 걸 봤어

먼길이라네, 멀고도 좁은 길
만일 내가 당신께 도달할 수 없다면
당신이 언젠가 내게로 내려와줘야 할 거예요

천사여, 하늘에서 아래를 내려다봐요
내 지친 영혼을 일으켜세워줘요
난 당신 뺨에 키스했어요, 당신의 쟁기를 끌었죠
당신은 내 마음을 아프게 했어요, 난 당신의 친구였죠, 지금까지도요

먼길이라네, 멀고도 좁은 길
만일 내가 당신께 도달할 수 없다면
당신이 언젠가 내게로 내려와줘야 할 거예요

황금빛 태양의 궁정에서
넌 일어나 싸우거나 무너져 도망치지
너는 그러다가 네 멋진 머리를 잃었어
와인 한 모금과 딱딱하게 굳은 빵 한 조각 때문에

If I can't work up to you
You'll have to work down to me someday

This is hard country to stay alive in
Blades are everywhere and they're breaking my skin
I'm armed to the hilt and I'm struggling hard
You won't get out of here unscarred

It's a long road, it's a long and narrow way
If I can't work up to you
You'll have to work down to me someday

You got too many lovers waiting at the wall
If I had a thousand tongues I couldn't count them all
Yesterday I could have thrown them all in the sea
Today, even one may be too much for me

It's a long road, it's a long and narrow way
If I can't work up to you
You'll have to work down to me someday

Cake walking baby, you can do no wrong
Put your arms around me where they belong
I want to take you on a roller coaster ride
Lay my hands all over you, tie you to my side

It's a long road, it's a long and narrow way
If I can't work up to you
You'll have to work down to me someday

I got a heavy stacked woman with a smile on her face
And she has crowned my soul with grace
I'm still hurting from an arrow that pierced my chest
I'm gonna have to take my head and bury it between your breasts

It's a long road, it's a long and narrow way
If I can't work up to you
You'll have to work down to me someday

Been dark all night, but now it's dawn
The moving finger is moving on
You can guard me while I sleep
Kiss away the tears I weep

It's a long road, it's a long and narrow way
If I can't work up to you
You'll have to work down to me someday

1458

먼길이라네, 멀고도 좁은 길
만일 내가 당신께 도달할 수 없다면
당신이 언젠가 내게로 내려와줘야 할 거예요

우린 훔쳤어, 우린 노략질했지, 아주 먼 해안에서
왜 내 몫이 네 몫이랑 같지 않은 거지?
네 아버지는 널 떠났지, 네 어머니도 마찬가지야
심지어 죽음도 너한테선 손을 떼버렸다고

먼길이라네, 멀고도 좁은 길
만일 내가 당신께 도달할 수 없다면
당신이 언젠가 내게로 내려와줘야 할 거예요

여긴 살아남기가 힘든 나라야
칼날이 없는 곳이 없지, 그것들이 내 피부를 찢고 있어
난 최대한 무장했네, 그리고 악착같이 싸워나가
상처 없이 여길 빠져나가진 못할 거야

먼길이라네, 멀고도 좁은 길
만일 내가 당신께 도달할 수 없다면
당신이 언젠가 내게로 내려와줘야 할 거예요

너무나도 많은 연인들이 벽 앞에서 널 기다리고 있어
내 혀가 천 개나 된다 해도 그들을 다 소리 내어 헤아리진 못할 거야
어제 난 저들을 죄다 바다 속에 던져버릴 수도 있었지
오늘은 심지어 한 명도 너무 무리일 것만 같네

먼길이라네, 멀고도 좁은 길
만일 내가 당신께 도달할 수 없다면
당신이 언젠가 내게로 내려와줘야 할 거예요

식은 죽 먹기야 자기야, 실수할 리 없다고
네 두 팔로 날 안아, 그것들이 있을 곳은 바로 거기지
네게 롤러코스터를 태워주고 싶어
내 두 손으로 네 온몸을 만지고, 널 내 곁에 꼭 묶어둘 거야

I love women and she loves men
We've been to the West and we going back again
I heard a voice at the dusk of day
Saying, "Be gentle brother, be gentle and pray"

It's a long road, it's a long and narrow way
If I can't work up to you
You'll have to work down to me someday

먼길이라네, 멀고도 좁은 길
만일 내가 당신께 도달할 수 없다면
당신이 언젠가 내게로 내려와줘야 할 거예요

내겐 무겁고 육감적인 여자가 있지, 그녀는 얼굴에 미소를 띠고 있어
그녀는 내 영혼에 은총의 왕관을 씌웠다네
가슴을 관통한 화살 때문에 난 여전히 아파
내 머리를 가져다 네 가슴 사이에 파묻어야만 되겠어

먼길이라네, 멀고도 좁은 길
만일 내가 당신께 도달할 수 없다면
당신이 언젠가 내게로 내려와줘야 할 거예요

밤새 어두웠어, 하지만 이젠 새벽이라네
움직이는 손가락은 계속해서 움직여
넌 날 지켜줄 수 있지, 내가 잠든 동안에
내가 흘리는 눈물을 키스로 달래줘

먼길이라네, 멀고도 좁은 길
만일 내가 당신께 도달할 수 없다면
당신이 언젠가 내게로 내려와줘야 할 거예요

난 여자들을 사랑하고 그녀는 남자들을 사랑해
우린 서부에 가봤지, 그리고 우린 다시 그곳으로 돌아가
땅거미가 내릴 무렵 난 한 목소리를 들었네
"온유하라, 형제여, 온유하게 기도할지어다"

먼길이라네, 멀고도 좁은 길
만일 내가 당신께 도달할 수 없다면
당신이 언젠가 내게로 내려와줘야 할 거예요

Long and Wasted Years

It's been such a long, long time
Since we loved each other and our hearts were true
One time, for one brief day
I was the man for you

Last night I heard you talking in your sleep
Saying things you shouldn't say
Oh, baby
You just might have to go to jail some day

Is there a place we can go?
Is there anybody we can see?
Maybe what's right for you
Isn't really right for me

I ain't seen my family in twenty years
That ain't easy to understand
They may be dead by now
I lost track of them after they lost their land

Shake it up baby, twist and shout
You tell me what it's all about
What you doing out in the sun anyway?
Don't you know the sun can burn your brains right out?

My enemy slammed into the earth
I don't know what he was worth
But he lost it all, everything and more
What a blithering fool he took me for

I wear dark glasses to cover my eyes
There're secrets in them I can't disguise
Come back, baby
If I hurt your feelings, I apologize

Two trains running side by side
Forty miles wide down the Eastern line
You don't have to go, I just came to you
Because you're a friend of mine

I think when my back was turned
The whole world behind me burned

길고 헛된 세월

정말 길고 긴 시간이 흘렀어
우리 서로 사랑했고, 우리 마음이 진실했던 그후로
한때, 짧았던 그 하루 동안
난 널 위한 남자였지

간밤에 네가 잠꼬대하는 소릴 들었어
해서는 안 되는 말을 하는 걸 들었지
오, 자기야
언젠가 넌 감옥에 가게 될지도 몰라

우리가 갈 수 있는 곳이 있나?
우리가 볼 수 있는 누군가가 있나?
어쩌면 네게 좋은 일이
내겐 좋지 않은 건지도 모르겠네

이십 년 동안이나 내 가족을 보지 못했지
쉽게 이해가 되지 않아
지금은 다들 죽었겠지
그들이 자기네 나라를 잃은 후로 연락이 끊어져버렸어

몸을 흔들어, 자기야, 흔들고 소리쳐
대체 무슨 일인지 내게 말해줘
그런데 넌 햇빛 아래 나와서 뭘 하고 있는 거니?
태양이 네 머릿속을 당장에라도 태워버릴 수 있다는 걸 모르는 거니?

나의 적은 대지 위에 내동댕이쳐졌네
그가 어디에 쓸모 있었는지는 모르겠어
하지만 그는 다 잃고 말았지, 모든 것 그 이상을
그는 날 순 멍청이라고 생각했었지

두 눈을 가리려고 난 어두운 안경을 써
그 안엔 내가 숨길 수 없는 비밀이 있지

Maybe today, if not today, maybe tomorrow
Maybe there'll be a limit on all my sorrow

We cried on a cold and frosty morn'
We cried because our souls were torn
So much for tears
So much for those long and wasted years

돌아와, 자기야
네 감정을 상하게 했다면 사과할게

열차 두 대가 나란히 달리고 있네
이스턴 라인을 따라 폭이 사십 마일에 달하지
떠날 필요 없어, 난 그저 네게 온 거야
왜냐하면 넌 내 친구니까

난 생각해, 내가 등을 돌렸을 때
등뒤의 온 세상이 불타올랐다고
어쩌면 오늘, 오늘이 아니라면 어쩌면 내일
어쩌면 내 모든 슬픔에는 한계가 있을 거야

춥고 서리가 내린 아침, 우린 울었네
우리 영혼이 갈가리 찢겨져서 우린 울었지
눈물은 이제 그만
그토록 길고 헛된 세월도 이제는 그만

Pay in Blood

Well I'm grinding my life away, steady and sure
Nothing more wretched than what I must endure
I'm drenched in the light that shines from the sun
I could stone you to death for the wrongs that you done

Sooner or later you'll make a mistake
I'll put you in a chain that you never can break
Legs and arms and body and bone
I pay in blood, but not my own

Night after night, day after day
They strip your useless hopes away
The more I take, the more I give
The more I die, the more I live

I got something in my pocket make your eyeballs swim
I got dogs that could tear you limb to limb
I'm circling around in the southern zone
I pay in blood, but not my own

Another politician pumping out his piss
Another ragged beggar blowin' ya a kiss
Life is short and it don't last long
They'll hang you in the morning and sing ya a song

Someone must have slipped a drug in your wine
You gulped it down and you lost your mind
My head so hard, it must be made of stone
I pay in blood, but not my own

How I made it back home nobody knows
Or how I survived so many blows
I been through hell, what good did it do?
My conscience is clear, what about you?

I'll give you justice, I'll fatten your purse
Show me your moral virtues first
Hear me holler, hear me moan
I pay in blood but not my own

You bit your lover in the bed
Come here I'll break your lousy head

피의 대가

이봐, 난 삶을 열심히 살아나가고 있어, 꾸준하고도 확실히
내가 인내해야 하는 이 삶보다 더 가련한 건 없을 거야
난 태양이 비추는 빛에 흠뻑 젖었지
네가 저지른 잘못 때문에 난 돌로 널 쳐서 죽일 수도 있어

조만간 넌 실수를 저지르고 말 거야
난 절대 끊어버릴 수 없는 사슬로 널 묶어버릴 거야
두 다리와 두 팔, 그리고 몸뚱이와 뼈
난 피로 대가를 지불해, 하지만 내 피는 아니지

밤이면 밤마다, 낮이면 낮마다
그들은 네 쓸모없는 희망을 벗겨내버리네
더 많이 가질수록, 난 더 많이 주지
더 많이 죽을수록, 난 더 많이 살아

내 호주머니 속엔 네 눈이 돌아가게 할 뭔가가 있어
네 사지를 갈기갈기 찢어놓을 개들이 있지
난 남쪽 지역을 빙글빙글 돌고 있어
난 피로 대가를 지불해, 하지만 내 피는 아니지

또다른 정치인이 오줌을 싸대고 있어
또다른 누더기 걸친 걸인이 네게 키스를 날리네
인생은 짧아, 그리 오래가지 않지
그들은 아침에 널 목매달고 네게 노래를 불러줄 거야

누군가 네 와인에 마약을 흘려넣은 게 틀림없어
넌 그걸 꿀꺽 한입에 삼키고 정신을 잃었지
내 머리는 아주 단단해, 돌로 만들어졌나봐
난 피로 대가를 지불해, 하지만 내 피는 아니지

내가 어떻게 집으로 돌아왔는지 아무도 몰라
그리고 그 많은 공격에서 내가 어떻게 살아남았는지도

Our nation must be saved and freed
You been accused of murder, how do you plead?

This is how I spend my days
I came to bury not to praise
I'll drink my fill and sleep alone
I pay in blood, but not my own

난 지옥을 지나왔어, 그게 다 무슨 소용이었나?
내 의식은 또렷해, 넌 어떠니?

내가 널 재판할 거야, 내가 네 지갑을 뚱뚱하게 해줄게
우선 내게 네 덕성을 보여줘
내가 외치는 소릴 들어, 내가 신음하는 소릴 들어
난 피로 대가를 지불해, 하지만 내 피는 아니지

넌 침대에서 네 연인을 물었어
이리로 와, 내가 네 더러운 머리를 박살내줄게
우리의 국가는 구원받고 해방되어야만 해
넌 살인죄로 기소됐지, 어떻게 변론할 거니?

이게 내가 삶을 사는 방법이야
난 묻으러 왔지, 찬양하러 온 게 아니라고
실컷 퍼마시고는 혼자 잘 거야
난 피로 대가를 지불해, 하지만 내 피는 아니지

Scarlet Town

In Scarlet Town where I was born
There's ivy leaf and silver thorn
The streets have names you can't pronounce
Gold is down to a quarter of an ounce

The music starts and the people sway
Everybody says, are you going my way?
Uncle Tom still working for Uncle Bill
Scarlet Town is under the hill

Scarlet Town in the month of May
Sweet William on his deathbed lay
Mistress Mary by the side of the bed
Kissing his face, heaping prayers on his head

So brave, so true, so gentle is he
I'll weep for him as he'd weep for me
Little Boy Blue come blow your horn
In Scarlet Town where I was born

Scarlet Town in the hot noon hours
There's palm leaf shadows and scattered flowers
Beggars crouching at the gate
Help comes but it comes too late

On marble slabs and in fields of stone
You make your humble wishes known
I touched the garment but the hem was torn
In Scarlet Town where I was born

In Scarlet Town the end is near
The seven wonders of the world are here
The evil and the good living side by side
All human forms seem glorified

Put your heart on a platter and see who'll bite
See who'll hold you and kiss you good night
There's walnut groves and maple wood
In Scarlet Town crying won't do you no good

- 수염패랭이꽃.
-- 동요의 주인공으로, 파란 옷을 입은 양치기 소년.

진홍빛 마을

내가 태어났던 진홍빛 마을
그곳엔 담쟁이덩굴과 은빛 가시가 있지
거리에 붙은 이름들은 뭐라 읽을 수도 없어
금의 가치는 1온스의 사분의 일밖에 안 돼

음악이 시작돼, 사람들은 몸을 흔들어
다들 말해, 저랑 같은 방향이세요?
엉클 톰은 여전히 엉클 빌 밑에서 일하고
진홍빛 마을은 언덕 아래에 있어

오월의 진홍빛 마을
임종의 자리에 놓인 스위트윌리엄*
침대 옆에 있는 정부 메리가
그의 얼굴에 키스하네, 그의 머리 위로 기도를 잔뜩 퍼부어주지

정말 용감해, 정말 진실해, 정말 상냥하지 그는
난 그를 위해 울어줄 거야, 그도 나를 위해 울어줄 테니
리틀 보이 블루**야, 어서 네 뿔피리를 불려무나
내가 태어났던 진홍빛 마을에서

뜨거운 정오의 진홍빛 마을
그곳엔 종려나무 이파리 그림자와 드문드문 핀 꽃들이 있다네
걸인들은 마을 입구 앞에 웅크리고 있지
도움의 손길이 있긴 하지만 그건 너무 늦게 찾아오네

돌이 널린 들판의 대리석판 위에
넌 너의 변변찮은 소원을 빌고
난 그 의복을 만졌지, 하지만 옷단이 뜯어져 있었어
내가 태어났던 진홍빛 마을에서

진홍빛 마을에 종말이 머지않았어
세계 7대 불가사의가 이곳에 있지

In Scarlet Town you fight your father's foes
Up on the hill a chilly wind blows
You fight 'em on high and you fight 'em down in
You fight 'em with whisky, morphine and gin

You got legs that can drive men mad
A lot of things we didn't do that I wish we had
In Scarlet Town the sky is clear
You'll wish to God that you stayed right here

Set 'em up Joe, play Walking The Floor
Play it for my flat chested junkie whore
I'm staying up late and I'm making amends
While the smile of heaven descends

If love is a sin then beauty is a crime
All things are beautiful in their time
The black and the white, the yellow and the brown
It's all right there for ya in Scarlet Town

선과 악이 나란히 사이좋게 살아가
모든 인간의 모습들이 아름답게만 보여

네 마음을 접시 위에 올려두고 봐, 그걸 누가 물지 말이야
누가 널 안고 굿나잇 키스를 할지 보라고
작은 호두나무 숲이 있고 단풍나무 숲이 있어
진홍빛 마을에선 울어봤자 아무 소용 없을 거야

진홍빛 마을에서 넌 네 아버지의 적들과 싸우지
언덕 위로는 차가운 바람이 불어와
넌 높은 곳에서 싸워, 넌 낮은 곳에서 싸우지
넌 위스키, 모르핀, 진과 싸우지

네 다리는 남자들을 미치게 해
우리가 했었다면 좋았을, 그러나 하지 않은 아주 많은 일들
진홍빛 마을에서 하늘은 맑아
넌 신께 빌 거야, 바로 이곳에 머물게 해달라고 말이지

레코드를 걸어 조, 〈마루를 왔다갔다〉를 틀어달라고
가슴이 납작한 나의 약쟁이 창녀를 위해 그걸 틀어줘
난 늦게까지 안 자고 깨어 있어, 벌충을 하고 있지
천국의 미소가 내려오는 동안

만일 사랑이 죄악이라면 아름다움은 범죄야
모든 것들은 아름다워, 전성기 때는 말이지
검은 피부와 흰 피부, 노란 피부와 갈색 피부
그들이 모두 널 위해 여기 있어, 이 진홍빛 마을에

Early Roman Kings

All the early Roman Kings in their sharkskin suits
Bowties and buttons, high top boots
Driving the spikes in, blazing the rails
Nailed in their coffins in top hats and tails
Flyaway little bird, fly away, flap your wings
Fly by night like the early Roman Kings

All the early Roman Kings in the early, early morn'
Coming down the mountain, distributing the corn
Speeding through the forest, racing down the track
You try to get away, they drag you back
Tomorrow is Friday, we'll see what it brings
Everybody's talking 'bout the early Roman Kings

They're peddlers and they're meddlers, they buy and they sell
They destroyed your city, they'll destroy you as well
They're lecherous and treacherous, hell bent for leather
Each of them bigger than all men put together
Sluggers and muggers wearing fancy gold rings
All the women going crazy for the early Roman Kings

I'll dress up your wounds with a blood clotted rag
I ain't afraid to make love to a bitch or a hag
If you see me coming and you're standing there
Wave your handkerchief in the air
I ain't dead yet, my bell still rings
I keep my fingers crossed like the early Roman Kings

I'll strip you of life, strip you of breath
Ship you down to the house of death
One day you will ask for me
There'll be no one else that you'll want to see
Bring down my fiddle, tune up my strings
Gonna break it wide open like the early Roman Kings

I was up on black mountain the day Detroit fell
They killed them all off and they sent them to hell
Ding Dong Daddy, you're coming up short
Gonna put you on trial in a Sicilian court
I've had my fun, I've had my flings
Gonna shake 'em all down like the early Roman Kings

초창기 로마의 왕들

상어 가죽으로 만든 옷을 입은 모든 초창기 로마의 왕들
나비넥타이와 셔츠, 하이톱 부츠
대못을 박아넣어, 레일에 불꽃이 일지
실크해트를 쓰고 연미복을 입은 채 치명타를 맞았어
날아가라 작은 새야, 날아가, 너의 날개를 펄럭거리렴
밤을 날아라, 초창기 로마의 왕들처럼

아주 이른 아침에 모든 초창기 로마의 왕들
산을 내려오네, 옥수수를 나눠주네
숲을 지나 달리지, 경주로를 따라 달려
넌 도망쳐보려 하지만 그들이 널 다시 질질 끌고 오네
내일은 금요일이야, 무슨 일이 일어날지 한번 보자
다들 떠들어대네, 초창기 로마의 왕들에 대해

그들은 행상인에 오지랖이 넓은 자들, 그들은 사고팔지
그들이 너의 도시를 파괴했어, 너 또한 파괴해버릴 거야
음탕하고 기만적이지, 아주 맹렬해
그들 하나하나가 인간들을 죄다 합친 것보다 크다니까
화려한 금반지를 낀 강타자들과 노상강도들
모든 여자들이 아주 환장을 하지, 초창기 로마의 왕들에게

피가 말라붙은 누더기 천으로 내가 네 상처를 덮어줄게
나쁜 여자나 할망구랑 사랑을 나누는 것도 난 두렵지 않아
만일 내가 오는 게 보인다면, 그리고 네가 거기 서 있다면
허공에 손수건을 흔들어줘
나 아직 안 죽었어, 내 종은 아직도 울리고 있다고
난 행운을 빈다네, 초창기 로마의 왕들처럼

난 네 목숨을 빼앗을 거야, 네 숨을 빼앗을 거야
널 죽음의 집으로 보내버릴 거라고
어느 날 넌 내게 요구하겠지
네가 보고 싶어할 사람은 나 말곤 아무도 없을 거야

•   악랄하기로 유명한 악당 만화 캐릭터.

내 바이올린을 가져와, 내 줄들을 조율해
몽땅 다 털어놓을 거야, 초창기 로마의 왕들처럼

디트로이트가 멸망한 날, 난 검은 산 위에 있었어
그들은 모조리 다 죽여버렸지, 죄다 지옥에 보내버렸네
딩 동 대디', 넌 아직 훨씬 못 미쳐
시칠리아 법정에서 널 재판에 부를 거야
난 재미를 봤지, 실컷 놀았어
그들 모두를 털어버릴 거야, 초창기 로마의 왕들처럼

Tin Angel

It was late last night when the boss came home
To a deserted mansion and a desolate throne
Servant said, "Boss, the lady's gone
She left this morning just 'fore dawn."

"You got something to tell me, tell it to me, man.
Come to the point as straight as you can."
"Old Henry Lee, chief of the clan,
Came riding through the woods and took her by the hand."

The boss he laid back flat on his bed
He cursed the heat and he clutched his head
He pondered the future of his fate
To wait another day would be far too late

"Go fetch me my coat and my tie
And the cheapest labor that money can buy
Saddle me up my buckskin mare
If you see me go by, put up a prayer."

Well, they rode all night and they rode all day
Eastward long on the broad highway
His spirit was tired and his vision was bent
His men deserted him and onward he went

He came to a place where the light was dull
His forehead pounding in his skull
Heavy heart was wracked with pain
Insomnia raging in his brain

Well he threw down his helmet and his cross-handled sword
He renounced his faith, he denied his Lord
Crawled on his belly, put his ear to the wall
One way or another he'd put an end to it all

He leaned down, cut the electric wire
Stared into the flames and he snorted the fire
Peered through the darkness, caught a glimpse of the two
It was hard to tell for certain who was who

He lowered himself down on a golden chain
His nerves were quaking in every vein

모조 천사

지난밤 늦은 시각이었지, 주인이 집에 온 건
황량한 대저택과 쓸쓸한 왕좌 위로 말이야
하인은 말했어, "주인님, 마님이 사라졌어요
오늘 아침 동트기 전에 떠나버렸습니다."

"자네 내게 뭔가 해줄 말이 있을 텐데, 이봐, 어서 말해봐.
가능한 한 깔끔하게 요점만 말해보라고."
"무리의 우두머리, 교활한 헨리 리가
숲을 뚫고 달려와서는 손으로 마님을 낚아채 가버렸어요."

주인, 그러니까 그는 침대에 등을 딱 붙이고 드러누웠어
더위를 저주했지, 그러고는 자신의 머리를 꽉 움켜잡았어
자신의 운명이 맞이할 미래에 대해 곰곰이 생각했지
또 하루를 기다리면 너무 늦어버릴 것만 같았네

"가서 내 코트와 넥타이를 가져오게
그리고 돈으로 살 수 있는 가장 값싼 일꾼 하나도
내 벅스킨 암말에 안장을 얹어줘
만일 내가 지나가는 걸 보거든, 기도나 드리라고."

글쎄, 그들은 밤새 달렸지, 온종일 달렸어
널따란 고속도로를 따라 동쪽으로 멀리
그의 정신은 지쳤고 시야는 흐려졌지
일꾼은 그를 버렸다네, 그리고 그는 계속해서 나아갔어

그는 불빛이 희미한 어느 곳으로 갔지
이마와 머릿속이 지끈거렸어
무거운 마음은 고통으로 괴로웠네
그의 정신은 극심한 불면증에 시달렸지

글쎄, 그는 자신의 헬멧과 쌍검을 던져버렸어
자신의 신념을 포기했지, 자신의 신을 부정했어

His knuckles were bloody, he sucked in the air
He ran his fingers through his greasy hair

They looked at each other and their glasses clinked
One single unit inseparably linked
"Got a strange premonition there's a man close by."
"Don't worry about him, he wouldn't harm a fly."

From behind the curtain the boss crossed the floor
He moved his feet and he bolted the door
Shadows hiding the lines in his face
With all the nobility of an ancient race

She turned, she was startled with a look of surprise
With a hatred that could hit the skies
"You're a reckless fool, I can see it in your eyes.
To come this way was by no means wise."

"Get up, stand up, you greedy lipped wench
And cover your face or suffer the consequence.
You are making my heart full sick.
Put your clothes back on double quick."

"Silly boy, you think me a saint.
I'll listen no more to your words of complaint.
You've given me nothing but the sweetest lies.
Now hold your tongue and feed your eyes."

"I'd have given you the stars and the planets too
But what good would these things do you?
Bow the heart, if not the knee
Or never again this world you'll see."

"Oh, please let not your heart be cold.
This man is dearer to me than gold."
"Oh my dear, you must be blind.
He's a gutless ape with a worthless mind."

"You had your way too long with me.
Now it's me who'll determine how things shall be.
Try to escape," he cussed and cursed
"You'll have to try to get past me first."

"I dare not let your passion rule.
You think my heart, the heart of a fool.
And you sir, you cannot deny
You made a monkey of me, what and for why?"

배를 땅에 대고 기었다네, 벽에 귀를 갖다댔지
어떻게든 이 모든 걸 끝장내버릴 작정이었어

그는 아래로 몸을 기울였고, 전선을 잘라버렸지
불꽃을 응시했고, 쿵쿵거리며 탄내를 맡았네
어둠을 뚫고 바라봤지, 언뜻 한 사람이나 두 사람이 보였어
누가 누군지는 확실히 알 수 없었고

그는 황금 사슬 아래로 몸을 낮췄다네
모든 핏줄의 신경들이 전율했지
주먹은 피투성이였고, 그는 숨을 들이마셨어
자신의 떡이 된 머리를 손가락으로 빗어넘겼네

그들은 서로를 바라보고는 쨍그랑 술잔을 부딪쳤지
꼭 세트 같아 떨어질 수 없는 사이 같지
"이상하고도 불길한 예감이 드는군, 가까이에 남자 하나가 있는 것만
　 같아."
"신경쓰지 말아요, 파리 한 마리도 해치지 못하는 자인걸요."

커튼 뒤에서 주인이 마루를 건넜다네
재빨리 발을 움직여 문에 빗장을 걸었지
어둠이 그의 얼굴 윤곽을 숨겨버렸네
오래된 혈통의 고귀함도 모두 함께

그녀가 돌아섰지, 깜짝 놀란 표정을 지으며 그녀는 움찔했네
하늘로 솟구칠 만큼의 증오로
"당신은 앞뒤도 못 가리는 바보로군요, 당신 눈에 그렇다고 쓰여 있어요.
이런 식으로 찾아오는 건 전혀 현명하지 못했어요."

"일어나, 당장 일어나라고, 이 탐욕스러운 주둥이의 매춘부야
네 얼굴을 가리든지 응분의 대가를 치르든지 하라고.
넌 내 마음을 아주 아프게 하고 있어.
당장 옷을 다시 걸쳐."

"멍청한 사람, 당신은 내가 성자인 줄 아시는군.
당신의 불평불만은 더이상 한마디도 듣지 않겠어요.

"I'll have no more of this insulting chat.
The devil can have you, I'll see to that.
Look sharp or step aside,
Or in the cradle you'll wish you died."

The gun went boom and the shot rang clear
First bullet grazed his ear
Second ball went right straight in
And he bent in the middle like a twisted pin

He crawled to the corner and he lowered his head
He gripped the chair and he grabbed the bed
It would take more than needle and thread
Bleeding from the mouth, he's as good as dead

"You shot my husband down, you fiend."
"Husband, what husband, what the hell do you mean?
He was a man of strife, a man of sin.
I cut him down and I'll throw him to the wind."

"Hear this," she said, with angry breath
"You too shall meet the lord of death.
It was I who brought your soul to life."
And she raised her robe and she drew out a knife

His face was hard and caked with sweat
His arms ached and his hands were wet
"You're a murderous queen and a bloody wife.
If you don't mind, I'll have the knife."

"We're two of a kind and our blood runs hot.
But we're no way similar in body and thought.
All husbands are good men, as all wives know."
Then she pierced him to the heart and his blood did flow

His knees went limp and he reached for the door
His doom was sealed, he slid to the floor
He whispered in her ear, "This is all your fault.
My fighting days have come to a halt."

She touched his lip and kissed his cheek
He tried to speak, but his breath was weak
"You died for me, now I'll die for you."
She put the blade to her heart and she ran it through

All three lovers together in a heap

당신은 달콤한 거짓말 말고는 내게 해준 게 없어요.
이제 그 입 좀 닥치고 눈요기나 실컷 하시지."

"난 네게 저 하늘의 별과 행성이라도 따다 줬을 거야
그런데 이것들이 네게 다 무슨 소용이지?
마음으로 경의를 표해, 무릎을 꿇을 작정이 아니라면
안 그러면 넌 이 세상과 영영 작별하게 될 거야."

"오, 제발 쌀쌀맞게 좀 굴지 말아요.
이 남자는 내게 황금보다도 소중하다고요."
"오 내 사랑, 당신 눈에 뭐가 씐 게 분명해.
저자는 정신머리가 썩어빠진 겁쟁이 원숭이라고."

"당신은 너무 오랫동안 날 마음대로 해왔어.
이젠 내가 모든 걸 결정할 차례야.
어디 한번 도망쳐보시지," 그는 악담과 저주를 퍼부었네
"우선 나부터 뚫고 지나가야 할 거야."

"네 마음대로 내버려두진 않겠어.
넌 날 무슨 바보나 멍청이로 아는군.
그리고 이 양반아, 넌 부정할 수 없을 거야
넌 날 원숭이로 만들었군, 대체 왜 그러는 거야?"

"더이상 이런 모욕적인 대화는 필요 없어.
악마한테나 가버리라고, 내가 반드시 그렇게 만들어주지.
덤비든지 아니면 물러서,
안 그럼 요람에서 죽었으면 하고 바라게 만들어주지."

총이 발사됐고 총성이 또렷이 울렸다네
첫발은 그의 귀를 스쳤어
두번째 총알은 그를 정통으로 맞혔네
그리고 그는 구부러진 핀처럼 고꾸라졌지

그는 구석으로 기어갔어, 그러고는 고개를 숙였지
의자를 꽉 붙잡았어, 침대를 움켜잡았지
바늘과 실 이상의 무언가가 필요할 터였지

Thrown into the grave forever to sleep
Funeral torches blazed away
Through the towns and the villages all night and all day

입에서 피를 흘리며, 그는 죽은 거나 다름없었어

"내 남편을 총으로 쓰러뜨리다니, 이 악마."
"남편이라니, 무슨 남편? 당신 대체 무슨 소릴 하는 거야?
녀석은 골칫거리였어, 죄인이었다고.
내가 그를 쓰러뜨렸지, 그리고 바람 속에 그자를 날려버릴 거야."

"똑똑히 들어," 그녀가 말했지, 성난 숨을 몰아쉬며
"네놈 또한 죽음의 신을 만나게 될 거야.
네 목숨에 영혼을 불어넣어줬던 건 바로 나였다고."
그리고 그녀는 가운을 들추고 칼 한 자루를 꺼냈다네

그의 얼굴은 딱딱히 굳었고 땀으로 범벅이 됐지
팔은 아려왔고 손은 흠뻑 젖었어
"당신은 살인의 여왕이고 피투성이 부인이야.
괜찮으시다면, 칼은 이리 주시지."

"우리 둘은 같은 부류야, 우리의 피는 뜨겁지.
하지만 몸으로나 생각으로나 우린 절대 비슷하지 않아.
모든 남편들은 선량하지, 모든 부인들이 알고 있듯이."
그러고는 그녀가 그의 심장을 찔렀다네, 그리고 그의 피가 쏟아졌지

그는 발을 절기 시작했어, 문 쪽으로 가려 했지
그의 운명은 결정되었네, 바닥으로 미끄러졌지
그녀의 귀에다 대고 그가 속삭이길, "이게 다 너 때문이야.
싸움의 나날도 이젠 끝이로군."

그녀는 그의 입술을 만지고 그의 뺨에 키스했어
그는 뭔가 말하려 했지만, 숨이 다해가고 있었지
"당신은 날 위해 죽었어, 이제 내가 당신을 위해 죽어줄게."
그녀는 자기 심장에 칼날을 꽂고는 그대로 내리찍어버렸네

이 세 연인은 함께 한 무더기로
무덤 속에 던져져 영영 잠이 들었네
장례식의 횃불은 맹렬히 불타올랐다네
마을과 시내를 따라서 밤이고 낮이고 매일매일

Tempest

The pale moon rose in its glory
Out on the western town
She told a sad, sad story
Of the great ship that went down

'Twas the fourteen day of April
Over the waves she rode
Sailing into tomorrow
To a golden age foretold

The night was bright with starlight
The seas were sharp and clear
Moving through the shadows
The promised hour was near

Lights were holding steady
Gliding over the foam
All the lords and ladies
Heading for their eternal home

The chandeliers were swaying
From the balustrades above
The orchestra was playing
Songs of faded love

The watchman he lay dreaming
As the ballroom dancers twirled
He dreamed the Titanic was sinking
Into the underworld

Leo took his sketchbook
He was often so inclined
He closed his eyes and painted
The scenery in his mind

Cupid struck his bosom
And broke it with a snap
The closest woman to him
He fell into her lap

He heard a loud commotion
Something sounded wrong

폭풍우

창백한 달이 자신을 뽐내며 떠올랐어
저 서쪽 마을 위로
그녀는 아주 슬픈 얘길 들려줬네
침몰한 큰 배에 대한 이야기를

4월 14일이었지
파도를 헤치며 배는 나아갔어
내일을 향해 항해하며
예고된 황금시대를 향해

밤은 별빛으로 환했지
바다는 깨끗하고 맑았어
어둠을 뚫고 움직이며
약속의 시간은 가까워졌네

빛은 한결같이 비추고 있었지
거품이 이는 바다 위로 미끄러지면서
모든 귀족들과 숙녀들이
그들의 영원한 집으로 향하고 있었네

샹들리에가 흔들렸지
저 위쪽 난간에서
오케스트라는 연주를 하고 있었네
희미해진 사랑의 노래들을

경비원은 누워서 꿈을 꾸고 있었지
무도회장의 댄서들이 빙글빙글 돌고 있을 때
그는 타이타닉이 침몰하는 꿈을 꾸었네
저 아래 저승으로

레오는 자신의 스케치북을 집어들었어
종종 그러고픈 마음이 들었지

His inner spirit was saying
That he couldn't stand here long

He staggered to the quarterdeck
No time now to sleep
Water on the quarterdeck
Already three foot deep

Smokestack leaning sideways
Heavy feet began to pound
He walked into the whirlwind
Sky spinning all around

The ship was going under
The universe opened wide
The roll was called up yonder
The angels turned aside

Lights down in the hallway
Flickering dim and dull
Dead bodies already floating
In the double bottomed hull

The engines then exploded
Propellers they failed to start
The boilers overloaded
The ship's bow split apart

Passengers were flying
Backward, forward, far and fast
They mumbled, fumbled, tumbled
Each one more weary than the last

The veil was torn asunder
'Tween the hours of twelve and one
No change, no sudden wonder
Could undo what had been done

The watchman lay there dreaming
At forty-five degrees
He dreamed the Titanic was sinking
Dropping to her knees

Wellington, he was sleeping
His bed began to slide
His valiant heart was beating
He pushed the tables aside

Tempest

그는 두 눈을 감고 그림을 그렸네
자신의 마음속 풍경을

큐피드가 그의 가슴에 활을 쐈지
그러고는 그걸 뚝 분질러버렸네
그에게서 가장 가까이 있던 여자
그녀에게로 그가 저절로 굴러들어왔다네

그는 크고 소란스러운 소릴 들었어
뭔가 잘못된 것 같았지
마음 깊은 곳에서 영혼이 말했다네
여기서 오래 버티지 못할 거라고

그는 선미 쪽 갑판으로 휘청이며 걸어갔어
자고 있을 때가 아니었지
선미 쪽 갑판에 물이
벌써 3피트나 차올랐으니

굴뚝이 옆으로 기울었네
무거운 발걸음으로 쿵쾅거리기 시작했지
그는 난장판 속으로 걸어들어갔어
하늘이 온통 빙빙 돌았네

배가 가라앉고 있었지
우주가 활짝 열렸어
저쪽에서 명단을 부르기 시작했네
천사들은 옆으로 비켜섰지

복도의 불이 어두워졌어
흐릿하고 약하게 깜박거렸지
벌써부터 시체들이 둥둥 떠다녀
바닥이 이중으로 된 선체에서

그러고선 엔진이 폭발했네
추진기가 돌아가질 않고
보일러에 과부하가 걸렸지

Glass of shattered crystal
Lay scattered 'round about
He strapped on both his pistols
How long could he hold out?

His men and his companions
Were nowhere to be seen
In silence there he waited for
Time and space to intervene

The passageway was narrow
There was blackness in the air
He saw every kind of sorrow
Heard voices everywhere

Alarm bells were ringing
To hold back the swelling tide
Friends and lovers clinging
To each other side by side

Mothers and their daughters
Descending down the stairs
Jumped into the icy waters
Love and pity sent their prayers

The rich man, Mr. Astor
Kissed his darling wife
He had no way of knowing
Be the last trip of his life

Calvin, Blake and Wilson
Gambled in the dark
Not one of them would ever live to
Tell the tale of disembark

Brother rose up against brother
In every circumstance
They fought and slaughtered each other
In a deadly dance

They lowered down the lifeboats
From the sinking wreck
There were traitors, there were turncoats
Broken backs and broken necks

The bishop left his cabin

뱃머리가 반으로 쪼개졌다네

승객들은 날아다녔지
뒤로, 앞으로, 저멀리, 빠르게
그들은 중얼거리고, 더듬거리고, 뒹굴었다네
또 한번 그럴 때마다 그전보다 더 지쳐갔지

베일은 갈가리 찢겨졌어
열두시와 한시 사이에
어떤 변화도, 어떤 갑작스러운 기적도
이미 일어난 일을 돌이킬 순 없었지

경비원은 누워서 꿈을 꾸고 있었네
45도 기운 채로
그는 타이타닉이 침몰하는 꿈을 꾸었네
털썩 무릎을 꿇고 마는 꿈을

웰링턴, 그는 잠들어 있었어
침대가 미끄러지기 시작했지
그의 용감한 가슴이 뛰고 있었어
그는 테이블들을 옆으로 밀쳤다네

박살난 크리스털 조각들이
주변에 여기저기 널려 있었어
그는 자신의 권총 두 개를 전부 다 찼지
그는 얼마나 오래 버틸 수 있을까?

그의 부하들과 동료들은
어디에도 보이지 않았어
침묵 속에서 그는 기다렸지
개입할 적당한 때와 공간이 생길 때까지

복도는 좁았고
눈앞은 완전히 깜깜했지
그는 온갖 슬픔을 다 보았다네
어디서건 목소리들이 들려왔지

To help all those in need
Turned his eyes up to the heavens
Said, "The poor are yours to feed."

Davey the brothel keeper
Came out, dismissed his girls
Saw the water getting deeper
Saw the changing of his world

Jim Dandy smiled
He'd never learned to swim
Saw the little crippled child
And he gave his seat to him

He saw the starlight shining
Streaming from the East
Death was on the rampage
But his heart was now at peace

They battened down the hatches
But the hatches wouldn't hold
They drowned upon the staircase
Of brass and polished gold

Leo said to Cleo
"I think I'm going mad."
But he'd lost his mind already
Whatever mind he had

He tried to block the doorway
To save all those from harm
Blood from an open wound
Pouring down his arm

Petals fell from flowers
'Til all of them were gone
In the long and dreadful hours
The wizard's curse played on

The host was pouring brandy
He was going down slow
He stayed right 'til the end
He was the last to go

There were many, many others
Nameless here forevermore
They'd never sailed the ocean

비상벨이 울리고 있었고
차오르는 물을 막아보려고
친구들과 연인들이 매달려 있었지
서로에게 나란히 기대어

어머니들과 딸들이
계단을 내려오고 있었어
얼음처럼 차가운 물속으로 뛰어들었지
사랑과 연민이 기도를 전했네

부자 애스터는
그의 사랑하는 부인에게 키스했어
그는 꿈에도 알지 못했네
이게 인생에서 마지막 여행이 될 줄은

캘빈, 블레이크, 윌슨은
어둠 속에서 도박을 했어
그들 중 누구도 살아남아
배에서 내리진 못할 거야

형제들끼린 서로 들고 일어났어
사사건건 말이지
서로 싸우고 서로를 학살했다네
치명적인 춤을 추며

그들은 구명보트를 내렸어
침몰하는 난파선에서
배신자들이 있었지, 반역자들이 있었어
부러진 등과 부러진 목이 있었네

주교는 자신의 선실을 떠났지
그 모든 가난한 이들을 돕는답시고
자신의 눈을 돌려 하늘을 쳐다보며
말했어, "가난한 자들을 배불리 먹여주소서."

Or left their homes before

The watchman, he lay dreaming
The damage had been done
He dreamed the Titanic was sinking
And he tried to tell someone

The captain, barely breathing
Kneeling at the wheel
Above him and beneath him
Fifty thousand tons of steel

He looked over at his compass
And he gazed into its face
Needle pointing downward
He knew he lost the race

In the dark illumination
He remembered by gone years
He read the Book of Revelation
And he filled his cup with tears

When the Reaper's task had ended
Sixteen hundred had gone to rest
The good, the bad, the rich, the poor
The loveliest and the best

They waited at the landing
And they tried to understand
But there is no understanding
On the judgment of God's hand

News came over the wires
And struck with deadly force
Love had lost its fires
All things had run their course

The watchman he lay dreaming
Of all things that can be
He dreamed the Titanic was sinking
Into the deep blue sea

매음굴을 운영하는 데이비는
밖으로 나와 자신의 여자들을 해고해버렸어
물이 더 깊어지는 모습을 봤지
자신의 세상이 변하고 있는 모습을 봤어

짐 댄디는 웃었어
그는 수영을 배운 적이 없었지
몸에 장애가 있는 소년을 봤다네
그리고 그애에게 자신의 자리를 내줬지

그는 반짝이는 별빛을 보았네
동쪽에서 흘러나오는 별빛을
죽음은 미친듯이 날뛰었지만
그의 마음은 마침내 평온을 찾았네

그들은 승강구를 막았지
하지만 문은 버티지 못했어
그들은 계단 위에서 익사했다네
황동과 윤이 나는 금으로 된 계단 위에서

레오가 클레오에게 말했네
"나 미쳐가고 있는 것 같아."
하지만 그는 진작에 정신을 잃었지
그 정신이 무엇이었든지 간에

그는 출입구를 막아보려 애썼어
모두를 피해 입지 않게 보호하려고
벌어진 상처에서 난 피가
그의 팔 아래로 흘러내렸네

꽃에서 꽃잎들이 떨어져내렸어
꽃잎들이 모두 사라질 때까지
길고 끔찍한 시간 동안
마법사의 저주는 계속됐다네

주인은 브랜디를 따르고 있었지

그는 천천히 가라앉고 있었어
끝날 때까지 자리를 지켰지
그의 차례는 맨 마지막이었네

또다른 많고 많은 사람들이 있었어
이곳에서 영영 무명인 채로
그들은 예전에 바다를 항해해봤거나
집을 떠나본 적이 한 번도 없었어

경비원은 누워서 꿈을 꾸고 있었네
이미 피해가 일어났지
그는 타이타닉이 침몰하는 꿈을 꾸었네
그리고 누군가에게 말하려 했어

선장은 간신히 숨을 쉬며
타륜 앞에서 무릎을 꿇었어
그의 위와 그의 아래로
오만 톤이나 되는 강철이 있었네

그는 자신의 나침반을 살펴봤어
그리고 그 앞면을 응시했지
바늘은 아래를 가리키고 있었네
그는 자신이 졌다는 걸 알았어

어두운 빛 속에서
그는 지나간 세월을 떠올렸네
그는 계시록을 읽었지
그리고 자신의 잔을 눈물로 가득 채웠어

사신死神의 과업이 끝났을 때
천육백 명이 잠들어버렸네
선한 자, 악한 자, 돈 많은 자, 가난한 자
가장 사랑스러운 자와 가장 훌륭한 자들이

그들은 땅에 내리기만을 기다렸지
그리고 이해해보려고 애썼어

하지만 그런 건 없었네
신이 내린 심판에 대한 이해 말이야

전보로 소식이 전해졌어
엄청난 충격을 가져다줬지
사랑은 그 불길을 잃었고
모든 것들은 그 일생을 마쳐버렸지

경비원은 누워서 꿈을 꾸고 있었네
일어날 수 있는 모든 일들에 대한 꿈을
그는 타이타닉이 침몰하는 꿈을 꾸었네
시퍼런 바다 아래로

Roll on John

Doctor, doctor, tell me the time of day
Another bottle's empty, another penny spent
He turned around and he slowly walked away
They shot him in the back and down he went

Shine your light
Move it on
You burned so bright
Roll on, John

From the Liverpool docks to the red light Hamburg streets
Down in the quarry with the Quarrymen
Playing to the big crowds, playing to the cheap seats
Another day in the life on your way to your journey's end

Shine your light
Move it on
You burned so bright
Roll on, John

Sailing through the trade winds bound for the South
Rags on your back just like any other slave
They tied your hands and they clamped your mouth
Wasn't no way out of that deep, dark cave

Shine your light
Move it on
You burned so bright
Roll on, John

I heard the news today, oh boy
They hauled your ship up on the shore
Now the city gone dark, there is no more joy
They tore the heart right out and cut it to the core

Shine your light
Move it on
You burned so bright
Roll on, John

- 존 레넌.
- ·· 존 레넌이 리버풀에서 결성했던 비틀스의 전신이 된 밴드.

계속 나아가, 존*

의사 양반, 의사 양반, 지금이 몇시지
또 한 병을 비웠어, 또 1페니를 써버렸지
그는 뒤돌아서서 천천히 떠나갔다네
그들이 뒤에서 그를 쏘았지, 그리고 그는 쓰러졌다네

당신의 빛을 비춰줘
어서 가
당신은 정말 환히 타올랐지
계속 나아가, 존

리버풀의 부두에서 함부르크의 사창가까지
쿼리멘**과 함께 채석장에 있었어
많은 이들을 향해 연주하면서, 싸구려 자리에 앉은 이들을 향해
    연주하면서
여행의 끝을 향하는 당신의 길 위에서 보낸, 인생의 또다른 하루였지

당신의 빛을 비춰줘
어서 가
당신은 정말 환히 타올랐지
계속 나아가, 존

남쪽을 향해 불어오는 무역풍을 따라 항해해
등에는 넝마를 걸쳤지, 세상 어느 노예가 그러하듯
그들은 당신의 손을 묶었지, 당신의 입을 닫아버렸어
그 깊고 어두운 동굴에서 빠져나올 방법은 없었네

당신의 빛을 비춰줘
어서 가
당신은 정말 환히 타올랐지
계속 나아가, 존

오늘 난 뉴스를 들었어, 오 세상에

Put down your bags and get 'em packed
Leave right now, you won't be far from wrong
The sooner you go, the quicker you'll be back
You been cooped up on an island far too long

Shine your light
Move it on
You burned so bright
Roll on, John

Slow down, you're moving way too fast
Come together right now over me
Your bones are weary, you're about to breathe your last
Lord, you know how hard that it can be

Shine your light
Move it on
You burned so bright
Roll on, John

Roll on John, roll through the rain and snow
Take the right hand road and go where the buffalo roam
They'll trap you in an ambush 'fore you know
Too late now to sail back home

Shine your light
Move it on
You burned so bright
Roll on, John

Tyger, tyger, burning bright
I pray the Lord my soul to keep
In the forest of the night
Cover him over, and let him sleep

Shine your light
Move it on
You burned so bright
Roll on, John

그들이 당신의 배를 물가로 끌어냈다지
이제 도시는 깜깜해졌네, 더이상 기쁨은 없지
그들은 밖으로 심장을 꺼내놓고는 그걸 난도질해버렸지

당신의 빛을 비춰줘
어서 가
당신은 정말 환히 타올랐지
계속 나아가, 존

당신의 가방을 내려놓고 짐을 꾸리도록 해
지금 당장 떠나, 잘못으로부터 멀리 벗어나진 못할 거야
빨리 떠날수록 더 빨리 돌아오게 될 터
당신은 섬에 너무 오랫동안 갇혀 있었어

당신의 빛을 비춰줘
어서 가
당신은 정말 환히 타올랐지
계속 나아가, 존

조금만 천천히, 당신은 너무 빨리 움직이고 있네
다들 함께 가자, 지금 당장, 자신을 넘어서
당신은 완전히 지쳐버렸네, 마지막 숨을 몰아쉬기 직전이지
주여, 당신은 그게 얼마나 힘든 건지 아시잖아요

당신의 빛을 비춰줘
어서 가
당신은 정말 환히 타올랐지
계속 나아가, 존

계속 나아가 존, 내리는 비와 눈을 뚫고서 나아가
오른쪽에 난 길로 가, 그리고 버펄로가 배회하는 곳으로 가
그들은 매복해 있다가 당신을 함정에 빠뜨릴 테지, 당신이 알기도 전에
이미 집으로 돌아가기엔 너무 늦어버렸네

당신의 빛을 비춰줘
어서 가

당신은 정말 환히 타올랐지
계속 나아가, 존

호랑이, 호랑이, 환히 불타오르네
전 주님께 제 영혼을 지켜달라 기도드려요
밤의 숲속에서
그를 덮어줘요, 이제 그만 잠들게 해줘요

당신의 빛을 비춰줘
어서 가
당신은 정말 환히 타올랐지
계속 나아가, 존

내 안으로 불어오는 멍청이 바람

서대경(시인)

　'내게 대체 무슨 일이 벌어진 거지?' 힘겹게 마지막 교정 원고를 넘긴 뒤 스스로에게 물었던 질문이다. 고백하자면, 밥 딜런의 노랫말을 우리말로 옮기는 작업에 착수하기 전까지 나는 그에 대해 아는 것이 거의 없었다. 그의 노래 한 곡 온전히 들어본 적 없었다. 그런 내 안으로, 이제 밥 딜런은 내 의식의 골목을 수시로 휘돌아갈 '멍청이 바람'으로, 그가 꿈꾸던 저 '하이랜즈'의 지워지지 않을 그늘로 성큼 들어와 있다.

　그의 음악에 대한 무지 덕분에, 그의 노랫말들은 내게 처음부터 끝까지 '시'였고, 시여야 했다. 그의 노랫말들을 철저히 문학 텍스트로서 읽고 옮겨야 한다는 내 결심이 옳았다는 걸 깨닫기까지는 그리 오랜 시간이 필요치 않았다. 그의 텍스트를 이처럼 면밀히 읽어볼 귀한 기회를 얻지 못했더라면 평생 마주치지 못했을 희귀한 시의 발견이라 할 만했다.

　내가 보기에, 밥 딜런은 월트 휘트먼에서 출발하여 폭발적인 언어의 광채를 보여주는 앨런 긴즈버그를 비롯한 비트 세대 문학에 이르는, 저 빛나는 미국 현대시의 전통을 계승하고 있다. 또한 평면적 해석을 거부하는 다층성과 초현실주의 미학을 도입하고 끊임없는 언어실험과 갱신을 통해 독특한 자기 문법을 창조해냈다. 그의 노랫말이 이룩한 미적 자율성은 그대로 미국 현대시의 빼어난 성취라 평가하기에 부족함이 없다. 하지만 그 모든 것을 아우르고 뛰어넘는 점이 있다. 자신의 삶에, 그리고 자신의 예술에 진실하고자 하는 자에게서만 느낄 수 있는 어떤 날것의 목소리, 그 깊이다. 우리의 심장으로 곧바로 육박해 들어오는 목소리. 밥 딜런은 시가 음악이 되고, 음악이 시가 되는 경지를 꿈꾸는 음유시인의 지향을 한시도 버리지 않는다.

　모든 뛰어난 시가 그렇듯이 그의 노랫말은 관념을 뛰어넘는 물성을 지향하고 성취한다. 그의 노랫말은 우리네 삶의 길 위로 불어오는 여러 바람의 빛깔을 지녔다. 젊음의 거친 에너지로 들끓는 자유의 바람인가 하면, 관계의 종말과 욕망의 밑바닥을 응시하는 스산한 속삭임의 바람이며, 세상의 불의와 폭력을 고발하는 분노의 바람인가 하면, 산정의 맑은 그늘 곁을 불어가는 잔잔한 희망의 바람이다. 그는 삶의 본질이 흐르는 것에 있음을 본능적으로 알고 있는 예술가이며, 그리하여 그의 눈길은 언제나 우리를 생의 질문 앞에 서게 하는 저 바람 부는 길로 향해 있다. 평생 이데올로기의 틀에 갇히지 않고 기존의 성취와 명성에 안주하지 않으려 한 그의 예술가로서의 고집은 이에 기인한 것이리라.

그의 노랫말을 우리말로 옮기는 작업은 결코 쉽지 않았다. 그의 언어는 거침없이 자유로우면서도 놀라울 만큼 정밀하다. 노랫말 특유의 리드미컬한 감각과 절묘한 각운, 난해한 비유, 생동하는 입말의 매력을 온전히 옮겨내는 것은 불가능에 가까웠다. 원문을 최대한 존중하면서 우리말답게 옮기기 위해 애썼으나 미흡함을 가릴 순 없을 것이다. 촉박한 일정 가운데 초고를 꼼꼼히 읽고 오류를 바로잡고 조언과 제안을 아끼지 않은 문학동네 편집자 박인숙 님과 고선향 님, 그리고 원문과의 대조작업을 해주신 심희정 님의 도움이 아니었다면 이 작업은 낭패를 면치 못했을 것이다. 작업 일정을 세심히 조율하고 총괄해준 이현정 부장님의 역할도 컸다. 모두 감사드린다.

서대경 번역 앨범 목록

Bob Dylan 밥 딜런

The Times They Are A-Changin' 시대는 변하고 있다

Bringing It All Back Home 모두 가지고 돌아오다

Blonde on Blonde 블론드 온 블론드

Nashville Skyline 내슈빌 스카이라인

New Morning 새 아침

Pat Garrett & Billy the Kid 팻 개릿과 빌리 더 키드

Blood on the Tracks 트랙 위의 피

Street Legal 스트리트 리걸

Saved 구원

Infidels 이교도들

Knocked Out Loaded 엉망으로 취해 나가떨어진

Oh Mercy 오 자비를

Time Out of Mind 아득한 옛날

구르던 돌이 꾸는 꿈

황유원(시인)

사실 노래로 불리지 않는 가사란 가사 입장에서 봤을 때 몹시 억울한 것이다. 그건 멋쟁이들에게서 옷장과 화장대를 갈취한 다음 "어디 한번 한껏 멋을 부려보시지!" 하고 윽박지르는 것이나 다를 바 없기 때문이다. 가사와 영육의 관계에 있다고 해도 과장이 아닐 멜로디와 그것을 공중에 울려퍼뜨리는 목소리, 그 사이를 바람처럼 드나드는 악기들의 떨림, 무엇보다도 그 음악이 울려퍼지는 것을 가능케 하는 물리적 공간과 그 공간에 함께 녹아든 관객들과 뮤지션 사이의 공감 등을 모두 거세한 가사를, 대체 가사라고 부르는 게 가당키나한 일일까?

따라서 나는 여기 번역된 가사들이 가사만으로 온전히 감상될 수 있을 거라 말할 마음이 추호도 없다. 다만 밥 딜런의 가장 뛰어난 점 중 하나가 가사에 있고, 그것이 한국에서 그가 큰 인기를 끌지 못했던 요인들 중 하나라고 본다면, 이 책이 최소한 그러한 문제를 부분적으로나마 해소시켜주는 역할을 할 수 있을 거라는 데에도 또한 추호의 의심이 없다.

그럼에도 불구하고 밥 딜런의 가사가 가사 그대로도 충분히 하나의 독립된 작품이 될 수 있을 거라 생각이 드는 대목들이 있다. 그가 코러스 없이 마흔 개가 넘는 아주 긴 절verse을 쓸 때가 특히 그러하다. 그는 단순한 코드 몇 개와 동일한 멜로디를 반복하면서 그 좁은 형식 안에 끝없이 긴긴 영혼을 불어넣곤 한다. 그것도 다름 아닌 말로써. 정말이지 기염을 토한다고 할 수밖에 없을 이런 가사들은 어지간한 랩 저리 가라 할 정도의 호흡을 선보인다. 내러티브 직조 능력 또한 뛰어나서 이미 너무 늦어버린 밤에도 번역을 멈출 수 없던 적이 종종 있었다. 마치 소설에 빠져, 다음 이야기가 궁금해 견딜 수 없어 밤을 꼬박 지새우고 마는 것처럼.

그리고 또 한 가지 짚고 넘어가야 할 사실. 밥 딜런의 가사를 보고 듣다보면 그가 어떤 한 전통 아래 서 있단 생각을 떨칠 수 없다. 듣고 읽고 보고 자란 수많은 음반과 책과 사회현상 들. 그는 그것들의 영향을 절대 부정하지 않는다. 마치 수많은 곡을 샘플링해 자기 곡을 만들어내는 DJ처럼, 그는 그 모든 기존의 문장들과 장르들을 뒤섞어서 자기만의 독창적인 것을 만들어낸다(한 예로 존 레넌 헌정곡인 〈계속 나아가, 존Roll on John〉에서는 존 레넌이 비틀스 시절 쓴 노래 세 곡의 가사와 윌리엄 블레이크의 시 「호랑이The Tyger」의 두 구절을 직접인용하고 있다. 한번 찾아보시길). 영향받은 것들을 군이 숨기지 않고 때로는 대놓고 표절을 감행하는 것, 거기서 예술에 대한 그의 자세가 드러난다고도 볼 수 있겠다. 예술은 그렇게 숭고한 것이 아니라는 것, 차라리 공공재에 가까운 것이라는 그의 생각이. 몇십 개가 넘는 절을 읽고 듣다보면 우리가 거기 무심코 하나를 덧붙여도 하나 이상할 게 없다는 생각이 드는 것이다. 우리 모두가 그 유구한 전통에 잠시 각자의 발을 담갔다 떠나가는 것일 뿐. 태양 아래 새로운 건 없지만, 똑같은 것도 없다. 그렇게 예술이란 비난의 땡볕 속에서 외로운 돌멩이처럼 마른 땅 위를 느릿느릿 굴러가는 것.

그러니까 이것은 한 인간의 이야기인 동시에 지금 시대를 살아가는 우리 모두의 이야기이기도 하다. 그가 훌륭한 작사가라면, 그건 분명 그가 이 두 영역 어디에도 소홀하지 않았기 때문일 것이다.

그동안 많은 분들이 그의 베스트 앨범만을 아껴 들어왔으리라. 이 책을 통해 그의 다른 정규앨범들, 특히 그의 후기 앨범들이 더 많이 들리게 되길 바란다. 그의 목소리, 특히 말년의 목소리는 그 어느 때보다도 드라이하다. 마치 그가 한 곡에서 쓰는 몇 개 안 되는 코드들처럼. 그런데 거기엔 그가 걸어온 길의 흙먼지들이 고스란히 남아 있어서 한 번 툭 칠 때마다 흙먼지가 날리는데, 그 먼지에 목이 다 매캐해지고 마는 것이다. 물론 그 길은 아직 끝나지 않아서 그는 지금도 어딘지 알 수 없을 자신의 집을 향해 홀로 걸어가고 있는 중이겠지만.

감사드려야 할 분들이 계시다. 밥 딜런이라는 이름을 처음 알게 된 건 초등학생 시절, 대학 시절의 어머니가 녹음실에서 녹음하셨던 테이프 두 개를 발견했을 때다. 그걸 고물 카세트에 넣고 플레이 버튼을 누르자 흘러나오던 염불 비슷한 소리, 그 소리에 놀랐던 당시 기억과 감각이 아직도 생생하다. 또한 아버지는 내가 런던에서 잠시 살 수 있게 해주셨고, 그것은 내가 영어를 사용하고 공부해나가는 데 큰 기폭제가 되어주었다. 두 분이 아니었더라면 이 번역은 불가능했을 것이다. 두 분께 진심으로 감사드린다. 아울러 이현정, 고선향, 박인숙, 심희정 네 분을 비롯해 고생하셨을 문학동네 편집부 여러분께 깊은 감사를 드린다. 너무나도 당연한 말이겠지만, 그분들이 아니었으면 이 책은 '절대' 나오지 못했을 것이다. 가사는 딜런이 썼지만 책은 문학동네 직원분들이 만드셨다.

황유원 번역 앨범 목록

The Freewheelin' Bob Dylan 자유분방한 밥 딜런

Another Side of Bob Dylan 밥 딜런의 또다른 면

Highway 61 Revisited 다시 찾은 61번 고속도로

John Wesley Harding 존 웨슬리 하딩

Self Portrait 자화상

The Basement Tapes 비정규 앨범

Planet Waves 플래닛 웨이브스

Desire 욕망

Slow Train Coming 느린 기차가 와

Shot of Love 샷 오브 러브

Empire Burlesque 엠파이어 벌레스크

Down in the Groove 그루브에 빠져서

Under the Red Sky 붉은 하늘 아래

"Love and Theft" "사랑과 절도"

Modern Times 모던 타임스

Together Through Life 평생 함께

Tempest 폭풍우

밥 딜런 연보

1941년 5월 24일 미국 미네소타주 덜루스의 부유한 유대인 집안에서 출생. 본명은 로버트 앨런 지머먼(Robert Allen Zimmerman)으로, 부모는 에이브럼 지머먼 (Abram Zimmerman)과 비어트리스 비티 스톤(Beatrice Beatty Stone)이다.

1947년(6세) 가족과 함께 덜루스에서 북쪽으로 100마일 떨어진 작은 광산도시 히빙으로 이주하다. 이곳에서 성장하면서 히빙 고등학교에 입학한 후 로큰롤과 컨트리 음악에 심취해 친구들과 밴드를 결성하다.

1959년(18세) 미네소타 대학에 입학하면서 히빙을 떠나 미네소타 북부 광산지역 미니애폴리스에 머물다. 그곳의 언더그라운드 포크 신 딩키타운(Dinkytown)에서 연주하고, 포크 뮤지션들과 교류하는 데 몰두하면서 대학 1학년 때 중퇴하다. 이 시기 수많은 포크와 블루스 음악을 들으면서 포크 음악의 전설적인 거장 우디 거스리(Woody Guthrie)에 대해 알게 되고 그의 수제자가 되겠다는 꿈을 품다.

1960년대 비트족 · 반문화 · 저항 · 젊음의 상징으로 자리매김하다

1961년(20세) 뉴욕에 가서 우디 거스리를 만나고 노래하겠다는 꿈을 지니고서 미니애폴리스를 떠나다. 1월에 뉴욕 그리니치빌리지에 도착해 수많은 클럽을 전전하며 포크 가수로서 본격적인 활동을 시작하다. 우디 거스리가 입원한 뉴저지의 국립정신병원에 찾아가 그를 위해 노래를 불러주다. 이 시기에 첫 자작곡 〈우디에게 바치는 노래Song to Woody〉를 짓다. 9월, 포크 음악 비평가 로버트 셸턴이 〈뉴욕 타임스〉에 그의 공연을 극찬하는 기사를 싣다. 같은 달 컬럼비아 음반사 소속 가수 캐럴린 헤스터(Carolyn Hester)의 데뷔 앨범 수록곡에 하모니카 연주자로 참여하던 중 녹음 현장에 있던 전설적인 앨범 프로듀서 존 해먼드(John Hammond)의 눈에 들어 컬럼비아 음반사와 정식 계약을 맺다.

1962년(21세) 3월에 데뷔 앨범 《밥 딜런Bob Dylan》을 발표하다. 이 앨범에는 자작곡이 2곡에 불과했지만 이후 엄청난 속도로 수많은 양의 자작곡을 써낸다. 같은 달에 쓴 〈불어오는 바람 속에Blowin' in the Wind〉를 피터, 폴 앤드 메리(Peter, Paul and Mary)가 불러 대히트를 기록하다. 이 곡이 민권운동을 대표하는 노래로 널리 알려지면서 큰 주목을 받기 시작하다. 8월에 자신이 좋아하던 시인 딜런 토머스(Dylan Thomas)의 이름을 따 '밥 딜런'으로 개명하다.

1963년(22세) 2집 앨범《자유분방한 밥 딜런The Freewheelin' Bob Dylan》을 발표하고, 자신이 부른 〈불어오는 바람 속에Blowin' in the Wind〉를 수록하다. 마틴 루터 킹 목사가 연설했던 워싱턴 평화 대행진을 비롯해 수많은 민권운동 현장에서 노래하며 저항가수로 널리 이름을 알리다. 5월에는 〈에드 설리번 쇼〉 출연을 승낙하지만, 리허설이 진행되는 동안 프로그램 책임자가 〈존 버치 편집증 토킹 블루스Talkin' John Birch Paranoid Blues〉라는 곡이 반사회주의 단체에 불쾌감을 준다는 이유로 부르지 말 것을 권하자 방송국의 검열을 따르지 않고 뛰쳐나가다. 이 사건으로 그의 정치적, 반항적 이미지가 더욱 공고해지다.

1964년(23세) 1월에 앨범《시대는 변하고 있다The Times They Are A-Changin'》를 발표한 데 이어 8월에는《밥 딜런의 또다른 면Another Side of Bob Dylan》을 발표하다. 정치적이고 저항적인 가수로 규정당하는 것에 회의를 느끼면서 변화를 시도하는 시기다.

1965년(24세) 3월에 처음으로 일렉트릭 악기를 사용해 녹음한 앨범《모두 가지고 돌아오다Bringing It All Back Home》를 발표하다. 7월에는 뉴포트 포크 페스티벌에 참여해 〈구르는 돌처럼Like a Rolling Stone〉을 포함, 다음달에 발표할 앨범《다시 찾은 61번 고속도로Highway 61 Revisited》에 수록될 세 곡을 일렉트릭 기타를 연주하며 노래했다가 포크 음악 팬들의 야유를 받고 십오 분 만에 무대에서 내려온다. 어쿠스틱 음악이어야 하는 포크의 순수성과 진정성을 일렉트릭 악기로 훼손했다는 이유였다. 11월에 전직 모델이자 당시 25세였던 세라 로운즈(Sara Lownds)와 비밀리에 결혼하다.

1966년(25세) 미국 공연과 월드 투어를 계속하다. 공연 1부에서는 어쿠스틱 기타를 들고서 포크송을 부르고, 2부에서는 밴드와 함께 로큰롤 무대를 선보이다. 일렉트릭 기타를 들고 노래하는 그에게 청중들이 '배신자' '변절자'라는 야유를 퍼붓다. 5월에 앨범《블론드 온 블론드Blonde on Blonde》를 발표하고, 2개월 뒤 집 근처에서 오토바이를 타다 사고를 당하다. 모든 공연과 공식활동을 취소하고 1년간 은둔해 지내면서 '더 밴드(The Band)' 멤버들과 기존의 곡들을 다시 녹음하거나 자작곡을 만들면서 작품활동을 이어나가다. 실험적인 소설 『타란툴라Tarantula』를 집필하다.

1967년(26세) 테네시주 내슈빌에서 컨트리 음악을 녹음하고 10월에 앨범《존 웨슬리 하딩John Wesley Harding》을 발표하다. 절제되고 우화적인 가사와 어쿠스틱 사운드로 회귀한 모습으로 팬들에게 새로운 충격을 안기다. 10월 3일에 자신의 우상이었던 우디 거스리가 사망했다는 소식을 듣다.

1968년(27세) 1월 20일 카네기홀에서 열린 '우디 거스리 추모 콘서트'에서 20개월 만에 처음으로 라이브 공연을 펼치다.

1969년(28세) 이전 앨범에서 실험한 컨트리 사운드를 기반으로 또하나의 컨트리 음악 앨범《내슈빌 스카이라인Nashville Skyline》을 발표하고 대중과 평단으로부터 모두 좋은 평가를 받다.

1970년대 상업적으로 성공을 거두는 시기인 반면, 기독교 신앙을 경험하면서 종교적인 주제의 노래를 주로 부르다

1970년(29세) 6월에 대중적인 커버곡으로 채워진《자화상Self Portrait》을 발표하지만 평단으로부터 형편없는 앨범이라는 혹평을 듣다. 훗날 인터뷰에서 이 앨범에 대해 1960년대 자신에게 씌워진 이미지를 벗고자 만든 것이라고 언급했다. 같은 달 프린스턴 대학에서 명예박사학위를 받은 지 불과 4개월 만에 전곡이 자작곡인 앨범《새 아침New Morning》을 발표하다.

1973년(32세) 영화감독 샘 페킨파(Sam Peckinpah)와 계약을 맺고 그의 영화〈팻 개릿과 빌리 더 키드Pat Garrett & Billy the Kid〉의 수록곡을 만들다. 가사가 없는 연주곡을 포함해〈빌리Billy〉와〈천국의 문을 두드려요Knockin' on Heaven's Door〉라는 명곡을 남기다. 뿐만 아니라 감독의 제안을 받고 배역을 맡아 영화에도 출연하다.

1974년(33세) 앨범《플래닛 웨이브스Planet Waves》를 발표한 뒤 '더 밴드' 멤버들과 함께 투어 현장으로 복귀하다. 1974년 말까지 이 앨범은 60만 장이라는 엄청난 판매고를 올린다.

1975년(34세) 1월에 앨범《트랙 위의 피Blood on the Tracks》를 발표하다. 아내 세라와의 관계가 악화되고 행복했던 결혼생활이 무너져가면서 기존에 발표했던 곡들에서보다 개인적인 고통과 혼란을 더욱 구체적으로 표현한다. 6월에는 1966년 오토바이 사고 이후 은둔했던 기간 동안 녹음한 곡들을 집대성해《비정규 앨범The Basement Tapes》을 정식으로 발매한다.

1976년(35세) 순회공연 프로젝트 '롤링 선더 레뷰(Rolling Thunder Revue)'를 진

행하며 수많은 밴드와 함께 연주하는 기회를 갖다. 이때의 경험을 살려 여러 뮤지션들과 함께 공동작업을 벌이면서 앨범《욕망Desire》을 발표하다. 이 앨범이 미국 빌보드 차트에서 약 5주간 1위를, 영국 UK 차트에서는 3위의 자리를 굳건히 지키며 엄청난 판매고를 올리다.

1977년(36세)　세라와 이혼하다. 다섯 자녀의 양육권을 모두 세라가 가져가면서 혼자 남게 된다.

1978년(37세)　앨범《스트리트 리걸Street Legal》을 발표하다.

1979년(38세)　세계 순회공연을 마친 이후 종교적 계시를 경험하며 기독교인이 된다. 가스펠이 담긴 앨범《느린 기차가 와Slow Train Coming》를 발표한다. 공연중 '이전에 녹음한 노래는 부르지 않겠다'고 선언하고 기독교 교리를 설파한다.

1980년(39세)　종교적 성향이 짙은 앨범인《구원Saved》을 발표하다. 1979년에 발표한 앨범《느린 기차가 와》의 수록곡인 〈누군가를 섬겨야만 해Gotta Serve Somebody〉로 그래미상(최우수 남성 록 보컬 퍼포먼스 부문)을 수상하다.

1980년대　꾸준히 앨범을 발표하지만 평단의 반응이 갈리며 가수로서의 입지가 애매해지는 반면, 끝나지 않는 공연 프로젝트인 '네버 엔딩 투어'를 시작하다

1981년(40세)　앨범《샷 오브 러브Shot of Love》를 발표하다.

1983년(42세)　앨범《이교도들Infidels》을 발표하다. 이 시기부터 종교적 색채가 짙은 음악을 뒤로하고 다시 대중적 성향의 곡을 발표하기 시작한다. 종교적 이미지를 완전히 탈피한 것은 아니지만 사랑과 상실에 대한 주제를 좀더 개인적인 관점에서 노래한다.

1985년(44세)　앨범《엠파이어 벌레스크Empire Burlesque》를 발표하다. 7월에 에티오피아 난민 원조기금을 모으기 위한 기획 콘서트 '라이브 에이드(Live Aid)' 무대에 서다.

1986년(45세)　'톰 페티 앤드 하트브레이커즈(Tom Petty and Heartbreakers)'와 세계 순회공연을 하다. 백 보컬리스트 캐럴린 데니스(Carolyn Dennis)와 재혼하다. 7월에《엉망으로 취해 나가떨어진Knocked Out Loaded》을 발표하다.

1987년(46세)　'그레이트풀 데드(The Grateful Dead)'와 함께 공연하다. 공연에 대한 관객들의 반응은 호의적이지 않았지만, 그레이트풀 데드가 끝없이 공연을 이어가는 모습에서 영감을 얻어 '네버 엔딩 투어(Never Ending Tour)'라는 공연 프로젝트를 구상하다.

1988년(47세) 《그루브에 빠져서Down in the Groove》를 발표했으나 혹평이 쏟아지다. 이에 굴하지 않고 조지 해리슨(George Harrison), 로이 오비슨(Roy Orbison), 톰 페티(Tom Petty), 제프 린(Jeff Lynne)과 함께 '트래블링 윌버리스(Traveling Wilburys)'라는 프로젝트 밴드를 구성해 활동한다. 이들의 데뷔 앨범 《트래블링 윌버리스 Vol. 1》이 인기를 얻으며 빌보드 차트 3위에 오른다. 6월에는 1년 전부터 구상해왔던 '네버 엔딩 투어'를 시작한다. 이 투어는 향후 20년간 계속된다.

1989년(48세) 《오 자비를Oh Mercy》을 발표하고 '진정한 딜런이 돌아왔다'는 호평을 듣다.

1990−2000년대 '네버 엔딩 투어' 2천 회를 거뜬히 넘기며 지치지 않는 저력을 과시하고, 그간의 노고를 치하하듯 거장에게 끊임없는 수상의 영광이 이어지다

1990년(49세) 9월에 《붉은 하늘 아래Under the Red Sky》를 발표하다. 10월에는 트레블링 윌버리스의 두번째 앨범 《트래블링 윌버리스 Vol. 3》을 발표하다.

1991년(50세) 그래미상 평생공로상을 받다.

1992년(51세) 《그동안 잘해줬듯이Good as I Been to You》를 발표하며 포크와 블루스 음악으로 회귀하다. 캐럴린 데니스와 이혼하다.

1993년(52세) 《세상은 잘못됐어World Gone Wrong》를 발표하다.

1995년(54세) 1993년 발표한 앨범 《세상은 잘못됐어》로 그래미상(최우수 트래디셔널 포크 앨범 부문)을 수상하다.

1997년(56세) 5월에 심장막염 진단을 받고 병원에 입원하다. 투어 활동을 잠시 중단하고 세 달가량 휴식한 뒤 8월에 무대로 복귀하다. 7년 만에 앨범 전곡을 자신의 자작곡으로 채운 《아득한 옛날Time Out of Mind》을 발표하고, 이듬해 그래미상에서 올해의 앨범상을 수상하다. 12월에 빌 클린턴 대통령이 케네디센터 명예훈장을 수여하다.

1999년(58세) 〈타임〉이 뽑은 '20세기 가장 영향력 있는 인물 100인' 중 한 명으로 선정되다.

2000년(59세) 폴라음악상을 수상하다.《아득한 옛날》의 수록곡이자 영화 〈원더 보이즈Wonder Boys〉의 주제곡인 〈상황이 변했다Things Have Changed〉로 아카데미상과 골든글로브상을 거머쥐다.

2001년(60세) 《"사랑과 절도"·"Love and Theft"》를 발표하고 이듬해 그래미상(최우수 컨템퍼러리 포크 앨범 부문)을 수상하다.

2003년(62세) 영화 〈가장과 익명Masked And Anonymous〉의 시나리오를 쓰고 연출하다.

2004년(63세) 회고록이자 자서전인 『연대기: 제1권Chronicles: Volume One』을 출간하다.

2006년(65세) 3월에 앨범《모던 타임스Modern Times》를 발표하고 미국 빌보드 차트 정상을 차지하다. 이러한 기록은 1976년에 발표한 앨범《욕망》이래 처음이다. 이 앨범으로 그래미상(최우수 컨템퍼러리 포크/아메리카나 앨범 부문)을 수상하는 영광을 안다. 이 시기 '네버 엔딩 투어'의 공연 횟수가 2천 회에 달하다. 이듬해《모던 타임스》의 수록곡 〈언젠가는 그대여Someday Baby〉로 그래미상(최우수 솔로 록 보컬 퍼포먼스 부문)을 수상하다.

2008년(67세) "빼어난 시적인 힘이 담긴 가사를 통해 대중음악과 미국 문화에 깊은 영향력"을 준 공로로 퓰리처상을 수상하다.

2009년(68세) 4월에 앨범《평생 함께Together Through Life》를 발표하다. 발매 일주일 만에 빌보드 차트 1위, UK 차트 1위에 오르다. 10월에는 그의 가수 생활 최초로 크리스마스 앨범《마음속의 크리스마스Christmas in the Heart》를 발표하고 판매 수익을 미국 자선단체 및 유엔세계식량계획기구(WFP)에 기부하다.

2012년(71세) 《폭풍우Tempest》를 발표하다. 버락 오바마 대통령으로부터 '대통령 자유 훈장(Presidential Medal of Freedom)'을 받다.

2015년(74세) 앨범 《밤의 그림자들Shadows in the Night》을 발표하다. 앨범을 발표한 지 일주일 만에 UK 차트 1위를 차지하고, 그래미상(최우수 트래디셔널 팝 보컬 앨범 부문)을 수상하다.

2016년(75세) 5월에《추락한 천사들Fallen Angels》을 발표하다. 10월 13일에 노벨문학상 수상자로 선정되다.

밥 딜런 앨범 소개

《밥 딜런Bob Dylan》 (1962년 3월 19일 발표)

밥 딜런이 전설적인 앨범 프로듀서 존 해먼드의 눈에 들어 컬럼비아 음반사와 계약한 뒤 녹음한 데뷔 앨범. 딜런의 자작곡 두 곡(〈뉴욕 토킹블루스〉〈우디에게 바치는 노래〉)을 포함해 딜런이 클럽과 카페를 전전하며 연주하던 곡들이 실려 있다. 〈뉴욕 토킹블루스〉의 '토킹블루스'는 자유로운 리듬 속에 푸념 섞인 이야기를 늘어놓는 포크송의 한 형식으로, 이 곡에는 고향을 떠나 뉴욕 그리니치빌리지에 정착해 포크 가수로 자리잡으려 애쓰던 딜런 자신의 경험이 녹아 있고 〈우디에게 바치는 노래〉는 자신의 우상인 포크 거장 우디 거스리에게 바치기 위해 처음 작곡한 노래로 유명하다.

《자유분방한 밥 딜런The Freewheelin' Bob Dylan》 (1963년 5월 27일 발표)

컬럼비아 음반사에서 발표한 두번째 앨범. 자작곡이 두 곡에 불과했던 데뷔 앨범과 달리, 이 앨범의 수록곡 대부분은 딜런이 직접 작곡하고 작사했다. 그간 수많은 앨범을 듣고 시를 읽으며 예술적 자양분을 쌓아온 딜런의 작사 능력이 만개했음을 확인할 수 있는 명반이다. 그의 가장 유명한 곡 가운데 하나인 〈불어오는 바람 속에〉를 포함해 〈전쟁의 귀재들〉〈너무 깊이 생각하지 마, 괜찮아〉 등 수많은 명곡이 담겨 있다. 딜런은 이 앨범을 시작으로 싱어송라이터로 이름을 떨치며 자신만의 시 세계, 하나의 우주를 형성해낸다. 딜런은 이 시기 포크송을 널리 확산시켜 대중화하는 데 성공하며, 1960년대 미국의 민권운동과 핵전쟁 등 사회적인 이슈를 특유의 시적인 가사로 녹여내 전 세계적인 명성을 얻는다. 딜런은 민권운동의 기수라는 이미지를 획득하고, 청춘의 목소리이자 세대의 대변인이라는 거대한 상징이 된다.

《시대는 변하고 있다 The Times They Are A-Changin'》 (1964년 1월 13일 발표)

딜런의 자작곡으로만 채워진 첫번째 앨범으로, 전작에 비해 조금 더 직설적인 저항의 목소리를 담고 있다. 사회적 모순과 정치적 모순이 격동기에 이른 1960년대 중반의 미국을 냉혹하게 포착해 전쟁, 인종차별, 자본구조의 모순 등 핵심적인 화두를 끌어들인다. 스티브 잡스가 딜런의 음반 중 최고의 명반으로 꼽았으며, 실제로 1984년 애플 주주총회에서 매킨토시를 세상에 처음 내놓으며 〈시대는 변하고 있다〉, '지금의 패자는 훗날의 승자가 될 것'이라는 딜런의 가사를 인용하기도 했다. 하지만 아이러니하게도 앨범을 발매하던 당시 딜런은 '저항가수' '시대의 양심'과 같은 규정과 정의가 자신의 본질과 자유를 속박한다고 느껴 이에 대해 심각하게 회의하고 있었다. 이 앨범을 마지막으로 딜런은 정치적인 포크송을 부르던 페르소나에 결별을 고하기로 한다.

《밥 딜런의 또다른 면 Another Side of Bob Dylan》 (1964년 8월 8일 발표)

앨범명에서 고스란히 드러나듯, 딜런은 이 앨범을 통해 개인적이고 내밀한 목소리에 귀기울이며 예술적인 자아에 집중할 것을 선언했다. 곡은 아직까지 포크송 형태를 띠고 있었기에, 청중들은 가사에 담긴 딜런의 내면적 변화를 충격적으로 받아들이지 않는다. 하지만 〈나의 뒤페이지들〉의 가사에서 딜런은 자신의 정치적 자아를 돌이키고 후회하는 모습을 분명하게 내보인다. '삶이 흑과 백으로 나뉜다는 거짓말이 / 내 머릿속에서 튀어나왔어 (중략) 그때 난 훨씬 더 늙었었네 / 지금은 그때보다 더 젊지' 라 노래하며 이미 딜런은 저항해야 할 대상이 달라졌다는 점, 그리고 그것과 평생 싸워야 할 것을 직감하고 있었다. 그는 자신의 안팎에 도사린 모든 권력에서 해방되길 원했다.

《모두 가지고 돌아오다 Bringing It All Back Home》 (1965년 3월 22일 발표)

변화하는 딜런의 모습은 이제 앨범의 형식 안에서도 나타나기 시작한다. 앨범 앞면은 일렉트릭 밴드와 함께 녹음한 로큰롤, 뒷면에는 그가 주력하던 장르인 포크송이 실려 있다. 팬들은 그가 구현한 일렉트릭 사운드에 강한 반감을 드러냈으나, 딜런은 아랑곳하지 않고 로큰롤의 경쾌하고 열정적인 힘을 가져와 '포크록'을 구현해낸다. 가사도 새로운 멜로디 위에서 완전히 새롭게 변모한다. 초현실주의 시가 된 난해한 가사에는 명확한 서사나 주체가 보이지 않는다. 딜런은 서사와 정치성이라는 규율을 내려놓고 초월적인 직관과 영감에 의

지한 채 단어의 파편을 흩어놓는다. 이 앨범은 뒤이어 발표한 두 앨범(《다시 찾은 61번 고속도로》《블론드 온 블론드》)과 함께 이후 밥 딜런 음악 세계의 정점을 이룬 3부작으로 일컬어진다.

《다시 찾은 61번 고속도로 Highway 61 Revisited》 (1965년 8월 31일 발표)

새로운 페르소나와 장르를 적극적으로 받아들인 딜런은 이미 엄청난 음악적 성취를 거둔 상태였다. 하지만 자유를 선택한 대신 그만한 책임을 져야 했다. 많은 대중들에게 딜런은 이미 '변절자'로 불렸다. 찬사와 함께 거센 비난과 야유가 그를 따라다녔다. 노래하는 것을 그만두고 싶을 정도로 딜런은 궁지에 몰린 상태였다. 과연 이것이 바라던 성취였는가, 진정 노래 부르는 일을 계속하길 원하는가, 하는 회의도 함께였다. 딜런은 1965년 5월 영국 투어에서 돌아와 모든 것을 내려놓은 상태로 마치 토해내듯 〈구르는 돌처럼〉을 써낸다. 그리고 7월 뉴포트 포크 페스티벌에 참여해, '더 밴드(The Band)' 연주자들과 함께 이 곡을 포함하여 《다시 찾은 61번 고속도로》에 실릴 세 곡을 부른 끝에 십오 분 만에 무대에서 내려온다. 포크팬들에게 진정한 포크란 곧 어쿠스틱 사운드를 의미했고, 일렉트릭 기타를 든 채 밴드 사운드로 무장하고서 노래하는 밥 딜런은 배신자나 마찬가지였다. 하지만 이 앨범은 폭발적인 이미지와 적극적인 록 사운드 도입으로 전설적 명반으로 자리매김한다. 딜런은 저급한 대중문화의 산물로 여겨지던 록 사운드와 풍부하고 시적인 가사를 결합해 둘 사이의 경계를 허물어버린다.

《블론드 온 블론드 Blonde on Blonde》 (1966년 5월 16일 발표)

딜런의 포크록 3부작을 마무리짓는 앨범. 가수 한대수가 뽑은 밥 딜런 최고의 음반이기도 하다. 내슈빌에서 컨트리 뮤지션과 함께 녹음한 이 앨범은, 이미 정점에 도달한 딜런의 언어를 완벽한 연주로 뒷받침해 거대하고 웅장한 세계를 완성한 것이나 다름이 없었다. 딜런은 한 인터뷰에서 이때의 세션과 연주에 대해 '내가 생각했던 소리에 가장 가까이 다가간 얇고 황량한 수은의 소리였으며, 그동안 항상 그것을 만들어내는 데 성공한 것은 아니었다'고 말했다. 딜런은 이러한 소리 위에서 여태껏 불러온 것보다 더 구체적인 사랑과 그에 휩싸인 감정을 맘껏 노래한다. 특히 〈그저 한 여자처럼〉과 〈요해나의 환영들〉은 음악 잡지 〈롤링스톤〉의 '이 시대 가장 위대한 노래 500곡' 안에 선정되었다.

이 앨범을 발표하고 유럽 투어를 마친 딜런은, 1966년 7월 29일 오토바이 사고를 당한 직후 대중음악계에서 자취를 감춘다. 이후 약 8년간 딜런은 몇몇 단발성 공연을 제외하고는 투어에 나서지 않는다.

《존 웨슬리 하딩John Wesley Harding》 (1967년 12월 27일 발표)

이 앨범에서 딜런은 일렉트릭 사운드에서 어쿠스틱 사운드로 선회, 컨트리 음악이라는 새로운 장르를 들고 나타나 대중들에게 또 한번 신선한 충격을 안겨준다. 미국 서부의 풍경과 성경에 묘사된 풍경을 절제된 필치로 우화적으로 빚어냈고, 악기 역시 베이스, 드럼, 어쿠스틱 기타 등으로 최소화했다. 딜런은 이 앨범을 오토바이 사고를 당한 직후의 은둔 기간 동안 녹음했는데, 같은 시기 지하 녹음실에서 '더 밴드' 연주자들과 함께 무수한 음악적 실험을 거듭한 끝에 나온 결과물의 일부였다. 이 시기 딜런과 '더 밴드'가 녹음한 곡들은 팬들 사이에서 해적판으로 떠돌다가 1975년에《비정규 앨범》이라는 타이틀로 정식 발매된다.

《내슈빌 스카이라인Nashville Skyline》 (1969년 4월 9일 발표)

딜런은 전작에서 실험한 컨트리 음악 사운드에 완전히 몰입하여, 또 하나의 위대한 컨트리 음반을 낳는다. 초현실적인 의미의 단어 파편들을 긴 녹음 시간에 걸쳐 읊는 방식이 아니라, 가능한 한 절제되고 소박한 구성 안에서 담담한 시어를 쌓아올린다. 가장 충격적으로 다가오는 것은 딜런의 새로운 목소리다. 딜런은 본래 깨끗한 음색과 미성을 지니고 있었는데, 그때그때 지향하던 음악과 페르소나에 맞게 목소리를 인위적으로 거칠게 바꾼 것이었다. 사전 정보 없이 이 앨범의 수록곡을 부른 이가 딜런이라는 것을 단번에 알아차리기란 어려운 일이었다. 앨범은 대중과 평단 모두에게 호평을 들으며 미국 차트 3위, 영국 차트 1위에 올랐다.

《자화상Self Portrait》 (1970년 6월 8일 발표)

창작곡은 거의 없고, 대부분을 대중적인 커버곡으로 채운 이 앨범은 발매 이후 평단의 혹평을 받았다. 딜런은 인터뷰에서 자신에게 씌워진 1960년대의 상징을 벗어던지려고 이 앨범을 만들었다고 주장했다. 하지만 혹자는 단순히 더 많은 청중을 포섭하기 위한 시도였다고 평가하기도 했다. 형편없는 앨범이라는 평이 지배적이었으나 영국 차트에서 1위, 미국 차트에서 4위를 차지하는 등 가시적인 성과는 두드러졌다. 다음에 발표할 앨범에서 딜런은 다시 많은 자작곡으로 앨범을 채워넣기 시작한다.

《새 아침 New Morning》 (1970년 10월 19일 발표)

《자화상》을 발표한 지 불과 4개월 만에 선보인 새로운 앨범. 평단과 청중은 작품성과 완성도를 갖춘 이 앨범을 '딜런답다'고 평하며 다시 따뜻하게 맞아들인다. 사실 앨범의 수록곡 대부분은 이전 앨범을 발표한 시점에 이미 완성되어 있었다. 비틀스의 기타리스트였던 조지 해리슨과 함께 녹음한 명곡 〈당신이 없다면〉은 꼭 들어보아야 할 아름다운 러브송이다. 〈새 아침〉과 〈밤의 아버지〉는 원래 시인 아치볼드 매클리시가 집필한 연극을 위해 작곡한 곡이다. 하지만 딜런은 최종적으로 이 곡들이 연극과는 어울리지 않는다고 판단, 이 곡들을 다시 가다듬어 앨범에 수록한다. 이 외에도 프린스턴 대학에서 억지로 가운을 입고 모자를 쓴 채 박사학위를 받은 날을 냉소적으로 돌아보는 곡 〈메뚜기들의 날〉, 엘비스 프레슬리를 만난 뒤 쓴 것으로 추정되는 곡 〈잠시 만나러 갔지〉도 반드시 귀기울여 들어봐야 할 노래다.

《비정규 앨범 The Basement Tapes》 (1975년 6월 26일 발표)

딜런의 열여섯번째 스튜디오 녹음 앨범. 발표년도는 1975년이지만, 이 앨범에 담긴 수록곡들은 딜런이 오토바이 사고를 당하고 은둔 생활을 하던 시기인 1967년 여름 '더 밴드' 멤버들과 함께 녹음한 것이다. 당시 팬들 사이에서만 해적판으로 불법 유통되던 노래를 집대성해 8년 후에 정식 발매한 셈이다. 딜런은 지하의 녹음실에서 음향, 목소리, 장르를 넘나들며 다양한 음악적 실험을 시도했다. 대중음악계에서 자취를 감춘 시기에 녹음한 이 수록곡들은 딜런의 작곡과 작사 능력이 그 어느 때보다 자유롭게 뻗어나가고 있었음을 보여준다. 딜런은 어떤 제약도 없이 쓰고, 노래했다. 또한 미국 전통 음악 레퍼토리, 현대곡 등 기존에 있던 곡을 재해석하고 재창조하여 100여 곡 이상을 녹음했다.

《팻 개릿과 빌리 더 키드 Pat Garrett & Billy the Kid》 (1973년 7월 13일 발표)

딜런은 영화감독 샘 페킨파와 계약을 맺고 그의 영화 〈팻 개릿과 빌리 더 키드〉의 수록곡을 만들었다. 딜런은 이 영화를 위해 곡을 만들었을 뿐만 아니라

배역을 맡아 연기도 한다. 샘 페킨파 감독이 딜런에게서 깊은 인상을 받아 촬영 현장에서 연기해줄 것을 제안한 것이다. 가사가 없는 연주곡을 포함해 딜런은 〈빌리〉와 〈천국의 문을 두드려요〉라는 명곡을 남긴다. 특히 〈천국의 문을 두드려요〉는 에릭 클랩튼, 건즈 앤드 로지즈 및 수많은 아티스트들이 재해석하며 꾸준히 사랑해온 곡이다.

《딜런Dylan》 (1973년 11월 16일 발표)*

컬럼비아 음반사에서 발표한 딜런의 열세번째 스튜디오 녹음 앨범. 딜런이 앨범 작업에 참여하지 않았고, 그의 자작곡도 수록되어 있지 않다. 《자화상》에서 빠진 트랙 두 곡, 《새 아침》에서 빠진 트랙 일곱 곡으로 구성된 이 앨범은 매우 형편없다는 평을 받았지만 미국 차트 17위에 오르며 골드 레코드(50만 장 이상 팔린 앨범)가 된다.

《플래닛 웨이브스Planet Waves》 (1974년 1월 17일 발표)

딜런의 열네번째 스튜디오 앨범. 그간 투어에 나서거나 공식 활동을 하지 않던 딜런은 이 앨범을 발표하며 '더 밴드'와 함께 콘서트장으로 복귀한다. 혹자는 딜런이 3년 반 만에 '적절한' 앨범을 내놓았다고 평했으며 반응 또한 전반적으로 호의적이었다. 언론은 본격적인 공식 활동에 나선 딜런에게 엄청난 관심을 보였다. 1974년 말까지 앨범은 60만 장이라는 엄청난 판매고를 올린다. 아들을 떠올리며 썼다는 수록곡 〈영원히 젊기를〉은 딜런 내부에 자리한 '아버지'의 모습을 보여주며 많은 이들에게 감동을 주었다. 〈웨딩 송〉은 딜런이 아내 세라 로운즈에게 느끼는 사랑과 집착 등 감정적 딜레마를 표현하는 자전적 노래로 평가된다. 수록곡 대부분이 러브송의 외피를 입고는 있으나 가사 속에서 극도로 뒤틀린 딜런의 자아가 '죽음' '자살' 등의 시어를 통해 반복적으로 표출되고 있다고 보는 시각도 있다. 딜런은 이 앨범에서 응축된 감정을 기반으로 《트랙 위의 피》라는 또하나의 뛰어난 작품을 발표한다.

《트랙 위의 피Blood on the Tracks》 (1975년 1월 20일 발표)

70년대 딜런을 대표하는 명반. 딜런은 이 앨범에서 삶에 대한 내밀한 고통과 후회를 보다 직접적인 언어로 노래했다. 많은 평론가들의 주장과 달리, 딜런은 이 앨범 수록곡들이 자신의 인생과는 상관이 없으며 그저 안톤 체호프의 단

편에서 영감을 받아 작곡한 것이라고 했다. 그러나 딜런의 아들 제이컵 딜런은 수록곡들이 전부 '부모님의 이야기'나 다름없다고 말했다. 창작의 구체적 동기는 정의할 수 없다. 그러나 이 시기 딜런의 행복했던 결혼생활이 모조리 무너지고 있었던 것은 사실이다. 지금까지 딜런은 파편화된 언어로 노래하는 이의 감정을 모호하게 흩어놓았으나 이 앨범에 와서는 극단으로 치달은 혼돈과 고통을 보다 구체적으로 전했다. '트랙 위의 피'라는 앨범명은 딜런의 삶과 저항, 싸움과 맞닿은 상징이기도 했다.

《욕망 Desire》 (1976년 1월 5일 발표)

딜런이 여러 뮤지션들과 공동 작업을 하면서 풍부한 성과를 거두려고 애썼던 앨범. 딜런은 1975년 기획 순회공연 '롤링 선더 레뷰(Rolling Thunder Revue)'를 진행중이었는데, 이 과정에서 수많은 밴드와 함께 연주하는 경험을 했던 것이다. 이 시기의 경험을 바탕으로 딜런은 앨범에 격정적인 사운드를 담아내고자 했다. 수록곡 대부분은 작사가이자 영화감독이었던 자크 레비와 공동으로 썼고, 수많은 백 보컬리스트와 함께 노래했다. 결과는 성공적이었다. 이 앨범은 빌보드 앨범 차트에서 약 5주간 1위 자리를 굳건히 지켰고, 영국 차트에서는 3위를 차지하며 엄청난 판매고를 올렸다. 〈허리케인〉은 살인 누명을 쓰고 억울하게 투옥된 복서 루빈 카터를 석방시키라는 항의의 메시지를 담았다. 반면 〈조이〉는 죽은 갱 조이 갈로를 윤리의 틀에서 벗어난 무법자로 그려 엄청난 논란을 빚은 곡으로 그 길이가 11분에 달한다.

《스트리트 리걸 Street Legal》 (1978년 6월 15일 발표)

딜런의 열여덟번째 스튜디오 녹음 앨범. 딜런은 이 앨범을 위해 이제까지 시도해본 적 없는 일을 감행한다. 열세 명의 인원을 모아 거대한 팝-록 밴드를 구성한 것이다. 이번에는 연주 세션만이 아니라 자신의 목소리에 힘을 실어줄 여성 백 보컬리스트들까지 함께였다. 결과적으로 이 앨범은 영국 차트에서 1위를 차지하며 상업적으로 성공한 앨범이 되었다. 그러나 미국과 영국 평단의 반응은 극단적으로 갈린다. 대체적으로 미국에서는 부정적인 평가를, 영국에서는 긍정적인 평가를 받았다. '끔찍하다'는 평가부터 《존 웨슬리 하딩》 이후 딜런이 만든 최고의 앨범'이라는 평가까지. 그러나 딜런에게 평단의 반응이란 더이상 중요한 것이 아니었다. 딜런은 이미 이 앨범에서 배운 것을 발판으로 또다른 변신을 모색하던 중이었다. 딜런의 내부에서는 새로운 변화가 꿈틀대고 있었다.

《느린 기차가 와Slow Train Coming》 (1979년 8월 20일 발표)

향후 발표할 가스펠 앨범 3부작의 포문을 여는 앨범. 1978년 세계 순회공연을 마치고 돌아온 딜런은 '종교적 계시'를 경험하고 돌연 거듭난 그리스도인(a born-again Christian)이 되었다. 유대인 집안에서 유대교 교리를 배우며 자란 딜런이 기독교인이 된 것이다. 딜런은 기독교인으로서 '종교적 회심'에 관한 노래를 앨범에 싣는다. 그 어떤 규정과 정의에도 몸서리치던 딜런, 담배를 꼬나문 채 자신에게 질문하는 기자를 바보 취급하던 뻐딱한 태도의 딜런에게 익숙하던 대중들에게 이 앨범은 그 자체로 충격이었다. 가사는 지난 삶에 대한 '참회'와 '회심의 의지'로 가득차 있다. 몇몇 팬들에게는 딜런의 이러한 모습이 '마지막 추락'으로 비춰졌고, 딜런은 공연장에서 야유와 비난을 들어야 했다. 그러나 아이러니하게도 앨범과 노래는 청중들에게 많은 사랑을 받았다. 앨범 수록곡 〈누군가를 섬겨야만 해〉로 딜런은 그래미상을 거머쥐고 미국 차트 3위, 영국 차트 3위에 안착한다.

《구원Saved》 (1980년 6월 23일 발표)

전작에서부터 종교적 신념을 확고히 드러낸 딜런은 이 앨범에서도 같은 행보를 이어간다. 기독교 세계관 안에서 '구원'받고 거듭난 딜런은 교리 수업을 듣고 전도 활동에도 적극적으로 참여했다. '방황하던 딜런이 비로소 구원의 세계로 돌아왔다'고 열광하는 기독교 팬의 지지를 받던 한편, 공연중 기독교 교리를 설파하는 딜런에게 불편함을 느끼는 팬들도 많았다. 종교적 세계 안에 갇히면서 가사 또한 이전 앨범에 비해 예술적 수준이 떨어진다는 평을 받기도 했다.

《샷 오브 러브Shot of Love》 (1981년 8월 1일 발표)

가스펠 앨범 3부작의 종지부를 찍는 작품. 하지만 이전에 발표한 두 앨범과 달리 가사에서 종교적 색채가 살짝 흐려졌다. 1979년에 영국의 수상으로 마거릿 대처가, 1981년에는 미국 대통령으로 로널드 레이건이 선출되는 등 우익 기독교 정치인들이 권력을 손에 얻자 참된 기독교인이 되려고 애쓰던 딜런의 마음이 흔들리기 시작한 것이다. 딜런은 이 앨범에서 복음과 삶의 괴리, 그리고 불신자들을 조롱하는 노래를 부른다. 그러나 이 앨범을 기점으로 종교적 노래는 점차 찾아보기 힘들어진다.

《이교도들Infidels》 (1983년 10월 27일 발표)

종교적 음악을 뒤로하고 다시 대중적인 곡을 쓰기 시작한 딜런. 종교적 이미지를 완전히 내려놓은 것은 아니지만, 이 앨범부터 딜런은 사랑과 상실에 대한 주제를 더 개인적인 관점에서 노래한다. 딜런의 가스펠 앨범 3부작을 '생명력이 없다'고 보았던 〈롤링스톤〉의 평론가 크리스토퍼 코널리는 비로소 《이교도들》에 이르러 딜런의 재능이 다시 성공적으로 싹텄다고 평했다. 선교자에서 시인으로 돌아온 딜런에 대한 평단의 반응은 호의적이었다. 혹자는 《트랙 위의 피》 이후 딜런이 최고의 시적인 성취를 이룬 작품으로 이 앨범을 꼽기도 한다.

《엠파이어 벌레스크Empire Burlesque》 (1985년 6월 10일 발표)

미국의 록밴드 톰 페티 앤드 더 하트브레이커즈 멤버들과 함께 만들어낸 앨범. 딜런은 이 앨범에서 독특한 80년대 스타일을 구현하면서, 메시지를 보다 명확히 전달하고자 했던 초기 자세로 돌아가려는 움직임을 보인다. 수록곡 〈말쑥한 아이〉에서 딜런은 베트남전에 참전한 장병의 상처를 묘사하며 사회에 날카로운 정치적 메시지를 던지고, 〈어두운 두 눈〉〈하늘에서 밤이 떨어져내릴 때〉와 같은 곡에서는 전작에 이어 다시금 강한 시적 에너지를 보여준다. 이 무렵 딜런은 에티오피아 난민들을 돕기 위해 조직된 단체에서 〈위 아 더 월드We are the world〉를 녹음하고 아파르트헤이트에 반대하는 아티스트 모임에서도 노래했다.

《엉망으로 취해 나가떨어진Knocked Out Loaded》 (1986년 7월 14일 발표)

부실하고 형편없다는 최악의 평을 들었던 앨범. 딜런이 가장 대충 만든 앨범 중 하나라는 평이 지배적이나, 샘 셰퍼드와 함께 쓴 11분 길이의 곡 〈브라운스빌 걸〉은 뛰어난 구성과 완성도를 지닌 곡으로 평가된다. 하지만 이 곡은 이전 앨범 《엠파이어 벌레스크》를 녹음하던 당시 쓰인 것으로, 이 앨범을 위한 작업은 아니었다. 발표 이후 판매도 부진했다. 딜런의 팬들 사이에서는 '가장 이해받지 못한 앨범'으로 받아들여진다.

《그루브에 빠져서 Down in the Groove》 (1988년 5월 30일 발표)

많은 뮤지션과 공동작업을 하며 공을 들였으나 또 한번 거센 혹평을 맞이해야 했던 앨범. 여러모로 전작과 닮은 과도기적 앨범이다. 딜런은 자신이 가사를 쓰는 방식과 그 가사를 담아내는 수많은 세션들과의 공동작업 사이에서 수없이 줄타기를 해야만 했다. 그러나 그 결과물이 항상 성공적일 수는 없었다. 딜런은 굴하지 않고 훗날 '네버 엔딩 투어(Never Ending Tour)'라고 일컬어질, 완전히 새로운 방식의 공연을 시작한다. 작은 규모의 공연장에서 최소한의 세션만을 동원해서 끊임없이 공연을 이어가는 방식이었다. 곧 이 공연은 청중들의 엄청난 찬사를 받게 된다. 딜런은 놀라울 정도로 힘겨운 투어 스케줄을 소화해내며 대부분의 시간을 길에서 이동하면서 보냈다. 이때 '네버 엔딩 투어'의 큰 틀이 잡히고, 딜런은 향후 20년간 이 공연을 이어간다.

《오 자비를 Oh Mercy》 (1989년 9월 18일 발표)

10년가량 무수히 쏟아진 혹평에 팬들마저 딜런에게 등을 돌린 시점, 딜런은 새로운 프로듀서 대니얼 라노이스와 함께 1980년대를 마무리하는 필생의 역작을 내놓는다. 대니얼 라노이스가 다시 곡을 쓰라고 강력하게 권하자 딜런은 다시 한번 풍부한 상징과 은유를 쏟아내기 시작한다. 싱어송라이터의 세계를 깊이 이해하는 프로듀서, 목소리를 견고하게 뒷받침하는 반주와 백 보컬 등 이상적인 녹음 현장이 딜런과 함께했다. 〈정치적 세계〉에서부터 〈종소리를 울려라〉〈대부분의 시간〉 등 주옥같은 명곡이 가득한 앨범. 평론가 대부분은 딜런의 승리라며 찬사를 보냈고, 앨범은 빌보드 차트 30위, 영국 차트 6위를 차지하며 그간 부진했던 상업적 성적도 회복한다.

《붉은 하늘 아래 Under the Red Sky》 (1990년 9월 10일 발표)

딜런이 당시 네 살이었던 딸에게 헌정한 앨범. 지미 본, 슬래시, 엘턴 존, 조지 해리슨, 데이비드 크로즈비 등 어마어마한 유명인들이 앨범 제작에 카메오로 참여했으나 평론가들은 실망스럽고 이상한 후속 앨범이라는 평을 내렸다. 겉만 화려한 사운드라거나 동요에 뿌리를 둔 듯한 수록곡이 당황스럽다는 비판도 있었다. 2016년 딜런은 〈롤링스톤〉과의 인터뷰에서 당시 앨범 녹음 환경이

곤혹스러웠다고 이야기했다. 프로젝트성 밴드로 결성한 트래블링 윌버리스 (Traveling Wilburys) 활동 기간과 녹음 기간이 겹쳐 있었으며, 관계자가 너무 많아 녹음 환경을 통제하기도 어려웠다는 것. 앨범은 미국 차트 30위권 내에 진입하지 못하고 판매량도 저조했다.

《그동안 잘해줬듯이 Good as I Been to You》 (1992년 11월 3일 발표)*

영국 · 아일랜드 전통 포크송을 커버한 곡들로만 구성된 앨범으로 딜런의 자작곡은 수록되어 있지 않다. 《밥 딜런의 또다른 면》 이후 처음으로 밥 딜런 홀로 노래하고 어쿠스틱 악기로만 반주한 곡을 담았다. 미국 차트 51위, 영국 차트 18위에 오르는 등 크게 주목받진 못하지만 《붉은 하늘 아래》로 받은 혹평을 만회하는 데 기여한 앨범이다. 아이러니하게도 자작곡이 하나도 없는 이 앨범에 대한 반응은 놀랍도록 호의적이었다. 익숙하고 유명한 전통 포크송을 편안하고 친근하게 부르는 딜런의 목소리와 감각이 좋은 반응을 얻은 것이다.

《세상은 잘못됐어 World Gone Wrong》 (1993년 10월 26일 발표)*

전통 포크송을 기타와 하모니카 등 어쿠스틱 악기로 편곡한 곡들만 수록되어 있고 자작곡은 없다. 그런 점에서 《그동안 잘해줬듯이》의 연장선상에 있는 앨범. 하지만 전반적인 곡들은 더 어둡고 비극적인 테마를 다루고 있다. 앨범은 평론가들과 청중들에게 호평을 받았고 그래미상(최우수 트래디셔널 포크 앨범 부문)까지 수상했음에도, 미국 차트에서는 70위에 머물렀다.

《아득한 옛날 Time Out of Mind》 (1997년 9월 30일 발표)

딜런이 《붉은 하늘 아래》 이후 7년 만에 발표한 자작곡 앨범. 그간 커버곡을 녹음해 묶은 앨범만을 발표하여 아쉬워하던 팬들에게, 이 앨범은 예술가로서의 딜런이 돌아온 것과 같았다. 8~90년대 내내 음악적 자아를 찾아 방황하던 딜런은 이 앨범을 발표하며 지치고 황폐해진 자아를 노래한다. 《오 자비를》의 프로듀서였던 대니얼 라노이스가 다시 한번 제작을 맡은 이 앨범은 올해의 앨범상을 포함해 그래미상 세 부문(최우수 컨템포러리 포크 앨범 부문, 최우수 남성 록 보컬 퍼포먼스 부문)을 석권한다.

《"사랑과 절도" "Love and Theft"》(2001년 9월 11일 발표)

딜런이 4년 만에 발표한 또다른 창작곡 앨범이다. 딜런은 더이상 블루스·포크·컨트리·록 등 장르에 얽매이지 않고 자유롭게 노래한다. 앨범은 출시 이후 열광적인 반응을 얻으며 빌보드 차트 5위에 안착하고 그래미상(최우수 컨템포러리 포크 앨범 부문)을 수상한다. 1988년부터 이어져온 '네버 엔딩 투어'를 통해 청중들과 지속적인 음악적 교류를 나눠온 딜런은 젊은 시절처럼 뻐 딱한 태도를 취하거나 숨지 않는다. 또한 이 앨범에서 딜런은 전작에서 드러낸 내면의 황폐함을 딛고 그저 담담하고 자연스럽게, 더 경쾌하게 노래하는 목소리를 들려준다.

《모던 타임스 Modern Times》(2006년 8월 29일 발표)

65세가 된 딜런은 '잭 프로스트(Jack Frost)'라는 가명으로 《모던 타임스》를 자체 제작, 미국 차트 정상을 차지하며 건재함을 알린다. 그가 미국 차트 정상에 오른 것은 1976년 《욕망》 발표 이후 처음 있는 일이다. 앨범은 발매 두 달 만에 4백만 장 가까이 팔리고 캐나다, 오스트레일리아, 뉴질랜드, 아일랜드, 덴마크, 노르웨이와 스위스 차트에서까지 1위를 차지하는 등 기염을 토한다. 평론가들에게도 이 앨범은 압도적인 지지를 받고 딜런은 그래미상을 거머쥔다. 딜런은 그의 초창기 음악적 토양이나 마찬가지였던 포크와 블루스로 돌아가 눈길 닿는 모든 것에 대한 시적 사유를 담담하게 읊조린다.

《평생 함께 Together Through Life》(2009년 4월 28일 발표)

전작 《모던 타임스》 이후 3년 만에 내놓은 앨범. 딜런은 이 앨범으로 또다시 미국 빌보드 차트 정상을 차지하고 그래미상을 받는다. 그의 나이 68세. 노장이 된 딜런은 자신의 기록을 가볍게 갈아치운다. 딜런은 이 앨범에서도 블루스와 포크를 기반으로 사랑과 이별에 대해 노래한다. 그리고 노년기에 이르러서야 젊은 시절 그가 원했던 거칠고 허스키한 목소리를 지니게 된다. 다소 느슨하고 여유롭게 느껴지는 앨범의 구성에 딜런의 깊은 목소리가 더해지면서, 앨범은 순식간에 깊은 울림을 전한다.

《마음속의 크리스마스 Christmas in the Heart》(2009년 10월 13일 발표)*

캐럴과 가스펠송으로 구성한 딜런식 크리스마스 앨범. 1980년대 초 기독교로 개종했었다고는 하나, 종교적 행보에서 거리를 둔 지도 오래인 딜런이 크리스마스 앨범을 낼 거라고는 아무도 예상치 못했다. 딜런은 '유대인 집안에서 자라긴 했지만, 미네소타에서 유년기를 보낼 적에 한 번도 크리스마스에서 떨어져 있다고 느낀 적은 없었다'고 말했다. 크리스마스 캐럴이 인기를 누리는 것에 대해서는, '어떤 누구라도 자신만의 방식으로 크리스마스 노래가 자신과 관련되어 있다고 느낄 수 있다'고 대답했다. 앨범은 빌보드 홀리데이 차트와 빌보드 포크 앨범 차트에서 당당히 1위를 차지했다. 딜런은 이 앨범의 수익금을 미국과 영국의 자선단체, 유엔세계식량기구 등에 기부했다.

《폭풍우Tempest》 (2012년 9월 10일 발표)

이 앨범이 밥 딜런의 마지막 앨범이 될 것이라는 루머가 떠돌았다. 앨범명 '폭풍우'가 셰익스피어의 마지막 희곡 작품명이었다는 데서 기인한 루머였다. 딜런은 훗날 인터뷰에서 아무렇지도 않게 대답한다. "셰익스피어의 마지막 희곡은 〈더 템페스트The Tempest〉지 그냥 〈템페스트Tempest〉가 아니에요. 내 앨범명은 템페스트, 폭풍우입니다. 두 가지는 각기 다른 제목이죠." 대중들의 추측과는 달리 71세의 딜런은 노래를 그만둘 생각이 전혀 없었다. 딜런은 작사가인 로버트 헌터와 수록곡 대부분을 함께 썼다. 앨범은 전 세계적인 환영을 받았고 빌보드 차트 3위에 안착했다. 〈롤링스톤〉에서는 앨범에 별점 다섯 개를 주었으며, 많은 평론가들이 '지금까지의 딜런을 능가하는 최고의 앨범'이라고 찬사를 보냈다. 수록곡 〈피의 대가〉에서 딜런은 이렇게 노래한다. '난 열심히 살아나가고 있어, 꾸준하고도 확실히 / 내가 인내해야 하는 이 삶보다 더 가련한 건 없을 거야'라고. 혹자는 나이든 딜런이 그저 6~70년대 과거를 향수하는 데 쓰이는 대상일 뿐 창조적인 능력은 떨어졌다고 평하나 《폭풍우》는 그것 역시 루머라는 것을 증명해 보인다.

《밤의 그림자들Shadows in the Night》 (2015년 2월 3일)*

50년대 후반에서 60년대 초반에 프랭크 시나트라가 발표한 발라드 열 곡으로 구성된 앨범. 이 수록곡들은 모두 딜런이 직접 선정했다. 딜런은 이 앨범을 만든 의도에 대해서 이렇게 설명했다. "나는 이 곡들을 단순히 커버하는 것이 아닙니다. 이 곡들은 이미 충분히 커버되었어요. 하지만 사실은 묻혀 있던 거나 마찬가지죠. 나와 내 밴드가 하는 일은 이 곡들을 발굴해내는 겁니다. 이 곡들을 무덤에서 빛으로 끌어내는 것 말입니다." 평단은 이 앨범에 엄청난 찬사를 보냈다. 예상치 못한 선곡, 딜런과 연주자들이 보여주는 편곡과 퍼포먼스가 빛을 발한 것이다. 이 앨범은 영국 차트 1위에 올랐고, 이로써 딜런은 영국 차트 1위에 자신의 앨범을 올린 가장 나이 많은 남성 솔로 가수가 되었다. 미국 차트에서는 7위를 차지했고, 발매 일주일 만에 5만 장이 팔려나갔다.

《추락한 천사들 Fallen Angels》 (2016년 5월 20일 발표)*

전작 《밤의 그림자들》과 마찬가지로, 자작곡은 없고 딜런이 직접 선곡하여 재해석한 곡들로 구성된 앨범이다. 딜런은 조니 머서, 해럴드 알린, 새미 칸, 캐럴린 리 등 수많은 작곡가들이 쓴 노래를 고르는데, 〈종달새 Skylark〉를 제외하고 모두 프랭크 시나트라가 녹음한 적이 있는 노래들이라는 공통점이 있다. 평단은 딜런의 원숙한 목소리, 깊은 표현력, 훌륭한 앨범 제작 상태, 밴드의 편곡 능력 등을 칭찬하며 고루 호평을 보냈다. 또한 노장 딜런이 지금까지도 노래를 멈추지 않으며 전설을 이어가는 것에 경의를 표하기도 했다.

* 표시는 밥 딜런이 노래했으나 그의 자작곡은 수록하지 않은 앨범들로, 이 책에는 포함되지 않았다.

찾아보기

영문 찾아보기

H

I

T

Y

ㄱ

ㄷ

ㄹ

곡별 저작권

10,000 MEN Copyright © 1990 by Special Rider Music
2 x 2 Copyright © 1990 by Special Rider Music
ABANDONED LOVE Copyright © 1975 by Ram's Horn Music; renewed 2003 by Ram's Horn Music
ABSOLUTELY SWEET MARIE Copyright © 1966 by Dwarf Music; renewed 1994 by Dwarf Music
AIN'T GONNA GRIEVE Copyright © 1963 by Warner Bros. Inc.; renewed 1991 by Special Rider Music
AIN'T NO MAN RIGHTEOUS, NO NOT ONE Copyright © 1981 by Special Rider Music
AIN'T TALKIN' Copyright © 2006 Special Rider Music
ALL ALONG THE WATCHTOWER Copyright © 1968 by Dwarf Music; renewed 1996 by Dwarf Music
ALL I REALLY WANT TO DO Copyright © 1964 by Warner Bros. Inc.; renewed 1992 by Special Rider Music
ALL OVER YOU Copyright © 1968, 1970 by Warner Bros. Inc.; renewed 1996, 1998 Special Rider Music
ANGELINA Copyright © 1981 by Special Rider Music
APPLE SUCKLING TREE Copyright © 1969 by Dwarf Music; renewed 1997 by Dwarf Music
ARE YOU READY? Copyright © 1980 by Special Rider Music
AS I WENT OUT ONE MORNING Copyright © 1968 by Dwarf Music; renewed 1996 by Dwarf Music
BABY, I'M IN THE MOOD FOR YOU Copyright © 1963, 1966 by Warner Bros. Inc.; renewed 1991, 1994 by
    Special Rider Music
BABY, STOP CRYING Copyright © 1978 by Special Rider Music
BALLAD FOR A FRIEND Copyright © 1962, 1965 by Duchess Music Corporation; renewed 1990, 1993 by
    MCA
BALLAD IN PLAIN D Copyright © 1964 by Warner Bros. Inc.; renewed 1992 by Special Rider Music
BALLAD OF A THIN MAN Copyright © 1965 by Warner Bros. Inc.; renewed 1993 by Special Rider Music
BALLAD OF DONALD WHITE Copyright © 1962 by Special Rider Music; renewed 1990 by Special Rider Music
THE BALLAD OF FRANKIE LEE AND JUDAS PRIEST Copyright © 1968 by Dwarf Music; renewed 1996 by
    Dwarf Music
BALLAD OF HOLLIS BROWN Copyright © 1963 by Warner Bros. Inc.; renewed 1991 by Special Rider Music
BAND OF THE HAND (IT'S HELL TIME, MAN!) Copyright © 1986 by Special Rider Music
BEYOND HERE LIES NOTHIN' (with Robert Hunter) Copyright © 2009 Special Rider Music and Ice Nine
    Publishing
BEYOND THE HORIZON Copyright © 2006 Special Rider Music
BILLY Copyright © 1972 by Ram's Horn Music; renewed 2000 by Ram's Horn Music
BLACK CROW BLUES Copyright © 1964 Warner Bros. Inc.; renewed 1992 Special Rider Music
BLACK DIAMOND BAY (with Jacques Levy) Copyright © 1975 by Ram's Horn Music; renewed 2003 by Ram's
    Horn Music
BLIND WILLIE McTELL Copyright © 1983 by Special Rider Music
BLOWIN' IN THE WIND Copyright © 1962 by Warner Bros. Inc.; renewed 1990 by Special Rider Music
BOB DYLAN'S 115th DREAM Copyright © 1965 by Warner Bros. Inc.; renewed 1993 by Special Rider Music
BOB DYLAN'S BLUES Copyright © 1963, 1966 by Warner Bros. Inc.; renewed 1991, 1994 by Special Rider
    Music
BOB DYLAN'S DREAM Copyright © 1963, 1964 by Warner Bros. Inc.; renewed 1991, 1992 by Special Rider
    Music
BOB DYLAN'S NEW ORLEANS RAG Copyright © 1970 by Warner Bros. Inc; renewed 1998 by Special Rider
    Music
BOOTS OF SPANISH LEATHER Copyright ©1963, 1964 by Warner Bros. Inc.; renewed 1991, 1992 by Special
    Rider Music
BORN IN TIME Copyright © 1990 by Special Rider Music
BROWNSVILLE GIRL (with Sam Shepard) Copyright © 1986 by Special Rider Music
BUCKETS OF RAIN Copyright © 1974 by Ram's Horn Music; renewed 2002 by Ram's Horn Music
BYE AND BYE Copyright © 2001 by Special Rider Music
CALIFORNIA (early version of OUTLAW BLUES) Copyright © 1972 by Warner Bros Inc.; renewed 2000 by

GOLDEN LOOM Copyright © 1975 by Ram's Horn Music; renewed 2003 by Ram's Horn Music
GONNA CHANGE MY WAY OF THINKING Copyright © 1979 by Special Rider Music
GONNA CHANGE MY WAY OF THINKING (alternate version) Copyright © 2001 by Special Rider Music
GOTTA SERVE SOMEBODY Copyright © 1979 by Special Rider Music
THE GROOM'S STILL WAITING AT THE ALTAR Copyright © 1981 by Special Rider Music
GUESS I'M DOIN' FINE Copyright © 1964, 1966 by Warner Bros. Inc.; renewed 1992, 1994 by Special Rider
    Music
GYPSY LOU Copyright © 1963, 1966 by Warner Bros. Inc.; renewed 1991, 1994 by Special Rider Music
HAD A DREAM ABOUT YOU, BABY Copyright © 1987 by Special Rider Music
HANDY DANDY Copyright © 1990 by Special Rider Music
A HARD RAIN'S A-GONNA FALL Copyright © 1963 by Warner Bros. Inc.; renewed 1991 by Special Rider Music
HARD TIMES IN NEW YORK TOWN Copyright © 1962, 1965 by Duchess Music Corporation; renewed 1990,
    1993 by MCA
HAZEL Copyright © 1973 by Ram's Horn Music; renewed 2001 by Ram's Horn Music
HEART OF MINE Copyright © 1981 by Special Rider Music
HERO BLUES Copyright © 1963 by Warner Bros. Inc.; renewed 1991 by Special Rider Music
HIGHLANDS Copyright © 1997 by Special Rider Music
HIGH WATER (FOR CHARLEY PATTON) Copyright © 2001 by Special Rider Music
HIGHWAY 61 REVISITED Copyright © 1965 by Warner Bros. Inc.; renewed 1993 by Special Rider Music
HONEST WITH ME Copyright © 2001 by Special Rider Music
HONEY, JUST ALLOW ME ONE MORE CHANCE Copyright © 1963, 1966 by Warner Bros. Inc.; renewed 1991,
    1994 by Special Rider Music
HUCK'S TUNE Copyright © 2007 Special Rider Music
HURRICANE (with Jacques Levy) Copyright © 1975 by Ram's Horn Music; renewed 2003 by Ram's Horn
    Music
I AM A LONESOME HOBO Copyright © 1968 by Dwarf Music; renewed 1996 by Dwarf Music
I AND I Copyright © 1983 by Special Rider Music
I BELIEVE IN YOU Copyright © 1979 by Special Rider Music
I DON'T BELIEVE YOU (SHE ACTS LIKE WE NEVER HAVE MET) Copyright © 1964 by Warner Bros. Inc.; renewed
    1992 by Special Rider Music
I DREAMED I SAW ST. AUGUSTINE Copyright © 1968 by Dwarf Music; renewed 1996 by Dwarf Music
I FEEL A CHANGE COMING ON (with Robert Hunter) Copyright © 2009 Special Rider Music and Ice Nine
    Publishing
I PITY THE POOR IMMIGRANT Copyright © 1968 by Dwarf Music; renewed 1996 by Dwarf Music
I SHALL BE FREE Copyright © 1963, 1967 by Warner Bros. Inc.; renewed 1991, 1995 by Special Rider Music
I SHALL BE FREE NO. 10 Copyright © 1971 by Special Rider Music; renewed 1999 by Special Rider Music
I SHALL BE RELEASED Copyright © 1967, 1970 by Dwarf Music; renewed 1995 by Dwarf Music
I THREW IT ALL AWAY Copyright © 1969 by Big Sky Music; renewed 1997 by Big Sky Music
I WANNA BE YOUR LOVER Copyright © 1971 by Dwarf Music; renewed 1999 by Dwarf Music
I WANT YOU Copyright © 1966 by Dwarf Music; renewed 1994 by Dwarf Music
I'D HATE TO BE YOU ON THAT DREADFUL DAY Copyright © 1964, 1967 by Warner Bros. Inc.; renewed 1992,
    1995 by Special Rider Music
I'D HAVE YOU ANYTIME (with George Harrison) Copyright © 1970 by Big Sky Music and Harrisongs Music,
    Ltd.
IDIOT WIND Copyright © 1974 by Ram's Horn Music; renewed 2002 by Ram's Horn Music
IF DOGS RUN FREE Copyright © 1970 by Big Sky Music; renewed 1998 by Big Sky Music
IF NOT FOR YOU Copyright © 1970 by Big Sky Music; renewed 1998 by Big Sky Music
IF YOU GOTTA GO, GO NOW (Or Else You Got to Stay All Night) Copyright © 1965 by Warner Bros. Inc.;
    renewed 1993 by Special Rider Music
IF YOU EVER GO TO HOUSTON (with Robert Hunter) Copyright © 2009 by Special Rider Music and Ice Nine
    Publishing
IF YOU SEE HER, SAY HELLO Copyright © 1974 by Ram's Horn Music; renewed 2002 by Ram's Horn Music
I'LL BE YOUR BABY TONIGHT Copyright © 1968 by Dwarf Music; renewed 1996 by Dwarf Music
I'LL KEEP IT WITH MINE Copyright © 1965, 1968 by Warner Bros. Inc.; renewed 1993, 1996 by Special Rider
    Music
I'LL REMEMBER YOU Copyright © 1985 by Special Rider Music
IN THE GARDEN Copyright © 1980 by Special Rider Music
IN THE SUMMERTIME Copyright © 1981 by Special Rider Music
IS YOUR LOVE IN VAIN? Copyright © 1978 by Special Rider Music
ISIS (with Jacques Levy) Copyright © 1975 by Ram's Horn Music; renewed 2003 by Ram's Horn Music
IT AIN'T ME, BABE Copyright © 1964 by Warner Bros. Inc.; renewed 1992 by Special Rider Music
IT TAKES A LOT TO LAUGH, IT TAKES A TRAIN TO CRY Copyright © 1965 by Warner Bros. Inc.; renewed 1993
    by Special Rider Music
IT'S ALL GOOD (with Robert Hunter) Copyright © 2009 Special Rider Music and Ice Nine Publishing
IT'S ALL OVER NOW, BABY BLUE Copyright © 1965 by Warner Bros. Inc.; renewed 1993 by Special Rider
    Music
IT'S ALRIGHT, MA (I'M ONLY BLEEDING) Copyright © 1965 by Warner Bros. Inc.; renewed 1993 by Special
    Rider Music
JOEY (with Jacques Levy) Copyright © 1975 by Ram's Horn Music; renewed 2003 by Ram's Horn Music
JOHN BROWN Copyright © 1963, 1968 by Warner Bros. Inc.; renewed 1991, 1996 by Special Rider Music

JOHN WESLEY HARDING Copyright © 1968 by Dwarf Music; renewed 1996 by Dwarf Music
JOKERMAN Copyright © 1983 by Special Rider Music
JOLENE (with Robert Hunter) Copyright © 2009 Special Rider Music and Ice Nine Publishing
JUST LIKE A WOMAN Copyright © 1966 by Dwarf Music; renewed 1994 by Dwarf Music
JUST LIKE TOM THUMB B'S BLUES Copyright ©1965 by Warner Bros. Inc.; renewed 1993 by Special Rider
    Music
KNOCKIN' ON HEAVEN'S DOOR Copyright © 1973 by Ram's Horn Music; renewed 2001 by Ram's Horn Music
LAY DOWN YOUR WEARY TUNE Copyright © 1964, 1965 by Warner Bros. Inc.; renewed 1992, 1993 by Special
    Rider Music
LAY, LADY, LAY Copyright © 1969 by Big Sky Music; renewed 1997 by Big Sky Music
LEGIONNAIRE'S DISEASE Copyright © 1981 by Special Rider Music
LENNY BRUCE Copyright © 1981 by Special Rider Music
LEOPARD-SKIN PILL-BOX HAT Copyright © 1966 by Dwarf Music; renewed 1994 by Dwarf Music
LET ME DIE IN MY FOOTSTEPS Copyright © 1963, 1965 by Warner Bros. Inc.; renewed 1991, 1993 by Special
    Rider Music
LET'S KEEP IT BETWEEN US Copyright © 1982 by Special Rider Music
THE LEVEE'S GONNA BREAK Copyright © 2006 Special Rider Music
LICENSE TO KILL Copyright © 1983 by Special Rider Music
LIFE IS HARD (with Robert Hunter) Copyright © 2009 Special Rider Music and Ice Nine Publishing
LIKE A ROLLING STONE Copyright © 1965 by Warner Bros. Inc.; renewed 1993 by Special Rider Music
LILY, ROSEMARY AND THE JACK OF HEARTS Copyright © 1974 by Ram's Horn Music; renewed 2002 by Ram's
    Horn Music
LIVING THE BLUES Copyright © 1969 by Big Sky Music; renewed 1997 by Big Sky Music
LO AND BEHOLD! Copyright © 1967 by Dwarf Music; renewed 1995 by Dwarf Music
LONESOME DAY BLUES Copyright © 2001 by Special Rider Music
THE LONESOME DEATH OF HATTIE CARROLL Copyright © 1964, 1966 by Warner Bros. Inc.; renewed 1992,
    1994 by Special Rider Music
LONG AGO, FAR AWAY Copyright © 1962, 1968 by Warner Bros. Inc.; renewed 1990, 1996 by Special Rider
    Music
LONG-DISTANCE OPERATOR Copyright © 1971 by Dwarf Music; renewed 1999 by Dwarf Music
LONG AND WASTED YEARS Copyright © 2012 Special Rider Music
LONG TIME GONE Copyright © 1963, 1968 by Warner Bros. Inc.; renewed 1991, 1996 by Special Rider Music
LORD PROTECT MY CHILD Copyright © 1983 by Special Rider Music
LOVE IS JUST A FOUR LETTER WORD Copyright © 1967 by Warner Bros. Inc.; renewed 1995 by Special Rider
    Music
LOVE MINUS ZERO/NO LIMIT Copyright © 1965 by Warner Bros. Inc.; renewed 1993 by Special Rider Music
LOVE SICK Copyright © 1997 by Special Rider Music
MAGGIE'S FARM Copyright © 1965 by Warner Bros. Inc.; renewed 1993 by Special Rider Music
MAKE YOU FEEL MY LOVE Copyright © 1997 by Special Rider Music
MAMA, YOU BEEN ON MY MIND Copyright © 1964, 1967 by Warner Bros. Inc.; renewed 1992, 1995 by
    Special Rider Music
MAN GAVE NAMES TO ALL THE ANIMALS Copyright © 1979 by Special Rider Music
THE MAN IN ME Copyright © 1970 by Big Sky Music; renewed 1998 by Big Sky Music
MAN IN THE LONG BLACK COAT Copyright © 1989 by Special Rider Music
MAN OF PEACE Copyright © 1983 by Special Rider Music
MAN ON THE STREET Copyright © 1962, 1965 by Duchess Music Corporation; renewed 1990, 1993 by MCA
MASTERS OF WAR Copyright © 1963 by Warner Bros. Inc.; renewed 1991 by Special Rider Music
MAYBE SOMEDAY Copyright © 1986 by Special Rider Music
MEET ME IN THE MORNING Copyright © 1974 by Ram's Horn Music; renewed 2002 by Ram's Horn Music
MILLION DOLLAR BASH Copyright © 1967 by Dwarf Music; renewed 1995 by Dwarf Music
MILLION MILES Copyright © 1997 by Special Rider Music
MINSTREL BOY Copyright © 1970 by Big Sky Music; renewed 1998 by Big Sky Music
MISSISSIPPI Copyright © 1996 by Special Rider Music
MR. TAMBOURINE MAN Copyright © 1964, 1965 by Warner Bros. Inc.; renewed 1992, 1993 by Special Rider
    Music
MIXED UP CONFUSION Copyright © 1962, 1968 by Warner Bros. Inc.; renewed 1990, 1996 by Special Rider
    Music
MONEY BLUES (with Jacques Levy) Copyright © 1975 by Ram's Horn Music; renewed 2003 by Ram's Horn
    Music
MOONLIGHT Copyright © 2001 by Special Rider Music
MOST LIKELY YOU GO YOUR WAY (AND I'll GO MINE) Copyright ©1966 by Dwarf Music; renewed 1994 by
    Dwarf Music
MOST OF THE TIME Copyright © 1989 by Special Rider Music
MOTORPSYCHO NIGHTMARE Copyright © 1964 by Warner Bros. Inc.; renewed 1992 by Special Rider Music
MOZAMBIQUE (with Jacques Levy) Copyright © 1975 by Ram's Horn Music; renewed 2003 by Ram's Horn
    Music
MY BACK PAGES Copyright © 1964 by Warner Bros. Inc.; renewed 1992 by Special Rider Music
MY WIFE'S HOME TOWN (with Robert Hunter) Copyright © 2009 Special Rider Music; Ice Nine Publishing
    and Hoochie Coochie Music
NARROW WAY Copyright © 2012 Special Rider Music